프로야구
스카우팅
리포트
2024
SINCE 2010

프리미엄 카툰 · 전문적 분석 · 객관적 기록
15년간 이어진 No.1 스카우팅 리포트

프로야구 스카우팅 리포트

최 훈
김여울
이성훈
이용균
최민규

2024
SINCE 2010

저자 소개

"이번 시즌은
이 팀을 주목해야 한다, 왜?"

김여울 광주일보 체육부 기자

베테랑은 괜히 베테랑이 아니다. 젊은 패기만으로는 부족했다. 한화가 '경험'에 집중했다. 투·타에 굵직한 베테랑이 더해졌다. 존재만으로 든든한 '괴물' 류현진이 돌아왔다. 내야에는 안치홍이 가세했다. 야구 맛을 본 노시환·문동주가 보여줄 퍼포먼스도 궁금하다. 성적과 흥행을 동시에 잡을 수 있는 기회다.

이성훈 SBS 스포츠국 기자

부상이 없다면, 롯데의 개막전 선발 라인업 9명 중에 4명(한동희, 나승엽, 윤동희, 김민석)이 25세 이하 타자들일 것이다. 키움 다음으로 '어린 주전 야수'가 많다. 젊은 선수들의 미래를 정확히 예측하기란 불가능하다. 그래서 롯데의 성적도 안개속이다. 만약 롯데 팬들의 기대대로 이들이 모두 성장한다면? 롯데는 무서운 다크호스가 될 것이다.

이용균 경향신문 기자

SSG는 지난해 최정을 뺀, 거의 모든 주축 선수들이 '평소'보다 못하고도 3위에 올랐다. 김강민 '파동' 등을 겪으며 팀이 오히려 단단해졌다는 내부 평가가 나온다. 추신수 주장, 이숭용 감독의 케미를 고려하면 팀 전력의 폭발적 시너지가 나올 수 있다. 주목해야 할 팀에 틀림없다.

최민규 한국야구학회 이사

KIA. 지난해 10개 구단 외국인투수 sWAR 평균은 5.27승이었다. KIA는 0.85승으로 꼴찌였다. 외국인투수들이 평균 이상만 해줘도 훨씬 강해진다. 타선은 지난해 LG와 최강을 다퉜다. 나성범과 김도영이 풀 시즌을 소화한다면 무서워진다. 올해 우승할 수 있는 팀이다.

최훈 카투니스트

LG. 29년 만에 우승을 했기 때문이긴 하다. 그러나 2연속 우승 같은 팔자 좋은 기대에서 하는 소리도 아니다. 2023년 키움은 한국시리즈 진출 다음해에 최하위로 떨어졌다. 이런 일은 많이 벌어지지 않지만, 우승 맛을 본 LG는 어떻게 변할지 궁금할 수밖에 없다.

그리고

KBOP 장호성 님
스포츠2i 김도형 파트장님
한국프로야구선수협회 장윤선 팀장님
엔드디자인 홍석문, 장은미 님
all contents group 박은영 님

데이터 제작 도와주신 김제헌, 장원구, 이연경 님
신동윤, 전상규 님
많은 계약서 검토해 주신 이충원 님 감사드립니다.

Contents

LG 트윈스 LG TWINS
팀 소개 · 감독 · 코칭스태프 · 2023 좋았던 일 · 2023 나빴던 일 · 2024 팀 이슈 · 2024 최상의 시나리오 · 2024 최악의 시나리오 · 주요선수 스카우팅 리포트 · 선수단 리스트

KT 위즈 KT WIZ
팀 소개 · 감독 · 코칭스태프 · 2023 좋았던 일 · 2023 나빴던 일 · 2024 팀 이슈 · 2024 최상의 시나리오 · 2024 최악의 시나리오 · 주요선수 스카우팅 리포트 · 선수단 리스트

SSG 랜더스 SSG LANDERS
팀 소개 · 감독 · 코칭스태프 · 2023 좋았던 일 · 2023 나빴던 일 · 2024 팀 이슈 · 2024 최상의 시나리오 · 2024 최악의 시나리오 · 주요선수 스카우팅 리포트 · 선수단 리스트

NC 다이노스 NC DINOS
팀 소개 · 감독 · 코칭스태프 · 2023 좋았던 일 · 2023 나빴던 일 · 2024 팀 이슈 · 2024 최상의 시나리오 · 2024 최악의 시나리오 · 주요선수 스카우팅 리포트 · 선수단 리스트

두산 베어스 DOOSAN BEARS
팀 소개 · 감독 · 코칭스태프 · 2023 좋았던 일 · 2023 나빴던 일 · 2024 팀 이슈 · 2024 최상의 시나리오 · 2024 최악의 시나리오 · 주요선수 스카우팅 리포트 · 선수단 리스트

저자 소개 04 　기록으로 보는 2023시즌 08 　10대 키워드로 미리 보는 2024 KBO리그 14 　LG 트윈스의 우승 역사를 함께한 차명석 단장 인터뷰 34 　'꽃' 같은 나이의 80년대 감독 등장 KIA 타이거즈 새 사령탑 이범호 감독 40 　LG 트윈스 29년 숙원을 이룬 사령탑 염경엽 감독과의 일문일답 46 　'류현진의 KBO리그 7년'은 얼마나 찬란했나 52 　2023시즌 포지션별 최강팀은? 58 　KBO리그에도 도입된 사치세 제도 72 　2023년 세대교체의 바람이 느려졌다? 78 　'야잘잘' 전상규의 LG 트윈스 29년 어둠의 터널 돌파기 84 　2023시즌 순위기록 96 　스카우팅 리포트 보는 법 106

KIA 타이거즈 KIA TIGERS

팀 소개 · 감독 · 코칭스태프 · 2023 좋았던 일 · 2023 나빴던 일 · 2024 팀 이슈 · 2024 최상의 시나리오 · 2024 최악의 시나리오 · 주요선수 스카우팅 리포트 · 선수단 리스트

롯데 자이언츠 LOTTE GIANTS

팀 소개 · 감독 · 코칭스태프 · 2023 좋았던 일 · 2023 나빴던 일 · 2024 팀 이슈 · 2024 최상의 시나리오 · 2024 최악의 시나리오 · 주요선수 스카우팅 리포트 · 선수단 리스트

삼성 라이온즈 SAMSUNG LIONS

팀 소개 · 감독 · 코칭스태프 · 2023 좋았던 일 · 2023 나빴던 일 · 2024 팀 이슈 · 2024 최상의 시나리오 · 2024 최악의 시나리오 · 주요선수 스카우팅 리포트 · 선수단 리스트

한화 이글스 HANWHA EAGLES

팀 소개 · 감독 · 코칭스태프 · 2023 좋았던 일 · 2023 나빴던 일 · 2024 팀 이슈 · 2024 최상의 시나리오 · 2024 최악의 시나리오 · 주요선수 스카우팅 리포트 · 선수단 리스트

키움 히어로즈 KIWOOM HEROES

팀 소개 · 감독 · 코칭스태프 · 2023 좋았던 일 · 2023 나빴던 일 · 2024 팀 이슈 · 2024 최상의 시나리오 · 2024 최악의 시나리오 · 주요선수 스카우팅 리포트 · 선수단 리스트

기록으로 보는 2023시즌

오랜 기다림이 결실을 맺었고, 더 막막했던 우승 한풀이도 화려하게 마무리됐다. 한국시리즈 3차전에서 나온 오지환의 극적인 역전 스리런 홈런은 LG팬들의 기억에 오래오래 남을 명장면이었다. LG는 강한 불펜과 적극적인 공격으로 정규시즌 승리를 차곡차곡 모았고, 마지막까지 흔들리지 않은 채 정규시즌 우승 – 한국시리즈 우승이라는 트랙에서 이탈하지 않았다.

팀 전력의 장점을 잘 살린 우승이었다. 2차전 초반 흔들린 최원태 대신 팀의 강점인 불펜이 나머지 이닝을 틀어막았고, '도루 논란'에 가려졌지만 LG의 장타력은 리그에서 가장 강했다. 결정적 순간마다 홈런이 터지며 승부의 흐름을 뒤집었다.

LG는 2016년 이후 없었던 '2년 연속 우승'에 도전하고, LG의 성공을 지켜 본 다른 팀들도 전력을 정비해 '저지'에 나선다. 많은 팀들이 스토브리그 동안 여러 방식으로 '약점'을 보완하는 데 집중했다.

전체순위

순위	팀	승	무	패	승차	승률	홈	원정	연승	연패
1	LG	86	2	56	0.0	0.606	45-1-25	41-1-31	1승	—
2	KT	79	3	62	6.5	0.560	41-2-30	38-1-32	3승	-
3	SSG	76	3	65	9.5	0.539	39-2-32	37-1-33	2승	-
4	NC	75	2	67	11.0	0.528	41-1-29	34-1-38	-	2패
5	두산	74	2	68	12.0	0.521	37-1-35	37-1-33	-	3패
6	KIA	73	2	69	13.0	0.514	38-2-31	35-0-38	2승	—
7	롯데	68	0	76	19.0	0.472	38-0-35	30-0-41	1승	-
8	삼성	61	1	82	25.5	0.427	32-0-39	29-1-43	-	1패
9	한화	58	6	80	26.0	0.420	32-1-40	26-5-40	-	1패
10	키움	58	3	83	27.5	0.411	33-2-36	25-1-47	-	2패

●● **29 =** LG가 다시 한 번 한국시리즈를 우승하는데 걸린 시간. LG는 1990년과 1994년 한국시리즈를 우승한 뒤 한 번도 정규시즌과 한국시리즈 우승을 차지하지 못했다. 차명석 단장은 "1994년 우승할 때만 해도 이렇게 오래 걸릴 거라고는 상상 못했다"라고 말했다. KBO리그 사상 가장 오래 걸린 우승 가뭄 기록이다. 한화가 창단(1986년) 이후 13년 만에 우승했고 삼성 역시 1985년 통합 우승을 제외하더라도 창단(1982년) 뒤 20년만인 2002년에 우승했다. 물론 롯데가 우승하는 순간 LG의 기록은 깨진다. 롯데의 마지막 우승은 1992년이다.

●● **-1 =** LG는 2022년 87승을 거두고도 88승을 따낸 SSG에 선두를 내줬다. 2023년 LG는 86승으로 전년보다 1승을 덜 하고도 정규시즌 우승에 성공했다. 선두 팀의 승률 하락은 리그 경쟁력을 보여준다. 2022년 한화 승률이 0.324였던데 반해 2023년 꼴찌 키움의 승률은 0.411이었다. 그만큼 전력과 승률의 상하폭이 크지 않았다는 뜻이다. 2024년은 그 격차가 더욱 줄어들 수도 있다.

●● **10 =** 리그 최하위 승률이 4할을 넘는다는 것은 리그의 전력 평준화를 의미한다. 가장 재미있는 시즌이 된다는 뜻이다. KBO리그 출범 이후(전, 후기 포함) 꼴찌팀의 승률이 4할을 넘긴 것은 1983년(롯데 0.434), 1989년(롯데 0.421), 1991년(OB 0.413), 1998년(롯데 0.410), 2001년(롯데 0.457), 2004년(롯데 0.410), 2007년(KIA 0.408), 2012년(한화 0.408), 2018년(NC, 0.406) 그리고 2023년 키움 0.411 등 모두 10번 있었다.

●● **2 =** 전년도 한국시리즈에 올랐던 팀이 이듬해 꼴찌로 떨어진 적이 있었을까. 키움은 2022년 포스트시즌에서 돌풍을 일으키며 한국시리즈까지 올랐다. 김강민에게 끝내기 스리런 홈런을 맞지 않았더라면 시리즈 향방은 어찌 될지 알 수 없었다. 시즌 중반 이정후의 부상, 에이스 안우진의 부상이 겹치며 키움은 결국 최하위로 시즌을 마감했다. 전면 드래프트 도입 이후 꼴찌 팀의 메리트는 꽤 커졌다. KBO리그 출범 이후 한국시리즈 진출 팀의 이듬해 꼴찌는 이번이 2번째다. 1995년 우승한 OB베어스는 1996년 8위에 그쳤다.

●● 홈 어드밴티지가 확실했던 시즌이었다. 리그 최하위 팀 키움도 홈에서는 33승 2무 36패로 5할에 가까운 승률(0.479)을 거뒀다. 리그 평균으로 따졌을 때 홈 승률이 0.531이었다. 야구는 역시 홈 팀에게 유리한 종목일까. 2022년 리그 평균 홈 승률은 0.493이었다. 홈 구장에 맞는 스타일의 팀 구성에 노력한 덕분일지도 모른다.

득실점

팀	득점	경기당 득점	실점	경기당 실점
LG	767	5.33	610	4.24
KT	672	4.67	616	4.28
SSG	658	4.57	698	4.85
NC	679	4.72	617	4.28
두산	620	4.31	625	4.34
KIA	726	5.04	650	4.51
롯데	653	4.53	660	4.58
삼성	636	4.42	728	5.06
한화	604	4.19	708	4.92
키움	607	4.22	710	4.93

●● 투고타저의 리그 환경에서 LG의 767득점은 눈에 띄는 기록. 전년도 피타고리언 승률에서 손해를 봤던 LG는 올해도 피타고리언 승률이 0.613으로 실제 승률 0.606보다 살짝 높았지만 비슷한 수준이었다. KIA는 피타고리언 승률이 0.555였지만 실제 승률 0.514로 떨어지면서 가을야구 실패. 외부 요인이었지만 감독의 교체는 좋은 결과를 낳을지도 모른다. 두산은 실제 승률이 훨씬 높았다(P 0.496, 실제 0.521).

타격

팀	타율	출루율	장타율	OPS	볼넷%	삼진%	HR/AB
LG	0.279	0.361	0.394	0.755	10.3%	14.1%	0.02
KT	0.265	0.338	0.371	0.709	9.3%	19.0%	0.02
SSG	0.260	0.336	0.389	0.725	9.0%	16.7%	0.03
NC	0.270	0.345	0.387	0.732	8.8%	17.9%	0.02
두산	0.255	0.332	0.373	0.705	9.1%	17.6%	0.02
KIA	0.276	0.345	0.390	0.735	8.9%	17.1%	0.02
롯데	0.265	0.338	0.362	0.700	9.4%	17.9%	0.01
삼성	0.263	0.334	0.368	0.702	8.7%	17.1%	0.02
한화	0.241	0.324	0.350	0.674	9.5%	20.6%	0.02
키움	0.261	0.331	0.353	0.684	8.4%	19.1%	0.01

●● LG 타선이 강한 이유는 타격 지표보다 놀라운 볼넷, 삼진율에 있다. LG는 볼넷 비율 10.3%에 삼진 비율 14.1%를 기록했다. 둘 모두 리그 압도적 1위. 특히 14.1%의 삼진율은 2위 SSG 16.7%보다 2.6%나 낮다. 2010년대 중후반 두산 왕조 시절의 스탯과 비슷한 수준이다. 당분간 LG 타격의 강세를 추정해 볼 수 있는 기록이다.

타순(타율/OPS)

팀	1	2	3	4	5	6	7	8	9
SSG	0.311 / 0.802	0.279 / 0.698	0.276 / 0.733	0.300 / 0.848	0.271 / 0.758	0.272 / 0.770	0.251 / 0.700	0.273 / 0.772	0.276 / 0.705
키움	0.258 / 0.665	0.281 / 0.720	0.285 / 0.780	0.277 / 0.778	0.265 / 0.768	0.273 / 0.705	0.269 / 0.723	0.210 / 0.577	0.253 / 0.639
LG	0.256 / 0.745	0.248 / 0.656	0.280 / 0.865	0.295 / 0.802	0.271 / 0.753	0.287 / 0.758	0.280 / 0.769	0.207 / 0.571	0.203 / 0.572
KT	0.338 / 0.840	0.292 / 0.735	0.307 / 0.860	0.260 / 0.742	0.264 / 0.726	0.223 / 0.581	0.248 / 0.679	0.240 / 0.711	0.235 / 0.683
KIA	0.257 / 0.690	0.245 / 0.668	0.252 / 0.757	0.270 / 0.767	0.243 / 0.680	0.249 / 0.733	0.279 / 0.735	0.219 / 0.598	0.281 / 0.708
NC	0.272 / 0.694	0.306 / 0.786	0.320 / 0.874	0.297 / 0.860	0.265 / 0.728	0.278 / 0.712	0.252 / 0.681	0.233 / 0.618	0.243 / 0.627
삼성	0.237 / 0.601	0.263 / 0.677	0.266 / 0.735	0.305 / 0.805	0.233 / 0.613	0.290 / 0.794	0.245 / 0.677	0.252 / 0.670	0.294 / 0.746
롯데	0.278 / 0.701	0.274 / 0.682	0.309 / 0.825	0.276 / 0.792	0.266 / 0.708	0.234 / 0.659	0.241 / 0.632	0.253 / 0.701	0.220 / 0.594
두산	0.250 / 0.697	0.224 / 0.614	0.288 / 0.904	0.243 / 0.719	0.228 / 0.608	0.252 / 0.650	0.230 / 0.657	0.237 / 0.640	0.216 / 0.555
한화	0.261 / 0.682	0.295 / 0.750	0.323 / 0.861	0.271 / 0.718	0.254 / 0.673	0.235 / 0.639	0.213 / 0.569	0.262 / 0.676	0.230 / 0.565

●● 최근 메이저리그의 흐름은 강한 2번을 넘어 강한 1번으로 가는 추세다. 그런 점에서 삼성의 9번 타순 타율 0.294, OPS 0.746(리그 1위)은 특히 눈에 띈다. 9번 타자는 경기에 덜 들어선다는 점에서 타순의 효율성에 아쉬움이 남는다. SSG 1번 타순의 타율 0.311, OPS 0.802가 트렌드에는 맞다.

선발투수

팀	ERA	선발이닝	경기당 선발이닝	선발승	선발승%	QS	QS%
LG	3.92	723 1/3	5	52	36.1%	50	34.7%
KT	3.87	793 1/3	5 1/3	57	39.6%	64	44.4%
SSG	4.53	755 1/3	5	41	28.5%	57	39.6%
NC	3.76	729 2/3	5	47	32.6%	53	36.8%
두산	3.64	745	5	48	33.3%	64	44.4%
KIA	4.38	738	5	43	29.9%	46	31.9%
롯데	3.83	769	5 1/3	42	29.2%	66	45.8%
삼성	4.26	765 1/3	5	34	23.6%	63	43.8%
한화	4.37	682	4 2/3	32	22.2%	40	27.8%
키움	4.06	760	5	36	25.0%	68	47.2%

●● LG는 비교적 선발이 약하다고 평가 받았음에도 선발승 52승을 거뒀다. 그만큼 선발 투수가 버티는 동안 타자들이 잘 쳐줬고, 불펜이 그 승리를 잘 지켜줬다는 얘기다. 투수에게 승리는 확실히 '개인 스탯'으로서 한계가 뚜렷하다. 두산 선발 평균자책 3.64는 눈여겨봐야 하는 스탯이다.

구원투수

팀	ERA	구원이닝	IP/G	세이브	홀드	블론세이브	세이브%	IRS
LG	3.43	570	3 2/3	37	92	18	23.7%	0.341
KT	4.07	493 2/3	3 1/3	39	61	14	33.6%	0.354
SSG	4.15	533	3 2/3	46	71	21	31.9%	0.322
NC	3.92	551 2/3	3 2/3	33	88	17	23.6%	0.325
두산	4.34	539 2/3	3 2/3	41	70	17	28.7%	0.346
KIA	3.81	531	3 2/3	33	66	10	27.7%	0.361
롯데	4.63	503 1/3	3 1/3	35	82	21	23.5%	0.344
삼성	5.16	513	3 1/3	38	69	17	27.7%	0.426
한화	4.38	609 2/3	4	20	68	24	16.8%	0.390
키움	4.94	528 1/3	3 2/3	33	61	24	26.2%	0.403

●● KBO리그에서 불펜 운영은 감독의 역량이다. 이길 수 있는 경기에 불펜 투수를 얼마나 잘게 효율적으로 잘라 쓰는지를 보여준다. LG 92개, NC 88개, 롯데 82개는 의미가 있는 기록일 수 있다. 롯데의 불펜 운영은 생각보다 나쁘지 않았다. 불펜진을 물려받은 김태형 감독에 대한 기대도 여기서 나온다.

수비

팀	DER
LG	0.686
KT	0.680
SSG	0.671
NC	0.698
두산	0.690
KIA	0.688
롯데	0.666
삼성	0.674
한화	0.681
키움	0.674
전체	0.673

●● 한국야구는 시즌 운영에 있어서 공수의 힘뿐만 아니라 수비력과 그 디테일에서 순위가 갈리는 경우가 많다. 롯데의 오랜 문제는 수비효율에 있었다. 0.666으로 또 한 번 꼴찌. 선수들의 '훈련 부족'이 문제가 아니라 사직구장의 '관리 문제'라는 지적이 나온다.

주루

팀	도루	도루 성공%	도루 시도	도루 실패%	2루 추가 진루	3루 추가 진루	홈 추가 진루
LG	166	62.2%	267	37.8%	45	14	5
KT	87	74.4%	117	25.6%	10	8	2
SSG	96	77.4%	124	22.6%	12	0	0
NC	111	70.7%	157	29.3%	18	6	0
두산	133	73.5%	181	26.5%	23	9	3
KIA	122	78.2%	156	21.8%	17	4	3
롯데	101	70.6%	143	29.4%	19	4	2
삼성	103	74.6%	138	25.4%	26	4	0
한화	67	75.3%	89	24.7%	12	5	0
키움	54	83.1%	65	16.9%	19	7	0

●● LG의 도루실패 37.8%는 시즌 내내 '논란'을 일으켰지만 LG의 적극적인 주루는 다른 팀을 압도하는 '추가진루' 숫자에서 진가를 드러낸다. 2루 추가진루 45개는 2위 삼성(26개)의 두 배에 살짝 못 미치는 수준.

박해민

10대 키워드로 미리 보는
2023 KBO리그

지난 시즌 출발은 분위기가 좋지 않았다. 대형 FA들이 줄줄이 계약하며 각 팀의 기대감을 높였지만 정작 분위기를 끌어올릴 것으로 여겨졌던 월드베이스볼클래식(WBC)의 성적이 일본전 대패와 함께 1라운드 탈락으로 마무리되며 한국 야구에 대한 비난 여론이 들끓었다. 아니, 사실 조롱에 가까웠다. 그 와중에 대회 기간 음주 논란도 이어졌다.

출발이 좋지 않았지만 시즌 흐름은 나쁘지 않았다. WBC의 실패가 리그의 긴장감으로 이어졌고, 새로운 시도들이 과감하게 이뤄졌다. NC 에릭 페디는 오타니가 WBC 결승전에서 트라웃을 삼진으로 잡았던 바로 그 공, 스위퍼를 장착하며 리그 최고의 선수로 우뚝 섰다. 리그 전체가 새로운 구종 탐구, 새로운 투구 디자인 등을 고민하며 성장에 애를 썼다. LG는 '뛰는 야구'를 선언하고 이를 실천하며 리그의 새로운 흐름을 만들었다. 성공률을 둘러싼 논란이 거셌지만 LG 염경엽 감독은 '뛰는 야구'라는 과정을 통해 LG 팀 전체에 '적극성'을 심어 넣는 데 성공했다. LG의 29년 만의 우승은 야구팬들의 관심을 다시 야구로 돌려오는 데 적잖은 기여를 했다.

전년도의 긴장감이 새 시즌에도 이어진다. 각 구단은 보다 '효율적'인 운영에 나섰다. 막연하게 '지난해 갔던 곳'으로 떠나던 캠프지를 면밀히 검토해 미국, 호주, 국내 등 다양한 선택지를 고르며 팀에 가장 잘 맞는 옷을 골랐다. 선수 구성, 팀 운영 등에 있어서도 각 팀별 색깔이 나타나기 시작했다. WBC의 처참한 실패는 리그의 긴장감을 다시 일깨우는 효과를 지녔다.

2024시즌은 조금 더 나아진 리그를 기대하게 한다. KBO는 과감하게 ABS(자동 볼 판정 시스템)와 피치클락, 시프트 제한 등 메이저리그에서 쓰거나, 아직 쓰지 않는 규칙을 적용하기로 했다. 외부의 변화는 내부의 고민을 낳고, 고민은 성장을 위한 근거가 된다.

무엇보다, 가장 큰 소식은 '코리안 몬스터' 류현진의 복귀다. 야구팬뿐만 아니라 야구팬이 아닌 팬들도 야구장으로 불러 모으고 야구에 대한 관심을 높이게 할 빅뉴스다. 야구가, 야구 산업 전체가 다시 한 계단 오를 수 있는 기회를 맞았다.

1

류현진이 돌아왔다

류현진이 돌.아.왔다.
메이저리그 계약 소식이 늦어지면서 한화 팬들의 혹시나 하는 기대감이 높아졌다. 한화 구단은 물론 한화 그룹도 복귀 희망을 버리지 않고 있었다. 샐러리캡을 맞추기 위해서 류현진을 위한 '공간'을 남겨두는 일도 놓치지 않았다. 해가 넘어가고 1월 달력이 얼마 남지 않았을 시점부터 분위기가 조금씩 바뀌었다. 스캇 보라스 선수들의 계약이 전반적으로 늦어졌고, 류현진에게도 만족스런 계약 오퍼가 오지 않았다.
한국에서 몸을 만들던 류현진은 조금씩 마음이 기울었다. 만약, 친정팀 한화에 돌아온다면 은퇴 투어 하듯 돌아오지 않고, 팀에 확실히 보탬이 될 수 있을 때 오고 싶다는 뜻은 오래전부터 갖고 있었다.
2월 중순이 지나면서 류현진은 마음을 굳혔다. 한화와 구체적 합의에 들어갔고, 22일 계약발표가 이뤄졌다. 8년 최대 170억 원. 샐러리캡과 한화 프랜차이즈 최고령 등판 등의 여러 의미가 담긴 계약이었다.
류현진의 복귀로 KBO리그의 판도는 단숨에 요동치게 됐다. 김광현은 2022년 KBO리그에 복귀하면서 단숨에 SSG를 정규시즌, 한국시리즈 우승으로 이끌었다. 류현진이 김광현보다 3살 많은 시점에 복귀하지만 실력과 능력에 대한 기대감은 당시 김광현보다 적지 않다.
류현진의 데뷔 시절을 떠오르게 하는 슈퍼 신인 문동주의 3년째 시즌이 더욱 기대되는 건, 류현진과 함께 국내 선발 원투펀치를 이룰 수 있기 때문이다.
한화 야수진의 전력에 다소 아쉬움이 남을 순 있지만 류현진의 복귀로 얻게 될 팀 전체의 자신감과 주목도는 '이기는 경험'을 통한 패배의식 탈출로 이어져 더욱 큰 시너지를 낼 수 있다.
류현진이 복귀하는 시즌, ABS와 피치클락의 도입은 큰 영향을 미치지 않을 전망이다. 심판도 헷갈리게 할 만큼의 제구력은 기계 판정의 정확성 앞에 조금 아쉬울 수 있다. 물론, 기계 판정 존을 효과적으로 공략할 제구력도 갖췄다. 가뜩이나 도루 저지력이 뛰어난 류현진에게 피치클락은 커다란 마이너스 요소는 아니다.
류현진의 복귀로 중위권 판도가 혼란에 빠졌다. 당초 한화의 성적은 잘 하면 5강 싸움을 해 볼 수도 있는 정도로 평가됐지만, 이제 5강 싸움의 상위권 성적으로 기대된다.

김태형은 롯데의 뷔가 될 수 있을까

김태형 감독은 롯데 감독으로 돌아왔다.
롯데의 암흑기는 2000년대 초반으로 알려져 있다. 롯데는 2001년부터 2007년까지 888-8577이라는 전화번호를 닮은 순위를 기록했다. 제리 로이스터 감독 체제에서 가을야구에 자주 올라 암흑기를 벗어났지만 최근 성적은 또 좋지 않다. 2014년부터 2023년까지 롯데의 순위는 7-8-8-3-7-10-7-8-8-7. 구단이 10개로 늘어났고 꼴찌는 한 번밖에 없었지만 10년 동안 5할 승률 이상을 기록한 적이 단 한 번(2017년)뿐이었다.
롯데를 바꾸기 위해 투입된 '청부사'가 바로 김태형 감독이다. 롯데가 10년 동안 하위권에 머무는 동안 김태형 감독은 두산 감독으로 팀을 7년 연속 한국시리즈에 올렸다. 롯데는 지난해 래리 서튼 감독과의 계약을 해지하고, 김태형 감독을 새로운 감독으로 영입했다. 공식 발표 전부터 김태형 감독의 롯데행은 '기정사실'이나 다름없었다. 10년 동안 이어져 온 롯데의 '분위기'를 바꾸기 위해서는 기존 성민규 단장을 중심으로 진행해 온 '프로세스'의 개선이 아니라 '카리스마'를 바탕으로 한 '원맨팀'으로의 변화가 더 필요하다는 것이 내외부적으로 공통된 의견이었다.
김태형 감독은 시즌 운영을 안정적으로 하는 스타일이라기보다 오늘의 승부에 집중하고, 전력을 투입하는 '승부사형' 스타일에 가깝다. 이 과정에서 새로운 스타들이 등장하는 일이 많았고, 팀 컬러의 변화도 능수능란하게 이어졌다. 시즌 중 갑작스런 부상, 부진 속에서도 팀 색깔을 바꾸고, 승부를 걸어서 성공하는 사례도 있었다.
롯데의 마운드 전력은 나쁘지 않다는 평가를 받는다. 빠른 공을 던지는 불펜 투수들의 존재는 김태형 감독 스타일과도 잘 어울린다. 다만 공격력은 물음표가 남은 상황. 기회가 날 때마다 점수를 차곡차곡 쌓기보다는 한 방에 경기를 뒤집는 스타일을 선호하는 김태형 감독으로서는 2023시즌 롯데의 팀 홈런(69개, 9위), 팀 장타율(0.362, 8위)이 다소 아쉬울 수 있다. 이를 어떻게 높이느냐가 롯데의 성적과 연결될 가능성이 높다. 기대를 모았던 한동희는 군 입대를 준비하고 있다.

3

디펜딩 챔피언 LG,
새 왕조를 열까

지난해 LG는 '드디어' 우승을 했다. 전년도 승수(87승)보다 1승 모자란 86승이었지만 일찌감치 정규시즌 우승을 확정지으면서 한국시리즈 직행에 성공했다. 한국시리즈 첫 경기 역전패를 당하면서 '부담감'에 짓눌리는 듯 했지만 2차전을 극적으로 역전승하면서 분위기를 되찾았다. 1994년 이후 29년 만의 한국시리즈 우승은 LG 팬들의 오랜 한을 씻어주는 '한풀이'였다.

LG는 잔뜩 커진 기대와 함께 새로운 왕조 시대 개막 여부를 결정지을 '2년 연속 우승'에 도전한다. SK와, 삼성, 두산으로 이어지는 왕조시대를 거친 뒤 2020년 이후 매년 한국시리즈 우승팀이 바뀌었다.

LG가 통합 우승을 거둘 수 있었던 힘은 지난 5년간 다져 온 '뎁스의 힘'이었다. 퓨처스리그를 향한 투자와 계획, 효율적 운영을 바탕으로 팀 전력을 키웠다. 외부 변화에 흔들리지 않는 전력을 유지할 수 있었다.

강점이던 불펜이 약해졌다. 마무리 고우석이 샌디에이고로 떠났고, 셋업맨과 선발을 오갔던 이정용은 군 입대했다. 빈자리를 채울 수 있는 힘 역시 '뎁스'다. 유영찬, 백승현 등이 불펜의 힘을 유지하고, 손주영은 선발 후보로 떠올랐다. 새 얼굴 진우영도 기대를 모은다.

베이스의 확대와 피치클락의 도입은 LG의 뛰는 야구를 더욱 강하게 만들 수 있는 요소다. LG는 2023시즌 도루 1위(166개)를 기록했지만 62%의 성공률은 '영양가 논란'을 낳았다. LG 염경엽 감독은 '도루 친화적'으로 바뀐 리그의 규칙을 바탕으로 도루 성공률을 75%까지 늘리겠다는 계획을 세웠다. 도루 시도 숫자가 그대로 이어진다면 LG는 리그 3번째 팀 200도루 기록을 세울 수 있다.

더욱 중요한 것은 LG가 보여준 '플랜'의 성공이 다른 팀들에게 미친 영향이다. '뎁스 강화'는 리그 전체의 트렌드가 됐고, '뛰는 야구'는 각 팀으로 하여금 시즌 운영의 목표 및 방향 설정의 필요성을 느끼게 했다. 리그의 발전은 성공의 노하우가 빠르게 리그 전체로 번져나가는 데서 비롯된다. LG의 도전과 이를 향한 견제 역시 리그를 전체적으로 성장시키는 원동력이 된다.

어딘가 모르게 닮은 삼성과 KIA

2024시즌 변화의 기대를 모으는 팀은 전통의 강호 삼성과 KIA다. 두 팀은 팀을 빌딩해가는 과정에서 묘하게 닮은 측면이 있다. 야구팀의 두 축이라고 할 수 있는 감독과 단장의 구성이다.

삼성은 이번 시즌을 앞두고 홍준학 단장 대신 이종열 단장을 선택했다. 오랜 코치 경험에 해설위원 경력이 더해졌다. KIA가 장정석 단장 후임으로 해설위원 출신 심재학 단장을 발탁한 것과 비슷한 측면이 있다. 해설위원은 리그 전체를 살펴보는 능력과 함께 대중과 소통할 수 있는 커뮤니케이션 관련 장점을 지녔다. 리그의 트렌드를 읽는 데도 능하다.

KIA는 시즌 직전 갑자기 터진 김종국 감독의 배임수재 관련 사건으로 부랴부랴 새 감독을 선정했다. 이범호 감독은 한화 프랜차이즈 출신이지만 KIA로 이적한 뒤 줄곧 KIA 유니폼을 입었다. 삼성이 현대 프랜차이즈 출신이자 FA를 통해 삼성으로 이적해 왕조를 이끌었던 박진만 감독을 한 해 전 선임한 것과 분위기가 비슷하다. 팀에 대한 이해도가 높고, 내야수 출신으로 경기 흐름을 읽는 눈을 가졌다. 리그 감독 중 '젊은 축'에 속한다는 것도 공통점이다.

삼성은 이종열 단장 부임 이후 스토브리그에서 불펜을 강화하는데 온 힘을 쏟았다. 마무리 출신 투수들을 영입했고 노련한 불펜 자원을 강화하는 데에도 성공했다.

KIA는 젊은 선수들의 성장과 함께 리그에서 가장 강한 공격력을 갖췄다는 평가를 받는다. 최형우, 나성범 등 베테랑 거포들의 폼이 여전한 가운데 지난해 일취월장한 박찬호에 대한 기대가 높고, 김도영의 성장에도 기대를 걸 수 있다. 많은 팀들이 KIA의 전력에 대해 리그에서 가장 높은 점수를 매겼다.

삼성과 KIA는 KBO리그 역사를 양분하는 전통의 명문 구단이다. 류현진의 복귀와 디펜딩 챔피언 LG의 2년 연속 우승 도전, 김태형 감독을 영입한 롯데를 향한 기대감에 삼성과 KIA의 호성적이 이어진다면 리그 전체의 분위기가 뜨겁게 끓어오를 수 있다. 리그에 대한 관심이 높아진다면, '산업'으로서의 프로야구도 중요한 변곡점을 맞는다. 코로나 팬데믹 이후 다소 줄어든 관중은 지난해를 기점으로 회복 조짐을 보였다. 라이온즈와 타이거즈가 보여줄 '달라진 야구'는 이 흐름을 강화시킬 기폭제가 될 수 있다.

5

ABS와 피치클락, 시프트 제한

KBO리그는 2024시즌 여러 가지 규칙과 제도 변화를 안고 시작한다. 가장 뚜렷한 변화는 주심 대신 기계가 스트라이크와 볼을 판정하는 ABS 시스템이다. 시스템 도입 초반 볼넷 증가를 막기 위해 기존 스트라이크존보다 좌우로 2㎝ 정도 커진 존이 적용된다.

ABS 도입에 따른 결과는 쉽게 예단하기 어렵지만, 스트라이크 판정을 둘러싼 논란이 사라진다는 것은 확실하다. 선수도, 팬도 초기에는 적응이 쉽지 않겠지만 판정 뒤 나오는 '탄식'의 크기는 시즌을 치러가면서 줄어들 가능성이 높다. 무엇보다 특정 팀을 향한 판정 유불리 논란이 사라진다는 점에서 상당한 의미가 있다.

기계가 판정하는 존은 사람의 인지 편향이 개입할 여지가 줄어든다는 점에서 기존 존보다 '체감적'으로 커질 것으로 보인다. 이는 타자들이 보다 적극적인 스윙을 해야 한다는 뜻이기도 하다. 경기 시간이 줄어들 가능성도 높아져, 야구 산업 차원에서 긍정적 변화라 할 수 있다.

현장에서는 사이드암 투수들의 유리함을 점치는 이들이 많다. 낮은 쪽에서 움직이면서 좌우 변화가 심한 공의 경우 포수의 포구 위치가 조금 달라지더라도 스트라이크 판정을 받을 가능성이 높다는 것이 중론이다. 상하로 크게 움직이는 커브 투수들의 유리함도 기대된다. 각 구단의 전력 분석팀은 ABS 시스템 적응을 위해 여러 가지 방안을 준비했다. 전력분석팀을 향한 투자와 이들의 맨파워가 실제 경기력으로 이어질 가능성이 높다는 점은 KBO리그의 새로운 '경쟁' 요소로 기능한다.

전반기 시범 도입되는 피치클락과 전반기부터 바로 도입되는 베이스의 확대는 리그 득점력의 증가로 연결될 가능성이 높다. 베이스의 확대는 주자들의 슬라이딩 기술 변화가 요구되고 내야수들의 태그 기술 연마에 영향을 미친다. 베이스 위 상황을 파악하는 비디오 판독의 중요성도 더욱 커질 전망이다.

시프트 제한은 리그에서 점점 더 늘고 있는 왼손타자들의 타율 변화에 영향을 줄 수 있는 요소다. 리그 왼손타자들의 타율은 2021년 0.265에서 2022년 0.269로 다소 올랐다가 2023년 다시 0.266으로 떨어졌다.

2루 베이스 위의 전쟁이 치열해진다

리그의 제도 변화는 리그 성적에 어떤 식으로든 영향을 미친다. 2018시즌을 마지막으로 리그는 공인구에 변화를 줬고, 이후 KBO리그는 투고타저 시즌을 이어가고 있는 중이다. 야수들은 "공이 안 나가도 너무 안 나간다"라는 데 입을 모은다.

투수들의 구속 강화가 이어지면서 리그 타격 지표는 하향 중이다. 2021시즌 리그 OPS는 0.729였는데 2022시즌에는 0.713으로 떨어졌고, 지난해에는 0.712로 더 줄어들었다. 21세기 들어 가장 낮은 수치다.

홈런 수는 더욱 급감했다. 공인구 변화 직전이던 2018시즌 1,756개였던 리그 홈런 숫자는 지난해 924개로 줄었다. 10개 구단 체제 이후 가장 적은 숫자다. 홈런 당 타석이 60.9개나 됐다. KBO리그 출범 이후 42시즌 가운데 역대 6위에 해당할 정도로 홈런이 나오지 않은 시즌이었다.

타격 지표가 하향하고 득점력이 떨어지면 득점을 올릴 수 있는 다른 방법이 동원된다. LG는 지난해 '뛰는 야구'를 선언하면서 도루 166개를 기록했다. 성공률을 둘러싼 논란이 있었지만 팀 전체가 적극적인 야구를 하는 효과는 분명했다.

이번 시즌 도입되는 ABS 시스템, 시프트 제한 등의 제도는 홈런 수를 높이는 데는 별 영향을 주기 어렵다. ABS 도입에 따라 스트라이크 존이 커지는 효과가 생긴다. 타자들은 보다 적극적인 콘택트 스윙을 해야 한다. 시프트 제한 역시 왼손타자로 하여금 홈런보다는 안타를 노리는 쪽으로 인센티브가 발생한다.

홈런이 줄어든다면 득점을 위해 주루의 영향력이 더 커질 수 있다. 여기에 베이스 크기가 확대되고, 전반기 시범 도입되는 피치클락 제도까지 고려한다면 도루는 각 팀의 득점력을 높이기 위한 주요 무기가 된다.

도루를 둘러싼 전쟁은 격화된다. 투수들에게는 불리하지만 프레이밍을 신경 쓰지 않아도 되는 포수 입장에서는 도루 저지에 더욱 집중할 수 있다. 프레이밍 강조 뒤 포수들은 한쪽 무릎을 땅에 대는 캐칭 포즈를 취했는데, 이제 송구를 더욱 잘 하기 위한 자세로 바뀔 것으로 보인다.

시프트 제한은 내야수들의 2루 커버를 오히려 용이하게 만든다.

2루 베이스 위의 전쟁이 더욱 치열해질 2024시즌이 기대된다. 야구에서 가장 역동적인 장면 중 하나다.

7

빠른 공의 시대, 구속의 가치는 더욱 높아진다

2023시즌을 앞두고 치러진 WBC에서 KBO리그가 절실하게 깨달은 건, 투수들의 구속 차이였다. '우물 안 개구리'였던 KBO리그가 '제구'를 부르짖으며 투구의 완성도를 한쪽으로 치우쳐 계산하고 있던 반면, 일본은 물론 세계 야구 전체는 보다 빠른 공을 던지기 위해 노력했고, 계산했고, 성과를 냈다.

KBO리그 역시 본격적으로 구속 증가를 위해 노력했지만 단숨에 성과가 나지는 않는다. 2021시즌 142.9㎞였던 KBO리그의 속구 평균 구속은 2022시즌 144.2㎞로 빨라졌고, 2023시즌에는 이보다 살짝 줄어든 143.8㎞를 기록했다.

하지만 젊은 투수들의 구속 성장은 눈에 띄는 수준이다. 25세 이하 오른손 정통파 투수들의 속구 평균 구속은 2022시즌 145.5㎞였고, 2023시즌에도 별 차이 없는 145.2㎞다. 빠른 공을 던지는 오른손 정통파 젊은 투수들은 성장 중이다. 리그에 새로 들어오는 루키들의 구속도 과거와 달리 상당히 빨라져 있다.

2023시즌 25세 이하 오른손 정통파 투수들의 속구 구사율이 47.9%로 직전 시즌(2022)의 45.1%에 비해 늘어난 것도 의미 있는 변화로 보인다.

지난 시즌 전체 투수 중 평균 구속 145㎞ 이상을 기록한 투수는 50이닝 이상 기준으로 했을 때 41명으로 전년보다 2명 늘었다.

겨울을 보내면서 투수들은 구속 증가를 위한 프로그램을 보다 많이 소화하고 있다. 구단들은 유망주 투수들에게 드라이브라인으로 대표되는 해외 시스템을 접목한 훈련에 큰 투자를 했다. 야구의 트렌드는 힘을 바탕으로 한 승부로 변화하고 있고, 투고타저의 흐름이 강화되는 가운데 구속은 더욱 강력한 무기가 되고 있는 중이다.

데이터가 쌓이면서 보다 빠른 공을 던지면서도 부상을 막는 여러 가지 노하우가 더해지고 있다. 건강한 상태에서 더 빠른 공을 던지는 방법들이 여러 노력을 통해 개발되는 중이다. 사실상 스트라이크 존 확대를 의미하는 ABS 도입은 구속의 가치를 더욱 높인다.

투수들의 구속 증가는 타자들의 대처 능력에도 영향을 미친다. 야구는 투수와 타자들이 서로 파워와 기술을 발전시킴으로써 성장을 만들어내는 종목이다.

야구 중계의 변화
"2차 저작물 생산이 가능해진다"

2024시즌은 야구팬들에게 조금은 달라진 경험을 안길 전망이다. 그동안 익숙했던 '네이버'가 아니라 '티빙'을 통해 온라인 중계를 볼 수 있다.
KBO는 유무선 중계권 사업자 입찰을 통해 우선 협상자로 CJ ENM의 티빙을 선정했다. 2024시즌부터 2026시즌까지 3시즌 동안 연평균 450억 원을 지급하는 계약이다. 세부 조건은 조율 중이지만 지금까지 알려진 바에 따르면 온라인 중계는 티빙을 통해 이뤄질 전망이다. 네이버의 중계 방식에 익숙했던 야구팬들은 이제 티빙 중계를 통해 야구를 봐야 한다.
당초 티빙의 온라인 중계권 재판매 여부가 관심을 모았지만 티빙은 자체 플랫폼을 활용해 야구를 '독점 중계'할 것으로 알려졌다. 네이버 등 경쟁사에 중계권을 재판매 할 경우 중계권 관련 비용은 어느 정도 회수할 수 있지만 티빙 플랫폼 사용유도 목표에는 악영향을 줄 수 있다는 판단이다.
OTT의 경쟁이 치열해지는 가운데 스포츠 콘텐츠에 대한 관심은 높아지고 있다. 넷플릭스와 디즈니플러스, 아마존프라임, 애플TV 등 해외 OTT들은 프로스포츠 중계권에 천문학적인 돈을 쏟아 붓고 있다. 넷플릭스는 최근 WWE 중계권을 거액에 계약했다.
온라인 야구 중계권 연간 450억 원은 큰 금액이지만 최근 치솟은 드라마 제작비를 고려하면 그다지 비싸지 않다는 평가를 받는다. 드라마를 2~3편 정도 제작하는 비용이라 본다면 매일 5경기, 3시간 안팎을 책임지는 KBO리그 콘텐츠는 오히려 싸다고 할 수 있다.
다만, 유료화 여부를 두고는 치열한 눈치싸움이 벌어질 전망이다. 케이블TV 등을 통해 야구를 볼 수 있는 상황에서 온라인 중계 유료화는 쉽게 내리기 어려운 결정이다.
과거와 달리 비싼 투자가 이뤄진 상황에서 류현진의 복귀는 중계권을 가진 티빙에게 상당한 호재다. 류현진 경기를 중심으로 한 부분 유료화 카드도 만지작거릴 법 하다.
일단 티빙은 하이라이트 영상을 이용한 2차 가공에 대해 전향적 태도를 가질 전망이다. 팬들의 영상 참여폭이 확대된다면 프로야구를 둘러싼 이야깃거리가 더욱 풍성해질 수 있다.

9

이정후, 고우석, 김하성

류현진은 돌아왔지만 '바람의 손자' 이정후가 자이언츠 유니폼을 입었다. 리그 최고 마무리 투수였던 고우석도 LG를 떠나 김하성과 샌디에이고 유니폼을 함께 입는다.

내셔널리그 서부지구는 '한일 맞대결'의 장이 될 전망이다. 자주 붙는 만큼 팬들의 관심도 커진다.

이정후는 샌프란시스코 자이언츠와 6년 1억3,000만 달러에 계약했다. 이번 겨울 야수 계약 중에는 손가락에 꼽히는 대형 계약이다. 현지에서는 '오버페이'에 대한 우려의 목소리도 나오지만 이정후의 리그 적응력, 성장 가능성을 고려하면 샌프란시스코의 기대에 응답할 가능성은 매우 높다.

메이저리그 투수들의 빠른 공에 대한 적응력, 외야 수비 능력 등에서 증명할 것들이 남아 있지만 KBO리그 초기 성장세를 고려하면 그리 오래 걸리지 않을 전망이다.

김하성은 2024시즌을 앞두고 주전 유격수로 자리를 옮겼다. 김하성의 리그 최고 수준의 수비 능력을 보다 잘 활용하는 것은 물론, 계약기간 마지막 해를 맞는 김하성의 '몸값'을 끌어올려 트레이드 카드로 활용하겠다는 샌디에이고의 '의도'가 담겼다. 김하성이 시즌 중 어느 팀으로 트레이드 될지 살펴보는 것도 2024시즌 관전 포인트다.

샌디에이고 불펜에서 뛰게 될 고우석도 메이저리그에서 점점 커지고 있는 불펜 중요성을 고려하면 첫 시즌 활약이 매우 중요하다.

이들이 함께 뛰는 내셔널리그 서부지구는 매일 뜨거운 대결이 펼쳐질 전망이다. LA 다저스에서 뛰는 오타니 쇼헤이, 야마모토 요시노부 듀오와, 이정후, 김하성, 고우석 트리오의 대결은 주목받을 수밖에 없다. 이정후는 2020 도쿄 올림픽에서 야마모토를 효과적으로 공략한 바 있다. 한일 맞대결은 2024시즌을 뜨겁게 만드는 요소다.

샌디에이고에서 뛰는 다르빗슈 유, 마쓰이 유키 등 일본인 투수들과 이정후와의 대결도 관심을 모은다. 내셔널리그 서부지구는 '한일 대결'의 장이다.

개막전은 3월 20~21일 고척 스카이돔에서 다저스와 샌디에이고의 대결로 열린다. 3월 29일 샌프란시스코와 샌디에이고가 미국에서 열리는 개막전의 테이프를 끊는다. 4월3일부터 샌프란시스코는 다저스와 맞붙는다.

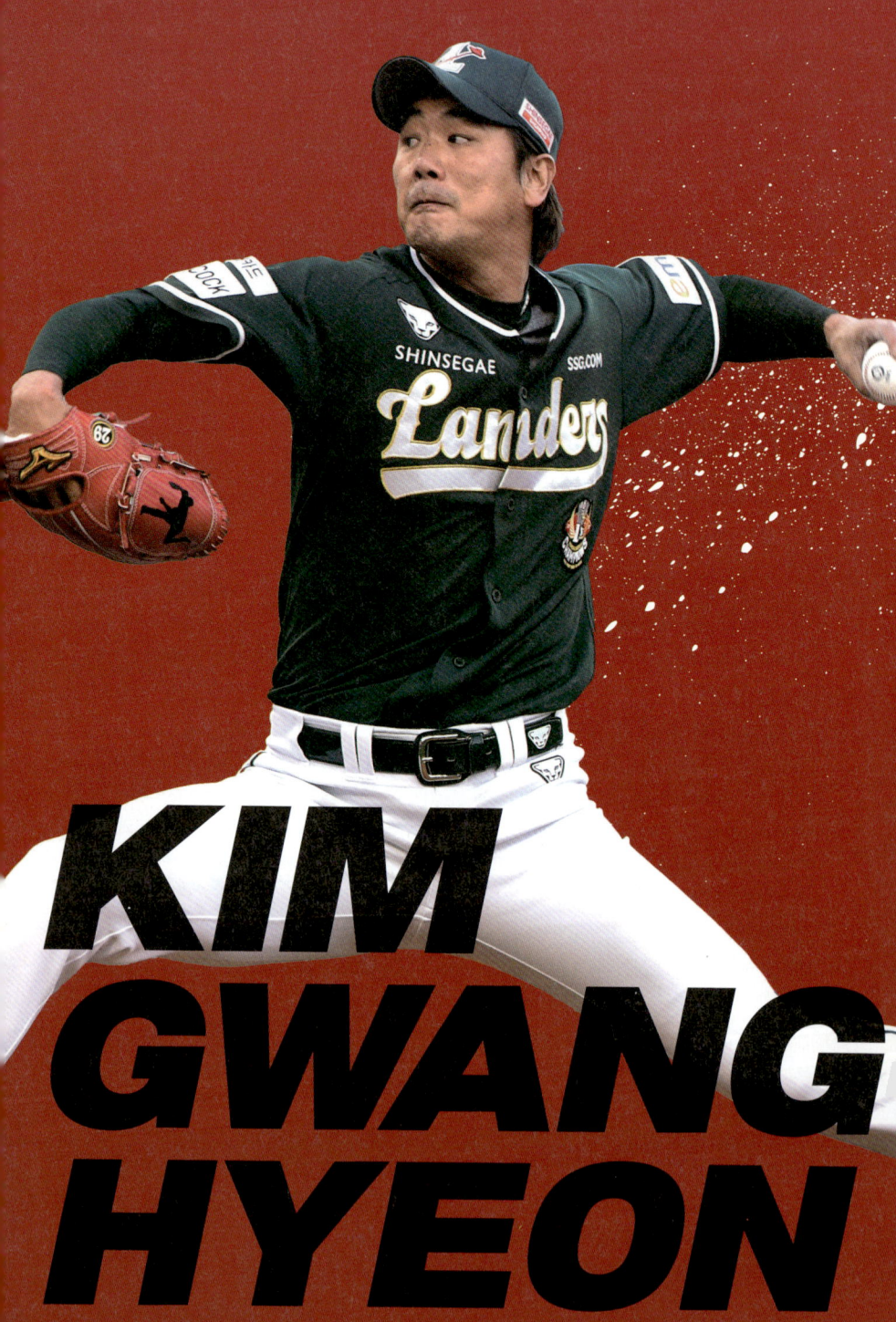

프리미어12,
한국야구는 달라져있을까

최근 수년간 한일 야구 맞대결은 한국 야구에게 치욕에 가까웠다. 기대를 모았던 2020 도쿄올림픽에서 한국 야구는 석패했다. 아쉬운 패배여서 더욱 안타까웠지만, 실력 차이는 뚜렷했다. 2023년 열린 WBC에서도 4 : 13으로 대패했다. 2015년 프리미어12 준결승(결선 토너먼트 4강 2경기)에서 극적인 4 : 3 역전승을 거둔 이후 한국 야구 대표팀은 일본 대표팀을 한 번도 이기지 못했다.

항저우 아시안게임에서 일본을 꺾고 금메달을 따기는 했지만 일본 대표팀이 사회인 팀으로 구성됐다는 점에서 의미가 다르다.

패배가 이어지는 동안 일본 대표팀과의 실력 차이가 뚜렷했다. 마운드의 구속 차이도 컸지만 타격의 파워에서도 한국 대표팀이 그동안 갖고 있던 강점은 사라졌다. 일본 타자들은 이제 파워와 정교함을 모두 갖췄다.

실력차이가 줄어들었는지, 혹시 뒤집을 수 있는지를 살펴볼 수 있는 대회가 11월에 열린다. 2024 프리미어12가 11월 일본에서 예정돼 있다. 한국 대표팀은 류중일 감독이 이끈다.

프리미어12는 메이저리거들의 참가 가능성이 희박하지만, 제대로 된 국가대표의 맞대결로 관심을 모은다. 추신수, 김광현, 류현진이 모두 뛸 수 있는 형식적 조건도 갖췄다. 문동주를 중심으로 한 젊은 투수들의 활약도 기대해볼 수 있다. 무엇보다 수차례 일본전 패배를 통해 반성을 이어 온 한국 야구가 그 동안 얼마나 달라졌는지 확인해 볼 수 있는 무대다.

류중일 감독은 APBC 대회, 아시안게임 대표팀을 이끌면서 한국 야구 대표팀의 세대교체를 이어가고 있는 중이다. 이번 프리미어12 대회 역시 젊은 선수 위주로 꾸려질 전망이다. 이들이 세계 무대의 여러 팀을 상대로, 특히 일본을 상대로 어떤 경기를 펼치느냐가 가장 중요한 관전 포인트다.

KBO리그는 ABS 도입 등 여러 가지 제도 변화를 시도한다. 그 제도의 변화가 프리미어12에는 반영되지 않는다. 그 사이의 '갭'을 어떻게 메울지도 류중일 감독이 한 시즌 동안 풀어야 할 숙제다. 어쨌든, 이제 조금은 달라진 대표팀을 보고 싶은 것이 많은 야구팬들이 바라는 일이다.

선수로서, 단장으로
LG 트윈스의
우승 역사를 함께한
차명석 단장 인터뷰

경기 끝까지 초조한 표정을 풀지 못했던 LG 차명석 단장은 배정대의 타구가 신민재의 글러브에 들어간 것을 확인한 뒤에야 환하게 웃었다. 두 손을 번쩍 들었고 오른쪽에 있던 구광모 구단주를 향해 돌아서 힘껏 끌어안았다.

차명석 단장은 1994년 LG의 마지막 우승 때 불펜 투수 중 한 명이었다. 2승 3패, 1세이브를 거뒀다. "그때만 해도 다음 우승이 이렇게 오래 걸릴지 전혀 알 수 없었다. 계속 포스트시즌에 올랐고, 한국시리즈를 두드렸다. 금방 또 한 번 할 줄 알았건만 29년이 흘렀다"라고 말했다. 선수로서 우승을 거둔 차명석은 세월이 흘러 단장으로 LG의 우승을 '만들었다.'

우승을 한 건 현장 감독과 선수들의 역할이지만, 그 우승의 밑거름을 만들고 채운 것은 단장을 중심으로 한 프런트의 역할이었다.

차 단장은 "2년 연속은 진짜 힘든 일"이라면서도 "그 어려운 걸 하기 위해 열심히 뒷받침하고 있다"고 말했다. 시범경기를 앞두고 애리조나 캠프에 있던 차명석 단장과 나눈 이야기.

2년 연속 우승 준비는 잘 되고 있나

차 2년 연속 우승은 진짜 어려운 일이다. KBO리그에서도 2016년 이후로는 연속 우승을 한 팀이 없다. 메이저리그에서도 1998~2000년까지 뉴욕 양키스가 3년 연속 우승을 차지한 이후에는 연속 우승이 없었다. 이번에 NFL 캔자스시티 치프스가 2년 연속 우승을 했다고 하지만, 진짜 어려운 일이다.

우승 후유증이 있는 걸까

차 농담을 좀 보태자면, 우승을 하면 모두들 일단 기뻐한다. 그런 다음 우승 선물을 기대하게 된다. 전쟁에서 이기면 논공행상을 해야 하지 않나. 그 모든 기대치를 채울 방법은 없다. 고대 역사를 보더라도 항상 그런 문제가 발생하지 않았나(웃음). KBO리그는 우승 인센티브에 대한 규정이 정해져있다. 그 규정 안에서 인센티

브를 지급하는 일이 정말 어렵더라. 어떻게 나눠주든 욕을 먹지 않을 방법은 없다. 그러니 욕은 내가 먹는 게 제일 낫다(웃음).

또 다른 어려움이 있다면

차 물론, 우승을 하면 우승을 했다는 자신감이 생긴다. LG는 아주 오랫동안 우승에 대한 압박이 있었는데, 그런 압박으로부터 자유로워진 측면도 있다. 대신 우승팀을 향한 다른 팀들의 견제가 들어온다. 다른 팀들은 전력이 좋아지고, 우승팀에게는 우승팀에 맞는 형태의 견제가 들어온다. 이를테면-

이를테면?

차 LG의 강점은 뎁스다. 2차 드래프트가 있지 않나, 시작하자마자 LG 선수들이 다 빠져나갔다. NC, SSG, LG 등이 한도 4명을 채웠는데, 1라운드에서만 LG 선수 3명이 지명됐다. 2라운드 1번도 LG 선수였다. 1라운드 보상금이 4억 원이었는데, 그 돈을 쓸 만한 선수들이었다는 얘기다.

2차 드래프트 1라운드에서 한화가 LG 이상규를 지

명했고, 삼성이 LG 최성훈을, 두산이 LG 포수 김기연을 택했다. 2라운드에서 키움은 LG 투수 오석주를 선택하면서 일찌감치 한도 4명을 모두 채웠다. LG는 보상금으로만 14억 원을 받았다.

차명석 단장은 LG 단장 부임 이후 퓨처스리그 뎁스 강화에 힘을 쏟았다. 주전 라인업의 '액면'이 아닌, 어쩔 수 없이 생기기 마련인 빈자리를 채울 대체선수의 수준이 팀의 성적을 결정하기 때문이다. 리그 전체의 선수층이 얇은 가운데 뒤를 받치는 선수들의 양과 질이 결정적 역할을 한다.

LG의 우승 이후 많은 팀들이 더욱 더 뎁스에 집중하고 있다. 2차 드래프트 결과도 이를 보여준다고 본다. 차 단장에게 뎁스란 무엇인가.

차 많이들 오해하고 있는 점이 '뎁스'를 유망주 육성으로 한정한다는 것이다. 신인, 육성선수를 뽑아서 얼마나 효과적으로 빨리 성장시켜 주전급으로 만드느냐, 이걸 뎁스라고 생각하는 경우들이 있는데, 실제 야구단 운영에서 뎁스의 개념은 다르다. 육성도 중요하지만 실제 필요한 부분에 쓸 수 있는 선수를 얼마나 확보할지가 중요하다. 나이는 중요하지 않다. 우리 팀에 부족한 부분, 쓰임새가 있는 선수를 모으는 것이 실제 뎁스다. 김진성이 없었다면 우승도 힘들지 않았을까. 이번 2차 드래프트에서 구단들 움직임을 보면, 마냥 어린 유망주만 데려간 게 아니다. 당장 필요한, 구멍이 생길 것 같은 역할에 쓸 수 있는 선수를 채웠다. 그게 뎁스다. 메이저리그는 풀이 넓고 깊지만 KBO리그는 그렇지 않다. 뎁스를 유지하기 위해서는 우리 팀에 어떤 선수가 필요한지 살피는 눈이 필요하다. 단장의 가장 중요한 역할이라고 본다.

뎁스를 위한 퓨처스 운영 노하우도 궁금하다. 선수들의 그레이드는 어떻게 나누는지.

차 LG 퓨처스는 매달 공유회의를 한다. 코치들이 선수 성장 과정, 방향 등에 대해 논의하는 자리다. 여기서 선수들의 그레이드를 지정하고 관리한다. 1군에 문제가 생겼을 때 바로 투입할 수 있는 즉시 전력감, 2년 이내 1군 진입이 가능한 근접 육성 선수, 2년 이상 장기적으로 성장시켜야 하는 장기 육성 선수 등으로 나뉜다. 이 그레이드에 따라 관리하고 성장시키는 방식이 바뀐다.

예를 들어 보자. 만약 주전 2루수가 부상으로 빠졌다. 그렇다면 1군 백업 내야수를 주전으로 쓰고 2군의 내야수를 백업으로 쓰는 게 맞을까. 아니면 1군 백업은 백업대로 두고 2군에서 주전감으로 키우던 선수를 1군에서도 주전으로 쓰는 게 맞을까.

차 좋은 질문이지만, 팀 상황에 따라 달린다. 승률에 다소 여유가 있고, 나머지 8개 포지션이 안정적으로 운영되는 팀이라면 당연히 2군의 근접 육성 선수를 주전으로 쓰는 게 좋다. 아무래도 1군 내야 백업은 수비에 강점이 있는 선수이고, 2군 근접 육성 선수는 타격도 가능한 선수다. 주전을 향한 확실한 메시지가 될 수 있고 새로운 스타가 만들어질 수도 있다. 하지만 5할 승부, 5위 언저리의 순위 싸움을 벌이는 팀이라면 아직 덜 여문 근접 육성 선수에게 주전 기회를 주기 어렵다. 나머지 포지션도 흔들리는 상황에서 물음표가 붙은 2~3명의 선수를 데리고 하루하루 승부를 끌어가기란 어려운 일이다.

새 시즌을 준비하면서 로스터에 여러 가지 변화가 있었다. 고우석이 메이저리그에 진출했다. 이정후에 비하면 포스팅 결과, 금액에 큰 차이가 있었는데(이정후 6년 1억1,300만 달러, 고우석 2년 250만 달러).

차 본인의 의지가 워낙 강했다. 여러 가지를 고려했지만 고우석 스스로의 진출 의지가 강했고,

구광모 구단주님이 선수의 뜻을 살펴 통 크게 결정을 내려 주셨다.

김민성의 사인 앤 트레이드가 있었다. 김민수가 왔다

차 고우석이 그랬던 것처럼 김민성의 의사가 중요했다. LG에서는 주전으로 뛰기 어렵다. 롯데에서는 주전으로 뛸 가능성이 높고, 김민성도 롯데로부터 그런 메시지를 받은 것으로 알고 있다. 김민수는 롯데가 제안한 카드였고, 받을 만했다고 본다. 감독님도 좋다고 하셨다.

ABS, 피치클락 등이 도입된다. 실행위원회 반발은 없었나.

차 KBO의 의지가 워낙 강했다. 우리 팀에만 적용되는 것 아니고 모든 팀이 같은 조건이기 때문에 특별한 유불리는 없다고 생각한다. 현장에서 준비를 잘 하고 있다.

피치클락은 피치컴(사인 교환 전자기기)과 세트로 움직여야 할 것 같은데.

차 안 그래도, 애리조나 캠프에서 피치컴을 구매해서 테스트하고 있다. 아까도 엔스와 박동원이 훈련할 때 피치컴으로 사인 교환하면서 공을 던지고 받았다. 단장의 역할은 그런 장비 지원 아니겠나(웃음).

과거 빌리 빈 오클랜드 단장이 그런 얘기를 했다. 자기는 캠프 때 3월의 잔디가 제일 푸르게 보인다고. 팀 세팅 잘 끝내놓고, 두근두근 기다리는 기간이니까. 정작 시즌이 시작되면 또 바빠지고.

차 그때 빌리 빈 팀의 구성이 잘 됐던 모양이다(웃음). 시즌 개막을 앞두면 항상 긴장된다. 잘 키운 자식 결혼시키는 느낌이랄까. 노력을 하긴 했는데, 실제 결과가 어떻게 나올지 모르니까. 살다가 부족한 부분 생기면 뭐라도 해 줘야 하지 않나. 반찬이라도 싸 주든지(웃음). 아무래도 캠프가 시작되면 감독님의 역할이 더 많고 중요해진다. 단장은 또 어떤 걸 준비해야 하나 고민하는 입장이고.

소통에 능한 단장이다. 유튜브는 계속 되나

차 물론 계속한다. 분기마다 한 번씩 팬들을 찾아 뵐 예정이다.

차명석 단장은 지난해 우승 뒤 인터뷰에서 2년 연속 우승에 대해 이렇게 말했다.
"첫 번째 우승은 실력이지만, 두 번째 우승은 철학이 더 중요하다"
우승 전력은 어디론가 사라지지 않지만 자칫 나태함이 자리 잡을 수 있고, 또 우승할 거라는 막연한 기대감이 팀의 활력을 떨어뜨릴 수 있다. 우승 자체가 목표가 아니라 우승을 향해 움직이는 가치를 정립해야 한다는 뜻이다. 충실한 뎁스는 LG가 만든 방향이었고, 그 방향을 유지하고 강화하는 쪽으로 차명석 단장은 움직이고 있다.

'꽃' 같은 나이의 80년대 감독 등장
KIA 타이거즈 새 사령탑 이범호 감독

    KBO리그에 80년대에 태어난 감독 세대가 열렸다. KIA 타이거즈 지휘봉을 들고 2024시즌 우승에 도전하게 될 이범호 신임 감독. 파격이라 하기에는 이미 준비된 지도자에 가까운 그가 그리는 그라운드는 어떤 모습일까?

    KIA의 스프링캠프 출발을 앞두고 KIA에 대형 악재가 터졌다.

    지난시즌 KIA를 흔들었던 장정석 단장의 '금품 요구 논란'이 다시 한 번 수면 위로 드러났다. 장 전 단장의 수사과정에서 김종국 감독이 후원업체로부터 금품을 받은 정황이 확인돼, 배임수재 혐의로 구속영장이 청구됐다. 결국 구단은 '품위손상'을 이유로 계약을 해지했고, KIA의 2024 스프링캠프는 감독 없이 시작됐다.

    처음 호주를 스프링캠프지로 선택한 KIA는 캔버라 나라분다 볼파크에 캠프를 마련하고 시즌 준비에 나섰다. 뜻밖의 사건에 무거운 표정으로 호주행 비행기에 올랐던 선수들은 프로답게 흔들리지 않고 캠프를 소화했다. 캠프는 물 흐르듯 흘러갔지만 시선은 '감독'에 쏠렸다.

    타이거즈 왕조를 상징하는 김응용 감독을 제외하면 이런저런 이유로 후임 감독들은 임기를 채우지 못하고 자의·타의로 번번이 자리에서 물러났다. '감독 잔혹사'를 끊고 안정적으로, 또 장기적으로 팀을 만들어갈 수 있는 지도자를 찾는 게 구단의 우선 과제가 됐다.

    극비리에 진행된 감독 선임 과정, 2월 13일 오전 훈련이 끝난 뒤 캔버라 캠프에 미팅이 소집됐다. 둥글게 자리를 잡은 선수들 앞에 새 감독이 섰다.

    KIA는 이날 이범호 타격 코치를 타이거즈 제11대 감독으로 선임했다. 이범호 '감독'으로 첫 행보는 캠프에서 진행된 상견례였다.

KIA의 선택, 연속성으로 왕조 기반 다지기

KIA는 올시즌 많은 이들이 주목하는 '우승 후보'다. 이제는 확실한 주전으로 자리한 톱타자 박찬호와 2년의 경험을 통해 잠재력을 보여준 김도영이 이끄는 뛰는 야구, 나성범이 버티고 있는 파괴력 있는 베테랑 중심타선, 김선빈도 FA 계약을 해 쉴 틈 없는 타선은 건재하다.

'젊은 마운드'도 KIA가 공들여 만들어 놓은 자산이다. 투수 영입에 공을 들이면서 선수층을 두텁게 만들었고 정해영, 이의리, 윤영철 등이 프로 첫해부터 잇달아 포텐을 터트리면서 마운드 성장 속도를 앞당겼다. 이 '좋은 멤버'를 어떻게 끌고 갈 것인가, 어떻게 꾸준한 팀을 만들어 갈 것인지가 구단이 우선 찾는 답이었다.

"선수들을 옆에서 가장 잘 봐왔다. 감독 면접 인터뷰 때 질문도 그 부분에 관한 것이 많았다. 좋은 멤버를 어떻게 끌고 가서, 성적을 낼 것인지 많이 물어보셨다. '선수들이 그라운드에서 웃으면서 마음껏 뛸 수 있도록 하고 싶다'라고 말씀드렸다."

선수 이범호의 시작은 한화 이글스였다. 대구고를 졸업하고 2000년 한화에서 프로에 데뷔한 그는 2010년 일본 소프트뱅크 호크스를 거쳐 2011년 KIA 유니폼을 입었다. 어느새 자신의 야구 인생에서 가장 오랜 시간을 보낸 곳이 KIA가 됐다. 주장으로 동료들의 신임을 얻었고, 퓨처스 총괄코

치로 지도자 수업도 확실히 받았다. KIA를 잘 아는, 전력을 그대로 끌고 갈 수 있는 적임자로 선택받은 이유다.

"타이거즈라는 팀에 올 수 있었던 것도 영광이었고 선수·코치로 14년이라는 시간 동안 한 팀에 몸담을 수 있었던 것도 영광이었다. 더 높은 자리에서 선수들과 이야기할 수 있게 됐는데 높은 자리라고 생각하지 않고 같은 자리에서 같이 움직인다고 생각하겠다."

=='주장 같은 감독' 새로운 리더십으로 만들 무대 사령탑으로 처음 선수들과 마주해 이야기한 것은 '타이거즈 색'이었다.==

그는 "여기 계신 분들과 야구를 할 수 있어 영광이다. 우리가 운동하던 그 느낌 그대로 훈련해 줬으면 한다"라며 "지금까지 KIA 타이거즈라는 팀이 가지고 있었던 색을 확실히 바꾸려고 한다. 여러분들이 하고 싶은 대로 야구장에서 야구하면 된다. 이것 하지 마라 저것 하지 마라 이런 말은 안 할 것이다"라고 밝혔다.

이어 "하고 싶은 것 다 하면 된다. 지켜야 할 예의는 베테랑 선배들이 워낙 잘 아니까 기분 좋게 갈 수 있을 거라 생각한다. 우리 멤버가 워낙 좋으니 나도 선수들을 믿겠다. 그러니 선수들도 코칭스태프와 나를 믿어주면 좋겠다. 올시즌 꼭 우승할 수 있도록 물심양면으로 돕겠다. 선수들도 많이 도와달라. 선수들에게 모든 게 달려있다. 열심히 노력하겠다"라고 덧붙였다.

선수가 주인공이 되는 무대를 만들겠다는 게 이범호 감독의 구상이다. 거침없이 실패하고 또 성공하면서 실력과 승리를 만들어가는 타이거즈를 꿈꾼다.

"팀에 '하지 말라'가 많았던 것 같다. 선수들은 막으면 말을 하지 않는다. 하고 싶은 대로 하라고 하면 긍정적인 결과가 많아진다. 그간 소리를 지르고 싶어도 지르지 못하는 선수들이 우리 팀에 많았다. 하고 싶은 대로 소리 지르면서 해보라고 했을 때 선수들의 능력치가 어느 정도가 될지 보고 싶다."

그가 그리는 모습 중 하나는 '주장 같은 감독'이다. 결국 야구는 선수가 하는 것. 감독은 선수들이 최고의 플레이를 할 수 있도록 판을 깔아준 다음, 어떤 경기를 만들어 갈지 결정하고 그라운드에 오를 선수들을 선택하는 것이다. 선택의 결과는 감독의 몫이다.

"주장일 때 느낌 그대로의 감독이라면 선수들도 거부감이 없을 것이다. 내가 감독님께 가서 '이렇게 해주셨으면 좋겠다' 말했던 것처럼, (나)성범이 날 찾아와 뭘 해달라, 하면 얼마든지 들어줄 수 있다. 그게 팀에 가장 좋다. 선수들은 하고 싶은 플레이를 하면 된다. 삼진 먹었다고 내 눈치 볼 필요 없다. 내가 선택해서 시합을 내보낸 것 아닌가. 결과가 안 좋다면 감독의 선택이 잘못된 것이다. 감독이 인상 쓰거나 혼내면 그다음 타석까지 영향이 생긴다. 그런 부분을 최소화하고 싶다."

==시험대에 오른 80년대 감독? "준비 다 됐다"
이범호 감독은 선수 시절부터 주장으로 남다른 리더십을 보여주면서 감독감으로 꼽혔다. 일본 프로야구(NPB) 소프트뱅크 호크스와 메이저리그(MLB) 필라델피아 필리스에서 코치 연수를 받았고, 2021시즌에는 퓨처스 총괄코치를 맡아 전반적인 팀 운영도 경험했다. 물론 이런 이력이 있다 해도 '돌발변수'로 인해 일찍 찾아온 기회인만큼 우려의 시선도 있다.==

"너무 빠른가? 그런 생각이 먼저 들기도 했다. '나한테 기회가 오겠어?'라는 생각도 했다. 하지만 어떤 타이밍에, 어떻게 감독이 될지는 아무도 모른다. 어떤 타이밍이 빠르고, 어떤 타이밍이 느린 건지 잘 모르겠다. 늦게 한다고 잘 된다는 보장은 없다. 빨리한다고 해서 안 된다는 것도 없다. 좋은 코칭스태프를 모시고 함께한다. 빠른 감은 있을 수 있겠지만 준비가 안 되지 않았다. 선택이 틀리지 않았다는 것을 보여줘야 한다. 선수들만 믿고 가겠다."

지도자로서 여러 다양한 경험을 했지만 퓨처스 총괄코치로 보낸 시간이 그에게는 가장 큰 자산이 됐다.

"2군을 총괄하며 경기 운영을 경험한 게 큰 도움이 됐다. 어떤 타이밍에 작전을 내야하고 어떤 타이밍에 끊어야 하는지 배웠다. 처음에는 한 박자씩 늦었다. 늦는 것보다는 빠른 게 좋다는 걸 배웠고. 생각은 바로 행동으로 옮겨야 된다고 많이 느꼈다."

여러 시선 속에 타이거즈의 전면에 서게 된 이범호 감독. 늘 꿈꿔오던 지도자의 모습 그대로 가겠다는 생각이다.

"예전부터 '감독 자리에 가면 달라지지 말자'라는 주관이 있었다. 혼자 할 수는 없다. 다 같이 힘을 모아야 팀이 잘 돌아간다. 이 부분에 가장 중점을 둘 생각이다. 선수 때와 비교해도 성향이 바뀐 것은 없다. 긍정적인 편이다. 타격코치 때도 '잘 치고 와' 이런 말보다 '못 쳐도 상관없어'라는 말을 많이 했다. 긴장감은 있어야 하지만 부담감이 없으면 확실히 좋은 성적이 나온다. 투수들은 볼넷 압박이 제일 클 것이다. '볼넷 던지면 어떻게 하지' 생각하고 던지는 것과 '볼넷을 줘도 알아서 바꿔주시겠지'라는 마인드로 던지는 것은 다르다. 긍정적인 마인드에서 이야기하려 한다."

시작은 좋다. 감독 선임 소식을 들은 선수들은 '엄지 척'을 내밀며 밝은 표정으로 새 사령탑을 반겼다.

"거창한 꿈은 없다. 잘하는 선수가 간절함을 갖는 게 얼마나 중요한지 요즘 많이 느낀다. 선수들이 그라운드에 나가고 싶어 하고, 출전해서 간절하게 플레이할 수 있도록 만들어주고 싶다. 그럴 수 있다면 나중에 거창한 꿈이 결과로 나타나지 않을까 싶다. 잘 꾸려져 있는 팀에 억지로 내 색깔을 넣어봤자 팀은 반대로 가게 된다. 팀이 가지고 있는 색에 더 좋은 색을 입히겠다. 우리 선수들은 순한 성격이 많은데, 센 것이 자꾸 들어가면 눈치를 보게 된다. 선수들이 알아서 할 수 있도록 하겠다."

우승 적기를 맞은 2024시즌. 새 사령탑은 오히려 할 일이 없단다.

"경기를 뛰는 것만 준비하면 알아서 좋은 성적을 낼 수 있는 멤버들이다. 멤버가 좋으니까 경기 운영을 할 게 있나 싶다. 몸이 안 좋다고 할 때 조금씩 변화를 주는 것 말고는 크게 할 일이 없을 것 같다. 선수들이 그라운드에서 나가고 싶은 상황을 만들겠다. 돌아보면 2017년 우승했던 그때가 가장 그립다. 이 선수들하고 함께 또 한 번 그런 순간을 맞이하고 싶다. 그 상황이라면 내가 어떻게 해야 할지를 돌아보게 된다. 선수들은 잘하는데 내가 못하면 어떡하나 걱정도 없지 않다. 선수들이 가지고 있는 실력에 걸맞게 나도 잘 준비해야 할 것 같다. 선수로서 우승은 1번 밖에 하지 못했다. 감독으로는 많이 우승하고 싶다. 더 노력하겠다."

LG 트윈스 29년 숙원을 이룬 사령탑 염경엽 감독과의 일문일답

 6 : 2로 앞선 9회말 2사. 볼카운트 2-2가 되자 팬들은 일제히 스마트폰을 들고 기다렸다. 화면과 야구장을 번갈아 쳐다보며 역사적 순간을 눈과 스마트폰에 담기 위해 집중했다. 더그아웃의 임찬규는 환하게 웃으며 뛰어나갈 준비를 마쳤다. 구광모 구단주는 두 손을 꼭 맞쥐고 그 순간을 기다리고 있었다.

 LG 마무리 고우석의 5구째 시속 152㎞ 속구가 스트라이크존 인하이 코스로 파고들었고, 배정대가 건드렸지만 내야를 넘기 힘들었다. 잔걸음으로 스텝을 밟은 2루수 신민재가 이를 가볍게 잡아냈다. LG의 오래 묵었던, 29년 만의 한국시리즈 우승이 확정되는 순간이었다. 선수들이 마운드 위로 뛰쳐나왔고, 구광모 구단주도 만세를 부르며 자리에서 펄쩍 뛰었다.

 우승팀, 그것도 아주 오랜 세월이 걸린 우승팀의 새 시즌 목표는 당연히 우승일 줄 알았다. LG 염경엽 감독은 "목표는 올해 우승이 아니다"라고 했다. 깜짝 놀라 다시 물으니 "우승이 아니라 계속 우승하는, 매년 우승을 노리는 팀의 문화를 만드는 것"이라고 말했다.

 애리조나에서 이어진 스프링캠프 막판, 염경엽 감독과 전화 인터뷰로 시즌 준비와 전망, LG의 미래 등에 대해 이야기를 나눴다.

캠프 마무리 단계다. 시즌 준비는 잘 됐나.

염 사실 우승팀에게 가장 걱정되는 건 목표를 이루고난 다음 시즌의 흔들림이다. 허탈함과 만족감, 뿌듯함 등이 팀 전체에 묘한 영향을 주는 경우가 많다. 그런데, 선수들이 준비를 너무 잘 하고 캠프에 들어왔다. 깜짝 놀랐고, 너무 좋았다. 오히려 좀 살살하라고 주문해야 하는 선수들도 많았다.

새 시즌 목표는 무엇인가.

염 우승 다음 시즌, 새로운 목표가 필요하다. 또 우승하겠다는 목표는 목표로서의 효율이 떨어진다. 지난해 우승했으니 올해도 우승하겠지 정도에 머물 수 있다. 목표는 올해 우승이 아니다.

우승이 아니라고?

염 우승이 아니라, 계속 우승하는, 매년 우승을 노

리는 팀으로 바뀌어야 한다. 그래서 주전 선수들에게 '성장'이라는 목표를 부여했다.

꽤 화제가 됐다. 일반적으로는 유망주들에게 성장을 요구하지 않나.

염 유망주들의 성장은 당연하다. 팀이 더욱 강해지기 위해서는 주전들이 현상유지가 아닌 성장을 위해 움직이고 결과를 보여줘야 한다. 그것이 유망주 등 젊은 선수들에게 더 큰 자극과 본보기가 될 수 있다. 박동원, 박해민, 오지환, 김현수 등 주축 선수들이 그런 면에서 캠프 준비를 정말 잘 해왔고, 캠프에서도 정말 열심히 해줬다.

지난 시즌 뛰는 야구를 했다. 성공률 논란도 있었다.

염 숫자와 이론으로는 안 좋게 보일 수 있다. 하지만 뛰는 야구의 목표는 단순히 득점 가능성을 높이고자 함이 아니었다. 팀 전체가 모든 상황에서 '적극성'을 보이도록 하기 위한 일종의 방법론이었다. 1루에서는 항상 2루로 뛰기 위해 집중하고, 타석에서도 적극적으로 공을 때리는 데 집중하는 등 팀 문화 전체를 위한 선택이었다. 그게 LG가 추구하는 공격야구다."

공격야구? 물론 LG 공격력은 강한 게 맞지만.

염 공격적 야구라고 할 수 있다. 한 베이스 더 가기 위해 공격적으로 움직이고, 타석에서도 기다리기보다는 적극적으로 공을 때리는 야구다. 투수도 마찬가지다. 복잡한 수싸움으로 승부하기 보다는 적극적으로 스트라이크존을 공략하는 야구다. 그게 LG가 추구하는 야구이고, 가야 할

방향이라고 생각한다.

홍창기 2번 방침도 공격 야구의 일환인가

염 홍창기는 눈 야구로 알려져 있지만 지난해 달랐다. 한국시리즈 초반 초구를 적극적으로 때리면서 비난 받은 걸로 알고 있다. 하지만 그게 LG 야구고, 홍창기가 더욱 강한 타자가 될 수 있었던 야구다. 홍창기의 스탯은 2021년보다 2023년에 더 좋아졌다. (홍창기의 스윙률은 출루율 왕에 올랐던 2021년 35.8%였으나, 2023년 40%로 높아졌다. 초구 스윙률도 19.5%에서 23.6%로 높아졌다. 홍창기는 한국시리즈 1~2차전에서 8타수 무안타에 그쳤지만 3~5차전에서 12타수 7안타를 때렸다.) 박해민이 1번에 나서고 홍창기가 '강한 2번'으로 받친다. 박해민 도루 돕는다고 지켜보는 그런 일은 없다. 초구부터 적극적으로 방망이를 휘두르는 콘셉트다. 그것이 경기 초반 빅이닝을 만들 수 있다.

새 시즌 ABS가 도입된다. 공격적인 야구는 위험하지 않을까.

염 거꾸로다. 그래서 더욱 공격적인 야구가 필요하다. 타자 입장에서 존이 어떻게 바뀌었을까, 이게 스트라이크가 될까 고민하고 망설이면 오히려 힘들어진다. ABS라는 프레임에서 벗어나 칠 수 있는 공을 강하게 때리는 게 효과적이다. 투수 입장에서도 마찬가지다. 기존보다 넓어졌다고 하지만 넓어진 경계선에 던질 수 있느냐는 건 다른 문제다. 그런 점 신경쓰지 말고 보다 공격적으로, 기존의 존이라 생각하고 던지면 된다.

선수들의 성향을 공격적으로 고치는 게 쉽지 않은 일인 것 같다.

염 우리 팀이 바꾸고 있는 것 중에 하나가 바로 방금 얘기한 '고친다'라는 표현이다. 나를 포함해 우리 코칭스태프들은 '고친다'라는 표현을 쓰지 않는다. 프로에 온 선수들은 모두 야구선수로서 성공한 선수들이다. 자기가 잘 해온 길이 있다. 그걸 '고치는' 방식으로 접근하면 안된다. '고친다'라는 건 뭔가 '잘못됐다'라고 전제하는 것 아닌가. 투구 폼을 고치고, 스윙 궤적을 고치고. 그러면 안된다. 우리는 '고친다'라는 표현 대신 '채운다'라는 표현을 쓴다. 기존의 장점을 살리면서 부족한 부분을 채우는 방식이다. 투구 동작에서 부족한 부분을 채우고, 스윙 동작에서 모자란 부분을 채우는 것이다. 공격적인 성향 역시 채우는 거다.

접근이 신선하다.

염 우리 야구, 우리 사회도 마찬가지인데, 지금까지는 시키는대로 하는 방식에 익숙했다. 그러니까 잘못된 점을 고치는 방식으로 접근한다. 그러면 스스로의 성장이 더딜 수밖에 없다. 채우는 방식으로 접근해야 자기가 갖고 있는 장점을 알고, 그걸 채우는 방향으로 스스로 움직인다. 이걸 채우면, 다음에 또 뭘 채울까 하고. 그래야 선수들이 성장하고, 팀 전체가 성장한다.

팀 전력 얘기를 해 보자. 고우석, 이정용 등이 빠졌다. 이정용은 어쩔 수 없다 하더라도 감독 입장에서는 고우석의 미국 진출이 아쉬울 것 같다.

염 전혀 아니다. 구단은 포스팅 절차에 따른 계약 금액이 다소 낮은 편이어서 고민했던 것 같은데, 오히려 내가 단장님과 구단에 적극적으로 미국에 보내자고 얘기했다. 구단주님이 과감하게 결정을 해 주셨다.

고우석이 못 미더웠나(웃음).

염 물론 아니다(웃음). 고우석의 메이저리그 진출

이 다른 선수들에게 강한 동기부여가 될 수 있다고 믿었다. 고우석이 한두 시즌 더 뛰어주면 팀 전력에는 큰 도움이 된다. 하지만 고우석 한 명의 전력보다 고우석을 지켜보는 다른 선수들 전체의 성장이 우리 팀에는 더 큰 도움이 된다. 당장, 정우영의 눈빛이 달라졌다. 정우영에게도 목표가 생기지 않았나. 정우영이 엄청나게 노력하고 준비해서 캠프에 왔다. 볼 때마다 그만 좀 하라고 말릴 정도였다. 정우영뿐만 아니라 박명근, 백승현, 유영찬 등 젊은 선수들에게도 큰 동기부여가 됐다. 우리 팀은 메이저리그에 보내주는 팀이구나 하는 이미지가 투수는 물론 야수 쪽에서도 아주 큰 동기부여가 된다. 사실 히어로즈의 성장도 그런 식으로 이뤄졌다고 본다.

다. 제구가 흔들리면 부진할 수 있는 스타일이다. 그런 부분은 다듬으면 된다. 김용일 트레이닝 코치가 최원태 몸을 아주 잘 만들어 주셨다.

류현진도 왔고, 다른 팀들도 변화가 있다. LG의 2년 연속 우승을 위해 신경 쓰이는 팀이 있나.

염 KBO리그는 다른 팀 상황 보면서 리그 운영하면 어렵다(웃음). 메이저리그나 일본 프로야구처럼 선수층이 넓지 않기 때문에 우리 팀에 생길 수 있는 문제점, 빈자리 등에 대해 계속 시뮬레이션 해 가면서 대안을 찾아두는 게 중요하다. 우리 걸 열심히 하면 성적은 따라온다고 본다.

다소 얇아진 불펜 덕분에 선발 야구 쪽으로 무게 중심을 옮긴다고 했다.

염 켈리, 엔스에 임찬규, 최원태가 4선발까지 돌아가고 개막 초반에는 손주영이 선발에 들어갈 것으로 보인다. 김윤식은 조금 더 천천히 준비시킨다.

엔스에 대한 팬들의 기대감이 크다.

염 전체적으로 좋다. 특히 커브가 조금 다르다. ABS가 도입되면 아무래도 커브 활용도가 높아질 것으로 보이는데, 엔스의 커브가 괜찮다. 시즌을 치르면서 체인지업의 완성도가 높아지면 꽤 좋은 성적을 낼 것 같다.

그동안 국내 선발진이 조금 약했다.

염 임찬규가 벌써 145km 던진다. 몸을 진짜 잘 만들어왔다. 도대체 얼마나 준비를 열심히 했기에 (웃음). 최원태는 한국시리즈 부진 때문에 많이들 걱정하시는데, 원래 공 끝의 무브먼트로 승부하는 투수지 제구로 승부하는 투수가 아니었

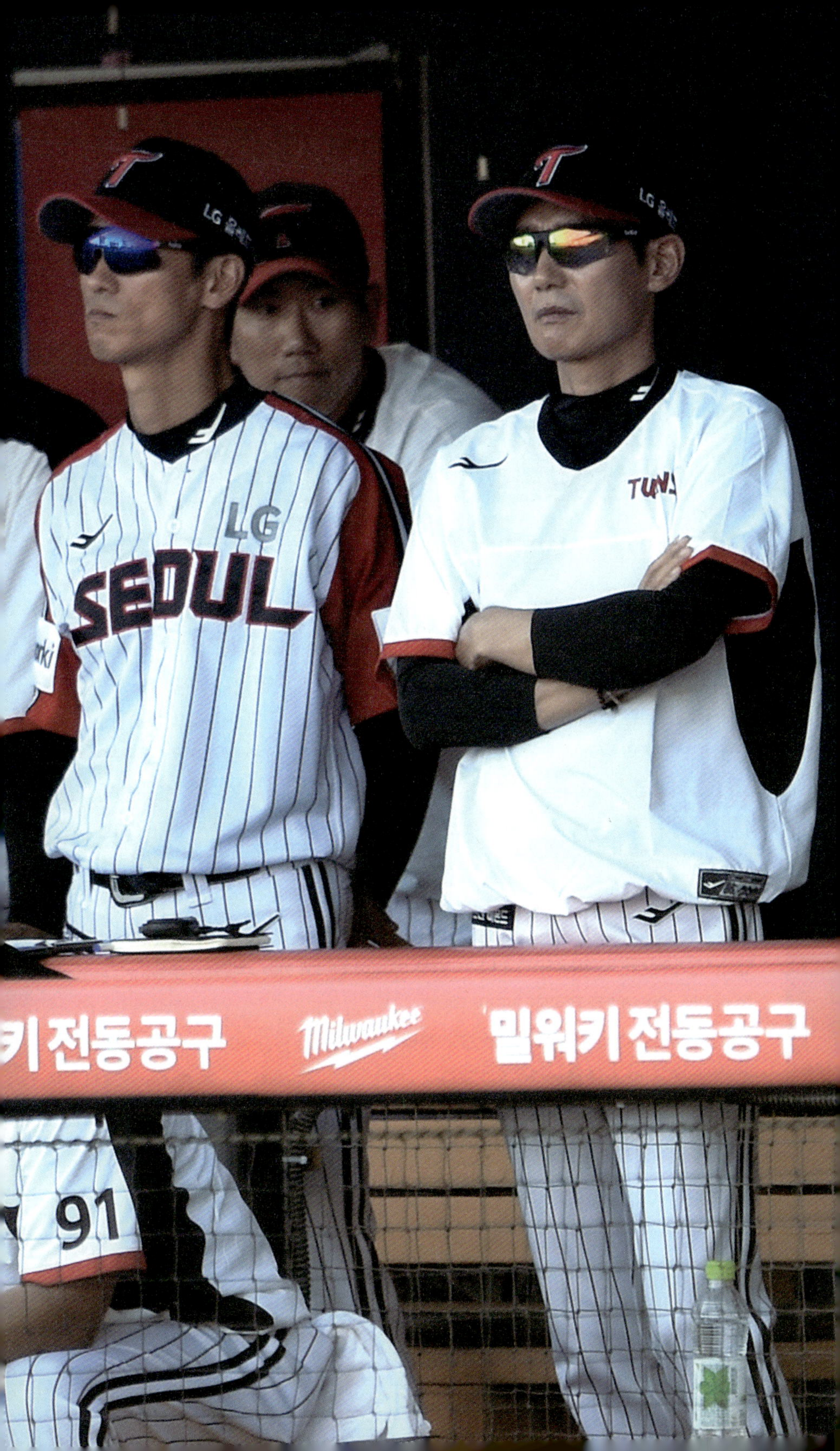

LG
SEOUL
키 전동공구
Milwaukee
밀워키 전동공구
91

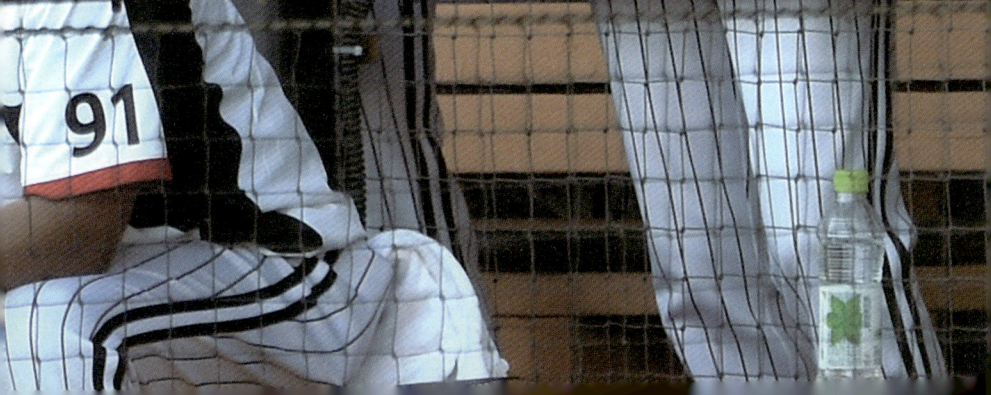

'류현진의 KBO리그 7년'은 얼마나 찬란했나

2006년 4월. 야구장은 오랜만에 열기로 가득했다. 1998년 시즌 관중이 200만 명대로 떨어지면서 시작된 '야구의 겨울'이, 3월에 열린 제1회 월드베이스볼클래식 '4강 신화'로 마침내 물러가고, '야구의 봄'이 다시 올 것 같은 희망이 보였다. 특히 한화 팬들에게 2006년 봄은 더욱 '장밋빛'이었다. 클린업 트리오 김태균과 데이비스, 이범호가 이끄는 타선은 리그 최고 수준이었다. 1999년 마지막 한국시리즈 우승의 주역 구대성이 외국 생활을 마치고 돌아왔다. 계약금 5억 5천만 원의 특급 신인 유원상도 '10억 팔' 한기주와 신인왕을 다툴 것으로 기대를 모았다. 이런 희망찬 전망의 한 구석에, 또 한 명의 신인의 이름도 등장했다. 부드러운 투구 폼과 안정된 제구력을 갖췄지만 '특급'보다는 '수준급'으로 평가됐던 좌완 투수. 시범경기 평균자책점도 5.40으로 특별히 눈에 띄지 않아서, 어쩌면 불펜에서 프로 인생을 시작할 수도 있다는 전망도 나왔다. 그때까지 류현진에 대한 야구계, 야구팬들의 평가는 한 신문기사에 실린 이 문장에 정확히 나와 있다. '한기주(KIA), 유원상(한화), 나승현(롯데) 등 대형 신인에 가려 주목받지 못했지만, 류현진은 한화에 2006년 2차 1순위로 입단한 유망주다.'

그래서 류현진이 4월 11일, 한화의 개막 4번째 경기였던 LG 원정 경기에 베테랑 문동환보다 먼저 선발로 나선 건 조금 놀라운 일이었다.

그리고 그날, '류현진의 시대'가 시작됐다.

류현진은 최고 시속 151km의 강속구와 커브, 슬라이더를 앞세워 8회 투 아웃까지 삼진 10개를 잡아내며 3안타 무실점의 눈부신 호투로 승리투수가 됐다. 신인 데뷔전 한 경기 최다 탈삼진 타이기록. 직전 시즌 타격왕 이병규를 두 차례, 이후 최다안타의 주인공이 되는 박용택을 세 차례 삼진으로 돌려세운 압도적인 피칭이었다. 그날 이후, 류현진은 7년 동안 한국 프로야구를 평정하고 메이저리그로 떠났다.

이제 12년 전의 추억이 된 '류현진의 7년'은 얼마나 압도적이었을까?

2006년부터 2012년까지, 류현진은 sWAR 44.74를 쌓았다. 연평균 6이 넘었던 셈이다. 7년 동안 꾸준히 압도적인 기량을 유지해야 가능한 일이다. 이게 얼마나 어려운지를 알려면, 유사한 예를 찾아보면 된다.

한국 야구 역사상 가장 위대한 투수는 선동열이다. 선동열의 '가장 찬란한 7년'을 꼽으라면 데뷔 다음해인 1986년부터 1992년까지다. 이 기간 동안 선동열이 쌓은 WAR은 무려 71.37. '7년 WAR' 2위인 최동원의 47.7보다 무려 25승 가까이 많은 압도적 1위다. 단언컨대 '선동열의 7년 WAR 71.37'은 KBO리그에서 절대로 깨지지 않을 기록으로 남을 것이다.

선동열과 최동원 바로 다음이 바로 '류현진의 7년'이다.

가장 찬란했던 7년

선수	시작	끝	WAR
선동열	1986	1992	71.37
최동원	1983	1989	47.7
류현진	**2006**	**2012**	**44.74**
정민철	1992	1998	41.84
임창용	1997	2003	40.3
윤학길	1987	1993	39.3
양현종	2013	2019	38.6
정민태	1994	2000	38.2
조계현	1990	1996	35.1
김광현	2014	2023	33.91

자료출처 : 스탯티즈

7년 동안 어느 정도 수준의 위력을 유지해야 'WAR 44.74'를 쌓을 수 있는 걸까? 투수가 압도적인 정도를 알려면 FIP+ (리그 평균 대비 FIP. 100이면 평균)를 보면 도움이 된다. '7년 단위'로 볼 때, 류현진의 7년보다 FIP+가 더 높았던 투수는? 또 선동열과 최동원 뿐이다.

가장 압도적이었던 7년

선수	시작	끝	FIP+
선동열	1986	1992	262.5
최동원	1983	1989	163.1
류현진	2006	2012	143.6
정민철	1992	1998	135.9
임창용	1997	2003	135.9
윤학길	1987	1993	128.5
정민태	1994	2000	121.8
조계현	1990	1996	121.2
양현종	2013	2019	121
김광현	2014	2023	120.1

자료출처 : 스탯티즈

선동열과 최동원이 함께 전성기를 보낸 1980년대는, 프로야구의 수준이 지금보다 한참 떨어졌다. 프로 리그 초창기의 특성 중 하나는, '재능의 불균등성'이다. 당시 뉴스에는 프로 구단의 "공개 테스트'에 계룡산에서 야구로 도를 닦던 청년이 응시했다"는 식의 희한한 기사가 종종 실렸다. 프로의 수준에 따른 '문턱'이 무척 낮았던 거다. 이렇게 재능의 '빈부 격차'와 '분포 간격'이 넓은 시대에는, 특출한 천재 몇 명이 압도적인 퍼포먼스를 펼친다. 그래서 만화 같은 기록들이 쏟아진다. 백인천의 4할 타율, 장명부의 한 시즌 30승, 선동열의 0점대 평균자책점 같은 것이 대표적이다. 리그의 수준이 '상향평준화'되면서, 이런 엄청난 기록들은 훗날 절대로 재연되지 않는다. 특히나 투수들의 보직이 명확히 나눠지고, 선발투수들의 혹사와 이닝수가 점점 줄어드는 21세기 들어서는, '20세기 영웅'들의 기록에 근접하는 투수가 등장하기가 불가능에 가까워졌다.

그 불가능에 가까운 일을, 류현진이 7년 동안 해냈던 것이다.

그 특출난 실력으로 류현진은 메이저리그에서도 굵은 발자국을 남기고 왔다. 메이저리그 생활 11년 동안 두 차례 큰 수술을 받는 시련 속에서도 적립한 bWAR이 18.9, 한국인 투수들 중 박찬호를 제치고 1위, 아시아 투수를 모두 포함해도 4위에 해당하는 엄청난 기록이다.

MLB 아시아 투수 통산 WAR

투수	WAR	끝	FIP+
다르빗슈 유	31.3	1992	262.5
노모 히데오	21.9	1989	163.1
구로다 히로키	21.6	1989	163.1
류현진	**18.9**	**2012**	**143.6**
박찬호	18.1	2003	135.9
다나카 마사히로	17.5	1993	128.5
오타니 쇼헤이	15.1	2000	121.8
우에하라 고지	13.5	1996	121.2
왕첸밍	12.8	2019	121
오카 토모카즈	12	2023	120.1

자료출처 : baseball-reference.com

그리고 류현진은 자신을 한 번도 만난 적이 없는 까마득한 후배들이 주류로 자리 잡은 KBO리그에서, '류현진 시대 2기'를 시작한다. 이번 8년은 지난 7년만큼 찬란할 수 있을까.

KBO리그 포지션별 최강자는 어느 팀에?

    좋은 야구팀은 포지션 균형이 맞아야 한다. 2023년판에 이어 다시 프로야구 10개 구단을 포지션별로 분석한다. 각 포지션에서 어떤 팀과 선수가 가장 뛰어났는지를 정리했다. 그리고 2022년과 2023년 성적을 비교해 어떤 변화가 있는지를 살폈다. 지난해 판에서는 출루율과 장타율의 합인 OPS를 기준으로 했다. 올해는 야구통계사이트 스탯티즈가 집계한 WAR로 대신했다. WAR은 공식의 임의성이라는 약점이 있지만 수비까지 아우른다는 장점이 있다.

표의 숫자 색깔 : **파란색** = 1위, **빨간색** = 꼴찌 & 성적/순위 마이너스

전체 포지션

2022~2023 시즌 10개 구단팀 WAR과 순위 변화

연도	포지션	KIA	KT	LG	NC	SSG	두산	롯데	삼성	키움	한화	리그
2023	전체	27.80	20.64	29.77	26.89	22.33	21.15	14.20	16.55	16.12	18.24	213.69
2023	순위	2	6	1	3	4	5	10	8	9	7	
2022	전체	27.25	21.63	35.22	21.15	27.15	15.13	11.11	18.31	22.49	12.83	212.27
2022	순위	2	5	1	6	3	8	10	7	4	9	
	WAR 차이	0.55	-0.99	-5.45	5.74	-4.82	6.02	3.09	-1.76	-6.37	5.41	1.42
	순위 차이	0	-1	0	3	-1	3	0	-1	-5	2	

● 최상위권과 꼴찌가 동일했다. LG가 2년 연속 WAR 1위를 차지했고, KIA가 역시 연속 2위였다. 반면 롯데는 2년 연속 최하위에 머물렀다. 수비를 제외한 공격만을 따지면 롯데의 WAR 순위는 7위였다. 그만큼 수비가 약했다. 수비WAR이 3시즌 연속으로 최하위였다. NC는 2022년 나성범, 2023년 양의지를 잃었음에도 순위를 세 계단 끌어올렸다. 이승엽 신임 감독 체제의 두산도 8위에서 5위로 같은 폭 상승을 했다. 한화는 9위에서 7위도 두 계단 상승이었다. 가장 실망스러운 팀은 키움이었다. 이정후가 부상으로 86경기 출장에 그치며 WAR 순위가 다섯 계단 하락했다. 팀 WAR 감소분은 6.37승. 이정후 개인의 감소분이 5.53승이었다.

포수

2022~2023 시즌 10개 구단 포수 포지션 WAR과 순위 변화

연도	포지션	KIA	KT	LG	NC	SSG	두산	롯데	삼성	키움	한화	리그
2023	C	-1.12	3.20	2.27	1.60	-0.22	5.43	3.51	4.14	0.80	2.59	22.20
2023	순위	10	4	6	7	9	1	3	2	8	5	
2022	C	2.38	5.07	2.47	3.77	-0.26	1.35	-1.31	4.00	1.15	1.55	20.17
2022	순위	5	1	4	3	9	7	10	2	8	6	
WAR 차이		-3.50	-1.87	-0.20	-2.17	0.04	4.08	4.82	0.14	-0.35	1.04	2.03
순위 차이		-5	-3	-2	-4	0	6	7	0	0	1	

● 양의지를 복귀시킨 두산이 무려 6계단 상승한 1위를 차지했다. 양의지는 지난해 WAR 5.79승(이하 시즌 전체 기록)으로 리그 전체에서 네 번째로 가치 있는 야수였다. 관점에 따라 최고라고 주장할 수도 있다. 포수로 뛴 이닝은 리그 7위에 그쳤다. 하지만 지명타자로 OPS 0.960을 기록하며 배트로 큰 공헌을 했다. 포수로 뛰었을 때는 0.824로 역시 준수했다. 삼성은 2년 연속 2위였다. 38세 포수 강민호가 양의지 다음으로 높은 WAR을 기록했다. 유강남(2.30)을 영입한 롯데는 가장 극적인 도약을 했다. 꼴찌에서 3위로 도약했다. 정보근(1.25)과 손성빈(0.26)이 유강남의 뒤를 받치며 하루아침에 '포수 왕국'이 됐다. KT는 1위에서 4위로 떨어졌다. 주전 장성우(3.20)는 지난해에도 좋은 활약을 했지만 백업 김준태(0.20)가 2022년만 못했다. 프레이밍에서 유강남과 리그 1, 2위를 다투는 최재훈(2.91)이 버티는 한화도 상위권이었다.

● 주전 포수를 유강남에서 박동원으로 교체한 LG는 WAR 승수와 순위가 소폭 감소했다. 하지만 한국시리즈에서 박동원의 활약은 이를 상쇄하고도 남음이 있었다. NC가 영입한 박세혁(1.03)은 역시 양의지를 대신할 수 없었다. 88경기 출장에 그친 점도 아쉬웠다. 키움은 8위다. 하지만 19세 포수 김동헌이 주전 이지영과 비슷한 이닝에 출장했음에도 순위가 떨어지지 않은 점은 나쁘지 않다. 이재원의 기량 하락 속에 SSG가 2년 연속 9위에 머무른 건 납득할 만 했다. 하지만 무려 5계단 하락을 겪은 꼴찌 KIA에 대해서는 이야기가 달라진다. 박동원과 충분히 계약할 수 있었지만 단장 비리로 기회를 잃었다.

1루수

2022~2023 시즌 10개 구단 1루수 포지션 WAR과 순위 변화

연도	포지션	KIA	KT	LG	NC	SSG	두산	롯데	삼성	키움	한화	리그
2023	1B	0.79	2.58	5.19	0.28	-0.17	2.48	0.94	0.24	-1.34	2.17	13.16
2023	순위	6	2	1	7	9	3	5	8	10	4	
2022	1B	0.75	4.52	2.97	-0.30	0.59	1.58	-0.07	2.68	-0.14	0.61	13.19
2022	순위	5	1	2	10	7	4	8	3	9	6	
	WAR 차이	0.04	-1.94	2.22	0.58	-0.76	0.90	1.01	-2.44	-1.20	1.56	-0.03
	순위 차이	-1	-1	1	3	-2	1	3	-5	-1	2	

● KBO리그는 1루수 WAR이 타 포지션 대비 현저하게 떨어지는 특징이 있다. 수비 공헌도가 높지 않은 포지션이지만 공격력이 떨어진다. 지난해 1루수 OPS 순위는 9개 포지션 중 4위였고, 2022년엔 5위였다. LG 1루가 독보적이었다. 오스틴 딘(5.19)이 드디어 구단 '외국인야수 잔혹사'를 끊었다. 오스틴은 지난해 가장 많은 수비이닝을 기록한 1루수기도 했다. 2022년 1위였던 KT가 그 다음이었다. 박병호(2.58)의 뒤를 오윤석(0.95)이 잘 받쳤다. 3위 두산에선 주전 양석환(2.58)이 타율에서 커리어하이였다. 한화는 FA 채은성(2.45)의 활약으로 상위권에 진입했다. 롯데에선 파워와 거리가 먼 36세 베테랑 정훈의 분전이 두드러졌다. 하지만 순위로는 5위지만 팀 1루수 전체 WAR은 1승에 미달했다.

● KIA는 오랫동안 '전형적인 1루수'와 거리가 먼 팀이다. 김주찬이 은퇴한 뒤 어떤 선수도 2년 연속 주전 1루수로 뛰지 못했다. 지난해엔 황대인(-0.09)의 부진이 아쉬웠다. NC는 오영수(-0.26)와 윤형준(0.40) 플래툰 체제였지만 최하위였던 2022년보다 나았다는 점에 만족해야 했다. 삼성은 이 포지션에서 가장 큰 추락을 겪은 팀이다. 무려 5계단 하락했다. 오재일(0.09)이 최악의 부진을 겪은 탓이다. SSG는 오태곤이 433⅓이닝으로 가장 자주 1루수 미트를 꼈다. 시즌 WAR은 0.53승에 그쳤다. 키움은 최하위로 떨어졌다. 이 포지션에서 WAR 1승 이상을 손해봤다. 이원석이 삼성에서 이적한 뒤 주전 1루수였다. 첫 5경기에서 21타수 10안타로 엄청났다. 하지만 키움에서 기록한 WAR은 결국 -0.99승에 그쳤다.

2루수

2022~2023 시즌 10개 구단 2루수 포지션 WAR과 순위 변화

연도	포지션	KIA	KT	LG	NC	SSG	두산	롯데	삼성	키움	한화	리그
2023	2B	3.00	1.54	-0.48	5.33	1.67	1.20	4.87	1.91	5.61	0.59	25.24
2023	순위	4	7	10	2	6	8	3	5	1	9	
2022	2B	2.08	-0.24	0.45	2.49	0.23	1.97	1.97	1.13	5.79	2.59	18.46
2022	순위	4	10	8	3	9	5	6	7	1	2	
	WAR 차이	0.92	1.78	-0.93	2.84	1.44	-0.77	2.90	0.78	-0.18	-2.00	6.78
	순위 차이	0	3	-2	1	3	-3	3	2	0	-7	

● 키움은 2루에서만은 행복했다. 김혜성은 지난해 WAR 6.48승으로 노시환에 이은 리그 2위 야수였다. 공격과 수비 뛰어났다. 1067이닝도 리그 1위. 2위보다 171⅔이닝 많았다. 김혜성도 강정호, 박병호, 김하성의 뒤를 이어 메이저리그로 갈 것이다. NC는 2022년 3위에서 2위로 한 계단 올라섰다. 박민우(4.91)가 3년 만에 3할 타자로 복귀하며 부활했다. 롯데는 2022년 6위에서 세 계단 도약했다. 주전 안치홍(2.75)외에 박승욱(2.23)의 활약이 컸다. 하지만 2024년에 안치홍은 없다. 김선빈(2.68)은 김혜성 다음으로 많은 2루 수비이닝을 기록하며 지난해에도 KIA 내야의 핵이었다. 삼성은 김지찬(1.95)의 활약으로 두 계단 상승한 5위였다. 하지만 팀 수비 WAR은 리그 꼴찌였다.

● SSG는 2루 WAR 상승폭이 롯데, NC 다음으로 컸다. 최주환(1.13)이 20홈런을 날리며 부활했고, 김성현(0.57)이 뒤를 받쳤다. KT는 1.78승을 더하며 꼴찌에서 7위로 도약했다. 주전 박경수(0.07)는 여전히 부진했지만 롯데에서 이적한 이호연(0.94)이 두드러졌다. 두산은 5위에서 8위로 순위 하락이 컸다. 강승호(1.44)가 앞 시즌(2.61)보다 부진했고 백업 이유찬(0.18)도 고전했다. 한화는 극적인 하락을 겪었다. 무려 7계단 떨어졌다. 10개 구단 전 포지션을 통틀어 롯데 3루와 함께 가장 큰 하락이었다. 정은원(0.65)이 최악의 부진을 겪은 탓이다. 지난해 우승팀 LG의 최대 취약 포지션이 2루였다. 베테랑 서건창(-0.86)의 부진 속에 신민재(0.86)가 주전이었다. 김민성(1.18)은 기대 이상이었다.

3루수

2022~2023 시즌 10개 구단 3루수 포지션 WAR과 순위 변화

연도	포지션	KIA	KT	LG	NC	SSG	두산	롯데	삼성	키움	한화	리그
2023	3B	4.94	3.31	3.89	3.08	5.63	2.01	-0.08	-0.04	2.68	7.62	33.04
2023	순위	3	5	4	6	2	8	10	9	7	1	
2022	3B	2.71	2.87	4.43	-0.33	5.54	3.03	3.06	2.46	2.95	2.27	28.99
2022	순위	7	6	2	10	1	4	3	8	5	9	
WAR 차이		2.23	0.44	-0.54	3.41	0.09	-1.02	-3.14	-2.50	-0.27	5.35	4.05
순위 차이		4	1	-2	4	-1	-4	-7	-1	-2	8	

● 지난해 가장 승리 공헌도가 높은 포지션이 3루였다. 야수 WAR 1위 노시환(6.83)을 빼놓고 생각할 수 없는 변화다. 개인 WAR이 전년 대비 4.56승이나 상승했다. 백업 오선진(0.80)도 제한된 기회 속에 제 몫을 해내며 한화 3루는 지난해 10개 구단 최강이었다. SSG 3루수 36세 최정(5.63)은 36세 나이에도 정상급 활약을 했다. 5년 연속 WAR 5승 이상은 매우 드문 기록이다. 32세 이후에 나왔다는 점에서 더욱 그렇다. KIA 3루가 한화와 SSG 다음이었다. 앞 시즌보다 네 계단이나 상승했다. 스무 살 김도영(4.13)의 활약 때문이다. 부상 때문에 잠재력을 다 발휘하지 못한 시즌이기도 했다. 류지혁도 삼성으로 트레이드되기 전까지 0.83승으로 활약했다. LG의 팀 순위는 4위. 하지만 주전 2년차 문보경(4.28)은 개인 3루수 순위에선 3위였다. KT 황재균(3.38)도 36세 나이에 뛰어난 3루수였다.

● NC는 이 부문 6위에 그쳤지만 한화 다음으로 큰 WAR 상승(3.41)을 이뤄냈다. 서호철(2.11)과 도태훈(1.46)이 모두 개인 순위 10위 안에 드는 활약을 했다. 키움 주전 송성문(1.63)은 공격에서 다소 처졌지만 수비 공헌도가 높았다. 수비 WAR이 김도영에 이어 리그 2위였다. 유격수 김휘집(1.48)이 3루수로도 295⅓이닝 출장하며 뒤를 받쳤다. 두산은 네 계단 하락하며 3루에서 1승 이상 마이너스가 났다. 허경민(2.06)의 폼이 2022년보다 못했다. 하지만 9위 삼성, 10위 롯데보다는 2승 이상 많았다. 삼성 주전 3루수 강한울(-0.54)의 몰락은 어느정도 통계적 예측 범위 안에 있었다. 하지만 지난해 10개 구단 최악의 3루수가 한동희(-0.82)였다는 점은 충격적이었다.

유격수

2022~2023 시즌 10개 구단 유격수 포지션 WAR과 순위 변화

연도	포지션	KIA	KT	LG	NC	SSG	두산	롯데	삼성	키움	한화	리그
2023	SS	4.14	1.92	4.11	1.55	2.48	2.78	2.26	2.23	0.63	1.31	23.41
2023	순위	1	7	2	8	4	3	5	6	10	9	
2022	SS	3.32	1.62	6.46	5.28	3.75	-0.57	-0.62	-0.60	0.76	2.76	22.16
2022	순위	4	6	1	2	3	8	10	9	7	5	
WAR 차이		0.82	0.30	-2.35	-3.73	-1.27	3.35	2.88	2.83	-0.13	-1.45	1.25
순위 차이		3	-1	-1	-6	-1	5	5	3	-3	-4	

● KIA 유격수 박찬호는 지난해 커리어하이 시즌을 보냈다. 생애 첫 3할 타율에 성공했다. WAR 4.14승도 역시 개인 최다였다. 프로야구 최고 유격수는 오지환이지만 지난해엔 박찬호일 수도 있다. KIA의 순위는 4위에서 1위로 세 계단 상승했다. 오지환(4.11)은 지난해 LG 주장으로 팀의 한국시리즈 우승을 이끌었다. WAR 0.03승 차이는 거의 아무런 의미가 없다. 스탯티즈의 새 버전 WAR로 계산하면 지난해 오지환은 5.14승, 박찬호는 4.71승이었다. 두산은 8위에서 3위로 무려 5계단 상승했다. 베테랑 김재호(2.12)가 앞 두 시즌 부진을 털어냈다. 백업으로는 박준영(0.83)이 뛰어났다. 박성한(2.44)이 버티는 SSG도 유격수 포지션이 강한 팀이다. 롯데는 2022년 최하위에서 두산과 같은 5계단 도약을 이뤄냈다. FA 노진혁(2.19)의 영입은 이 점에서 성공이다. 부상으로 113경기만 뛰었다는 점이 아쉽다.

● 삼성도 9위에서 6위로 뛰어올랐다. 스무 살 이재현(2.23)은 삼성의 미래가 됐다. 삼성에서 FA로 이적한 김상수(2.29)는 KT 내야의 새 사령관으로 활약했다. 상무에 입대한 심우준의 공백을 훌륭하게 메웠다. NC는 6계단 하락을 겪었다. 2022년 시즌 도중부터 노진혁의 후임을 맡은 김주원(1.91)이 개인 통산 가장 많은 이닝을 소화했다. 그런 만큼 고전했지만 미래가 밝은 21세 주전 유격수였다. 한화의 새 유격수 이도윤(2.05)은 기대 이상으로 활약했다. 한화의 팀 순위가 하락한 건 그의 책임이 아니다. 키움 유격수 포지션이 10개 구단 최약체였다. 개막전 선발 유격수 애디슨 러셀(1.06)은 공격 공헌도를 수비에서 까먹었고 부상으로 7월 웨이버 공시됐다. 김휘집(1.48)이 후반기 주전 유격수였다.

이재현

좌익수

2022~2023 시즌 10개 구단 좌익수 포지션 WAR과 순위 변화

연도	포지션	KIA	KT	LG	NC	SSG	두산	롯데	삼성	키움	한화	리그
2023	LF	2.33	3.94	-0.09	1.94	7.59	2.37	0.00	2.86	1.33	-1.25	21.02
2023	순위	5	2	9	6	1	4	8	3	7	10	
2022	LF	1.64	5.42	4.70	2.85	2.36	5.04	0.51	7.51	-0.86	-1.26	27.91
2022	순위	7	2	4	5	6	3	8	1	9	10	
WAR 차이		0.69	-1.48	-4.79	-0.91	5.23	-2.67	-0.51	-4.65	2.19	0.01	-6.89
순위 차이		2	0	-5	-1	5	-1	0	-2	2	0	

● 지난해 좌익수는 외야 세 포지션 가운데 리그 WAR이 가장 적었다. 전년 대비로는 6.89승이나 감소했다. 이런 가운데 SSG는 독보적이었다. 이 포지션 2위 KT보다 무려 3.65승이나 많았다. 기예르모 에레디아(4.73)가 주전으로 활약했다. 하재훈의 시즌 OPS는 0.842였다. 좌익수로 출장한 115타석에선 무려 1.012였다. 한유섬도 이 포지션 34타석에서 1.091로 대단했다. SSG가 에레디아와 재계약한 건 지극히 당연했다. KT는 2위를 유지했지만 전년 대비 -1.48승이었다. 앤서니 앨포드(3.73)의 활약은 기대에 다소 못 미쳤다. 올해는 멜 로하스 주니어가 복귀해 김민혁(1.88)이 이 자리에 나선다. 삼성은 3위였지만 웃을 수 없었다. 10개 구단 최다인 4.65승 감소를 겪었다. 호세 피렐라(1.47)가 하늘에서 땅으로 내려왔다. 두산도 호세 로하스(2.64)의 활약이 아쉬웠다. KIA는 이창진(1.58), 이우성(2.24), 고중욱(0.75) 체제로 뚜렷한 주전 없이 5위에 올랐다. WAR 상승폭은 두 번째로 컸다.

● 6위 NC는 권희동(1.93)이 가장 자주 출장한 좌익수였다. 비슷한 역할이던 2022년 이명기(-0.32)보다는 훨씬 나았다. 키움 좌익수 자리는 WAR 2.19승 상승했다. 하지만 누구도 좌익수 자리에서 3000이닝을 소화하지 못했다. 좌익수로 22경기만 뛴 교체 외국인 선수 로니 도슨(1.92)의 공이었다는 점에서 썩 고무적이지는 않다. 롯데는 2년 연속 8위였다. 안권수(0.91)는 6월 부상을 당했고 황성빈(-0.41)의 2년차 징크스가 심각했다. 잭 렉스(-0.43)는 좌익수로도, 우익수로도 공을 제대로 치지 못했다. 좌익수는 2루수와 함께 LG의 취약 포지션이었다. WAR이 마이너스였다. 문성주(3.75)가 더 자주 뛰었다면 달랐을 것이다. 한화는 2년 연속 이 포지션 최하위였다. 브라이언 오그레디(-0.86)와 닉 윌리엄스(-0.00)가 모두 좌익수였다는 점에서 심각했다.

중견수

2022~2023 시즌 10개 구단 중견수 포지션 WAR과 순위 변화

연도	포지션	KIA	KT	LG	NC	SSG	두산	롯데	삼성	키움	한화	리그
2023	CF	4.74	3.37	3.49	4.02	2.14	3.89	-0.77	0.88	6.82	1.64	30.22
2023	순위	2	6	5	3	7	4	10	9	1	8	
2022	CF	5.57	2.33	4.89	3.86	8.12	1.39	0.80	1.41	10.02	-0.03	38.36
2022	순위	3	6	4	5	2	8	9	7	1	10	
	WAR 차이	-0.83	1.04	-1.40	0.16	-5.98	2.50	-1.57	-0.53	-3.20	1.67	-8.14
	순위 차이	1	0	-1	2	-5	4	-1	-2	0	2	

● 키움은 지난해에도 중견수 포지션 1위를 지켰다. 하지만 WAR 감소폭(-3.20)도 가장 컸다. 이정후(4.54)가 부상으로 698이닝만 뛸 수 있었다. 올해 이정후는 메이저리그에서 뛴다. 도슨이 기대 이상의 활약을 한 게 다행이었다. KIA가 그 다음이다. 소크라테스 브리토(4.59)는 개인 WAR 1위에 오른 중견수였다. 제이슨 마틴(3.78)이 버틴 NC는 3위, 두산이 그 다음이었다. 두산 정수빈(4.55)은 3루타를 무려 11개 때려내며 2009년 데뷔 이후 가장 좋은 시즌을 보냈다. 팀 전체로는 8위에서 4위로 네 계단이나 올랐다. LG 박해민(2.69)은 리그 최다인 1187⅔이닝을 소화했다.

● KT의 순위는 2022년과 같은 6위였다. 하지만 1.04승이나 상승했다. 주전 배정대(1.48)가 부진했지만 외야 전 포지션을 소화한 김민혁이 중견수로도 타율 0.320으로 뛰어났다. SSG는 5계단 추락을 겪은 팀이다. 주전 최지훈의 WAR이 2022년 6.69승에서 1.70승으로 급격하게 감소했다. 한화는 꼴찌에서 두 계단 올랐다. 문현빈(1.51)이 19세 나이에 주전 중견수가 됐다. 김현준(1.26)이 주전인 삼성은 반대로 두 계단 하락했다. 롯데가 최하위로 떨어졌다. 문현빈과 동갑인 김민석(-0.77)이 주전 중견수였다. 공격에선 WAR 1.01승이었지만 수비가 문제였다.

우익수

2022~2023 시즌 10개 구단 우익수 포지션 WAR과 순위 변화

연도	포지션	KIA	KT	LG	NC	SSG	두산	롯데	삼성	키움	한화	리그
2023	RF	5.70	0.12	10.13	4.65	1.69	-0.07	-0.17	4.43	-0.41	4.48	30.55
2023	순위	2	7	1	3	6	8	9	5	10	4	
2022	RF	6.30	0.06	3.98	3.58	4.73	-0.50	3.22	-0.83	3.35	4.41	28.30
2022	순위	1	8	4	5	2	9	7	10	6	3	
WAR 차이		-0.60	0.06	6.15	1.07	-3.04	0.43	-3.39	5.26	-3.76	0.07	2.25
순위 차이		-1	1	3	2	-4	1	-2	5	-4	-1	

● 우익수는 리그 전체적으로 3루수 다음으로 공헌도가 높은 포지션이었다. LG의 약진이 눈부셨다. WAR 6.15승을 더 거뒀다. 우익수로 자리를 옮긴 두 번째 시즌에 홍창기(6.20)가 MVP급 시즌을 보냈다. 도루실패 23개가 아쉬웠다. 문성주도 우익수로 176타석에서 좋은 타격을 했다. 2022년 1위 KIA가 2위로 내려왔다. 나성범은 부상으로 58경기만 뛰고도 WAR 3.54승을 올렸다. 박건우(3.99)는 NC 이적 두 번째 시즌에도 좋은 활약을 했다. 삼성은 이 포지션에서 가장 성취를 이룬 팀이다. WAR 5.26승을 더 거뒀다. 물론 구자욱(5.01)이 부활했기 때문이다.

● SSG는 2위에서 6위로 네 계단 추락했다. 한유섬(1.17)의 홈런 파워가 뚝 떨어진 게 이유다. 2022년 21개를 쳤지만 지난해엔 그 1/3이었다. 우익수는 지난해에도 KT의 골칫거리였다. 조용호(-0.18)가 2년 연속 자주 출장한 우익수였다. 하지만 출장기회는 675⅓이닝에서 312이닝으로 절반 아래였다. 두 번째로 자주 출장한 안치영(0.27)도 역시 부진했다. 두산은 2년 연속 이 포지션 WAR이 마이너스였다. 조수행(-0.07)의 316⅓이닝이 팀내 최다일 정도로 뚜렷한 주전이 없었다. 롯데의 이 포지션 WAR은 3.39승이나 감소했다. 고승민에서 스무 살 윤동희(0.71)로 주전을 교체하며 미래를 위한 투자를 했다. 롯데는 외야 세 포지션 순위가 모두 8위 이하인 유일한 팀이었다. 키움은 최하위에 3.76승 감소도 최다였다. 2022년엔 야시엘 푸이그(3.05)가 주전 우익수였고 지난해엔 이형종(0.01)이었다.

지명타자

2022~2023 시즌 10개 구단 지명타자 포지션 WAR과 순위 변화

연도	포지션	KIA	KT	LG	NC	SSG	두산	롯데	삼성	키움	한화	리그
2023	DH	3.28	0.66	1.26	4.44	1.52	1.06	3.64	-0.10	-0.57	-0.91	14.85
2023	순위	3	7	5	1	4	6	2	8	9	10	
2022	DH	2.50	-0.02	4.87	-0.05	2.09	1.84	3.55	0.55	-0.53	-0.07	14.73
2022	순위	3	7	1	8	4	5	2	6	10	9	
WAR 차이		0.78	0.68	-3.61	4.49	-0.57	-0.78	0.09	-0.65	-0.04	-0.84	0.12
순위 차이		0	0	-4	7	0	-1	0	-2	1	-1	

● 2022년 NC 지명타자 포지션 WAR은 -0.05승으로 마이너스였다. 뚜렷한 주전 없이 양의지, 손아섭, 박건우, 닉 마티니가 번갈아 맡았다. 지난해에는 손아섭(4.44)이 377타석, 박건우(3.99)가 149타석에 섰다. 그 결과 무려 4.49승이 향상되며 7위에서 1위로 올라섰다. 원래 두 선수의 포지션이던 우익수와 중견수 순위가 모두 3위였다는 점에서 이상적인 결과였다. 프랜차이즈 스타 전준우(3.48)가 이 포지션 374타석을 소화한 롯데가 2위. 40세 베테랑 최형우(3.28)의 KIA가 그 다음 순위였다. 41세 추신수가 지명타자로 나선 SSG는 전년도 순위를 유지했다. LG는 1위에서 5위로 네 계단 하락했다. 김현수(1.56)가 2006년 데뷔 시즌 이후 가장 부진했다. 그해 18세 소년 김현수는 한 타석에만 들어섰다.

● 두산은 5위에서 6위로 떨어졌다. 2022년 주전 지명타자가 호세 페르난데스(1.84), 지난해 김재환(1.06)이라는 점에서 모두 실망스러운 시즌이었다. KT는 7위를 유지했다. WAR은 소폭 상승했다. 하지만 이 포지션 주전이 다름 아닌 강백호(0.66)였다는 점에서 어느 팀보다 실망스러웠다. 8위 삼성에는 김동엽(-0.06)이 주전이었지만 127타석에만 출장했다. 키움은 꼴찌에서 한 계단 올라섰다. 모두 19명이 지명타자로 라인업에 포함됐다. 이주형(-0.04)의 88타석이 최다였다. 한화는 키움과 순위를 맞바꿨다. 채은성(2.45)이 가장 많은 170타석을 소화했지만 1루수로 뛸 때보다 성적이 나빴다.

2022~2023 시즌 10개 구단 포지션 인덱스(PI)와 순위변화

연도	포지션	KIA	KT	LG	NC	SSG	두산	롯데	삼성	키움	한화
2023	PI	4.0	5.2	4.8	4.8	5.3	5.0	6.1	6.1	7.9	6.7
2023	순위	1	5	2	2	6	4	7	7	10	9
2022	PI	4.3	5.2	3.3	5.7	4.8	5.9	7.0	5.9	6.2	6.7
2022	순위	2	4	1	5	3	6	10	6	8	9
	PI 차이	0.3	0.0	-1.4	0.9	-0.6	0.9	0.9	-0.2	-1.7	0.0
	순위 차이	1	-1	-1	3	-3	2	3	-1	-2	0

KBO리그에도 도입된
사치세 제도

　오프시즌 프로야구 최대 화제는 류현진의 한화 복귀였다. 예년의 FA 시장이었다면 연봉 1,000만 달러 계약이 가능한 투수가 KBO리그 복귀를 선언했다.

　복귀 만큼이나 계약도 이례적이었다. 류현진의 데뷔 팀이었던 한화는 올해 37세인 류현진과 8년 계약을 했다. NC 박민우가 2022년 시즌 뒤 최대 8년 계약을 했지만 3년은 옵션이다. 보장기간 기준으론 구창모와 오지환의 6년을 넘은 역대 최장기 계약이다. 계약 마지막 해에는 44세가 된다. 1982년 출범 이후 KBO리그에는 44세에 현역으로 뛴 투수가 없었다. sWAR 2승 이상을 거둔 40대 투수도 2006년 송진우가 유일하다. 이해 송진우는 딱 40세였다.

　이 계약의 배경이 2023년부터 한국야구위원회(KBO)가 실시한 샐러리캡이라는 건 전문가들의 공통된 의견이다. 류현진의 총 계약금액 170억 원을 통상적인 FA 계약 기간인 4년으로 나누면 42억5,000만 원이 된다. 지난해 한화의 샐러리캡 대상 금액의 절반가량이다. 이런 비율을 한 선수에게 몰아낸다면 구단 운영에 차질이 생긴다. 8년으로 나누면 21억2,500만 원으로 한결 여유가 있다.

　메이저리그에선 오타니 쇼헤이가 LA 다저스와 10년 7억 달러라는 스포츠 역사상 최대 규모 계약을 했다. 연평균 기준으로는 종전 최고 금액에서 61.5%나 상승했다. 이 금액이 가능했던 이유도 역시 사치세와 관계있다. 오타니는 전체 금액의 97.1%를 2033-2043년에 지급받는다. 인플레이션을 적용하면 실제 가치는 크게 떨어진다. 지불 유예 금액도 사치세 계산에 포함된다. 그래서 오타니의 올해 실제 연봉은 200만 달러지만 사치세 계산법으론 4,608만 달러가 된다. 엄청난 금액이지만 유예 없는 계약을 했을 경우보다는 적다는 게 현지 전문가들의 평가다. 오타니도 지불 유예로 '7억 달러'라는 상징과 명예를 얻었다.

사치세란?

특히 북미 지역 스포츠에서는 '경쟁 균형(Competitive Balance)'이 중시된다. 만년 강호와 만년 약체가 많은 리그는 팬들로부터 외면을 받는다는 생각에서다. 상하위 팀 격차가 뚜렷한 유럽 프로축구와의 차이다. 충성심 높은 회원들의 클럽으로 출발한 유럽 축구와 19세기부터 기업화된 미국 야구의 차이로도 해석된다.

구단주의 복수 구단 경영을 금지하거나, 성적 역순으로 우수한 신인을 드래프트할 권리를 주거나, FA 선수 영입에 보상 조건을 다는 등 제도가 경쟁 균형이라는 철학에서 비롯됐다. 재정적인 제약을 두는 제도가 샐러리캡이다. 메이저리그의 사치세도 여기에 포함된다. KBO리그에선 메이저리그식 사치세를 샐러리캡이라고 부른다.

2023시즌 KBO와 MLB 샐러리캡(사치세) 비교

	KBO	MLB
샐러리캡 상한액	114억2638만원	2억3300만 달러
구단 평균 연봉*	98억3450만원	1억9285만 달러
상한액/평균	116.2%	120.8%
표준편차	22억8062만원	7040만 달러
변동계수	14.4%	36.5%

※ KBO리그는 팀별 연봉 상위 40명(외국인·신인 제외) 합산액.

가장 강력한 샐러리캡을 택하는 리그는 미식축구 NFL이다. 구단은 리그가 정한 연봉 총액 상한선을 넘어설 수 없다. 하한선 개념도 있다. 규정을 위반하면 건당 최대 500만 달러 벌금과 드래프트 지명권 상실 등 제재가 뒤따른다. 그래서 NFL은 재정 면에선 구단 간 차이가 날 수 없는 구조다. 2023시즌 상한선은 2억2,480만 달러. 32개 구단 가운데 캐롤라이나 팬서스가 연봉으로 2억3,277만 달러를 지출했다. 최하위 샌프란시스코 포티나이너스도 1억9,995만 달러다. 지출 뿐 아니라 수입도 균등 배분이 원칙이다. 자유경쟁 자본주의를 상징하는 미국에서 사회주의식 운영을 하는 셈이다. 경쟁 균형 원칙을 확립한 피트 로젤 전 커미셔너(1960-1989 재임)는 NFL을 미국 최고 스포츠로 키워낸 인물로 칭송받는다. 단, 샐러리캡은 그가 사임한 뒤인 1994년부터 시작됐다. 메이저리그 베이스볼은 한결 완화된 제도를 택하고 있다. 연봉 총액이 상한선을 넘어서는 것을 허용한다. 그래서 NFL 방식을 하드캡, 메이저리그 방식을 소프트캡으로 분류한다. 대신 상한선 초과에 대해서는 제재금을 부과한다. 이를 '사치세'라고 표현한다. 공식 명칭은 '경쟁균형세'다. KBO리그의 '샐러리캡'도 이를 따랐다.

소프트캡인 만큼 NFL과 비교하면 구단 간 연봉 총액 편차가 크다. 2023년 사치세 기준 연봉 총액 1위는 뉴욕 메츠의 3억7,468만 달러였다. 가장 돈을 적게 쓴 오클랜드는 메츠의 21.8%인 8,176만 달러에 불과했다. 메이저리그에는 전 세계 프로스포츠에서 가장 강력한 선수노조가 있다. 선수노조는 구단들의 사치세 도입 시도에 맞서 1994년 8월부터 이듬해 4월까지 리그 역사상 최장 기간 파업을 했다. 결국 1997년 노사 합의로 소프트캡인 사치세 도입이 이뤄졌다.

KBO리그 사치세 도입

KBO리그는 산업적인 면에서 취약하다. 키움 히어로즈를 제외한 모든 구단이 재원 중 상당액을 모기업 및 계열사로부터 충당한다. 회계적으로는 '특수관계자 매출'로 분류된다. 구단 재무제표에서 매출액에서 특수관계자 매출을 뺀 금액을 '자체 매출'로 분류할 수 있다. 구장 입장 수입, 마케팅 수입, KBO의 중계권 수입 배분 등에서 발생하는 매출이다. 이를 전체 매출로 나눈 '자체매출비율'을 자생력을 나타내는 지표로 삼을 수 있다.

코로나19 팬데믹 바로 앞 시즌인 2019년 10개 구단 자체매출비율 평균값은 59.7%였다. 40% 가까운 금액이 '지원금'인 셈이었다. 실제로는 더 될 수도 있다. 한 구단 관계자는 "특수관계자 매출로 분류하지 않는 지원금 성격 매출도 있다"고 밝혔다. 59.7%는 그나마 과거에 비해서는 크게 늘어난 수치다. 2015년엔 이 비율이 49.6%에 불과했다. 그래서 오래 전부터 프로야구 사업의 지속 가능성에는 여러 차례 의문 부호가 붙었다.

이런 상황에서 구단은 비용 통제의 압박을 느끼게 된다. 반대로 선수 입장에서 비용 통제는 곧 연봉 삭감이다. 이런 갈등 구조는 메이저리그에서 1990년대 파업으로 나타났다. 하지만 KBO리그에서 사치세 도입은 비교적 평화롭게 이뤄졌다.

KBO와 한국프로야구선수협회는 2019년 프로야구 노사관계사에서 가장 광범위한 합의를 했다. 선수 측은 FA 자격 연한 1년 단축, FA 보상 완화를 위한 등급제 실시, 최저연봉 인상. 부상자명단 제도 실시, 현역선수 엔트리 확대 등을 얻었다. 구단 측이 핵심적으로 얻어낸 내용이 메이저리그식 사치세인 샐러리캡이었다. 이 합의에 기반해 KBO 이사회는 2020년 1월 관련 제도 변경을 의결했다. 그리고 준비기간 3년을 거친 뒤 2023년부터 KBO리그판 사치세가 도입됐다. 이와 함께 외국인선수에게도 3명 총액 400만 달러 '캡'이 씌워졌다.

2022년 11월 14일 KBO는 샐러리캡 제도 운영안을 발표했다. 골자는 ▶2023-2025년 기간 적용 ▶각 구단에 적용되는 상한선 114억2,638만 원 ▶1회 초과 시 제재금(초과분의 50% 금액) 부과 ▶2회 연속 초과 시=제재금(초과분의 100% 금액)+다음 연도 1라운드 지명권 9단계 하락 ▶3회 연속 초과 시=제재금(초과분의 150%)+다음 연도 1라운드 지명권 9단계 하락 등이다.

제재금이 곧 사치세다.

상한선은 이렇게 정해졌다. 2021년과 2022년 구단 소속선수(외국인선수, 신인선수 제외) 중 실질 연봉(연봉, 옵션 실지급액, FA 연평균 계약금 포함) 상위 40명 금액을 합산한 뒤 평균을 냈다. 평균액의 120%가 상한선이다.

KBO리그 2021-2023년 구단별 사치세 기준 연봉총액(단위 : 원)

구단	2021	2022	2023
KIA	5,403,250,000	11,563,390,000	9,877,710,000
KT	7,265,670,000	7,890,870,000	9,483,000,000
LG	9,496,970,000	10,532,000,000	10,797,500,000
NC	10,017,340,000	12,486,340,000	10,088,120,000
SSG	11,254,890,000	24,875,120,000	10,846,470,000
두산	8,147,600,000	10,778,000,000	11,181,750,000
롯데	8,870,000,000	7,698,860,000	10,646,670,000
삼성	10,405,170,000	12,763,950,000	10,440,730,000
키움	6,748,310,000	4,994,220,000	6,452,000,000
한화	4,152,410,000	5,095,460,000	8,531,000,000
평균	8,176,160,000	10,867,820,000	9,834,495,000
표준편차	2,280,621,700	5,673,994,138	1,419,069,755
변동계수	27.9%	52.2%	14.4%
사치세 기준/평균	139.8%	105.1%	116.2%

사치세, 유지될 수 있을까?

120% 상한선은 절대적으로 낮은 수준은 하니다. 같은 해 메이저리그 사치세 상한선은 2억3,300만 달러였다. 30개 구단 평균 연봉의 121%로 KBO 기준과 비슷하다.

KBO는 2023년 시즌이 끝난 뒤 구간들로부터 지급 내역을 전달받아 집계했다. 10개 구단이 모두 사치세 상한선을 넘지 않았다. 평균 연봉은 98억3,450만 원. 사치세는 이 금액의 116.2%였다. 2022년에 105.1%였으니 리그 전체 연봉은 감소한 셈이다.

여기까지는 성공처럼 보인다. 하지만 그렇지 않다. 2023년 전체 연봉 감소는 '기술적'인 현상일 뿐이다. SSG는 샐러리캡 상한선을 피하기 위해 메이저리그에서 복귀한 김광현의 4년 연봉 총액 131

억 원 중 60%가 넘는 81억 원을 2022년에 지급하기도 했다.

그리고 시즌이 끝나기가 무섭게 "샐러리캡을 손봐야 한다"는 주장이 제기됐다. 이 주장의 출처는 10개 구단 다수다. 2023년 사치세를 내야 하는 구단은 전무하다. 하지만 연봉 총액 1위 두산이 상한선에 2억4,463만 원 모자란 아슬아슬한 수준이었다. 8위 KT도 슈퍼스타 한 명 연봉에도 못 미치는 19억4,338만 원 여유에 그쳤다. 2024시즌 뒤엔 사치세를 내야 할 구단이 나올 가능성이 높다. 그렇지 않더라도 그 다음 해 가능성은 점점 더 높아진다.

표준편차를 평균으로 나누면 '변동계수'라는 값이 된다. 크기나 단위가 다른 분포를 비교할 때 쓴다. 2023년 KBO리그 10개 구단의 사치세 기준 연봉총액의 변동계수는 14.4%였다. 같은 해 메이저리그는 36.5%로 2.5배가 넘었다. 이 수치가 의미하는 바는 다음과 같다. KBO리그 구단 연봉은 평균을 중심으로 다닥다닥 붙어 있는 반면, 메이저리그에선 부유한 구단과 그렇지 않은 구단의 차이가 크다.

사치세는 리그 경쟁 균형을 위해 지출이 큰 구단에 불이익을 주는 제도다. 어떤 구단도 불이익을 원치 않는다. 그럼에도 메이저리그에서는 이 제도가 무리 없이 운영된다. 지난해 시즌 뒤 역대 최다인 8개 구단이 사치세를 납부해야 했지만 제도 변경 요구는 들리지 않는다. 변동계수가 이를 설명한다. 부유한 구단과 그렇지 않은 구단이 나뉘어져 이익 균형이 맞춰지기 때문이다. 지난해 30개 구단 중 연봉 총액이 리그 평균을 넘는 구단은 15개, 미달하는 구단은 15개로 칼로 자른 듯

2019년 KBO리그 구단별 자체매출 비율(단위 : 억원)

구단	총매출	특수관계자매출	자체매출	손익	자체매출%
히어로즈	422	0	422	36	100.0%
두산	579	162	417	10	72.0%
롯데	451	201	250	-38	55.4%
NC	446	194	252	8	56.5%
LG	667	295	372	-3	55.8%
SK	562	235	327	-9	58.2%
KT	551	329	222	-5	40.3%
KIA	416	227	189	9	45.4%
삼성	634	312	322	3	50.8%
한화	434	130	304	-4	70.0%
리그	5162	2085	3077	7	59.6%

똑같았다. 2003년 개정된 사치세 제도 아래서 납부 구단은 연평균 2.9개. 다수 구단이 사치세 제도에서 이득을 봤다.

반면 KBO리그에선 지난해 시즌 종료 시점에서 한화와 키움을 제외한 8개 구단이 사치세 납부를 가까스로 면했다. KBO는 10개 구단이 참가하는 이사회에서 중요한 안건이 의결되는 구조다. 8개 구단이 사치세로 손해를 본다면 이 제도가 유지될 가능성은 높지 않다. 당초 '현행 제도 유지' 입장이던 한화도 류현진의 복귀로 사정이 달라졌다.

KBO리그의 사치세가 메이저리그와 다른 점이 있다. 메이저리그는 2017년부터 매년 상한선을 올려왔다. 연평균 인상률은 3.3%다. 반면 KBO리그는 3년 동안 같은 상한선을 유지한다. 다수 구단이 리그 전체 연봉 총액을 낮춰야 한다는 입장에 섰기 때문으로 보인다. 하지만 시행 첫 해만에 다수 구단이 상한선 인상을 원하는 상황이 됐다.

리그 역사에서 낯선 일은 아니다. 사치세 이전에도 여러 연봉 규제 장치가 있었다. 프로야구 원년인 1982년에는 선수를 5개 등급으로 나눠 등급별로 연봉 상한선을 설정했다. 바로 다음해에 폐지됐다. 1982년에는 연봉 25% 상한선을 두는 '담합'을 했다가 1990년 폐지됐다. 1999년에는 FA 연봉에 전 해 연봉의 150%라는 상한선을 뒀고 계약금을 금지했다. 그리고 외국인선수 최고 연봉을 37만5,000달러로 묶었다. 각각 2010년, 2014년에 폐지됐다. 아무도 지키지 않았기 때문이다. 선수 연봉에 관한 한 KBO리그가 해 온 규제의 역사는 곧 '실패의 역사'였다. 리그 전체의 이익보다는 개별 구단 이익이 우선됐기 때문이다.

한국판 '사치세 제도'도 앞선 규제들의 전철을 따르게 될까. 지금으로선 가능성이 높아 보인다. 2019년 합의 당시 많은 선수가 사치세 수용에 반대했다. 김선웅 당시 선수협회 사무총장은 "구단들이 스스로 샐러리캡을 무력화할 것"이라고 회원들을 설득했다. 그런 일이 일어난다면 선수협회는 거의 아무 것도 잃지 않고 큰 승리를 거두게 되는 셈이다.

2023년 세대교체의
바람이 느려졌다?

지난해 항저우 아시안게임과 아시아 프로야구 챔피언십(이하 APBC)에서 대표팀은 야구팬들에게 오랜만에 '신선함'을 느끼게 해줬다. 25세 이하의 젊은 선수들이 좋은 경기를 펼쳐 한국 야구의 '차세대 스타'로 공인받았다. 이대호-추신수-오승환-정근우-김태균으로 대표되는 1982년생, 류현진-김광현-양현종-김현수-양의지 등 80년대 후반생들이 그라운드를 떠나거나 황혼기에 접어든 '황금 세대'의 뒤를 이을 새 주역들이 전면에 나선 듯했다. '세대교체의 신호탄'이라는 표현이 심심치 않게 등장했다.

그런데 자세히 보면, 한국 야구의 세대교체가 본격적으로 불붙었다고 보기는 아직 이르다. 오히려 2023년, 세대교체의 바람은 조금 잠잠해졌다고도 볼 수 있다.

2023년 KBO리그의 가장 중요한 사건 중 하나는 '노시환 라이징'이다. 몰라보게 성장한 기량으로 23살에 타격 3관왕을 차지하며 리그 최고 타자로 도약했다. 이정후가 떠난 한국 프로야구에서 노시환은 리그의 간판타자로 활약하게 될 것이다.

그런데 노시환의 또래들, 즉 25세 이하 타자들은 아직 리그의 주류로 자리 잡지 못하고 있다.

프로 원년인 1982년, 25세 이하의 타자들은 7487타석에 들어섰다. 리그 전체의 18208타석의 41.1%에 해당한다. 프로야구 42년 역사에서 두 번째로 높은 수치다. 당연한 일이다. 트레이닝 방식이 전근대적이고 선수들의 '프로의식'이 부족했던 프로야구 초창기에는, 나이가 들어서도 기량을 유지하는 선수가 드물었기 때문이다. 프로야구가 발전하면서, 리그 전체 타석에서 25세 이하 타자들이 차지하는 비중은 당연히 조금씩 줄어들었다. 30대에 접어들어서도 발전한 트레이닝과 자기 관리를 통해 전성기를 유지하는 선수가 늘었고, 리그의 수준이 높아지면서 고졸 선수들이 곧장 맹활약을 펼치는 경우가 줄어들었기 때문이다.

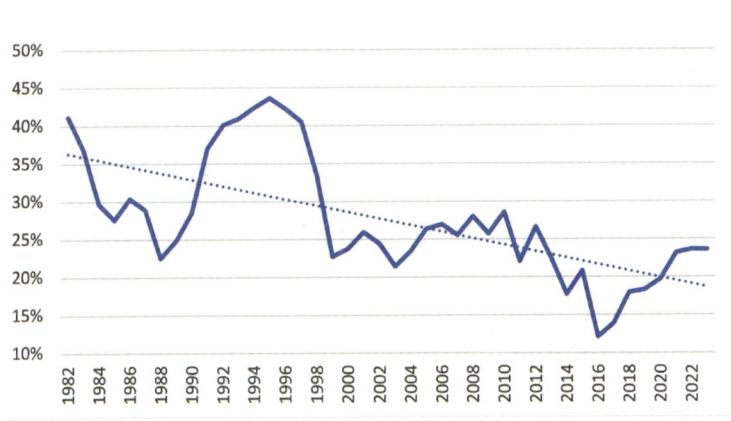

전체 타석에서 25세 이하 타자들이 차지한 비중

위 표에서 눈에 띄는 해는 2014년이다. 25세 이하 타자들이 차지하는 비중이 처음으로 20% 밑으로 떨어졌다. 2016년에는 역대 최저인 12.1%까지 내려갔다. 타석수만 적었던 게 아니다. 2016년에 25세 이하 타자들이 생산한 WAR은 고작 9.83. 리그 전체 타자들이 생산한 WAR 219.7의 4.5%에 불과했다. '87년생 세대'가 20대 초반을 보내며 맹활약한 2010년, 25세 이하 타자들이 28.6%의 WAR을 책임지던 걸 생각하면 젊은 타자들의 활약이 얼마나 미미했는지를 알 수 있다. 2016년에 wRC+ 100을 넘긴 25세 이하 타자는 단 3명(박민우, 구자욱, 김하성) 뿐이었다. 그 결과, 이듬해인 2017년 WBC 대표팀에 선발된 25세 이하 타자는 김하성 딱 한 명뿐이었다.

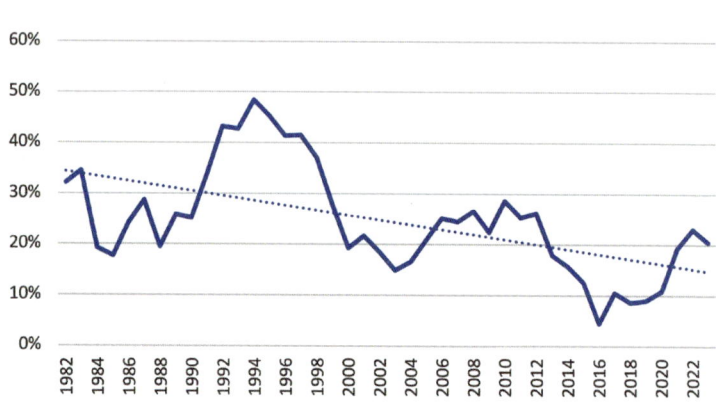

전체 WAR에서 25세 이하 타자들이 차지한 비중

투수 쪽도 상황은 비슷했다. 2016년 25세 이하 투수들이 창출한 WAR은 고작 19.5. 리그 전체 투수들이 창출한 170.1의 11.5%에 불과했다. 당연히 역대 최저치였다. 그해 규정이닝을 채운 25세 이하 투수는? 놀랍게도 단 한 명도 없었다.

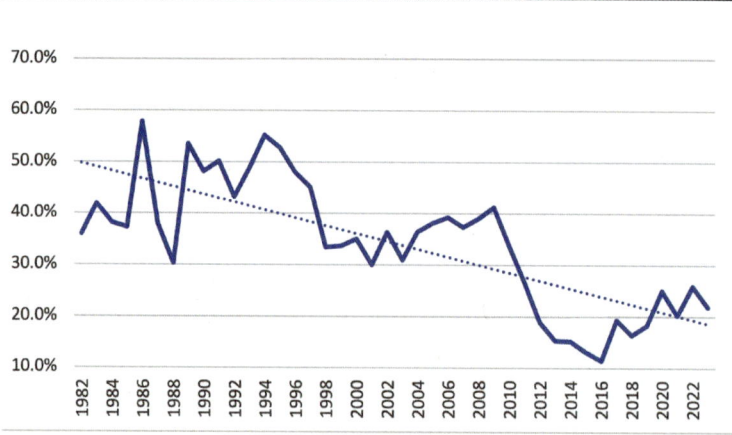

투수 전체 WAR에서 25세 이하 투수들이 차지한 비중

한 마디로 2016년쯤, 한국 야구는 투타 모두 심각한 '젊은 재능의 부족'에 시달리고 있었다. 이유로는 크게 두 가지가 거론된다.

첫째, 2008년 베이징 올림픽을 전후로 한국 야구의 최전성기를 이끈 선배 세대들이 여전히 리그의 주축으로 활약 중인 상황에서, 젊은 선수들이 출전 기회를 잡기 어려웠고 성장이 더뎠을 것이다.

두 번째, 2002년 한일 월드컵 때 '운동 영재'들이 대거 축구를 선택했을 것이다. 2016년에 19세~25세, 즉 1991년생부터 1997년생들은 2002년 한일 월드컵 때 5세~11세의 어린이들이었다. 이 세대의 프로야구 선수들 중 2016년 KBO리그 WAR 순위 30위 안에 진입한 선수는 단 한 명도 없다. 반면 축구에서는? 손흥민, 김민재, 황희찬, 이재성, 황의조 등 한국 축구 역사상 최고의 '황금세대'가 탄생했다.

그래서 저 무렵 야구계에서는 심각한 위기감이 감돌았다. 세대교체가 되지 않고 젊은 스타들이 등장하지 않으면서, 리그가 정체되고 인기가 줄어들며 국제경쟁력이 떨어질 거라는 불길한 예언이 나오기 시작했다. (이 중 '국제 경쟁력 감소'는 현실이 됐다. 2015년 프리미어12를 마지막으로, 한국 대표팀은 국제대회에서 우승을 차지하지 못했고 '참사가 이어졌다. 정예 멤버로 꾸려진 일본 대표팀을 상대로는 7연패 중이다)

하지만, 어둠의 끝에서 빛이 보이기 시작했다.

축구에 한일월드컵이 있다면, 야구에는 베이징 올림픽이 있다. 한국 야구 역사상 가장 찬란한 순간으로 지금도 회자되는 2008년 베이징 올림픽의 전승 우승 신화를 보면서, 당시의 어린 운동영재들이 대거 야구를 선택했을 거라는 가설이 등장했다. 그래서 1998년 이후 출생 선수들, 이른바 '베이징 세대'가 이전 세대보다 훨씬 나은 기량으로 한국 야구에 새바람을 불어넣어 주리라는 기대가 높아졌다.

기대는 적중했다.

2017년 신인왕을 차지한 1998년생 이정후를 신호탄으로, 안우진, 노시환, 고우석, 강백호, 곽빈, 원태인, 김혜성, 문동주, 이의리, 정우영, 문보경, 김도영, 이주형, 김주원, 이재현, 김휘집, , 최준용, 김현준, 박영현 등 샛별들이 그야말로 봇물 터지듯 쏟아져 나왔다. 그래서 25세 이하 선수들이 창출하는 WAR도 가파른 상승세를 탔다. 2022년 25세 이하 타자들은 리그 전체 타석의 23.6%를 차지했다. 2016년의 두 배 가까운 수치다. WAR은 리그 전체의 23%로 늘어났다. 2016년, 4.5%에 불과했던 것과 비교하면 그야말로 '상전벽해'다. 투수들도 마찬가지다. 2022년 25세 투수들이 리그 전체 WAR에서 차지한 비중은 26%. 2016년 11.5%의 두 배가 넘는다. (《표2,3》 참조.) 그렇게 해서 한국 야구의 새 전성기를 이끌 차세대 주역들이 '세대 교체'를 가속화하는 듯했다.

그런데 2023년, 이상한 일이 벌어졌다.

위 그래프들을 다시 보자. 모든 그래프가 2023년에 '우하향'한다. 즉 25세 이하 젊은 선수들의 타석도, 이닝도, WAR도 모두 2022년보다 감소한 것이다. 세대교체의 거센 바람이 갑자기 주춤하는 것처럼 보이는 것이다.

원인을 몇 가지 추정할 수 있다. 25세 이하 투타 최고 선수 이정후와 안우진이 부상에 발목을 잡혀 2022년만 못했다. 이정후의 WAR이 지난해의 3.70이 아닌 2022년의 9.230이었다면 25세 이하 타자들의 WAR은 지난해 수준을 유지했을 것이다. 투수 쪽은 이야기가 다르다. 안우진의 WAR 감소폭(2.6)이 투수 전체 WAR 감소폭(7.2)의 일부 밖에 설명하지 못한다. 즉 안우진의 활약이 줄어든 것만으로, 지난해 젊은 투수들이 주춤했던 현상을 모두 설명하기는 어렵다는 거다.

흥미로운 것은, 25세 이하 투수들의 기용 패턴이다.

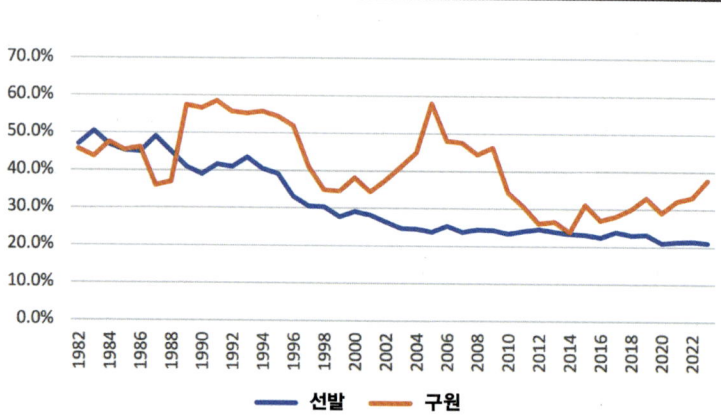

25세 이하 투수들의 기용 패턴

파란색 선은 리그 전체 선발 등판 중 25세 이하 투수들이 차지한 비중을 나타낸다. 주황색은 구원 등판 비중이다. 파란색 그래프는 명확한 우하향이다. 그래서 지난해 25세 이하 투수들이 담당한 선발 횟수는 전체의 21%로 역대 최저치로 내려왔다. 구원 등판은 그렇지 않다. 2014년의 기점으로 꾸준한 상승세로, 지난해에는 37.7%로 2009년 이후 15년 만의 최고치를 찍었다.

한 마디로, 지금 KBO리그는 어린 투수들을 주로 구원으로 쓰고, 선발로는 기용하지 않고 있는 것이다.

이 현상이 작년에 젊은 투수들의 기세가 갑자기 꺾인 이유를 모두 설명할 수 있을지는 불확실하다. 또한 이 현상의 이유도 아직은 명확하지 않다. 투수들의 특성(ex. 내구력 부족) 때문인지, 혹은 구단의 전략(ex. 이닝수 제한을 위한 선발 기용 자제) 때문인지, 혹은 우연인지(ex. 집중적인 군입대) 구분해 내는 것은 필자의 깜냥 밖이다. 하지만 이런 악재들을 극복할 만큼 다른 젊은 투수들이 성장하지 않았으며, 즉 젊은 투수들의 급성장세가 지난해 꺾였으며, 이 현상이 지속될 경우 한국야구에 또 다른 위험이 될 수 있다는 것이다.

'야잘잘' 전상규의 LG 트윈스
29년 어둠의 터널 돌파기

　어두운 터널로 들어갈 때는 주위의 빛이 밝았다가 조금씩 점점 사라진다. 그러다 빛이 완전히 사라지고 칠흑 같은 어둠이 드리우면 언제 다시 빛을 볼 수 있을지 두려워진다. 한 시즌, 혹은 길어야 몇 시즌이 지나면 다시 영광의 빛을 볼 수 있을 거라고, 혹은 희미하더라도 약간은 밝아질 거라 기대했다. 하지만 그 어둠의 시기는 길었다. 그 터널 안에는 아무것도 없었다. 무언가 있었을지도 모르겠지만 어둠 속에서는 그 무엇도 보이지 않았다.

　2002년은 온 나라가 월드컵의 열기로 뜨겁게 달아올랐다. 한국전이 있는 날은 프로야구 경기가 열리지 않았다. 게다가 후반기에는 2002 부산아시안게임 휴식기가 있어 가을야구는 계속 늦춰졌다. 그 해 삼성라이온즈는 최강의 전력을 구축했다. 또한 그들에게 매번 좌절을 안기던 해태타이거즈의 코끼리 감독마저 푸른 유니폼을 입혀 구단 사상 최초의 한국시리즈 우승에 도전하고 있었다. LG 트윈스는 정규시즌 4위로 준플레이오프부터 시작해 그야말로 너덜너덜해진 상태로 한국시리즈에서 이 최강팀에 맞섰다. 이미 계절은 겨울이었고 야생마의 반팔은 그래서 더 기억에 또렷하다.

　그해 한국시리즈가 일방적으로 끝날 것이라는 예상과는 다르게 LG 트윈스는 2승 3패의 전적으로 대구에 내려가 운명의 6차전을 준비했다. 그렇다. 바로 그 경기다. LG 트윈스의 팬이라면 잊을 수 없는 그 경기. 김재현이 펜스를 맞추는 타구를 날리고 1루까지 절뚝이며 뛰던 그 경기. 이상훈이 이승엽에게 9회말 통한의 동점 홈런을 허용하고 고개를 떨구던 그 경기. 마해영이 끝내기 홈런을 치고 삼성라이온즈 선수들이 그라운드 위를 환호하며 뛰고 있는 사이로 눈물을 흘리며 마운드에 주저앉은 최원호가 보이던 그 경기다. 팬들도 절뚝였고, 고개를 떨구고, 주저앉았다. 하지만 누구도 화를 내지는 않았다. 그럴 수가 없었기 때문이다. 그리고 모두가 알듯 그때가 그 터널의 입구였다.

2013년 LG 트윈스는 다시 가을야구에 초대받았다. 그 터널의 입구에서 마지막 한국시리즈를 한지 11년, 한국시리즈 우승을 한 지 19년이 되던 해이다. 직전 해인 2012년 43세의 초보 감독 김기태가 선임될 당시 LG 트윈스 팬들의 여론은 좋지 않았다. 뭘 해도 되지 않는 이 팀을 다시 강팀으로 만들 수 있는 감독은 경험도 많고 선수들의 기강을 휘어잡는 유형이어야 한다고 생각했기 때문이다. '김성근'. 당연히 팬들의 입에서 가장 많이 오르내린 이름이다. 실제 TV 뉴스에 속보로 김성근이 LG 트윈스의 다음 감독으로 선임되었다는 오보가 나오기도 했다. 하지만 그 대신 지휘봉을 잡은 젊은 초보 감독 김기태는 이듬해인 2013년 8월 20일 정규시즌 1위에 오르는 기염을 토하고 10월 5일 역사적인 그 마지막 경기를 잡으며 정규시즌 2위로 시즌을 마쳤다.

팬들은 한 지붕 두 가족 두산베어스를 마지막 경기에 꺾은 것에도 환호했지만, 그것을 당시의 베테랑 선수들이 주축이 되어 이뤘다는 점에 더 기뻐했다. 이병규, 박용택, 이진영, 정성훈. 이들이 있을 때 한번은 우승을, 아니 한국시리즈에 진출할 수 있지 않을까 하는 기대가 컸기 때문이다. LG 트윈스 팬들에게만 좋은 선수들이 아니라 리그에서도 성과를 내는 대단한 선수로 인정받기를 바라는 마음이었다. 결국 자신과 자신이 응원하는 팀이 틀리지 않았다는 것이 증명되기를 간절히 원했다. 그리고 오랜만에 초대된 가을야구. 어둡고 길었던 터널을 통과하며 팬들의 마음속에 있던 응어리들이 어느 정도 풀리는가 싶었다. 하지만 너무도 오랜만에 큰 경기에 나선 LG 트윈스 선수들은 긴장했고, 어설펐으며 촌스러웠다.

'적어도 한국시리즈'라는 목표는 허무하게 사라졌다.

이듬해 팬들의 기대는 더 커졌다. 이제는 가을야구를 하는 것 정도에 만족할 상황이 아니었기 때문이다. 조금만 더 힘을 내면 꿈에도 그리던 무대에 진출할 수 있을 거라 믿었다. 베테랑들은 건재했고 신진급은 성장하고 있었다. 그러나 개막과 동시에 실망스러운 성적을 내고 있던 어느 날, 직전 해 오랜만에 팀을 가을로 이끈 감독은 갑자기 팀을 떠났다. 이제 뭔가 잘 되려고 하나 했더니 모든 것이 리셋된 느낌. 팀은 분위기를 추스르고 재정비해 어찌어찌 가을야구에 다시 진출했지만 2013년과 같은 힘이 느껴지지는 않았다. 여전히 두산베어스에게는 열세를 면하지 못했고 결정적인 장면에서 미끄러지곤 했다. 1년 144경기를 하는 리그에서 모든 경기는 동등한 힘을 갖지 않는다. 그리고 결정적인 순간의 경기에서는 아주 큰 확률로 우리는 절망했다.

뭔가 될 듯하다가 결국엔 실망하는 패턴은 계속되었다. 비록 이제 바닥을 기며 비밀번호를 찍는 팀은 아니었고, 가을야구에 꾸준히 초대되고 있었지만 딱 거기까지였다. 그러는 사이 팀을 구원해줄 거라 기대한 레전드들은 하나 둘 그라운드를 떠나기 시작했다. 혹은 선수 생활의 마지막을 보내기 위해 팀을 떠났다. 팬들의 등에 가장 많이 달린 번호가 아직 현역 선수의 것일 때 팀이 한국시리즈에 오르고, 끝내 우승하는 모습을 보고 싶던 사람들은 쓸쓸히 자신의 젊은 시절에 작별을 고해야 했다. 팀은 이 슬픔을 막아보려고 리빌딩 전문가도 불러보고 왕조를 일군 명장도 데려왔지만 결국 모두 실패했다. 프로는 잘하면 환호받지만 실패한 결과에 다른 이유를 달 수 없었다. 2021년 시즌을 앞두고 LG 트윈스는 1994년 입단 이래 코치 연수 기간을 제외하고는 단 한 번도 줄무늬 유니폼을 벗은 적 없는 프랜차이즈 스타 류지현을 감독으로 선임한다. LG 트윈스 팬들에

2024 전지훈련지인 애리조나에서 염경엽 감독과,
본인의 저서를 들고

게는 전혀 놀라운 일이 아니었다. 언제 하느냐의 문제지 모두가 '류지현 감독'은 언젠가 곧 다가올 현실이라 생각하고 있었다. 조금 이른 은퇴 이후 거의 모든 코치직을 거쳐 수석 코치로도 오랜 시간을 지내고 있던 터였다. 팬들에게는 중요한 의미가 담겨 있었는데, 바로 'LG표' 감독으로 우승에 도전한다는 점이었다. 자신의 젊은 시절을 가득 채웠던 선수들이 하나 둘 글러브를 벗고 방망이를 내려놓고 있었기에 LG 트윈스 프랜차이즈 스타가 지휘봉을 잡고 우승에 도전하는 팀에게거는 기대는 이전의 다른 감독과 비교조차 될 수 없었다. '우리와 우리 팀은 결코 틀리지 않았다.' 이 한 문장을 참으로 만들 수 있는 또다른 방식이었다. 그리고 시즌의 막이 올랐다.

신바람 3인방이 입단과 동시에 통합우승을 그렇게 쉽게 해버렸던 것처럼, 류지현의 LG 트윈스 또한 그럴 줄 알았다. LG 트윈스는 전문가들의 예상에서 우승 후보로 언급되고 있었고, 이제 우리 '꾀돌이'와 함께 영광의 헹가래를 칠 수도 있다는 기대감에 휩싸였다. LG 트윈스는 8월 한때 정규시즌 1위에 오르며 이전과는 다른 면모를 보이는 듯했다. 그 사이 잠실구장 전광판에는 새로운 이름들이 자리하고 있었다. 홍창기는 이전에 보지 못했던 유형의 타자로 리그를 제패하기 시작했고 2군에서 무럭무럭 성장한 문보경, 이영빈, 이재원 같은 이름이 보이기 시작했다. 마운드에서도 이상영, 이민호, 김윤식이라는 새로운 이름들이 등장한다. 오랜 팬들이 보기에 아직 소년 같은 이들은 자신들이 연예인처럼 바라보던 선배들의 자리를 하나씩 자기 것으로 가져오기 시작했다.

시즌 마지막 날까지 KT, 삼성 그리고 LG 트윈스가 1위 자리를 놓고 경합을 펼쳤다. 그리고 이번에도 한 발 모자랐다. KT와 삼성은 초유의 타이브레이크 경기를 펼쳤고 KT의 쿠에바스는 고교 야구 만화에서나 나올법한 상황을 만들며 팀에 정규시즌 우승을 안겼다. 그리고 LG 트윈스는 이 두 팀을 가을야구에서 만나지 못한다. 정말 지고 싶지 않은 팀에게 또다시 발목을 잡히며 쓸쓸히 퇴장한 것. 팬들의 실망감은 아예 가을야구에 발을 들이지 못할 때보다 더 컸다. 이번에야말로 우리는 강팀의 반열에 서 있다고 생각했기 때문이다. 그해 가을은 '성남고 야구 천재'로 LG의 유니폼을 입고 '꾀돌이' 유지현을 (선수 시절은 유지현, 감독 부임 후 류지현으로 표기) 밀어낸 박경수가 자신의 야구 인생 정점을 찍으며 마감되었다.

계약 기간 2년의 'LG표' 감독 류지현은 2022시즌을 앞두고 절치부심했다. 올해 뭔가를 이루어내지 못한다면 감독으로서의 야구 인생은 크게 흔들릴 것이 분명했다. 원조 LG 트윈스의 색깔이 강한 야구인이기에 우승을 일군다면 그만큼 환호가 커질 것이었고 실패한다면 앞으로의 커리어도 불투명할 수밖에 없었다. 이 시즌은 FA 박해민과 타격 코치 이호준, 모창민의 영입, 새 외국인 투수 플럿코 등으로 라인업을 가다듬며 다른 모습으로 시작했다. 팀은 타격에서 큰 변화를 보여줬는데 특히 장타를 뻥뻥 터뜨리는 팀으로 변모했다. 그 어느 팀에게도 상대 전적에서 밀리지 않는 레이스를 펼쳤고 특히 지난 시즌 가을에서 한 방 크게 먹었던 한 지붕 두 가족에게 10승 6패로 선전하며 팬들을 웃음 짓게 했다. 1994년 이후로 가장 안정적인 전력. 드디어 '그것'을 이룰 시기가 찾아왔다고 모두가 느꼈다.

하지만 하늘은 주유를 낳고 하필이면 제갈량을 또 낳았다. SK가 SSG로 옷을 갈아입은 2년 차. LG 트윈스가 팀 역사상 가장 많은 승수를 기록했는데도 SSG는 사상 유례없는 와이어 투 와이

애리조나 스프링캠프 현장에서
만난 임찬규 선수

어 우승이라는 (시즌 시작부터 끝까지 1위를 유지한 우승) 압도적인 결과를 내버린 것이다. 하지만 가을야구의 단기전은 모르는 일이다. 갑자기 미친 선수가 튀어나와 시리즈에 반전을 가져오는 것은 흔한 일이 아닌가. 시즌 마지막까지 선두 SSG를 추격하다 또 한 발 모자랐던 LG 트윈스와 팬들은 그런 시나리오를 그리고 있었다. 하지만 한국시리즈를 염두에 둔 그 시나리오는 꺼내보지도 못했다. 플럿코, 김윤식, 채은성의 병살타. 지금도 LG 트윈스 팬들이 떠올리기만 해도 머리를 쥐어뜯는 장면들을 남긴 채 LG 트윈스는 한국시리즈 진출에 실패했다. 팬들은 분노를 넘어 무아지경에 빠진다.

2023 시즌이 시작되기 전 팀은 LG표 감독과 재계약을 하지 않기로 결정한다. 플레이오프에서 탈락한 이후로 팬들 사이에서는 이런저런 의견이 많았다. '그래도 한 번은 더 기회를 줘야 하지 않느냐'는 소리에는 역시 우리 팀에서 선수, 코치, 감독을 한 '우리 사람'이 이렇게 무대 밖으로 퇴장하는 모습을 차마 지켜보지 못하겠다는 마음이 담겨있었다. 재계약 반대를 외치는 쪽도 그런 마음이 아예 없는 것은 아니었지만 정규시즌을 잘 치르고 나서 큰 무대에 올라 결정적인 실망을 안긴 '우리 사람'에게는 더 기대할 것이 없다며 마음을 접은 상태였다. 이내 곧 새로운 감독 후보들이 언론과 팬들의 커뮤니티에 이름을 올렸다. 그 후보의 수가 많지 않았던 이유는 LG 트윈스에게 필요한 것은 오로지 '우승'이었고 그 조건에 부합하는 인물이 많지 않았기 때문이었다.

'우승 청부사'. 그렇다면 우승을 해 본 경험이 있는 감독이다. 현재 다른 팀의 지휘봉을 잡고 있는 인물은 불가능하고 또 현역으로 복귀하기에 노령인 분들을 제외하고 나면 떠오르는 인물은 기껏해야 한두 명이었다. 많은 팬들은 선동열을 언급했다. 위의 조건에도 부합하고 그 전 발간한 책에서 자신이 평생 해왔던 야구의 오류를 깨닫고 새로 눈을 뜬 이야기를 풀어놓았기 때문이기도 했다. 선동열 같은 야구계의 거목이, 선수로서는 말할 것도 없고 감독으로서도 화려한 경력을 자랑하는 이가 자신과 자신의 야구를 이렇게까지 부정할 수 있다는 것만으로 큰 충격이었다. 물론 책에 쓴 내용이 현실에서 얼마나 실현될지는 아무도 모를 일이었다. 하지만 나 역시 최근 몇 시즌동안 마지막 문턱을 넘지 못하고 있는 LG 트윈스에게 들어맞는 몇 안 되는 카드라고 생각했다.

그리고 마침내 LG 트윈스의 새로운 감독이 선임되었다. 염경엽. 많은 팬들은 고개를 갸웃거렸다. 우승을 하기 위해 데려오는 감독에게 우승 경력이 없다니. 게다가 염경엽과 LG 트윈스의 인연은 처음이 아니었다. 운영팀장으로 재직하면서 1, 2군의 코치진을 조각했고 그 과정에서 여러 소문이 돌았다. 팀은 암흑기를 거치고 있었기에 팬들에게는 욕받이가 필요했고 LG 트윈스 순혈이 아닌 염경엽은 그 타깃이 되기에 적절했다. 결국 자신이 2군 감독으로 영입한 절친 김기태가 1군 감독으로 부임했음에도 염경엽은 팀을 떠났다. 그때 돌았던 소문은 실체가 밝혀진 것이 거의 없었고 당시 연루된 사람들의 기억은 각자 다르겠지만 어쨌거나 그렇게 떠났던 염경엽이 이 시기에 다시 LG 트윈스의 감독으로 부임하는 데 환영의 박수를 치는 팬들의 수는 적었다.

LG 트윈스에게도, 신임 감독 염경엽에게도 물러설 곳은 아예 없었다. 또다시 한국시리즈 문턱에서 좌절하면 LG 트윈스는 이전과는 다른 의미에서 부정적인 이미지가 생길 참이었고, 신임 감독의 계약 기간이 지켜지기 힘들 수도 있었다. 주력타자 채은성이 FA로 한화로, 주전 포수 유강남이 롯데로 이적했다. 박동원이 유강남의 자리를 메우고 새 외국인 타자 오스틴 딘이 채은성의 역할을 해준다면 해볼 만하다는 계산은 있었지만 LG 트윈스에서 지난 몇 시즌 동안 제 역할을 해낸 외국인 타자는 거의 없었다. 물음표가 줄어들기보다 더 많아진 상황. 하지만 팬들의 목표는 더 이상 높을 수 없었다. 오로지 우승. LG표 감독에게 한국시리즈 진출이라는 기대치가 주어졌다면, 외부 수혈된 감독에게는 그 이상의 성과가 있어야 했다. 한국시리즈 우승.

전 시즌에 와이어 투 와이어 우승을 달성한 SSG, 투타에서 안정적인 전력을 자랑하는 KT, 슈퍼 에이스 페디를 앞세운 NC 등이 LG 트윈스와 함께 우승권에 가까운 팀으로 분류되었다. 다른 팀들에게도 가능성은 있었지만 뭔가 하나씩 불안 요소를 짊어진 듯 보였다. 시즌 개막과 함께 LG 트윈스는 여러 가지 이유로 관심을 받았다. 새 외국인 타자 오스틴 딘이 드디어 외국인 타자 잔혹사를 끊어줄 낌새를 보였고, 에이스 켈리가 아직 본디 모습을 보여주지 못하는 사이 플럿코가 훌륭히 역할을 해냈다. 하지만 무엇보다 달라진 점은 '뛰는 야구'였다. LG 트윈스에는 기존에도 뛰는 선수들이 포진되어 있었지만 2023시즌 LG 트윈스는 모든 타자가 뛰었다. 그리고 죽었다. 도루하다 죽고, 한 베이스 더 가다가 죽고, 견제로 죽고. 팬들은 처음 보는 '불나방 야구'에 경악했다. 하지만 염경엽 감독은 요지부동. 다음 날도 그 다음 날도 뛰었고, 또 죽었다.

뛰는 야구와 번트 등의 작전으로 감독의 경기 개입이 많아지자 여론은 들끓었다. 감독의 작전으로 점수를 더 뽑거나 경기를 잡기도 했지만, 기회를 날리고 아쉽게 승부를 내주기도 했다. 전체적으로 팀의 기세는 나쁘지 않았지만 팬들은 뛰는 야구가 가져오는 긍정적인 효과 – 볼 배합과 내야수들의 부담 – 보다 직접적으로 보이는 주루사가 더 커 보였다. 5월이 지나면서 작전은 조금씩 줄어들기 시작하고 팀은 순위표 가장 높은 곳에 이름을 올린다. 이때가 팬들의 여론이 돌아서기 시작한 시점이다. 긍정적인 효과는 남아있는데 눈앞에서 죽어나가는 주자들이 조금씩 사라졌다.

감독의 개입에 부정적인 시각을 가진 팬들조차 '어찌 되었든 성과를 내면 되는 것'이라는 입장으로 바뀌기 시작한 건 정규시즌 마지막을 향해 가면서도 여전히 굳건히 1위를 차지하고 있으면서부터다. 그리고 마침내 매직 넘버가 모두 지워졌고, 감독의 개입과 작전에 대한 부정적 여론도 함께 사라졌다. 29년. 1994년 이후로 처음 정규시즌 우승을 하고 한국시리즈에서 기다리는 입장이 되었다. 물론 한 많은 팬들은 이렇게 올라간 한국시리즈에서 고배를 마신다면 따라올 조롱과 비아냥을 벌써부터 걱정하고 있으면서도 정규시즌 우승을 결정지은 날 발간된 스포츠 신문의 거래가격이 천정부지로 솟을 정도로 흥분했다. 숨어있던 LG 트윈스 팬들이 모두 모자와 유광 잠바를 걸치고 경기장으로 나왔고, 순위와 관계없는 정규시즌 마지막 경기에서 한 지붕 두 가족에게 승리를 거두며 잠실야구장을 축제의 장으로 만들었다. 이제 한국시리즈가 남았다. 한국시리즈가 진짜다.

플레이오프에서 NC에 2패로 몰렸던 KT는 그 이후 3연승을 거두며 한국시리즈의 파트너로 올라왔다. LG 트윈스의 파트너로 더 나은 쪽이 NC냐 KT냐를 놓고 팬들의 의견이 갈렸다. 리그를 완전히 정복한 페디가 이끄는 NC가 더 낫다는 사람들은 어찌 되었건 지칠 대로 지친 NC가 더 요리하기 좋을 것이라는 의견이었다. 반면 벤자민을 제외하면 불펜까지 오른손투수 일색인 KT가

훈련을 앞두고 집중하고 있는
LG트윈스 선수들

더 공략하기 쉽다는 의견을 가진 이들도 있었다. KT의 기세는 하늘을 찌를 듯했다. 그리고 1차전. 켈리와 벤자민이 맞붙은 이 경기를 놓고 팬들이 나눈 대화다.
"만약 1차전에 켈리를 내고 졌다고 생각해 봐…."
"!!!"
올 시즌 내내 리그 최고의 강팀이었던 LG 트윈스의 기세가 단 한 번에 제압될 수도 있는 상황 아닌가. 그리고 그 일이 실제로 일어났다. 1차전 4 : 2 패배.

2차전을 앞두고 팬들의 입술은 바짝바짝 말랐다. 이 경기마저 놓치면 정말 나락이다. 그리고 이 경기를 잡기 위해 애지중지하던 유망주 이주형, 신인 1픽에 김동규까지 주고 데려온 선수가 오늘의 선발 투수다. 정말 이 한 경기 잘 던져주길 바라고 데려온 최원태. 물론 만약의 경우를 대비해 염경엽 감독은 불펜 총동원령을 내려둔 상태다. 조금이라도 낌새가 이상하면 리그에서 가장 질과 양에서 풍족한 불펜을 아낌없이 쏟아 부을 참이었다. KT는 손동현, 박영현 단 두 명의 불펜을 데리고 플레이오프를 이겨냈다. 이 둘은 LG 트윈스의 불펜을 모두 합친 것만큼의 힘을 내고 있었지만 조금씩 지쳐가고 있던 것도 사실이다. 플레이오프 시작부터 한국시리즈까지 모든 경기에 등판하고 있었다.

그리고 최원태는 볼넷과 피안타를 남발하며 아웃카운트 단 하나만을 잡고 마운드에서 내려간다. 하지만 그동안 휴식을 취한 LG 트윈스의 불펜은 가공할 만한 위력을 보였다. 리그 최강 불펜은 최원태의 책임 주자를 제외하곤 단 한 점도 허용하지 않으며 경기를 틀어막았다. 그 사이 타선은 박동원의 역전 홈런까지 연결하는 힘을 과시하며 기적처럼 이 경기를 잡아냈다. 관중석의 팬들은 최원태가 1회에 내려갈 때도 '이유는 모르겠지만 질 것 같지 않다'라며 전의를 다지고 있었다. 팀이 그 기대에 멋지게 부응한 것이다. 한국시리즈라는 큰 무대에서 보기 쉽지 않은 명승부였고, 시리즈를 가져올 수 있다는 확신을 팀 안팎에 천명하는 결과까지 얻었다. 특히나 팀에서 반드시 '해줘야 하는' 선수들인 오스틴, 오지환, 김현수, 박동원이 해냈다는 점에서 더욱 고무적이었다. 1회초에 선발투수를 내린 감독의 결단은 그전까지 LG 트윈스에서 볼 수 없었던 것이었기에 팬들의 마음속에는 우승이라는 희망이 뭉게뭉게 솟아올랐다.

수원으로 옮겨 펼쳐진 3차전은 아마 프로야구가 생긴 이래 가장 추운 날의 경기였을 것이다. 1승 1패로 팽팽히 맞선 상태에서 어느 한쪽으로 시리즈의 추가 넘어갈 수 있는 상황. LG 트윈스는 2023 시즌 토종 선발 최다승에 빛나는 임찬규를 낸다. 임찬규는 이전 시즌 FA 자격을 얻었음에도 불만족스러운 성적으로 FA 재수를 택했다. 여기에 맞서는 KT의 선발 투수는 벤자민. 워낙 좋은 투수인데다가 특히나 LG 트윈스를 상대로 극강이다. LG 트윈스는 선발 매치업에서 무게 추가 조금 기우는 것을 감안해 지난 경기와 마찬가지로 모든 불펜을 대기시킨다. 벤자민이라는 좋은 왼손투수에게 힘겨워하던 LG 트윈스의 타선에서 역시 오른손타자가 일을 낸다. 외국인 타자 잔혹사 몇 시즌 만에 비로소 자기 몫을 하며 4번 타순에 자리 잡은 오스틴의 한 방. 하지만 KT도 호락호락하지 않다. 5회에만 정우영, 함덕주, 백승현을 올렸는데도 역전에 성공하는 KT. KT도 벤자민을 냈음에도 오늘 경기를 내주면 정말 힘들어지는 만큼 필사적이다.

KT가 자랑하는 불펜 손동현은 역시나 이 날도 마운드에 오른다. 하지만 LG 트윈스는 이미 '중요한 경기에서는 한 점을 짜내야 한다'라는 기조에서 벗어났다. 큰 경기는 한 방이 결정짓는다고 노선을 바꾼 터였다. 박동원이 또다시 때려낸 한 방으로 재역전에 성공. 경기장에서 뛰는 선수들이나 덕아웃에서 경기를 바라보는 코칭스태프나 관객석에서 웃다가 우는 팬들이나 모두 기진맥진이다. 조기 투입된 마무리 투수 고우석의 공을 담장 밖으로 때려내는 박병호. 시리즈 내내 속구에 타이밍이 늦던 박병호가 다시 한 번 LG 트윈스의 발목을 잡는다. 재재역전. 양 팀은 오기가 나고 팬들은 복장이 터진다. 이때 많은 LG 팬들은 생각했다.
'아… 결국 박병호가 우리를 막는 것인가.'

9회초 투아웃. 타석의 오스틴이 투 스트라이크로 몰린 후에도 침착하게 볼넷을 골라나가면서 관중석에서는 묘한 웅성거림이 퍼졌다.
'설마…'
실점과 선발 투수 강판의 빌미를 제공한 캡틴 오지환의 홈런이 나올 때 야구장의 시간은 잠시 멈췄다. 높이 뜬공이 우측 담장 바깥에 떨어질 때까지 잠시 멈춰 섰던 야구장은 이내 곧 환호성과 울음으로 뒤덮였다. 재재재역전. 오지환은 자신의 가슴에 큼지막한 'C'를 박고, 자신의 영웅이었던 이병규도, 박용택도, 누구도 해내지 못한 일을 해내겠다는 집념을 현실로 만들며 모두를 울렸다. 1루 베이스를 돌며 양손을 옆으로 들어 올리는 동작은 '라뱅' 이병규의 그것보다 더 커 보였다.

그렇게 9회말이 마무리되고 경기가 끝났다면 우리가 알고 있는 드라마였을 거다. 고교 야구를 다룬 만화, 코믹 요소가 들어간 미국 야구 영화에서 많이 본 장면이었을 것이다. 하지만 여기는 한국, KBO리그 아닌가. 9회말 우여곡절 끝에 1사 만루 상황이 터졌다. 그 사이 마무리 투수를 내리기도 하고 교체된 투수의 초구가 타자의 발을 맞추기도 하면서 수많은 경우의 수가 요동쳤다. 여기서 경기가 다시 뒤집어진다면 야구팬들조차 누가 이겼는지 헷갈릴 지경이다. 그때 김상수가 친 타구가 투수 이정용에게 돌아간다. 그 공을 포수 박동원에게 던져 1-2-3 병살을 만들려는 이정용. 그런데 투수의 손에서 공이 나가지를 않는다. 순간 관중석에서 쏟아지는 목소리. "던져!!!" 발 빠른 타자 주자 김상수가 1루로 전력 질주를 하는 사이, 공은 느릿느릿 포수에게 전달되었고 박동원은 1루로 체감상 170㎞는 됨 직한 속구를 던졌다.

이 경기는 시리즈에서 가장 중요한 변곡점이었다. 4차전은 이제 터질 대로 터진 LG 트윈스의 타선이 그야말로 폭발했고, 김윤식이 우리가 아는 리그 후반부의 모습으로 마운드에 군림하면서 쉽게 끝났다. 경기 중반부 이후로 KT의 이강철 감독은 경기를 내려놓고 주력 선수 휴식 모드로 들어갔다. 5차전에서 고영표가 다시 경기를 잡아내고 6, 7차전에서 쿠에바스와 벤자민을 투입해 대역전극을 노리는 것 외에는 어떤 선택지도 없는 상황. LG 트윈스와 염경엽 감독이 이것을 모를 리 없었다. 5차전은 켈리와 고영표의 리턴 매치. 이때까지 켈리는 와일드카드전부터 시작해 플레이오프까지 가을야구의 모든 시리즈에서 승리 투수가 된 진귀한 기록을 가지고 있었다. 5차전에서 승리 투수가 된다면 이제 가을야구의 진정한 승리자라 부를 만했다.

다시 잠실로 무대를 옮긴 2023 한국시리즈. 3루 원정 응원석마저 가득 채워버린 LG 트윈스 팬들은 29년 만에 역사의 산증인이 되고자 모였다. 사실 기꺼이 그 증인이 되고자 하는 이는 훨씬 많았지만 현장에서 함께 할 수 있는 자리는 지극히 모자랐고 이것은 한국시리즈 내내 벌어진 예매 전쟁의 이유이기도 했다. 선수들도 응원하는 소리가 360도로 들리는 경험은 처음이라 무척 당황스러웠다고 얘기할 정도로 야구장은 LG를 외치는 함성으로 가득 찼다. 사실 그 자리에 있던 LG 팬들은 자신이 역사의 현장을 목격할 것이라 확신하고 있었다. 아니, 확신하고 싶어 했다. 6차전은 없다. 오늘로 끝이다. 그것은 바람이기도 했지만 반드시 이뤄져야 하는 어떤 것이었다. 5차전을 내줘도 6, 7차전 중 하나를 잡아 그래도 우승할 거라 낙관하는 팬은 드물었다.

**2023 우승기념
앰블렘이 새겨진 모자**

**LG트윈스 2024
스프링캠프 기념모자**

시리즈 내내 대타로 4타수 3안타를 기록하고 있던 김민혁이 경기 후반이 아닌 중반에 등장한 순간. 2023 한국시리즈가 여기서 끝나느냐 아니면 끝장 승부로 가느냐의 갈림길이었다. 만약 여기서 김민혁이 안타를 다시 쳐낸다면 스코어는 3 : 2가 되고 부상으로 주루를 할 수 없는 김민혁이 대주자 조용호로 바뀌면서 경기 분위기가 뒤집힐 판. 하지만 요주의 인물에 대해서 LG 트윈스가 아무런 대책이 없이 경기에 나섰을 리 없었다. 전광판에 '대타 김민혁'이라는 글자가 뜨자 LG 트윈스 외야진은 더그아웃의 지시에 따라 수비 위치를 옮긴다. 타격. 이전처럼 잘 맞은 타구는 아니었지만 아무도 없는 좌중간으로 날아간다. 순간 앞서 그랬던 장면이 떠오른다. 그때 시선 밖에서 누군가 뛰어오르더니 공을 글러브 속으로 넣어버린 다음 오른손을 불끈 쥐며 포효한다. 박해민이 날아올랐다. 그리고 내려오며 이닝을 지웠다.

관중석의 팬들이 우승을 직감한 순간이었다. '이제 끝났다.' 이 수비를 기점으로 KT 선수들의 피로감이 극심해졌다. 발은 무거워지고 투수들의 어깨는 제대로 올라가지 못했다. 하지만 마지막 관문이 남았다. 이번 한국시리즈에서 1승 1패 1세이브를 기록한 마무리 투수다. 홍창기가 1번에서 부진할 때 적어도 지금 1번으로 쓰는 건 아니지 않냐는 팬들의 목소리에도, 고우석은 불안하니 마무리로 쓰지 말라는 아우성에도, 단 한 번도 흔들리지 않았던 염경엽 감독은 단호했다. 8회말이 끝난 시점 모든 팬들의 시선은 LG 트윈스의 불펜으로 향했고 거기에는 단 한 명의 투수 만이 몸을 풀고 있었다. 당연하다. 북산 고등학교의 센터가 채치수이듯, 우리 팀의 마무리는 고우석이다.

마지막 공이 신민재의 글러브에 들어간 순간, 팬들은 환호보다는 안도에 가까운 소리를 내질렀다. 모두가 폭풍처럼 오열하며 흑역사로 길이 남을 장면을 연출할 줄 알았건만, 의외로 담담하다. 나 역시 이게 뭐라고 그 오랜 시간 동안 내 감정을 소모했고 스스로를 갉아먹었으며 그토록 힘들었나, 이상하리만치 아무렇지도 않다.
그리고 찬찬히 관중석을 둘러보니 그제야 감정이 올라온다. 활짝 웃으며 두 팔을 올리고 있는 여성분과 고개를 파묻고 울고 있는 청년. 조용한 눈으로 경기장을 바라보고 있는 중년 남성의 모습에 내 지난 29년간이 모두 담겨 있었다.
이렇게 많은 다른 이들의 삶과 내 삶이 겹쳐지는 부분, 공통점이라곤 이 LG 트윈스라는 야구팀 하나 아닐까. 다들 참 오래도 같은 감정을 품고 살았구나. 그래, 내가 딱 저 모습이었다.
오랫동안 계속된 뒤풀이 동안 팬들은 야구장을 뜨지 못했다. 29년을 기다린 이들에게 몇 십 분은 그리 길지 않은 시간이었다.

왜 영광의 시간은 이리도 짧고 오욕의 세월은 그다지도 길까.
디펜딩 챔피언이라는 자랑스러운 타이틀을 걸었지만 2023 시즌 통합우승이라는 훈장은 또다시 과거의 것이 되었다.
하지만 야구는 계속된다. 정말 다행이다. 우리는 또 감정을 소모하고 시간을 쏟아 부으며 야구와 함께 할 것이다.

그래서, 참 다행이다.

전상규

밴드 '와이낫'에서 작사, 작곡, 노래, 연주를 다 해내는 음악인이자 LG 트윈스 때문에 운명이 뒤바뀐 열혈 팬. 잠실 마운드 위에서 시구를 한 것이 평생의 자랑이다. ESPN의 한국 프로야구 중계에 출연해 LG 트윈스 응원가를 부르는 기염을 토했다.
팟캐스트와 유튜브 '야잘잘'을 통해, 같은 처지의 LG 트윈스 팬들과 소통하고 있다.

투수

ERA(규정이닝)

순위	이름	팀	기록
1위	페디	NC	2.00
2위	안우진	키움	2.39
3위	뷰캐넌	삼성	2.54
4위	후라도	키움	2.65
5위	알칸타라	두산	2.67
6위	고영표	KT	2.78
7위	원태인	삼성	3.24
8위	반즈	롯데	3.28
9위	임찬규	LG	3.42
10위	박세웅	롯데	3.45

다승

순위	이름	팀	기록
1위	페디	NC	20
2위	벤자민	KT	15
3위	임찬규	LG	14
4위	알칸타라	두산	13
5위	고영표	KT	12
5위	쿠에바스	KT	12
5위	곽빈	두산	12
5위	뷰캐넌	삼성	12
9위	플럿코	LG	11
9위	브랜든	두산	11
9위	이의리	KIA	11
9위	반즈	롯데	11
9위	페냐	한화	11
9위	후라도	키움	11

탈삼진

순위	이름	팀	기록
1위	페디	NC	209
2위	안우진	키움	164
3위	알칸타라	두산	162
4위	벤자민	KT	157
5위	이의리	KIA	156
6위	반즈	롯데	147
6위	페냐	한화	147
6위	후라도	키움	147
9위	뷰캐넌	삼성	139
10위	양현종	KIA	133

9이닝 당 탈삼진(규정이닝)

순위	이름	팀	기록
1위	페디	NC	10.43
2위	안우진	키움	9.80
3위	벤자민	KT	8.83
4위	반즈	롯데	7.77
5위	알칸타라	두산	7.59
6위	박세웅	롯데	7.54
7위	페냐	한화	7.46
8위	최원태	LG	7.24
9위	후라도	키움	7.20
10위	양현종	KIA	7.00

세이브

순위	이름	팀	기록
1위	서진용	SSG	42
2위	김재윤	KT	32
3위	김원중	롯데	30
3위	오승환	삼성	30
5위	이용찬	NC	29
6위	임창민	키움	26
7위	정해영	KIA	23
8위	홍건희	두산	22
9위	박상원	한화	16
10위	고우석	LG	15
10위	장시환	한화	14

홀드

순위	이름	팀	기록
1위	박영현	KT	32
2위	노경은	SSG	30
3위	김영규	NC	24
3위	김명신	두산	24
5위	류진욱	NC	22
5위	구승민	롯데	22
7위	김진성	LG	21
8위	김상수	롯데	18
8위	김범수	한화	18
8위	김재웅	키움	18

완봉

순위	이름	팀	기록
없음			

투수

선발경기

순위	이름	팀	기록
1위	페냐	한화	32
2위	알칸타라	두산	31
3위	켈리	LG	30
3위	김광현	SSG	30
3위	페디	NC	30
3위	반즈	롯데	30
3위	뷰캐넌	삼성	30
3위	후라도	키움	30
9위	벤자민	KT	29
9위	양현종	KIA	29

경기수

순위	이름	팀	기록
1위	김진성	LG	80
2위	노경은	SSG	76
2위	김범수	한화	76
4위	고효준	SSG	73
5위	김태훈	삼성	71
6위	류진욱	NC	70
6위	김명신	두산	70
8위	서진용	SSG	69
9위	박영현	KT	68
10위	유영찬	LG	67
10위	정철원	두산	67
10위	구승민	롯데	67
10위	김상수	롯데	67
10위	김재웅	키움	67

이닝

순위	이름	팀	기록
1위	알칸타라	두산	192
2위	뷰캐넌	삼성	188
3위	후라도	키움	183 2/3
4위	페디	NC	180 1/3
5위	켈리	LG	178 2/3
6위	페냐	한화	177 1/3
7위	고영표	KT	174 2/3
8위	양현종	KIA	171
9위	반즈	롯데	170 1/3
10위	김광현	SSG	168 1/3

완투(완봉포함)

순위	이름	팀	기록
1위	오원석	SSG	1
1위	산체스	KIA	1
1위	심재민	롯데	1
1위	뷰캐넌	삼성	1
1위	정찬헌	키움	1

타율(규정타석)

순위	이름	팀	기록
1위	손아섭	NC	0.339
2위	구자욱	삼성	0.336
3위	김혜성	키움	0.335
4위	홍창기	LG	0.332
5위	에레디아	SSG	0.323
6위	김선빈	KIA	0.320
7위	박건우	NC	0.319
8위	박민우	NC	0.316
9위	오스틴	LG	0.313
10위	전준우	롯데	0.312

출루율(규정타석)

순위	이름	팀	기록
1위	홍창기	LG	0.444
2위	구자욱	삼성	0.407
3위	최형우	KIA	0.400
4위	박건우	NC	0.397
5위	김혜성	키움	0.396
6위	양의지	두산	0.396
7위	손아섭	NC	0.393
8위	문성주	LG	0.392
9위	최정	SSG	0.388
10위	노시환	한화	0.388

장타율(규정타석)

순위	이름	팀	기록
1위	최정	SSG	0.548
2위	노시환	한화	0.541
3위	오스틴	LG	0.517
4위	구자욱	삼성	0.494
5위	최형우	KIA	0.487
6위	박건우	NC	0.480
7위	로하스	두산	0.474
8위	양의지	두산	0.474
9위	전준우	롯데	0.471
10위	소크라테스	KIA	0.463

OPS(규정타석)

순위	이름	팀	기록
1위	최정	SSG	0.936
2위	노시환	한화	0.929
3위	구자욱	삼성	0.901
4위	오스틴	LG	0.893
5위	최형우	KIA	0.887
6위	박건우	NC	0.877
7위	양의지	두산	0.870
8위	홍창기	LG	0.856
9위	전준우	롯데	0.852
10위	에레디아	SSG	0.846

야수

1루타

순위	이름	팀	기록
1위	김혜성	키움	144
2위	손아섭	NC	143
3위	홍창기	LG	136
4위	김선빈	KIA	118
5위	박해민	LG	116
5위	정수빈	두산	116
7위	박민우	NC	114
7위	피렐라	삼성	114
9위	김현수	LG	113
9위	전준우	롯데	113

2루타

순위	이름	팀	기록
1위	구자욱	삼성	37
2위	손아섭	NC	36
3위	홍창기	LG	35
4위	박건우	NC	34
5위	알포드	KT	31
5위	최정	SSG	31
5위	소크라테스	KIA	31
8위	노시환	한화	30
9위	문보경	LG	29
9위	오스틴	LG	29
9위	에레디아	SSG	29
9위	김혜성	키움	29

3루타

순위	이름	팀	기록
1위	정수빈	두산	11
2위	최지훈	SSG	8
3위	박민우	NC	7
4위	강승호	두산	6
4위	김성윤	삼성	6
4위	김현준	삼성	6
4위	김혜성	키움	6
8위	문보경	LG	5
8위	김도영	KIA	5
10위	문성주	LG	4
10위	오스틴	LG	4
10위	로하스	두산	4
10위	박찬호	KIA	4
10위	이주형	키움	4

홈런

순위	이름	팀	기록
1위	노시환	한화	31
2위	최정	SSG	29
3위	오스틴	LG	23
3위	채은성	한화	23
5위	양석환	두산	21
6위	박동원	LG	20
6위	최주환	SSG	20
6위	소크라테스	KIA	20
9위	로하스	두산	19
10위	박병호	KT	18
10위	나성범	KIA	18

루타합

순위	이름	팀	기록
1위	노시환	한화	278
2위	오스틴	LG	269
3위	최정	SSG	258
4위	소크라테스	KIA	253
5위	김혜성	키움	248
6위	손아섭	NC	244
7위	양석환	두산	238
8위	피렐라	삼성	237
9위	전준우	롯데	232
10위	알포드	KT	224
10위	구자욱	삼성	224

득점

순위	이름	팀	기록
1위	홍창기	LG	109
2위	김혜성	키움	104
3위	손아섭	NC	97
4위	최정	SSG	94
5위	소크라테스	KIA	91
6위	오스틴	LG	87
7위	노시환	한화	85
8위	알포드	KT	83
9위	박해민	LG	80
9위	전준우	롯데	80

타점

순위	이름	팀	기록
1위	노시환	한화	101
2위	소크라테스	KIA	96
3위	오스틴	LG	95
4위	마틴	NC	90
5위	양석환	두산	89
6위	김현수	LG	88
7위	박병호	KT	87
7위	최정	SSG	87
9위	박건우	NC	85
10위	채은성	한화	84

도루

순위	이름	팀	기록
1위	정수빈	두산	39
2위	신민재	LG	37
3위	박찬호	KIA	30
4위	박해민	LG	26
4위	박민우	NC	26
4위	조수행	두산	26
4위	류지혁	삼성	26
8위	김도영	KIA	25
8위	김혜성	키움	25
10위	문성주	LG	24

프로야구
스카우팅
리포트
2024
SINCE 2010

스카우팅 리포트 보는 법

임찬규 투수 1

신장 185	체중 80	생일 1992.11.20	
투타 우투우타	지명 2011 LG 1라운드 2순위		
연봉 20,000-17,000-			
학교 가동초-청원중-휘문고			

● FA 자격을 앞둔 해 임찬규는 완전히 다른 선수가 됐다. 14승은 국내 투수 최다승이자 커리어 하이였다. 26번 선발 등판 144⅔이닝으로 3년 만에 규정이닝도 채웠다. 경기당 이닝 수 5.26은 다소 아쉬운 편. 임찬규는 "불펜 신세를 많이 졌다. FA 계약 선수라면 160이닝은 기본"이라고 말했다. 커리어하이 기록을 바탕으로 4년 50억 원에 도장을 찍었다. 피칭터널을 효과적으로 사용하는 체인지업이 주무기다. 지난 시즌 구사율을 32.6%까지 높이며 좋은 투구를 했다. 속구 비중 39.1%는 데뷔 후 가장 낮다. 체인지업을 노리는 타자들에게 구사 비율이 줄어든 속구가 되려 효과적이었다. 각 크게 떨어지는 110㎞ 커브가 섞이며 성적을 높였다. 임찬규의 브레이크 큰 커브는 ABS가 도입되는 이번 시즌 더욱 효율적일 것이라는 게 LG 전력분석팀의 판단이다.
캠프에서 훈련 집중력을 높였다. 계약금액 50억 원 중 인센티브가 24억 원이기 때문이다. 임찬규는 "캠프 전부터 확실한 동기부여가 됐다"라고 너스레를 떨었다. 입심은 리그 최고 수준이다. 염경엽 감독은 임찬규를 최원태에 이어 4선발로 낙점했는데, 일정상 한화와의 개막 2연전 중 1차전 엔스에 이어 2차전에 등판한다. 애리조나 캠프에서 새 외국인투수 엔스의 팀 적응에도 적극 나서는 등 투수 조장으로서 팀의 분위기 메이커 역할도 맡았다.

기본기록

연도	경기	선발	QS	승	패	세이브	BS	홀드	이닝	피안타	피홈런	4사구	삼진	피안타율	WHIP	피OPS	FIP	ERA	WAR	WPA
2021	17	17	7	1	8	0	0	0	90 2/3	73	7	44	67	0.226	1.29	0.648	4.28	3.87	1.37	1.37
2022	23	23	3	6	11	0	0	0	103 2/3	113	10	46	75	0.281	1.47	0.753	4.48	5.04	0.47	0.66
2023	30	26	7	14	3	0	0	0	144 2/3	142	10	59	103	0.252	1.35	0.674	4.12	3.42	2.38	2.77
통산	298	181	46	65	72	8	0	3	1075 2/3	1127	112	546	869	0.271	1.49	0.761	4.42	4.62	4.91	4.45

구종별 기록

구종	구사율	구속	수직 무브	수평 무브	분당 회전	땅볼	타구속도	강한타구율
직구	39.1%	140.8	26.9	-17.4	2385.1	39.8%	137.3	23.7%
커브	23.4%	110.2	-19.5	14.9	1411.3	62.1%	131.8	11.3%
슬라이더	5.2%	129.9	11.9	1.4	902.1	41.2%	141.8	31.8%
체인지업	32.4%	126.9	17.1	-24.4	2006.1	61.8%	129.3	15.1%
포크								
싱커								
투심								
너클								
커터								
스플리터								

상황별 기록

상황	타석	홈런/9	볼넷/9	삼진/9	피안타율	WHIP	피OPS	GO/FO
전반기	333	0.57	3.30	6.27	0.231	1.24	0.607	0.88
후반기	299	0.69	3.43	6.58	0.277	1.49	0.749	1.32
vs 좌	322	0.36	2.96	7.34	0.231	1.22	0.608	1.41
vs 우	310	0.92	3.80	5.37	0.275	1.50	0.745	0.78
주자없음	337	0.85	3.28	6.20	0.272	1.50	0.707	1.12
주자있음	295	0.38	3.44	6.62	0.228	1.20	0.632	0.99
득점권	151	0.28	4.96	6.06	0.226	1.41	0.650	1.21
1-2번 상대	162	0.24	4.10	5.06	0.250	1.42	0.642	1.29
3-5번 상대	226	1.07	3.91	6.57	0.261	1.46	0.739	0.68
6-9번 상대	244	0.48	2.38	7.15	0.245	1.22	0.633	1.37

존별 기록 — VS 왼손 / VS 오른손

❶ WAR

WAR(Wins Above Replacement)이란 '선수가 부상 등의 원인으로 경기에 출전할 수 없게 되어 후보 선수를 출전시킬 경우, 팀이 입게 되는 손해는 얼마나 되는가를 알아보는 데에서 시작된 기록으로, 대체 선수 (Replacement level player)에 비해 해당 선수가 팀에 얼마나 더 승리를 안겨주는지를 산정한 값이다.

KBO리그에서 뛰고 있는 선수들의 WAR을 산출하고 있는 대표적인 업체는 두 곳을 꼽을 수 있다. KBO 공식 기록 통계 업체 스포츠투아이, 그리고 개인의 열성적 취미 활동에서 시작되어 야구팬들 사이에 유명세를 알렸고 이제는 기업화된 스탯티즈다.

스카우팅 리포트는 2016년부터 2022년도판을 출간하면서 스탯티즈의 데이터를 차용해 왔지만, 스포츠투아이에서 산출할 수 있는 '핫'한 데이터를 싣기 위해 현재는 스포츠투아이의 데이터를 게재하고 있다.

그러나 WAR의 표기에서 문제가 발생하는데, 상기 두 기업의 WAR 산출방식은 각기 다르며, 그 산출공식도 공개하지 않고 있다. 대다수가 우수한 선수로 판단하는 선수의 WAR은 높고, 그렇지 않은 선수의 WAR 수치는 낮은, 경향성은 공통되지만 수치에는 차이가 있다.

이번 스카우팅 리포트 내용 중에는 WAR 수치를 인용하는 경우가 있는데, 스탯티즈의 WAR 수치를 인용한 경우는 sWAR이라 표기했다.

S 표기가 없는, 선수별 기본기록에 담긴 WAR 수치는 모두 스포츠투아이가 산출한 값이다.

❷ 기록의 공란

각 선수별로 해당 기록이 존재하지 않는 경우의 수는 3가지다.

첫 번째는 KBO리그에 소속되어 플레이를 할 수 있으나 출전 기회를 얻지 못해 기록이 존재하지 않는 경우. 두 번째는 KBO리그에 소속되어 있지 않아 기록을 남길 수조차 없었던 경우, 세 번째는 KBO리그에 소속되어 있으나 해당 플레이를 하지 않아 기록을 작성하지 못한 경우다.

❸ 수직 / 수평 무브먼트

투구 시 공에 가한 회전에 따라 수직 또는 수평으로 공이 움직여 생긴 위치값과 회전 없이 중력의 영향만 받는 가상의 공 위치를 비교해 그 차이를 표기한 수치이다. 단위는 센티미터로, 가상의 공은 각각 0cm의 수직 / 수평 무브먼트 값을 갖는다.

❹ 분당 회전

수직 / 수평 무브먼트 수치를 바탕으로 역산해 추정한 공의 회전 횟수. 투수가 던진 공이 1분간 동일하게 회전했다고 가정했을 때 추정한 회전수를 표시한다.

❺ 강한타구%

'강한타구'란 삼진, 볼넷, 번트 타구 등을 제외한 타격 결과 중 타구의 속도가 시속 150km를 초과하는 타구를 총칭한 것으로, '강한타구%'는 타자의 전체 타격 중 강한타구가 발생한 퍼센티지를 산출한 값이다.

❻ 존별 기록

존별 기록의 컬러 기준은 다음과 같다.

해당 존에 투구된 비율이 8% 이상인 경우 = 붉은 색
해당 존에 투구된 비율이 6% 이상이며 8% 미만인 경우 = 옅은 붉은 색
해당 존에 투구된 비율이 4% 이상이며 6% 미만인 경우 = 백색
해당 존에 투구된 비율이 2% 이상이며 4% 미만인 경우 = 옅은 푸른 색
해당 존에 투구된 비율이 0% 이상이며 2% 미만인 경우 = 푸른 색
해당 존에 투구된 기록이 없는 경우 = 회색

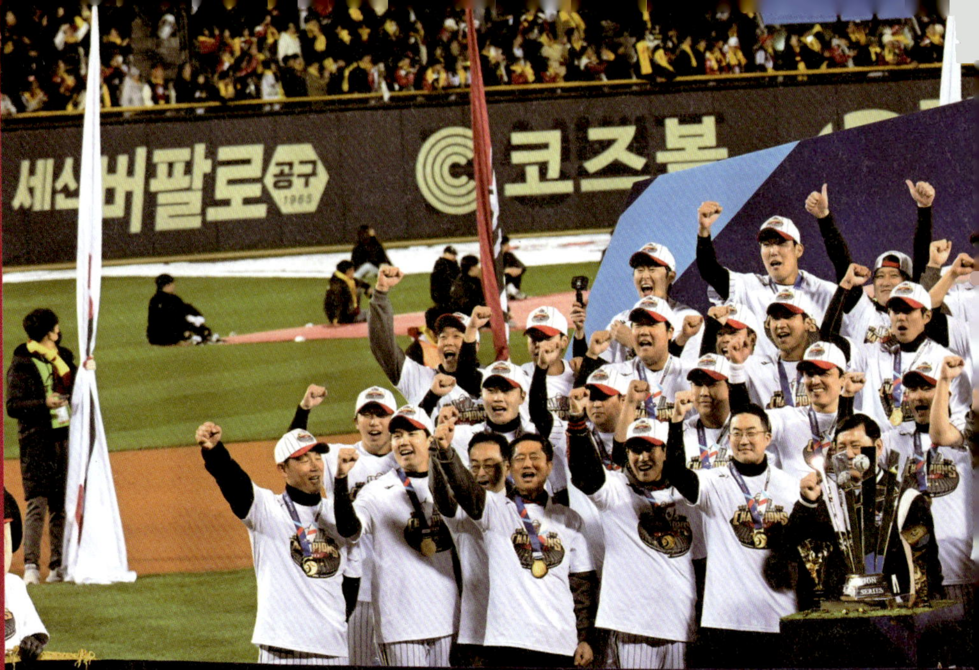

LG TWINS
LG 트윈스

이보다 더 좋은 결말은 없었다. 한국시리즈 직행을 완성한 것도 성공적이었지만 1차전 패배 뒤 2차전 초반 실점을 불펜으로 막아냈고 3차전에서는 오지환의 극적인 재역전 스리런 홈런이 터져나왔다. 올드팬은 물론 29년 전 태어나지 않았던 새로운 LG팬들에게 영원히 잊혀지지 않는 극적인 시리즈 우승이었다. 한동안 야구를 멀리했던 팬들도 다시 돌아오게 만들었다. 새 시즌 LG는 디펜딩 챔피언으로 2연패에 도전한다. 2016년 이후 KBO리그에서는 한 번도 없었다. 메이저리그에서도 2000년 뉴욕 양키스 이후 한 번도 월드시리즈 2연패가 없었다. 지난해 우승이 불펜야구, 뛰는 야구 중심이었다면 이번 시즌 선발야구, 하이브리드 공격야구로 역사에 도전한다. 선발진이 비교적 탄탄해졌고, 주전 라인업들에게는 성장이 기대된다. 충성도 높아진 팬들의 기대가 크다.

2023 좋았던 일

29년 만에 정규시즌 우승과 한국시리즈 우승을 했다. 이보다 더 좋은 일이 있을 수는 없다. 우승 과정에서 새로운 얼굴이 나타났다. 오랫동안 주인을 찾지 못했던 2루수 자리에 신민재가 얼굴을 내밀었다. 수년 째 팬들의 속을 썩였던 외국인 타자 자리는 오스틴 딘이 완벽하게 메웠다. 오스틴 딘의 재계약만도 LG에게는 지난해 이맘때 갖지 못했던 전력 향상이다. 출루율 머신으로 여겨졌던 홍창기는 리그 최고 수준의 타자로 성장했고, 오지환은 명실상부 리그 최고 유격수로 자리잡았다. 가을을 향해 가면서 발굴한 백승현, 유영찬, 박명근, 손주영 등 영건 투수들은 LG의 미래를 밝게 만든다. 무엇보다 가장 큰 소득은 매년 선수들을 짓눌렀던 '우승 압박감'에서 벗어났다는 점이다. 플럿코의 빈자리는 다른 팀들도 노렸던 디트릭 엔스가 채운다.

2023 나빴던 일

우승팀에게서 나빴던 일을 찾는 것은 고역이다. 애써 찾아 보자면, 당초 시즌 전 구상은 어그러진 측면이 많았다. 기대를 모았던 2루수 서건창은 결국 폼을 찾지 못했고, 군대를 미뤄가며 기대를 모았던 이재원도 부상 등으로 기대를 채우지 못했다. 시즌 중 과감한 트레이드로 데려 온 최원태는 첫 3번의 등판이야 좋았지만 이후 흔들렸고, 한국시리즈에서는 최악의 투구를 했다. 최원태 대신 보낸 이주형에 대한 아쉬움이 생길 법 하다. 플럿코는 2022년에 이어 2023년에도 시즌 막판 제 몫을 못하며 시리즈를 불안하게 만들었다. 시즌이 끝난 뒤 다년 계약에 합의한 오지환이 FA 신청을 하면서 결국 '오지환 룰'이 생겼다. 해외진출 자격을 얻은 고우석은 비교적 적은 2년 250만 달러에 샌디에이고와 계약했다. 새 마무리를 찾아야 한다.

염경엽 감독 85

신장 178	체중 65	생일 1968.03.01	투타 우투우타
연봉 50,000-50,000		학교 광주서석초-충장중-광주제일고-고려대	

LG팬들에게도 오랜 한풀이 우승이었지만 염경엽 감독에게도 한을 푸는 우승이었다. 히어로즈 감독으로 돌풍을 일으켰지만 매번 우승 문턱을 넘지 못했다. SK 감독으로 우승을 눈앞에서 놓친 뒤 이듬해에는 더그아웃에서 쓰러지는 일도 있었다. 전년도 87승을 거둔 팀을 맡는 것도 상당한 부담이었다. '뛰는 야구'를 기본으로 하는 적극적 야구를 펼치며 팀 컬러에 변화를 줬고 결국 정규시즌과 한국시리즈 우승을 따냈다. 자신의 야구가 틀리지 않았음을 다시 한 번 증명해야 하는 시즌이다. 준비에 진심인 감독답게 시리즈가 끝나자마자 선수와 코칭스태프에게 방향을 제시했다. 시즌 중 벌어질 수 있는 여러 가지 대안의 시뮬레이션에 열심이었다. 고우석이 빠진 불펜의 재구성, 단단한 주전라인업을 뒷받침할 백업 뎁스의 확보 등이 과제다.

구단 정보

창단	연고지	홈구장	우승	홈페이지
1990	서울	잠실야구장	3회(90,94,23)	www.lgtwins.com

2023시즌 성적

순위	경기	승	무	패	승률
1	144	86	2	56	0.606

타율 / 순위	출루율 / 순위	장타율 / 순위	홈런 / 순위	도루 / 순위	실책 / 순위
0.279 / 1	0.361 / 1	0.394 / 1	93 / 6	166 / 1	128 / 9

ERA / 순위	선발ERA / 순위	구원ERA / 순위	탈삼진 / 순위	볼넷허용 / 순위	피홈런 / 순위
3.67 / 1	3.92 / 5	3.43 / 1	977 / 6	491 / 3	74 / 1

최근 10시즌 성적

연도	순위	승	무	패	승률
2013	3	74	0	54	0.578
2014	4	62	2	64	0.492
2015	9	64	2	78	0.451
2016	4	71	2	71	0.500
2017	6	69	3	72	0.489
2018	8	68	1	75	0.476
2019	4	79	1	64	0.552
2020	4	79	4	61	0.564
2021	4	72	14	58	0.511
2022	3	87	2	55	0.613

2023시즌 월별 성적

월	승	무	패	승률	순위
4	15	0	11	0.577	3
5	16	1	6	0.727	1
6	15	1	9	0.625	2
7	7	0	7	0.500	5
8	13	0	8	0.619	4
9-10	20	0	15	0.571	2
포스트시즌	4	0	1	0.800	1

COACHING STAFF

코칭스태프

성명	보직	등번호	신장	체중	생년월일	투타	학교
김정준	수석	81	181	84	1970.02.11	우투우타	충암초-충암중-충암고-연세대
박경완	배터리	80	178	76	1972.07.11	우투우타	전주중앙초-전주동중-전주고
이호준	QC	70	187	95	1976.02.08	우투우타	광주중앙초-충장중-광주제일고(호남대)
김일경	수비	73	178	68	1978.07.01	우투우타	영일초-우신중-경동고
정수성	주루/외야수비	83	173	72	1978.03.04	우투좌타	성동초-건대부중-덕수정보고(초당대)
김경태	투수	71	178	75	1975.11.06	좌투좌타	구암초-성남중-성남고-경희대
김광삼	투수	99	184	90	1980.08.15	우투좌타	쌍문초-신일중-신일고
최승준	타격	68	188	95	1988.01.11	우투우타	인천서림초-동산중-동산고
박용근	작전	84	172	76	1984.01.21	우투우타	영랑초-설악중-속초상고-영남대
모창민	타격	97	188	89	1985.05.08	우투우타	광주화정초-충장중-광주제일고-성균관대
서용빈	퓨처스 감독	72	183	82	1971.01.02	좌투좌타	금양초-선린중-선린상고-단국대
경헌호	퓨처스 수석/투수	74	181	95	1977.07.25	우투우타	신남초-신월중-선린상고-한양대
최경철	퓨처스 배터리	82	182	90	1980.08.15	우투우타	효자초-전주동중-전주고-동의대
신재웅	퓨처스 투수	86	181	85	1982.03.28	좌투좌타	사파초-창원신월중-마산고-동의대
김용의	퓨처스 주루/외야수비	75	187	74	1985.08.20	우투좌타	사당초-선린중-선린인터넷고-고려대
윤진호	퓨처스 작전	76	178	78	1986.06.23	우투우타	광주화정초-충장중-광주제일고-인하대
김재율	퓨처스 타격	94	186	99	1989.01.14	우투우타	부산중앙초-충장중-광주제일고-고려대
양원혁	퓨처스 수비	89	174	71	1991.07.21	우투좌타	인천숭의초-동인천중-인천고-인하대
손지환	잔류 책임/타격	79	180	87	1978.11.13	우투우타	인천초-휘문중-휘문고
장진용	잔류 투수	93	187	92	1986.01.28	우투우타	가동초-배명중-배명고
양영동	잔류 작전/외야수비	78	173	70	1983.07.16	좌투좌타	수유초-청원중-청원고-홍익대
정주현	잔류 주루/내야수비	77	176	76	1990.10.13	우투우타	대구대현초-경상중-대구고
최상덕	재활	92	188	98	1971.03.31	우투우타	인천숭의초-동인천중-인천고-홍익대
김용일	수석트레이닝	88	170	83	1966.10.01	우투우타	보성초-예천중-경북체고-안동대
안영태	컨디셔닝	87	170	78	1978.01.30	우투우타	낙생초-낙생중-낙생고-신구대
박종곤	컨디셔닝	98	167	70	1979.08.20		부양초-구리중-구리고-명지대
이권엽	컨디셔닝	91	171	80	1983.03.02		송정동초-광주동성중-광주동성고-조선대
고정환	컨디셔닝	95	175	78	1985.01.07		천마초-가좌중-선연천고-순천향대
양희준	컨디셔닝	69	168	72	1989.03.30		진주배영초-진주중-진주대아고-수원대
배요한	퓨처스 총괄 컨디셔닝	96	187	94	1974.10.24	우투우타	남목초-현대중-현대고-안동대
김종욱	퓨처스 컨디셔닝		177	88	1989.10.12		을지초-상계중-청원고-한국체대
유현원	퓨처스 컨디셔닝		165	70	1989.11.17		남평초-정선중-정선고-강원대
최재훈	퓨처스 컨디셔닝		172	73	1988.12.02		생극초-생극중-충주고-서울과학기술대

2024 팀 이슈

디펜딩 챔피언으로서 다시 한 번 우승을 노리는 것이 팀의 최대 목표다. 지난 시즌 전력이 어느 정도 고스란히 남아 야수진에서는 걱정이 크지 않다. 염경엽 감독은 주축 선수들의 성장을 주문했다. 박동원, 오지환, 박해민, 김현수, 홍창기 모두 '커리어하이'를 내라는 요청이다. 충분히 여지가 있다는 설명이다. 마운드에는 변화가 있다. 마무리 고우석의 자리는 일단 유영찬이 채운다. 씩씩한 투구와는 별개로 마무리는 어느 정도 경험이 필요할 수 있다. 유영찬이 빠진 필승조 구성도 다시 이뤄져야 한다. 임찬규가 구위를 회복했다 하더라도 선발진이 완벽하다고 보기 어렵다. 여러 대안들이 비상 상황을 대비한다. 홈 경기에서는 적극적인 주루를, 원정 경기에서는 장타를 위주로 하는 하이브리드 야구를 선언했다. 뜻대로 된다면 최상이지만 쉬운 일은 아니다.

2024 최상 시나리오

올해도 우승

예에에에~!!!!!

2024 최악 시나리오

작년엔 우승

어째 어디 먼 옛날 이야기 같냐?

디트릭 엔스는 개막전 선발로 나선다. 왕년의 LG 킬러 류현진과의 맞대결에서 팽팽한 투수전 끝에 승리를 따낸다. 시즌을 치르면서 체인지업이 완성되고 염 감독의 예상대로 15승 투수가 된다. 켈리는 언제나처럼 시즌 초 다소 흔들리지만 8월 이후 가장 믿음직한 투수다. 박해민은 3할타자가 되고 홍창기는 3-4-5 타자로 성장한다. 김현수는 타격기계 2.0 버전으로 변신. 박동원이 홈런 선두 경쟁을 펼친다. 유영찬은 시즌 초반 다소 흔들리지만 한국시리즈에서 그랬듯 타선이 패전을 막아주면서 생긴 자신감으로 든든한 마무리가 된다. 또 한국시리즈, 지난해 흔들렸던 최원태가 힘있는 투심으로 상대 타자를 제압한다. 유영찬이 마운드에 오르고, 또다시 신민재가 내야 짧은 뜬공을 처리하며 2연패 완성. 구광모 구단주가 손목에 차고 있던 롤렉스를 푼다.

뜨거운 관심을 모은 잠실 개막전, 돌아온 류현진은 역시 LG에 강했다. 5이닝 동안 삼진 10개를 당하며 무너지며 첫 단추가 꼬인다. 엔스의 체인지업이 자꾸 존을 벗어나며 타자들의 방망이를 끌어내지 못한다. 지난해 성장했던 주축 선수들의 '2년차 징크스'가 팀을 괴롭힌다. 염경엽 감독이 준비된 대안으로 빈틈을 채워보지만 지난 시즌 보였던 팀 응집력이 다소 떨어진다. '우승 후유증'이 아니냐는 비난의 목소리가 게시판을 채우기 시작한다. 도루 실패가 나올 때마다 게시판에는 '도루 효율성' 논란이 커진다. 김현수가 굳은 표정으로 선수들을 세워놓고 설명하는 장면이 중계 중 자주 나온다. 가을야구를 향한 막판 순위 싸움이 치열한 가운데 믿을 건 가을 켈리밖에 없다. 결정적 순간 2루수 실책이 나오면서 경기를 내주고 켈 크라이가 울려퍼진다.

김윤식 투수 47

신장	181	체중	83	생일 2000.04.03
투타	좌투좌타	지명	2020 LG 2차 1라운드 3순위	
연봉	7,000-15,000-12,000			
학교	광주서석초-무등중-진흥고			

● 2022년 9월 보였던 기대치에서 한걸음 뒤로 물러난 듯한 시즌이었다. 속구 평균구속이 2㎞ 감소한 것은 몸 상태와도 관련이 있다. 앞선 시즌에 보여줬던 속구, 슬라이더, 체인지업 조합이 묘하게 어긋나면서 위력이 떨어졌다. 피칭터널이 보다 효과적으로 작동하려면 속구 구속이 받쳐줘야 하는데, 이게 떨어지면서 힘있는 투구로 이어지지 못했고, 타자들에게 대처할 시간적 여유를 줬다. 타자들의 방망이가 나오지 않으면서 헛스윙 비율이 줄어들고 9이닝당 2.13개였던 볼넷이 3.01개로 늘었다. 왼손투수임에도 왼손타자 상대 OPS가 0.786으로 좋지 않았던 것 역시 왼손타자 바깥쪽으로 흐르는 슬라이더의 위력이 속구 위력 반감과 함께 줄어들었기 때문이다. 2022년 말 허리 통증이 지난 시즌에도 영향을 미친 것으로 판단된다. 2024시즌 역시 몸 상태를 보다 완벽하게 끌어올린 뒤에야 선발 로테이션에 들어갈 수 있다. 당초 5선발로 예정됐지만 염경엽 감독은 시즌 막판 김윤식 대신 손주영을 5선발로 꼽았다. 개막 초반에는 손주영이 5선발로 들어가고 김윤식이 100%로 올라오면 로테이션에 변화가 생길 가능성이 존재한다. LG 입장에서 선발 자원은 많으면 많을수록 좋다. 손주영의 등장은 김윤식으로 하여금 긴장감을 높이는 요소다. 긴장감은 힘이 된다. 2022년 플레이오프와 2023년 한국시리즈에서 보여준 호투는 '빅경기 투수' 김윤식을 잘 보여주는 경기였다.

기본기록

연도	경기	선발	QS	승	패	세이브	BS	홀드	이닝	피안타	피홈런	4사구	삼진	피안타율	WHIP	피OPS	FIP	ERA	WAR	WPA
2021	35	3	0	7	4	0	1	3	66 2/3	65	3	42	56	0.258	1.52	0.706	4.04	4.46	0.56	0.19
2022	23	23	11	8	5	0	0	0	114 1/3	125	5	28	81	0.280	1.33	0.689	3.17	3.31	2.57	2.48
2023	17	16	2	6	4	0	0	0	74 2/3	86	4	28	42	0.301	1.49	0.762	4.14	4.22	1.09	1.38
통산	98	53	14	23	17	0	1	3	323 1/3	363	19	128	217	0.290	1.47	0.745	3.99	4.37	3.74	3.75

구종별 기록

구종	구사%	구속	수직 무브	수평 무브	분당 회전	땅볼%	타구속도	강한타구%
직구	51.6%	139.6	25.2	17.6	2273.0	46.3%	136.6	36.3%
커브	8.4%	113.5	-15.9	-4.4	1011.7	50.0%	130.6	12.5%
슬라이더	19.8%	125.5	4.6	2.8	586.4	46.4%	136.1	15.0%
체인지업	19.6%	118.4	19.4	10.4	1430.1	42.9%	136.8	17.4%
포크								
싱커								
투심	0.6%	128.7	26.4	28.8	2611.1	50.0%	110.8	0.0%
너클								
커터								
스플리터								

상황별 기록

상황	타석	홈런/9	볼넷/9	삼진/9	피안타율	WHIP	피OPS	GO/FO
전반기	220	0.73	3.65	5.47	0.316	1.64	0.821	0.64
후반기	100	0.00	1.78	4.26	0.269	1.18	0.636	1.43
vs 좌	117	0.33	1.67	4.67	0.336	1.56	0.786	1.22
vs 우	203	0.57	3.78	5.29	0.278	1.45	0.747	0.68
주자없음	172	0.25	2.72	6.44	0.304	1.62	0.727	0.79
주자있음	148	0.70	3.29	3.76	0.297	1.36	0.804	0.93
득점권	76	0.96	2.41	4.82	0.343	1.50	0.895	1.18
1-2번 상대	83	0.49	2.45	4.42	0.293	1.47	0.734	1.20
3-5번 상대	112	0.74	3.33	4.44	0.373	1.93	0.959	0.96
6-9번 상대	125	0.28	3.09	5.91	0.239	1.16	0.597	0.60

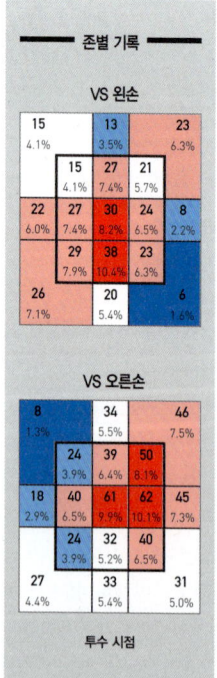

투수 시점

임찬규 투수 1

신장 185	체중 80	생일 1992.11.20
투타 우투우타	지명 2011 LG 1라운드 2순위	
연봉 20,000-17,000-20,000		
학교 가동초-청원중-휘문고		

● FA 자격을 앞둔 해 임찬규는 완전히 다른 선수가 됐다. 14승은 국내 투수 최다승이자 커리어 하이였다. 26번 선발 등판 144⅔이닝으로 3년 만에 규정이닝도 채웠다. 경기당 이닝 수 5.26은 다소 아쉬운 편. 임찬규는 "불펜 신세를 많이 졌다. FA 계약 선수라면 160이닝은 기본"이라고 말했다. 커리어하이 기록을 바탕으로 4년 50억 원에 도장을 찍었다. 피칭터널을 효과적으로 사용하는 체인지업이 주무기다. 지난 시즌 구사율을 32.6%까지 높이며 좋은 투구를 했다. 속구 비중 39.1%는 데뷔 후 가장 낮다. 체인지업을 노리는 타자들에게 구사 비율이 줄어든 속구가 되려 효과적이었다. 각 크게 떨어지는 110km 커브가 섞이며 성적을 높였다. 임찬규의 브레이크 큰 커브는 ABS가 도입되는 이번 시즌 더욱 효율적일 것이라는 게 LG 전력분석팀의 판단이다.

캠프에서 훈련 집중력을 높였다. 계약금액 50억 원 중 인센티브가 24억 원이기 때문이다. 임찬규는 "캠프 전부터 확실한 동기부여가 됐다"라고 너스레를 떨었다. 입심은 리그 최고 수준이다. 염경엽 감독은 임찬규를 최원태에 이어 4선발로 낙점했는데, 일정상 한화와의 개막 2연전 중 1차전 엔스에 이어 2차전에 등판한다. 애리조나 캠프에서 새 외국인투수 엔스의 팀 적응에도 적극 나서는 등 투수 조장으로서 팀의 분위기 메이커 역할도 맡았다.

기본기록

연도	경기	선발	QS	승	패	세이브	BS	홀드	이닝	피안타	피홈런	4사구	삼진	피안타율	WHIP	피OPS	FIP	ERA	WAR	WPA
2021	17	17	7	1	8	0	0	0	90 2/3	76	7	44	67	0.226	1.29	0.648	4.28	3.87	1.37	1.37
2022	23	23	3	6	11	0	0	0	103 2/3	113	10	46	75	0.261	1.47	0.753	4.48	5.04	0.47	0.66
2023	30	26	7	14	3	0	0	1	144 2/3	142	10	59	103	0.252	1.35	0.674	4.12	3.42	2.38	2.77
통산	298	181	46	65	72	8	3	5	1075 2/3	1127	112	546	869	0.271	1.49	0.761	4.72	4.62	4.91	4.45

구종별 기록

구종	구사%	구속	수직 무브	수평 무브	분당 회전	땅볼%	타구속도	강한타구%
직구	39.1%	140.8	26.9	-17.4	2385.1	39.8%	137.3	23.7%
커브	23.4%	110.2	-19.5	14.9	1411.3	61.8%	131.6	11.3%
슬라이더	5.2%	129.9	11.9	1.4	902.1	41.2%	141.8	31.8%
체인지업	32.4%	126.9	17.1	-24.4	2006.1	61.8%	129.3	15.1%
포크								
싱커								
투심								
너클								
커터								
스플리터								

상황별 기록

상황	타석	홈런/9	볼넷/9	삼진/9	피안타율	WHIP	피OPS	GO/FO
전반기	333	0.57	3.30	6.27	0.231	1.24	0.607	0.88
후반기	299	0.69	3.43	6.58	0.277	1.49	0.749	1.32
vs 좌	322	0.36	2.96	7.34	0.231	1.22	0.608	1.41
vs 우	310	0.92	3.80	5.37	0.275	1.50	0.745	0.78
주자없음	337	0.85	3.28	6.20	0.272	1.50	0.707	1.12
주자있음	295	0.38	3.44	6.62	0.228	1.20	0.632	0.99
득점권	151	0.28	4.96	6.06	0.226	1.41	0.650	1.20
1-2번 상대	162	0.24	4.10	5.06	0.250	1.42	0.642	1.29
3-5번 상대	226	1.07	3.91	6.57	0.261	1.46	0.739	0.68
6-9번 상대	244	0.48	2.38	7.15	0.245	1.22	0.633	1.37

존별 기록

VS 왼손

59 5.4%	23 2.1%	13 1.2%
60 5.5%	74 6.8%	29 2.6%
85 7.8%	102 9.3%	95 8.7%	49 4.5%	33 3.0%
	86 7.8%	87 7.9%	75 6.8%	
68 6.2%	92 8.4%	66 6.0%

VS 오른손

32 3.1%	44 4.3%	12 1.2%
44 4.3%	56 5.5%	37 3.6%
39 3.8%	64 6.2%	106 10.3%	75 7.3%	62 6.0%
	55 5.4%	90 8.8%	75 9.0%	
24 2.3%	83 8.1%	111 10.8%

투수 시점

정우영 투수 16

신장	193	체중	99	생일	1999.08.19
투타	우언우타	지명	2019 LG 2차 2라운드 15순위		
연봉	28,000-40,000-32,000				
학교	가평초-강남중-서울고				

● LG의 우승 원동력은 불펜이었는데, 스토브리그를 지나면서 주축들이 빠져나갔다. 고우석은 샌디에이고로 떠났고 이정용은 군에 입대했다. 정우영의 역할이 중요하지만 팔꿈치 뼛조각 수술을 받아 개막전 합류는 쉽지 않다. 지난 시즌 성적은 기대에 못 미쳤다. 평균 149㎞의 싱커는 위력적이지만 2022년(151.5㎞)에 비해 살짝 떨어졌다. 싱커 비중이 78%에 달하기 때문에 타자들은 싱커에 집중하고 들어갔고, 이는 단기전 약점으로 나타난 데 이어 정규시즌에도 영향을 미쳤다. 심각한 부진이라고 보기는 어렵다. 홀드왕을 따낸 투수들은 이듬해 성적이 떨어지는 경우가 많다. 평균자책 4.70은 나쁜 숫자지만 FIP는 4.34에서 3.91로 오히려 떨어졌다. 팔꿈치 부상 때문에 오히려 몸 관리가 더 잘 된 측면이 있다. 이상영, 손주영 등과 함께 일찌감치 캠프지인 애리조나에서 준비했다. 열심히 준비한 결과 예상보다 재활 속도가 빠르다는 평가를 받았다. 염경엽 감독도 "회복이 무척 빨라서 예상보다 복귀 시점이 당겨질 수 있다"라고 말했다. 불펜 필승조로서의 책임감과 함께 동기 부여도 확실하다. 내년 시즌이 끝난 뒤 메이저리그에 도전한다는 꿈을 갖고 있다. 고우석처럼 꿈을 이루기 위해서는 2024시즌 성적 반등이 우선이다. 좌우로 2㎝ 넓어진 ABS 스트라이크 존은 정우영의 고속 싱커 위력을 한층 높일 수 있는 요소다.

기본기록

연도	경기	선발	QS	승	패	세이브	BS	홀드	이닝	피안타	피홈런	4사구	삼진	피안타율	WHIP	피OPS	FIP	ERA	WAR	WPA
2021	70	0	0	7	3	2	3	27	65	43	0	34	41	0.191	1.06	0.526	3.59	2.22	2.24	2.67
2022	67	0	0	2	3	0	4	35	58	48	3	38	40	0.230	1.38	0.653	4.34	2.64	1.33	2.44
2023	60	0	0	5	6	0	2	11	51 2/3	63	1	32	41	0.297	1.55	0.752	3.91	4.70	-0.50	-0.94
통산	318	0	0	22	22	8	16	109	315	259	9	172	219	0.225	1.22	0.613	3.89	3.23	4.87	9.54

구종별 기록

구종	구사%	구속	수직 무브	수평 무브	분당 회전	땅볼%	타구속도	강한타구%
직구								
커브	5.8%	131.3	-7.0	12.5	1017.7	33.3%	107.1	0.0%
슬라이더	12.1%	134.7	-4.5	7.3	999.4	64.3%	120.0	0.0%
체인지업	0.5%	137.1	1.0	-21.5	1648.6	-	-	-
포크	1.0%	138.0	-3.1	-10.8	1066.3	-	87.8	0.0%
싱커								
투심	77.6%	148.2	-2.7	-27.6	2178.4	78.8%	140.0	33.7%
너클								
커터	3.0%	142.3	1.6	-8.7	826.4	0.0%	121.3	0.0%
스플리터								

상황별 기록

상황	타석	홈런/9	볼넷/9	삼진/9	피안타율	WHIP	피OPS	GO/FO
전반기	164	0.00	2.29	7.13	0.287	1.42	0.724	2.22
후반기	81	0.55	4.41	7.16	0.319	1.84	0.811	5.80
vs 좌	98	0.46	3.66	8.24	0.329	1.83	0.847	2.25
vs 우	147	0.00	2.53	6.47	0.276	1.38	0.689	3.31
주자없음	116	0.00	1.57	8.22	0.304	1.52	0.741	3.55
주자있음	129	0.31	4.08	6.28	0.291	1.57	0.764	2.41
득점권	83	0.00	6.75	5.63	0.318	2.06	0.830	1.69
1-2번 상대	38	0.00	1.08	6.48	0.333	1.56	0.757	8.00
3-5번 상대	71	0.61	2.45	7.36	0.305	1.50	0.787	3.14
6-9번 상대	136	0.00	3.77	7.22	0.282	1.57	0.732	2.21

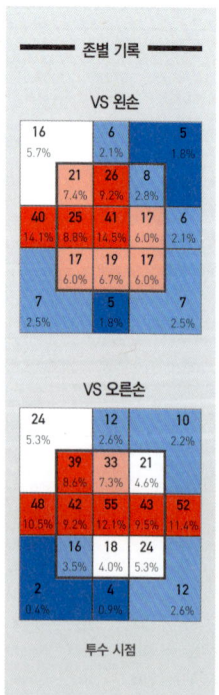

최원태 투수 20

신장 184	체중 104	생일	1997.01.07
투타 우투우타	지명 2015 넥센 1차		
연봉 31,000-35,000-40,000			
학교 인헌초(용산구리틀)-서울경원중-서울고			

● 시즌 중 성사된 대형 트레이드로 키움에서 LG로 유니폼을 갈아입었다. LG의 선발 고민을 단숨에 해결해 줄 수 있는 카드로 여겨졌다. 이적 뒤 첫 등판에서 완벽한 투구를 보이며 기대를 모았지만 LG 이적 뒤 9번의 등판에서 3승3패, 평균자책 6.70으로 부진했다. 한국시리즈 2차전에서는 아웃카운트를 1개밖에 잡지 못하고 마운드를 내려왔다. 최원태의 부진은 2가지로 정리된다. 커리어 동안 150이닝을 넘긴 적이 한 번도 없다. 매시즌 후반기 성적이 좋지 않다. 여기에 '우승 청부사'라는 기대감이 상당한 압박으로 작용했다. 최원태의 장기는 싱커와 체인지업, 슬라이더를 좌우 존 끝으로 넣는 기술이다. 좌타자 상대 백도어성 슬라이더는 제대로 들어가면 방망이를 내기 힘들다. 체력적, 심리적 스트레스가 미묘한 제구 흔들림을 만들었고, 결국 부진으로 이어졌다. 한국시리즈는 악몽이 될 수 있었지만 뒤이어 나온 투수들의 호투는 최원태의 패전을 막아냈고, LG 우승으로 이어져 부담을 덜 수 있었다. 최원태는 거의 던지지 않던 포심을 지난 시즌 10% 내외로 던졌다. 구속차가 거의 없는 포심과 투심을 자유자재로 구사할 수 있는 투수는 많지 않다. 과거 투심 위주 투수일 때는 전형적인 땅볼형 투수였지만 잠실을 홈으로 쓰며 보다 편하게 포심으로 뜬공을 만들어낼 수 있다. 홈구장 스타일을 잘 활용하는 쪽으로의 변신이다.

기본기록

연도	경기	선발	QS	승	패	세이브	BS	홀드	이닝	피안타	피홈런	4사구	삼진	피안타율	WHIP	피OPS	FIP	ERA	WAR	WPA
2021	28	28	11	11	9	0	0	0	143 1/3	163	11	63	93	0.287	1.51	0.748	4.31	4.58	1.36	1.12
2022	26	20	6	7	5	0	1	0	105 2/3	93	5	45	63	0.234	1.26	0.644	4.04	3.75	1.43	1.99
2023	26	26	13	9	7	0	0	0	146 2/3	149	12	53	118	0.265	1.33	0.688	3.94	4.30	2.20	2.43
통산	193	181	83	69	51	0	1	0	1007 2/3	1079	82	367	715	0.274	1.37	0.720	4.27	4.38	16.73	11.83

구종별 기록

구종	구사%	구속	수직 무브	수평 무브	분당 회전	땅볼%	타구속도	강한타구%
직구	19.4%	144.9	27.0	-14.6	2353.2	34.9%	132.9	25.9%
커브	14.3%	123.1	-6.0	5.0	622.2	36.4%	131.5	9.3%
슬라이더	31.1%	136.9	16.1	0.2	1218.5	55.6%	134.2	27.7%
체인지업	18.6%	129.4	17.7	-23.7	2019.5	49.2%	127.6	12.7%
포크								
싱커								
투심	16.6%	143.9	24.6	-18.6	2354.1	51.0%	133.9	23.7%
너클								
커터								
스플리터								

상황별 기록

상황	타석	홈런/9	볼넷/9	삼진/9	피안타율	WHIP	피OPS	GO/FO
전반기	164	0.00	2.29	7.13	0.287	1.42	0.724	2.22
후반기	81	0.55	4.41	7.16	0.319	1.84	0.811	5.80
vs 좌	98	0.46	3.66	8.24	0.329	1.83	0.847	2.25
vs 우	147	0.00	2.53	6.47	0.276	1.38	0.689	3.31
주자없음	116	0.00	1.57	8.22	0.304	1.52	0.741	3.55
주자있음	129	0.31	4.08	6.28	0.291	1.57	0.764	2.41
득점권	83	0.00	6.75	5.63	0.318	2.06	0.830	1.69
1-2번 상대	38	0.00	1.08	6.48	0.333	1.56	0.757	8.00
3-5번 상대	71	0.61	2.45	7.36	0.305	1.50	0.787	3.14
6-9번 상대	136	0.00	3.77	7.22	0.282	1.57	0.732	2.21

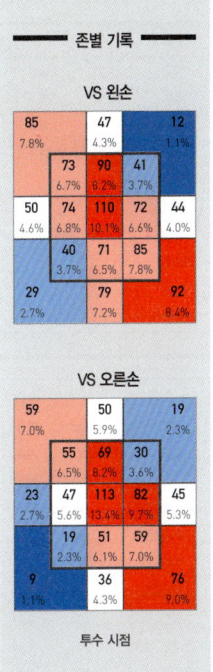

존별 기록

VS 왼손

VS 오른손

투수 시점

켈리 투수 3

신장	191	체중	98	생일	1989.10.04
투타	우투우타	지명	2019 LG 자유선발		
연봉	$900,000-$1,050,000-$800,000				
학교	미국 Sarasota(고)				

● LG에서만 6번째 시즌을 맞는다. 역대 LG 외국인 투수 중 최장기간 계약이다. 연봉도 180만 달러에서 150만 달러로 줄었다. 지난 시즌 여러 지표가 다소 하락했다. 투고타저 시즌이었음에도 평균자책이 3.83으로 올랐다. FIP가 3.46이었던 점을 고려하면 다소 불운이 따랐을 수도 있지만 속구 구속이 다소 줄었고, 속구의 구종 가치는 뚝 떨어졌다. KS 1차전에서 승리투수가 되지 못했지만, 4차전과 7차전 등판을 자원할 정도로 LG에 대한 로열티와 책임감이 단단하다. 한국시리즈 2경기에서 1승, 평균자책 1.59로 우승에 결정적 역할을 했다. 새 시즌에는 1선발 자리를 디트릭 엔스에게 내줬다. 각 크게 움직이는 슬라이더의 위력은 여전하다. 캠프 때 구속이 조금 늦게 올라왔고 실전 등판도 살짝 늦었지만 켈리는 전형적인 슬로스타터여서 큰 걱정거리는 아니다. 지난 시즌에도 4월 평균자책이 5.66이나 됐고 시즌 중반에는 구단이 교체를 고민했다. 8월 이후 폼을 되찾았고 후반기 평균자책은 2.90으로 뚝 떨어졌다. 30번의 선발 등판은 켈리의 내구성을 보여주는 대목이다. 5시즌 동안 매시즌 평균 28.8번의 선발 등판 횟수를 채웠다. 한국시리즈를 앞두고 가다듬은 포크볼이 이번 시즌에는 주무기로 사용될 수 있다. 앞서 5시즌 동안 한 번도 던진 적이 없는 공이다. 성장하는 투수만큼 무서운 선수는 없다.

기본기록

연도	경기	선발	QS	승	패	세이브	BS	홀드	이닝	피안타	피홈런	4사구	삼진	피안타율	WHIP	피OPS	FIP	ERA	WAR	WPA
2021	30	30	17	13	8	0	0	0	177	160	12	71	142	0.241	1.24	0.645	3.76	3.15	4.67	3.47
2022	27	27	19	16	4	0	0	0	166 1/3	144	10	37	153	0.232	1.08	0.582	2.95	2.54	5.22	5.13
2023	30	30	18	10	7	0	0	0	178 2/3	183	10	45	129	0.266	1.24	0.671	3.46	3.83	2.99	2.74
통산	144	144	98	68	38	0	0	0	875 2/3	811	55	261	684	0.246	1.17	0.641	3.55	3.08	19.57	19.35

구종별 기록

구종	구사%	구속	수직 무브	수평 무브	분당 회전	땅볼%	타구속도	강한타구%
직구	36.0%	144.7	27.3	-13.6	2349.4	33.3%	137.5	33.2%
커브	28.5%	128.4	-7.8	4.5	684.4	50.0%	137.1	26.6%
슬라이더	14.7%	138.5	12.2	-0.9	977.4	60.3%	134.0	17.4%
체인지업	10.7%	133.7	19.0	-21.1	2028.2	42.2%	133.1	20.0%
포크								
싱커								
투심	10.1%	144.2	23.9	-18.1	2301.6	50.0%	135.2	23.3%
너클								
커터								
스플리터								

상황별 기록

상황	타석	홈런/9	볼넷/9	삼진/9	피안타율	WHIP	피OPS	GO/FO
전반기	458	0.50	2.18	5.95	0.274	1.31	0.696	0.82
후반기	28820.	0.50	1.64	7.32	0.253	1.14	0.633	0.80
vs 좌	394	0.58	2.23	6.90	0.276	1.32	0.691	0.75
vs 우	352	0.42	1.67	6.07	0.255	1.16	0.649	0.88
주자없음	429	0.36	1.88	7.33	0.247	1.20	0.620	0.78
주자있음	317	0.69	2.28	5.42	0.293	1.29	0.744	0.86
득점권	175	0.21	2.32	5.27	0.291	1.29	0.708	0.93
1-2번 상대	184	0.21	2.32	5.91	0.260	1.29	0.643	0.87
3-5번 상대	261	1.19	1.63	7.71	0.310	1.43	0.807	0.64
6-9번 상대	301	0.12	2.03	5.85	0.230	1.06	0.568	0.93

존별 기록

VS 왼손

51 4.0%	49 3.8%	21 1.6%
65 5.1%	77 6.0%	55 4.3%
65 5.1%	102 8.0%	130 10.2%	89 7.0%	60 4.7%
	73 5.7%	110 8.6%	90 7.1%	
35 2.7%	83 6.5%	121 9.3%

VS 오른손

40 3.7%	44 4.1%	16 1.5%
54 5.0%	67 6.2%	41 3.8%
52 4.8%	82 7.6%	115 10.6%	95 8.8%	52 4.8%
	62 5.7%	82 7.6%	91 8.4%	
22 2.0%	69 6.4%	98 9.1%

투수 시점

김현수 외야수 22

신장	188	체중	105	생일	1988.01.12
투타	우투좌타	지명	2006 두산 육성선수		
연봉	150,000-100,000-100,000				
학교	쌍문초-신일중-신일고				

● 2023시즌 김현수는 분명 LG 우승의 주역 중 한 명이지만 개인 성적으로는 만족스럽지 못했다. 김현수가 시즌 OPS 0.747보다 낮은 기록을 남긴 것은 19세였던 2007년(0.733)과 홈런에 집중했다가 실패했던 2012년(0.741)밖에 없었다. 타율 0.293은 그럴 수 있지만 장타율 0.383은 스스로도 용납하기 어려운 성적이다. 좌익수로 선발 출전하는 경기보다 지명타자로 나서는 경기가 많았다. 수비를 통해 경기에 대한 집중력을 유지하는 김현수로서는 다소 낯선 기용 상황이었다. 한국시리즈 4차전에서 10년만에 홈런을 터뜨리며 PS 통산 최다 타점 기록을 경신했지만 KS OPS는 0.667에 그쳤다. 새 시즌을 앞두고 절치부심, 채식 위주 식단 조절을 통해 7kg이나 감량한 채 캠프에 돌입했다. 염경엽 감독은 36세 시즌을 맞는 김현수에게도 '성장'이 가능하다고 판단하고 이를 요구했다. 김현수는 "개인 성적에 대한 아쉬움이 크다. 팀이 우승한 덕분에 묻혔다"라고 말했다. 팀 전체를 이끌어가는 모범으로서의 역할은 여전하다. "어깨가 올라가면 꼴등으로 내려간다"라는 메시지로 팀에 긴장감을 불어넣었다. 염경엽 감독은 김현수에게 시즌 타율 0.330을 목표치로 제시했다. 시프트 제한은 김현수에게 긍정적 요소다. 안타가 늘어날 가능성이 높다. 친구 류현진 상대 통산 타율이 0.361로 꽤 강했다. 홈런도 1개가 있다.

기본기록

연도	경기	타석	타수	안타	2루타	3루타	홈런	타점	득점	볼넷	사구	삼진	도루	도루자	타율	출루율	장타율	OPS	WAR	WPA
2021	140	595	506	144	23	1	17	96	70	77	3	42	3	0	0.285	0.376	0.435	0.811	3.73	0.89
2022	141	604	524	150	25	1	23	106	78	71	5	62	2	1	0.286	0.375	0.473	0.848	4.66	1.15
2023	133	556	488	143	22	2	6	88	53	58	1	53	2	1	0.293	0.364	0.383	0.747	2.60	0.40
통산	1944	8249	7210	2236	411	27	241	1363	1129	967	64	824	65	47	0.314	0.396	0.482	0.878	39.20	10.55

구종별기록

구분	상대%	타구속도	상하 각도	타율	장타율	땅볼%	뜬공%	강한타구%
직구	43.0%	141.8	20.8	0.316	0.411	40.9%	59.1%	34.8%
커브	7.4%	135.0	18.9	0.258	0.290	50.0%	50.0%	25.0%
슬라이더	21.9%	136.2	18.9	0.238	0.305	53.4%	46.6%	24.2%
체인지업	9.5%	138.5	13.2	0.389	0.481	67.9%	32.1%	20.6%
포크	7.2%	135.8	15.0	0.206	0.382	76.0%	24.0%	22.7%
싱커 투심	5.1%	138.9	21.4	0.379	0.517	55.6%	44.4%	33.3%
너클 커터	5.8%	134.7	29.9	0.167	0.208	23.8%	76.2%	22.7%
스플리터								

상황별 기록

상황	타석	홈런/9	볼넷/9	삼진/9	타율	출루율	장타율	OPS
전반기	316	0.6%	11.1%	10.1%	0.291	0.368	0.371	0.739
후반기	240	1.7%	9.6%	8.8%	0.296	0.358	0.399	0.757
vs 좌	209	0.5%	10.0%	11.5%	0.286	0.351	0.357	0.708
vs 우	347	1.4%	10.7%	8.4%	0.297	0.372	0.399	0.771
주자없음	255	1.6%	10.2%	10.2%	0.253	0.329	0.332	0.661
주자있음	301	0.7%	10.6%	9.0%	0.328	0.393	0.429	0.822
득점권	196	1.0%	13.3%	7.7%	0.348	0.423	0.472	0.895
노아웃	162	0.6%	9.9%	8.0%	0.236	0.311	0.285	0.596
원아웃	197	1.5%	8.6%	9.1%	0.347	0.391	0.474	0.865
투아웃	197	1.0%	12.7%	11.2%	0.287	0.381	0.374	0.755

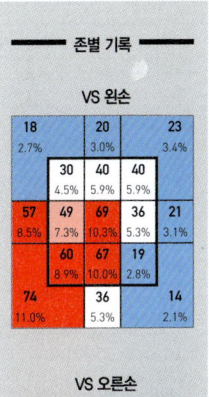

존별 기록 / VS 왼손 / VS 오른손 / 투수 시점

박동원 포수 27

- 신장 178 체중 92 생일 1990.04.07
- 투타 우투우타 지명 2009 히어로즈 2차 3라운드 19순위
- 연봉 31,000-30,000-250,000
- 학교 양정초-개성중-개성고

● LG는 2023시즌을 앞두고 FA 자격을 얻은 유강남 대신 또다른 FA 포수 박동원과의 계약을 택했다. 염경엽 감독의 의지가 반영된 것으로 알려졌다. 구속 빠른 마운드를 갖춘 만큼 프레이밍보다는 도루 저지와 장타력이 팀 승리에 더욱 보탬이 될 것이라는 판단이었다. 5월까지 13홈런을 때리며 홈런 순위를 이끌었지만 이후 주춤했다. 정규시즌 우승을 확정지은 상황에서 한국시리즈 승부를 위해서는 박동원의 '한 방'이 필요했고, 준비 기간 동안 시즌 초반의 루틴을 유지하는 등 노력한 끝에 한국시리즈에서 결정적인 홈런을 때려내며 29년만의 우승에 핵심적 역할을 했다. 새 시즌을 맞아 바뀐 제도는 '박동원 맞춤형'에 가깝다. ABS의 도입은 프레이밍에 대한 부담을 아예 없앴고, 피치클락의 시범 도입과 베이스 확대는 박동원의 강점인 도루 저지 능력을 더욱 돋보이게 할 수 있다. 염경엽 감독은 박동원에게 타율 2할8푼, 30홈런 이상이라는 목표를 부여했다. 타율 2할8푼 이상을 기록한 것은 2019년이 유일하고 홈런 숫자도 2021년 기록한 22개가 최다다. 비시즌 동안 짧고 정확하게 치는 데 중점을 두면서 타구를 오른쪽으로 보내는데 집중했다. 삼진이 줄면 타율은 절로 높아질 수 있다. 잠실 홈에서는 어렵지만 원정에서는 밀어서 홈런이 나올 수 있다.(홈 7개, 원정 13개) 염 감독이 구상하는 홈/원정의 득점 루트 변화의 핵심 요소다.

기본기록

연도	경기	타석	타수	안타	2루타	3루타	홈런	타점	득점	볼넷	사구	삼진	도루	도루자	타율	출루율	장타율	OPS	WAR	WPA
2021	131	481	413	103	21	0	22	83	61	53	7	114	2	0	0.249	0.342	0.460	0.802	3.54	0.03
2022	123	447	385	93	21	0	18	57	52	45	9	95	1	0	0.242	0.334	0.436	0.770	3.02	-1.92
2023	130	481	409	102	17	1	20	75	54	49	7	90	0	1	0.249	0.334	0.443	0.777	2.97	-0.45
통산	1156	3757	3285	837	157	6	134	539	442	329	56	760	10	3	0.255	0.330	0.429	0.759	17.13	-6.08

구종별기록

구분	상대%	타구속도	상하 각도	타율	장타율	땅볼%	뜬공%	강한타구%
직구	30.4%	140.3	30.6	0.260	0.486	34.5%	65.5%	39.2%
커브	15.3%	125.6	20.3	0.240	0.360	62.5%	37.5%	21.4%
슬라이더	24.4%	138.2	14.7	0.270	0.490	45.8%	54.2%	32.9%
체인지업	14.5%	132.4	12.6	0.235	0.392	77.8%	22.2%	19.2%
포크	5.3%	139.7	16.4	0.125	0.500	88.9%	11.1%	50.0%
싱커								
투심	6.4%	141.7	7.8	0.233	0.367	78.9%	21.1%	57.9%
너클								
커터	3.7%	146.4	9.2	0.267	0.267	63.6%	36.4%	60.0%
스플리터								

상황별 기록

상황	타석	홈런/9	볼넷/9	삼진/9	타율	출루율	장타율	OPS
전반기	303	5.0%	11.9%	18.5%	0.272	0.363	0.508	0.871
후반기	178	2.8%	7.3%	19.1%	0.213	0.283	0.335	0.618
vs 좌	138	3.6%	9.4%	23.9%	0.267	0.336	0.442	0.778
vs 우	343	4.4%	10.5%	16.6%	0.242	0.333	0.443	0.776
주자없음	233	5.6%	8.2%	20.2%	0.250	0.318	0.476	0.794
주자있음	248	2.8%	12.1%	17.3%	0.249	0.350	0.406	0.756
득점권	154	2.6%	16.2%	16.2%	0.212	0.340	0.364	0.704
노아웃	163	3.7%	4.3%	18.4%	0.259	0.303	0.420	0.723
원아웃	172	5.8%	12.2%	19.8%	0.259	0.349	0.524	0.873
투아웃	146	2.7%	14.4%	17.8%	0.228	0.349	0.374	0.723

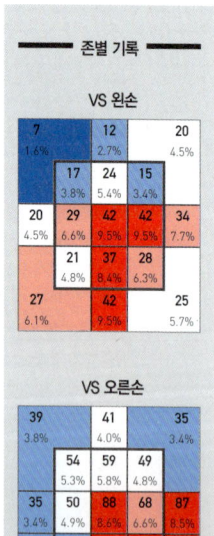

존별 기록

VS 왼손 / VS 오른손

투수 시점

오스틴 내야수 23

신장	183	체중	97	생일	1993.10.14
투타	우투우타	지명	2023 LG 자유선발		
연봉	$400,000-$800,000				
학교	미국 Klein Collins(고)				

● LG 29년 우승 한풀이의 가장 결정적 주역이었다. 3차전 오지환의 3점 홈런이 분수령이었지만 그에 앞서 9회 초 2사 상황에서 0-2에 몰렸다가 꾹 참고 볼넷을 골라낸 오스틴의 역할이 더 중요했다. 오스틴은 캠프 인터뷰에서 "××× 추웠다"라고 당시를 떠올렸다. 평생 기억에 남을 추위임에도 놀라운 집중력으로 공을 골랐다. 오스틴은 KBO리그에 오기 전 샌프란시스코에서 뛰었다. 파르한 자이디 사장은 '플래툰'에 진심이었고, 오스틴은 왼손투수 전문 스페셜리스트의 장점을 지녔다. 오스틴은 KBO리그 첫 해 정규시즌에서도 좌투 상대 OPS가 0.982로 오른손투수 상대 OPS 0.846보다 매우 높았다. 운명을 가른 한국시리즈 3차전에서도 3회 KT 왼손투수 에이스 웨스 벤자민을 상대로 쓰리런 홈런을 때렸다. KBO리그는 왼손타자들이 늘어나지만 왼손투수들이 약한 리그다. 가능하면 외국인 왼손투수를 영입하고 싶어한다. 올해에는 한화 류현진이 리그에 복귀한다. 왼손투수에 강한 오스틴의 가치가 더욱 높아질 수 있다. 류현진은 이미 잠실 LG 개막전 등판이 결정됐다. ML 진출 전 류현진은 LG 킬러였다. LG 타선은 그때와 달라졌지만, 가장 큰 역할은 오스틴에게 주어진다. 1루 수비가 비교적 약한 것이 단점. KS에서도 경기 후반 수비에서 빠졌다. 겨울 동안 김일경 코치와 함께 1루 수비 강화에 애썼다. 시프트 제한으로 1루수 수비력이 더욱 중요해지는 시즌이다.

기본기록

연도	경기	타석	타수	안타	2루타	3루타	홈런	타점	득점	볼넷	사구	삼진	도루	도루자	타율	출루율	장타율	OPS	WAR	WPA
2021																				
2022																				
2023	139	583	520	163	29	4	23	95	87	53	3	75	7	3	0.313	0.376	0.517	0.893	5.57	0.98
통산	139	583	520	163	29	4	23	95	87	53	3	75	7	3	0.313	0.376	0.517	0.893	5.57	0.98

구종별기록

구분	상대%	타구속도	상하 각도	타율	장타율	땅볼%	뜬공%	강한타구%
직구	44.3%	135.5	27.8	0.304	0.488	29.4%	70.6%	28.0%
커브	11.6%	142.2	23.2	0.167	0.333	41.7%	58.3%	42.1%
슬라이더	17.7%	141.3	22.4	0.402	0.676	32.7%	67.3%	35.8%
체인지업	11.8%	135.8	24.7	0.246	0.377	31.4%	68.6%	22.2%
포크	4.7%	146.6	15.6	0.267	0.467	71.4%	28.6%	50.0%
싱커								
투심	6.6%	142.8	13.2	0.457	0.743	68.8%	31.3%	39.1%
너클								
커터	3.4%	138.0	15.9	0.409	0.545	50.0%	50.0%	47.4%
스플리터								

상황별 기록

상황	타석	홈런/9	볼넷/9	삼진/9	타율	출루율	장타율	OPS
전반기	335	3.3%	7.8%	14.9%	0.300	0.358	0.479	0.837
후반기	248	4.8%	10.9%	10.1%	0.332	0.399	0.571	0.970
vs 좌	204	5.4%	12.7%	12.3%	0.313	0.402	0.580	0.982
vs 우	379	3.2%	7.1%	13.2%	0.314	0.361	0.485	0.846
주자없음	259	5.8%	8.5%	13.1%	0.321	0.378	0.570	0.948
주자있음	324	2.5%	9.6%	12.7%	0.307	0.473	0.570	0.846
득점권	197	3.0%	10.7%	12.7%	0.299	0.371	0.467	0.838
노아웃	202	4.5%	7.4%	13.9%	0.288	0.343	0.522	0.864
원아웃	175	3.4%	8.6%	11.4%	0.290	0.343	0.465	0.808
투아웃	206	3.9%	11.2%	13.1%	0.359	0.437	0.558	0.995

존별 기록

VS 왼손

15 (2.2%)	40 (5.8%)	33 (4.8%)
37 (5.4%)	42 (6.1%)	61 (8.8%)
45 (6.5%)	35 (5.1%)	42 (6.1%)	47 (6.8%)	48 (6.9%)
36 (5.2%)	50 (7.2%)	40 (5.8%)
38 (5.5%)	47 (6.8%)	35 (5.1%)

VS 오른손

64 (5.4%)	70 (5.9%)	38 (3.2%)
68 (5.8%)	93 (7.9%)	53 (4.5%)
70 (5.9%)	75 (6.4%)	115 (9.7%)	99 (8.4%)	82 (6.9%)
40 (3.4%)	70 (5.9%)	103 (8.7%)
23 (1.9%)	47 (4.0%)	71 (6.0%)

투수 시점

오지환 내야수 10

신장 185	체중 80	생일 1990.03.12	
투타 우투좌타	지명 2009 LG 1차		
연봉 60,000-60,000-30,000			
학교 군산초-자양중-경기고			

● 2023시즌을 앞두고 오지환은 6년 최대 124억 원에 합의했다. 구단 최초 비FA 다년 계약이었다. LG 유망주로 성장하면서 오랫동안 산전수전을 겪었다. 리그 최고 유격수로 평가받기까지 진통이 많았다. 비FA 계약의 결과를 한국시리즈에서 완벽하게 증명했다. 3차전 9회초 역전 스리런 홈런 장면은 오래된 LG팬들도, 이제 막 LG팬이 된 이들에게도 영원히 잊히지 않을 명장면으로 남았다. 오지환은 "이번엔 무조건 직구라고 생각했다"라고 말했다. 앞선 오스틴 타석의 결과, 자신의 타석 초구를 보고 판단한 '베테랑의 감각'이었다. 10년 넘는 시간이 걸려 리그 최고의 유격수로 올라섰다. "이제 경기의 흐름이, 공의 방향이 보인다"라고 했다. 공을 따라다니지 않고, 기다릴 수 있는 경지에 올랐다. 줄곧 리그 최고 삼진 타자 타이틀을 땄던 오지환은 경험이 쌓이면서 지난해 삼진을 82개로 줄였다. 지난해 볼삼비(BB/K) 0.78은 커리어 최고 기록이었다. 경험이 쌓이면서 야구의 원숙미가 더해졌다. KS에서 보여준 클러치 능력은 '캡틴의 품격'을 보였다. 비FA 다년 계약 '합의'와 실제 '계약' 사이의 갭이 생기면서 KBO에 '오지환 룰'도 생겼다. 이제 발표하면 다음날 KBO에 계약서를 제출해야 한다. 염경엽 감독은 오지환의 수비 이닝을 관리하기로 했다. 최근 6년간 유격수로 6,500이닝 이상을 소화했다. 아껴야 오래쓴다.

기본기록

연도	경기	타석	타수	안타	2루타	3루타	홈런	타점	득점	볼넷	사구	삼진	도루	도루자	타율	출루율	장타율	OPS	WAR	WPA
2021	134	532	464	118	19	2	8	57	62	54	5	82	12	6	0.254	0.335	0.356	0.691	2.68	-2.31
2022	142	569	494	133	16	4	25	87	75	62	7	107	20	7	0.269	0.357	0.470	0.827	5.47	0.92
2023	126	502	422	113	24	3	8	62	65	64	8	82	16	7	0.268	0.371	0.396	0.767	3.63	-0.04
통산	1750	6911	5954	1579	299	60	154	807	945	734	89	1505	256	99	0.265	0.351	0.413	0.764	34.93	-1.18

구종별기록

구분	상대%	타구속도	상하 각도	타율	장타율	땅볼%	뜬공%	강한타구%
직구	38.5%	142.2	19.9	0.282	0.454	41.1%	58.9%	35.9%
커브	9.1%	135.4	13.7	0.200	0.250	52.6%	47.4%	16.7%
슬라이더	23.0%	138.7	25.4	0.255	0.367	34.6%	65.4%	27.9%
체인지업	11.0%	142.0	9.8	0.277	0.383	56.5%	43.5%	37.5%
포크	7.8%	144.1	15.0	0.206	0.235	70.0%	30.0%	31.3%
싱커 투심 너클	5.4%	142.5	17.2	0.381	0.524	69.2%	30.8%	26.7%
커터 스플리터	5.3%	137.7	23.4	0.294	0.529	55.6%	44.4%	10.0%

상황별 기록

상황	타석	홈런/9	볼넷/9	삼진/9	타율	출루율	장타율	OPS
전반기	289	0.7	14.5%	20.1%	0.261	0.385	0.353	0.738
후반기	213	2.8	10.3%	11.3%	0.277	0.352	0.451	0.803
vs 좌	169	1.8	13.0%	18.3%	0.266	0.367	0.378	0.745
vs 우	333	1.5	12.6%	15.3%	0.269	0.374	0.405	0.779
주자없음	253	2.4	10.7%	15.4%	0.240	0.324	0.369	0.693
주자있음	249	0.8	14.9%	17.3%	0.299	0.420	0.426	0.846
득점권	152	0.7	17.1%	13.8%	0.298	0.436	0.404	0.840
노아웃	150	0.7	8.0%	14.0%	0.308	0.370	0.408	0.778
원아웃	167	3.0	12.0%	16.8%	0.278	0.365	0.465	0.830
투아웃	185	1.1	17.3%	17.8%	0.223	0.378	0.318	0.696

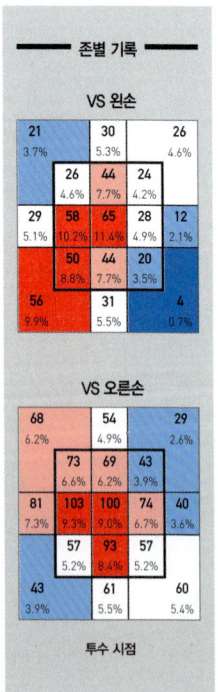

홍창기 외야수 51

- 신장 189 체중 94 생일 1993.11.21
- 투타 우투좌타 지명 2016 LG 2차 3라운드 27순위
- 연봉 32,000-30,000-51,000
- 학교 대일초-매송중-안산공고-건국대

보이는 건 모두 정복한다! 아주 아주 잘 보여~

● 홍창기의 야구는 '눈야구'에서 '토털 야구'로 변신했다. 출루 원툴로 여겨졌던 홍창기는 2021시즌 sWAR 6.98을 찍으며 리그 최정상급 타자로 올라섰다가 2022년 잠시 주춤했다. 흔들리는 듯 했던 홍창기의 야구는 2023시즌 2루타 35개를 기록하며 장타력을 갖춘 갭히터로 다시 한 번 업그레이드됐다. 시즌 내내 LG 공격력의 핵심 역할을 했다. 도루 23개, 실패 23개는 염경엽식 뛰는 야구에 '논란'을 일으켰지만 실패는 오히려 올 시즌 홍창기식 뛰는 야구의 성장을 기대하게 한다. 연봉은 5억1,000만원으로 수직상승했다. 팀 내 비FA 역대 최고 금액이다. '완성형 타자' 홍창기를 향한 염 감독의 시선도 바뀌었다. 1번 홍창기, 2번 박해민의 테이블 세터진을 1번 박해민 2번 홍창기로 바꾸는 시도를 계획 중이다. 홍창기가 살아나가고 박해민이 진루시키는 '스몰볼'에서, '강한 2번 타자'가 가능한 홍창기의 장점을 더욱 살려 빅이닝을 만들겠다는 계산이다. 홍창기의 통산 출루율은 0.426으로 1,500타석 이상 출전 선수 중 역대 4위다. 국내 선수 1위인 장효조(통산 3위)의 0.427에 1리 차이로 따라 붙었다. 중심타자가 아닌 테이블세터로서 이 기록은 사실 말도 안되는 기록에 가깝다. 2번 홍창기는 출루에 있어 살짝 유리할 수는 있다. 장효조를 넘어 '출루의 신'에 올라설 수도 있는 시즌이다.

기본기록

연도	경기	타석	타수	안타	2루타	3루타	홈런	타점	득점	볼넷	사구	삼진	도루	도루자	타율	출루율	장타율	OPS	WAR	WPA
2021	144	651	524	172	26	2	4	52	103	109	16	95	23	8	0.328	0.456	0.408	0.864	6.59	2.47
2022	118	525	437	125	19	4	1	51	76	59	19	75	13	4	0.286	0.390	0.355	0.745	3.74	-0.22
2023	141	643	524	174	35	2	1	65	109	88	22	83	23	23	0.332	0.444	0.412	0.856	6.01	2.76
통산	576	2382	1939	594	113	14	11	207	379	347	69	360	73	41	0.306	0.426	0.396	0.822	20.97	6.08

구종별기록

구분	상대%	타구속도	상하 각도	타율	장타율	땅볼%	뜬공%	강한타구%
직구	47.3%	139.4	14.8	0.343	0.444	51.1%	48.9%	31.1%
커브	7.2%	136.1	12.6	0.205	0.256	54.5%	45.5%	27.3%
슬라이더	19.9%	134.4	15.2	0.369	0.405	56.9%	43.1%	15.3%
체인지업	8.4%	135.3	10.1	0.327	0.382	73.3%	26.7%	19.4%
포크	5.4%	141.5	12.0	0.353	0.559	78.6%	21.4%	33.3%
싱커								
투심	6.7%	143.6	6.8	0.269	0.308	61.5%	38.5%	20.0%
너클								
커터	5.2%	133.3	0.8	0.316	0.368	87.5%	12.5%	27.3%
스플리터								

상황별 기록

상황	타석	홈런/9	볼넷/9	삼진/9	타율	출루율	장타율	OPS
전반기	373	0.0%	12.9%	14.7%	0.332	0.449	0.429	0.878
후반기	270	0.4%	14.8%	10.4%	0.332	0.437	0.390	0.827
vs 좌	231	0.0%	13.4%	13.0%	0.349	0.452	0.402	0.854
vs 우	412	0.2%	13.8%	12.9%	0.322	0.439	0.418	0.857
주자없음	392	0.3%	15.6%	13.3%	0.333	0.449	0.417	0.866
주자있음	251	0.0%	10.8%	12.4%	0.330	0.435	0.405	0.840
득점권	176	0.0%	14.2%	13.1%	0.361	0.483	0.444	0.927
노아웃	314	0.3%	13.1%	12.4%	0.330	0.437	0.421	0.858
원아웃	173	0.0%	12.1%	12.7%	0.362	0.445	0.440	0.885
투아웃	156	0.0%	16.7%	14.1%	0.303	0.455	0.361	0.816

존별 기록

VS 왼손

34 4.2%	36 4.4%	35 4.3%
45 5.5%	76 9.3%	38 4.7%
53 6.5%	66 8.1%	88 10.8%	42 5.2%	21 2.6%
	71 8.7%	51 6.3%	29 3.6%	
84 10.3%	33 4.1%	11 1.4%

VS 오른손

80 5.5%	66 4.5%	36 2.5%
80 5.5%	108 7.4%	69 4.8%
103 7.1%	121 8.3%	149 10.3%	98 6.7%	64 4.4%
	83 5.7%	111	78 5.4%	
51 3.5%	77 5.3%	78 5.4%

투수 시점

김진성 투수 42

신장	186	체중	90	생일	1985.03.07	투타	우투우타	지명	2004 SK 2차 6라운드 42순위
연봉	10,000-20,000-20,000			학교	인현초-성남중-성남서고				

● 38세 시즌에 80경기, 70⅓이닝을 소화했다. 리그 불펜 투수 중 가장 많은 이닝을 던진 것. KS 준비 중 팔꿈치가 좋지 않았고 결국 복직근이 찢어지는 부상을 당했지만 우승에 일조했다. 캠프에 가지 않고 이천에 남아 몸을 만들었다. 주축 불펜이 빠진 자리를 채워야 한다. 새 마무리 유영찬의 멘토 역할도 한다.

기본기록

연도	경기	선발	QS	승	패	세이브	BS	홀드	이닝	피안타	피홈런	4사구	삼진	피안타율	WHIP	피OPS	FIP	ERA	WAR	WPA
2021	42	0	0	4	1	2	5	9	37 2/3	43	7	19	37	0.283	1.62	0.845	5.06	7.17	-0.81	-1.80
2022	67	0	0	6	3	0	2	12	58	44	6	23	54	0.212	1.14	0.625	3.86	3.10	1.01	1.91
2023	80	0	0	5	1	4	2	21	70 1/3	41	8	26	69	0.174	0.95	0.560	4.07	2.18	1.85	2.30
통산	617	0	0	43	35	38	23	100	623	546	95	229	637	0.236	1.22	0.712	4.54	4.16	4.67	5.92

구종별 기록

구종	구사%	구속	수직 무브	수평 무브	분당 회전	땅볼%	타구속도	강한타구%
직구	52.8%	141.8	30.7	-15.2	2560.7	16.4%	136.1	26.7%
커브								
슬라이더	2.9%	132.3	13.0	-11.4	1244.0	50.0%	131.5	25.0%
체인지업								
포크	44.3%	125.5	13.1	-15.1	1381.2	43.1%	130.3	15.8%
싱커								
투심								
너클								
커터								
스플리터								

상황별 기록

상황	타석	홈런/9	볼넷/9	삼진/9	피안타율	WHIP	피OPS	GO/FO
전반기	145	0.98	3.93	9.08	0.161	0.98	0.544	0.23
후반기	125	1.07	2.67	8.55	0.189	0.92	0.578	0.64
vs 좌	135	0.80	3.48	8.02	0.205	1.10	0.598	0.39
vs 우	135	1.23	3.19	9.57	0.144	0.82	0.523	0.39
주자없음	150	1.18	2.84	11.13	0.174	0.95	0.552	0.24
주자있음	120	0.84	3.90	6.12	0.175	0.96	0.571	0.61
득점권	75	0.89	3.54	6.20	0.194	0.98	0.613	0.50
1-2번 상대	53	0.00	3.14	8.79	0.152	0.84	0.452	0.47
3-5번 상대	95	1.90	4.94	11.41	0.175	1.14	0.662	0.37
6-9번 상대	122	0.84	2.23	6.96	0.183	0.87	0.529	0.38

박명근 투수 39

신장	174	체중	75	생일	2004.03.27	투타	우언우타	지명	2023 LG 3라운드 27순위
연봉	3,000-6,500			학교	수택초(구리리틀)-구리인창중-라온고				

● LG 신인 농사 최대 수확. 사이드암으로 던지는 속구가 위력적으로 포수 미트에 꽂혔다. 데뷔 시즌, 체력관리에 어려움을 겪으며 KS 엔트리에 들어서지 못했지만 경험은 성장을 낳기 마련이다. 염 감독은 박명근을 KS 동안 팀에 동행시켰다. LG의 필승조 한 자리를 채워줄 것으로 기대받는다. 왼손타자 상대 노하우를 얻는 게 숙제다.

기본기록

연도	경기	선발	QS	승	패	세이브	BS	홀드	이닝	피안타	피홈런	4사구	삼진	피안타율	WHIP	피OPS	FIP	ERA	WAR	WPA
2021																				
2022																				
2023	57	1	0	4	3	5	3	9	51 1/3	49	4	34	40	0.249	1.50	0.718	4.77	5.08	-0.20	0.54
통산	57	1	0	4	3	5	3	9	51 1/3	49	4	34	40	0.249	1.50	0.718	4.77	5.08	-0.20	0.54

구종별 기록

구종	구사%	구속	수직 무브	수평 무브	분당 회전	땅볼%	타구속도	강한타구%
직구	57.0%	144.7	17.9	-28.2	2541.0	30.0%	131.5	25.3%
커브	17.2%	118.5	-4.3	17.3	1131.3	73.7%	132.0	20.0%
슬라이더	3.7%	126.7	-0.8	2.2	343.4	50.0%	148.9	33.3%
체인지업	22.1%	129.1	0.3	-25.8	1775.7	54.8%	132.7	21.1%
포크								
싱커								
투심								
너클								
커터								
스플리터								

상황별 기록

상황	타석	홈런/9	볼넷/9	삼진/9	피안타율	WHIP	피OPS	GO/FO
전반기	157	0.00	4.25	7.25	0.220	1.28	0.607	1.05
후반기	79	2.35	6.46	6.46	0.308	2.02	0.943	0.44
vs 좌	97	0.47	6.16	8.53	0.275	1.84	0.815	0.82
vs 우	139	0.84	4.18	6.12	0.231	1.30	0.652	0.80
주자없음	116	0.68	3.76	7.86	0.204	1.22	0.604	0.97
주자있음	120	0.72	6.12	6.12	0.298	1.80	0.838	0.66
득점권	75	1.17	8.22	5.87	0.309	2.02	0.931	0.60
1-2번 상대	42	0.00	2.08	8.31	0.359	1.85	0.894	1.25
3-5번 상대	83	0.42	2.08	4.15	0.145	0.74	0.442	0.65
6-9번 상대	111	1.29	9.00	9.43	0.293	2.14	0.870	0.90

백승현 투수 18

신장	183	체중	90	생일	1995.05.26	투타	우투우타	지명	2015 LG 2차 3라운드 30순위
연봉	5,000-4,600-9,200			학교	소래초-상인천중-인천고				

● 야수에서 투수로 전향한 지 3년째, 42경기에 등판해 11홀드를 챙기면서 '투수'가 됐다. 평균 147㎞ 속구를 안정적으로 던지며 타자들을 압박한다. 속구-슬라이더 투 피치 위주였지만 포크볼 비율을 이번 시즌은 조금 더 높일 계획이다. 좌타 상대로 비교적 약했던 부분을 포크볼로 채울 수 있다. 멀티이닝 소화에는 아직 부담이 있다.

기본기록

연도	경기	선발	QS	승	패	세이브	BS	홀드	이닝	피안타	피홈런	4구구	삼진	피안타율	WHIP	피OPS	FIP	ERA	WAR	WPA
2021	16	0	0	0	0	0	1	16 2/3	13	0	6	10	0.220	1.02	0.546	3.21	2.16	0.48	0.61
2022	12	0	0	1	0	1	1	10	15	2	9	3	0.366	2.40	1.081	7.44	10.80	-0.47	-0.54
2023	42	0	0	2	0	3	1	11	40	28	2	18	30	0.197	1.15	0.556	3.87	1.58	1.35	2.47
통산	70	0	0	2	1	3	2	13	66 2/3	56	4	33	43	0.231	1.31	0.644	4.21	3.11	0.82	1.64

구종별 기록

구종	구사%	구속	수직 무브	수평 무브	분당 회전	땅볼%	타구속도	강한타구%
직구	58.6%	145.8	28.5	-12.5	2402.3	49.0%	133.5	28.8%
커브								
슬라이더	32.3%	138.2	13.2	1.5	1057.1	65.4%	141.6	50.0%
체인지업								
포크	9.0%	132.8	16.0	-13.0	1511.5	80.0%	138.7	33.3%
싱커								
투심								
너클								
커터								
스플리터								

상황별 기록

상황	타석	홈런/9	볼넷/9	삼진/9	피안타율	WHIP	피OPS	GO/FO
전반기	32	0.00	2.08	10.38	0.133	0.69	0.321	1.29
후반기	130	0.57	4.60	5.74	0.214	1.28	0.617	1.27
vs 좌	69	1.23	7.36	4.91	0.250	1.77	0.757	1.43
vs 우	93	0.00	2.13	7.82	0.163	0.79	0.415	1.17
주자없음	82	0.98	5.89	7.36	0.214	1.47	0.658	1.50
주자있음	80	0.00	2.49	6.23	0.181	0.88	0.452	1.10
득점권	40	0.00	3.86	6.94	0.088	0.69	0.323	1.20
1-2번 상대	40	1.00	8.00	2.00	0.258	1.78	0.829	1.33
3-5번 상대	57	0.00	3.07	7.36	0.135	0.82	0.365	0.94
6-9번 상대	65	0.55	2.76	8.82	0.220	1.10	0.569	1.73

손주영 투수 29

신장	191	체중	95	생일	1998.12.02	투타	좌투좌타	지명	2017 LG 2차 1라운드 2순위
연봉	3,800-4,100-4,300			학교	울산대현초-개성중-경남고				

● KS 선발을 두고 염경엽 감독과 김경태 코치를 고민에 빠뜨린 투수였다. 김윤식이 아니라 손주영이 선발 등판할 수도 있었다. 이번 시즌에는 개막 초반 5선발로 낙점됐다. 191㎝ 큰 키의 좌완은 여러모로 장점이 많다. ABS와의 궁합도 나쁘지 않다. 캠프지에 조기 출국해 몸을 만들며 새 시즌을 준비했다. 수술 뒤 구속이 오를 시즌이다.

기본기록

연도	경기	선발	QS	승	패	세이브	BS	홀드	이닝	피안타	피홈런	4구구	삼진	피안타율	WHIP	피OPS	FIP	ERA	WAR	WPA
2021	7	6	1	1	3	0	0	0	26 2/3	31	4	21	21	0.307	1.91	0.944	6.07	8.44	-0.41	-0.57
2022	3	3	1	0	0	0	0	0	12 2/3	10	0	11	8	0.222	1.42	0.695	4.68	4.97	0.07	0.05
2023	3	2	0	1	0	0	0	0	8 2/3	12	0	6	5	0.300	2.08	0.691	4.37	5.19	-0.02	0.11
통산	22	14	2	2	6	0	0	0	65 2/3	72	4	56	46	0.282	1.84	0.805	5.49	6.99	-0.56	-0.48

구종별 기록

구종	구사%	구속	수직 무브	수평 무브	분당 회전	땅볼%	타구속도	강한타구%
직구	69.3%	143.2	23.9	7.9	1906.1	66.7%	116.3	0.0%
커브	8.5%	116.3	-16.3	-14.6	1326.3	0.0%	138.3	0.0%
슬라이더	19.0%	130.6	-6.2	628.1	100.0%	92.6	0.0%	
체인지업	1.1%	132.7	21.2	17.3	1950.5	0.0%	143.3	50.0%
포크	2.1%	127.8	4.7	0.3	375.5	0.0%	102.2	0.0%
싱커								
투심								
너클								
커터								
스플리터								

상황별 기록

상황	타석	홈런/9	볼넷/9	삼진/9	피안타율	WHIP	피OPS	GO/FO
전반기								
후반기	46	0.00	6.23	5.19	0.300	2.08	0.691	1.56
vs 좌	14	0.00	10.13	3.38	0.273	2.25	0.702	1.33
vs 우	32	0.00	4.50	6.00	0.310	2.00	0.685	1.67
주자없음	18	0.00	9.00	3.00	0.333	2.67	0.777	2.00
주자있음	28	0.00	4.76	6.35	0.280	1.76	0.637	1.33
득점권	17	0.00	11.57	3.86	0.429	3.86	0.958	1.33
1-2번 상대	12	0.00	3.86	3.86	0.333	1.71	0.666	2.50
3-5번 상대	15	0.00	6.00	6.00	0.385	2.33	0.852	1.00
6-9번 상대	19	0.00	10.80	5.40	0.200	2.10	0.568	1.50

엔스 투수 34

신장 185	체중 95	생일 1991.05.16	투타 좌투좌타	지명 2024 LG 자유선발
연봉 $600,000		학교 미국 Central Michigan(대)		

● LG는 결국 한국시리즈에서 외국인 투수를 켈리 한 명밖에 쓰지 못했다. 플럿코를 보내고 고심 끝에 고른 투수가 디트릭 엔스. 150㎞ 가까운 구속에 일본 프로야구 경험이 있는 왼손투수다. 일찌감치 1선발로 낙점됐고, 류현진과 개막전에서 맞붙는다. 염 감독은 체인지업만 완성된다면 15승을 예상했다.

기본기록

연도	리그	경기	선발	QS	승	패	세이브	BS	홀드	이닝	피안타	피홈런	4사구	삼진	피안타율	WHIP	피OPS	FIP	ERA	WAR
2021	MLB	9	0	0	2	0	0	0	0	22 1/3	17	1	6	25	0.207	1.03	0.566	2.32	2.82	0.6
2022	NPB	23	22	-	10	7	0	0	0	122 1/3	103	14	48	92	0.232	1.21	-	4.20	2.94	1.2
2023	NPB	12	12	-	1	10	0	0	0	54	53	6	28	30	0.270	1.41	-	4.91	5.17	-0.2
MLB 통산		11	1	0	2	0	2	0	0	26 1/3	24	3	7	27	0.235	1.18	0.667	3.40	3.42	0.4

구종별 기록

구종	구사%	구속	수직 무브	수평 무브	분당 회전	땅볼%	타구속도	강한타구%
직구								
커브								
슬라이더								
체인지업								
포크								
싱커								
투심								
너클								
커터								
스플리터								

상황별 기록

상황	타석	홈런/9	볼넷/9	삼진/9	피안타율	WHIP	피OPS	GO/FO
전반기								
후반기								
vs 좌								
vs 우								
주자없음								
주자있음								
득점권								
1–2번 상대								
3–5번 상대								
6–9번 상대								

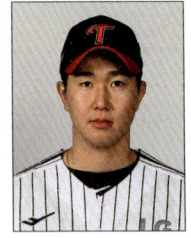

유영찬 투수 54

신장 185	체중 90	생일 1997.03.07	투타 우투우타	지명 2020 LG 2차 5라운드 43순위
연봉 3,000-3,100-8,500		학교 덕성초(안산리틀)-배명중-배명고-건국대		

● 운명을 가른 한국시리즈 2차전에서 2⅓이닝을 완벽하게 틀어막으며 극적인 역전승의 사실상 주인공이었다. 고우석이 떠난 마무리 자리가 유영찬에게 돌아갔다. 긴장 상황에서 흔들리지 않는 배짱이 장점이다. 김진성은 "그 상황에서도 실실 쪼개면서 던지더라, 미친놈"이라며 격한 칭찬을 아끼지 않았다. 평균 147.3㎞의 속구 RPM이 수준급이다.

기본기록

연도	경기	선발	QS	승	패	세이브	BS	홀드	이닝	피안타	피홈런	4사구	삼진	피안타율	WHIP	피OPS	FIP	ERA	WAR	WPA
2021																				
2022																				
2023	67	0	0	6	3	1	2	12	68	55	4	47	55	0.220	1.40	0.671	4.57	3.44	0.78	0.61
통산	67	0	0	6	3	1	2	12	68	55	4	47	55	0.220	1.40	0.671	4.57	3.44	0.78	0.61

구종별 기록

구종	구사%	구속	수직 무브	수평 무브	분당 회전	땅볼%	타구속도	강한타구%
직구	56.5%	146.7	26.5	-15.2	2392.1	41.7%	137.3	24.0%
커브	0.5%	120.9	-11.8	18.0	1364.0	-	-	-
슬라이더	25.8%	134.9	6	-0.1	756.2	63.6%	128.3	14.3%
체인지업	17.2%	135.2	12.4	-22.9	1894.5	58.8%	135.7	22.2%
포크								
싱커								
투심								
너클								
커터								
스플리터								

상황별 기록

상황	타석	홈런/9	볼넷/9	삼진/9	피안타율	WHIP	피OPS	GO/FO
전반기	160	0.25	6.00	7.25	0.211	1.42	0.645	0.90
후반기	145	0.84	4.50	7.31	0.230	1.38	0.698	0.84
vs 좌	159	0.24	4.38	6.32	0.213	1.27	0.621	0.86
vs 우	146	0.87	6.39	8.42	0.228	1.55	0.728	0.88
주자없음	153	0.52	4.46	6.82	0.203	1.28	0.615	0.82
주자있음	152	0.53	6.15	7.75	0.239	1.51	0.731	0.94
득점권	96	0.00	6.14	7.30	0.205	1.36	0.628	0.69
1–2번 상대	84	0.00	4.19	4.19	0.243	1.40	0.645	0.71
3–5번 상대	86	1.45	6.27	7.23	0.191	1.39	0.701	1.16
6–9번 상대	135	0.30	5.40	9.30	0.222	1.40	0.668	0.83

이상영 투수 26

신장	193	체중	95	생일	2000.12.03	투타	좌투좌타	지명	2019 LG 2차 1라운드 5순위
연봉	5,000-5,000-5,000			학교	부산수영초-개성중-부산고				

● 손주영보다 2cm 더 큰 193cm 왼손투수. 시즌 중 상무를 제대한 뒤 출전한 6경기 중 2경기에 선발 등판했지만 이번 시즌은 불펜으로 준비한다. 큰 키를 활용하기 위해 캠프에서 투구폼을 오버스로에 가깝게 바꿨다. 공을 놓는 포인트가 15cm 가량 높아졌다. 힘 쓰는 타이밍 조절에 성공한다면 왼손타자들은 상당히 까다로울 수밖에 없다.

기본기록

연도	경기	선발	QS	승	패	세이브	BS	홀드	이닝	피안타	피홈런	4사구	삼진	피안타율	WHIP	피OPS	FIP	ERA	WAR	WPA
2021	21	9	0	1	1	0	0	0	50	48	7	40	30	0.259	1.60	0.805	6.35	4.32	-0.04	0.19
2022																				
2023	6	2	0	0	1	0	0	0	11	12	0	11	4	0.293	1.82	0.808	5.72	3.27	0.02	-0.01
통산	30	11	0	1	2	0	0	0	63 2/3	69	8	52	35	0.286	1.71	0.852	6.38	4.66	-0.22	0.16

구종별 기록

구종	구사%	구속	수직 무브	수평 무브	분당 회전	땅볼%	타구속도	강한타구%
직구	54.8%	139.7	21.7	23.3	2348.4	50.0%	143.1	36.4%
커브	0.5%	112.5	-4.4	-11.3	709.0	-	-	-
슬라이더	29.8%	128.6	11.2	2.6	902.3	36.4%	120.2	15.4%
체인지업	13.9%	127.0	14.2	25.9	1985.6	0.0%	129.7	20.0%
포크								
싱커								
투심								
너클								
커터	1.0%	137.9	23.2	18.4	2128.5	100.0%		
스플리터								

상황별 기록

상황	타석	홈런/9	볼넷/9	삼진/9	피안타율	WHIP	피OPS	GO/FO
전반기	29	0.00	8.44	3.38	0.286	2.06	0.893	0.44
후반기	25	0.00	4.76	3.18	0.300	1.59	0.717	1.00
vs 좌	22	0.00	3.60	1.80	0.333	1.60	0.818	4.50
vs 우	32	0.00	9.00	4.50	0.261	2.00	0.800	0.08
주자없음	17	0.00	16.20	5.40	0.583	6.00	1.456	1.00
주자있음	37	0.00	4.82	2.89	0.172	1.07	0.521	0.62
득점권	21	0.00	5.79	1.93	0.176	1.29	0.568	0.63
1-2번 상대	14	0.00	36.00	0.00	0.600	10.00	1.414	1.00
3-5번 상대	19	0.00	5.79	0.00	0.267	1.50	0.821	1.20
6-9번 상대	21	0.00	1.69	6.75	0.125	0.56	0.388	0.25

이우찬 투수 21

신장	185	체중	97	생일	1992.08.04	투타	좌투좌타	지명	2011 LG 2라운드 15순위
연봉	6,200-12,000-12,500			학교	온양온천초-온양중-북일고				

● 38경기에 나와 5홀드를 기록했다. 디셉션과 제구로 승부하는 스타일은 외삼촌(송진우)과 닮았지만 따라가기는 쉽지 않다. LG의 부족한 좌완 불펜 한 자리를 채워준다면 불펜진의 뎁스가 더 좋아진다. 다만, 예년과 달리 지난 시즌 왼손타자 상대 성적은 썩 좋지 않았다(피OPS 0.701). 우승 뒤 겨울 결혼식을 올렸다. 버프가 기대되는 요소다.

기본기록

연도	경기	선발	QS	승	패	세이브	BS	홀드	이닝	피안타	피홈런	4사구	삼진	피안타율	WHIP	피OPS	FIP	ERA	WAR	WPA
2021	15	5	0	0	1	0	0	0	34	36	3	26	27	0.271	1.79	0.761	5.18	5.56	-0.25	-0.12
2022	36	0	0	5	0	0	0	2	44 2/3	29	2	22	42	0.185	1.12	0.531	3.45	1.81	1.13	1.20
2023	38	0	0	1	3	0	0	5	38 1/3	35	1	20	30	0.261	1.38	0.666	3.78	3.52	0.52	0.69
통산	127	20	4	11	8	0	0	9	213 1/3	192	13	153	161	0.247	1.57	0.709	4.93	4.56	0.13	2.16

구종별 기록

구종	구사%	구속	수직 무브	수평 무브	분당 회전	땅볼%	타구속도	강한타구%
직구	59.7%	142.7	22.9	10.7	1923.8	53.3%	133.0	18.2%
커브	9.5%	120.0	-18.6	-13.1	1470.9	100.0%	140.6	0.0%
슬라이더	17.8%	130.9	4.8	-2.5	630.8	87.5%	124.4	12.5%
체인지업								
포크	13.0%	133.2	8.9	19.5	1561.6	46.2%	135.0	16.7%
싱커								
투심								
너클								
커터								
스플리터								

상황별 기록

상황	타석	홈런/9	볼넷/9	삼진/9	피안타율	WHIP	피OPS	GO/FO
전반기	84	0.44	4.35	5.23	0.278	1.45	0.716	1.73
후반기	73	0.00	4.08	9.17	0.242	1.30	0.607	1.14
vs 좌	81	0.00	4.74	7.58	0.284	1.53	0.701	1.36
vs 우	76	0.47	3.72	6.52	0.239	1.24	0.629	1.53
주자없음	79	0.00	5.28	6.46	0.309	1.96	0.729	1.77
주자있음	78	0.39	3.52	7.43	0.212	1.00	0.602	1.19
득점권	45	0.00	4.50	7.50	0.189	1.08	0.532	1.00
1-2번 상대	41	0.00	2.70	9.90	0.297	1.40	0.690	2.75
3-5번 상대	66	0.55	4.96	7.16	0.232	1.35	0.652	1.31
6-9번 상대	50	0.00	4.50	4.50	0.268	1.42	0.664	1.17

최동환 투수 13

신장	184	체중	83	생일	1989.09.19	투타	우투우타	지명	2009 LG 2차 2라운드 13순위
연봉	6,000-10,500-13,000			학교	인헌초-선린중-경동고				

● 2009년 입단해 어느덧 16년차 시즌을 맞는다. 중간계투로 활약하며 1홀드, 1세이브. 표나지 않는 궂은 일을 도맡으며 팀의 승리를 다졌다. 시즌 막판 거둔 세이브는 7년만의 기록이었다. 스윙이 빠른 스타일에 포크볼 비중을 높이면서 타자들의 타이밍을 빼앗았다. 특히 좌타 상대 OPS 0.476을 기록했다는 점은 올 시즌 활용도를 높인다.

기본기록

연도	경기	선발	QS	승	패	세이브	BS	홀드	이닝	피안타	피홈런	4사구	삼진	피안타율	WHIP	피OPS	FIP	ERA	WAR	WPA
2021	8	0	0	0	0	0	0	0	5 2/3	6	0	6	2	0.273	1.76	0.747	5.80	9.53	-0.10	0.04
2022	47	0	0	1	0	0	0	0	50	45	5	18	30	0.239	1.24	0.668	4.52	4.14	0.27	0.23
2023	45	0	0	0	1	0	1	1	42 1/3	42	1	20	20	0.255	1.39	0.674	4.08	3.19	0.42	0.53
통산	318	0	0	10	5	4	6	14	346 1/3	353	47	171	224	0.265	1.43	0.772	5.46	4.99	-0.96	0.73

구종별 기록

구종	구사%	구속	수직 무브	수평 무브	분당 회전	땅볼%	타구속도	강한타구%
직구	59.1%	142.6	29.4	-16.0	2511.4	24.6%	137.3	29.2%
커브	1.8%	117.3	-11.2	10.7	955.3	100.0%	126.7	33.3%
슬라이더	2.2%	131.8	9.5	2.0	732.2	100.0%	121.8	0.0%
체인지업								
포크	36.8%	128.6	12.1	-13.1	1284.8	54.5%	128.0	14.9%
싱커								
투심								
너클								
커터								
스플리터								

상황별 기록

상황	타석	홈런/9	볼넷/9	삼진/9	피안타율	WHIP	피OPS	GO/FO
전반기	91	0.42	2.95	5.91	0.200	1.08	0.602	0.56
후반기	98	0.00	4.29	2.57	0.306	1.71	0.744	0.71
vs 좌	92	0.00	2.70	3.86	0.183	0.94	0.476	0.78
vs 우	97	0.47	4.74	4.74	0.325	1.95	0.869	0.48
주자없음	90	0.44	2.66	3.10	0.244	1.28	0.665	0.53
주자있음	99	0.00	4.50	5.32	0.265	1.50	0.683	0.78
득점권	66	0.00	5.93	5.93	0.232	1.61	0.634	0.89
1-2번 상대	47	0.00	2.70	4.50	0.318	1.70	0.748	0.79
3-5번 상대	51	0.96	8.68	3.86	0.300	2.25	0.865	0.41
6-9번 상대	91	0.00	1.96	4.30	0.198	0.91	0.533	0.69

함덕주 투수 11

신장	181	체중	78	생일	1995.01.13	투타	좌투좌타	지명	2013 두산 5라운드 43순위
연봉	12,000-10,000-20,000			학교	일산초-원주중-원주고				

● 16홀드, 평균자책 1.62를 기록하며 트레이드 직후 받았던 비판적 시선을 싹 지웠다. 4년 38억원에 FA 계약을 했다. 팔꿈치를 다쳐 전반기 등판이 어렵지만 돌아오면 LG 불펜에 확실한 힘이 될 수 있다. 왼손이지만 오른손타자를 확실히 틀어막는 역스플릿 투수다. 속구 평속 140km를 회복한 건 2019년 이후 처음이다.

기본기록

연도	경기	선발	QS	승	패	세이브	BS	홀드	이닝	피안타	피홈런	4사구	삼진	피안타율	WHIP	피OPS	FIP	ERA	WAR	WPA
2021	16	3	0	1	2	0	0	1	21	20	2	16	18	0.250	1.57	0.746	5.00	4.29	0.11	-0.07
2022	13	0	0	0	0	0	0	0	12 2/3	9	0	12	13	0.214	1.58	0.637	4.13	2.13	0.23	0.03
2023	57	0	0	4	0	0	4	16	55 2/3	32	1	24	59	0.165	0.97	0.494	2.80	1.62	2.26	3.04
통산	397	33	10	35	21	59	11	49	501 2/3	433	29	291	515	0.233	1.41	0.667	3.92	3.50	9.71	9.48

구종별 기록

구종	구사%	구속	수직 무브	수평 무브	분당 회전	땅볼%	타구속도	강한타구%
직구	54.5%	139.4	28.2	13.9	2332.4	41.5%	130.1	18.0%
커브	1.0%	116.2	1.6	-6.4	858.0	-	134.2	0.0%
슬라이더	19.0%	123.0	7.7	-3.8	733.9	52.9%	127.0	20.0%
체인지업	25.6%	125.5	11.0	21.6	1626.3	33.3%	126.3	15.2%
포크								
싱커								
투심								
너클								
커터								
스플리터								

상황별 기록

상황	타석	홈런/9	볼넷/9	삼진/9	피안타율	WHIP	피OPS	GO/FO
전반기	164	0.21	3.19	9.35	0.153	0.87	0.446	0.81
후반기	58	0.00	4.73	10.13	0.200	1.28	0.630	0.39
vs 좌	112	0.34	3.42	9.57	0.198	1.10	0.579	0.96
vs 우	110	0.00	3.68	9.51	0.133	0.85	0.411	0.50
주자없음	124	0.29	3.19	9.00	0.153	0.90	0.467	0.75
주자있음	98	0.00	4.01	10.22	0.181	1.05	0.530	0.60
득점권	64	0.00	4.86	11.88	0.130	0.96	0.402	0.67
1-2번 상대	58	0.00	3.00	9.00	0.140	0.80	0.392	0.75
3-5번 상대	78	0.50	4.00	8.00	0.221	1.28	0.665	0.76
6-9번 상대	86	0.00	3.57	11.12	0.132	0.84	0.408	0.58

구본혁 내야수 6

신장	177	체중	75	생일	1997.01.11	투타	우투우타	지명	2019 LG 2차 6라운드 55순위
연봉	7,000-7,000-7,000			학교	중대초-잠신중-장충고-동국대				

● 수비 하나는 모두가 인정했다. 유격수는 물론, 2루수, 3루수 모두 가능하다. 리듬감은 물론 클러치 상황에서 긴장하지 않는다. 다만, 타격은 3시즌 통산 0.163. 군문제를 해결하고 이번 시즌 캠프에 합류했다. 오지환의 체력을 위한 백업이지만, 타격에도 기대감을 높이고 있다. 등번호는 류지현 전 감독의 현역시절 번호인 6번이다.

기본기록

연도	경기	타석	타수	안타	2루타	3루타	홈런	타점	득점	볼넷	사구	삼진	도루	도루자	타율	출루율	장타율	OPS	WAR	WPA
2021	123	45	38	5	2	0	0	3	10	3	1	7	0	0	0.132	0.205	0.184	0.389	-0.01	-0.24
2022																				
2023																				
통산	305	238	209	34	3	1	2	16	40	14	5	42	2	1	0.163	0.236	0.215	0.451	-0.73	-1.35

구종별기록

상황	상대%	타구속도	상하 각도	타율	장타율	땅볼%	뜬공%	강한타구%
직구								
커브								
슬라이더								
체인지업								
포크								
싱커								
투심								
너클								
커터								
스플리터								

상황별기록

구분	타석	홈런/9	볼넷/9	삼진/9	타율	출루율	장타율	OPS
전반기								
후반기								
vs 좌								
vs 우								
주자없음								
주자있음								
득점권								
노아웃								
원아웃								
투아웃								

김민수 내야수 53

신장	184	체중	97	생일	1998.03.18	투타	우투우타	지명	2017 롯데 2차 2라운드 13순위
연봉	5,300-6,300-6,000			학교	서화초-동산중-제물포고				

● 김민성의 사인앤트레이드로 LG 유니폼을 입었다. 롯데에서 거포 내야수로 기대를 모았지만 성장이 다소 더뎠다. LG의 뎁스는 시간을 벌 수 있는 장점이자 자칫 묻힐 수도 있는 단점이다. 트레이드 초반 '허니문' 동안 임팩트를 보여줄 필요가 있다. 지난해 퓨처스에서 OPS 0.982를 기록했다. 일단 2군은 평정했다.

기본기록

연도	경기	타석	타수	안타	2루타	3루타	홈런	타점	득점	볼넷	사구	삼진	도루	도루자	타율	출루율	장타율	OPS	WAR	WPA
2021	82	224	199	48	11	1	3	25	19	18	3	62	0	0	0.241	0.312	0.352	0.664	0.32	-1.85
2022	57	156	140	36	6	0	11	9	9	4	48	9	0	1	0.257	0.320	0.300	0.620	0.23	-0.13
2023	25	51	43	9	1	0	2	4	7	5	0	17	0	1	0.209	0.320	0.279	0.599	-0.03	-0.55
통산	188	497	441	106	21	2	3	39	33	38	5	154	0	1	0.240	0.313	0.317	0.630	0.29	-3.30

구종별기록

상황	상대%	타구속도	상하 각도	타율	장타율	땅볼%	뜬공%	강한타구%
직구	33.8%	138.4	24.6	0.176	0.353	66.7%	33.3%	44.4%
커브	4.5%	-	-	0.000	0.000	100.0%	0.0%	-
슬라이더	22.2%	133.8	31.1	0.000	0.000	0.0%	100.0%	0.0%
체인지업	24.7%	130.9	20.2	0.250	0.250	0.0%	100.0%	20.0%
포크	2.0%	154.2	-4.2	1.000	1.000	-	-	100.0%
싱커								
투심	5.6%	136.3	-10.0	0.333	0.333	100.0%	0.0%	0.0%
너클								
커터	7.1%	148.3	-5.1	0.500	0.500	100.0%	0.0%	50.0%
스플리터								

상황별기록

구분	타석	홈런/9	볼넷/9	삼진/9	타율	출루율	장타율	OPS
전반기	44	0.0%	15.9%	31.8%	0.222	0.349	0.306	0.655
후반기	7	0.0%	0.0%	42.9%	0.143	0.143	0.143	0.286
vs 좌	26	0.0%	23.1%	34.6%	0.158	0.360	0.211	0.571
vs 우	25	0.0%	4.0%	32.0%	0.250	0.280	0.333	0.613
주자없음	26	0.0%	3.8%	34.6%	0.240	0.269	0.360	0.629
주자있음	25	0.0%	24.0%	32.0%	0.167	0.375	0.167	0.542
득점권	15	0.0%	26.7%	33.3%	0.182	0.400	0.182	0.582
노아웃	15	0.0%	20.0%	20.0%	0.364	0.500	0.636	1.136
원아웃	16	0.0%	12.5%	37.5%	0.071	0.188	0.071	0.259
투아웃	20	0.0%	10.0%	40.0%	0.222	0.300	0.222	0.522

문보경 내야수 2

| 신장 | 182 | 체중 | 88 | 생일 | 2000.07.19 | 투타 | 우투좌타 | 지명 | 2019 LG 2차 3라운드 25순위 |

연봉 6,800-17,000-30,000 학교 송중초(동대문구리틀)-덕수중-신일고

● LG의 3루수 고민을 2023시즌 확실하게 해결했다. 타격에서 확실한 성장세를 이뤄냈다. 2022시즌 왼손투수 상대 OPS가 0.579에 그쳤지만 2023시즌에는 오른손투수 상대 0.819, 왼손투수 상대 0.837로 오히려 역전시켰다. 완성형 타자로 성장하는 흐름을 잡았다. 3루수로 실책 20개는 다소 많다. 실책을 줄이기 위해 수비 훈련에 집중했다.

기본기록

연도	경기	타석	타수	안타	2루타	3루타	홈런	타점	득점	볼넷	사구	삼진	도루	도루자	타율	출루율	장타율	OPS	WAR	WPA
2021	107	329	278	64	11	1	8	39	37	46	0	64	3	1	0.230	0.337	0.363	0.700	1.17	-0.21
2022	126	466	406	128	22	3	9	56	52	47	1	56	7	0	0.315	0.382	0.451	0.833	4.02	-0.19
2023	131	542	469	141	29	5	10	72	77	58	2	83	9	8	0.301	0.377	0.448	0.825	3.15	-0.14
통산	364	1337	1153	333	62	9	27	167	166	151	3	203	19	9	0.289	0.369	0.428	0.797	8.34	-0.53

구종별기록

상황	상대%	타구속도	상하 각도	타율	장타율	땅공%	뜬공%	강한타구%
직구	41.5%	142.6	19.1	0.348	0.522	39.8%	60.2%	39.2%
커브	9.1%	138.4	16.3	0.382	0.500	73.3%	26.7%	21.1%
슬라이더	21.1%	133.8	20.4	0.273	0.364	47.3%	52.7%	28.1%
체인지업	10.4%	143.0	18.9	0.275	0.525	35.0%	65.0%	32.1%
포크	7.7%	135.9	13.3	0.122	0.195	76.0%	24.0%	30.0%
싱커 투심	5.3%	145.8	13.3	0.261	0.391	85.7%	14.3%	44.4%
너클 커터 스플리터	4.9%	136.6	24.0	0.261	0.435	63.6%	36.4%	33.3%

상황별기록

구분	타석	홈런/9	볼넷/9	삼진/9	타율	출루율	장타율	OPS
전반기	341	0.6%	12.3%	15.8%	0.287	0.377	0.381	0.758
후반기	201	4.0%	8.0%	14.4%	0.322	0.378	0.552	0.930
vs 좌	189	1.6%	9.5%	12.7%	0.313	0.385	0.452	0.837
vs 우	353	2.0%	11.3%	16.7%	0.294	0.373	0.446	0.819
주자없음	263	1.5%	10.3%	14.8%	0.309	0.380	0.428	0.808
주자있음	279	2.2%	11.1%	15.8%	0.292	0.374	0.468	0.842
득점권	180	2.8%	12.2%	17.2%	0.281	0.374	0.486	0.860
노아웃	164	1.2%	9.8%	15.2%	0.326	0.400	0.435	0.835
원아웃	179	0.0%	11.7%	11.2%	0.305	0.380	0.403	0.783
투아웃	199	4.0%	10.6%	19.1%	0.277	0.357	0.497	0.854

문성주 외야수 8

| 신장 | 175 | 체중 | 78 | 생일 | 1997.02.20 | 투타 | 좌투좌타 | 지명 | 2018 LG 2차 10라운드 97순위 |

연봉 4,200-9,500-20,000 학교 포항서초-포항제철중-경북고-강릉영동대

● LG가 2023시즌 거둔 수확 중 하나. 염경엽 감독 스타일 '뛰는 야구'의 핵심 멤버였다. 타격 지표는 다소 떨어졌지만 도루 24개를 기록했다. 빠른 발을 이용한 좌익수 수비는 잠실 구장을 홈으로 쓰는 팀에 더욱 적합하다. 8월 이후 떨어졌던 스탯은 경험으로 충분히 극복할 수 있는 요소다. 볼삼비(BB/K) 리그 1위였다(1.97).

기본기록

연도	경기	타석	타수	안타	2루타	3루타	홈런	타점	득점	볼넷	사구	삼진	도루	도루자	타율	출루율	장타율	OPS	WAR	WPA
2021	31	89	79	18	1	0	1	10	11	7	2	15	1	1	0.228	0.303	0.278	0.581	-0.14	-0.78
2022	106	390	327	99	15	3	6	41	55	51	3	36	9	6	0.303	0.401	0.422	0.823	3.25	-0.64
2023	136	534	449	132	21	4	2	57	77	67	8	34	24	14	0.294	0.392	0.372	0.764	3.41	-1.53
통산	278	1016	858	250	37	7	9	108	144	125	13	86	34	21	0.291	0.387	0.382	0.769	6.52	-3.14

구종별기록

상황	상대%	타구속도	상하 각도	타율	장타율	땅공%	뜬공%	강한타구%
직구	46.1%	133.9	14.9	0.311	0.407	56.0%	44.0%	15.8%
커브	9.4%	125.1	10.8	0.196	0.196	54.8%	45.2%	13.3%
슬라이더	19.4%	133.4	14.6	0.218	0.244	57.7%	42.3%	1.9%
체인지업	9.0%	130.1	15.0	0.289	0.400	63.3%	36.7%	12.9%
포크	5.9%	134.2	6.1	0.393	0.500	80.0%	20.0%	11.8%
싱커 투심	6.4%	141.5	8.5	0.423	0.577	60.0%	40.0%	28.6%
너클 커터 스플리터	3.7%	121.1	17.4	0.353	0.412	60.0%	40.0%	0.0%

상황별기록

구분	타석	홈런/9	볼넷/9	삼진/9	타율	출루율	장타율	OPS
전반기	322	0.3%	13.0%	7.5%	0.311	0.404	0.381	0.785
후반기	212	0.5%	11.8%	4.7%	0.267	0.373	0.358	0.731
vs 좌	183	0.5%	10.9%	9.3%	0.236	0.331	0.318	0.649
vs 우	351	0.3%	13.4%	4.8%	0.325	0.424	0.401	0.825
주자없음	278	0.4%	13.7%	6.5%	0.283	0.388	0.346	0.734
주자있음	256	0.8%	11.3%	6.3%	0.307	0.396	0.401	0.797
득점권	156	1.3%	11.5%	7.1%	0.297	0.386	0.430	0.816
노아웃	174	0.0%	16.7%	8.0%	0.255	0.393	0.307	0.700
원아웃	219	0.5%	10.5%	6.4%	0.296	0.374	0.370	0.744
투아웃	141	0.7%	10.6%	4.3%	0.333	0.418	0.447	0.865

박해민 외야수 17

신장	180	체중	75	생일	1990.02.24	투타	우투좌타	지명	2012 삼성 육성선수
연봉	60,000-60,000-60,000			학교	영중초-양천중-신일고-한양대				

● 기다리면 결국 제 몫을 하는 선수. 잠실의 넓은 외야를 커버하는 능력은 단연 톱이다. 2016년 이후 한 번도 못했던 타율 3할을 기대한다. 염경엽 감독의 구상은 1번 박해민-2번 홍창기 테이블세터. 3할이 가능하다면 경기 초반 빅이닝 가능성이 높아진다. 베이스가 커지는 시즌, 박해민의 통산도루(368개)는 역대 9위. 5위까지는 확실하다.

기본기록

연도	경기	타석	타수	안타	2루타	3루타	홈런	타점	득점	볼넷	사구	삼진	도루	도루자	타율	출루율	장타율	OPS	WAR	WPA
2021	127	542	454	132	22	1	5	54	78	69	3	82	36	15	0.291	0.383	0.377	0.760	2.93	-1.10
2022	144	636	570	165	20	8	3	49	97	44	9	85	24	6	0.289	0.358	0.368	0.715	3.10	-1.14
2023	144	558	485	138	14	2	6	59	80	45	3	74	26	12	0.285	0.348	0.359	0.707	1.92	-1.93
통산	1384	5767	5049	1447	204	64	51	522	883	503	35	835	368	105	0.287	0.353	0.383	0.736	23.91	-7.59

구종별기록

상황	상대%	타구속도	상하 각도	타율	장타율	땅볼%	뜬공%	강한타구%
직구	46.9%	126.8	23.3	0.298	0.410	34.9%	65.1%	3.7%
커브	8.0%	129.2	25.0	0.242	0.303	23.5%	76.5%	0.0%
슬라이더	19.8%	122.7	19.6	0.234	0.271	50.0%	50.0%	2.7%
체인지업	8.0%	123.1	18.9	0.233	0.256	57.1%	42.9%	0.0%
포크	6.4%	128.5	11.4	0.286	0.343	61.9%	38.1%	0.0%
싱커								
투심	6.6%	130.7	10.9	0.367	0.467	66.7%	33.3%	5.3%
너클								
커터	4.3%	119.6	21.6	0.419	0.452	53.3%	46.7%	0.0%
스플리터								

상황별기록

구분	타석	홈런/9	볼넷/9	삼진/9	타율	출루율	장타율	OPS
전반기	323	0.9%	9.0%	13.6%	0.289	0.358	0.361	0.719
후반기	235	1.3%	6.8%	12.8%	0.279	0.335	0.356	0.691
vs 좌	196	0.5%	10.7%	10.2%	0.277	0.362	0.307	0.669
vs 우	362	1.4%	6.6%	14.9%	0.288	0.341	0.386	0.727
주자없음	283	1.1%	7.1%	16.3%	0.271	0.325	0.344	0.669
주자있음	275	1.1%	9.1%	10.2%	0.300	0.375	0.377	0.752
득점권	162	1.2%	11.1%	10.5%	0.313	0.401	0.405	0.806
노아웃	195	1.5%	4.6%	12.3%	0.331	0.370	0.442	0.812
원아웃	181	0.0%	7.7%	12.7%	0.252	0.313	0.270	0.583
투아웃	182	1.6%	12.1%	14.8%	0.270	0.363	0.365	0.728

송찬의 내야수 14

신장	182	체중	77	생일	1999.02.20	투타	우투우타	지명	2018 LG 2차 7라운드 67순위
연봉	3,000-4,000-3,600			학교	화곡초-신림중-신림인터넷고				

● 2022시즌 시범경기에서 홈런왕(6개)에 오르며 주목받았지만 이후 뚜렷한 성적을 내지 못했다. 2023시즌에는 22타석 타율 0.056에 그쳤다. 내야수 후보였지만 이번 시즌에는 외야 백업 역할을 기대받는다. 레그킥 대신 미겔 카브레라 스타일의 토탭 방식으로 타격 자세를 바꿨다. 파워 툴을 가진 것은 확실하다.

기본기록

연도	경기	타석	타수	안타	2루타	3루타	홈런	타점	득점	볼넷	사구	삼진	도루	도루자	타율	출루율	장타율	OPS	WAR	WPA
2021																				
2022	33	78	72	17	4	0	3	10	8	2	3	24	2	1	0.236	0.282	0.417	0.699	0.22	-0.81
2023	19	22	18	1	1	0	0	1	2	4	0	6	0	0	0.056	0.227	0.111	0.338	-0.22	-0.31
통산	52	100	90	18	5	0	3	11	10	6	3	30	3	1	0.200	0.270	0.356	0.626	0.00	-1.12

구종별기록

상황	상대%	타구속도	상하 각도	타율	장타율	땅볼%	뜬공%	강한타구%
직구	35.7%	140.3	40.6	0.000	0.000	28.6%	71.4%	33.3%
커브	7.1%	-	-	-	-	-	-	-
슬라이더	20.2%	125.1	41.3	0.333	0.667	0.0%	100.0%	50.0%
체인지업	14.3%	-	-	0.000	0.000	-	-	-
포크	11.9%	117.6	-18.9	0.000	0.000	100.0%	0.0%	0.0%
싱커								
투심	8.3%	142.2	-6.4	0.000	0.000	100.0%	0.0%	50.0%
너클								
커터	2.4%	-	-	-	-	-	-	-
스플리터								

상황별기록

구분	타석	홈런/9	볼넷/9	삼진/9	타율	출루율	장타율	OPS
전반기	21	0.0%	19.0%	28.6%	0.059	0.238	0.118	0.356
후반기	1	0.0%	0.0%	0.0%	0.000	0.000	0.000	0.000
vs 좌	11	0.0%	9.1%	18.2%	0.000	0.091	0.000	0.091
vs 우	11	0.0%	27.3%	36.4%	0.125	0.364	0.250	0.614
주자없음	16	0.0%	18.8%	18.8%	0.000	0.188	0.000	0.188
주자있음	6	0.0%	16.7%	50.0%	0.200	0.333	0.400	0.733
득점권	3	0.0%	33.3%	33.3%	0.500	0.667	1.000	1.667
노아웃	8	0.0%	12.5%	50.0%	0.000	0.125	0.000	0.125
원아웃	8	0.0%	25.0%	12.5%	0.000	0.250	0.000	0.250
투아웃	6	0.0%	16.7%	16.7%	0.200	0.333	0.400	0.733

신민재 내야수 4

신장	171	체중	67	생일	1996.01.21	투타	우투좌타	지명	2015 두산 육성선수
연봉	5,000-4,800-11,500			학교	서흥초-동인천중-인천고				

● 김민성을 사인앤트레이드 할 수 있었던 것은 2루수 신민재의 성장 덕분이다. 두산 정수빈에 2개 차이로 도루왕을 놓쳤지만 타석 차이가 250개나 됐다. 2024시즌 가장 유력한 도루왕 후보다. 주전 2루수 기대치가 높으나 풀타임 선수로 인정받아야 한다. 빠른 발은 시프트 제한 시즌에서 2루수로서 상당한 어드밴티지를 지닌다.

기본기록

연도	경기	타석	타수	안타	2루타	3루타	홈런	타점	득점	볼넷	사구	삼진	도루	도루자	타율	출루율	장타율	OPS	WAR	WPA
2021	32	27	23	3	0	0	0	2	8	4	0	6	2	1	0.130	0.259	0.130	0.389	-0.25	-0.55
2022	14	3	3	0	0	0	0	0	2	0	0	2	0	2	0.000	0.000	0.000	0.000	-0.13	0.03
2023	122	331	282	78	5	2	0	28	47	29	1	34	37	17	0.277	0.344	0.309	0.653	0.96	-0.79
통산	317	487	415	108	9	2	0	40	108	45	4	61	59	30	0.260	0.336	0.292	0.628	1.00	-2.56

구종별기록

상황	상대%	타구속도	상하 각도	타율	장타율	땅볼%	뜬공%	강한타구%
직구	51.4%	130.3	15.4	0.264	0.306	55.4%	44.6%	5.9%
커브	7.8%	117.2	3.1	0.250	0.250	90.0%	10.0%	0.0%
슬라이더	17.6%	122.8	7.1	0.239	0.261	89.7%	10.3%	0.0%
체인지업	8.2%	128.2	8.4	0.240	0.320	70.6%	29.4%	0.0%
포크	6.4%	126.2	10.4	0.278	0.278	75.0%	25.0%	0.0%
싱커								
투심	5.0%	134.7	2.4	0.444	0.444	83.3%	16.7%	25.0%
너클								
커터	3.5%	117.6	28.0	0.400	0.400	66.7%	33.3%	0.0%
스플리터								

상황별기록

구분	타석	홈런/9	볼넷/9	삼진/9	타율	출루율	장타율	OPS
전반기	110	0.0%	8.2%	9.1%	0.344	0.400	0.354	0.754
후반기	221	0.0%	9.0%	10.9%	0.242	0.316	0.285	0.601
vs 좌	112	0.0%	10.7%	4.5%	0.232	0.315	0.253	0.568
vs 우	219	0.0%	7.8%	13.2%	0.299	0.359	0.337	0.696
주자없음	164	0.0%	7.9%	11.6%	0.258	0.317	0.291	0.608
주자있음	167	0.0%	9.6%	9.0%	0.298	0.373	0.328	0.701
득점권	100	0.0%	8.0%	9.0%	0.329	0.387	0.366	0.753
노아웃	109	0.0%	8.3%	7.3%	0.321	0.387	0.345	0.732
원아웃	128	0.0%	9.4%	12.5%	0.250	0.323	0.295	0.618
투아웃	94	0.0%	8.5%	14.9%	0.267	0.330	0.291	0.621

이재원 외야수 52

신장	192	체중	105	생일	1999.07.17	투타	우투우타	지명	2018 LG 2차 2라운드 17순위
연봉	5,200-8,500-7,000			학교	청주석교초-서울경원중-서울고				

● 시즌 전 기대에는 미치지 못했다. 기대됐던 장타력은 물론 모든 지표가 하락했다. 결국 AG 대표로 뽑히지 못했다. 스프링캠프에 초청받지 못했지만 김범석의 중도 탈락으로 1루수 기회가 다시 한 번 주어졌다. 6월 상무 입대를 기다리고 있는 상황이지만, 변수가 생길 수 있다. 장타력 관련 툴은 여전히 상위권이다.

기본기록

연도	경기	타석	타수	안타	2루타	3루타	홈런	타점	득점	볼넷	사구	삼진	도루	도루자	타율	출루율	장타율	OPS	WAR	WPA
2021	62	171	154	38	6	0	5	17	22	14	2	48	5	1	0.247	0.316	0.383	0.699	0.69	-0.78
2022	85	253	223	50	8	2	13	43	31	18	2	77	3	1	0.224	0.316	0.453	0.769	1.58	0.04
2023	57	129	112	24	5	0	4	18	15	12	2	40	5	2	0.214	0.295	0.366	0.661	0.04	-0.08
통산	220	575	509	113	19	2	22	78	69	46	16	176	12	4	0.222	0.304	0.397	0.701	1.89	-1.10

구종별기록

상황	상대%	타구속도	상하 각도	타율	장타율	땅볼%	뜬공%	강한타구%
직구	31.4%	145.3	33.8	0.250	0.472	35.3%	64.7%	50.0%
커브	12.9%	129.9	20.5	0.231	0.231	57.1%	42.9%	0.0%
슬라이더	26.2%	145.8	30.3	0.115	0.346	40.0%	60.0%	50.0%
체인지업	14.9%	138.6	20.7	0.357	0.429	37.5%	62.5%	36.4%
포크	3.8%	96.6	62.9	0.000	0.000	0.0%	100.0%	0.0%
싱커								
투심	5.0%	122.3	20.1	0.286	0.286	50.0%	50.0%	0.0%
너클								
커터	5.8%	148.8	27.3	0.167	0.333	33.3%	66.7%	50.0%
스플리터								

상황별기록

구분	타석	홈런/9	볼넷/9	삼진/9	타율	출루율	장타율	OPS
전반기	80	3.8%	10.0%	36.3%	0.188	0.275	0.362	0.637
후반기	49	2.0%	8.2%	22.4%	0.256	0.327	0.372	0.699
vs 좌	44	4.5%	9.1%	27.3%	0.282	0.341	0.513	0.854
vs 우	85	2.4%	9.4%	32.9%	0.178	0.271	0.288	0.559
주자없음	62	4.8%	8.1%	25.8%	0.268	0.339	0.482	0.821
주자있음	67	1.5%	10.4%	35.8%	0.161	0.254	0.250	0.504
득점권	43	0.0%	14.0%	25.6%	0.242	0.349	0.303	0.652
노아웃	44	2.3%	4.5%	13.6%	0.293	0.341	0.390	0.731
원아웃	39	2.6%	15.4%	33.3%	0.138	0.282	0.276	0.558
투아웃	46	4.3%	8.7%	45.7%	0.190	0.261	0.405	0.666

최승민 외야수 62

신장	181	체중	73	생일	1996.07.01	투타	우투좌타	지명	2015 NC 육성선수
연봉	3,300-3,300-4,000			학교	서울학동초-대치중-신일고				

● 지난 시즌 중반 NC와의 트레이드를 통해 LG 유니폼을 입었다. 빠른 발을 갖고 있어 경기 중 후반 대주자로 활용됐다. 신민재가 주전 2루수가 되면서 1군 기회가 생겼고 KS에도 나섰다. 이번 시즌에도 유력한 대주자 후보. 베이스 확대는 최승민의 장점을 더욱 키울 수 있는 기회지만 타격에서도 잠재력이 있다는 평가다.

기본기록

연도	경기	타석	타수	안타	2루타	3루타	홈런	타점	득점	볼넷	사구	삼진	도루	도루자	타율	출루율	장타율	OPS	WAR	WPA
2021	48	34	31	7	1	0	0	1	8	1	0	7	4	3	0.226	0.250	0.258	0.508	-0.08	-0.31
2022	44	34	34	11	0	0	0	3	19	0	0	7	6	3	0.324	0.324	0.324	0.648	-0.04	-0.51
2023	38	15	14	1	0	0	0	1	10	1	0	4	8	3	0.071	0.133	0.071	0.204	-0.18	-0.18
통산	154	93	88	23	2	0	0	6	42	3	0	20	24	11	0.261	0.286	0.284	0.570	-0.12	-0.82

구종별기록

상황	상대%	타구속도	상하각도	타율	장타율	땅공률	뜬공률	강한타구%
직구	58.6%	104.6	63.3	0.000	0.000	50.0%	50.0%	0.0%
커브	6.9%	125.0	4.0	0.000	0.000	100.0%	0.0%	0.0%
슬라이더	19.0%	132.0	30.8	0.000	0.000	0.0%	100.0%	0.0%
체인지업	6.9%	143.9	8.5	1.000	1.000	-	-	0.0%
포크								
싱커								
투심	6.9%	137.7	17.0	0.000	0.000	50.0%	50.0%	0.0%
너클								
커터	1.7%	116.5	-15.3	0.000	0.000	0.0%	0.0%	0.0%
스플리터								

상황별기록

구분	타석	홈런/9	볼넷/9	삼진/9	타율	출루율	장타율	OPS
전반기								
후반기	15	0.0%	6.7%	26.7%	0.071	0.133	0.071	0.204
vs 좌	2	0.0%	0.0%	0.0%	0.000	0.000	0.000	0.000
vs 우	13	0.0%	7.7%	30.8%	0.083	0.154	0.083	0.237
주자없음	5	0.0%	0.0%	0.0%	0.000	0.000	0.000	0.000
주자있음	10	0.0%	10.0%	40.0%	0.111	0.200	0.111	0.311
득점권	6	0.0%	16.7%	33.3%	0.200	0.333	0.200	0.533
노아웃	2	0.0%	0.0%	50.0%	0.000	0.000	0.000	0.000
원아웃	5	0.0%	0.0%	20.0%	0.200	0.200	0.200	0.400
투아웃	8	0.0%	12.5%	25.0%	0.000	0.125	0.000	0.125

허도환 포수 30

신장	176	체중	90	생일	1984.07.31	투타	우투우타	지명	2003 두산 2차 7라운드 56순위
연봉	10,000-10,000-10,000			학교	서울학동초-서울이수중-서울고-단국대				

● 현역이 연장됐다. 지난해 우승으로 통산 3사 한국시리즈 우승이라는 진기록도 남겼다. 오랜 경험으로 경기는 물론, 시즌 흐름을 읽는 능력이 탁월하다. 통산 타율은 0.213에 그치지만 노림수를 바탕으로 한 클러치 능력도 지녔다. 외국인 투수들과 호흡을 맞추는 노하우도 있다. LG 포수 연차 공백을 메우는 데는 최적의 카드다.

기본기록

연도	경기	타석	타수	안타	2루타	3루타	홈런	타점	득점	볼넷	사구	삼진	도루	도루자	타율	출루율	장타율	OPS	WAR	WPA
2021	62	125	105	29	6	0	2	21	8	8	2	28	0	0	0.276	0.339	0.390	0.729	0.42	-0.47
2022	64	92	85	21	5	0	1	6	7	2	2	26	0	0	0.247	0.281	0.341	0.622	0.04	-0.61
2023	47	81	64	9	3	0	0	10	3	5	6	20	0	0	0.141	0.243	0.281	0.524	-0.25	-0.04
통산	826	1696	1435	305	73	2	13	131	124	117	59	418	2	5	0.213	0.297	0.293	0.590	-1.13	-1.67

구종별기록

상황	상대%	타구속도	상하각도	타율	장타율	땅공률	뜬공률	강한타구%
직구	49.7%	132.5	37.6	0.176	0.441	33.3%	66.7%	21.7%
커브	8.8%	122.9	17.7	0.500	0.500	0.0%	100.0%	0.0%
슬라이더	19.6%	124.1	7.2	0.077	0.077	85.7%	14.3%	0.0%
체인지업	6.5%	-	-	0.000	0.000	100.0%	0.0%	-
포크	3.9%	126.5	32.6	0.000	0.000	100.0%	0.0%	0.0%
싱커								
투심	3.9%	-	-	0.000	0.000	100.0%	0.0%	-
너클								
커터	7.5%	140.4	38.8	0.000	0.000	66.7%	33.3%	0.0%
스플리터								

상황별기록

구분	타석	홈런/9	볼넷/9	삼진/9	타율	출루율	장타율	OPS
전반기	20	0.0%	10.0%	15.0%	0.133	0.316	0.133	0.449
후반기	61	3.3%	1.6%	27.9%	0.143	0.218	0.327	0.545
vs 좌	25	8.0%	0.0%	24.0%	0.087	0.160	0.348	0.508
vs 우	56	0.0%	5.4%	25.0%	0.171	0.286	0.244	0.530
주자없음	42	4.8%	4.8%	23.8%	0.079	0.167	0.237	0.404
주자있음	39	0.0%	2.6%	25.6%	0.231	0.344	0.346	0.690
득점권	20	0.0%	5.0%	10.0%	0.333	0.471	0.417	0.888
노아웃	38	2.6%	2.6%	23.7%	0.148	0.250	0.333	0.583
원아웃	19	5.3%	5.3%	26.3%	0.118	0.167	0.294	0.461
투아웃	24	0.0%	4.2%	25.0%	0.150	0.292	0.200	0.492

강효종 투수 46

| 신장 | 184 | 체중 | 86 | 생일 | 2002.10.14 | 투타 | 우투우타 | 지명 | 2021 LG 1차 |

연봉 3,000-3,300-3,800   학교 저동초(일산서구리틀)—충암중—충암고

연도	경기	선발	QS	승	패	세이브	BS	홀드	이닝	피안타	피홈런	4사구	삼진	피안타율	WHIP	피OPS	FIP	ERA	WAR	WPA
2021																				
2022	1	1	0	1	0	0	0	0	5	5	0	4	4	0.294	1.80	0.723	4.14	3.60	0.09	0.10
2023	7	7	0	1	2	0	0	0	21 2/3	25	1	14	14	0.298	1.71	0.759	4.69	6.23	-0.20	-0.02
통산	8	8	0	2	2	0	0	0	26 2/3	30	1	18	18	0.297	1.73	0.753	4.55	5.74	-0.11	0.08

김대현 투수 12

| 신장 | 188 | 체중 | 100 | 생일 | 1997.03.08 | 투타 | 우투우타 | 지명 | 2016 LG 1차 |

연봉 0-6,200-5,700   학교 홍은초(마포구리틀)—홍은중—선린인터넷고

연도	경기	선발	QS	승	패	세이브	BS	홀드	이닝	피안타	피홈런	4사구	삼진	피안타율	WHIP	피OPS	FIP	ERA	WAR	WPA
2021	4	0	0	0	0	0	0	0	3 2/3	7	2	4	4	0.368	2.73	1.373	11.51	12.27	-0.29	-0.06
2022																				
2023	5	0	0	0	0	0	0	0	3 1/3	8	1	3	3	0.421	3.00	1.184	8.24	10.80	-0.17	-0.39
통산	135	39	8	16	21	0	3	12	306 2/3	358	39	158	188	0.296	1.61	0.843	5.51	5.96	-3.20	-0.30

김영준 투수 35

| 신장 | 185 | 체중 | 90 | 생일 | 1999.01.12 | 투타 | 우투우타 | 지명 | 2018 LG 1차 |

연봉 3,500-3,800-3,600   학교 인천연학초—선린중—선린인터넷고

연도	경기	선발	QS	승	패	세이브	BS	홀드	이닝	피안타	피홈런	4사구	삼진	피안타율	WHIP	피OPS	FIP	ERA	WAR	WPA
2021																				
2022	2	2	1	0	0	0	0	0	9 2/3	8	1	7	7	0.229	1.24	0.728	5.41	1.86	0.23	0.37
2023	1	0	0	1	0	0	0	0	1/3	1	0	1	0	0.500	6.00	1.167	12.44	27.00	-0.03	-0.02
통산	17	4	1	3	1	0	0	5	30 2/3	28	4	26	23	0.239	1.57	0.734	6.28	3.82	0.05	0.22

김유영 투수 0

| 신장 | 180 | 체중 | 83 | 생일 | 19940502 | 투타 | 좌투좌타 | 지명 | 2014 롯데 1차 |

연봉 4,800-9,500-6,700   학교 양정초—개성중—경남고

연도	경기	선발	QS	승	패	세이브	BS	홀드	이닝	피안타	피홈런	4사구	삼진	피안타율	WHIP	피OPS	FIP	ERA	WAR	WPA
2021	26	0	0	1	0	0	0	0	18 2/3	21	1	16	17	0.276	1.88	0.770	4.78	7.23	-0.21	-0.08
2022	68	0	0	6	2	0	2	13	51	73	4	33	44	0.333	2.02	0.885	4.46	5.65	-0.16	0.04
2023																				
통산	197	1	0	7	3	1	3	18	167 2/3	195	13	121	140	0.291	1.84	0.810	4.96	5.64	0.10	-1.92

김진수 투수 45

| 신장 | 179 | 체중 | 82 | 생일 | 1998.08.31 | 투타 | 우투우타 | 지명 | 2021 LG 2차 2라운드 17순위 |

연봉 0-3,200-3,200   학교 이세초—군산중—군산상고—중앙대

연도	경기	선발	QS	승	패	세이브	BS	홀드	이닝	피안타	피홈런	4사구	삼진	피안타율	WHIP	피OPS	FIP	ERA	WAR	WPA
2021	3	0	0	0	0	0	0	0	2 1/3	2	0	0	2	0.222	0.86	0.555	1.62	3.86	0.04	-0.04
2022																				
2023																				
통산	3	0	0	0	0	0	0	0	2 1/3	2	0	0	2	0.222	0.86	0.555	1.62	3.86	0.04	-0.04

배재준 투수 25

신장	188	체중	85	생일	1994.11.24	투타	우투우타	지명	2013 LG 2라운드 16순위

연봉 5,000-7,500-6,000   **학교** 본리초-경상중-대구상원고

연도	경기	선발	QS	승	패	세이브	BS	홀드	이닝	피안타	피홈런	4사구	삼진	피안타율	WHIP	피OPS	FIP	ERA	WAR	WPA
2021	15	6	1	2	2	0	0	0	32 2/3	42	1	16	23	0.313	1.68	0.794	3.79	4.13	0.40	0.02
2022	17	5	0	0	1	0	0	0	31 1/3	22	0	19	23	0.202	1.18	0.593	3.69	2.30	0.59	0.76
2023	1	0	0	0	0	0	0	0	1	2	0	1	0	0.400	3.00	1.300	6.44	18.00	-0.05	0.00
통산	68	28	6	6	7	0	0	0	165 2/3	161	7	98	131	0.252	1.47	0.716	4.21	4.35	0.48	0.66

성동현 투수 58

신장	189	체중	108	생일	1999.05.18	투타	우투우타	지명	2018 LG 2차 1라운드 7순위

연봉 3,000-3,100-3,200   **학교** 백마초-홍은중-장충고

연도	경기	선발	QS	승	패	세이브	BS	홀드	이닝	피안타	피홈런	4사구	삼진	피안타율	WHIP	피OPS	FIP	ERA	WAR	WPA
2021																				
2022																				
2023	1	0	0	0	0	0	0	0	1	2	0	1	1	0.400	3.00	0.900	4.44	9.00	-0.01	0.00
통산	2	0	0	1	0	0	0	0	1 1/3	3	0	1	1	0.429	3.00	0.929	4.39	6.75	0.00	0.01

윤호솔 투수 28

신장	183	체중	110	생일	1994.07.15	투타	우투우타	지명	2013 NC 우선지명

연봉 6,350-8,700-7,000   **학교** 온양온천초-온양중-북일고

연도	경기	선발	QS	승	패	세이브	BS	홀드	이닝	피안타	피홈런	4사구	삼진	피안타율	WHIP	피OPS	FIP	ERA	WAR	WPA
2021	55	0	0	3	0	0	0	8	48 2/3	41	7	33	42	0.233	1.46	0.796	5.45	4.62	-0.18	0.94
2022	52	0	0	3	5	0	2	7	42 1/3	43	2	28	33	0.256	1.68	0.699	4.24	4.04	-0.01	-0.99
2023	4	0	0	0	0	0	0	0	3 2/3	3	0	3	4	0.214	1.64	0.639	3.72	2.45	0.07	0.05
통산	122	0	0	6	6	0	2	15	107 2/3	111	15	74	88	0.265	1.68	0.820	5.59	5.35	-0.70	-0.78

이믿음 투수 37

신장	188	체중	80	생일	2000.07.18	투타	우투우타	지명	2021 LG 2차 4라운드 37순위

연봉 0-3,000-3,000   **학교** 노암초-경포중-강릉고-강릉영동대

연도	경기	선발	QS	승	패	세이브	BS	홀드	이닝	피안타	피홈런	4사구	삼진	피안타율	WHIP	피OPS	FIP	ERA	WAR	WPA
2021																				
2022																				
2023																				
통산																				

이종준 투수 40

신장	191	체중	93	생일	2001.03.09	투타	우투우타	지명	2020 NC 2차 9라운드 81순위

연봉 0-0-3,000   **학교** 군산중앙초-군산남중-군산상고

연도	경기	선발	QS	승	패	세이브	BS	홀드	이닝	피안타	피홈런	4사구	삼진	피안타율	WHIP	피OPS	FIP	ERA	WAR	WPA
2021																				
2022																				
2023																				
통산																				

이지강 투수 50

신장	183	체중	85	생일	1999.07.02	투타	우투우타	지명	2019 LG 2차 9라운드 85순위
연봉	3,000-3,600-6,800			학교	수원선일초-수원북중-소래고				

연도	경기	선발	QS	승	패	세이브	BS	홀드	이닝	피안타	피홈런	4사구	삼진	피안타율	WHIP	피OPS	FIP	ERA	WAR	WPA
2021																				
2022	4	1	0	0	0	0	0	0	11	12	0	13	6	0.286	2.27	0.779	5.79	4.91	0.05	0.17
2023	22	12	1	2	5	0	0	2	68	60	4	37	38	0.233	1.29	0.641	4.72	3.97	-0.08	0.64
통산	26	13	1	2	5	0	0	2	79	72	4	50	44	0.240	1.43	0.663	4.83	4.10	-0.02	0.81

정지헌 투수 49

신장	180	체중	85	생일	2003.12.11	투타	우투우타	지명	2024 LG 6라운드 58순위
연봉	3,000			학교	동수원초(수원영통구리틀)-매향중-유신고-고려대(얼리 드래프트)				

연도	경기	선발	QS	승	패	세이브	BS	홀드	이닝	피안타	피홈런	4사구	삼진	피안타율	WHIP	피OPS	FIP	ERA	WAR	WPA
2021																				
2022																				
2023																				
통산																				

진우영 투수 48

신장	188	체중	97	생일	2001.02.05	투타	우투우타	지명	2024 LG 4라운드 38순위
연봉	3,000			학교	성동초-글로벌선진학교				

연도	경기	선발	QS	승	패	세이브	BS	홀드	이닝	피안타	피홈런	4사구	삼진	피안타율	WHIP	피OPS	FIP	ERA	WAR	WPA
2021																				
2022																				
2023																				
통산																				

김대원 내야수 64

신장	172	체중	70	생일	2001.11.07	투타	우투우타	지명	2024 LG 5라운드 48순위
연봉	3,000			학교	백마초-원당중-충훈고-홍익대				

연도	경기	타석	타수	안타	2루타	3루타	홈런	타점	득점	볼넷	사구	삼진	도루	도루자	타율	출루율	장타율	OPS	WAR	WPA
2021																				
2022																				
2023																				
통산																				

김범석 포수 55

신장	178	체중	110	생일	2004.05.21	투타	우투우타	지명	2023 LG 1라운드 7순위
연봉	3,000-3,300			학교	김해삼성초-경남중-경남고				

연도	경기	타석	타수	안타	2루타	3루타	홈런	타점	득점	볼넷	사구	삼진	도루	도루자	타율	출루율	장타율	OPS	WAR	WPA
2021																				
2022																				
2023	10	29	27	3	1	0	1	4	3	1	0	5	0	0	0.111	0.138	0.259	0.397	-0.24	-0.13
통산	10	29	27	3	1	0	1	4	3	1	0	5	0	0	0.111	0.138	0.259	0.397	-0.24	-0.13

김성우 포수 44

신장	180	체중	85	생일	2003.11.15	투타	우투우타	지명	2022 LG 2차 7라운드 67순위
연봉	3,000-3,000-3,100			학교	성동초-건대부중-배재고				

연도	경기	타석	타수	안타	2루타	3루타	홈런	타점	득점	볼넷	사구	삼진	도루	도루자	타율	출루율	장타율	OPS	WAR	WPA
2021																			
2022																			
2023																			
통산																			

김성진 내야수 36

신장	183	체중	100	생일	2000.03.17	투타	우투우타	지명	2019 LG 2차 7라운드 65순위
연봉	3,000-3,000-3,100			학교	수원신곡초-매향중-야탑고				

연도	경기	타석	타수	안타	2루타	3루타	홈런	타점	득점	볼넷	사구	삼진	도루	도루자	타율	출루율	장타율	OPS	WAR	WPA
2021																			
2022																			
2023																			
통산																			

김주성 내야수 5

신장	180	체중	81	생일	1998.01.30	투타	우투우타	지명	2016 LG 2차 2라운드 14순위
연봉	3,300-3,400-3,500			학교	수원신곡초-덕수중-휘문고				

연도	경기	타석	타수	안타	2루타	3루타	홈런	타점	득점	볼넷	사구	삼진	도루	도루자	타율	출루율	장타율	OPS	WAR	WPA
2021	3	7	6	1	0	0	1	1	1	0	3	0	0		0.167	0.286	0.667	0.953	-0.03	-0.31
2022																				
2023	11	7	5	1	0	0	0	1	1	1	2	0		0	0.200	0.429	0.200	0.629	-0.06	0.00
통산	16	15	12	3	0	0	1	1	3	2	1	5	0	0	0.250	0.400	0.500	0.900	-0.03	-0.31

김태우 내야수 43

신장	178	체중	81	생일	1997.10.19	투타	우투우타	지명	2020 LG 육성선수
연봉	0-0-3,000			학교	광주화정초-자양중-신일고-중앙대				

연도	경기	타석	타수	안타	2루타	3루타	홈런	타점	득점	볼넷	사구	삼진	도루	도루자	타율	출루율	장타율	OPS	WAR	WPA
2021																			
2022																			
2023																			
통산																			

김현종 외야수 66

신장	186	체중	85	생일	2004.08.04	투타	우투우타	지명	2024 LG 2라운드 18순위
연봉	3,000			학교	상인천초-동인천중-인천고				

연도	경기	타석	타수	안타	2루타	3루타	홈런	타점	득점	볼넷	사구	삼진	도루	도루자	타율	출루율	장타율	OPS	WAR	WPA
2021																			
2022																			
2023																			
통산																			

손용준 내야수 56

신장	178	체중	85	생일	2000.02.15	투타	우투우타	지명	2024 LG 3라운드 28순위
연봉	3,000			학교	김해화정초(김해리틀)-내동중-김해고-동원과학기술대				

연도	경기	타석	타수	안타	2루타	3루타	홈런	타점	득점	볼넷	사구	삼진	도루	도루자	타율	출루율	장타율	OPS	WAR	WPA
2021																				
2022																				
2023																				
통산																				

손호영 내야수 7

신장	182	체중	88	생일	1994.08.23	투타	우투우타	지명	2020 LG 2차 3라운드 23순위
연봉	3,500-4,700-4,500			학교	의왕부곡초-평촌중-충훈고				

연도	경기	타석	타수	안타	2루타	3루타	홈런	타점	득점	볼넷	사구	삼진	도루	도루자	타율	출루율	장타율	OPS	WAR	WPA
2021	8	12	10	1	0	0	0	2	1	1	2	0			0.100	0.250	0.100	0.350	-0.18	-0.01
2022	36	82	74	19	0	2	3	14	13	6	0	14	0		0.257	0.309	0.432	0.741	0.49	-0.07
2023	27	45	44	9	0	0	1	6	8	1	0	12	2	1	0.205	0.222	0.273	0.495	-0.30	-0.20
통산	94	170	158	40	2	2	4	23	32	9	1	34	7	4	0.253	0.296	0.367	0.663	0.16	-0.82

안익훈 외야수 15

신장	176	체중	76	생일	1996.02.12	투타	좌투좌타	지명	2015 LG 2차 1라운드 7순위
연봉	5,500-5,100-5,500			학교	대전신흥초-충남중-대전고				

연도	경기	타석	타수	안타	2루타	3루타	홈런	타점	득점	볼넷	사구	삼진	도루	도루자	타율	출루율	장타율	OPS	WAR	WPA
2021	48	16	14	2	1	0	0	1	4	0	2	2	0		0.143	0.250	0.214	0.464	-0.10	-0.12
2022	14	4	3	0	0	0	0	0	1	0	0	0			0.000	0.250	0.000	0.250	-0.04	-0.06
2023	11	23	22	7	1	0	0	2	1	0	1	2	0		0.318	0.348	0.364	0.712	0.14	-0.20
통산	361	552	488	139	13	2	1	35	78	42	8	63	5	5	0.285	0.349	0.326	0.675	1.14	-0.51

전준호 포수 32

신장	181	체중	80	생일	1998.07.01	투타	우투우타	지명	2017 LG 2차 10라운드 92순위
연봉	3,200-3,200-3,300			학교	양도초-강남중-청원고				

연도	경기	타석	타수	안타	2루타	3루타	홈런	타점	득점	볼넷	사구	삼진	도루	도루자	타율	출루율	장타율	OPS	WAR	WPA
2021																				
2022																				
2023	2	1	1	0	0	0	0	1	0	0	0	0	0		0.000	0.000	0.000	0.000	-0.03	-0.01
통산	10	6	6	0	0	0	0	1	0	0	0	1	0		0.000	0.000	0.000	0.000	-0.15	-0.06

PLAYER LIST

육성선수

성명	포지션	등번호	신장	체중	생년월일	투타	지명	연봉	학교
강민	투수	200	188	88	2001.04.20	우투우타	2020 LG 2차 4라운드 33순위	0-0-3,000	수유초–홍은중–서울고
강석현	투수	104	185	90	2005.05.17	좌투좌타	2024 LG 9라운드 88순위	3,000	명동초(광진구리틀)–구리인창중–구리인창고
김단우	투수	109	188	96	2001.01.05	우투우타	2021 LG 2차 8라운드 77순위	3,000-3,000-3,000	서화초–석남중–성지고
김의준	투수	115	183	80	1999.10.16	우투우타	2018 LG 2차 6라운드 57순위	3,000-3,000-3,000	학강초–광주동성중–광주동성고
김종우	투수	103	187	90	2005.02.07	우투우타	2024 LG 8라운드 78순위	3,000	의왕부곡초–서울이수중–휘문고
백선기	투수	114	186	70	1998.08.27	좌투좌타	2018 KT 2차 7라운드 61순위	2,700-3,000-3,000	남도초–경상중–대구상원고
오승윤	투수	105	178	84	2001.06.25	좌투좌타	2024 LG 육성선수	3,000	광주화정초–광주동성중–광주동성고–강릉영동대
조건희	투수	101	184	84	2002.03.26	좌투좌타	2021 LG 2차 3라운드 27순위	3,000-0-3,000	계상초(노원구리틀)–상명중–서울고
하영진	투수	119	182	80	2001.02.28	우투우타	2020 LG 2차 6라운드 53순위	3,000	안산상록초–원주중–원주고
허용주	투수	111	194	88	2003.06.05	우투우타	2023 LG 7라운드 67순위	3,000-3,000	사파초–마산동중–용마고
박민호	포수	106	177	80	1998.04.06	우투우타	2021 LG 2차 10라운드 97순위	0-3,000-3,000	본리초–경상중–대구상원고
배강	포수	116	185	95	2005.11.04	우투우타	2024 LG 7라운드 68순위	3,000	학강초–광주북성중–광주제일고
김도윤	내야수	107	180	71	2005.02.17	우투우타	2024 LG 10라운드 98순위	3,000	화중초(덕양구리틀)–신일중–아탑고
김형욱	내야수	102	187	90	2002.01.29	우투우타	2021 LG 2차 5라운드 47순위	3,000-0-3,000	동일중앙초–부산중–부산고
한지용	내야수	113	184	90	2001.07.20	우투좌타	2020 KT 2차 7라운드 62순위	3,000-3,000-3,000	화곡초–영남중–신일고
심규빈	외야수	108	181	81	2001.03.27	우투우타	2024 LG 11라운드 108순위	3,000	잠전초(동대문구리틀)–언북중–서울고–성균관대
이태겸	외야수	110	180	92	2001.04.18	우투우타	2024 LG 육성선수	3,000	부산수영초–대천중–개성고–단국대
최명경	외야수	112	177	80	2001.06.14	우투좌타	2024 LG 육성선수	3,000	여수서초–여수중–효천고–동아대
최원영	외야수	118	174	76	2003.07.18	우투우타	2022 LG 2차 6라운드 57순위	3,000-3,000-3,000	부산수영초–사직중–부산고
함창건	외야수	121	176	83	2001.08.18	좌투좌타	2020 LG 2차 7라운드 63순위	0-0-3,000	백운초–충암중–충암고

KT 위즈파크

KT WIZ
kt 위즈

창단 이후 '상저하고'는 KT의 트렌드이자 트레이드마크처럼 돼 버렸지만 지난 시즌만큼 롤러코스터가 극심한 적은 없었다. 시즌 초반 부상과 부진이 겹치면서 꼴찌까지 떨어졌다가 극적인 반전에 성공했다. 6월 2일 16승 2무 30패로 꼴찌였던 KT는 이후 96경기에서 63승 1무 32패(승률 0.663)를 기록하며 대반전에 성공했다. 베테랑을 중심으로 초반 흔들렸던 분위기를 다잡을 수 있었고, 2년 전 우승 주역이었던 윌리엄 쿠에바스가 합류하여 마운드가 단단해진 덕분이었다. 한국시리즈에서의 아쉬운 패배를 넘어 다시 한 번 우승을 노리는 시즌이다. 가뜩이나 강한 선발진에 소형준이 팔꿈치 부상에서 돌아온다. 주전 유격수였던 심우준이 제대하면 뎁스가 한층 강해진다. 로하스-박병호-강백호로 이어지는 중심타선이 제대로 가동되면 무서운 KT가 된다.

2023 좋았던 일

6월 초반까지만 해도 팀 분위기는 '나락'이었다. FA로 KT 유니폼을 입은 김상수는 "나 때문에 그런 것 아니냐"고 자책할 정도였다. 6월 3일부터 팀이 극적으로 변신했다. 롤러코스터 경험은 팀 전체에 자신감으로 이어진다. 2위에 올랐고 NC와의 플레이오프도 리버스 스윕으로 따냈다. 한국시리즈 결과는 아쉽지만 성공적인 시즌이었다. 손동현-박영현으로 이어지는 최강 셋업맨을 구축했고, 오래 기다렸던 김민혁이 알에서 깨어났다. 우려를 모았던 김상수와의 계약은 빛나는 한 수였다. 부진과 부상으로 고생했던 강백호는 9월 이후 살아났고 AG에서 박영현과 함께 금메달을 땄다. 해가 넘어가기 전에 팀 에이스 고영표와 창단 첫 비 FA 다년 계약을 체결했다. 2021년 MVP였던 로하스도 팀으로 돌아왔다. 쿠에바스-벤자민 외인 듀오는 검증된 원투펀치다.

2023 나빴던 일

강백호는 WBC에서 나온 세리머니 아웃으로 다시 한 번 비난의 대상이 됐고 5월 중 외야에서 안이한 송구를 했다가 또다시 여론의 뭇매를 맞았다. 마음 고생으로 몸무게가 쭉 빠졌고 AG 이후 '공황장애'였음을 털어놓았다. 소형준은 시즌 초반 토미존 수술을 받았다. 박병호는 잦은 부상이 생기면서 이전의 폼을 완벽히 찾지 못한 채 시즌을 치러야 했다. 리드오프였던 조용호도 부진에 빠지며 63경기 출전에 그쳤다. 김민수가 부상으로 빠지면서 불펜도 헐거워졌다. 손동현, 박영현이 잘 버텨줬지만 둘에 대한 의존도가 높았다. 손동현은 73 2/3이닝 박영현은 75 1/3이닝을 던졌다. 결코 적지 않은 이닝이다. 시즌이 끝난 뒤 마무리 김재윤이 FA 자격을 얻어 삼성과 계약하며 마무리가 비었다. 2차 드래프트에서 내야수 고명성 한 명만 빠져나갔다.

이강철 감독 71

신장	180	체중	78	생일	1966.05.24	투타	우언우타
연봉	50,000-60,000			학교	광주서림초-무등중-광주제일고-동국대		

WBC의 부진과 시즌 초반 순위 추락 등 위기를 맞았지만 보란듯이 극복했다. 10위까지 떨어진 팀을 2위로 끌어올린 것은 리그 역사상 좀처럼 없던 일이었다. KT는 포스트시즌을 앞두고 3년 24억 원에 이강철 감독과 재계약했다. 베테랑을 중심으로 팀을 운영하는데 능하다. 이번 시즌에도 박경수에게 주장을 맡기는 결정을 내렸다. 연패 중에도 크게 흔들리지 않는 비결이다. 큰 경기에서의 감각적인 마운드 운영이 빛났다. 필요할 때 과감한 교체를 한다. 공격에서도 상대의 허를 찌르는 보내기 번트와 슬래시, 히트앤드런 등의 작전 성공률이 높다. 자신을 닮은 잠수함 투수들의 성장을 이끌어내는 것도 장기다. 고영표-엄상백에 이어 이채호가 5선발로 합류한다면 국내 선발 트리오가 모두 잠수함 투수로 채워지는 독특한 선발진이 완성된다.

구단 정보

창단	연고지	홈구장	우승	홈페이지
2013	수원	수원KT 위즈파크	1회(21)	www.ktwiz.co.kr

2023시즌 성적

순위	경기	승	무	패	승률
2	144	79	3	62	0.560

타율 / 순위	출루율 / 순위	장타율 / 순위	홈런 / 순위	도루 / 순위	실책 / 순위
0.265 / 4	0.338 / 5	0.371 / 6	89 / 7	87 / 8	99 / 1

ERA / 순위	선발ERA / 순위	구원ERA / 순위	탈삼진 / 순위	볼넷허용 / 순위	피홈런 / 순위
3.94 / 4	3.87 / 4	4.07 / 4	968 / 5	413 / 1	83 / 3

최근 10시즌 성적

연도	순위	승	무	패	승률
2015	10	52	1	91	0.364
2016	10	53	2	89	0.373
2017	10	50	0	94	0.347
2018	9	59	3	82	0.418
2019	6	71	2	71	0.500
2020	3	81	1	62	0.566
2021	1	76	9	59	0.563
2022	4	80	2	62	0.563

2023시즌 월별 성적

월	승	무	패	승률	순위
4	7	2	14	0.333	9
5	9	0	15	0.375	9
6	15	0	8	0.652	1
7	13	0	6	0.684	3
8	19	0	4	0.826	1
9-10	16	1	15	0.516	4
포스트시즌	4	0	6	0.400	3

COACHING STAFF

코칭스태프

성명	보직	등번호	신장	체중	생년월일	투타	학교
김태균	수석	70	176	82	1971.08.19	우투우타	부산수영초-부산동성중-부산고-중앙대
김호	수비	78	175	80	1967.05.03	우투우타	성호초-마산중-마산고-경성대
장재중	배터리	75	172	72	1971.05.19	우투우타	서울학동초-선린중-선린상고-건국대
최만호	작전/주루	84	170	73	1974.03.04	우투우타	대동초-충남중-대전고-단국대
박기혁	주루/외야	76	179	77	1981.06.04	우투우타	대구수창초-성광중-대구상고
제춘모	투수	82	190	91	1982.04.05	우투우타	유안초-광주동성중-광주동성고
전병두	불펜	87	181	77	1984.10.14	좌투좌타	동일중앙초-부산중-부산고
유한준	타격	81	186	97	1981.07.01	우투우타	부천신흥초-부천중-유신고-동국대
김강	타격	72	188	92	1988.10.16	좌투좌타	광주화정초-무등중-광주제일고
김태한	퓨처스 감독	77	181	87	1969.10.22	좌투좌타	대구초-대구중-대구상고-계명대
박정환	퓨처스 수비	80	178	88	1977.10.23	우투우타	효제초-청원중-동대문상고-동국대
조중근	퓨처스 타격	90	183	98	1982.12.20	좌투좌타	석천초-상인천중-동산고
홍성용	퓨처스 투수	74	180	85	1986.11.18	좌투좌타	온양온천초-온양중-북일고
김연훈	퓨처스 작전/주루	86	180	80	1984.12.23	우투우타	군산초-군산남중-군산상고-성균관대
이준수	퓨처스 배터리	79	176	80	1988.06.17	우투우타	백운초-신일중-신일고
이성열	육성군 타격	85	185	102	1984.07.13	우투좌타	순천북초-순천이수중-효천고
배우열	육성군 투수	91	181	80	1986.05.19	우투양타	수원신곡초-수원북중-야탑고-경희대
백진우	육성군 수비	89	179	79	1988.05.09	우투우타	고명초-덕수중-경기고(영남사이버대)
곽정철	재활군	88	186	97	1986.03.14	우투우타	송정동초-무등중-광주제일고

고영표

2024 팀 이슈

아무리 '상저하고'가 팀 전통이라 해도 이번 시즌만큼은 초반 승부가 중요하다. 쿠에바스-벤자민-고영표-엄상백으로 이어지는 선발진이라면 해볼 만한 카드다. 후반에 돌아올 선수들이 많다. 소형준이 부상에서 돌아오고 내야수 심우준과 권동진이 제대한다. 안정적인 선발 4인방이 돌아가면 5선발이 성장하기 편하다. 심우준의 시즌 중 복귀는 리그 최고령 내야진의 숨통을 틔울 수 있다. 강백호의 외야수 출전이 늘어날 전망인데, 외야수비를 얼마나 잘 소화하느냐가 팀으로서도 강백호 개인으로서도 중요하다. 장성우의 뒤를 받칠 백업 포수의 성장도 필요한 시즌이다. 강현우의 성장이 변수. 셋업맨으로 완벽했던 박영현이 마무리 역할을 잘 소화할지도 역시 변수다. 중간투수들의 다양성 측면에서 좌완이 다소 부족한 면이 있다. 시즌이 끝나면 엄상백이 FA 자격을 얻는다.

2024 최상 시나리오

쿠에바스-벤자민-고영표-엄상백으로 이어지는 '판타스틱 4' 선발진이 이닝을 잔뜩 먹으며 승리를 쌓는 바람에 불펜 부담이 사뭇 줄어든다. 로하스-박병호-강백호로 이어지는 '하호호' 클린업 트리오는 90홈런을 합작하며 수원구장을 뜨겁게 달군다. 예년의 상저하고와 달리 상고하고를 향해 달리는 가운데 소형준이 선발로 복귀한다. 꿈틀거리는 투심이 넓어진 좌우 스트라이크존을 파고든다. 강현우의 성장으로 장성우는 1주일에 4경기만 나오면 된다. 박경수의 경기 출전 시간은 줄어들지만 벤치에서 선수들을 컨트롤 하는 것만으로도 충분하다. 수원에서 열린 한국시리즈, 하-호-호의 3타자 연속 홈런이 터지면서 승부가 갈린다. 마무리 박영현이 올라 오승환처럼 모자를 손바닥으로 꾹 누른채 우승 결정 삼진을 잡아낸다.

2024 최악 시나리오

준비를 잘 했음에도 귀신처럼 초반 성적이 좋지 않다. 작년에도 이러다 2위를 했다는 막연한 자신감으로 버텨보지만 시즌이 흐를수록 초조함이 더해진다. 리그 최고령 내야진은 부상과 체력 관리 등으로 정상가동되지 못한다. 2020년 MVP 로하스는 새로 도입된 ABS에 적응하지 못하고 타석에서 화를 내는 장면이 많아진다. 박병호도 물끄러미 배트 끝을 쳐다본다. 선발진이 잘 버텨도 점수가 잘 나지 않으며 패가 쌓인다. 손동현, 박영현이 리드한 경기에 조기 투입되지만, 지난 시즌 쌓인 피로도가 영향을 미친다. 주장 박경수가 미팅을 소집해 보지만 한 번 가라앉은 분위기가 되살아나지 못한다. 시즌 막판 가을야구가 멀어지면서 몇몇 선수들의 은퇴 여부를 두고 갑론을박이 펼쳐진다. 시즌 중 은퇴식과 다른 팀 도전 사이에서 갈등이 터져나온다.

고영표 투수 1

신장 187	체중 88	생일 1991.09.16
투타 우언우타	지명 2014 KT 2차 1라운드 10순위	
연봉 30,000-43,000-200,000		
학교 광주대성초-광주동성중-화순고-동국대		

정점에 서다!
무슨 일이든 하면 된다구!

● 국내 선발 중 최고의 활약을 펼쳤다. 174⅔이닝도 국내 투수 중 최다 이닝 기록이었고, 평균자책 2.78은 안우진에 이어 국내 투수 2위였다. 무엇보다 볼넷을 내주지 않은 놀라운 출루 억지력을 지녔다. 고영표의 BB/9는 0.98로 압도적 리그 1위다. 프로야구 출범 이후 규정이닝을 채우고도 한 시즌 BB/9가 1.00 미만을 유지한 유일한 투수다. 1991년 선동열도 1.11이었고, 2015년 우규민이 1.00으로 고영표 바로 뒤에 선다. 사이드암스로로 던지면서 마구 같은 체인지업을 활용한다. 땅볼아웃 비율도 국내 투수 중 압도적이다. 선발 투수로서의 안정감은 누구도 따라오기 어렵다. FA 자격을 얻기 전 KT와 비FA 다년 계약에 합의했다. 5년 총액 107억 원에 계약해, KT 원클럽맨이 될 가능성이 높다. 이번 시즌에도 국내 1선발 역할을 맡는다. 류현진의 복귀에 대한 기대감이 높다. 고영표의 체인지업 구종가치는 리그에서 압도적 1위다. 류현진의 가장 큰 무기 역시 체인지업이다. 던지는 방식도, 공이 움직이는 방향도 조금 다르지만, 그래도 고영표와 류현진의 '체인지업 대결'은 팬들에게 흥미진진한 또 하나의 맞대결 시나리오다. 도루 허용이 많다는 점(19개)은 사이드암스로의 숙명과도 같지만, 너무 집착하지 않는다. ABS 도입의 가장 큰 수혜 투수가 될 것이라는 평가를 받는다. '말도 안 되는 스트라이크'가 나올 수 있다.

기본기록

연도	경기	선발	QS	승	패	세이브	BS	홀드	이닝	피안타	피홈런	4사구	삼진	피안타율	WHIP	피OPS	FIP	ERA	WAR	WPA
2021	26	25	21	11	6	0	0	1	166 2/3	147	9	41	130	0.238	1.04	0.605	3.19	2.92	5.41	4.12
2022	28	28	21	13	8	0	0	0	182 1/3	191	7	39	156	0.269	1.17	0.657	2.75	3.26	5.16	4.30
2023	28	27	21	12	7	0	0	0	174 2/3	181	7	28	114	0.269	1.15	0.652	3.12	2.78	5.56	5.26
통산	231	127	81	55	50	0	3	6	920 2/3	997	61	245	778	0.278	1.24	0.706	3.54	3.97	23.46	13.93

구종별 기록

구종	구사%	구속	수직 무브	수평 무브	분당 회전	땅볼%	타구속도	강한타구%
직구	28.1%	133.8	-3.0	-23.4	1666.2	62.3%	137.9	29.9%
커브	11.5%	112.5	1.4	28.6	1706.0	36.4%	124.1	4.9%
슬라이더	3.3%	121.3	4.2	4.0	624.4	54.5%	129.8	22.2%
체인지업	39.1%	115.6	-15.0	-19.9	1520.3	63.6%	130.5	19.3%
포크								
싱커								
투심	18.0%	133.8	-4.9	-24.1	1761.7	62.3%	136.4	34.1%
너클								
커터								
스플리터								

상황별 기록

상황	타석	홈런/9	볼넷/9	삼진/9	피안타율	WHIP	피OPS	GO/FO
전반기	417	0.43	0.78	6.34	0.250	1.05	0.609	1.65
후반기	289	0.25	1.27	5.20	0.297	1.28	0.714	1.25
vs 좌	397	0.28	1.13	5.83	0.286	1.25	0.682	1.31
vs 우	309	0.46	0.80	5.92	0.247	1.01	0.613	1.70
주자없음	424	0.36	0.44	5.60	0.254	1.09	0.613	1.38
주자있음	282	0.37	1.72	6.26	0.292	1.23	0.713	1.67
득점권	160	0.44	1.98	6.37	0.264	1.15	0.671	2.08
1-2번 상대	174	0.00	0.64	5.53	0.283	1.18	0.655	1.19
3-5번 상대	241	0.65	0.81	5.86	0.321	1.45	0.789	1.46
6-9번 상대	291	0.35	1.29	6.08	0.216	0.91	0.533	1.69

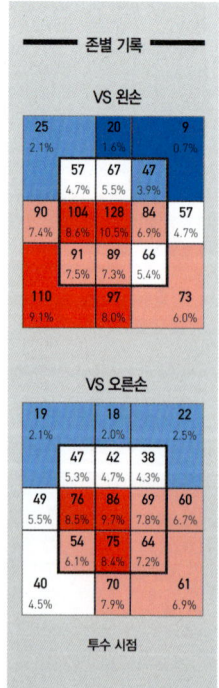

존별 기록

VS 왼손

25 2.1%	20 1.6%	9 0.7%
57 4.7%	67 5.5%	47 3.9%
90 7.4%	104 8.6%	128 10.5%	84 6.9%	57 4.7%
	91 7.5%	89 7.3%	66 5.4%	
110 9.1%		97 8.0%		73 6.0%

VS 오른손

19 2.1%	18 2.0%	22 2.5%
47 5.3%	42 4.7%	38 4.3%
49 5.5%	76 8.5%	86 9.7%	69 7.8%	60 6.7%
	54 6.1%	75 8.4%	64 7.2%	
40 4.5%		70 7.9%		61 6.9%

투수 시점

박영현 투수 60

신장	183	체중	91	생일	2003.10.11
투타	우투우타	지명	2022 KT 1차		
연봉	3,000-6,100-16,000				
학교	부천북초-부천중-유신고				

최연소 홀드왕!
한번 잡으면 놓치않아!

● 데뷔 2년차 시즌에 KT 셋업맨 역할을 완벽하게 해내며 리그 홀드왕에 올랐다. 포스트시즌에서는 마무리 김재윤보다 더 큰 신뢰를 받았고, 사실상 마무리투수 역할을 했다. 김재윤이 삼성과 FA 계약을 해 떠난 가운데 2024시즌 KT 마무리는 박영현으로 결정됐다. 고교시절에도 배짱 있는 투구 운영이 빛났다. 확실하다 싶으면 슬라이더로 바깥쪽만 연속 공략해서 삼진을 잡아내는 배짱이 빛났다. 프로 데뷔 후에도 안정감 있는 투구를 했다. 안우진, 문동주급의 빠른 공을 던지는 것은 아니지만 140대 중후반의 힘 있는 속구가 좌우 존을 공략했다. 타석 당 삼진비율 25.6%는 마무리 중 3위. 리그 톱 마무리 투수로 성장하기 위해서는 고우석(31.1%), 김원중(30.9%) 수준으로 끌어 올려야 한다. 묵직한 직구를 갖고 있지만 아직 압도적 '원툴'은 아니다. 피장타율 0.318은 리그 70이닝 이상 투수 중에서 12위에 해당된다. '오승환 사생팬'에 가깝다. 손바닥을 펼쳐 모자를 위에서 누르는 모습 등 마운드에서 공을 던지는 루틴이 오승환을 빼다 박았다. 여전히 롤 모델이라고 말한다. 데뷔 2년차, 20세 시즌에 1군 불펜 투수로 던진 75⅓이닝은 결코 적지 않은 숫자다. 다만, 보직이 마무리로 옮겨지는 만큼 이닝 관리는 충분히 받을 수 있다. 캠프 동안 변화구 강화에 힘썼다. 이미 증명된 속구에 확실한 투 피치를 추가할 수 있다면 마무리 완성.

기본기록

연도	경기	선발	QS	승	패	세이브	홀드	이닝	피안타	피홈런	4구	삼진	피안타율	WHIP	피OPS	FIP	ERA	WAR	WPA
2021																			
2022	52	0	0	2	1	0	1	51 2/3	46	5	20	55	0.235	1.28	0.655	3.57	3.66	0.65	0.45
2023	68	0	0	3	3	4	6	75 1/3	63	3	25	79	0.230	1.14	0.610	2.70	2.75	2.47	2.83
통산	120	0	0	3	4	4	7	34	127	109	8	45	134	0.232	1.20	0.629	3.04	3.13	3.28

구종별 기록

구종	구사%	구속	수직 무브	수평 무브	분당 회전	땅볼%	타구속도	강한타구%
직구	60.3%	144.3	31.9	-10.6	2597.1	22.0%	131.5	18.2%
커브								
슬라이더	12.5%	126.7	3.5	6.4	600.5	40.0%	132.5	16.1%
체인지업	27.3%	125.3	15.2	-20.1	1705.2	53.1%	128.5	17.5%
포크								
싱커								
투심								
너클								
커터								
스플리터								

상황별 기록

상황	타석	홈런/9	볼넷/9	삼진/9	피안타율	WHIP	피OPS	GO/FO
전반기	177	0.41	2.64	9.74	0.200	0.99	0.564	0.50
후반기	131	0.29	2.90	9.00	0.269	1.35	0.671	0.44
vs 좌	167	0.46	2.29	9.38	0.263	1.27	0.684	0.45
vs 우	141	0.25	3.25	9.50	0.189	1.00	0.519	0.50
주자없음	156	0.50	2.72	8.42	0.236	1.24	0.628	0.55
주자있음	152	0.23	2.77	10.38	0.223	1.05	0.590	0.38
득점권	96	0.00	3.80	8.75	0.232	1.23	0.602	0.45
1-2번 상대	68	0.00	1.17	9.39	0.306	1.37	0.704	0.65
3-5번 상대	123	0.87	3.48	9.00	0.200	1.10	0.570	0.27
6-9번 상대	117	0.00	2.79	9.93	0.216	1.07	0.597	0.69

존별 기록

VS 왼손

37 6.2%	25 4.2%	11 1.8%
34 5.7%	35 5.9%	27 4.5%
28 4.7%	40 6.7%	67 11.2%	50 8.4%	26 4.3%
	26 4.3%	60 10.0%	34 5.7%	
30 5.0%		40 6.7%		28 4.7%

VS 오른손

16 3.5%	33 7.2%	27 5.9%
	28 6.1%	39 8.5%	42 9.1%	
10 2.2%	25 5.4%	45 9.6%	40 8.7%	33 7.2%
	12 2.6%	25 5.9%	23 5.0%	
4 0.9%		27 5.9%		30 6.5%

투수 시점

벤자민 투수 43

신장	188	체중	95	생일	1993.07.26
투타	좌투좌타	지명	2022 KT 자유선발		
연봉	$231,000-$1,000,000-$900,000				
학교	미국 Kansas(대)				

● 2022시즌 후반 보여준 압도적 모습이 시즌 초반 흔들렸지만 선발 로테이션을 빠지지 않고 돌면서 15승(6패)을 거뒀다. ERA 3.54는 앞선 시즌의 2.70을 웃돌지만 FIP가 4.03에서 오히려 3.34로 낮아진 점을 보면 어느 정도 불운 탓으로 보인다. 규정이닝 투수 중 리그 6위다. 왼손투수 벤자민의 장점은 스윙 각도와 디셉션. 왼손타자들에게 상당히 까다로운 공을 지녔다. 2023시즌에도 왼손타자에게는 홈런을 겨우 1개만 허용했다. 피장타율이 0.295였다. 다만, 리그 왼손타자들에게도 어느 정도 적응력이 생겼고, 피출루율이 2022시즌 0.261에서 2023시즌 0.296으로 높아졌다. 커브 비중을 줄이고, 슬라이더 비중을 크게 높였는데 새 시즌에는 이 전략을 수정할 가능성이 높다. ABS 시스템 하에서 벤자민의 커브는 더 좋은 효과를 낼 가능성이 높다. 정규시즌 LG 킬러였다. 지난해 LG전 5경기 등판해 4승 무패, ERA도 0.84밖에 되지 않았다. 다만, 한국시리즈에서는 '왼손투수 킬러' 오스틴에게 쓰라린 홈런을 맞는 바람에 이름값에 못 미쳤다. 쿠에바스에게 1선발 자리를 내줬지만 쿠아베스-벤자민으로 이어지는 검증된 외국인 원투 펀치는 리그 최강 수준으로 꼽힌다. 지난 시즌 상저하고(전반 평자 4.16, 후반 2.69)를 반복하지 않는다면 KT는 매년 겪고 있는 롤러코스터 순위 행보에서 벗어날 가능성이 높다.

기본기록

연도	경기	선발	QS	승	패	세이브	BS	홀드	이닝	피안타	피홈런	4사구	삼진	피안타율	WHIP	피OPS	FIP	ERA	WAR	WPA
2021																				
2022	17	17	11	5	4	0	0	0	96 2/3	75	11	28	77	0.216	1.02	0.612	4.03	2.70	2.18	2.08
2023	29	29	11	15	6	0	0	0	160	149	12	48	157	0.240	1.21	0.630	3.34	3.54	2.95	2.90
통산	46	46	22	20	10	0	0	0	256 2/3	224	23	76	234	0.231	1.14	0.623	3.59	3.23	5.13	4.98

구종별 기록

구종	구사%	구속	수직 무브	수평 무브	분당 회전	땅볼%	타구속도	강한타구%
직구	39.1%	143.7	28.2	23.1	2790.6	36.8%	135.9	23.8%
커브	4.1%	120.5	-16.6	-9.5	1247.4	64.3%	137.5	29.4%
슬라이더	23.3%	126.9	-1.3	-12.0	885.6	60.7%	131.5	13.5%
체인지업	4.6%	132.5	20.8	26.7	2402.7	56.3%	126.0	9.1%
포크								
싱커								
투심	5.2%	138.1	17.4	28.4	2475.5	52.9%	138.9	26.1%
너클								
커터	23.7%	136.1	11.8	5.2	1030.5	50.7%	137.5	30.3%
스플리터								

상황별 기록

상황	타석	홈런/9	볼넷/9	삼진/9	피안타율	WHIP	피OPS	GO/FO
전반기	409	1.16	3.00	9.39	0.257	1.34	0.715	0.91
후반기	275	0.00	1.88	8.06	0.215	1.03	0.506	1.04
vs 좌	298	0.13	2.73	7.40	0.242	1.24	0.591	1.16
vs 우	386	1.09	2.38	9.93	0.238	1.19	0.659	0.83
주자없음	389	0.58	2.21	9.61	0.224	1.12	0.587	1.16
주자있음	295	0.81	2.98	7.73	0.241	1.34	0.649	0.76
득점권	176	0.69	4.15	8.31	0.260	1.46	0.698	0.95
1-2번 상대	176	0.72	2.63	7.88	0.304	1.59	0.773	1.05
3-5번 상대	233	0.50	2.65	8.61	0.233	1.21	0.609	0.85
6-9번 상대	275	0.79	3.44	9.53	0.203	1.00	0.554	1.03

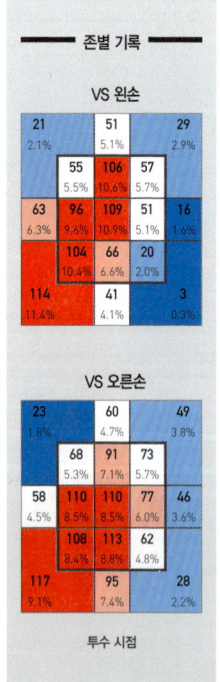

존별 기록 — VS 왼손 / VS 오른손 (투수 시점)

소형준 투수 30

신장	189	체중	92	생일	2001.09.16
투타	우투우타	지명	2020 KT 1차		
연봉	20,000-32,000-22,000				
학교	호암초(의정부리틀)-구리인창중-유신고				

● KT는 지난해 포스트시즌을 '빅게임 피처' 소형준 없이 치렀다. 2022시즌, 데뷔 때보다 더 좋은 성적을 거두며 팀뿐 아니라 리그 에이스로의 성장이 기대됐지만 3경기 만에 팔꿈치에 탈이 났고 토미존 수술을 받았다. 차근차근 재활 과정을 거친 소형준은 2월 막판부터 하프 피칭에 들어갔고 차츰 투구 훈련을 늘려가면서 시즌 중 복귀를 준비한다. 소형준의 가장 큰 무기는 제구 되는 투심 패스트볼. 상황에 따라 공끝 변화의 크기를 조절할 수 있다. 왼손타자 몸쪽을 향하다 반대로 꺾이는 투심은 왼손타자들이 좀처럼 방망이를 내지 못하며 스트라이크 콜을 받았다. 투심과 반대로 꺾이는 슬라이더와 같은 코스를 공략하면 타자들의 대응이 더욱 어렵다. 다만, 제구가 흔들릴 때 한 이닝을 그르치는 장면도 종종 있었다. 23세 시즌, 토미존 수술로 마운드에 오르지 못하는 답답함이 적지 않다. 소형준은 첫 하프 피칭을 마치고 "정말 마운드에서 던지고 싶었는데 참고 참다 던지니 정말 기분이 좋다"고 말했다. 재활이 정상적으로 진행되면 소형준은 6월 복귀가 가능하다. 이강철 감독은 수술 복귀 첫 해 관리를 위해 7일 간격 등판을 예정해 두고 있다. 가뜩이나 많은 선발진에게 휴식을 줄 수 있는 카드다. KT의 '징크스'는 매년 초반 부진, 후반 만회. 소형준이 돌아오는 중반까지 버텨준다면 KT의 후반 싸움이 훨씬 쉬워질 수 있다.

기본기록

연도	경기	선발	QS	승	패	세이브	BS	홀드	이닝	피안타	피홈런	4사구	삼진	피안타율	WHIP	피OPS	FIP	ERA	WAR	WPA
2021	24	24	8	7	7	0	0	0	119	123	6	55	85	0.268	1.46	0.687	3.92	4.16	1.83	1.14
2022	27	27	18	13	6	0	0	0	171 1/3	158	8	44	117	0.243	1.15	0.615	3.33	3.05	4.05	3.58
2023	3	3	0	0	0	0	0	0	11	22	1	6	4	0.423	2.27	1.041	5.53	11.45	-0.34	-0.37
통산	80	78	36	33	19	0	0	0	434 1/3	444	21	156	298	0.265	1.34	0.672	3.74	3.81	8.60	6.07

구종별 기록

구종	구사%	구속	수직 무브	수평 무브	분당 회전	땅볼%	타구속도	강한타구%
직구	6.5%	140.4	23.2	-15.8	2174.9	50.0%	149.4	75.0%
커브	12.2%	119.4	-11.6	24.1	1709.9	66.7%	143.8	20.0%
슬라이더								
체인지업	21.7%	127.8	11.8	-11.6	1214.0	100.0%	146.2	33.3%
포크								
싱커								
투심	37.4%	138.2	15.2	-17.0	1761.7	53.8%	136.9	38.5%
너클								
커터	22.2%	137.0	19.3	1.0	1538.7	25.0%	124.5	20.0%
스플리터								

존별 기록

VS 왼손

6 4.4%	3 2.2%	5 3.7%
7 5.2%	12 8.9%	6 4.4%
9 6.7%	8 5.9%	11 8.1%	6 4.4%	9 6.7%
12 8.9%	13 9.6%	13 9.6%
2 1.5%	3 2.2%	10 7.4%

VS 오른손

1 2.1%	2 4.3%	6 12.8%
4 8.5%	1 2.1%	2 4.3%
7 14.9%	2 6.4%	4 8.5%	2 4.3%	3 6.4%
1 2.1%	3 6.4%	8 17.0%
31 6.6%	45 9.6%	18 3.8%

투수 시점

상황별 기록

상황	타석	홈런/9	볼넷/9	삼진/9	피안타율	WHIP	피OPS	GO/FO
전반기	59	0.82	2.45	3.27	0.423	2.27	1.041	1.36
후반기								
vs 좌	44	1.13	3.38	3.38	0.432	2.38	1.080	1.00
vs 우	15	0.00	0.00	3.00	0.400	2.00	0.933	3.00
주자없음	21	3.38	3.38	3.38	0.550	4.50	1.421	0.60
주자있음	38	0.00	1.93	3.24	0.344	1.56	0.807	3.00
득점권	25	0.00	3.86	5.79	0.450	2.36	1.042	3.00
1-2번 상대	16	0.00	4.50	0.00	0.571	4.50	1.268	1.00
3-5번 상대	19	0.00	2.25	2.25	0.389	2.00	0.921	5.00
6-9번 상대	24	1.80	1.80	5.40	0.350	1.60	0.985	1.50

쿠에바스 투수 32

신장	188	체중	98	생일	1990.10.14
투타	우투양타	지명	2019 KT 자유선발		
연봉	$800,000-$450,000-$1,000,000				
학교	베네수엘라 Universidad De Carabobo(대)				

● 윌리엄 쿠에바스는 2021년 KT 우승의 핵심 동력이었다. 코로나19로 부친을 여읜 슬픔을 딛고 일어선 쿠에바스는 삼성과의 타이브레이크 경기에서 완벽한 투구를 한 데 이어 한국시리즈에서도 두산을 압도했다. 부상 때문에 2022시즌을 제대로 못 뛰었고 팀을 떠났지만 지난 시즌 중반 KT에 합류했다. 시즌 초반 9위까지 떨어졌던 KT의 팀 순위 반등을 일궈낸 주역이다. 6월에 합류해 18경기 등판에서 12승 무패, 평균자책 2.60을 기록했다. FIP 2.80도 압도적인 수준이다. 이강철 감독은 "우리가 굉장히 힘들 때 쿠에바스가 와 에이스 역할을 해 주면서 축을 잡아줘 팀 전체가 올라설 수 있었다"라며 찬사를 보냈다. 그만큼 '쿠에바스 효과'는 결정적이었다. 이번 시즌 개막전 선발은 웨스 벤자민이 아니라 쿠에바스로 낙점됐다. 삼성과의 개막전에 이어 두 번째 등판인 한화의 홈 개막전에서 류현진과 맞대결을 펼칠 가능성이 높다. 평균구속 145.8km로 조금 더 빠른 공을 갖고 리그에 복귀했다. 힘 있고 빠르게 꺾이는 슬라이더는 쿠에바스의 가장 강력한 무기다. 페디의 스위퍼 못지않다. 부상 복귀 2번째 시즌인 쿠에바스는 개인 훈련을 이어간 뒤 부산 기장에서 열린 캠프에 보름쯤 늦게 합류했지만 최상의 컨디션이라는 평가를 받았다. ABS 도입 첫 시즌, 쿠에바스 슬라이더가 통한다면 더 무서워진다.

기본기록

연도	경기	선발	QS	승	패	세이브	BS	홀드	이닝	피안타	피홈런	4사구	삼진	피안타율	WHIP	피OPS	FIP	ERA	WAR	WPA
2021	23	23	11	9	5	0	0	0	133 1/3	131	11	54	137	0.254	1.37	0.692	3.56	4.12	2.69	1.84
2022	2	2	1	1	0	0	0	0	11	2	1	6	8	0.059	0.64	0.347	4.70	2.45	0.25	0.33
2023	18	18	14	12	0	0	0	0	114 1/3	95	4	26	100	0.224	1.04	0.551	2.80	2.60	4.09	3.88
통산	100	100	58	45	23	0	0	0	600 2/3	533	50	216	490	0.237	1.20	0.650	3.94	3.64	13.52	10.45

구종별 기록

구종	구사%	구속	수직 무브	수평 무브	분당 회전	땅볼%	타구속도	강한타구%
직구	30.5%	144.8	25.7	-12.7	2219.7	35.8%	139.5	24.7%
커브								
슬라이더	19.7%	127.5	5.5	22.1	1565.4	33.3%	122.9	2.0%
체인지업	16.3%	131.8	21.3	-21.8	2127.3	52.4%	127.9	13.6%
포크								
싱커								
투심	5.8%	144.0	21.0	-17.6	2101.4	64.7%	141.4	33.3%
너클								
커터	27.7%	138.1	16.1	5.0	1314.4	40.9%	134.1	20.0%
스플리터								

상황별 기록

상황	타석	홈런/9	볼넷/9	삼진/9	피안타율	WHIP	피OPS	GO/FO
전반기	119	0.00	2.54	7.31	0.264	1.27	0.600	0.61
후반기	341	0.42	1.67	8.06	0.211	0.97	0.534	0.76
vs 좌	263	0.57	2.42	7.39	0.241	1.18	0.599	0.90
vs 우	197	0.00	1.24	8.47	0.202	0.86	0.487	0.53
주자없음	281	0.40	1.33	8.11	0.238	1.09	0.575	0.71
주자있음	179	0.19	2.70	7.52	0.200	1.00	0.511	0.73
득점권	87	0.41	2.86	8.59	0.192	0.95	0.494	0.95
1-2번 상대	117	0.33	1.67	7.00	0.297	1.41	0.721	1.07
3-5번 상대	156	0.23	2.03	7.43	0.194	0.93	0.466	0.70
6-9번 상대	187	0.38	1.90	8.75	0.201	0.93	0.513	0.57

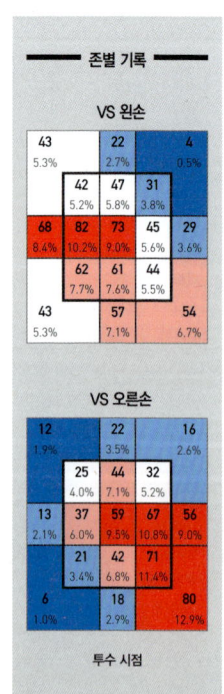

강백호 내야수 50

신장	184	체중	98	생일	1999.07.29

투타	우투좌타	지명	2018 KT 2차 1라운드 1순위

연봉	55,000-29,000-29,000
학교	부천북초-서울이수중-서울고

● 데뷔 후 최악의 시즌을 치렀다. 야심차게 준비했던 3월 WBC에서는 2루타를 때린 뒤 세리머니를 하다 발이 떨어지는 바람에 아웃이 됐다. 결과적으로 경기에 패하면서 도쿄 올림픽 껌 장면 못지않은 비난을 받아야 했다. 여기에 개막 뒤 부진이 이어지면서 심리적 부담감을 견디지 못했다. 5월 경기 도중 안이한 송구가 도마에 올랐고 7월 한 달 타율이 겨우 0.136에 머물면서 시즌 출전 경기 수도 71경기밖에 되지 못했다. 몸무게가 10kg이나 줄었다. 9월에 복귀해 조금 나아지는 듯싶었지만 포스트시즌을 앞두고 또다시 옆구리 부상을 당하면서 한국시리즈에 뛰지 못했다. 강백호는 아시안게임에서 좋은 활약을 보인 뒤에야 공황장애였음을 털어놓았다. 아시안게임 6경기에서 타율 0.273, 1홈런 3타점을 기록했다. 박병호가 KT에 합류한 뒤 강력한 '호호'타선이 기대됐지만 강백호의 2년 연속 부진이 이어졌다. 이번 시즌 절치부심, 로하스, 박병호, 강백호로 이어지는 '하호호' 타선의 기대감을 높이고 있다. 1루 수비가 뛰어난 박병호가 있기 때문에 강백호의 우익수 출전이 늘어날 전망이다. 지명타자로 뛰는 것보다는 강백호가 외야수로 나섬으로써 타선의 힘을 극대화시킬 수 있다. 캠프 동안 외야수비에 많은 시간을 들였다. 이정후가 샌프란시스코로 이적한 것은 강백호에게도 커다란 동기 부여가 된다. 2024시즌이 끝나면 해외 진출 자격이 생긴다.

기본기록

연도	경기	타석	타수	안타	2루타	3루타	홈런	타점	득점	볼넷	사구	삼진	도루	도루자	타율	출루율	장타율	OPS	WAR	WPA
2021	142	627	516	179	40	1	16	102	76	103	0	85	10	5	0.347	0.450	0.521	0.971	5.85	3.92
2022	62	264	237	58	12	0	6	29	24	23	1	44	0	0	0.245	0.312	0.371	0.683	0.20	-0.46
2023	71	271	238	63	10	1	8	39	32	31	0	55	3	0	0.265	0.347	0.416	0.763	1.16	-1.22
통산	658	2826	2456	765	159	6	95	408	407	336	11	488	52	17	0.311	0.394	0.497	0.891	22.34	7.62

구종별기록

구분	상대%	타구속도	상하 각도	타율	장타율	땅볼%	뜬공%	강한타구%
직구	43.2%	143.9	20.1	0.233	0.289	52.0%	48.0%	37.3%
커브	10.5%	145.6	21.0	0.296	0.444	30.0%	70.0%	46.2%
슬라이더	17.1%	133.2	26.6	0.217	0.304	37.5%	62.5%	18.5%
체인지업	11.7%	137.7	16.7	0.294	0.588	55.6%	44.4%	37.5%
포크	8.2%	142.5	15.9	0.360	0.640	60.0%	40.0%	33.3%
싱커								
투심	6.0%	143.5	14.1	0.417	0.917	66.7%	33.3%	50.0%
너클	0.1%	-	-	-	-	-	-	-
커터	3.3%	120.8	14.6	0.000	0.000	50.0%	50.0%	0.0%
스플리터								

존별 기록

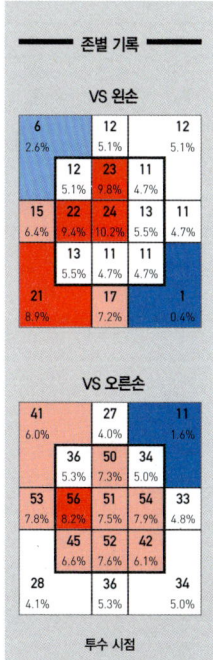

상황별 기록

상황	타석	홈런/9	볼넷/9	삼진/9	타율	출루율	장타율	OPS
전반기	213	2.3%	11.3%	19.7%	0.273	0.352	0.406	0.758
후반기	58	5.2%	12.1%	22.4%	0.235	0.328	0.451	0.779
vs 좌	65	3.1%	7.7%	21.5%	0.267	0.323	0.383	0.706
vs 우	206	2.9%	12.6%	19.9%	0.264	0.354	0.427	0.781
주자없음	150	3.3%	8.0%	25.3%	0.246	0.307	0.384	0.691
주자있음	121	2.5%	15.7%	14.0%	0.290	0.397	0.460	0.857
득점권	73	2.7%	17.8%	13.7%	0.345	0.452	0.534	0.986
노아웃	93	4.3%	8.6%	18.3%	0.214	0.280	0.393	0.673
원아웃	87	2.3%	10.3%	21.8%	0.338	0.402	0.519	0.921
투아웃	91	2.2%	15.4%	20.9%	0.247	0.363	0.338	0.701

김상수 내야수 7

신장	175
체중	68
생일	1990.03.23
투타	우투우타
지명	2009 삼성 1차
연봉	25,000-50,000-30,000
학교	대구옥산초-경복중-경북고

● KT는 군입대한 심우준 대신 김상수를 택했다. 2번째 FA 자격을 얻은 김상수와 4년 29억 원에 계약했다. 타격 지표가 하락 중이었다는 점, 2018년 이후 줄곧 2루수로 뛰었다는 점은 '우려'에 가까웠다. 하지만 결과적으로 김상수 영입은 대성공이었다. 김상수는 유격수로 나서 129경기를 뛰었고, KT의 내야진에 안정감을 더했다. 유격수 수비 이닝 1020.1이닝은 LG 오지환(1010.2이닝)보다 더 많았다. 오른손타자에 유리한 KT WIZ 파크도 김상수에게는 안성맞춤. 타격 지표 역시 타율 0.271, OPS 0.692를 기록하며 준수한 수준으로 높아졌다. 홈경기 OPS는 0.728이었고 홈런도 2개나 때렸다. 삼성 왕조 시절 한국시리즈 경험이 많다는 것 역시 KT의 선택이 옳았음을 증명한 장면. 김상수는 LG와의 한국시리즈에서 타율 0.316으로 활약했다. 삼성 시절 얻은 '연쇄 사인마' 별명은 KT로 이적하고 나서도 계속된다. 김상수는 지난해 김도영에게 방망이를 선물했고, 김도영이 그 방망이로 맹타를 휘둘렀다. '요술 방망이'로 불린다. 주변에 긍정적 영향을 미치는 김상수에게는 바빕신이 함께 하는지도 모른다. 지난시즌 김상수의 BABIP는 0.312로 커리어 평균 0.307을 웃돌았다. 이번 시즌에도 일단 주전 유격수로 출발한다. 주전 내야수였던 심우준과 또다른 내야수 권동진이 7월중 전역해서 복귀한다.

기본기록

연도	경기	타석	타수	안타	2루타	3루타	홈런	타점	득점	볼넷	사구	삼진	도루	도루자	타율	출루율	장타율	OPS	WAR	WPA
2021	132	496	429	101	17	1	3	42	46	52	3	51	4	2	0.235	0.320	0.301	0.621	1.11	-2.69
2022	72	260	235	59	11	0	2	29	30	18	1	44	2	1	0.251	0.305	0.323	0.628	0.36	-1.89
2023	129	512	443	120	19	1	3	56	58	55	3	68	5	6	0.271	0.353	0.339	0.692	2.71	-1.30
통산	1681	6339	5531	1499	245	34	58	605	812	539	93	831	256	75	0.271	0.343	0.359	0.702	16.04	-14.98

구종별기록

구분	상대%	타구속도	상하 각도	타율	장타율	땅볼%	뜬공%	강한타구%
직구	49.9%	131.2	21.4	0.259	0.321	50.4%	49.6%	14.9%
커브	7.3%	126.3	16.9	0.297	0.378	61.9%	38.1%	0.0%
슬라이더	19.6%	128.1	22.7	0.264	0.418	33.3%	66.7%	7.9%
체인지업	6.9%	138.2	13.9	0.382	0.382	35.3%	64.7%	13.6%
포크	3.7%	133.8	17.5	0.133	0.200	50.0%	50.0%	16.7%
싱커								
투심	8.3%	127.4	13.6	0.245	0.245	72.7%	27.3%	11.1%
너클								
커터	4.3%	125.2	21.3	0.333	0.333	41.7%	58.3%	18.8%
스플리터								

상황별 기록

상황	타석	홈런/9	볼넷/9	삼진/9	타율	출루율	장타율	OPS
전반기	294	0.3	10.2	12.2	0.310	0.384	0.369	0.753
후반기	218	0.9	11.5	14.7	0.218	0.312	0.298	0.610
vs 좌	143	0.7	12.6	12.6	0.210	0.317	0.252	0.569
vs 우	369	0.5	10.0	13.6	0.293	0.367	0.370	0.737
주자없음	266	0.4	11.3	13.5	0.263	0.346	0.314	0.660
주자있음	246	0.8	10.6	13.0	0.280	0.361	0.367	0.728
득점권	144	0.7	10.4	11.8	0.336	0.413	0.443	0.856
노아웃	163	0.6	14.1	11.7	0.258	0.368	0.348	0.716
원아웃	182	0.5	9.3	11.5	0.286	0.352	0.348	0.700
투아웃	167	0.6	9.0	16.8	0.267	0.341	0.320	0.661

존별 기록

VS 왼손

13 (2.7%)	23 (4.8%)	37 (7.6%)
	24 (5.0%)	35 (7.2%)	31 (6.4%)	
20 (4.1%)	31 (6.4%)	43 (8.9%)	36 (7.4%)	38 (7.9%)
	20 (4.1%)	32 (6.6%)	36 (7.4%)	
17 (3.5%)	33 (6.8%)	15 (3.1%)

VS 오른손

67 (5.2%)	53 (4.1%)	46 (3.6%)
	62 (4.8%)	97 (7.5%)	64 (5.0%)	
44 (3.4%)	93 (7.2%)	139 (10.8%)	119 (9.2%)	94 (7.3%)
	58 (4.5%)	91 (7.0%)	91 (7.0%)	
17 (1.3%)	60 (4.6%)	97 (7.5%)

투수 시점

 박병호 내야수 52

신장	185	체중	107	생일	1986.07.10
투타	우투우타	지명	2005 LG 1차		
연봉	60,000-70,000-70,000				
학교	영일초(광명리틀)-영남중-성남고				

● 35개로 2022시즌 홈런왕을 되찾았지만 지난해 홈런 18개에 그쳤다. 홈런왕에 6번이나 오른 박병호가 20홈런을 때리지 못한 것은 히어로즈 이적 뒤 풀타임 첫 해였던 2012년 이후 한 번도 없었다. 여러모로 아쉬움이 많은 시즌이었다. 친정팀이라고 할 수 있는 LG와의 한국시리즈에서 결정적 기회마다 범타로 물러났다. 홈런을 하나 때렸지만 역전패에 묻혔다. 한국시리즈 타율은 겨우 0.111. 정규시즌 부진에 한국시리즈의 아쉬움이 더해지며 쉬는 시간 없이 한국시리즈가 끝나자마자 바로 운동에 들어갔다. 홈런왕은 6번했지만 우승 반지는 아직 1개도 없다. LG가 29년 만에 우승반지를 따내는 것을 보며 편치만은 아니다. 일찌감치 몸만들기에 들어갔기 때문에 기장에서 시작한 캠프 초반부터 몸 상태가 올라왔다. 2005년에 LG에 입단한 박병호는 어느새 20번째 시즌을 맞는다. 20번째 시즌, 20홈런을 때리면 KBO 리그에서 개인통산 400홈런(역대 3번째)을 기록한다. 홈런 개수를 의식하기 보다는 일단 장타율을 높이겠다는 것이 박병호의 1차 목표다. 지난 시즌 장타율은 0.443에 그쳤다. 한국시리즈 부진으로 가려졌지만 정규시즌 박병호는 클러치 히터였다. 득점권 OPS가 0.856이었다. ABS의 도입은 홈런 타자에게 불리한 요소가 될 수도 있지만, 존의 크기와 관계없이 강하게 때리는 데 집중한다면, 장타력을 회복할 수 있다.

기본기록

연도	경기	타석	타수	안타	2루타	3루타	홈런	타점	득점	볼넷	사구	삼진	도루	도루자	타율	출루율	장타율	OPS	WAR	WPA
2021	118	477	409	93	23	0	20	76	48	47	14	141	0	1	0.227	0.323	0.430	0.753	1.81	-0.94
2022	124	487	429	118	17	0	35	98	72	40	12	131	5	3	0.275	0.349	0.559	0.908	4.28	2.36
2023	132	493	431	122	15	0	18	87	53	46	8	114	2	0	0.283	0.357	0.443	0.800	3.27	1.13
통산	1570	6131	5158	1434	241	5	380	1141	944	768	132	1532	66	28	0.278	0.381	0.548	0.929	41.98	8.82

구종별기록

구분	상대%	타구속도	상하 각도	타율	장타율	땅볼%	뜬공%	강한타구%
직구	36.9%	140.7	21.2	0.305	0.550	48.8%	51.2%	35.4%
커브	12.5%	138.2	19.5	0.227	0.250	52.4%	47.6%	32.1%
슬라이더	21.7%	135.3	24.6	0.241	0.389	52.2%	47.8%	25.9%
체인지업	11.7%	136.2	19.4	0.216	0.294	30.0%	70.0%	30.0%
포크	6.0%	136.6	22.1	0.241	0.276	57.1%	42.9%	20.0%
싱커								
투심	7.6%	138.8	24.4	0.464	0.714	38.5%	61.5%	34.8%
너클								
커터	3.7%	136.9	25.9	0.444	0.611	33.3%	66.7%	36.4%
스플리터								

존별 기록

VS 왼손

16 4.5%	15 4.2%	19 5.3%
18 5.0%	22 6.1%	20 5.6%
26 7.2%	30 8.4%	29 8.1%	26 7.2%	16 4.5%
	18 5.0%	40 11.1%	16 4.5%	
26 7.2%	15 4.2%	7 1.9%

VS 오른손

65 5.5%	58 4.9%	27 2.3%
	67 5.6%	79 6.7%	54 4.5%	
61 5.1%	71 6.0%	101 8.5%	88 7.4%	89 7.5%
	60 5.1%	85 7.2%	83 7.0%	
28 2.4%	74 6.2%	97 8.2%

투수 시점

상황별 기록

상황	타석	홈런/9	볼넷/9	삼진/9	타율	출루율	장타율	OPS
전반기	283	2.5%	9.5%	25.1%	0.267	0.343	0.389	0.732
후반기	210	5.2%	9.0%	20.5%	0.304	0.376	0.516	0.892
vs 좌	115	3.5%	5.2%	24.3%	0.280	0.322	0.421	0.743
vs 우	378	3.7%	10.6%	22.8%	0.284	0.368	0.451	0.819
주자없음	228	4.8%	9.2%	20.6%	0.271	0.351	0.468	0.819
주자있음	265	2.6%	9.4%	25.3%	0.294	0.362	0.421	0.783
득점권	167	2.4%	10.2%	22.8%	0.340	0.395	0.461	0.856
노아웃	174	2.9%	8.6%	25.3%	0.230	0.299	0.362	0.661
원아웃	151	4.6%	9.3%	21.2%	0.346	0.417	0.546	0.963
투아웃	168	3.6%	10.1%	22.6%	0.282	0.363	0.436	0.799

장성우 포수 22

신장	187
체중	100
생일	1990.01.17
투타	우투우타
지명	2008 롯데 1차
연봉	50,000-50,000-50,000
학교	감천초-경남중-경남고

양의지, 강민호 등 베테랑 국가대표급 포수들에 가려서 그렇지 장성우도 수비와 공격 모두 이들 못지않다. 특히 투수를 이끄는 능력은 양의지에 뒤지지 않는다는 평가를 받는다. 지난해 플레이오프 상대 NC는 거침없는 연승행진으로 KT를 위협했다. 당시 KT 육성총괄이던 이숭용 현 SSG 감독은 맹활약하던 NC 타선에 대해 "장성우 리드 앞에서는 어려움을 겪을 수 있다"라고 예상했다. 실제 장성우는 활활 타오르던 NC의 젊은 하위타선을 꽁꽁 묶으며 리버스스윕을 완성했다. 준플레이오프에서 4할을 쳤던 서호철은 KT와의 플레이오프에서 타율 0.056에 그쳤다. 장성우의 2023시즌 도루 저지율은 17.9%로 리그 꼴찌였다. 1위 양의지의 48.2%와 비교하면 상대가 되지 않았다. 팀 도루 1위 LG와 만난 한국시리즈에서 치명적 약점으로 여겨졌지만 LG는 도루 9번 시도 중 5번 성공에 그쳤다. 장성우는 결정적 순간, 꼭 필요할 때 자신의 역할을 해낸다. 2023시즌에는 공격에서도 쏠쏠한 활약을 펼쳤다. WAR 2.53은 황재균의 2.34보다 높다. KT 야수 중 4위에 올랐다. 이번 시즌에도 KT 전력의 필수 요소다. 포수로 8860이닝을 뛰어 LG 박동원에 이어 2위였다. 강현우 등 KT 미래 포수를 성장시키는 역할도 해야 한다. 포스트시즌에서 보여준 경기 집중력을 시즌 중에도 유지한다면 더할 나위가 없다.

기본기록

연도	경기	타석	타수	안타	2루타	3루타	홈런	타점	득점	볼넷	사구	삼진	도루	도루자	타율	출루율	장타율	OPS	WAR	WPA
2021	127	460	385	89	13	0	14	63	46	60	3	69	1	2	0.231	0.337	0.374	0.711	1.27	-0.03
2022	117	420	362	94	11	0	18	55	48	52	2	79	1	0	0.260	0.353	0.439	0.792	2.68	-0.63
2023	131	464	410	118	22	0	11	65	37	42	2	70	1	1	0.288	0.351	0.422	0.773	2.53	-0.85
통산	1222	3836	3350	874	126	2	100	508	354	384	16	683	8	12	0.261	0.336	0.389	0.725	8.85	-8.10

구종별기록

구분	상대%	타구속도	상하 각도	타율	장타율	땅볼%	뜬공%	강한타구%
직구	41.5%	134.5	28.3	0.256	0.411	35.0%	65.0%	24.8%
커브	9.0%	125.6	26.7	0.282	0.385	22.7%	77.3%	6.3%
슬라이더	20.6%	134.5	24.6	0.352	0.443	32.6%	67.4%	20.6%
체인지업	10.2%	140.7	22.4	0.314	0.657	38.9%	61.1%	40.0%
포크	5.7%	142.4	10.1	0.273	0.364	57.1%	42.9%	31.3%
싱커								
투심	7.2%	133.2	4.7	0.296	0.333	85.7%	14.3%	28.6%
너클								
커터	5.7%	128.0	20.9	0.263	0.263	66.7%	33.3%	33.3%
스플리터								

상황별 기록

상황	타석	홈런/9	볼넷/9	삼진/9	타율	출루율	장타율	OPS
전반기	255	2.7%	9.4%	16.9%	0.274	0.343	0.425	0.768
후반기	209	1.9%	8.6%	12.9%	0.304	0.362	0.418	0.780
vs 좌	118	4.2%	10.2%	13.6%	0.359	0.427	0.592	1.019
vs 우	346	1.7%	8.7%	15.6%	0.264	0.326	0.365	0.691
주자없음	227	1.8%	9.7%	17.2%	0.288	0.357	0.405	0.762
주자있음	237	3.0%	8.4%	13.1%	0.288	0.346	0.439	0.785
득점권	144	2.1%	9.0%	12.5%	0.267	0.331	0.383	0.714
노아웃	162	1.9%	8.6%	17.9%	0.299	0.358	0.417	0.775
원아웃	151	4.0%	11.3%	13.2%	0.307	0.377	0.504	0.881
투아웃	151	1.3%	7.3%	13.9%	0.259	0.318	0.353	0.671

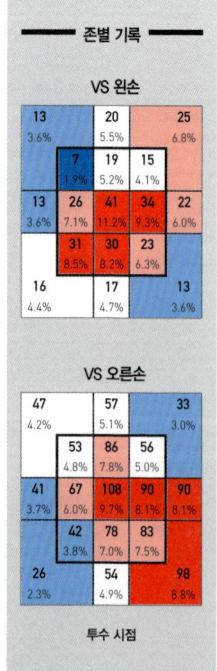

황재균 내야수 10

신장	183	체중	96	생일	1987.07.28
투타	우투우타	지명	2006 현대 2차 3라운드 24순위		
연봉	40,000-100,000-100,000				
학교	사당초-서울이수중-경기고				

● 36세 시즌이던 지난해에도 리그 최고령 내야진의 한 축을 맡았다. 발가락 골절로 한 달 가량을 쉬었지만 109경기에 출전했다. 꾸준히 전 경기에 가까운 출전 기록을 이어오며 쌓인 숫자가 1,951경기다. 시즌 중 2,000경기 출전 기록을 세운다. 출전 경기 수가 줄어 누적 기록도 다소 줄어들었지만 비율 기록은 유지했다. NC와의 플레이오프 초반, 수비에서 실수가 나오며 시리즈 흐름을 내주는 듯 했지만 홈런 1개를 때렸고 LG와의 한국시리즈에서는 타율 0.389를 기록하며 존재감을 알렸다. 스토브리그 동안 몸만들기에 열심이었던 것은 물론 예능에 출연해 다재다능함을 선보였다. 아내가 걸그룹 티아라 출신 지연임은 잘 알려진 사실. 아내 못지않게 방송출연에도 익숙하다. 37세 시즌을 맞이서도 전 경기 출전을 자신할 정도로 체력에는 자신이 있다. 부상만 아니라면 충분히 뛸 수 있다. KT 이강철 감독도 "많은 경기에 뛰게 될 것"이라고 말했다. 동갑내기 류현진의 복귀에도 기대감을 드러냈다. 샌프란시스코 시절 류현진과 두 타석 만나 안타를 치지 못했다. 황재균은 "다시 만나면 진 쪽이 놀림을 받을 것 같다"라고 말했다. 두 자릿수 도루는 어렵지만 주루 능력은 여전히 크게 뒤지지 않는다. 오른손타자에게 유리한 홈구장에서 장타율이 0.502나 되고 OPS가 0.921이다. 반면 원정 OPS는 겨우 0.629. 아내 사랑 때문인지도 모른다.

기본기록

연도	경기	타석	타수	안타	2루타	3루타	홈런	타점	득점	볼넷	사구	삼진	도루	도루자	타율	출루율	장타율	OPS	WAR	WPA
2021	117	507	453	132	16	2	10	56	74	46	3	92	11	4	0.291	0.358	0.402	0.760	1.97	-1.30
2022	141	581	519	136	25	3	10	64	59	53	5	99	6	3	0.262	0.335	0.380	0.715	1.64	-1.68
2023	109	457	407	120	26	2	6	49	62	45	1	64	3	3	0.295	0.366	0.413	0.779	2.34	0.80
통산	1951	7931	7059	2032	382	45	207	1015	1062	677	65	1317	228	116	0.288	0.353	0.443	0.796	24.58	6.45

구종별기록

구분	상대%	타구속도	상하 각도	타율	장타율	땅볼%	뜬공%	강한타구%
직구	40.8%	141.1	24.9	0.318	0.517	34.7%	65.3%	40.2%
커브	9.6%	124.8	20.5	0.250	0.313	53.3%	46.7%	11.8%
슬라이더	20.8%	132.4	22.2	0.238	0.310	49.0%	51.0%	16.1%
체인지업	10.2%	132.4	26.0	0.244	0.341	45.8%	54.2%	15.4%
포크	7.7%	129.5	21.1	0.286	0.286	64.7%	35.3%	18.8%
싱커								
투심	6.1%	132.1	17.0	0.393	0.393	42.9%	57.1%	29.4%
너클								
커터	4.7%	128.2	20.6	0.389	0.444	30.0%	70.0%	6.3%
스플리터								

상황별 기록

상황	타석	홈런/9	볼넷/9	삼진/9	타율	출루율	장타율	OPS
전반기	188	0.5%	9.6%	16.5%	0.299	0.369	0.401	0.770
후반기	269	1.9%	10.0%	12.3%	0.292	0.363	0.421	0.784
vs 좌	121	0.0%	10.7%	15.7%	0.306	0.380	0.380	0.760
vs 우	336	1.8%	9.5%	13.4%	0.291	0.360	0.425	0.785
주자없음	238	1.7%	7.1%	17.2%	0.262	0.315	0.389	0.704
주자있음	219	0.9%	12.8%	10.5%	0.333	0.421	0.441	0.862
득점권	125	0.8%	13.6%	9.6%	0.314	0.407	0.400	0.807
노아웃	149	1.3%	9.4%	11.4%	0.313	0.384	0.450	0.834
원아웃	164	1.8%	7.9%	14.0%	0.267	0.323	0.387	0.710
투아웃	144	0.7%	12.5%	16.7%	0.310	0.396	0.405	0.801

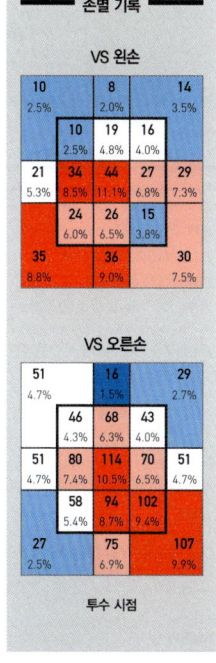

김민 투수 11

신장	185	체중	88	생일	1999.04.14	투타	우투우타	지명	2018 KT 1차
연봉	5,500-6,000-5,000			학교	인천숭의초-평촌중-유신고				

● 2018년 1차지명으로 입단했다. 150㎞를 쉽게 던지는 재능은 당시 구속만으로도 돋보였지만 몇 년이 흐르는 사이 이 정도 구속으로 던지는 투수들이 늘었다. 지난 시즌 BB/9이 4.970이나 됐다. 한 이닝을 15개 정도로 막지 못하면 쓰임새가 줄어들 수밖에 없다. 캠프에서 여러 선배들의 조언을 받으며 모자란 부분을 채우려 노력했다.

기본기록

연도	경기	선발	QS	승	패	세이브	BS	홀드	이닝	피안타	피홈런	4사구	삼진	피안타율	WHIP	피OPS	FIP	ERA	WAR	WPA
2021																				
2022	6	0	0	0	0	0	0	2	7 2/3	4	1	3	8	0.160	0.78	0.530	4.12	2.35	0.16	0.26
2023	16	4	0	1	2	0	0	0	29	40	3	20	22	0.325	1.93	0.864	5.34	6.83	-0.42	-0.62
통산	82	45	12	14	19	0	0	3	267 1/3	305	30	157	178	0.287	1.65	0.799	5.40	5.85	1.18	-1.84

구종별 기록

구종	구사%	구속	수직 무브	수평 무브	분당 회전	땅볼%	타구속도	강한타구%
직구	40.4%	144.2	23.9	-6.2	1966.0	52.4%	137.1	32.4%
커브								
슬라이더	43.7%	129.4	-0.9	4.6	507.3	80.8%	138.0	37.0%
체인지업	2.1%	133.8	16.4	-16.3	1670.0	66.7%	125.5	0.0%
포크	0.6%	131.6	13.3	-10.9	1251.3	50.0%	122.8	0.0%
싱커								
투심	13.3%	140.5	19.3	-14.6	1825.8	50.0%	137.6	30.8%
너클								
커터								
스플리터								

상황별 기록

상황	타석	홈런/9	볼넷/9	삼진/9	피안타율	WHIP	피OPS	GO/FO
전반기	52	1.86	6.52	5.59	0.381	2.38	1.029	1.63
후반기	93	0.47	4.19	7.45	0.296	1.71	0.775	1.93
vs 좌	72	1.20	6.00	6.60	0.290	1.87	0.824	1.54
vs 우	73	0.64	3.86	7.07	0.361	2.00	0.903	2.22
주자없음	61	0.82	5.73	6.55	0.370	2.45	0.943	1.89
주자있음	84	1.00	4.50	7.00	0.290	1.61	0.804	1.77
득점권	53	0.96	6.17	6.96	0.195	1.46	0.578	1.89
1-2번 상대	26	0.00	4.05	2.70	0.174	1.05	0.443	2.40
3-5번 상대	61	2.61	6.97	13.06	0.360	2.52	1.075	1.43
6-9번 상대	58	0.00	3.75	3.75	0.360	1.92	0.841	1.80

김민수 투수 26

신장	188	체중	80	생일	1992.07.24	투타	우투우타	지명	2015 KT 2차 특별 11순위
연봉	11,500-25,000-16,000			학교	청원초-청원중-청원고-성균관대				

● 2021년과 2022년 KT 불펜의 핵심 자원이었다. 2022년에는 30홀드를 따냈지만 2023시즌을 앞두고 어깨를 다쳤다. 7월에는 발목 골절을 당했다. 높은 타점에서 던지는 슬라이더와 커브 조합이 타자를 괴롭힌다. 한 시즌 휴식은 오히려 회복에 도움이 될 수 있다. 캠프 막판 연습경기에서 호투하며 시즌 기대감을 높였다.

기본기록

연도	경기	선발	QS	승	패	세이브	BS	홀드	이닝	피안타	피홈런	4사구	삼진	피안타율	WHIP	피OPS	FIP	ERA	WAR	WPA
2021	56	1	0	4	2	0	2	11	58	56	2	27	55	0.256	1.38	0.662	3.12	2.95	1.16	0.67
2022	76	0	0	5	4	3	2	30	80 2/3	66	3	21	91	0.221	1.00	0.571	2.24	1.90	3.47	3.67
2023	14	0	0	0	0	0	3	13	17	1	5	4	0.354	1.69	1.004	4.98	6.92	-0.18	-0.10
통산	231	31	5	20	21	5	9	46	369	422	32	137	294	0.288	1.47	0.757	4.12	4.46	5.42	2.93

구종별 기록

구종	구사%	구속	수직 무브	수평 무브	분당 회전	땅볼%	타구속도	강한타구%
직구	45.8%	137.6	26.8	-9.2	2087.0	41.7%	134.9	42.1%
커브								
슬라이더	43.3%	121.5	-8.5	8.9	836.5	30.0%	128.7	13.3%
체인지업	10.8%	124.6	9.1	-14.0	1129.9	57.1%	124.9	25.0%
포크								
싱커								
투심								
너클								
커터								
스플리터								

상황별 기록

상황	타석	홈런/9	볼넷/9	삼진/9	피안타율	WHIP	피OPS	GO/FO
전반기	53	0.77	3.86	3.09	0.341	1.71	1.014	0.73
후반기	5	0.00	0.00	0.00	0.500	1.50	0.900	0.50
vs 좌	30	0.00	4.05	0.00	0.435	1.95	1.116	0.88
vs 우	28	1.42	2.84	5.68	0.280	1.42	0.893	0.56
주자없음	27	1.80	1.80	1.80	0.423	2.40	1.175	0.56
주자있음	31	0.00	4.50	3.38	0.273	1.25	0.812	0.88
득점권	23	0.00	4.50	1.50	0.313	1.33	0.944	1.40
1-2번 상대	11	0.00	0.00	0.00	0.400	1.71	1.064	1.33
3-5번 상대	19	0.00	3.60	5.40	0.176	0.00	0.439	0.38
6-9번 상대	28	1.59	4.76	1.59	0.476	2.29	1.425	0.83

박시영 투수 46

신장	180	체중	88	생일	1989.03.10	투타	우투우타	지명	2008 롯데 2차 4라운드 31순위
연봉	12,000-9,800-9,000			학교	축현초-인천신흥중-제물포고-(영남사이버대)				

● 2021년 KT로 이적해 전성기를 보냈다. 슬라이더 한 가지 구종만으로도 타자를 상대할 수 있었다. 넣었다 뺐다, 높낮이 조절이 자유로웠다. 2022년 팔꿈치를 다쳐 수술대에 올랐고, 지난 시즌 복귀를 준비하다 시간이 늦춰졌다. 박시영의 슬라이더가 완벽하게 돌아온다면 다소 느슨해진 KT 불펜에 큰 힘이 될 수 있다.

기본기록

연도	경기	선발	QS	승	패	세이브	BS	홀드	이닝	피안타	피홈런	4사구	삼진	피안타율	WHIP	피OPS	FIP	ERA	WAR	WPA
2021	48	0	0	3	3	0	2	12	45	30	4	16	51	0.189	1.00	0.534	3.15	2.40	1.17	0.49
2022	17	0	0	2	0	0	5	15 2/3	19	2	4	11	0.311	1.47	0.774	4.17	4.60	0.15	-0.33
2023																				
통산	256	12	0	9	13	0	5	28	299 2/3	296	44	158	274	0.257	1.48	0.766	5.13	5.53	1.55	-2.13

구종별 기록

구종	구사%	구속	수직 무브	수평 무브	분당 회전	땅볼%	타구속도	강한타구%
직구								
커브								
슬라이더								
체인지업								
포크								
싱커								
투심								
너클								
커터								
스플리터								

상황별 기록

상황	타석	홈런/9	볼넷/9	삼진/9	피안타율	WHIP	피OPS	GO/FO
전반기								
후반기								
vs 좌								
vs 우								
주자없음								
주자있음								
득점권								
1-2번 상대								
3-5번 상대								
6-9번 상대								

손동현 투수 41

신장	183	체중	88	생일	2001.01.23	투타	우투우타	지명	2019 KT 2차 3라운드 21순위
연봉	5,000-5,000-12,000			학교	염창초(강서구리틀)-덕수중-성남고				

● 지난 시즌 이강철 감독이 발굴한 또 한 명의 필승조다. 군대 가기 전부터 과감한 승부가 장점이었다. 평균구속 143.4㎞는 아주 빠르다고 보기 어렵지만 몸 쪽을 힘 있게 찌르며 타자와 승부한다. 데뷔 전 문제였던 연투 능력도 이번 시즌 나아졌다. 73이닝이 넘는 투구와 8월 이후 잦은 등판은 피로도를 높였을 수도 있다.

기본기록

연도	경기	선발	QS	승	패	세이브	BS	홀드	이닝	피안타	피홈런	4사구	삼진	피안타율	WHIP	피OPS	FIP	ERA	WAR	WPA
2021																				
2022																				
2023	64	0	0	8	5	1	4	15	73 2/3	68	5	22	40	0.256	1.19	0.661	4.09	3.42	1.06	2.35
통산	121	3	0	10	8	1	4	21	141 1/3	140	12	63	81	0.266	1.42	0.718	4.65	4.14	0.96	2.32

구종별 기록

구종	구사%	구속	수직 무브	수평 무브	분당 회전	땅볼%	타구속도	강한타구%
직구	59.9%	142.4	28.6	-14.4	2438.3	29.7%	132.5	21.7%
커브	9.2%	116.5	-14.8	19.1	1513.9	63.2%	132.0	9.5%
슬라이더	23.0%	125.6	4.6	6.2	672.1	68.0%	141.2	35.7%
체인지업								
포크	7.8%	127.9	15.1	-13.6	1446.5	41.2%	132.4	17.4%
싱커								
투심								
너클								
커터								
스플리터								

상황별 기록

상황	타석	홈런/9	볼넷/9	삼진/9	피안타율	WHIP	피OPS	GO/FO
전반기	162	0.94	2.11	4.70	0.293	1.36	0.755	1.07
후반기	139	0.25	2.80	5.09	0.210	1.02	0.578	0.40
vs 좌	150	0.00	2.39	6.45	0.235	1.09	0.533	0.60
vs 우	151	1.25	2.50	3.25	0.276	1.31	0.788	0.77
주자없음	156	0.79	3.71	6.35	0.268	1.53	0.713	0.70
주자있음	145	0.45	1.36	3.63	0.242	0.91	0.602	0.67
득점권	80	0.45	2.70	4.50	0.288	1.25	0.723	0.58
1-2번 상대	80	0.00	2.84	4.26	0.286	1.37	0.681	0.75
3-5번 상대	96	1.07	1.42	5.73	0.191	0.83	0.544	0.55
6-9번 상대	125	0.61	3.07	4.91	0.290	1.40	0.746	0.79

엄상백 투수 18

신장	187	체중	72	생일	1996.10.04	투타	우언우타	지명	2015 KT 1차
연봉	8,000-20,000-25,000			학교	역삼초-언북중-덕수고				

● 부상 때문에 이닝 수가 111⅔이닝으로 줄었지만 FIP 3.38, ERA 3.63은 나쁘지 않은 성적이었다. 고영표와 함께 국내선발 원투펀치로 일찌감치 낙점됐다. 지난해 체인지업 비율을 53.2%로 늘렸다. 볼넷과 피홈런이 확 줄었다. FA 자격을 얻는다. 고영표의 107억 원 계약은 확실한 동기 부여가 된다.

기본기록

연도	경기	선발	QS	승	패	세이브	BS	홀드	이닝	피안타	피홈런	4사구	삼진	피안타율	WHIP	피OPS	FIP	ERA	WAR	WPA
2021	10	9	3	4	1	0	0	0	52 2/3	41	7	31	45	0.210	1.31	0.686	5.12	4.10	0.89	0.75
2022	33	22	10	11	2	0	0	0	140 1/3	125	14	50	139	0.239	1.22	0.674	3.73	2.95	3.07	3.23
2023	20	19	9	7	6	0	0	0	111 2/3	100	6	31	89	0.241	1.16	0.633	3.38	3.63	2.61	2.21
통산	276	78	25	32	34	3	0	9	28	607 2/3	625	63	291	511	0.268	1.45	0.757	4.63	4.80	8.33	4.13

구종별 기록

구종	구사%	구속	수직 무브	수평 무브	분당 회전	땅불%	타구속도	강한타구
직구	30.8%	143.3	22.2	-20.8	2321.4	34.8%	135.3	29.6%
커브								
슬라이더	7.2%	133.6	8.3	1.7	864.7	40.0%	126.7	15.8%
체인지업	53.5%	128.5	12.2	-25.7	1938.9	46.7%	132.1	12.7%
포크								
싱커								
투심								
너클								
커터	8.5%	138.4	11.8	-3.6	1028.4	57.1%	137.5	35.3%
스플리터								

상황별 기록

상황	타석	홈런/9	볼넷/9	삼진/9	피안타율	WHIP	피OPS	GO/FO
전반기	303	0.12	2.58	7.36	0.248	1.21	0.619	0.70
후반기	151	1.17	1.88	6.81	0.227	1.04	0.661	0.90
vs 좌	248	0.29	2.59	7.32	0.211	1.04	0.575	0.61
vs 우	206	0.73	2.02	6.98	0.276	1.31	0.701	1.02
주자없음	276	0.67	2.41	7.89	0.207	1.05	0.580	0.82
주자있음	178	0.20	2.23	6.09	0.296	1.31	0.717	0.69
득점권	95	0.42	3.32	6.23	0.333	1.62	0.845	0.72
1-2번 상대	114	0.00	3.58	8.46	0.200	1.12	0.554	0.65
3-5번 상대	159	1.23	3.68	6.87	0.280	1.50	0.779	0.70
6-9번 상대	181	0.19	0.57	6.65	0.233	0.91	0.555	0.90

우규민 투수 21

신장	184	체중	75	생일	1985.01.21	투타	우언우타	지명	2003 LG 2차 3라운드 19순위
연봉	20,000-25,000-22,000			학교	성동초-휘문중-휘문고				

● 2차 드래프트를 통해 삼성에서 KT로 이적했다. 박병호, 박경수 등 LG 시절 함께 자란 동료들과 다시 만났다. 지난해에도 13홀드를 기록했다. 같은 잠수함 투수인 이강철 감독으로부터 여러 조언도 들었다. 여전히 볼넷 억제력은 리그 최상급이다. 어떤 상황이든 '10닝'을 막는 역할이 기대된다. ABS에 최적화된 능력을 지녔다.

기본기록

연도	경기	선발	QS	승	패	세이브	BS	홀드	이닝	피안타	피홈런	4사구	삼진	피안타율	WHIP	피OPS	FIP	ERA	WAR	WPA
2021	60	0	0	3	3	2	4	24	49	58	5	11	35	0.294	1.37	0.730	3.84	3.31	0.82	0.03
2022	60	0	0	4	3	1	6	47	55	3	10	31	0.291	1.30	0.722	3.36	3.26	0.95	0.97
2023	56	0	0	3	1	0	2	13	43	55	3	8	28	0.316	1.40	0.759	3.61	4.81	0.31	0.27
통산	759	130	57	82	86	90	40	106	1383 1/3	1521	110	433	866	0.284	1.32	0.731	4.03	3.95	13.23	2.16

구종별 기록

구종	구사%	구속	수직 무브	수평 무브	분당 회전	땅불%	타구속도	강한타구
직구	29.6%	135.8	6.4	-28.0	2053.1	19.0%	134.7	20.0%
커브	42.6%	116.5	0.0	14.4	912.4	35.8%	128.8	6.5%
슬라이더	21.5%	128.5	7.3	-7.2	784.1	22.2%	123.6	11.1%
체인지업	4.0%	123.3	0.2	-27.5	1813.4	100.0%	130.2	0.0%
포크								
싱커								
투심	2.3%	134.7	-2.1	-30.0	2133.7	100.0%	-	-
너클								
커터								
스플리터								

상황별 기록

상황	타석	홈런/9	볼넷/9	삼진/9	피안타율	WHIP	피OPS	GO/FO
전반기	100	0.79	0.40	7.54	0.312	1.32	0.753	0.66
후반기	88	0.44	1.77	3.98	0.321	1.48	0.763	0.38
vs 좌	62	0.66	1.98	4.61	0.316	1.54	0.776	0.74
vs 우	126	0.61	0.61	6.44	0.316	1.33	0.750	0.41
주자없음	94	0.87	0.87	8.27	0.303	1.40	0.744	0.48
주자있음	94	0.40	1.21	3.63	0.329	1.39	0.772	0.53
득점권	45	0.93	0.93	4.66	0.436	1.86	0.973	0.40
1-2번 상대	46	0.93	2.79	4.66	0.381	1.97	0.913	0.47
3-5번 상대	46	0.00	0.00	10.73	0.279	1.13	0.632	0.75
6-9번 상대	96	0.79	0.79	4.37	0.303	1.28	0.746	0.44

육청명 투수 64

| 신장 | 186 | 체중 | 90 | 생일 | 2005.07.18 | 투타 | 우투우타 | 지명 | 2024 KT 2라운드 17순위 |
| 연봉 | 3,000 | | | 학교 | 강남초-선린중-강릉고 | | | | |

● KT에 2라운드로 지명됐다. 강릉고 원투펀치로 주목 받았다. 150㎞ 언저리의 빠른 공을 던진다. 2학년 때 팔꿈치 수술을 받은 건 류현진과 닮은 점. 아버지 육성철 씨는 국가인권위원회 홍보협력과장이다. '청명일보'를 만들어 육청명의 성장기를 기록했다. 부모님으로부터 야구선수로서의 자세를 배웠다. 육성철 씨는 봉준호 감독의 절친이다.

기본기록

연도	경기	선발	QS	승	패	세이브	BS	홀드	이닝	피안타	피홈런	4사구	삼진	피안타율	WHIP	피OPS	FIP	ERA	WAR	WPA
2021																				
2022																				
2023																				
통산																				

구종별 기록

구종	구사%	구속	수직 무브	수평 무브	분당 회전	땅볼%	타구속도	강한타구%
직구								
커브								
슬라이더								
체인지업								
포크								
싱커								
투심								
너클								
커터								
스플리터								

상황별 기록

상황	타석	홈런/9	볼넷/9	삼진/9	피안타율	WHIP	피OPS	GO/FO
전반기								
후반기								
vs 좌								
vs 우								
주자없음								
주자있음								
득점권								
1-2번 상대								
3-5번 상대								
6-9번 상대								

이상동 투수 37

| 신장 | 181 | 체중 | 88 | 생일 | 1995.11.24 | 투타 | 우투우타 | 지명 | 2019 KT 2차 4라운드 31순위 |
| 연봉 | 0-3,200-6,000 | | | 학교 | 대구옥산초-경복중-경북고-영남대 | | | | |

● 군에서 제대해 4월에 합류했고 6월부터 1군에서 쏠쏠한 불펜 투수로 활약했다. 입대 전보다 사뭇 빨라진 구속으로 타자들을 제압해 나갔다. 속구 + 스플리터의 완성형 투 피치 조합은 타자들의 노림수를 흐트러뜨린다. 한국시리즈에서는 필승조로 평가 받았다. 이번 시즌 셋업맨 손동현 앞에서 버티는 역할을 맡을 가능성이 높다.

기본기록

연도	경기	선발	QS	승	패	세이브	BS	홀드	이닝	피안타	피홈런	4사구	삼진	피안타율	WHIP	피OPS	FIP	ERA	WAR	WPA
2021	6	0	0	0	1	0	0	1	6 1/3	7	0	3	5	0.280	1.58	0.625	3.17	8.53	-0.11	-0.16
2022																				
2023	36	0	0	4	1	0	0	1	40 2/3	45	4	15	43	0.280	1.48	0.757	3.57	3.98	0.46	0.94
통산	53	0	0	4	2	0	0	2	59 1/3	73	6	24	51	0.307	1.62	0.829	4.14	6.09	0.01	0.63

구종별 기록

구종	구사%	구속	수직 무브	수평 무브	분당 회전	땅볼%	타구속도	강한타구%
직구	54.5%	143.1	29.3	-14.8	2504.2	32.5%	138.5	28.6%
커브								
슬라이더	4.5%	131.2	12.7	3.8	966.1	0.0%	117.5	0.0%
체인지업								
포크	41.0%	128.3	16.0	-13.5	1490.0	50.0%	131.4	12.5%
싱커								
투심								
너클								
커터								
스플리터								

상황별 기록

상황	타석	홈런/9	볼넷/9	삼진/9	피안타율	WHIP	피OPS	GO/FO
전반기	67	1.93	5.79	7.71	0.304	1.86	0.936	0.59
후반기	112	0.34	2.03	10.46	0.267	1.28	0.658	0.64
vs 좌	97	0.93	6.52	10.71	0.313	2.07	0.870	0.89
vs 우	82	0.84	0.42	8.44	0.204	0.94	0.625	0.44
주자없음	86	1.00	3.50	12.50	0.304	1.72	0.816	0.58
주자있음	93	0.79	3.18	7.15	0.256	1.28	0.700	0.65
득점권	53	0.73	5.84	7.30	0.244	1.54	0.714	0.85
1-2번 상대	30	0.00	5.68	11.37	0.333	1.89	0.762	0.33
3-5번 상대	60	2.03	2.70	8.78	0.321	1.65	0.956	0.57
6-9번 상대	89	0.43	3.00	9.43	0.235	1.24	0.616	0.74

이채호 투수 17

신장	185	체중	85	생일	1998.11.23	투타	우언우타	지명	2018 SK 2차 6라운드 55순위
연봉	3,000-6,000-5,300			학교	동광초(김해리틀)-원동중-용마고				

● 2022년 시즌 도중 KT로 이적했고 이강철 감독의 조언 속에 확 달라진 투구를 선보였다. 지난 시즌 기대를 2023시즌으로 이어가지 못했다. 이강철 감독은 "2년차 징크스일 수 있다"라며 이번 시즌 선발 투수로의 변화를 꾀했다. 소형준이 오기 전까지 5선발 자리를 채우기 위해 경쟁하며 준비했다. 캠프 막판 발목을 다쳤지만 심각하지 않다.

기본기록

연도	경기	선발	QS	승	패	세이브	BS	홀드	이닝	피안타	피홈런	4사구	삼진	피안타율	WHIP	피OPS	FIP	ERA	WAR	WPA
2021	3	0	0	0	0	0	0	0	5	8	2	3	3	0.348	2.20	1.016	9.13	7.20	-0.18	-0.01
2022	38	0	0	5	0	0	0	3	36 2/3	28	0	19	32	0.211	1.12	0.600	2.99	2.95	0.79	0.98
2023	25	0	0	0	1	0	0	1	24 2/3	26	6	12	8	0.274	1.42	0.875	7.42	6.93	-0.49	-0.47
통산	66	0	0	5	1	0	0	4	66 1/3	62	8	34	43	0.247	1.31	0.742	5.09	4.75	0.12	0.50

구종별 기록

구종	구사%	구속	수직 무브	수평 무브	분당 회전	땅볼%	타구속도	강한타구%
직구	56.7%	134.4	-1.6	-21.9	1571.2	43.2%	136.8	31.1%
커브	36.4%	116.2	8.2	20.2	1364.4	45.8%	126.3	13.6%
슬라이더								
체인지업	6.9%	123.1	-11.3	-22.8	1656.0	50.0%	148.2	33.3%
포크								
싱커								
투심								
너클								
커터								
스플리터								

상황별 기록

상황	타석	홈런/9	볼넷/9	삼진/9	피안타율	WHIP	피OPS	GO/FO
전반기	68	3.07	3.07	2.45	0.295	1.57	0.960	1.00
후반기	42	0.90	3.60	3.60	0.235	1.20	0.723	0.53
vs 좌	41	0.96	3.86	0.96	0.229	1.29	0.696	0.53
vs 우	69	2.93	2.93	4.11	0.300	1.50	0.979	1.06
주자없음	67	1.88	1.88	1.88	0.290	1.47	0.875	0.78
주자있음	43	2.61	5.23	4.35	0.242	1.35	0.872	0.83
득점권	30	2.84	5.68	4.26	0.261	1.58	0.889	1.00
1-2번 상대	12	0.00	3.38	3.38	0.200	1.13	0.533	0.40
3-5번 상대	42	4.50	4.50	1.13	0.333	2.00	1.127	0.71
6-9번 상대	56	1.29	2.57	3.86	0.245	1.14	0.758	1.00

주권 투수 38

신장	181	체중	82	생일	1995.05.31	투타	우투우타	지명	2015 KT 우선지명
연봉	29,500-29,500-20,000			학교	청주우암초-청주중-청주고				

● 꾸준히 두 자릿수 홀드를 쌓아오던 중 지난해에는 5홀드에 그쳤다. 다소 피로도가 쌓인 가운데 KT와 2+2년 최대 16억 원에 FA 계약을 했다. 공끝 움직임이 좋은 체인지업을 주무기로 왼손타자 상대에 능했다. 스프링캠프에서 구위가 상당히 회복됐다는 평을 받았다. 불펜 뎁스를 늘리려는 팀 움직임과 궤를 잘 맞추고 있다.

기본기록

연도	경기	선발	QS	승	패	세이브	BS	홀드	이닝	피안타	피홈런	4사구	삼진	피안타율	WHIP	피OPS	FIP	ERA	WAR	WPA
2021	62	0	0	3	4	0	4	27	49	48	3	20	19	0.264	1.37	0.698	4.45	3.31	0.92	1.71
2022	58	0	0	3	3	1	1	15	50 2/3	58	3	8	31	0.304	1.30	0.728	3.36	3.91	0.85	1.63
2023	42	3	0	1	2	0	0	5	47	49	4	21	17	0.278	1.45	0.748	5.04	4.40	0.21	-0.12
통산	438	54	8	33	38	4	15	110	620	697	74	229	328	0.288	1.45	0.797	5.13	5.08	7.35	6.39

구종별 기록

구종	구사%	구속	수직 무브	수평 무브	분당 회전	땅볼%	타구속도	강한타구%
직구	34.2%	140.8	24.7	-9.7	2019.0	48.4%	135.4	17.0%
커브	1.1%	117.1	-18.7	17.1	1609.4	50.0%	148.7	50.0%
슬라이더	5.9%	126.3	-1.9	9.8	795.3	66.7%	142.8	28.6%
체인지업	56.0%	126.2	17.6	-18.2	1723.6	46.4%	131.3	13.3%
포크	2.8%	135.0	14.4	-18.1	1689.7	60.0%	133.2	20.0%
싱커								
투심								
너클								
커터								
스플리터								

상황별 기록

상황	타석	홈런/9	볼넷/9	삼진/9	피안타율	WHIP	피OPS	GO/FO
전반기	108	0.70	3.86	3.51	0.242	1.29	0.682	1.03
후반기	97	0.84	3.38	2.95	0.318	1.64	0.819	0.86
vs 좌	130	0.96	3.86	2.57	0.301	1.64	0.809	0.83
vs 우	75	0.47	3.32	4.26	0.238	1.16	0.636	1.22
주자없음	110	0.71	2.49	4.26	0.245	1.26	0.643	1.24
주자있음	95	0.83	4.98	2.08	0.324	1.66	0.884	0.66
득점권	61	0.75	6.00	2.25	0.370	2.08	0.970	0.53
1-2번 상대	56	0.00	2.57	3.86	0.200	1.00	0.495	1.50
3-5번 상대	67	1.35	6.08	2.03	0.321	2.03	0.918	0.50
6-9번 상대	82	0.92	2.75	3.66	0.300	1.37	0.788	1.10

김민혁 외야수 53

| 신장 | 181 | 체중 | 71 | 생일 | 1995.11.21 | 투타 | 우투좌타 | 지명 | 2014 KT 2차 6라운드 56순위 |

연봉 9,000-15,000-24,000   학교 광주서석초-배재중-배재고

● 9위에서 2위로 올라서는데 결정적 역할을 했다. 7월 한 달 동안 OSP 0.934로 펄펄 날았다. 이강철 감독의 오랜 믿음에 답했다. 데뷔 후 2번째 규정타석을 채웠고, 3리 차로 모자랐던 3할 타율은 못내 아쉽다. 시즌 막판 부상이 아니었다면 충분했을지 모른다. 이강철 감독은 1번 배정대, 2번 김민혁 타순을 계획하고 있다.

기본기록

연도	경기	타석	타수	안타	2루타	3루타	홈런	타점	득점	볼넷	사구	삼진	도루	도루자	타율	출루율	장타율	OPS	WAR	WPA
2021	75	199	172	55	6	2	1	13	22	20	2	26	6	3	0.320	0.397	0.395	0.792	1.10	-0.24
2022	132	434	373	106	10	2	0	35	47	37	2	62	6	9	0.284	0.349	0.322	0.671	0.66	-1.66
2023	113	448	397	118	20	3	3	41	68	36	3	48	11	4	0.297	0.356	0.385	0.741	1.86	-0.54
통산	663	2061	1815	509	54	9	9	156	264	163	24	277	67	38	0.280	0.345	0.339	0.684	3.59	-4.35

구종별기록

상황	상대%	타구속도	상하 각도	타율	장타율	땅볼%	뜬공%	강한타구%
직구	44.9%	139.0	14.2	0.373	0.503	48.4%	51.6%	21.8%
커브	9.0%	128.2	19.3	0.163	0.163	55.2%	44.8%	14.3%
슬라이더	18.5%	129.7	14.2	0.224	0.276	57.1%	42.9%	0.0%
체인지업	9.3%	131.0	11.9	0.306	0.472	65.2%	34.8%	8.0%
포크	7.2%	134.7	13.0	0.296	0.296	69.2%	30.8%	7.7%
싱커								
투심	6.9%	133.0	9.4	0.273	0.273	80.0%	20.0%	25.0%
너클								
커터	4.2%	131.5	10.7	0.261	0.391	78.6%	21.4%	6.7%
스플리터								

상황별기록

구분	타석	홈런/9	볼넷/9	삼진/9	타율	출루율	장타율	OPS
전반기	254	0.8%	15.7%	13.0%	0.301	0.357	0.394	0.751
후반기	194	0.5%	8.8%	7.7%	0.292	0.354	0.374	0.728
vs 좌	124	0.8%	6.5%	8.9%	0.360	0.398	0.459	0.857
vs 우	324	0.6%	8.6%	11.4%	0.273	0.340	0.357	0.697
주자없음	255	0.8%	7.5%	12.2%	0.286	0.345	0.363	0.708
주자있음	193	0.5%	8.8%	8.8%	0.313	0.371	0.417	0.788
득점권	124	0.0%	10.5%	8.9%	0.284	0.355	0.392	0.747
노아웃	176	0.6%	6.8%	8.0%	0.316	0.367	0.413	0.780
원아웃	148	0.7%	7.4%	12.8%	0.295	0.345	0.371	0.716
투아웃	124	0.8%	10.5%	12.1%	0.273	0.355	0.364	0.719

김준태 포수 44

| 신장 | 175 | 체중 | 91 | 생일 | 1994.07.31 | 투타 | 우투좌타 | 지명 | 2012 롯데 육성선수 |

연봉 6,500-10,000-10,000   학교 양정초-개성중-경남고(영남사이버대)

● 타격에서 보였던 장점이 다소 주춤했다. 5월 당한 발가락 골절로 7월 중순에야 돌아왔다. OPS 0.648은 아쉽다. 캠프를 앞두고 10kg 감량했다. 포수의 직업병 중 하나인 무릎 통증을 줄이면서 타격에서의 스윙 스피드를 늘리기 위한 선택이다. 장성우의 백업 포수 역할이지만 유망주 강현우와의 경쟁이 치열하다.

기본기록

연도	경기	타석	타수	안타	2루타	3루타	홈런	타점	득점	볼넷	사구	삼진	도루	도루자	타율	출루율	장타율	OPS	WAR	WPA
2021	58	149	128	25	5	0	4	15	17	18	1	40	0	0	0.195	0.295	0.328	0.623	0.13	-0.95
2022	98	270	231	63	16	1	8	27	28	33	0	77	2	0	0.273	0.360	0.403	0.763	1.78	-0.01
2023	69	136	115	24	4	0	3	23	10	19	1	32	1	0	0.209	0.326	0.322	0.648	0.33	-1.11
통산	495	1209	1020	234	43	2	18	133	115	164	5	292	5	2	0.229	0.336	0.332	0.668	2.13	-2.95

구종별기록

상황	상대%	타구속도	상하 각도	타율	장타율	땅볼%	뜬공%	강한타구%
직구	45.1%	138.4	28.1	0.196	0.391	30.4%	69.6%	34.5%
커브	8.3%	132.7	33.9	0.167	0.167	50.0%	50.0%	25.0%
슬라이더	14.2%	132.6	26.2	0.235	0.294	33.3%	66.7%	25.0%
체인지업	10.6%	136.1	17.0	0.143	0.143	80.0%	20.0%	28.6%
포크	9.9%	141.1	20.0	0.308	0.462	60.0%	40.0%	28.6%
싱커								
투심	9.9%	113.9	27.6	0.267	0.333	62.5%	37.5%	0.0%
너클								
커터	2.2%	101.8	16.5	0.000	0.000	66.7%	33.3%	0.0%
스플리터								

상황별기록

구분	타석	홈런/9	볼넷/9	삼진/9	타율	출루율	장타율	OPS
전반기	76	2.6%	9.2%	22.4%	0.269	0.347	0.418	0.765
후반기	60	1.7%	20.0%	25.0%	0.125	0.300	0.188	0.488
vs 좌	22	0.0%	13.6%	31.8%	0.158	0.273	0.158	0.431
vs 우	114	2.6%	14.0%	21.9%	0.219	0.336	0.354	0.690
주자없음	63	1.6%	9.5%	23.8%	0.175	0.254	0.228	0.482
주자있음	73	2.7%	17.8%	23.3%	0.241	0.389	0.414	0.803
득점권	42	4.8%	26.2%	14.3%	0.400	0.571	0.667	1.238
노아웃	37	0.0%	13.5%	24.3%	0.161	0.278	0.194	0.472
원아웃	45	2.2%	15.6%	20.0%	0.211	0.333	0.289	0.622
투아웃	54	3.7%	13.0%	25.9%	0.239	0.352	0.435	0.787

로하스 외야수 3

신장	189	체중	102	생일	1990.05.24	투타	우투양타	지명	2017 KT 자유선발
연봉	$500,000			학교	미국 Wabash Valley(대)				

● '노학수'가 돌아왔다. 2020시즌 MVP 뒤 한신과 계약했던 멜 로하스 주니어가 KT와 다시 계약했다. 로하스-박병호-강백호로 이어지는 '하호호' 중심타선의 파괴력은 상당할 전망이다. 로하스 역시 복귀 시즌에 대한 기대가 높다. 외야 수비력이 조금씩 떨어지던 중이었다. 하호호가 1루수, 외야수, 지명타자를 골고루 섞어 맡는다.

기본기록

연도	리그	경기	타석	타수	안타	2루타	3루타	홈런	타점	득점	볼넷	사구	삼진	도루	도루자	타율	출루율	장타율	OPS	WAR
2021	NPB	60	206	189	41	7	0	8	21	18	15	2	58	1	3	0.217	0.282	0.381	0.663	-0.9
2022	NPB	89	211	183	41	7	0	9	27	19	22	5	53	0	2	0.224	0.322	0.410	0.732	0.2
2023	기타	109	478	376	101	18	3	17	66	72	93	-	95	8	0	0.269	0.415	0.468	0.883	-
NPB 통산		511	2218	1971	633	126	8	132	409	350	208	20	475	27	26	0.321	0.388	0.594	0.982	23.53	9.34

* 기타 : 멕시칸, 도미니칸

구종별기록

상황	상대%	타구속도	상하 각도	타율	장타율	땅볼%	뜬공%	강한타구%
직구								
커브								
슬라이더								
체인지업								
포크								
싱커								
투심								
너클								
커터								
스플리터								

상황별기록

구분	타석	홈런/9	볼넷/9	삼진/9	타율	출루율	장타율	OPS
전반기								
후반기								
vs 좌								
vs 우								
주자없음								
주자있음								
득점권								
노아웃								
원아웃								
투아웃								

문상철 외야수 24

신장	184	체중	85	생일	1991.04.06	투타	우투우타	지명	2014 KT 2차 특별 11순위
연봉	6,600-5,600-11,000			학교	중대초-잠신중-배명고-고려대				

● 유망주 시절이 길고 또 길었다. 어느새 32세 시즌, 홈런 9개와 함께 장타율 0.414를 기록했다. 조금 늦은 감은 있지만 껍질을 깨기 시작했다. 지난해 한국시리즈 1차전, 고 우석을 상대로 역전 2루타를 때리며 LG를 긴장시켰다. 데뷔 후 첫 억대 연봉을 받는다. 박병호의 체력관리를 위한 1루수 백업으로 기용될 예정이다.

기본기록

연도	경기	타석	타수	안타	2루타	3루타	홈런	타점	득점	볼넷	사구	삼진	도루	도루자	타율	출루율	장타율	OPS	WAR	WPA
2021	53	106	96	21	6	0	2	16	14	8	2	33	2	0	0.219	0.292	0.344	0.636	0.01	-0.98
2022	28	52	49	11	2	0	4	5	2	0	17	1	0	0.224	0.269	0.408	0.677	0.11	-0.40
2023	112	330	304	79	20	0	9	46	30	16	3	81	3	1	0.260	0.298	0.414	0.712	0.80	0.33
통산	399	903	823	192	43	2	26	111	100	53	11	258	5	2	0.233	0.285	0.385	0.670	0.23	-3.39

구종별기록

상황	상대%	타구속도	상하 각도	타율	장타율	땅볼%	뜬공%	강한타구%
직구	36.0%	140.7	31.4	0.248	0.521	26.2%	73.8%	41.0%
커브	13.2%	138.2	15.1	0.282	0.308	58.8%	41.2%	30.0%
슬라이더	21.8%	130.5	25.3	0.260	0.384	45.7%	54.3%	12.8%
체인지업	10.7%	134.3	19.7	0.182	0.318	54.5%	45.5%	16.7%
포크	8.7%	133.4	6.7	0.280	0.280	57.1%	42.9%	25.0%
싱커								
투심	5.4%	145.5	18.7	0.235	0.294	54.5%	45.5%	44.4%
너클								
커터	4.2%	143.9	21.4	0.455	0.545	50.0%	50.0%	28.6%
스플리터								

상황별기록

구분	타석	홈런/9	볼넷/9	삼진/9	타율	출루율	장타율	OPS
전반기	205	2.9%	4.9%	20.0%	0.272	0.307	0.435	0.742
후반기	125	2.4%	4.8%	32.0%	0.239	0.282	0.381	0.663
vs 좌	105	2.9%	4.8%	25.7%	0.268	0.308	0.433	0.741
vs 우	225	2.7%	4.9%	24.0%	0.256	0.293	0.406	0.699
주자없음	162	1.9%	3.7%	22.2%	0.297	0.327	0.439	0.766
주자있음	168	3.6%	6.0%	26.8%	0.221	0.269	0.389	0.658
득점권	112	4.5%	8.0%	25.0%	0.219	0.277	0.427	0.704
노아웃	111	1.8%	3.6%	22.3%	0.260	0.288	0.394	0.682
원아웃	107	1.9%	3.7%	27.1%	0.212	0.234	0.323	0.557
투아웃	111	4.5%	7.2%	24.3%	0.307	0.369	0.525	0.894

박경수 내야수 6

신장	체중	생일	투타	지명
178	80	1984.03.31	우투우타	2003 LG 1차

연봉	학교
29,000-20,000-20,000	미성초-성남중-성남고

● 22년차 시즌에도 박경수는 또 뛴다. 출전 경기수는 줄어들겠지만 이강철 감독은 박경수에게 다시 한 번 주장을 맡겼다. 감독과 선수단 사이에서 팀을 이끌어가는 능력이 탁월하다. 시프트 제한 도입 시즌, 박경수의 '짬바'에서 나오는 셀프 시프트는 더욱 효과적일 수 있다. 우규민, 박병호 등 LG 출신 베테랑 트리오의 활약도 기대.

기본기록

연도	경기	타석	타수	안타	2루타	3루타	홈런	타점	득점	볼넷	사구	삼진	도루	도루자	타율	출루율	장타율	OPS	WAR	WPA
2021	118	280	239	46	10	0	9	33	24	34	1	76	0	1	0.192	0.301	0.347	0.648	0.40	-1.32
2022	100	194	166	20	3	0	3	10	13	24	1	70	0	0	0.120	0.234	0.193	0.427	-0.83	-2.53
2023	107	221	185	37	13	0	1	12	12	30	1	46	0	0	0.200	0.315	0.286	0.601	0.32	-0.51
통산	2038	6685	5605	1394	269	12	161	718	725	783	122	1359	78	44	0.249	0.350	0.388	0.738	19.38	-3.76

구종별기록

상황	상대%	타구속도	상하 각도	타율	장타율	땅볼%	뜬공%	강한타구%
직구	43.1%	137.5	26.8	0.229	0.349	36.2%	63.8%	15.8%
커브	10.4%	121.2	21.2	0.217	0.217	40.0%	60.0%	0.0%
슬라이더	20.3%	137.8	27.1	0.121	0.242	41.2%	58.8%	12.5%
체인지업	9.9%	127.7	39.2	0.158	0.158	44.4%	55.6%	0.0%
포크	5.8%	126.3	27.1	0.222	0.222	33.3%	66.7%	0.0%
싱커								
투심	6.3%	132.5	22.4	0.231	0.385	50.0%	50.0%	22.2%
너클								
커터	4.3%	143.2	20.5	0.200	0.200	33.3%	66.7%	0.0%
스플리터								

상황별기록

구분	타석	홈런/9	볼넷/9	삼진/9	타율	출루율	장타율	OPS
전반기	150	0.0%	14.7%	18.0%	0.214	0.336	0.302	0.638
후반기	71	1.4%	11.3%	26.8%	0.169	0.269	0.254	0.523
vs 좌	55	0.0%	25.5%	16.4%	0.220	0.418	0.244	0.662
vs 우	166	0.6%	9.6%	22.3%	0.194	0.280	0.299	0.579
주자없음	125	0.0%	14.4%	25.6%	0.217	0.336	0.283	0.619
주자있음	96	1.0%	12.5%	14.6%	0.177	0.286	0.291	0.577
득점권	46	0.0%	17.4%	13.0%	0.139	0.295	0.167	0.462
노아웃	85	0.0%	14.1%	18.8%	0.209	0.338	0.299	0.637
원아웃	65	0.0%	15.4%	18.5%	0.200	0.323	0.255	0.578
투아웃	71	1.4%	11.3%	25.4%	0.190	0.282	0.302	0.584

배정대 외야수 27

신장	체중	생일	투타	지명
185	80	1995.06.12	우투우타	2014 LG 2차 1라운드 3순위

연봉	학교
26,000-34,000-32,000	도신초-성남중-성남고(-디지털문예대)

● 기장 캠프 시작 전 사우나에서 이강철 감독을 만났다. "1번 타자로 준비하라"라는 지시를 받았다. 시범경기 골절 여파로 출발이 늦었고 전반기 타율이 0.215에 그쳤다. 후반기를 거쳐 가을야구에서는 펄펄 날았다. 후반기 출루율 0.372은 1번타자에 어울린다. '1번 타자로 144경기 전 경기 출전'이 목표다.

기본기록

연도	경기	타석	타수	안타	2루타	3루타	홈런	타점	득점	볼넷	사구	삼진	도루	도루자	타율	출루율	장타율	OPS	WAR	WPA
2021	144	595	510	132	23	1	12	68	85	65	12	132	19	7	0.259	0.353	0.378	0.731	2.88	-2.25
2022	144	575	508	135	24	2	6	56	64	54	4	126	19	4	0.266	0.339	0.356	0.695	3.29	-1.73
2023	97	361	311	86	16	0	2	38	48	38	3	76	13	3	0.277	0.356	0.347	0.703	2.25	0.08
통산	740	2358	2056	542	94	6	34	238	319	237	25	542	78	30	0.264	0.344	0.365	0.709	12.69	-5.84

구종별기록

상황	상대%	타구속도	상하 각도	타율	장타율	땅볼%	뜬공%	강한타구%
직구	44.9%	131.4	17.9	0.336	0.443	39.7%	60.3%	17.7%
커브	9.4%	124.7	18.3	0.212	0.273	61.5%	38.5%	12.5%
슬라이더	19.4%	126.5	21.6	0.224	0.259	34.5%	65.5%	7.5%
체인지업	10.6%	125.8	27.3	0.276	0.379	52.9%	47.1%	5.6%
포크	6.1%	122.3	20.9	0.261	0.304	50.0%	50.0%	8.3%
싱커								
투심	4.5%	131.9	18.3	0.267	0.267	55.6%	44.4%	12.5%
너클								
커터	5.0%	123.6	31.7	0.190	0.190	42.9%	57.1%	0.0%
스플리터								

상황별기록

구분	타석	홈런/9	볼넷/9	삼진/9	타율	출루율	장타율	OPS
전반기	111	0.0%	13.5%	24.3%	0.215	0.318	0.226	0.544
후반기	250	0.8%	9.2%	19.6%	0.303	0.372	0.399	0.771
vs 좌	104	0.0%	10.6%	24.0%	0.209	0.291	0.231	0.522
vs 우	257	0.8%	10.5%	19.8%	0.305	0.382	0.395	0.777
주자없음	192	0.5%	8.3%	23.4%	0.270	0.339	0.339	0.678
주자있음	169	0.6%	13.0%	18.3%	0.285	0.376	0.358	0.734
득점권	96	0.0%	14.6%	18.8%	0.293	0.383	0.373	0.756
노아웃	133	0.0%	6.0%	23.3%	0.188	0.248	0.231	0.479
원아웃	124	0.8%	12.9%	20.2%	0.327	0.411	0.433	0.844
투아웃	104	1.0%	13.5%	19.2%	0.333	0.423	0.400	0.823

안치영 외야수 8

| 신장 | 176 | 체중 | 72 | 생일 | 1998.05.29 | 투타 | 우투좌타 | 지명 | 2017 KT 2차 6라운드 51순위 |

연봉 3,000-3,000-5,000   학교 중동초(원미구리틀)-천안북중-북일고

● 2017년 입단했지만 2022년까지 1군 26경기 출전에 그쳤다. 2020년 산업기능요원으로 입대해 충남 천안의 전기차 배터리 부품 생산 공장에서 일했다. 밖에서 본 야구가 절실해졌고 복귀 뒤 외야수로 전향했다. 2023시즌 조용호 등이 빠진 외야 자리를 채우며 76경기에서 타율 0.290을 기록했다. 외야백업 경쟁에서 선두다.

기본기록

연도	경기	타석	타수	안타	2루타	3루타	홈런	타점	득점	볼넷	사구	삼진	도루	도루자	타율	출루율	장타율	OPS	WAR	WPA
2021																				
2022																				
2023	76	136	124	36	3	1	0	9	20	6	2	35	7	1	0.290	0.331	0.331	0.662	0.36	-1.16
통산	102	165	148	40	4	1	0	9	25	7	4	43	8	3	0.270	0.319	0.311	0.630	-0.03	-1.60

구종별기록

상황	상대%	타구속도	상하 각도	타율	장타율	땅볼%	뜬공%	강한타구%
직구	49.2%	132.6	13.7	0.323	0.371	65.4%	34.6%	6.3%
커브	8.5%	132.2	1.7	0.167	0.167	100.0%	0.0%	0.0%
슬라이더	17.9%	125.6	-1.4	0.304	0.304	88.9%	11.1%	0.0%
체인지업	6.9%	137.5	15.2	0.200	0.200	50.0%	50.0%	50.0%
포크	10.4%	129.7	16.9	0.273	0.455	66.7%	33.3%	0.0%
싱커								
투심	4.7%	142.0	4.2	0.286	0.286	75.0%	25.0%	0.0%
너클								
커터	2.4%	129.7	-15.7	0.250	0.250	100.0%	0.0%	0.0%
스플리터								

상황별기록

구분	타석	홈런/9	볼넷/9	삼진/9	타율	출루율	장타율	OPS
전반기	78	0.0%	6.4%	26.9%	0.279	0.342	0.309	0.651
후반기	58	0.0%	1.7%	24.1%	0.304	0.316	0.357	0.673
vs 좌	35	0.0%	2.9%	28.6%	0.273	0.294	0.273	0.567
vs 우	101	0.0%	5.0%	24.8%	0.297	0.343	0.352	0.695
주자없음	77	0.0%	7.8%	29.9%	0.300	0.364	0.329	0.693
주자있음	59	0.0%	0.0%	20.3%	0.278	0.286	0.333	0.619
득점권	34	0.0%	0.0%	11.8%	0.276	0.290	0.345	0.635
노아웃	48	0.0%	10.4%	22.9%	0.375	0.444	0.375	0.819
원아웃	53	0.0%	1.9%	28.3%	0.265	0.302	0.327	0.629
투아웃	35	0.0%	0.0%	25.7%	0.229	0.229	0.286	0.515

오윤석 내야수 4

| 신장 | 180 | 체중 | 87 | 생일 | 1992.02.24 | 투타 | 우투우타 | 지명 | 2014 롯데 육성선수 |

연봉 9,000-12,000-14,000   학교 화중초-자양중-경기고-연세대

● 지난 시절 도미니카 공화국으로 날아가 훌리오 프랑코 전 롯데 타격 코치를 만났다. 35일 동안 묵으면서 야구를 다시 볼 수 있게 되는 계기였다. 포지션 경쟁은 치열하다. 2루수 자리에 이호연 천성호 등이 있고, 1루수는 박병호, 강백호가 자리잡고 있다. 도미니카공화국 경험은 시야를 넓혔다. 생존경쟁보다 내 야구를 찾는 게 먼저라는 생각이다.

기본기록

연도	경기	타석	타수	안타	2루타	3루타	홈런	타점	득점	볼넷	사구	삼진	도루	도루자	타율	출루율	장타율	OPS	WAR	WPA
2021	97	198	164	40	11	0	4	16	23	27	2	47	4	0	0.244	0.358	0.384	0.742	1.31	-1.92
2022	112	337	286	67	13	0	6	37	23	34	6	69	2	1	0.234	0.322	0.343	0.665	1.00	-0.60
2023	82	223	199	50	13	1	4	17	24	13	5	44	3	1	0.251	0.313	0.387	0.700	0.72	-1.42
통산	472	1232	1060	262	47	2	20	126	132	121	17	263	11	3	0.247	0.331	0.352	0.683	3.66	-5.80

구종별기록

상황	상대%	타구속도	상하 각도	타율	장타율	땅볼%	뜬공%	강한타구%
직구	39.8%	133.7	22.5	0.321	0.469	39.5%	60.5%	36.1%
커브	13.2%	133.2	23.0	0.212	0.273	52.6%	47.4%	20.0%
슬라이더	20.4%	135.7	18.0	0.250	0.464	57.1%	42.9%	20.0%
체인지업	10.4%	132.6	8.1	0.083	0.167	78.6%	21.4%	7.7%
포크	6.7%	141.0	16.8	0.214	0.214	25.0%	75.0%	16.7%
싱커								
투심	4.5%	137.0	17.2	0.250	0.375	75.0%	25.0%	0.0%
너클								
커터	5.1%	123.9	13.8	0.273	0.636	85.7%	14.3%	42.9%
스플리터								

상황별기록

구분	타석	홈런/9	볼넷/9	삼진/9	타율	출루율	장타율	OPS
전반기	73	1.4%	4.1%	20.5%	0.217	0.260	0.319	0.579
후반기	150	2.0%	6.7%	19.3%	0.269	0.340	0.423	0.763
vs 좌	78	3.8%	7.7%	24.4%	0.232	0.293	0.449	0.742
vs 우	145	0.7%	4.8%	17.2%	0.262	0.324	0.354	0.678
주자없음	111	1.8%	5.4%	22.5%	0.260	0.306	0.413	0.719
주자있음	112	0.9%	6.3%	17.0%	0.242	0.321	0.358	0.679
득점권	52	0.0%	13.5%	19.2%	0.262	0.392	0.333	0.725
노아웃	69	4.3%	4.3%	17.4%	0.271	0.317	0.525	0.842
원아웃	87	1.1%	5.7%	16.1%	0.284	0.333	0.395	0.728
투아웃	67	0.0%	7.5%	26.9%	0.186	0.284	0.237	0.521

이호연 내야수 34

신장	177	체중	87	생일	1995.06.03	투타	우투좌타	지명	2018 롯데 2차 6라운드 53순위
연봉	3,000-5,700-8,500			학교	광주수창초-진흥중-광주제일고-성균관대				

● 지난해 5월 심재민과 트레이드 됐다. 기대 이상의 활약이 이어졌다. 내야 백업으로 나서면서도 OPS 0.693을 기록했다. 2루와 3루를 모두 맡으면서 팀 타선의 활력소가 됐다. 롯데에서 못 해 본 가을야구 경험도 했다. 2루수 자리를 두고 천성호 등과 경쟁했다. 박경수 대신 2루수로 출전하는 시간이 늘어날 전망이다.

기본기록

연도	경기	타석	타수	안타	2루타	3루타	홈런	타점	득점	볼넷	사구	삼진	도루	도루자	타율	출루율	장타율	OPS	WAR	WPA
2021	7	11	9	2	0	0	1	0	1	1	0	7	0	0	0.222	0.273	0.222	0.495	-0.01	-0.59
2022	88	222	205	50	10	1	2	16	20	11	2	38	3	1	0.244	0.289	0.332	0.621	0.17	-1.97
2023	85	234	212	59	5	1	3	17	28	16	4	41	4	2	0.278	0.339	0.354	0.693	0.59	0.07
통산	181	469	428	111	15	2	5	34	48	28	6	81	7	3	0.259	0.313	0.339	0.652	0.70	-2.50

구종별기록

상황	상대%	타구속도	상하 각도	타율	장타율	땅볼%	뜬공%	강한타구%
직구	42.1%	135.3	19.5	0.280	0.366	43.6%	56.4%	22.6%
커브	8.9%	132.3	4.0	0.188	0.188	83.3%	16.7%	20.0%
슬라이더	15.8%	136.4	15.7	0.316	0.474	42.9%	57.1%	25.0%
체인지업	12.1%	125.5	9.6	0.318	0.364	87.5%	12.5%	14.3%
포크	11.4%	138.5	13.0	0.233	0.300	58.8%	41.2%	27.8%
싱커								
투심	5.7%	133.4	8.9	0.364	0.364	71.4%	28.6%	0.0%
너클								
커터	3.9%	121.3	26.9	0.231	0.231	44.4%	55.6%	0.0%
스플리터								

상황별기록

구분	타석	홈런/9	볼넷/9	삼진/9	타율	출루율	장타율	OPS
전반기	93	2.2%	2.2%	22.6%	0.295	0.315	0.386	0.701
후반기	141	0.7%	9.9%	14.2%	0.266	0.355	0.331	0.686
vs 좌	40	0.0%	0.0%	12.5%	0.400	0.400	0.475	0.875
vs 우	194	1.5%	8.2%	18.6%	0.250	0.326	0.326	0.652
주자없음	121	1.7%	9.1%	19.8%	0.269	0.347	0.361	0.708
주자있음	113	0.9%	4.4%	15.0%	0.288	0.330	0.346	0.676
득점권	60	1.7%	8.3%	20.0%	0.222	0.283	0.333	0.616
노아웃	77	0.0%	5.2%	22.1%	0.382	0.434	0.382	0.816
원아웃	86	1.2%	7.0%	12.8%	0.263	0.314	0.363	0.677
투아웃	71	2.8%	8.5%	18.3%	0.188	0.268	0.313	0.581

홍현빈 외야수 31

신장	174	체중	70	생일	1997.08.29	투타	우투좌타	지명	2017 KT 2차 3라운드 21순위
연봉	4,000-4,800-4,500			학교	수원신곡초-매송중-유신고				

● 2017년 지명돼 어느새 8년차 시즌을 맞는다. 아직까지 풀타임 경험이 없고, 평균 35 경기 출전에 그쳤다. 그나마 지난 시즌 출루 가능성을 보였다. 빠른 발을 이용한 수비력과 주루에 장점이 있지만 KT 외야진은 더욱 빡빡해졌다. 툴로 평가 받는 빠른 발을 보다 어필할 수 있어야 1군 풀타임이 가능하다. 일단 퓨처스 캠프에서 시작했다.

기본기록

연도	경기	타석	타수	안타	2루타	3루타	홈런	타점	득점	볼넷	사구	삼진	도루	도루자	타율	출루율	장타율	OPS	WAR	WPA
2021	43	12	11	2	0	0	0	8	0	0	0	8	0	1	0.182	0.182	0.182	0.364	0.00	0.00
2022	61	92	76	18	2	0	1	8	10	0	26	4	0	0	0.237	0.326	0.263	0.589	0.18	-1.01
2023	44	86	73	17	2	0	1	15	13	0	21	2	0	0	0.233	0.349	0.260	0.609	0.28	-0.82
통산	210	235	197	40	4	0	2	4	39	30	9	69	8	2	0.203	0.308	0.223	0.531	-0.20	-2.17

구종별기록

상황	상대%	타구속도	상하 각도	타율	장타율	땅볼%	뜬공%	강한타구%
직구	47.1%	126.0	25.5	0.257	0.286	21.4%	78.6%	4.8%
커브	11.8%	132.7	10.8	0.167	0.167	50.0%	50.0%	0.0%
슬라이더	14.3%	134.8	17.5	0.250	0.250	33.3%	66.7%	0.0%
체인지업	6.1%	121.2	5.9	0.167	0.167	75.0%	25.0%	0.0%
포크	6.1%	106.4	12.5	0.250	0.250	66.7%	33.3%	0.0%
싱커								
투심	9.0%	140.1	18.5	0.333	0.500	100.0%	0.0%	0.0%
너클								
커터	5.6%	123.4	27.5	0.000	0.000	33.3%	66.7%	0.0%
스플리터								

상황별기록

구분	타석	홈런/9	볼넷/9	삼진/9	타율	출루율	장타율	OPS
전반기	86	0.0%	15.1%	24.4%	0.233	0.349	0.260	0.609
후반기								
vs 좌	29	0.0%	13.8%	27.6%	0.280	0.379	0.280	0.659
vs 우	57	0.0%	15.8%	22.8%	0.208	0.333	0.250	0.583
주자없음	51	0.0%	19.6%	27.5%	0.293	0.431	0.341	0.772
주자있음	35	0.0%	8.6%	20.0%	0.156	0.229	0.156	0.385
득점권	17	0.0%	11.8%	23.5%	0.067	0.176	0.067	0.243
노아웃	31	0.0%	16.1%	22.6%	0.346	0.452	0.385	0.837
원아웃	36	0.0%	19.4%	27.8%	0.207	0.361	0.241	0.602
투아웃	19	0.0%	5.3%	21.1%	0.111	0.158	0.111	0.269

강건 투수 99

신장	183	체중	85	생일	2004.07.12	투타	우투우타	지명	2023 KT 11라운드 110순위
연봉	3,000-3,500			학교	원일초(수원영통구리틀)-매향중-장안고				

연도	경기	선발	QS	승	패	세이브	BS	홀드	이닝	피안타	피홈런	4사구	삼진	피안타율	WHIP	피OPS	FIP	ERA	WAR	WPA
2021																				
2022																				
2023	4	0	0	0	0	1	0	0	6 2/3	4	0	3	8	0.167	1.05	0.509	2.39	1.35	0.19	-0.08
통산	4	0	0	0	0	1	0	0	6 2/3	4	0	3	8	0.167	1.05	0.509	2.39	1.35	0.19	-0.08

김건웅 투수 49

신장	187	체중	90	생일	2004.04.12	투타	좌투우타	지명	2023 KT 4라운드 40순위
연봉	3,000-3,000			학교	서울영화초-성남중-성남고				

연도	경기	선발	QS	승	패	세이브	BS	홀드	이닝	피안타	피홈런	4사구	삼진	피안타율	WHIP	피OPS	FIP	ERA	WAR	WPA
2021																				
2022																				
2023																				
통산																				

김민성 투수 94

신장	180	체중	83	생일	2005.08.28	투타	우투우타	지명	2024 KT 3라운드 27순위
연봉	3,000			학교	언북초-홍은중-선린인터넷고				

연도	경기	선발	QS	승	패	세이브	BS	홀드	이닝	피안타	피홈런	4사구	삼진	피안타율	WHIP	피OPS	FIP	ERA	WAR	WPA
2021																				
2022																				
2023																				
통산																				

김영현 투수 48

신장	178	체중	81	생일	2002.08.18	투타	우투우타	지명	2021 KT 2차 5라운드 45순위
연봉	3,000-3,000-4,100			학교	광주화정초-광주동성중-광주동성고				

연도	경기	선발	QS	승	패	세이브	BS	홀드	이닝	피안타	피홈런	4사구	삼진	피안타율	WHIP	피OPS	FIP	ERA	WAR	WPA
2021																				
2022																				
2023	31	0	0	0	0	1	0	1	33	30	4	21	35	0.238	1.52	0.734	4.72	5.45	-0.15	-0.20
통산	31	0	0	0	0	1	0	1	33	30	4	21	35	0.238	1.52	0.734	4.72	5.45	-0.15	-0.20

김정운 투수 62

신장	184	체중	84	생일	2004.04.21	투타	우언우타	지명	2023 KT 1라운드 10순위
연봉	3,000-3,100			학교	동천초-경주중-대구고				

연도	경기	선발	QS	승	패	세이브	BS	홀드	이닝	피안타	피홈런	4사구	삼진	피안타율	WHIP	피OPS	FIP	ERA	WAR	WPA
2021																				
2022																				
2023	5	0	0	0	0	0	0	0	7	6	0	8	3	0.222	1.71	0.696	6.01	3.86	-0.02	-0.05
통산	5	0	0	0	0	0	0	0	7	6	0	8	3	0.222	1.71	0.696	6.01	3.86	-0.02	-0.05

문용익 투수 13

| 신장 | 178 | 체중 | 93 | 생일 | 1995.02.04 | 투타 | 우투우타 | 지명 | 2017 삼성 2차 6라운드 59순위 |

연봉 4,500-6,300-6,300
학교 덕양초-양천중-청원고-세계사이버대

연도	경기	선발	QS	승	패	세이브	BS	홀드	이닝	피안타	피홈런	4사구	삼진	피안타율	WHIP	피OPS	FIP	ERA	WAR	WPA
2021	22	0	0	2	0	0	1	2	22	21	3	11	19	0.247	1.41	0.721	4.88	4.50	0.12	0.54
2022	39	0	0	1	2	1	0	2	37 2/3	31	2	24	23	0.230	1.41	0.653	4.72	3.35	0.14	0.12
2023	14	0	0	1	0	0	0	0	13	8	0	14	12	0.182	1.54	0.584	4.83	4.15	0.07	-0.01
통산	75	0	0	4	2	1	1	4	72 2/3	60	5	49	54	0.227	1.43	0.664	4.80	3.84	0.33	0.64

박세진 투수 33

| 신장 | 178 | 체중 | 93 | 생일 | 1997.06.27 | 투타 | 좌투좌타 | 지명 | 2016 KT 1차 |

연봉 0-3,300-3,500
학교 본리초-경운중-경북고

연도	경기	선발	QS	승	패	세이브	BS	홀드	이닝	피안타	피홈런	4사구	삼진	피안타율	WHIP	피OPS	FIP	ERA	WAR	WPA
2021																				
2022																				
2023	16	0	0	0	1	0	0	1	11 2/3	15	1	14	10	0.288	2.49	0.824	6.44	3.86	-0.12	-0.15
통산	36	14	0	1	10	0	0	1	74 2/3	104	16	58	50	0.330	2.10	0.996	7.37	8.32	-0.73	-1.78

성재헌 투수 95

| 신장 | 175 | 체중 | 82 | 생일 | 1997.12.22 | 투타 | 좌투좌타 | 지명 | 2020 LG 2차 8라운드 73순위 |

연봉 3,200-3,200-3,000
학교 도신초-성남중-성남고-연세대

연도	경기	선발	QS	승	패	세이브	BS	홀드	이닝	피안타	피홈런	4사구	삼진	피안타율	WHIP	피OPS	FIP	ERA	WAR	WPA
2021																				
2022																				
2023																				
통산	4	0	0	0	0	0	0	0	4 1/3	6	0	2	1	0.333	1.62	0.789	4.48	4.15	0.03	0.10

신병률 투수 15

| 신장 | 175 | 체중 | 83 | 생일 | 1996.01.30 | 투타 | 우언우타 | 지명 | 2018 KT 2차 6라운드 51순위 |

연봉 3,100-3,100-3,100
학교 둔촌초-잠신중-휘문고-단국대

연도	경기	선발	QS	승	패	세이브	BS	홀드	이닝	피안타	피홈런	4사구	삼진	피안타율	WHIP	피OPS	FIP	ERA	WAR	WPA
2021																				
2022																				
2023																				
통산	21	1	0	0	0	1	0	2	25 2/3	35	6	10	14	0.327	1.64	0.988	6.95	7.01	-0.20	-0.55

원상현 투수 63

| 신장 | 183 | 체중 | 83 | 생일 | 2004.10.16 | 투타 | 우투우타 | 지명 | 2024 KT 1라운드 7순위 |

연봉 3,000
학교 가산초(부산진구리틀)-개성중-부산고

연도	경기	선발	QS	승	패	세이브	BS	홀드	이닝	피안타	피홈런	4사구	삼진	피안타율	WHIP	피OPS	FIP	ERA	WAR	WPA
2021																				
2022																				
2023																				
통산																				

윤강찬 투수 65

| 신장 | 185 | 체중 | 72 | 생일 | 1998.04.24 | 투타 | 우투우타 | 지명 | 2018 KT 2차 5라운드 41순위 |

| 연봉 | 2,700-3,000-3,000 | 학교 | 사파초-김해내동중-김해고 |

연도	경기	선발	QS	승	패	세이브	BS	홀드	이닝	피안타	피홈런	4사구	삼진	피안타율	WHIP	PIOPS	FIP	ERA	WAR	WPA
2021																				
2022																				
2023																				
통산																				

이선우 투수 61

| 신장 | 186 | 체중 | 90 | 생일 | 2000.09.19 | 투타 | 우언우타 | 지명 | 2019 KT 2차 7라운드 61순위 |

| 연봉 | 0-3,000-4,000 | 학교 | 수진초-매송중-유신고 |

연도	경기	선발	QS	승	패	세이브	BS	홀드	이닝	피안타	피홈런	4사구	삼진	피안타율	WHIP	PIOPS	FIP	ERA	WAR	WPA
2021																				
2022																				
2023	22	4	0	0	2	0	0	0	37 1/3	47	5	13	24	0.305	1.50	0.797	4.94	4.34	0.14	-0.34
통산	27	4	0	0	2	0	0	0	41	54	7	15	27	0.314	1.59	0.842	5.47	4.83	0.01	-0.35

이정현 투수 51

| 신장 | 188 | 체중 | 93 | 생일 | 1997.12.05 | 투타 | 우투우타 | 지명 | 2017 KT 2차 1라운드 1순위 |

| 연봉 | 3,500-3,500-3,500 | 학교 | 무학초-마산동중-용마고 |

연도	경기	선발	QS	승	패	세이브	BS	홀드	이닝	피안타	피홈런	4사구	삼진	피안타율	WHIP	PIOPS	FIP	ERA	WAR	WPA
2021	2	1	0	0	1	0	0	0	8 2/3	12	3	5	1	0.364	1.96	1.174	9.33	9.35	-0.24	-0.28
2022	3	0	0	0	0	0	0	0	3 2/3	3	1	5	1	0.231	1.91	0.906	10.43	2.45	-0.01	0.01
2023																				
통산	14	3	0	0	3	0	0	0	24 1/3	27	7	18	11	0.293	1.81	1.003	8.41	8.51	-0.55	-0.45

이태규 투수 45

| 신장 | 188 | 체중 | 72 | 생일 | 2000.02.21 | 투타 | 우투좌타 | 지명 | 2019 KIA 2차 3라운드 30순위 |

| 연봉 | 3,000-3,000-3,000 | 학교 | 희망대초-매향중-장안고 |

연도	경기	선발	QS	승	패	세이브	BS	홀드	이닝	피안타	피홈런	4사구	삼진	피안타율	WHIP	PIOPS	FIP	ERA	WAR	WPA
2021																				
2022																				
2023																				
통산																				

전용주 투수 29

| 신장 | 188 | 체중 | 87 | 생일 | 2000.02.12 | 투타 | 좌투좌타 | 지명 | 2019 KT 1차 |

| 연봉 | 3,200 | 학교 | 양진초(안성시리틀)-성일중-안산공고 |

연도	경기	선발	QS	승	패	세이브	BS	홀드	이닝	피안타	피홈런	4사구	삼진	피안타율	WHIP	PIOPS	FIP	ERA	WAR	WPA
2021																				
2022																				
2023	15	0	0	0	1	0	0	1	10 1/3	6	0	7	9	0.167	1.16	0.580	3.73	4.35	0.09	0.09
통산	19	0	0	0	1	0	0	1	13 1/3	12	1	13	10	0.245	1.80	0.799	5.82	6.75	-0.09	0.06

조이현 투수 54

신장	185	체중	95	생일	1995.06.27	투타	우투좌타	지명	2014 한화 2차 5라운드 47순위
연봉	6,500-6,500-6,000			학교	송정동초-배재중-제주고				

연도	경기	선발	QS	승	패	세이브	BS	홀드	이닝	피안타	피홈런	4사구	삼진	피안타율	WHIP	피OPS	FIP	ERA	WAR	WPA
2021	30	8	1	4	8	1	0	0	66 2/3	74	10	26	48	0.290	1.50	0.811	5.01	5.67	-0.14	0.20
2022																				
2023	18	4	0	2	1	0	0	1	35	61	3	8	17	0.389	1.91	0.956	4.27	6.69	-0.13	-0.16
통산	97	22	3	8	14	1	0	1	203	272	32	69	119	0.328	1.66	0.888	5.41	6.34	-0.20	-0.10

하준호 투수 28

신장	174	체중	78	생일	1989.04.29	투타	좌투좌타	지명	2008 롯데 2차 1라운드 2순위
연봉	5,000-4,500-4,500			학교	하단초-대동중-경남고				

연도	경기	선발	QS	승	패	세이브	BS	홀드	이닝	피안타	피홈런	4사구	삼진	피안타율	WHIP	피OPS	FIP	ERA	WAR	WPA
2021	10	0	0	0	0	0	0	0	12	16	2	6	10	0.327	1.83	0.903	5.33	6.75	-0.14	-0.16
2022	20	0	0	0	1	0	0	0	16 1/3	16	2	17	15	0.281	1.96	0.855	6.22	8.27	-0.37	-0.30
2023	12	0	0	0	1	0	0	0	13	14	0	15	6	0.304	1.85	0.801	5.52	4.15	-0.09	-0.30
통산	117	2	0	0	7	0	1	9	106 1/3	104	9	89	77	0.261	1.72	0.764	5.45	6.52	0.22	-3.45

강민성 내야수 5

신장	180	체중	85	생일	1999.12.08	투타	우투우타	지명	2019 KT 2차 6라운드 51순위
연봉	0-3,300-3,600			학교	대구옥산초-경상중-경북고				

연도	경기	타석	타수	안타	2루타	3루타	홈런	타점	득점	볼넷	사구	삼진	도루	도루자	타율	출루율	장타율	OPS	WAR	WPA
2021																				
2022																				
2023	12	27	22	4	1	0	0	2	4	0	0	10	0	0	0.182	0.308	0.227	0.535	-0.16	-0.35
통산	12	27	22	4	1	0	0	2	4	0	0	10	0	0	0.182	0.308	0.227	0.535	-0.16	-0.35

강현우 포수 55

신장	180	체중	90	생일	2001.04.13	투타	우투우타	지명	2020 KT 2차 1라운드 2순위
연봉	0-3,000-5,000			학교	원종초(부천시리틀)-부천중-유신고				

연도	경기	타석	타수	안타	2루타	3루타	홈런	타점	득점	볼넷	사구	삼진	도루	도루자	타율	출루율	장타율	OPS	WAR	WPA
2021																				
2022																				
2023	53	111	103	20	6	0	1	11	5	6	1	17	0	1	0.194	0.245	0.282	0.527	-0.21	-1.24
통산	79	143	133	26	8	0	2	14	13	8	1	28	0	1	0.195	0.246	0.301	0.547	-0.30	-1.22

김건형 외야수 0

신장	182	체중	83	생일	1996.07.12	투타	우투좌타	지명	2021 KT 2차 8라운드 75순위
연봉	0-3,000-3,000			학교	먼우금초-Lesbois(중)-Timberline(고)-Boise State(대)				

연도	경기	타석	타수	안타	2루타	3루타	홈런	타점	득점	볼넷	사구	삼진	도루	도루자	타율	출루율	장타율	OPS	WAR	WPA
2021	11	39	33	7	1	0	0	4	6	0	6	1	0	0	0.212	0.333	0.242	0.575	-0.03	-0.01
2022																				
2023																				
통산	11	39	33	7	1	0	0	4	6	0	6	1	0	0	0.212	0.333	0.242	0.575	-0.03	-0.01

김민석 포수 97

신장	181	체중	93	생일	2005.07.22	투타	우투우타	지명	2024 KT 10라운드 97순위
연봉	3,000			학교	창영초-동인천중-제물포고				

연도	경기	타석	타수	안타	2루타	3루타	홈런	타점	득점	볼넷	사구	삼진	도루	도루자	타율	출루율	장타율	OPS	WAR	WPA
2021																				
2022																				
2023																				
통산																				

김병준 외야수 57

신장	175	체중	80	생일	2003.07.03	투타	우투좌타	지명	2022 KT 2차 9라운드 88순위
연봉	3,000-3,000-3,100			학교	창촌초(안산리틀)-안산중앙중-유신고				

연도	경기	타석	타수	안타	2루타	3루타	홈런	타점	득점	볼넷	사구	삼진	도루	도루자	타율	출루율	장타율	OPS	WAR	WPA
2021																				
2022																				
2023	3	2	2	0	0	0	0	0	0	0	0	2	0	0	0.000	0.000	0.000	0.000	-0.05	-0.08
통산	3	2	2	0	0	0	0	0	0	0	0	2	0	0	0.000	0.000	0.000	0.000	-0.05	-0.08

박민석 내야수 25

신장	180	체중	77	생일	2000.04.13	투타	우투우타	지명	2019 KT 2차 5라운드 41순위
연봉	0-3,000-3,100			학교	성동초-덕수중-장충고				

연도	경기	타석	타수	안타	2루타	3루타	홈런	타점	득점	볼넷	사구	삼진	도루	도루자	타율	출루율	장타율	OPS	WAR	WPA
2021																				
2022																				
2023	4	4	4	1	0	0	0	1	0	0	0	3	0	0	0.250	0.250	0.250	0.500	-0.04	-0.03
통산	7	5	5	1	0	0	0	1	0	0	0	3	0	0	0.200	0.200	0.200	0.400	-0.06	-0.04

송민섭 내야수 12

신장	177	체중	80	생일	1991.08.02	투타	우투우타	지명	2014 KT 육성선수
연봉	8,100-6,500-6,500			학교	청파초-선린중-선린인터넷고-단국대				

연도	경기	타석	타수	안타	2루타	3루타	홈런	타점	득점	볼넷	사구	삼진	도루	도루자	타율	출루율	장타율	OPS	WAR	WPA
2021	122	65	48	11	0	0	0	7	39	12	0	22	15	1	0.229	0.383	0.229	0.612	0.53	0.28
2022	119	72	64	10	1	2	0	3	17	5	0	19	0	2	0.156	0.217	0.234	0.451	-0.53	-0.65
2023	69	25	23	3	0	0	0	0	6	1	1	8	3	0	0.130	0.200	0.130	0.330	-0.19	-0.06
통산	604	357	300	63	5	5	1	20	117	32	5	96	26	7	0.210	0.295	0.270	0.565	0.52	-1.21

신본기 내야수 56

신장	179	체중	88	생일	1989.03.21	투타	우투우타	지명	2012 롯데 2라운드 14순위
연봉	11,500-13,000-13,000			학교	감천초-경남중-경남고-동아대				

연도	경기	타석	타수	안타	2루타	3루타	홈런	타점	득점	볼넷	사구	삼진	도루	도루자	타율	출루율	장타율	OPS	WAR	WPA
2021	96	206	174	41	8	0	1	19	25	22	4	45	1	2	0.236	0.333	0.299	0.632	0.21	-0.76
2022	74	138	121	22	4	0	1	8	9	10	2	28	0	1	0.182	0.254	0.231	0.485	-0.45	-2.09
2023	40	75	54	11	2	0	1	7	8	14	2	8	0	0	0.204	0.365	0.296	0.661	0.23	-0.47
통산	916	2397	2071	507	83	2	28	241	276	193	59	445	19	20	0.245	0.324	0.327	0.651	1.46	-7.97

장준원 내야수 16

신장	체중	생일	투타	지명
183	77	1995.11.21	우투우타	2014 LG 2차 2라운드 23순위

연봉	학교
3,800-5,000-5,300	경운초(김해리틀)-개성중-경남고

연도	경기	타석	타수	안타	2루타	3루타	홈런	타점	득점	볼넷	사구	삼진	도루	도루자	타율	출루율	장타율	OPS	WAR	WPA
2021	5	3	3	0	0	0	0	0	0	0	0	0	0	0	0.000	0.000	0.000	0.000	-0.13	0.00
2022	35	63	57	14	2	0	3	10	7	3	0	17	1	0	0.246	0.283	0.439	0.722	0.34	0.01
2023	69	104	87	15	2	1	1	10	10	12	1	25	3	0	0.172	0.277	0.253	0.530	-0.05	-0.35
통산	197	284	249	48	7	1	5	27	31	24	1	61	4	0	0.193	0.264	0.289	0.553	-0.16	-0.59

정준영 외야수 58

신장	체중	생일	투타	지명
173	73	2004.01.26	좌투좌타	2023 KT 2라운드 20순위

연봉	학교
3,000-4,200	도신초-강남중-장충고

연도	경기	타석	타수	안타	2루타	3루타	홈런	타점	득점	볼넷	사구	삼진	도루	도루자	타율	출루율	장타율	OPS	WAR	WPA
2021																				
2022																				
2023	34	55	48	14	2	0	0	6	6	3	0	11	0	0	0.292	0.333	0.333	0.666	0.20	-0.56
통산	34	55	48	14	2	0	0	6	6	3	0	11	0	0	0.292	0.333	0.333	0.666	0.20	-0.56

조대현 포수 42

신장	체중	생일	투타	지명
183	81	1999.08.06	우투우타	2018 KT 2차 10라운드 91순위

연봉	학교
3,000-3,100-3,100	길동초-매송중-유신고

연도	경기	타석	타수	안타	2루타	3루타	홈런	타점	득점	볼넷	사구	삼진	도루	도루자	타율	출루율	장타율	OPS	WAR	WPA
2021																				
2022	6	4	4	0	0	0	0	0	0	0	0	3	0	0	0.000	0.000	0.000	0.000	-0.10	-0.11
2023																				
통산	6	4	4	0	0	0	0	0	0	0	0	3	0	0	0.000	0.000	0.000	0.000	-0.10	-0.11

조용호 외야수 23

신장	체중	생일	투타	지명
170	75	1989.09.09	우투좌타	2014 SK 육성선수

연봉	학교
24,000-32,000-15,000	성동초-잠신중-야탑고-단국대

연도	경기	타석	타수	안타	2루타	3루타	홈런	타점	득점	볼넷	사구	삼진	도루	도루자	타율	출루율	장타율	OPS	WAR	WPA
2021	138	515	428	101	14	1	0	48	71	74	3	85	12	9	0.236	0.349	0.273	0.622	0.65	-1.37
2022	131	531	474	146	18	4	3	44	52	49	3	74	5	4	0.308	0.374	0.382	0.756	3.25	0.25
2023	63	184	161	40	2	0	0	7	20	23	0	25	4	0	0.248	0.342	0.261	0.603	0.35	-1.20
통산	636	2162	1864	516	62	9	3	160	269	256	11	339	47	23	0.277	0.366	0.325	0.691	8.27	-4.25

천성호 내야수 14

신장	체중	생일	투타	지명
183	85	1997.10.30	우투좌타	2020 KT 2차 2라운드 12순위

연봉	학교
4,400-4,400-4,500	광주화정초-충장중-진흥고-단국대

연도	경기	타석	타수	안타	2루타	3루타	홈런	타점	득점	볼넷	사구	삼진	도루	도루자	타율	출루율	장타율	OPS	WAR	WPA
2021	41	47	42	12	1	0	0	4	13	3	2	9	1	0	0.286	0.362	0.310	0.672	0.00	0.25
2022																				
2023																				
통산	107	124	111	26	4	0	0	5	22	10	3	24	2	1	0.234	0.315	0.270	0.585	-0.40	-0.69

PLAYER LIST

육성선수

성명	포지션	등번호	신장	체중	생년월일	투타	지명	연봉	학교
김지민	투수	113	175	78	2001.09.21	우투우타	2024 KT 육성선수	3,000	성동초-덕수중-서울고-원광대
김태오	투수	20	183	84	1997.07.29	좌투좌타	2016 KT 2차 5라운드 41순위	3,400-3,500-3,500	연현초-양천중-서울고
박시윤	투수	67	185	90	1999.03.08	좌투좌타	2018 KT 2차 3라운드 21순위	2,700-3,000-3,000	울산대현초-마산제일중-용마고
신범준	투수	47	189	78	2002.06.01	우투좌타	2021 KT 1차	3,000-3,000-3,000	원일초(수원영통구리틀)-매향중-장안고
이근혁	투수	110	184	79	2001.05.29	우투우타	2024 KT 8라운드 77순위	3,000	고명초-잠신중-경기고-한일장신대
이승언	투수	112	186	95	2005.03.04	우투우타	2024 KT 11라운드 107순위	3,000	한일초(장안구리틀)-수일중-장안고
이종혁	투수	66	190	86	1997.05.29	우투우타	2017 KT 2차 2라운드 11순위	3,100-3,100-3,000	대구옥산초-경복중-대구고
이준명	투수	101	193	100	2002.12.18	우투우타	2023 KT 10라운드 100순위	3,000-3,000	정목초(강서구리틀)-덕수중-성남고-동의대(얼리 드래프트)
정진호	투수	104	181	79	2004.09.20	우투우타	2023 KT 9라운드 90순위	3,000-3,000	서원초-세광중-청담고
조용근	투수	102	187	100	1996.01.01	우투우타	2020 LG 육성선수	0-0-3,000	공주중동초-공주중-공주고-중앙대
최윤서	투수	106	185	95	2003.03.21	우투우타	2024 KT 4라운드 37순위	3,000	대모초(강남구리틀)-휘문중-포항제철고-동의대(얼리 드래프트)
한민우	투수	96	177	82	1999.04.27	좌투좌타	2023 KT 육성선수	3,000-3,000	동일중앙초-경남중-경남고
한차현	투수	59	180	80	1998.11.30	우투우타	2021 KT 2차 2라운드 15순위	3,100-0-3,100	사능초(남양주리틀)-청원중-포항제철고-성균관대

성명	포지션	등번호	신장	체중	생년월일	투타	지명	연봉	학교
이승현	포수	111	184	90	2005.01.26	우투좌타	2024 KT 9라운드 87순위	3,000	비전초(평택리틀)-개군중-북일고
이준희	포수	92	183	85	2004.01.06	우투우타	2023 KT 6라운드 60순위	3,000-3,000	중대초-잠신중-휘문고
김성균	내야수	93	185	93	2001.07.06	좌투좌타	2020 KT 2차 5라운드 42순위	3,000-0-3,000	고명초-자양중-신일고
김철호	내야수	9	182	87	1998.02.06	우투좌타	2018 NC 2차 3라운드 29순위	0-3,000-3,000	서화초-재능중-율곡고
류현인	내야수	36	174	80	2000.11.08	우투좌타	2023 KT 7라운드 70순위	3,000-3,100	광주수창초-진흥중-진흥고-단국대
박정현	내야수	108	184	80	2005.05.24	우투양타	2024 KT 6라운드 57순위	3,000	철산초(광명리틀)-영동중-경기항공고
박태완	내야수	109	173	77	2005.09.04	우투우타	2024 KT 7라운드 67순위	3,000	중동초(부천시리틀)-부천중-유신고
양승혁	내야수	39	173	68	1999.09.29	우투좌타	2018 KT 육성선수	3,200-3,200-3,200	태랑초(남양주리틀)-청원중-서울고
윤준혁	내야수	35	186	86	2001.07.26	우투우타	2020 KT 2차 4라운드 32순위	3,000-0-3,000	역촌초(은평구리틀)-충암중-충암고
김규대	외야수	105	182	90	2002.03.13	우투우타	2021 KT 2차 10라운드 95순위	0-0-3,000	신도초-율곡중-율곡고
신호준	외야수	107	186	90	2004.10.21	우투우타	2024 KT 5라운드 47순위	3,000	백마초-포항중-경주고
최성민	외야수	69	179	84	2002.07.05	좌투좌타	2021 KT 2차 6라운드 55순위	3,000-3,000-3,000	송정동초-무등중-광주동성고
최정태	외야수	100	183	93	1999.09.10	우투우타	2023 KT 육성선수	3,000-3,000	성동초-휘문중-휘문고-중앙대
황의준	외야수	103	185	95	2002.04.06	우투좌타	2023 KT 8라운드 80순위	3,000-3,000	칠성초-경복중-경북고-수성대

SSG랜더스필드

SSG LANDERS
SSG 랜더스

디펜딩 챔피언으로 출발했지만 어수선하게 끝났다. 시즌 뒤 석연치 않은 이유로 감독과 단장이 모두 바뀌는 일이 벌어졌다. 일단 분위기를 추스르는 것이 우선인 시즌이다. 이숭용 감독과 김재현 단장 모두 '분위기'를 만드는데는 제격인 인물이다. 둘 모두 리그를 대표하는 '카리스마형 캡틴' 출신이다. 최고참 추신수와 호흡도 좋다. 투타 중심 선수들의 나이가 많아진 만큼 성적을 낼 수 있는 임계점이 멀지 않다. 고참 선수들의 활약과 젊은 선수들의 성장이 맞아 떨어져야 한다. 추신수는 이번 시즌이 현역 마지막임을 선언했다. 외국인 김광현 이후의 4~5선발과 40세 듀오 의존도가 높은 불펜이 풀어야 할 숙제다. 1루수, 2루수, 포수 등 주전이 불확실한 포지션도 많다. 경쟁을 통해 최상의 퍼즐을 맞추겠다는 것이 주장형 감독 이숭용 감독의 복안이다.

2023 좋았던 일

로맥 이후 이렇다할 외인 타자를 찾지 못하던 가운데 기예르모 에레디아의 계약은 성공적이었다. 수비가 강한 타자였지만 KBO리그에서는 빠르게 적응에 성공하며 시즌 중반까지 타격 선두를 달렸다. 시즌 뒤 재계약에서 성공했다. 2022시즌 부진했던 최정이 타격 스탯을 끌어올리며 다시 제모습을 찾았다. 홈런 2위에 오른 것도 긍정적. 앞선 해 불펜 때문에 걱정이었는데 서진용이 새로운 클로저로 떠오르면서 40세이브로 구원왕에 올랐다. 노경은과 고효준 두 40세 투수 듀오의 분투도 팀 전체에 활력을 불어넣었다. 신인 불펜 이로운은 귀여우면서도 씩씩하게 공을 던졌다. 9월 들어 팀 성적이 하락하며 자칫 가을야구를 못할 위기에 몰리는 듯 했지만 10월 반등을 통해 3위로 준플레이오프에 직행. 팀 미래 핵심전력 박성한과 최지훈은 AG 금메달.

2023 나빴던 일

우승 뒤 후유증이 상당했다. 한국시리즈 트로피를 들어올린 뒤 얼마 되지 않아 류선규 단장과 계약이 해지됐다. 구단 운영에 있어 '방향성'의 차이가 이유로 제시됐지만 석연치 않았다. 구단주 주변의 비선 실세 논란이 불거졌다. WBC 성적이 좋지 않은 가운데 에이스 김광현의 대회 중 음주 사실이 드러나며 팀 분위기가 또 한 번 흔들렸다. 기대를 모았던 주축 선수들이 부진하거나 성장이 더뎠고, 선두를 위협했던 순위가 9월 들어 자칫 5강에서 탈락할 위기까지 몰렸다. 시즌 중에는 2군에서 배트 폭행 파문까지 불거졌다. 10월 반등으로 가을야구에 올랐지만 준플레이오프에서 NC에 3연패를 당하며 일찌감치 끝났고, 우승 직후 계약한 김원형 감독이 경질됐다. 2차 드래프트 과정에서 '김강민 이적 파문'까지 겪으며 결국 김성용 단장도 물러났다.

이숭용 감독 71

| 신장 | 186 | 체중 | 98 | 생일 | 1971.03.10 | 투타 | 좌투좌타 |
| 연봉 | 30,000 | | | 학교 | 용암초-중앙중-중앙고-경희대 | | |

유니콘스-히어로즈로 팀 이름이 바뀌었지만 사실상 원클럽맨이었다. 커리어 중후반 팀이 어려울 때 주장으로 분위기를 흔들리지 않게 잡았다. 은퇴 뒤 해설위원과 KT 타격 코치를 거쳐 단장으로 부임해 2021년 팀의 우승을 일궈냈다. 우승 뒤 육성총괄 코치로 이동하는 쉽게 이해되지 않는 인사가 나왔다. 결과적으로 코치, 단장, 육성 총괄을 모두 겪은 경험이 어수선했던 SSG의 신임 감독에 최적이라는 평가를 받았다. 감독이 되자마자 추신수를 비롯한 고참 선수들에게 일일이 먼저 전화하며 소통했다. 베테랑들에게는 캠프 준비, 시즌 운영 등에 상당한 자율권을 부여하며 분위기를 잡아 나갔다. '주장형 감독'에 가까워 보이지만, 타격 이론뿐만 아니라 시즌 운영 노하우가 상당하다. 1루 수비와 외야 수비 이론에도 일가견이 있다.

구단 정보

창단	연고지	홈구장	우승	홈페이지
2000	인천	인천SSG 랜더스필드	5회(07,08,10,18,22)	http://www.ssglanders.com

2023시즌 성적

순위	경기	승	무	패	승률
3	144	76	3	65	0.539

타율 / 순위	출루율 / 순위	장타율 / 순위	홈런 / 순위	도루 / 순위	실책 / 순위
0.260 / 8	0.336 / 6	0.389 / 3	125 / 1	96 / 7	119 / 8

ERA / 순위	선발ERA / 순위	구원ERA / 순위	탈삼진 / 순위	볼넷허용 / 순위	피홈런 / 순위
4.37 / 7	4.53 / 10	4.15 / 5	974 / 7	612 / 10	104 / 9

최근 10시즌 성적

연도	순위	승	무	패	승률
2013	6	62	3	63	0.496
2014	5	61	2	65	0.484
2015	5	69	2	73	0.486
2016	6	69	0	75	0.479
2017	5	75	1	68	0.524
2018	1	78	1	65	0.545
2019	3	88	1	55	0.615
2020	9	51	1	92	0.357
2021	6	66	14	64	0.508
2022	1	88	4	52	0.629

2023시즌 월별 성적

월	승	무	패	승률	순위
4	15	0	9	0.625	2
5	14	1	8	0.636	2
6	15	0	10	0.600	4
7	6	0	8	0.429	7
8	10	0	13	0.435	6
9-10	16	2	17	0.485	7
포스트시즌	0	0	3	0.000	4

COACHING STAFF

코칭스태프

성명	보직	등번호	신장	체중	생년월일	투타	학교
송신영	수석	88	178	93	1977.03.01	우투우타	재동초-중앙중-중앙고-고려대
조원우	벤치	74	178	82	1971.04.08	우투우타	부산수영초-부산중-부산고-고려대
김종훈	타격보조	79	183	80	1972.01.29	우투우타	가양초-한밭중-북일고-경희대
배영수	투수	98	185	100	1981.05.04	우투우타	칠성초-경복중-경북고
이승호(81)	불펜	91	176	86	1981.09.09	좌투좌타	군산남초-군산남중-군산상고
조동화	작전/주루	84	175	75	1981.03.22	좌투좌타	공주중동초-공주중-공주고(대불대)
강병식	타격	72	182	91	1977.04.23	우투좌타	성동초-신일중-신일고-고려대
이대수	수비	76	175	75	1981.08.21	우투우타	군산중앙초-군산중-군산상고
임재현	작전/주루	77	175	76	1991.05.29	우투우타	경운초(김해시리틀)-개성중-개성고-성균관대
스즈키	배터리	83	181	75	1975.05.23	우투우타	일본 센다이육영고-일본 토호쿠복지대
손시헌	퓨처스 감독	70	172	73	1980.10.19	우투우타	화곡초-선린중-선린정보고-동의대
정진식	퓨처스 총괄/야수	87	180	82	1971.11.15	우투우타	가야초-개성중-경남고-동아대
류택현	퓨처스 투수	89	185	80	1971.10.23	좌투좌타	서울도곡초-신일중-휘문고-동국대
윤재국	퓨처스 작전/주루	86	176	78	1975.05.05	좌투좌타	서흥초-대헌중-인천고-경남대
김이슬	퓨처스 불펜	75	182	100	1984.06.15	좌투좌타	순천북초-순천이수중-효천고-경희대
윤요섭	퓨처스 배터리	82	180	96	1982.03.30	우투우타	남산초-덕수중-중앙고-단국대
오준혁	퓨처스 타격	73	188	95	1992.03.11	우투좌타	순천북초-천안북중-북일고
김동호	퓨처스 드라이브라인	85	185	100	1985.09.10	우투우타	대구수창초-성광중-대구고-영남대
와타나베	퓨처스 수비	80	184	90	1979.04.03	우투우타	일본 우에노미야고
양지훈	잔류 투수	81	183	82	1985.04.15	우언우타	순천북초-순천이수중-효천고-한일장신대
이윤재	잔류 재활	78	178	97	1989.01.02	우투우타	흥무초-경주중-경주고-경남대
고윤형	수석컨디셔닝	122	173	70	1979.09.20	우투우타	서울대현초-휘문중-휘문고-용인대
곽현희	컨디셔닝	121	180	81	1973.08.06	우투우타	성동초-배재중-배재고-영남대
김상용	컨디셔닝	125	182	85	1983.05.07	우투우타	대야초-대흥중-소래고-한남대
길강남	컨디셔닝	123	171	70	1991.12.23	우투우타	평촌초-범계중-평촌고-성균관대
송재환	컨디셔닝	124	176	90	1980.09.16	우투우타	승학초-동인천중-연수고-미국 Ball State(대)
이형삼	퓨처스 컨디셔닝		180	78	1982.07.18	우투우타	상원초(한천리틀)-온곡중-청원고-남서울대
김기태	퓨처스 컨디셔닝		176	75	1990.06.15	우투우타	배봉초-전동중-동대부고-국민대
윤인득	퓨처스 컨디셔닝		178	76	1987.12.08	우투우타	옥포초-옥포중-거제중앙고-한국체대
스티브	수석스트랭스		174	85	1985.09.01		신동초-신동중-뉴질랜드 Rangitoto(고)-뉴질랜드 Auckland(대)
유재민	스트랭스		170	76	1988.03.20		신촌초-대동중-대동고-한국체대
헤인즈	스트랭스		175	82	1990.07.17	우투우타	미국 Notre Dame(고)-미국 Louisiana Tech(대)
신동훈	퓨처스 스트랭스		181	81	1994.01.24	우투우타	수유초(구리리틀)-신일중-서울고
구본학	퓨처스 스트랭스		177	92	1985.09.07	우투우타	신일초-소래중-소래고-수원대

에레디아

2024 팀 이슈

흐트러진 팀 분위기를 추스르는 게 최우선이다. 단장과 감독이 연거푸 바뀌는 일이 일어났지만 김강민이 보호선수 명단에서 빠져 한화로 이적한 것이 결정적 사건이었다. 신임 이숭용 감독은 선수들의 움직임을 보며 "오히려 팀이 단단해지는 계기가 됐다. 의리가 있는 선수들"이라는 평가를 내렸다. 한유섬, 박종훈, 문승원 등 다소 부진했던 주축 선수들의 얼마나 폼을 되찾는지가 관건이다. 여러가지 변화를 통해 최적의 쓰임새를 만들어야 하는 숙제가 있다. 1루수, 2루수, 포수 등 비어있는 포지션의 주전 확보도 이번 시즌 내내 채워야 할 부분이다. 경쟁이 언제나 정답을 내놓는 것은 아니다. 튀어나오는 선수가 있어야 한다. 추신수의 마지막 시즌을 어떻게 화려하게 만드느냐도 관건이다. 툭하면 터져나오는 비선 실세 관련 이슈가 아예 사라져야 한다.

2024 최상 시나리오 | 2024 최악 시나리오

1번 최지훈, 2번 추신수로 이어지는 '훈수' 테이블 세터진은 상대 배터리를 경기 초반부터 긴장하게 한다. 한유섬의 벼락 홈런이 5월에만 7개가 터지며 뱃고동이 울린다. 에레디아는 여전히 쾌활하게 뛰어다니며 타격 선두 싸움을 벌인다. 시즌 중반 김광현은 드디어 류현진과 선발 맞대결을 펼치고 팽팽한 투수전 끝에 승리를 따낸다. 김광현이 환하게 웃는다. AG 게임에서 절치부심한 박성한은 20홈런을 때리며 골든 글러브 유력 후보로 떠오른다. 살을 뺀 박종훈은 손이 바닥에 닿을 듯 내려가며 ABS 시스템을 현혹하는 투구를 이어간다. 문승원도 구위를 회복해 홀드왕에 오른다. 2년만에 돌아온 한국시리즈, 이숭용 감독의 무한도전 친구 정준하가 시구를 한다. 최정이 또다시 9회 마술 홈런을 터뜨리고 추신수가 헹가레를 받는다. 그리고 스타벅스 할인.

오래된 포수 고민이 여전히 해결되지 않는다. 베테랑과 신인급의 경쟁도 큰 소용이 없다. 투수들이 고개를 젓는 일이 많아진다. 1루수와 2루수 모두 타격과 수비 밸런스가 맞지 않아 고정되지 못한다. 4~5선발 실험이 계속된다. 뚝심으로 4차례 정도 기회를 주지만 순위 싸움과 함께 다른 실험이 이뤄질 수밖에 없는 상황으로 몰린다. 추신수는 타석에서 한숨을 쉬는 일이 잦아진다. ABS는 선구안 달인 추신수도 괴롭게 한다. 김광현과 류현진의 맞대결이 성사됐지만 김광현이 초반 제구 불안으로 조기 강판된다. 가을야구를 향한 순위 싸움이 한창인 가운데 또다시 묘한 소문이 구단 주변을 감싼다. A와 B, C 등 여러 이니셜이 떠돈다. 시즌 8경기를 남겨둔 가운데 트래직 넘버가 사라진다. 구단주의 인스타그램에 씁쓸한 사진과 묘한 문구가 올라온다.

김광현 투수 29

신장	188	체중	88	생일	1988.07.22
투타	좌투좌타	지명	2007 SK 1차		
연봉	810,000-100,000-100,000				
학교	덕성초(안산리틀)-안산중앙중-안산공고				

● 9승 8패, 평균자책 3.53은 기대에 미치지 못하는 성적이었다. 8년 연속 이어오던 두 자릿수 승수에도 실패했다. 앞선 시즌 많이 던졌고, 그 여파가 찾아왔다. 메이저리그에 진출했던 두 시즌 동안 불펜과 선발을 오가면서 투구이닝이 많지 않았는데 2022시즌 복귀해 173⅓이닝을 던졌고, 한국시리즈를 소화했으며, 시즌 전 WBC 때문에 몸을 추스를 시간이 비교적 적었다. 김광현은 "결국 아쉬운 시즌이 됐다"라고 밝혔다. 속구 평균구속이 1㎞ 이상 줄어들었다. 장기인 슬라이더의 평균 구속은 3㎞ 가까이 줄었다. 구속 하락은 구위형 투수에 가까운 김광현에게 좋은 사인이 아니다. 김광현은 구위를 단숨에 회복하기보다는 로케이션에 보다 집중하며 시즌을 준비했다. 이번 시즌은 ABS가 도입된다. 기계 판정에 유리한 방향으로 로케이션을 집중 공략할 수 있다면 투구 효율이 더 높아진다. 김광현이 가장 좋았을 때는 스윙을 끌어내 파울을 만들면서 카운트를 잡아냈다. 좌우 깊숙한 존을 공략하기보다는 속구와 슬라이더로 상하를 공략하는 것이 김광현 성적 복귀의 열쇠다. 김광현의 커리어 목표는 KBO리그 200승. 지난 시즌까지 158승을 거둬 42승을 남겨뒀다. 올 시즌 다시 승수를 끌어올려야 커리어 목표에 가까워진다. 통산 200승 투수는 아직까지 단 한 명, 송진우(210승)뿐이다. KIA 양현종이 168승으로 10승 앞서 있다.

기본기록

연도	경기	선발	QS	승	패	세이브	BS	홀드	이닝	피안타	피홈런	4사구	삼진	피안타율	WHIP	피OPS	FIP	ERA	WAR	WPA
2021																				
2022	28	28	19	13	3	0	0	0	173 1/3	141	10	50	153	0.222	1.07	0.578	3.16	2.13	5.72	5.54
2023	30	30	16	9	8	0	0	0	168 1/3	163	11	72	119	0.261	1.38	0.694	4.16	3.53	2.81	2.93
통산	356	334	194	158	88	0	1	2	2015 1/3	1881	164	807	1728	0.251	1.31	0.681	3.94	3.20	30.33	17.24

구종별 기록

구종	구사%	구속	수직 무브	수평 무브	분당 회전	땅볼%	타구속도	강한타구%
직구	30.1%	143.5	26.9	4.2	2087.0	54.0%	137.6	21.1%
커브	10.5%	110.9	-11.0	-14.1	1105.5	57.1%	122.9	9.5%
슬라이더	36.4%	130.8	8.0	-7.9	881.9	45.7%	130.1	19.4%
체인지업	22.9%	127.7	22.1	15.8	1844.4	50.7%	131.4	14.3%
포크								
싱커								
투심	0.1%	135.8	23.4	8.4	1810.3	100.0%	129.8	0.0%
너클								
커터								
스플리터								

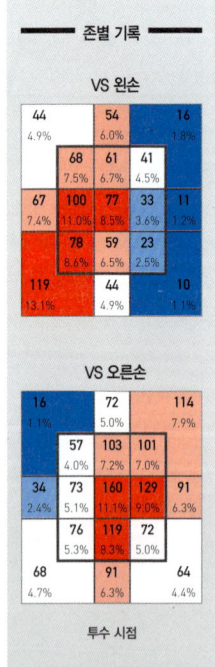

상황별 기록

상황	타석	홈런/9	볼넷/9	삼진/9	피안타율	WHIP	피OPS	GO/FO
전반기	321	0.95	3.79	7.22	0.256	1.37	0.709	1.05
후반기	392	0.29	3.70	5.65	0.265	1.40	0.682	1.01
vs 좌	275	0.71	4.24	7.07	0.248	1.40	0.681	0.99
vs 우	438	0.52	3.44	5.93	0.269	1.38	0.703	1.06
주자없음	380	0.89	5.13	7.81	0.261	1.65	0.728	1.12
주자있음	333	0.31	2.46	5.03	0.260	1.14	0.655	0.95
득점권	177	0.00	4.01	4.64	0.276	1.38	0.674	0.98
1-2번 상대	186	0.00	2.86	5.11	0.292	1.43	0.689	1.38
3-5번 상대	248	1.26	3.45	5.34	0.297	1.53	0.801	0.85
6-9번 상대	279	0.40	4.57	8.06	0.204	1.22	0.598	1.00

문승원 투수 42

신장	180	
체중	88	
생일	1989.11.28	
투타	우투우타	
지명	2012 SK 1라운드 8순위	
연봉	160,000-70,000-80,000	
학교	가동초-배명중-배명고-고려대	

● 팔꿈치 수술에서 돌아온 2022시즌 11경기에 등판했다. 수술 뒤 2년째인 2023시즌 회복이 기대됐지만 선발과 불펜을 오가며 5승 8패, 평균자책 5.23을 기록했다. 힘 있는 속구와 체인지업이 수준급이었던 문승원에게 걸린 기대에 못 미치는 성적이다. 투수로서의 성장에 관심이 많은 문승원에게는 심리적으로도 상당한 타격이었다. 이번 시즌 이숭용 감독과 코칭스태프의 권유에 따라 불펜에서 중요한 역할을 맡게 된다. 2022년 속구 평균구속이 144.4km로 높아졌다. 선발로 던질 때 구속보다 5km나 빨라졌다. 선발의 투구방식과 불펜의 투구방식이 다르기 때문이다. 불펜으로 등판했을 때 짧은 이닝을 더 강하게 던질 수 있다는 점이 불펜으로 전환하는 판단의 근거다. SSG는 노경은, 고효준 등이 불펜 핵심 자원이다. 나이를 고려하면 불펜 뎁스를 키워야 하는 만큼 문승원의 역할은 더욱 중요해진다. 지난해 구원왕에 오른 서진용이 팔꿈치 뼛조각 수술을 받아 시즌 개막 합류가 어렵다. 초반 그 빈틈을 메우는 역할이 문승원에게 주어질 수도 있다. 불펜으로 뛰었던 2022시즌 속구 구속이 올라가며 체인지업의 구종 가치가 덩달아 뛰었다. 확실한 투 피치로 타자를 제압한다면 10이닝+를 막을 수 있는 확실한 필승조 변신이 가능하다. SSG 벤치의 계산대로라면 문승원은 리그 '홀드왕'을 노리는 투수가 될 수 있다.

기본기록

연도	경기	선발	QS	승	패	세이브	BS	홀드	이닝	피안타	피홈런	4사구	삼진	피안타율	WHIP	피OPS	FIP	ERA	WAR	WPA
2021	9	9	5	2	2	0	0	0	50 1/3	42	1	20	32	0.220	1.19	0.603	3.51	2.86	1.35	0.98
2022	23	0	0	1	1	3	0	0	24 2/3	32	3	9	25	0.317	1.58	0.838	3.99	5.11	0.05	0.08
2023	50	12	4	5	8	1	2	9	105	138	12	41	65	0.319	1.65	0.847	4.83	5.23	0.05	0.13
통산	231	138	55	43	52	5	2	15	865 2/3	956	118	309	611	0.281	1.41	0.781	4.93	4.62	11.35	5.06

구종별 기록

구종	구사%	구속	수직 무브	수평 무브	분당 회전	땅볼%	타구속도	강한타구%
직구	38.8%	144.4	28.9	-19.3	2645.8	47.9%	136.6	25.4%
커브	5.8%	120.5	-13.0	3.4	936.0	33.3%	139.6	25.0%
슬라이더	35.4%	135.0	9.1	-1.8	777.6	65.1%	137.5	28.7%
체인지업	8.8%	127.0	18.1	-22.1	1958.9	57.9%	132.4	16.7%
포크	6.7%	132.3	14.1	-19.8	1723.4	76.9%	127.8	12.5%
싱커								
투심	4.5%	141.0	21.9	-23.0	2395.3	90.9%	128.4	8.3%
너클								
커터								
스플리터								

상황별 기록

상황	타석	홈런/9	볼넷/9	삼진/9	피안타율	WHIP	피OPS	GO/FO
전반기	218	0.74	2.77	6.10	0.305	1.56	0.796	1.30
후반기	261	1.28	3.20	5.11	0.332	1.72	0.890	1.45
vs 좌	221	0.94	2.81	4.88	0.345	1.77	0.851	1.45
vs 우	258	1.11	3.16	6.16	0.297	1.54	0.843	1.32
주자없음	248	1.56	3.12	5.88	0.291	1.62	0.800	1.40
주자있음	231	0.51	2.89	5.26	0.351	1.68	0.898	1.36
득점권	138	0.26	2.08	5.71	0.254	1.15	0.653	1.31
1-2번 상대	110	0.36	2.88	4.68	0.294	1.52	0.688	1.57
3-5번 상대	154	1.29	3.09	5.40	0.307	1.57	0.885	1.75
6-9번 상대	215	1.20	3.38	6.20	0.342	1.78	0.903	1.07

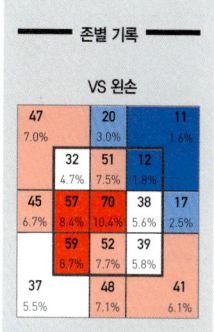

존별 기록 — VS 왼손 / VS 오른손 (투수 시점)

서진용 투수 22

신장 184	체중 88	생일 1992.10.02
투타 우투우타	지명 2011 SK 1라운드 7순위	
연봉 18,500-26,500-45,000		
학교 남부민초-대동중-경남고		

● 매년 조금씩 모자란 듯했던 서진용이 드디어 날개를 활짝 편 시즌이었다. SSG의 주전 마무리가 돼 40세이브를 거두며 구원왕 타이틀을 쥐었다. KT 김재윤은 물론 LG 고우석, 삼성 오승환, 롯데 김원중 등을 모두 따돌렸다. KBO리그 통산 한 시즌 40세이브 이상 거둔 선수는 5명밖에 없었다. 오승환이 4번 기록했고, 손승락, 진필중, 고우석, 정명원 등이 한 번씩 밟았던 고지다. 서진용은 40세이브를 거둔 6번째 투수다. 144㎞의 속구와 130㎞ 포크의 극단적인 '반반피칭'로 타자를 제압했다. 속구 구사비율은 50.1%, 포크 구사 비율은 49.4%였다. 개막 뒤 20경기 연속 비자책 기록을 이었다. 생애 최고의 시즌을 보냈지만 팔꿈치 뼛조각이 시즌 내내 괴롭혔다. 통증이 심할 때는 숟가락을 들기 어려울 정도였고, 결국 포스트시즌이 끝난 뒤 곧장 뼛조각 제거를 위해 수술대에 올랐다. 재활에 3~4개월 정도 걸리지만 실전 등판을 위해서는 시간이 조금 더 필요할 수 있다. 이숭용 SSG 감독은 서진용 복귀에 서두르지 않을 계획이다. 지난 시즌 마무리로 나섰음에도 73이닝이나 던졌다. 20세이브 이상 투수 중 70이닝 이상 투수는 서진용이 유일하다. LG 고우석은 42세이브를 거뒀던 2022년에 60⅔이닝을 소화했다. 오히려 시즌 초반 재활과 함께 휴식하는 것이 서진용에게는 더 좋은 일이다.

기본기록

연도	경기	선발	QS	승	패	세이브	BS	홀드	이닝	피안타	피홈런	4사구	삼진	피안타율	WHIP	피OPS	FIP	ERA	WAR	WPA
2021	65	0	0	7	5	9	5	3	67 1/3	57	9	43	62	0.232	1.49	0.723	4.83	3.34	0.84	-1.47
2022	68	0	0	7	3	21	4	12	67 1/3	64	5	39	55	0.255	1.49	0.716	4.28	4.01	0.75	3.96
2023	69	0	0	5	4	42	6	0	73	63	3	53	64	0.239	1.53	0.656	4.15	2.59	2.00	3.58
통산	470	0	0	29	25	88	27	78	480 2/3	435	55	269	480	0.243	1.44	0.720	4.55	3.82	7.20	8.43

구종별 기록

구종	구사%	구속	수직 무브	수평 무브	분당 회전	땅볼%	타구속도	강한타구%
직구	50.2%	143.1	30.0	-13.2	2463.5	38.7%	132.5	15.2%
커브								
슬라이더	0.3%	132.4	15.0	-7.1	1161.8	-	-	-
체인지업								
포크	49.4%	129.4	5.1	-14.9	1125.5	59.5%	135.5	28.6%
싱커								
투심								
너클								
커터								
스플리터								

상황별 기록

상황	타석	홈런/9	볼넷/9	삼진/9	피안타율	WHIP	피OPS	GO/FO
전반기	168	0.24	6.51	9.16	0.215	1.50	0.620	1.06
후반기	157	0.50	5.55	6.56	0.264	1.57	0.696	0.97
vs 좌	156	0.25	6.81	8.83	0.210	1.49	0.586	1.00
vs 우	169	0.48	5.30	6.99	0.264	1.58	0.720	1.03
주자없음	144	0.93	6.21	8.69	0.279	1.86	0.791	0.67
주자있음	181	0.00	5.93	7.36	0.204	1.32	0.543	1.38
득점권	114	0.00	8.87	7.86	0.183	1.56	0.555	1.82
1-2번 상대	76	0.54	8.10	7.56	0.232	1.68	0.713	0.82
3-5번 상대	102	0.74	5.55	7.40	0.200	1.32	0.595	1.04
6-9번 상대	147	0.00	5.34	8.44	0.268	1.63	0.673	1.10

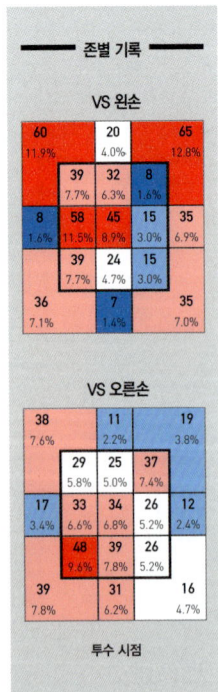

존별 기록

VS 왼손 / VS 오른손

투수 시점

엘리아스 투수 55

신장	185	체중	92	생일	1988.08.01
투타	좌투좌타	지명	2023 SSG 자유선발		
연봉	$540,000-$650,000				
학교	쿠바 Omar Ranedo(고)				

● 엘리아스는 지난해 로메로의 대체선수로 5월 SSG에 합류했다. 기대를 모았던 로메로가 어깨 통증으로 전력에서 이탈하는 바람에 부랴부랴 수소문해 계약한 쿠바 출신 선수다. 8승 6패, 평균자책 3.70은 압도적이지 않아 보이지만, BB/9 2.26은 나쁘지 않았다. 좌완으로 평균 구속 148.8km의 빠른 공을 던지면서도 볼넷을 내주지 않는 것은 상당한 장점이다. 다만, 삼진율(17%)이 썩 높지 않다는 점에서 압도감을 주는 데는 다소 부족하다. 강속구를 바탕으로 좌타 상대 장타율 0.321로 틀어막았다. 전체적으로 안정감 있는 투구를 하며 이번 시즌 SSG 상위 로테이션의 한 축을 맡는다. SSG가 2년 만에 다시 우승을 하기 위해 넘어야 하는 잠재적 경쟁팀들에 매우 강했다. 엘리아스는 LG 상대 2경기 선발 등판해 2승을 거뒀고 WHIP가 0.75밖에 되지 않았다. 또다른 강팀으로 꼽히는 KT 상대로도 평균자책이 2.25에 그쳤고, 두산 상대로도 평균자책 1.55를 기록했다. 다만 롯데 상대 6.00, 삼성 상대 6.75를 기록하며 하위 팀에 다소 고전했다. 강강약약 스타일. 힘 있는 속구를 뒷받침해 줄 세컨 피치의 완성도가 높아진다면 상대하기 매우 까다로운 투수가 된다. 지난 시즌 속구와 체인지업의 평균구속차이가 12km였다. 체인지업의 구속을 낮추는 데 성공한다면 성적이 확 달라질 수도 있다.

기본기록

연도	경기	선발	QS	승	패	세이브	BS	홀드	이닝	피안타	피홈런	4사구	삼진	피안타율	WHIP	피OPS	FIP	ERA	WAR	WPA
2021																				
2022																				
2023	22	21	12	8	6	0	0	0	131 1/3	140	12	39	93	0.278	1.32	0.725	4.08	3.70	2.26	3.29
통산	22	21	12	8	6	0	0	0	131 1/3	140	12	39	93	0.278	1.32	0.725	4.08	3.70	2.26	3.29

구종별 기록

구종	구사%	구속	수직 무브	수평 무브	분당 회전	땅볼%	타구속도	강한타구%
직구	50.7%	147.8	27.5	17.4	2534.1	35.8%	135.2	26.0%
커브	2.7%	120.9	-6.6	-20.1	1347.6	50.0%	119.0	0.0%
슬라이더	19.1%	125.8	-3.1	-12.7	943.5	53.7%	127.4	9.5%
체인지업	27.4%	136.1	16.0	22.6	1999.8	68.1%	133.5	16.0%
포크								
싱커								
투심	0.1%	145.1	23.4	14.7	2086.7	100.0%	-	-
너클								
커터								
스플리터								

존별 기록

VS 왼손

20 3.0%	18 2.7%	19 2.8%
50 7.5%	41 6.1%	31 4.6%
45 6.7%	73 10.9%	75 11.2%	34 5.1%	18 2.7%
	63 9.4%	47 7.0%	17 2.5%	
76 11.3%	38 5.7%	5 0.7%

VS 오른손

25 2.3%	28 2.5%	56 5.1%
49 4.5%	58 5.3%	62 5.5%
51 4.6%	71 6.5%	113 10.3%	95 8.6%	75 6.8%
	59 5.4%	88 8.0%	76 6.9%	
56 5.1%	85 7.7%	53 4.8%

투수 시점

상황별 기록

상황	타석	홈런/9	볼넷/9	삼진/9	피안타율	WHIP	피OPS	GO/FO
전반기	204	0.96	3.06	7.85	0.293	1.49	0.784	1.31
후반기	344	0.75	1.81	5.55	0.269	1.22	0.690	0.74
vs 좌	216	0.50	2.18	6.04	0.251	1.17	0.621	1.31
vs 우	332	1.04	2.32	6.61	0.295	1.42	0.792	0.68
주자없음	319	1.11	2.22	6.29	0.267	1.34	0.707	0.99
주자있음	229	0.46	2.31	6.48	0.294	1.29	0.749	0.75
득점권	125	0.00	3.60	6.90	0.286	1.40	0.695	0.77
1-2번 상대	135	0.83	1.65	6.34	0.266	1.22	0.679	1.06
3-5번 상대	189	0.80	2.40	4.80	0.298	1.40	0.769	0.61
6-9번 상대	224	0.84	2.52	7.71	0.268	1.30	0.714	1.12

오원석 투수 47

신장	182	체중	80	생일	2001.04.23
투타	좌투좌타	지명	2020 SK 1차		
연봉	6,500-14,000-14,000				
학교	수진초-매송중-야탑고				

● 2020년 1차지명 선수로 꾸준히 성장하는 중이다. 2021년부터 선발 투수로 나왔고 최근 두 시즌 동안 규정이닝을 채웠다. KBO리그 특성상 20대 초반 투수가 규정이닝을 채우는 것 자체가 성과다. 2014년 이후 22세 이하 투수가 규정이닝을 채운 경우는 8명밖에 없었다. 다만, 2022년 6승, 2023년 8승은 다소 아쉬운 성적이다. 선발 4년차를 맞는 오원석은 SSG 선발 로테이션이 들어갈 가능성이 높다. 선발 경험에 좌완이라는 강점을 지녔다. 스프링캠프 합류 전에 몸무게를 8kg 늘렸다. 캠프 연습경기에서 전광판에 150km를 찍었다(팀 측정 147km). 첫 번째 목표인 시즌 10승을 위해서는 오른손타자 상대 장타 억제력이 필요하다. 2023시즌 오원석은 왼손타자 상대 피안타율은 0.284로 높았지만 장타율을 0.342로 억제했다. 반면 오른손타자 상대 피장타율은 0.420으로 높다. 왼손타자에게 맞은 홈런이 1개인데 반해 오른손타자 상대 홈런은 10개나 된다. 오른손타자 승부를 위해 체인지업에 집중했다. 배영수 투수코치와 함께 여러 가지 측정 장비를 활용해 그립과 투구타이밍 등을 분석했다. 슬라이더 위주의 피치로는 오른손타자 상대가 쉽지 않다는 판단 때문이다. 체인지업 습득에 고생했던 김광현의 경험은 오원석에게도 큰 도움이 된다. 김광현은 오원석을 비롯해 이로운, 신헌민 등을 데리고 오키나와에서 자비 미니캠프를 차렸다.

기본기록

연도	경기	선발	QS	승	패	세이브	BS	홀드	이닝	피안타	피홈런	4사구	삼진	피안타율	WHIP	피OPS	FIP	ERA	WAR	WPA
2021	33	21	5	7	6	0	0	2	110	125	11	83	95	0.283	1.80	0.810	5.14	5.89	-0.20	-1.38
2022	31	24	11	6	8	0	1	0	144	158	16	61	112	0.280	1.50	0.758	4.48	4.50	1.05	0.75
2023	28	27	7	8	10	0	0	0	144 2/3	158	11	78	88	0.283	1.57	0.756	4.83	5.23	0.33	1.03
통산	100	73	23	21	25	0	1	2	408 1/3	453	39	229	304	0.282	1.61	0.772	4.84	5.16	1.06	0.26

구종별 기록

구종	구사%	구속	수직 무브	수평 무브	분당 회전	땅볼%	타구속도	강한타구%
직구	48.0%	141.8	25.1	18.5	2327.4	51.0%	134.8	25.5%
커브	8.1%	114.2	-7.8	-12.3	893.8	38.1%	126.1	10.7%
슬라이더	29.7%	130.6	11.5	0.1	923.1	50.4%	131.0	14.7%
체인지업	13.1%	127.8	19.2	19.9	1876.7	43.8%	124.2	10.5%
포크								
싱커								
투심	1.1%	139.0	18.4	20.0	1982.8	100.0%	152.7	100.0%
너클								
커터								
스플리터								

상황별 기록

상황	타석	홈런/9	볼넷/9	삼진/9	피안타율	WHIP	피OPS	GO/FO
전반기	371	0.85	3.83	5.95	0.265	1.44	0.717	1.07
후반기	277	0.45	4.95	4.80	0.309	1.75	0.808	0.90
vs 좌	280	0.14	3.53	5.09	0.285	1.49	0.701	1.63
vs 우	368	1.11	4.89	5.78	0.282	1.63	0.799	0.67
주자없음	318	0.82	3.82	6.27	0.282	1.64	0.759	1.26
주자있음	330	0.57	4.69	4.81	0.285	1.51	0.751	0.79
득점권	201	0.84	6.49	6.07	0.327	1.95	0.871	0.85
1-2번 상대	165	0.55	6.27	4.36	0.324	2.03	0.861	1.79
3-5번 상대	230	0.87	3.66	3.14	0.282	1.51	0.743	0.71
6-9번 상대	253	0.60	3.75	8.10	0.259	1.37	0.701	0.98

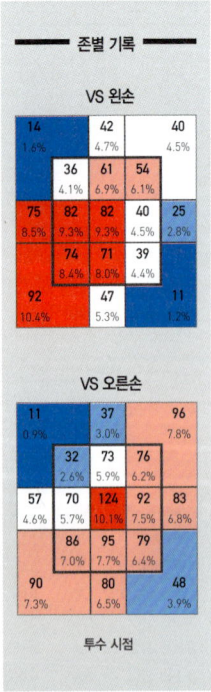

박성한 내야수 2

신장 180	체중 77	생일	1998.03.30
투타 우투좌타	지명	2017 SK 2차 2라운드 16순위	
연봉 14,000-27,000-30,000			
학교 순천북초-여수중-효천고			

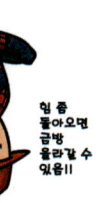

● 스스로 '부끄러운 시즌'이라고 말했다. 최근 수년간 성장세를 고려하면 타격 지표 하락은 아쉬운 대목이다. 0.302, 0.298을 찍었던 타율이 0.266까지 떨어졌다. 홈런 9개가 나왔지만 장타율은 오히려 앞선 시즌 대비 하락했다. 풀타임 3년째를 맞으며 체력 문제가 이유였을 것이라는 분석이 나온다. 공수 안정감을 무기로 항저우 아시안 게임 대표로 뽑혔는데, 대회 중반 이후 주전 유격수 자리도 NC 김주원에게 내줬다. 아시안게임을 거치면서 절치부심. 업그레이드의 필요성을 깨달았다. 시즌이 끝난 뒤 타격 폼 변화에 들어갔다. 공을 따라다니며 때리는 스타일에서 하체의 움직임을 기본으로 공을 기다리는 스타일로 변화를 추구했다. 키움 김혜성에게 타격 관련 조언을 구했을 정도로 타격 능력 향상에 열심이었다. 도전에 대한 결과는 스프링캠프부터 뚜렷하게 나타나기 시작했다. 구단 내부에서는 '박성한의 타격이 달라졌다'라는 평가가 나온다. 이숭용 감독은 취임 이후 줄곧 '경쟁'을 강조해 왔지만 유격수 박성한은 변화가 없다. 스윙의 변화는 장타 증가로 이어질 가능성이 높다. 커리어 하이는 2021시즌의 0.388이었는데, 올 시즌 이를 뛰어넘을 수도 있다. 시즌 내내 체력 유지를 위해 웨이트트레이닝에도 힘을 쏟았다. 볼넷 비율이 늘고 삼진 비율이 줄어드는 흐름이 유지됐다. 야수 성장의 바람직한 트랙이다. 시즌 뒤 리그 최고 유격수가 바뀔 수도 있다.

기본기록

연도	경기	타석	타수	안타	2루타	3루타	홈런	타점	득점	볼넷	사구	삼진	도루	도루자	타율	출루율	장타율	OPS	WAR	WPA
2021	135	471	407	123	21	1	4	44	53	49		73	12	5	0.302	0.377	0.388	0.765	2.92	0.16
2022	140	564	494	147	24	4	2	56	68	60	2	81	12	8	0.298	0.375	0.374	0.749	4.02	0.03
2023	128	529	459	122	19	0	9	47	53	58	1	56	4	1	0.266	0.347	0.366	0.713	2.97	-0.11
통산	488	1739	1515	423	67	5	17	157	184	185	5	249	29	15	0.279	0.358	0.364	0.722	9.03	-1.47

구종별기록

구분	상대%	타구속도	상하 각도	타율	장타율	땅볼%	뜬공%	강한타구%
직구	40.9%	132.8	21.3	0.340	0.515	36.0%	64.0%	17.4%
커브	10.0%	121.6	16.5	0.083	0.083	59.1%	40.9%	0.0%
슬라이더	17.9%	131.5	14.1	0.256	0.295	51.2%	48.8%	11.1%
체인지업	12.1%	127.5	19.2	0.177	0.274	59.6%	40.4%	0.0%
포크	7.8%	127.3	9.8	0.306	0.361	76.2%	23.8%	15.0%
싱커								
투심	7.4%	133.9	15.4	0.167	0.200	56.0%	44.0%	18.2%
너클								
커터	3.9%	125.3	19.8	0.217	0.217	46.7%	53.3%	17.6%
스플리터								

상황별 기록

상황	타석	홈런/9	볼넷/9	삼진/9	타율	출루율	장타율	OPS
전반기	316	1.6%	12.7%	9.8%	0.267	0.358	0.363	0.721
후반기	213	1.9%	8.5%	11.7%	0.263	0.330	0.371	0.701
vs 좌	137	2.2%	8.8%	16.1%	0.285	0.348	0.407	0.755
vs 우	392	1.5%	11.7%	8.7%	0.259	0.346	0.351	0.697
주자없음	274	2.2%	7.7%	9.5%	0.261	0.318	0.383	0.701
주자있음	255	1.2%	14.5%	11.8%	0.272	0.379	0.345	0.724
득점권	162	1.9%	16.7%	13.0%	0.254	0.380	0.341	0.721
노아웃	170	1.2%	11.2%	9.4%	0.296	0.374	0.394	0.768
원아웃	185	2.2%	11.4%	5.9%	0.261	0.346	0.379	0.725
투아웃	174	1.7%	10.3%	16.7%	0.244	0.322	0.327	0.649

존별 기록

VS 왼손

13 2.6%	27 5.3%	28 5.5%
34 6.7%	30 5.9%	25 5.0%
31 6.1%	34 6.7%	57 11.3%	35 6.9%	21 4.2%
	44 8.7%	29 5.7%	18 3.6%	
42 8.3%	29 5.7%	8 1.6%

VS 오른손

79 5.9%	49 3.7%	24 1.8%
82 6.1%	70 5.2%	43 3.2%
95 7.1%	124 9.3%	133 10.0%	77 5.8%	49 3.7%
	89 6.7%	117 8.8%	83 6.2%	
41 3.1%	98 7.3%	82 6.1%

투수 시점

에레디아 외야수 27

신장	178	체중	88	생일	1991.01.31
투타	좌투우타	지명	2023 SSG 자유선발		
연봉	$900,000-$1,150,000				
학교	쿠바 Eide Luis Agusto Tursios Lima				

최소한 흥이라도 올려준다!

● 지난 시즌 5월 초까지 타율이 0.370을 웃돌았다. 리그 타격 순위 맨 위에서 격차를 벌여두고 있었는데 5월 중순 이후 다소 주춤하며 시즌 최종 성적은 0.323으로 리그 5위. 후반기 타율 0.298은 나쁘지 않아 보이지만 후반기 장타율이 0.399로 떨어진 것은 다소 아쉽다. 안정적인 콘택트 능력과 수비력을 인정받았고 부쩍 오른 150만 달러에 재계약했다. 외국인 야수 최고 금액이다. 시애틀, 피츠버그, 탬파베이 등을 거쳐 KBO리그에 왔다. 커리어 내내 수비 능력을 더 인정받았지만 KBO리그에서는 리그 톱 수준의 공격력도 보였다. 좌우투수를 구분하지 않았고 언더스로 상대로도 OPS 0.984로 매우 강했다. 다소 좋지 않은 볼삼비(BB/K) 0.52(11위)는 리그 경험이 쌓이면서 나아질 가능성이 높다. 탬파베이 시절 최지만과 한 팀이었다. 최지만의 표현에 따르면 '완전 미친놈', 팀 내 텐션이 어마어마했다. 팀 분위기를 끌어올리는데 최적이어서 탬파베이는 2019년 포스트시즌 때 엔트리에 없던 에레디아를 동행시키면서 분위기를 띄웠다. SSG의 팀 분위기 적응 역시 일찌감치 마쳤고, 새 시즌을 준비한다. 수비력은 더 말할 필요도 없다. 외야수로 보살 10개를 잡았다. KBO리그 최초 수비상 외야 부문의 주인공이 됐다. 3번 최정-4번 한유섬-5번 에레디아로 이어지는 중심타순의 한 축을 맡는다.

기본기록

연도	경기	타석	타수	안타	2루타	3루타	홈런	타점	득점	볼넷	사구	삼진	도루	도루자	타율	출루율	장타율	OPS	WAR	WPA
2021																				
2022																				
2023	122	523	473	153	29	0	12	76	76	39	9	75	12	8	0.323	0.385	0.461	0.846	4.93	1.74
통산	122	523	473	153	29	0	12	76	76	39	9	75	12	8	0.323	0.385	0.461	0.846	4.93	1.74

구종별기록

구분	상대%	타구속도	상하 각도	타율	장타율	땅볼%	뜬공%	강한타구%
직구	40.3%	133.2	20.5	0.343	0.506	44.8%	55.2%	30.1%
커브	10.9%	135.0	23.9	0.321	0.509	46.2%	53.8%	32.4%
슬라이더	19.6%	131.2	21.0	0.293	0.391	38.8%	61.2%	16.1%
체인지업	14.3%	136.8	14.5	0.275	0.338	58.8%	41.2%	32.6%
포크	5.7%	138.0	22.4	0.367	0.767	41.7%	58.3%	38.1%
싱커								
투심	5.9%	145.2	10.6	0.500	0.567	76.9%	23.1%	50.0%
너클								
커터	3.3%	137.2	13.5	0.182	0.182	50.0%	50.0%	33.3%
스플리터								

상황별 기록

상황	타석	홈런/9	볼넷/9	삼진/9	타율	출루율	장타율	OPS
전반기	324	3.1%	7.7%	14.5%	0.339	0.396	0.498	0.894
후반기	199	1.0%	7.0%	14.1%	0.298	0.367	0.399	0.766
vs 좌	146	1.4%	8.2%	15.8%	0.316	0.370	0.429	0.799
vs 우	377	2.7%	7.2%	13.8%	0.326	0.391	0.474	0.865
주자없음	256	3.1%	8.6%	16.4%	0.322	0.391	0.483	0.874
주자있음	267	1.5%	6.4%	12.4%	0.325	0.380	0.440	0.820
득점권	163	0.6%	8.0%	14.7%	0.338	0.401	0.441	0.842
노아웃	180	2.8%	8.3%	11.1%	0.292	0.363	0.416	0.779
원아웃	165	1.2%	7.3%	13.3%	0.311	0.376	0.419	0.795
투아웃	178	2.8%	6.7%	18.5%	0.366	0.416	0.543	0.959

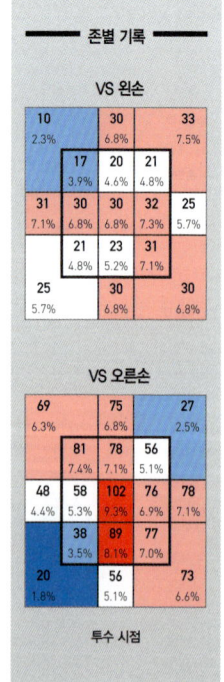

존별 기록 — VS 왼손 / VS 오른손 — 투수 시점

최정 내야수 14

신장 180	체중 90	생일 1987.02.28
투타 우투우타	지명 2005 SK 1차	
연봉 120,000-100,000-100,000		
학교 대일초-평촌중-유신고		

자석은 나이를 먹지 않는데!!
지구에 자력이 존재하는 한!!

● 30홈런에 1개 모자랐고, 홈런왕을 한화 노시환에게 뺏겼지만 전년도 부진에서 벗어난 시즌이었다. 타율 0.297, OPS 0.936 모두 2017년 이후 개인 최고 기록이다. 2년 연속 우승을 노려볼 수 있던 상황이었지만 준플레이오프에서 NC에 3전 전패를 당했다. 최정은 홈런 1개를 때렸지만 3경기에서 1안타에 그쳤다. SSG의 홈구장이 랜더스파크라는 점을 고려하면 팀 전력의 핵심은 최정을 중심으로 한 장타력이다. 이번 시즌은 아주 중요한 대기록을 향해 달린다. 통산 홈런 458개를 기록 중인 최정은 홈런 10개를 더하면 이승엽이 갖고 있는 KBO 리그 개인 통산 홈런기록 467개를 뛰어넘는다. 이승엽이 일본 프로야구에서 뛰었던 기간이 길었다 하더라도, 이를 넘는 기록은 상당한 의미를 지닐 수밖에 없다. 최정은 "올해 목표는 늘 그렇듯 두 자릿수 홈런"이라고 말했다. 이번 시즌이 끝나면 또 한 번 FA 자격을 얻는다. SSG 구단 운영 스타일상 FA 자격을 얻기 전에 다년 계약으로 묶을 가능성이 높다. 지난해 볼넷 비율과 삼진 비율이 모두 줄면서도 29홈런을 때렸다. 오른쪽으로 보낸 타구 타율이 전성기 수준이 됐다. 콘택트 비율의 향상은 ABS 도입 시즌에 유리함으로 작용할 가능성이 높다. 리그에서 류현진에게 가장 강했던 타자 중 하나였다. 소년 장사로 불리던 시절 류현진 상대 타율 0.362에 4홈런을 때렸다.

기본기록

연도	경기	타석	타수	안타	2루타	3루타	홈런	타점	득점	볼넷	사구	삼진	도루	도루자	타율	출루율	장타율	OPS	WAR	WPA
2021	134	555	436	121	17	1	35	100	92	84	22	102	8	6	0.278	0.410	0.562	0.972	5.72	3.39
2022	121	505	414	110	21	0	26	87	80	66	19	96	12	5	0.266	0.386	0.505	0.891	4.23	2.46
2023	128	552	471	140	31	0	29	87	94	59	15	87	7	3	0.297	0.388	0.548	0.936	4.77	1.13
통산	2164	8888	7424	2133	394	9	458	1454	1368	982	328	1658	173	74	0.287	0.390	0.528	0.918	41.69	20.94

구종별기록

구분	상대%	타구속도	상하 각도	타율	장타율	땅볼%	뜬공%	강한타구%
직구	38.0%	142.4	26.9	0.312	0.589	24.8%	75.2%	38.5%
커브	9.5%	137.9	29.4	0.238	0.452	19.0%	81.0%	40.0%
슬라이더	22.0%	134.7	26.1	0.245	0.489	36.4%	63.6%	21.7%
체인지업	14.8%	139.5	20.2	0.343	0.687	53.3%	46.7%	26.1%
포크	6.4%	133.4	23.4	0.174	0.304	44.4%	55.6%	16.7%
싱커								
투심	6.5%	136.8	20.9	0.438	0.563	64.7%	35.3%	26.1%
너클								
커터	2.8%	137.1	33.3	0.273	0.273	20.0%	80.0%	28.6%
스플리터								

상황별 기록

상황	타석	홈런/9	볼넷/9	삼진/9	타율	출루율	장타율	OPS
전반기	314	6.1%	10.2%	14.3%	0.311	0.396	0.577	0.973
후반기	238	4.2%	11.3%	17.6%	0.279	0.378	0.510	0.888
vs 좌	141	7.1%	16.3%	16.3%	0.319	0.433	0.664	1.097
vs 우	411	4.6%	8.8%	15.6%	0.290	0.373	0.510	0.883
주자없음	288	7.6%	8.0%	16.7%	0.313	0.382	0.641	1.023
주자있음	264	2.7%	13.6%	14.8%	0.278	0.395	0.434	0.829
득점권	146	3.4%	15.8%	13.7%	0.264	0.400	0.436	0.836
노아웃	179	7.3%	7.8%	13.4%	0.338	0.416	0.669	1.085
원아웃	191	2.6%	15.7%	15.7%	0.270	0.398	0.447	0.845
투아웃	182	6.0%	8.2%	18.1%	0.285	0.352	0.527	0.879

존별 기록

VS 왼손

10 2.3%	21 4.8%	26 5.9%
	13 3.0% / 22 5.0% / 25 5.7%	
17 3.9%	31 7.0% / 33 7.5% / 28 7.2%	30 6.8%
	20 4.5% / 34 7.7% / 29 6.6%	
28 6.4%	38 8.6%	35 8.0%

VS 오른손

59 4.6%	60 4.7%	33 2.6%
	52 4.1% / 82 6.5% / 55 4.3%	
60 4.7%	78 6.1% / 116 9.1% / 90 7.1%	81 6.4%
	49 3.9% / 108 8.5% / 79 7.8%	
30 2.4%	79 6.2%	140 11.0%

투수 시점

최지훈 외야수 54

신장	178	체중	82	생일	1997.07.23
투타	우투좌타	지명	2020 SK 2차 3라운드 30순위		
연봉	15,000-30,000-25,000				
학교	광주수창초-무등중-광주제일고-동국대				

● 박성한과 함께 팀 주축으로의 성장이 기대됐지만, 나란히 타격 지표가 하락했다. 시즌 초반 좋은 출발을 했지만 5월 발목을 다친 뒤 타격 밸런스가 흔들렸다. 큰 문제가 아닐 거라 생각했는데, 발목 부상은 공을 기다리는 타이밍과 스윙의 리듬에 모두 영향을 줬다. 맞히는데 급급한 타격이 지표를 떨어뜨리자 조급함이 몰려왔다. 타율 0.304, OPS 0.788이었던 지표가 0.268, 0.672로 급감했다. 수비력을 바탕으로 항저우 아시안게임 대표팀에 뽑혀 금메달을 땄다. 아쉬운 시즌 성적과 아시안게임 경험을 통해 성장에 대한 필요성을 절감했다. 발목을 단단하게 만드는 것은 물론 타격 타이밍과 리듬에 대한 전면적인 점검에 들어섰다. 훈련량은 팀 내에서 누구에게도 뒤지지 않는다. 박성한과 마찬가지로 하체로 보다 길게 버티면서 공을 '걸어 때리는' 스타일로의 변화를 추구했다. 빠른 발과 타구 속도가 더해지면 타격의 결과는 과거와 사뭇 달라질 수 있다. 2024시즌 리그는 빠른 발을 가진 야수에게 유리해진다. 2022시즌 기록한 31도루 이상이 가능하다. 2024시즌 최지훈은 1번 타자로 나서고, 추신수가 2번으로 한 칸 내려온다. 선구안이 좋아 기다릴 수 있고, 경기 흐름을 읽는 경험이 많은 추신수가 2번에 있다면 최지훈의 도루 기회가 더 많아진다. 중견수 최지훈, 좌익수 에레디아로 이어지는 좌중간 외야 수비는 빈틈이 없다.

기본기록

연도	경기	타석	타수	안타	2루타	3루타	홈런	타점	득점	볼넷	사구	삼진	도루	도루자	타율	출루율	장타율	OPS	WAR	WPA
2021	136	534	461	121	19	6	5	45	75	51	8	71	26	6	0.262	0.342	0.362	0.704	2.32	-1.31
2022	144	640	569	173	32	4	10	61	93	47	7	77	31	7	0.304	0.362	0.427	0.789	5.48	-0.37
2023	117	503	462	124	19	2	2	30	65	29	3	50	21	2	0.268	0.315	0.357	0.672	2.22	-2.68
통산	524	2197	1958	538	89	23	18	163	299	165	23	278	96	21	0.275	0.336	0.371	0.707	11.07	-8.08

구종별기록

구분	상대%	타구속도	상하 각도	타율	장타율	땅볼%	뜬공%	강한타구%
직구	45.9%	136.2	26.1	0.282	0.394	26.7%	73.3%	19.4%
커브	8.7%	126.9	19.5	0.224	0.265	59.4%	40.6%	3.4%
슬라이더	18.5%	133.5	22.4	0.253	0.358	48.3%	51.7%	19.4%
체인지업	10.3%	129.2	20.4	0.278	0.370	41.2%	58.8%	12.5%
포크	7.9%	130.8	11.4	0.205	0.205	70.8%	29.2%	18.8%
싱커								
투심	4.6%	142.7	10.0	0.391	0.478	66.7%	33.3%	40.0%
너클								
커터	4.0%	134.7	19.1	0.308	0.385	83.3%	16.7%	20.0%
스플리터								

상황별 기록

상황	타석	홈런/9	볼넷/9	삼진/9	타율	출루율	장타율	OPS
전반기	305	0.7%	6.2%	10.8%	0.269	0.319	0.366	0.685
후반기	198	0.0%	5.1%	8.6%	0.268	0.309	0.344	0.653
vs 좌	144	0.7%	6.9%	11.8%	0.266	0.326	0.344	0.670
vs 우	359	0.3%	5.3%	9.2%	0.269	0.311	0.362	0.673
주자없음	280	0.0%	6.4%	11.1%	0.265	0.318	0.342	0.660
주자있음	223	0.9%	4.9%	8.5%	0.272	0.312	0.376	0.688
득점권	115	0.9%	4.3%	9.6%	0.223	0.264	0.340	0.604
노아웃	188	0.0%	5.3%	6.9%	0.292	0.333	0.369	0.702
원아웃	172	0.0%	5.2%	12.2%	0.265	0.308	0.346	0.654
투아웃	143	1.4%	7.0%	11.2%	0.242	0.301	0.356	0.657

존별 기록

VS 왼손

12 2.7%	29 6.6%	28 6.4%
33 7.5%	22 5.0%	36 8.2%
31 7.0%	34 7.7%	34 7.7%	34 7.7%	9 2.0%
36 8.2%	32 7.3%	9 2.0%
31 7.0%	24 5.5%	6 1.4%

VS 오른손

86 7.6%	56 5.0%	17 1.5%
80 7.1%	95 8.4%	51 4.5%
79 7.0%	108 9.6%	111 9.8%	65 5.8%	36 3.2%
65 5.8%	67 5.9%	56 5.0%
46 4.1%	67 5.9%	44 3.9%

투수 시점

추신수 외야수 17

신장	180	체중	97	생일	1982.07.13
투타	좌투좌타	지명	2007 해외진출선수 특별지명		
연봉	270,000-170,000-3,000				
학교	부산수영초-부산중-부산고				

● 이숭용 감독은 SSG 감독이 확정된 뒤 맨 처음 추신수에게 전화를 걸었다. "같이 한 번 잘 해 봅시다." 얼마 뒤 실제 만남 자리가 마련됐다. 이 감독은 "추신수와 야구를 보는 관점이 너무 닮아 놀랐다"라고 말했다. 추신수는 그 자리에서 주장으로 결정됐다. 추신수는 2024시즌이 프로선수로서의 마지막 시즌이다. 연봉은 최저연봉인 3,000만 원으로 결정됐고, 이마저도 기부한다. 주장 추신수는 SSG 팀 분위기를 더욱 활기차게 만들었다. 박종훈, 하재훈, 박대온 등을 텍사스 자택으로 초청해 함께 훈련했다. '마지막 시즌'이라는 점이 추신수의 각오를 더욱 다지게 한다. 그 어느 해보다 시즌 준비가 충실했다. 도루 능력은 다소 떨어질 수 있지만 적극적인 주루 플레이는 문제가 없다. 선구와 정확하게 맞히는 능력은 여전히 경쟁력이 있다. 이 감독은 추신수 기용 방식에 대해 주 3~4회 선발 출전을 고려하고 있다. 컨디션을 최상으로 유지하면서 시즌을 소화하는 것이 팀 전체 전력 강화에 도움이 된다는 판단이다. 올해 도입되는 시프트 제한은 추신수의 타격 성적을 높일 수 있는 요소다. 이번 시즌 1번에서 내려와 2번 타순에 들어선다. 작전 수행 능력이 아니라 '강한 2번'을 염두에 둔 포석이다. 3번 최정, 4번 한유섬, 5번 에레디아, 6번 박성한으로 이어지는 타선을 고려하면 상대팀에게는 클린업의 범위가 한층 넓어진 느낌이 들 수 있다.

기본기록

연도	경기	타석	타수	안타	2루타	3루타	홈런	타점	득점	볼넷	사구	삼진	도루	도루자	타율	출루율	장타율	OPS	WAR	WPA
2021	137	580	461	122	19	2	21	69	84	103	12	123	25	9	0.265	0.409	0.451	0.860	4.49	2.87
2022	112	499	409	106	20	1	16	58	77	71	13	100	15	5	0.259	0.382	0.430	0.812	3.74	0.44
2023	112	462	382	97	17	1	12	41	65	65	13	79	6	4	0.254	0.379	0.398	0.777	2.81	-0.53
통산	361	1541	1252	325	56	4	49	168	226	239	38	302	46	18	0.260	0.391	0.428	0.819	11.04	2.78

구종별기록

구분	상대%	타구속도	상하 각도	타율	장타율	땅볼%	뜬공%	강한타구%
직구	44.6%	141.1	20.2	0.293	0.541	50.5%	49.5%	39.0%
커브	8.7%	137.5	16.0	0.257	0.257	52.9%	47.1%	10.0%
슬라이더	17.1%	132.9	11.2	0.169	0.237	69.0%	31.0%	19.4%
체인지업	11.2%	134.9	24.5	0.231	0.385	39.1%	60.9%	17.2%
포크	7.6%	136.4	24.9	0.184	0.184	44.4%	55.6%	15.0%
싱커								
투심	5.9%	146.1	18.9	0.333	0.333	45.5%	54.5%	23.1%
너클								
커터	4.8%	135.3	20.2	0.263	0.474	36.4%	63.6%	30.8%
스플리터								

상황별 기록

상황	타석	홈런/9	볼넷/9	삼진/9	타율	출루율	장타율	OPS
전반기	231	3.0%	16.0%	17.3%	0.243	0.394	0.389	0.783
후반기	231	2.2%	12.1%	16.9%	0.264	0.364	0.406	0.770
vs 좌	128	3.1%	13.3%	14.8%	0.192	0.336	0.317	0.653
vs 우	334	2.4%	14.4%	18.0%	0.277	0.395	0.428	0.823
주자없음	308	3.2%	14.0%	17.9%	0.257	0.380	0.424	0.804
주자있음	154	1.3%	14.3%	15.6%	0.248	0.377	0.344	0.721
득점권	94	2.1%	17.0%	13.8%	0.260	0.404	0.370	0.774
노아웃	217	5.1%	12.4%	15.2%	0.302	0.410	0.544	0.954
원아웃	122	0.0%	13.9%	19.7%	0.202	0.344	0.222	0.566
투아웃	123	0.8%	17.1%	17.9%	0.218	0.358	0.307	0.665

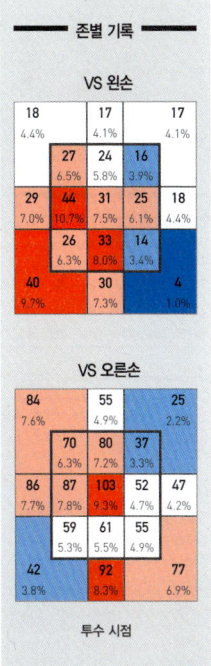

고효준 투수 15

| 신장 | 179 | 체중 | 81 | 생일 | 1983.02.08 | 투타 | 좌투좌타 | 지명 | 2002 롯데 2차 1라운드 6순위 |

연봉 4,000-8,500-15,300 학교 서원초-세광중-세광고

● 2002년 입단해 23년차 시즌, 노경은보다 한 살이 더 많다. SSG에 부족한 왼손 불펜으로 73경기에 나왔다. 평균구속 143.6km는 여전히 수준급이다. 속구, 슬라이더 투 피치만으로 타자를 잡아내기 충분하다. 특유의 디셉션은 또다른 강점이다. 디셉션 때문에 오른손타자 입장에선 공이 잘 안 보인다. 오른손타자 상대 OPS가 극강이었다.

기본기록

연도	경기	선발	QS	승	패	세이브	BS	홀드	이닝	피안타	피홈런	4사구	삼진	피안타율	WHIP	피OPS	FIP	ERA	WAR	WPA
2021	3	0	0	0	0	0	0	0	2 1/3	3	0	0	1	0.333	1.29	0.856	2.47	3.86	0.05	-0.13
2022	45	0	0	1	0	0	0	1	38 2/3	35	1	22	35	0.235	1.42	0.653	3.42	3.72	0.58	0.91
2023	73	0	0	4	1	0	2	13	58	49	3	45	66	0.232	1.57	0.652	4.17	4.50	0.31	1.00
통산	575	81	9	45	53	4	8	51	868	809	83	663	868	0.250	1.60	0.754	4.86	5.19	1.16	0.70

구종별 기록

구종	구사%	구속	수직 무브	수평 무브	분당 회전	땅볼%	타구속도	강한타구%
직구	45.5%	142.7	32.6	6.6	2505.1	34.1%	132.2	11.8%
커브	0.9%	122.9	-17.9	1.7	1217.5	100.0%	117.9	0.0%
슬라이더	51.7%	129.9	2.2	-0.5	443.0	41.5%	133.9	18.3%
체인지업								
포크	1.9%	126.8	-0.6	12.7	985.7	100.0%	131.8	0.0%
싱커								
투심								
너클								
커터								
스플리터								

상황별 기록

상황	타석	홈런/9	볼넷/9	삼진/9	피안타율	WHIP	피OPS	GO/FO
전반기	134	0.57	6.54	9.95	0.187	1.36	0.580	0.56
후반기	128	0.34	6.49	10.59	0.279	1.82	0.725	0.77
vs 좌	143	0.31	7.67	9.82	0.289	1.98	0.757	0.65
vs 우	119	0.63	5.34	10.67	0.165	1.15	0.526	0.66
주자없음	110	0.86	9.00	12.43	0.261	2.10	0.739	0.44
주자있음	152	0.24	5.11	9.00	0.211	1.27	0.589	0.80
득점권	88	0.49	8.84	9.33	0.246	1.85	0.725	0.57
1-2번 상대	68	0.61	7.36	9.82	0.200	1.57	0.608	1.00
3-5번 상대	91	0.87	6.97	8.27	0.264	1.69	0.775	0.52
6-9번 상대	103	0.00	5.56	12.31	0.226	1.46	0.575	0.57

노경은 투수 38

| 신장 | 187 | 체중 | 100 | 생일 | 1984.03.11 | 투타 | 우투우타 | 지명 | 2003 두산 1차 |

연봉 10,000-17,000-27,000 학교 화곡초-성남중-성남고

● 2003년 입단해 22년차 시즌을 맞는다. 39세 시즌에 30홀드로 커리어하이를 기록하며 홀드 2위에 올랐다. 평균구속 145.5km는 2014년 이후 가장 빠르고 2022년보다도 1km 늘었다. '벤자민 노튼'이다. 830이닝을 던졌어도 끄떡없다. 노경은은 "가슴운동을 했는데, 몸이 더 좋아진 것 같다"라고 말했다.

기본기록

연도	경기	선발	QS	승	패	세이브	BS	홀드	이닝	피안타	피홈런	4사구	삼진	피안타율	WHIP	피OPS	FIP	ERA	WAR	WPA
2021	14	11	1	3	5	0	0	0	56 1/3	79	11	28	35	0.333	1.83	0.950	6.12	7.35	-0.60	-1.20
2022	41	8	2	12	5	1	5	2	79 2/3	69	5	27	55	0.238	1.15	0.624	3.79	3.05	2.00	2.65
2023	76	0	0	9	6	2	7	30	83	78	4	40	65	0.253	1.37	0.684	3.77	3.58	1.71	3.83
통산	484	171	70	78	90	10	20	48	1306 1/3	1366	139	646	925	0.272	1.50	0.774	4.81	4.99	7.99	2.57

구종별 기록

구종	구사%	구속	수직 무브	수평 무브	분당 회전	땅볼%	타구속도	강한타구%
직구	26.8%	144.5	29.8	-17.4	2631.6	28.6%	135.8	20.4%
커브	4.2%	112.1	-21.1	7.5	1311.4	50.0%	137.7	0.0%
슬라이더	28.0%	135.5	14.5	0.9	1122.3	56.9%	130.2	15.2%
체인지업	0.1%	130.9	19.5	-16.1	1839.0			
포크	25.9%	131.2	16.2	-18.6	1739.5	66.7%	127.4	14.3%
싱커								
투심	14.8%	143.5	23.3	-20.9	2390.3	46.2%	123.5	5.7%
너클	0.3%	102.6	3.2	-6.3	567.2	0.0%	122.9	0.0%
커터								
스플리터								

상황별 기록

상황	타석	홈런/9	볼넷/9	삼진/9	피안타율	WHIP	피OPS	GO/FO
전반기	185	0.66	4.61	6.37	0.280	1.59	0.784	0.87
후반기	172	0.21	3.21	7.71	0.225	1.17	0.581	1.13
vs 좌	152	0.00	4.81	8.55	0.262	1.54	0.695	0.97
vs 우	205	0.73	3.28	6.02	0.247	1.26	0.676	1.00
주자없음	186	0.65	2.59	8.42	0.256	1.34	0.661	1.07
주자있음	171	0.22	5.23	5.66	0.250	1.40	0.712	0.90
득점권	116	0.00	6.75	6.75	0.277	1.78	0.780	0.96
1-2번 상대	79	0.00	4.58	6.41	0.200	1.17	0.589	1.05
3-5번 상대	124	1.40	5.26	6.66	0.343	2.03	0.946	0.93
6-9번 상대	154	0.00	2.63	7.65	0.207	1.04	0.519	1.00

더거 투수 33

신장	183	체중	83	생일	1995.07.03	투타	우투우타	지명	2024 SSG 자유선발
연봉	$650,000			학교	미국 Tomball(고)-미국 Texas Tech(대)				

● 메이저리그 경험은 없지만 지난해 시애틀 소속으로 트리플A 퍼시픽리그에서 평균자책 4.31, 탈삼진 143개를 기록했다. 타고투저 리그에서는 준수한 기록으로 평가받는다. 템포 빠른 투구는 피치클락에 딱이다. 캠프에서 이미 149㎞를 던졌고, 디셉션도 좋은 평가를 받았다. 특히 커브의 궤적이 국내에서 드문 스타일이라는 평가다.

기본기록

연도	리그	경기	선발	QS	승	패	세이브	BS	홀드	이닝	피안타	피홈런	4사구	삼진	피안타율	WHIP	피OPS	FIP	ERA	WAR
2021	MLB	12	0	0	0	2	0	0	0	25 1/3	34	4	13	19	0.324	1.792	0.925	5.23	7.36	-0.1
2022	MLB	4	1	0	0	1	0	0	0	16	19	3	7	19	0.292	1.625	0.869	4.49	6.19	-0.2
2023	AAA	29	29	11	7	10	0	0	0	146 1/3	149	18	60	143	0.262	1.43	0.742	4.89	4.31	-
MLB 통산		27	13	0	0	7	0	0	0	86.2	107	18	45	67	0.303	1.685	0.935	5.89	7.17	-1.8

구종별 기록

구종	구사%	구속	수직 무브	수평 무브	분당 회전	땅볼%	타구속도	강한타구%
직구								
커브								
슬라이더								
체인지업								
포크								
싱커								
투심								
너클								
커터								
스플리터								

상황별 기록

상황	타석	홈런/9	볼넷/9	삼진/9	피안타율	WHIP	피OPS	GO/FO
전반기								
후반기								
vs 좌								
vs 우								
주자없음								
주자있음								
득점권								
1-2번 상대								
3-5번 상대								
6-9번 상대								

박민호 투수 41

신장	185	체중	95	생일	1992.02.25	투타	우언우타	지명	2014 SK 2차 3라운드 33순위
연봉	12,000-9,500-6,000			학교	동막초-동인천중-인천고-인하대				

● SK 시절 불펜이 흔들릴 때마다 보직을 가리지 않고 맡았다. 2022년부터 출전기회가 줄었고 지난해 10경기 출전에 그쳤다. 1군으로 오르지 못하면서 시즌 뒤 야구를 그만 둘 생각까지 했다. 코칭스태프가 바뀌었고 스프링캠프에 합류했다. 고-노 듀오의 설득에 마음을 다잡고 노력한 끝에 플로리다 캠프 투수 MVP로 선정됐다.

기본기록

연도	경기	선발	QS	승	패	세이브	BS	홀드	이닝	피안타	피홈런	4사구	삼진	피안타율	WHIP	피OPS	FIP	ERA	WAR	WPA
2021	40	0	0	4	0	0	3	5	41	45	3	15	19	0.283	1.37	0.716	4.45	3.73	0.46	0.59
2022	22	0	0	1	1	0	1	4	22	26	3	13	12	0.295	1.68	0.806	5.66	4.09	0.08	-0.71
2023	10	0	0	0	0	0	0	0	10	14	0	3	4	0.318	1.50	0.703	3.54	0.90	0.17	0.31
통산	248	4	0	13	8	5	6	28	273	288	24	115	135	0.275	1.37	0.734	4.96	3.73	3.03	0.23

구종별 기록

구종	구사%	구속	수직 무브	수평 무브	분당 회전	땅볼%	타구속도	강한타구%
직구	49.1%	132.0	12.6	-29.5	2224.2	11.1%	140.6	13.3%
커브	1.2%	112.6	-8.3	3.4	520.5	-	-	-
슬라이더	38.3%	123.5	8.7	-6.9	795.1	46.7%	129.8	11.1%
체인지업								
포크	8.4%	122.6	2.1	-25.1	1634.4	0.0%	116.6	0.0%
싱커								
투심	3.0%	131.5	7.7	-28.3	2057.0	100.0%	74.7	0.0%
너클								
커터								
스플리터								

상황별 기록

상황	타석	홈런/9	볼넷/9	삼진/9	피안타율	WHIP	피OPS	GO/FO
전반기	47	0.00	0.90	3.60	0.318	1.50	0.703	0.53
후반기								
vs 좌	14	0.00	2.70	5.40	0.167	0.90	0.536	0.60
vs 우	33	0.00	0.00	2.70	0.375	1.80	0.769	0.50
주자없음	24	0.00	1.80	5.40	0.286	1.40	0.661	1.40
주자있음	23	0.00	0.00	1.80	0.348	1.60	0.739	0.17
득점권	11	0.00	0.00	3.00	0.182	0.67	0.364	0.33
1-2번 상대	4	0.00	0.00	0.000	0.000	0.000	0.000	1.00
3-5번 상대	11	0.00	0.00	4.50	0.400	2.00	0.955	0.25
6-9번 상대	32	0.00	1.29	3.86	0.333	1.57	0.708	0.55

박종훈 투수 50

신장	186	체중	90	생일	1991.08.13	투타	우언우타	지명	2010 SK 2라운드 9순위
연봉	180,000-50,000-110,000			학교	군산중앙초-군산중-군산상고				

● 팔꿈치 수술 뒤 부진하자 구속 증가를 위해 몸무게를 100kg까지 늘렸다. 힘을 더 쓰기 위한 노력이었지만 스윙의 각과 팔목 쓰임이 바뀌며 2승6패, 평균자책 6.19에 그쳤다. 이번에는 거꾸로 몸무게를 14kg 줄인 채 캠프에 합류했다. 유연성을 키우는 것이 낫다는 판단. 5선발 경쟁 후보에서 '유력'으로 떠올랐다.

기본기록

연도	경기	선발	QS	승	패	세이브	BS	홀드	이닝	피안타	피홈런	4사구	삼진	피안타율	WHIP	피OPS	FIP	ERA	WAR	WPA
2021	9	9	6	4	2	0	0	0	54 1/3	40	2	24	41	0.205	1.05	0.563	3.63	2.82	1.59	1.56
2022	11	11	2	3	5	0	0	0	48	52	6	29	40	0.280	1.52	0.782	5.11	6.00	-0.18	-0.31
2023	18	16	4	2	6	0	0	0	80	77	8	79	56	0.260	1.71	0.804	6.30	6.19	-0.48	-0.69
통산	230	205	65	71	73	0	0	1	1077	1064	99	669	841	0.261	1.46	0.748	4.99	4.74	13.80	5.61

구종별 기록

구종	구사%	구속	수직 무브	수평 무브	분당 회전	땅볼%	타구속도	강한타구
직구	9.7%	133.6	-10.0	-20.8	1614.6	40.0%	138.3	35.4%
커브	29.8%	120.8	13.2	6.0	996.1	18.6%	124.9	5.7%
슬라이더								
체인지업	1.5%	121.8	-16.2	-15.0	1449.0	66.7%	145.0	0.0%
포크								
싱커								
투심	59.1%	131.3	-18.8	-13.8	1662.0	81.1%	139.5	30.0%
너클								
커터								
스플리터								

상황별 기록

상황	타석	홈런/9	볼넷/9	삼진/9	피안타율	WHIP	피OPS	GO/FO
전반기	293	0.88	6.46	6.16	0.273	1.74	0.817	1.69
후반기	89	0.96	7.71	6.75	0.215	1.61	0.754	1.24
vs 좌	199	0.43	5.95	7.44	0.245	1.54	0.752	1.53
vs 우	183	1.43	7.65	5.02	0.276	1.91	0.856	1.61
주자없음	177	0.54	8.91	6.48	0.244	1.98	0.765	1.79
주자있음	205	1.16	5.21	6.17	0.273	1.52	0.836	1.41
득점권	143	1.41	5.63	7.31	0.231	1.41	0.790	1.10
1-2번 상대	96	0.50	10.50	8.00	0.258	2.11	0.827	1.92
3-5번 상대	133	1.30	6.51	5.86	0.292	1.84	0.893	1.36
6-9번 상대	153	0.79	4.98	5.77	0.234	1.40	0.710	1.61

백승건 투수 11

신장	183	체중	85	생일	2000.10.29	투타	좌투좌타	지명	2019 SK 1차
연봉	3,000-3,000-4,600			학교	동막초-상인천중-인천고				

● SSG에 부족한 왼손 불펜 자원이다. 1차 지명 출신으로 지난 시즌 선발로도 2경기 출전했지만 불펜에서 쓰임새가 높다. 평속 142㎞로 빠른 편은 아니지만 예리한 슬라이더는 위력적이다. 왼손투수이면서 왼손타자에게 홈런 5개를 허용한 점은 아쉽다. 안정적 투구를 위해서는 속구 비중을 더욱 높이는 쪽이 유리할 수 있다.

기본기록

연도	경기	선발	QS	승	패	세이브	BS	홀드	이닝	피안타	피홈런	4사구	삼진	피안타율	WHIP	피OPS	FIP	ERA	WAR	WPA
2021																				
2022																				
2023	25	2	0	2	2	0	0	3	38	41	7	17	29	0.273	1.53	0.792	5.65	4.97	-0.26	0.77
통산	50	9	0	2	7	0	0	4	86 2/3	94	15	63	71	0.278	1.78	0.843	6.26	5.40	-0.43	-0.58

구종별 기록

구종	구사%	구속	수직 무브	수평 무브	분당 회전	땅볼%	타구속도	강한타구
직구	41.6%	141.8	31.2	8.2	2413.2	37.8%	138.2	25.5%
커브	3.8%	114.9	-19.6	-12.1	1379.4	50.0%	84.3	0.0%
슬라이더	35.8%	130.6	8.5	-5.2	782.7	45.5%	130.3	14.8%
체인지업	18.8%	129.1	27.4	16.1	2160.6	20.0%	124.3	6.3%
포크								
싱커								
투심								
너클								
커터								
스플리터								

상황별 기록

상황	타석	홈런/9	볼넷/9	삼진/9	피안타율	WHIP	피OPS	GO/FO
전반기	162	1.72	4.17	6.87	0.261	1.47	0.782	0.59
후반기	8	0.00	0.00	6.75	0.500	3.00	1.000	2.00
vs 좌	82	2.55	4.58	8.66	0.268	1.58	0.871	1.06
vs 우	88	0.89	3.54	5.31	0.278	1.48	0.721	0.39
주자없음	99	1.66	4.57	6.23	0.250	1.52	0.765	0.55
주자있음	71	1.65	3.31	7.71	0.306	1.83	0.830	0.76
득점권	42	1.80	2.70	8.10	0.216	1.10	0.646	0.91
1-2번 상대	43	1.08	7.56	5.40	0.314	2.15	0.886	0.19
3-5번 상대	59	3.65	2.92	7.30	0.333	1.78	1.003	0.80
6-9번 상대	68	0.52	3.12	7.27	0.197	1.04	0.548	0.84

송영진 투수 28

신장	185	체중	90	생일	2004.05.28	투타	우투양타	지명	2023 SSG 2라운드 15순위
연봉	3,000-4,500			학교	대전유천초-한밭중-대전고				

● 2라운드 지명 신인으로 개막 초반 기대를 모았다. 초반 김광현이 빠진 자리를 메웠다. 고졸 신인 투수의 첫 시즌은 항상 뜻대로 굴러가지 않는다. ERA 5.70으로 마무리됐다. 5선발을 두고 경쟁했지만 당장 결정구 하나를 만들기보다는 '야구하는 법'을 배워나가는 중이다. 수 년 안에 팀 3선발이 되는 게 목표다.

기본기록

연도	경기	선발	QS	승	패	세이브	BS	홀드	이닝	피안타	피홈런	4사구	삼진	피안타율	WHIP	피OPS	FIP	ERA	WAR	WPA
2021																			
2022																			
2023	17	9	3	3	0	0	0	0	47 1/3	46	3	33	38	0.257	1.63	0.735	4.75	5.70	-0.22	-0.38
통산	17	9	3	3	0	0	0	0	47 1/3	46	3	33	38	0.257	1.63	0.735	4.75	5.70	-0.22	-0.38

구종별 기록

구종	구사%	구속	수직 무브	수평 무브	분당 회전	땅볼%	타구속도	강한타구%
직구	55.5%	144.4	20.4	-7.2	1727.2	63.1%	136.5	28.6%
커브	13.9%	116.6	-19.3	12.3	1402.4	50.0%	128.1	18.2%
슬라이더	24.9%	130.2	1.9	7.0	658.3	45.0%	137.8	16.0%
체인지업								
포크	5.6%	132.2	10.8	-7.8	1070.2	50.0%	127.6	0.0%
싱커								
투심								
너클								
커터								
스플리터								

상황별 기록

상황	타석	홈런/9	볼넷/9	삼진/9	피안타율	WHIP	피OPS	GO/FO
전반기	143	0.30	6.82	6.82	0.243	1.68	0.723	1.39
후반기	77	1.06	4.24	7.94	0.281	1.53	0.756	1.29
vs 좌	108	0.40	3.57	6.75	0.297	1.59	0.769	2.33
vs 우	112	0.73	8.03	7.66	0.216	1.66	0.699	0.81
주자없음	101	0.00	5.48	7.59	0.250	1.64	0.631	2.00
주자있음	119	1.04	6.23	6.92	0.264	1.62	0.834	0.96
득점권	73	1.80	8.40	6.00	0.283	1.93	0.908	0.88
1-2번 상대	54	0.00	9.72	8.64	0.381	3.00	1.000	5.00
3-5번 상대	76	1.13	8.44	6.75	0.276	1.94	0.827	0.68
6-9번 상대	90	0.39	2.74	7.04	0.177	0.91	0.513	1.45

이건욱 투수 16

신장	182	체중	85	생일	1995.02.13	투타	우투우타	지명	2014 SK 1차
연봉	3,200-3,100-6,400			학교	신도초-동산중-동산고				

● 지난 시즌 후반, SSG 마운드의 소금 역할을 했다. 후반기에만 19경기 등판해 평균 자책 1.52를 기록했다. 추격조로 나와 기록지에는 드러나지 않지만 평균 145km의 확 빨라진 공으로 아웃카운트를 잡아나갔다. 지난해 가을 유망주 캠프에서 MVP에 꼽혔다. 올 시즌에도 불펜의 한 축 전망. 고-노 듀오 의존도를 줄여야 한다.

기본기록

연도	경기	선발	QS	승	패	세이브	BS	홀드	이닝	피안타	피홈런	4사구	삼진	피안타율	WHIP	피OPS	FIP	ERA	WAR	WPA
2021	5	4	0	0	1	0	0	0	12 2/3	16	4	20	5	0.333	2.76	1.174	11.38	11.37	-0.56	-0.64
2022	1	1	0	0	0	0	0	0	3	2	1	5	2	0.200	2.00	0.929	10.34	9.00	-0.12	-0.13
2023	27	1	0	1	0	0	0	0	38 2/3	31	0	27	31	0.228	1.45	0.628	3.78	2.09	0.58	0.15
통산	63	31	5	7	12	0	0	0	178 1/3	160	17	141	131	0.245	1.64	0.759	5.64	5.65	0.87	-0.80

구종별 기록

구종	구사%	구속	수직 무브	수평 무브	분당 회전	땅볼%	타구속도	강한타구%
직구	58.0%	144.0	30.7	-14.2	2567.3	30.2%	136.7	22.8%
커브								
슬라이더	7.7%	131.1	7.6	1.7	802.4	66.7%	126.9	14.3%
체인지업	13.0%	133.6	26.2	-22.5	2425.9	28.6%	127.1	7.1%
포크								
싱커								
투심								
너클								
커터	21.3%	135.6	15.8	-3.9	1257.1	57.1%	133.0	25.0%
스플리터								

상황별 기록

상황	타석	홈런/9	볼넷/9	삼진/9	피안타율	WHIP	피OPS	GO/FO
전반기	66	0.00	4.80	5.40	0.278	1.53	0.727	0.55
후반기	103	0.00	6.46	8.37	0.195	1.39	0.565	0.64
vs 좌	69	0.00	4.58	5.60	0.203	1.19	0.546	0.50
vs 우	100	0.00	6.86	8.57	0.247	1.67	0.690	0.71
주자없음	68	0.00	6.43	9.64	0.259	1.79	0.730	0.87
주자있음	101	0.00	5.47	5.84	0.205	1.26	0.555	0.48
득점권	75	0.00	5.50	5.00	0.228	1.33	0.602	0.48
1-2번 상대	40	0.00	5.40	6.30	0.258	1.40	0.755	1.43
3-5번 상대	66	0.00	6.60	6.60	0.185	1.40	0.574	0.43
6-9번 상대	63	0.00	5.27	8.56	0.255	1.54	0.610	0.50

이로운 투수 92

신장	185	체중	105	생일	2004.09.11	투타	우투우타	지명	2023 SSG 1라운드 5순위
연봉	3,000-7,400			학교	본리초-경복중-대구고				

● 이숭용 SSG 감독은 "귀엽다"라고 했다. 귀엽게 웃으면서 평균 148㎞의 강속구를 씩씩하게 던진다. 1라운드 지명 뒤 데뷔 첫 시즌에 6승 1패 5홀드를 거뒀다. ERA는 5.62로 높지만 FIP 4.07은 성장을 기대케 한다. 속구, 슬라이더 투 피치로 타자를 상대할 수 있다. 장차 SSG 마무리로 성장이 기대된다.

기본기록

연도	경기	선발	QS	승	패	세이브	BS	홀드	이닝	피안타	피홈런	4사구	삼진	피안타율	WHIP	피OPS	FIP	ERA	WAR	WPA
2021																				
2022																				
2023	50	0	0	6	1	0	1	5	57 2/3	67	7	30	52	0.289	1.66	0.810	4.67	5.62	-0.31	0.67
통산	50	0	0	6	1	0	1	5	57 2/3	67	7	30	52	0.289	1.66	0.810	4.67	5.62	-0.31	0.67

구종별 기록

구종	구사%	구속	수직 무브	수평 무브	분당 회전	땅볼%	타구속도	강한타구%
직구	53.6%	147.2	27.6	-9.7	2314.6	47.7%	135.2	23.3%
커브								
슬라이더	14.1%	128.9	-0.9	-0.6	406.2	41.2%	131.4	20.0%
체인지업	15.9%	124.3	18.7	-17.2	1708.5	15.4%	123.1	7.1%
포크	0.2%	134.0	5.4	-12.5	953.0			
싱커								
투심	1.0%	145.4	26.0	-18.1	2436.6	0.0%	149.3	66.7%
너클								
커터	15.2%	136.4	9.5	3.3	887.9	47.4%	143.3	27.3%
스플리터								

상황별 기록

상황	타석	홈런/9	볼넷/9	삼진/9	피안타율	WHIP	피OPS	GO/FO
전반기	158	0.81	4.32	8.10	0.316	1.77	0.837	0.74
후반기	110	1.48	4.81	8.14	0.250	1.52	0.772	0.72
vs 좌	117	0.79	7.15	9.53	0.309	2.12	0.860	0.65
vs 우	151	1.29	2.83	7.20	0.274	1.37	0.771	0.78
주자없음	134	1.55	3.41	6.83	0.270	1.52	0.787	1.09
주자있음	134	0.63	5.65	9.42	0.309	1.81	0.833	0.40
득점권	86	1.15	9.19	10.34	0.343	2.49	0.960	0.53
1-2번 상대	51	2.38	2.38	8.74	0.326	1.59	0.940	0.57
3-5번 상대	83	1.06	6.88	9.00	0.235	1.71	0.787	0.64
6-9번 상대	134	0.61	3.99	7.36	0.305	1.67	0.772	0.87

최민준 투수 67

신장	178	체중	83	생일	1999.06.11	투타	우투우타	지명	2018 SK 2차 2라운드 15순위
연봉	6,500-13,000-14,400			학교	부산수영초-경남중-경남고				

● 데뷔 5년차인 2022년부터 SSG 불펜에서 중요한 역할을 했다. 140㎞대 초반에 머물던 속구 평균 구속이 지난해 143㎞까지 올랐다. 요즘 흐름에서 '강속구'에 포함되기 어렵지만 공격적인 피칭은 속구 위력을 더욱 높인다. 내전근 부상 뒤 조금 잃었던 투구 밸런스를 찾기 위해 애썼고, 구속과 구위 모두 회복했다는 평가다.

기본기록

연도	경기	선발	QS	승	패	세이브	BS	홀드	이닝	피안타	피홈런	4사구	삼진	피안타율	WHIP	피OPS	FIP	ERA	WAR	WPA
2021	38	12	1	3	3	0	1	4	86	93	11	57	62	0.278	1.66	0.808	5.54	5.86	-0.05	-0.64
2022	51	1	0	5	4	0	2	5	68 1/3	51	10	36	48	0.207	1.24	0.676	5.33	3.95	-0.07	0.76
2023	53	0	0	5	3	1	3	7	60	75	7	20	37	0.319	1.57	0.838	4.68	4.20	0.36	0.32
통산	144	13	1	13	10	1	6	16	219 1/3	230	33	113	150	0.273	1.52	0.796	5.58	5.01	-0.03	0.44

구종별 기록

구종	구사%	구속	수직 무브	수평 무브	분당 회전	땅볼%	타구속도	강한타구%
직구	31.8%	142.7	27.5	-14.1	2354.0	41.0%	139.4	38.5%
커브	27.2%	122.5	-20.2	10.8	1477.7	65.5%	136.2	21.9%
슬라이더	1.3%	134.4	5.8	0.7	500.0	0.0%	153.3	66.7%
체인지업								
포크	2.4%	133.0	10.2	-16.6	1421.4	50.0%	123.7	0.0%
싱커								
투심								
너클								
커터	37.2%	138.8	16.5	-0.8	1292.8	59.3%	135.1	26.4%
스플리터								

상황별 기록

상황	타석	홈런/9	볼넷/9	삼진/9	피안타율	WHIP	피OPS	GO/FO
전반기	149	1.03	3.09	5.40	0.269	1.37	0.717	1.14
후반기	113	1.08	2.52	5.76	0.386	1.84	0.997	1.29
vs 좌	105	1.64	4.09	6.14	0.362	2.00	0.976	1.14
vs 우	157	0.71	2.13	5.21	0.291	1.32	0.744	1.22
주자없음	129	1.69	3.38	5.06	0.305	1.73	0.822	1.48
주자있음	133	0.54	2.43	5.94	0.333	1.44	0.854	0.93
득점권	79	0.92	3.20	7.32	0.328	1.47	0.860	1.07
1-2번 상대	53	0.00	2.40	3.60	0.184	0.87	0.449	1.27
3-5번 상대	82	2.16	3.24	6.48	0.378	2.04	1.020	1.43
6-9번 상대	127	0.95	2.86	6.04	0.339	1.66	0.887	1.04

강진성 외야수 49

신장	176	체중	89	생일	1993.10.19	투타	우투우타	지명	2012 NC 4라운드 33순위
연봉	13,000-8,000-8,500			학교	가동초-잠신중-경기고				

● NC, 두산을 거쳐 SSG 유니폼을 입었다. 잘 알려진 대로 강광회 심판의 아들. 아들 경기에 주심을 보지 못하는 '강진성 룰'도 있다. 시즌 전 아버지와 함께 몸을 만들었다. 1루 경쟁이 치열했지만 팀 전력 강화를 위해 강진성은 외야수로 나설 가능성이 높다. 홈런 12개를 쳤던 2020년은 왼손투수 킬러(OPS 1.060)였다.

기본기록

연도	경기	타석	타수	안타	2루타	3루타	홈런	타점	득점	볼넷	사구	삼진	도루	도루자	타율	출루율	장타율	OPS	WAR	WPA
2021	124	462	406	101	20	0	7	38	49	36	14	68	9	3	0.249	0.330	0.350	0.680	0.24	-2.74
2022	40	94	80	13	2	0	1	8	7	11	2	20	4	0	0.163	0.280	0.225	0.505	-0.18	-0.61
2023	58	145	134	35	6	1	3	17	10	6	3	20	0	0	0.261	0.306	0.388	0.694	0.35	-0.80
통산	460	1347	1209	320	64	2	26	153	141	85	33	195	24	5	0.265	0.328	0.385	0.713	3.44	-6.40

구종별기록

상황	상대%	타구속도	상하 각도	타율	장타율	땅볼%	뜬공%	강한타구%
직구	42.1%	140.0	23.8	0.373	0.627	38.7%	61.3%	25.5%
커브	9.0%	118.1	26.4	0.286	0.286	42.9%	57.1%	0.0%
슬라이더	21.1%	129.6	31.0	0.222	0.296	23.5%	76.5%	19.0%
체인지업	15.0%	130.5	20.6	0.100	0.100	47.1%	52.9%	7.1%
포크	4.3%	129.6	15.2	0.000	0.000	0.0%	100.0%	0.0%
싱커								
투심	5.8%	91.2	-6.7	0.000	0.000	100.0%	0.0%	0.0%
너클								
커터	2.6%	135.1	32.4	0.500	0.500	0.0%	100.0%	0.0%
스플리터								

상황별기록

구분	타석	홈런/9	볼넷/9	삼진/9	타율	출루율	장타율	OPS
전반기	85	1.2%	5.9%	16.5%	0.289	0.357	0.434	0.791
후반기	60	3.3%	1.7%	10.0%	0.224	0.233	0.328	0.561
vs 좌	58	1.7%	1.7%	12.1%	0.232	0.259	0.321	0.580
vs 우	87	2.3%	5.7%	14.9%	0.282	0.337	0.436	0.773
주자없음	76	1.3%	1.3%	17.1%	0.247	0.276	0.315	0.591
주자있음	69	2.9%	7.2%	10.1%	0.279	0.338	0.475	0.813
득점권	46	2.2%	6.5%	8.7%	0.275	0.333	0.450	0.783
노아웃	46	4.3%	0.0%	8.7%	0.333	0.333	0.533	0.866
원아웃	52	1.9%	3.8%	15.4%	0.271	0.308	0.396	0.704
투아웃	47	0.0%	8.5%	17.0%	0.171	0.277	0.220	0.497

김민식 포수 24

신장	180	체중	80	생일	1989.06.28	투타	우투좌타	지명	2012 SK 2라운드 11순위
연봉	9,500-15,000-15,000			학교	양덕초-마산중-마산고-원광대				

● 스토브리그 막판, 상황이 급변하며 기존보다 낮은 2년 5억 원에 도장을 찍었다. 선수협은 '에이전트 패싱' 근거를 못 찾았다고 결론을 내렸다. SSG 포수진 경쟁이 치열했다. 변칙 볼배합에 능한데, 때로는 안정감 부족으로 여겨지기도 한다. 타격 성장이 멈춘 점은 아쉽다. 왼손타자 포수는 귀한 자원인데, 오른손투수 상대 타율이 0.201이었다.

기본기록

연도	경기	타석	타수	안타	2루타	3루타	홈런	타점	득점	볼넷	사구	삼진	도루	도루자	타율	출루율	장타율	OPS	WAR	WPA
2021	100	301	250	55	8	0	3	26	30	41	4	49	0	0	0.220	0.336	0.288	0.624	0.46	-0.99
2022	104	266	222	49	9	1	2	28	30	32	2	45	0	0	0.221	0.320	0.297	0.617	0.60	-1.77
2023	122	318	266	58	9	1	5	34	28	31	2	57	0	0	0.218	0.302	0.316	0.618	0.50	-2.04
통산	821	2192	1875	426	61	8	24	214	229	224	23	366	11	6	0.227	0.315	0.307	0.622	0.04	-9.14

구종별기록

상황	상대%	타구속도	상하 각도	타율	장타율	땅볼%	뜬공%	강한타구%
직구	46.9%	133.1	27.2	0.233	0.311	27.9%	72.1%	14.5%
커브	8.9%	135.0	13.1	0.158	0.158	63.6%	36.4%	8.3%
슬라이더	15.4%	124.8	29.9	0.180	0.300	28.0%	72.0%	3.2%
체인지업	10.3%	121.5	36.4	0.212	0.242	38.1%	61.9%	0.0%
포크	7.4%	139.0	7.7	0.200	0.240	83.3%	16.7%	33.3%
싱커								
투심	7.7%	133.5	30.3	0.333	0.667	66.7%	33.3%	16.7%
너클								
커터	3.4%	123.7	30.5	0.200	0.340	36.4%	63.6%	7.7%
스플리터								

상황별기록

구분	타석	홈런/9	볼넷/9	삼진/9	타율	출루율	장타율	OPS
전반기	192	1.6%	10.9%	18.8%	0.236	0.330	0.348	0.678
후반기	126	1.6%	7.9%	16.7%	0.190	0.259	0.267	0.526
vs 좌	82	2.4%	8.5%	22.0%	0.264	0.329	0.361	0.690
vs 우	236	1.3%	10.2%	16.5%	0.201	0.293	0.299	0.592
주자없음	168	1.8%	8.3%	21.4%	0.191	0.268	0.289	0.557
주자있음	150	1.3%	11.3%	14.0%	0.254	0.346	0.351	0.697
득점권	104	1.0%	12.5%	16.3%	0.280	0.371	0.378	0.749
노아웃	120	2.5%	6.7%	18.3%	0.160	0.231	0.266	0.497
원아웃	104	0.0%	14.4%	13.5%	0.267	0.379	0.337	0.716
투아웃	94	2.1%	8.5%	22.3%	0.233	0.298	0.349	0.647

김성현 내야수 6

신장	체중	생일	투타	지명
172	72	1987.03.09	우투우타	2006 SK 2차 3라운드 20순위

연봉	학교
20,900-15,000-20,000	송정동초-충장중-광주제일고

● 세인트루이스가 '가을 좀비'라면 김성현은 '좀비 2루수'다. 매년 경쟁에 내몰리지만 결국 2루수는 김성현이었다. 꾸준히 100경기 이상 출전했다. 초구 스윙률 35.6%는 리그 5위권이다. 어느새 19년차 시즌을 맞는 김성현의 '짠바'에서 나온 초구 노림수다. 이번 캠프에서도 경쟁이 심했지만, 김성현은 여전히 필요한 내야수다.

기본기록

연도	경기	타석	타수	안타	2루타	3루타	홈런	타점	득점	볼넷	사구	삼진	도루	도루자	타율	출루율	장타율	OPS	WAR	WPA
2021	110	274	237	67	15	0	6	37	27	29	0	29	5	2	0.283	0.356	0.422	0.778	1.99	0.34
2022	130	359	302	66	9	1	2	37	38	31	3	36	3	3	0.219	0.295	0.275	0.570	-0.10	-1.26
2023	112	354	310	83	14	0	1	27	35	29	0	36	4	1	0.268	0.328	0.323	0.651	0.85	-1.88
통산	1492	4585	4027	1092	179	10	44	430	523	362	49	431	46	31	0.271	0.336	0.353	0.689	12.43	-10.44

구종별기록

상황	상대%	타구속도	상하 각도	타율	장타율	땅볼%	뜬공%	강한타구%
직구	42.6%	134.9	20.0	0.264	0.308	50.0%	50.0%	9.1%
커브	8.3%	121.3	19.8	0.263	0.316	36.4%	63.6%	0.0%
슬라이더	20.5%	125.9	14.0	0.333	0.407	53.6%	46.4%	0.0%
체인지업	10.4%	128.2	15.4	0.217	0.261	71.4%	28.6%	0.0%
포크	4.8%	125.0	18.2	0.077	0.077	54.5%	45.5%	0.0%
싱커								
투심	9.8%	135.4	18.9	0.258	0.387	52.2%	47.8%	12.5%
너클								
커터	3.7%	137.7	5.5	0.400	0.400	75.0%	25.0%	28.6%
스플리터								

상황별기록

구분	타석	홈런/9	볼넷/9	삼진/9	타율	출루율	장타율	OPS
전반기	123	0.0%	7.3%	11.4%	0.278	0.333	0.352	0.685
후반기	231	0.4%	8.7%	9.5%	0.262	0.326	0.307	0.633
vs 좌	123	0.0%	8.9%	10.6%	0.282	0.347	0.391	0.738
vs 우	231	0.4%	7.8%	10.0%	0.260	0.318	0.285	0.603
주자없음	176	0.6%	6.3%	10.2%	0.309	0.352	0.388	0.740
주자있음	178	0.0%	10.1%	10.1%	0.221	0.303	0.248	0.551
득점권	106	0.0%	9.4%	9.4%	0.230	0.303	0.253	0.556
노아웃	112	0.9%	7.1%	7.1%	0.300	0.354	0.389	0.743
원아웃	118	0.0%	10.2%	9.3%	0.286	0.356	0.333	0.689
투아웃	124	0.0%	7.3%	13.7%	0.226	0.282	0.261	0.543

김창평 외야수 64

신장	체중	생일	투타	지명
185	85	2000.06.14	우투좌타	2019 SK 2차 1라운드 6순위

연봉	학교
0-3,100-3,100	학강초-무등중-광주제일고

● 2019년 SK 시절 1라운드 지명 선수다. 공수주를 모두 갖춘 내야수이지만 기대보다 성장이 더뎠고, 군 복무를 마치며 올해 복귀했다. 재능이 있는 공격력을 살리기 위해 올 시즌 외야수를 준비한다. 빠른 발을 지녔기 때문에 외야 전향도 빠를 것으로 보인다. 퓨처스에서 수비 경험을 쌓은 뒤 1군 공격력을 높이겠다는 게 벤치의 계산이다.

기본기록

연도	경기	타석	타수	안타	2루타	3루타	홈런	타점	득점	볼넷	사구	삼진	도루	도루자	타율	출루율	장타율	OPS	WAR	WPA
2021	40	28	25	2	0	0	1	6	1	0	6	2	1		0.080	0.115	0.080	0.195	-0.51	-0.18
2022																				
2023																				
통산	93	171	148	25	6	1	0	11	20	16	1	33	9	1	0.169	0.253	0.223	0.476	-0.40	-0.78

구종별기록

상황	상대%	타구속도	상하 각도	타율	장타율	땅볼%	뜬공%	강한타구%
직구								
커브								
슬라이더								
체인지업								
포크								
싱커								
투심								
너클								
커터								
스플리터								

상황별기록

구분	타석	홈런/9	볼넷/9	삼진/9	타율	출루율	장타율	OPS
전반기								
후반기								
vs 좌								
vs 우								
주자없음								
주자있음								
득점권								
노아웃								
원아웃								
투아웃								

오태곤 외야수 37

신장	186	체중	88	생일	1991.11.18	투타	우투우타	지명	2010 롯데 3라운드 22순위
연봉	10,500-10,000-25,000			학교	쌍문초-신월중-청원고				

● SSG에서 가장 치열한 포지션이 1루수다. 고명준, 전의산 등 유망주에 강진성도 경쟁 중이다. 오태곤은 1루와 외야가 가능하지만, 주전이 되기 위해서는 돌파구가 필요하다. 왼손투수 상대 장점(OPS 0.786)은 확실한 툴. 팀 입장에서는 맞춤형 타선 구성에 잘 어울리는 야수다. 커리어하이였던 20도루가 더 늘어날 수 있다.

기본기록

연도	경기	타석	타수	안타	2루타	3루타	홈런	타점	득점	볼넷	사구	삼진	도루	도루자	타율	출루율	장타율	OPS	WAR	WPA
2021	122	253	235	63	10	0	9	35	47	14	2	52	9	4	0.268	0.313	0.426	0.739	1.24	-0.82
2022	130	295	263	61	14	1	4	23	48	15	9	68	11	4	0.232	0.293	0.338	0.631	1.05	-0.63
2023	123	305	272	65	14	1	7	28	37	18	4	67	20	1	0.239	0.293	0.375	0.668	1.00	-0.98
통산	1077	2826	2568	667	139	8	64	292	423	165	40	652	125	41	0.260	0.313	0.395	0.708	6.41	-7.31

구종별기록

상황	상대%	타구속도	상하 각도	타율	장타율	땅볼%	뜬공%	강한타구%
직구	40.9%	137.3	20.6	0.265	0.407	34.5%	65.5%	35.5%
커브	8.1%	132.7	25.9	0.278	0.444	25.0%	75.0%	16.7%
슬라이더	19.6%	134.3	23.7	0.176	0.255	53.6%	46.4%	12.0%
체인지업	14.0%	136.9	18.9	0.220	0.268	41.7%	58.3%	29.6%
포크	6.5%	139.4	10.5	0.278	0.667	70.0%	30.0%	41.7%
싱커								
투심	7.0%	138.2	15.5	0.217	0.304	76.9%	23.1%	54.5%
너클								
커터	3.9%	133.7	22.2	0.250	0.625	50.0%	50.0%	50.0%
스플리터								

상황별기록

구분	타석	홈런/9	볼넷/9	삼진/9	타율	출루율	장타율	OPS
전반기	177	2.3%	6.2%	26.6%	0.226	0.285	0.355	0.640
후반기	128	2.3%	5.5%	15.6%	0.256	0.304	0.402	0.706
vs 좌	115	1.7%	6.1%	19.1%	0.294	0.345	0.441	0.786
vs 우	190	2.6%	5.8%	23.7%	0.206	0.261	0.335	0.596
주자없음	155	3.2%	7.1%	23.2%	0.284	0.348	0.468	0.816
주자있음	150	1.3%	4.7%	20.7%	0.191	0.232	0.275	0.507
득점권	83	2.4%	2.4%	22.9%	0.192	0.215	0.315	0.530
노아웃	110	2.7%	10.0%	19.1%	0.311	0.392	0.489	0.881
원아웃	104	1.0%	3.8%	23.1%	0.177	0.212	0.250	0.462
투아웃	91	3.3%	3.3%	24.2%	0.233	0.275	0.395	0.670

이지영 포수 59

신장	177	체중	88	생일	1986.02.27	투타	우투우타	지명	2008 삼성 육성선수
연봉	30,000-50,000-20,000			학교	서화초-신흥중-제물포고-경성대				

● 2년 4억 FA 계약 뒤 사인 앤 트레이드로 SSG 유니폼을 입었다. 삼성 왕조 포수로 큰 경기 경험이 많다. 포스트시즌 통산 46경기에 나와 타율이 0.305나 된다. 투수의 신뢰를 얻는 안정적 볼배합이 장점. 오른손타자임에도 오른쪽 타구가 38.8%나 된다. 규정타석 절반 이상 타자 중 가장 높은 '밀어치기 왕'이다.

기본기록

연도	경기	타석	타수	안타	2루타	3루타	홈런	타점	득점	볼넷	사구	삼진	도루	도루자	타율	출루율	장타율	OPS	WAR	WPA
2021	108	258	233	64	5	1	0	31	29	19	1	17	3	1	0.275	0.328	0.305	0.633	0.66	-1.51
2022	137	450	420	112	13	4	2	37	38	20	2	44	1	1	0.267	0.303	0.331	0.634	0.63	-3.54
2023	81	237	217	54	8	1	0	8	23	12	1	39	1		0.249	0.291	0.295	0.586	-0.05	-2.46
통산	1270	3689	3368	942	100	16	16	368	362	178	36	383	26	16	0.280	0.321	0.333	0.654	4.04	-13.37

구종별기록

상황	상대%	타구속도	상하 각도	타율	장타율	땅볼%	뜬공%	강한타구%
직구	40.6%	125.8	11.4	0.262	0.298	56.5%	43.5%	6.6%
커브	9.0%	131.6	12.8	0.333	0.333	33.3%	66.7%	7.7%
슬라이더	22.4%	125.5	15.1	0.213	0.277	59.3%	40.7%	0.0%
체인지업	9.5%	125.9	10.8	0.148	0.185	70.6%	29.4%	7.1%
포크	6.1%	117.6	13.3	0.231	0.308	50.0%	50.0%	0.0%
싱커								
투심	9.0%	130.7	5.6	0.333	0.429	71.4%	28.6%	15.8%
너클								
커터	3.2%	125.9	20.4	0.286	0.286	80.0%	20.0%	0.0%
스플리터								

상황별기록

구분	타석	홈런/9	볼넷/9	삼진/9	타율	출루율	장타율	OPS
전반기	204	0.0%	4.9%	16.7%	0.263	0.305	0.317	0.622
후반기	33	0.0%	6.1%	15.2%	0.161	0.212	0.161	0.373
vs 좌	70	0.0%	2.9%	18.6%	0.246	0.269	0.277	0.546
vs 우	167	0.0%	6.0%	15.6%	0.250	0.301	0.303	0.604
주자없음	141	0.0%	2.8%	17.0%	0.309	0.333	0.368	0.701
주자있음	96	0.0%	8.3%	15.6%	0.148	0.225	0.173	0.398
득점권	52	0.0%	11.5%	23.1%	0.109	0.212	0.130	0.342
노아웃	82	0.0%	4.9%	9.8%	0.254	0.293	0.268	0.561
원아웃	82	0.0%	3.7%	20.7%	0.253	0.269	0.269	0.562
투아웃	73	0.0%	6.8%	19.2%	0.235	0.288	0.353	0.641

전의산 내야수 56

신장	188	체중	98	생일	2000.11.25	투타	우투좌타	지명	2020 SK 2차 1라운드 10순위
연봉	3,000-9,000-8,000			학교	부산수영초-개성중-경남고				

● SSG 스프링캠프에서 가장 주목받은 선수다. 치열한 1루수 경쟁에서 앞서 나갔다. 군 입대를 하려던 이숭용 감독의 권유로 이를 미뤘다. 이 감독이 KT 단장 시절부터 눈여겨 본 선수다. 연습경기에서 홈런을 펑펑 때렸다. 자신감을 얻은 파워히터의 성장속도는 갑자기 빨라질 수 있다. 랜더스필드와 어울리는 타구질을 가졌다.

기본기록

연도	경기	타석	타수	안타	2루타	3루타	홈런	타점	득점	볼넷	사구	삼진	도루	도루자	타율	출루율	장타율	OPS	WAR	WPA
2021																				
2022	77	266	241	60	15	1	13	45	36	24	0	84	0	0	0.249	0.316	0.481	0.797	0.96	-0.36
2023	56	153	134	27	6	0	4	21	11	15	3	40	0	2	0.201	0.294	0.336	0.630	-0.15	0.11
통산	133	419	375	87	21	1	17	66	47	39	3	124	0	2	0.232	0.308	0.429	0.737	0.81	-0.25

구종별기록

상황	상대%	타구속도	상하 각도	타율	장타율	땅볼%	뜬공%	강한타구%
직구	34.8%	141.5	24.0	0.220	0.439	30.0%	70.0%	50.0%
커브	11.1%	134.0	15.8	0.250	0.333	60.0%	40.0%	14.3%
슬라이더	17.7%	124.9	23.6	0.241	0.241	37.5%	62.5%	10.5%
체인지업	15.5%	136.2	16.2	0.095	0.238	53.8%	46.2%	21.4%
포크	12.1%	136.5	12.0	0.211	0.316	75.0%	25.0%	30.0%
싱커								
투심	5.2%	134.1	15.9	0.250	1.000	66.7%	33.3%	50.0%
너클								
커터	3.5%	129.9	20.3	0.125	0.125	66.7%	33.3%	0.0%
스플리터								

상황별기록

구분	타석	홈런/9	볼넷/9	삼진/9	타율	출루율	장타율	OPS
전반기	112	2.7%	9.8%	26.8%	0.192	0.286	0.323	0.609
후반기	41	2.4%	9.8%	24.4%	0.229	0.317	0.371	0.688
vs 좌	13	0.0%	15.4%	38.5%	0.182	0.308	0.182	0.490
vs 우	140	2.9%	9.3%	25.0%	0.203	0.293	0.350	0.643
주자없음	72	4.2%	9.7%	22.2%	0.172	0.264	0.344	0.608
주자있음	81	1.2%	9.9%	29.6%	0.229	0.321	0.329	0.650
득점권	49	2.0%	12.2%	22.4%	0.225	0.347	0.375	0.722
노아웃	41	4.9%	4.9%	29.3%	0.179	0.220	0.359	0.579
원아웃	59	1.7%	16.9%	20.3%	0.167	0.305	0.271	0.576
투아웃	53	1.9%	5.7%	30.2%	0.255	0.340	0.383	0.723

최준우 내야수 7

신장	176	체중	78	생일	1999.03.25	투타	우투좌타	지명	2018 SK 2차 4라운드 35순위
연봉	4,500-4,500-4,500			학교	방배초-대치중-장충고				

● 타격과 주루에 장점이 있는 6년차 내야수다. 2022시즌 상무에서 뛰면서 타율 0.349, 도루 13개를 기록했다. 삼진 28개를 당하는 동안 볼넷 55개를 골랐다. 퓨처스 기록이지만 기대감을 갖게 한다. 안상현과 2루수 자리를 두고 경쟁이 치열했다. 캠프에서 추신수를 따라 새벽 5시부터 개인훈련에 열심이었다.

기본기록

연도	경기	타석	타수	안타	2루타	3루타	홈런	타점	득점	볼넷	사구	삼진	도루	도루자	타율	출루율	장타율	OPS	WAR	WPA
2021																				
2022	10	16	12	3	0	0	1	0	3	3	0	3	0	0	0.250	0.375	0.250	0.625	0.03	-0.11
2023	38	69	60	16	1	0	0	5	8	0	0	10	0	1	0.267	0.348	0.283	0.631	0.37	-0.51
통산	129	328	287	69	7	0	3	21	31	33	0	44	1	2	0.240	0.316	0.296	0.612	0.16	-1.96

구종별기록

상황	상대%	타구속도	상하 각도	타율	장타율	땅볼%	뜬공%	강한타구%
직구	43.0%	133.0	19.1	0.296	0.333	63.2%	36.8%	20.0%
커브	6.5%	132.6	19.5	0.000	0.000	50.0%	50.0%	0.0%
슬라이더	14.8%	132.4	8.1	0.300	0.300	80.0%	20.0%	0.0%
체인지업	17.0%	141.7	4.0	0.429	0.429	100.0%	0.0%	0.0%
포크	5.8%	149.0	4.2	0.000	0.000	100.0%	0.0%	0.0%
싱커								
투심	11.2%	120.5	11.6	0.143	0.143	80.0%	20.0%	0.0%
너클								
커터	1.8%	119.4	22.8	1.000	1.000	-	-	0.0%
스플리터								

상황별기록

구분	타석	홈런/9	볼넷/9	삼진/9	타율	출루율	장타율	OPS
전반기	45	0.0%	8.9%	15.6%	0.317	0.378	0.341	0.719
후반기	24	0.0%	16.7%	12.5%	0.158	0.292	0.158	0.450
vs 좌	11	0.0%	0.0%	9.1%	0.182	0.182	0.182	0.364
vs 우	58	0.0%	13.8%	15.5%	0.286	0.379	0.306	0.685
주자없음	36	0.0%	16.7%	13.9%	0.233	0.361	0.233	0.594
주자있음	33	0.0%	6.1%	15.2%	0.300	0.333	0.333	0.666
득점권	18	0.0%	0.0%	5.6%	0.294	0.278	0.353	0.631
노아웃	24	0.0%	4.2%	12.5%	0.304	0.333	0.304	0.637
원아웃	26	0.0%	19.2%	11.5%	0.350	0.462	0.400	0.862
투아웃	19	0.0%	10.5%	21.1%	0.118	0.211	0.118	0.329

하재훈 외야수 13

신장	182	체중	90	생일	1990.10.29	투타	우투우타	지명	2019 SK 2차 2라운드 16순위
연봉	5,300-5,500-10,000			학교	양덕초-마산동중-용마고				

● 체격과 체력, 운동 능력 모두 톱클래스다. 투수와 타자를 오가는 동안 시간이 조금 걸렸지만 이제 '외야수 하재훈'이다. 부상 때문에 지난 시즌 77경기 출전에 그쳤지만 파워 있는 스윙이 기대감을 높인다. 이숭용 감독은 "푸이그 느낌이 난다"라 했다. 삼진 비율이 35.1%에서 23.1%로 급감했다. 3-4-5 타자 가능성을 보인다.

기본기록

연도	경기	타석	타수	안타	2루타	3루타	홈런	타점	득점	볼넷	사구	삼진	도루	도루자	타율	출루율	장타율	OPS	WAR	WPA
2021	2	0	0	0	0	0	0	0	0	0	0	0	0	-	-	-	-	0.06	-0.03
2022	60	114	107	23	6	1	6	13	18	4	1	40	1	0	0.215	0.246	0.458	0.704	0.51	-0.69
2023	77	229	201	61	10	1	7	35	35	19	5	53	11	0	0.303	0.374	0.468	0.842	2.04	-0.19
통산	140	343	308	84	16	2	13	48	53	23	6	93	12	0	0.273	0.331	0.464	0.795	4.86	2.24

구종별기록

상황	상대%	타구속도	상하 각도	타율	장타율	땅볼%	뜬공%	강한타구%
직구	36.1%	138.5	28.5	0.293	0.603	39.3%	60.7%	36.8%
커브	13.1%	137.2	20.2	0.346	0.500	33.3%	66.7%	16.7%
슬라이더	24.0%	138.8	28.6	0.269	0.365	28.0%	72.0%	30.6%
체인지업	11.9%	129.6	20.2	0.265	0.353	56.3%	43.8%	22.2%
포크	5.4%	123.8	26.1	0.167	0.167	33.3%	66.7%	25.0%
싱커								
투심	6.1%	130.3	27.6	0.545	0.818	20.0%	80.0%	20.0%
너클								
커터	3.4%	137.4	26.9	0.500	0.500	0.0%	100.0%	42.9%
스플리터								

상황별기록

구분	타석	홈런/9	볼넷/9	삼진/9	타율	출루율	장타율	OPS
전반기	43	4.7%	9.3%	30.2%	0.342	0.419	0.605	1.024
후반기	186	2.7%	8.1%	21.5%	0.294	0.364	0.436	0.800
vs 좌	68	4.4%	10.3%	25.0%	0.262	0.338	0.475	0.813
vs 우	161	2.5%	7.5%	22.4%	0.321	0.390	0.464	0.854
주자없음	114	2.6%	6.1%	24.6%	0.283	0.333	0.443	0.776
주자있음	115	3.5%	10.4%	21.7%	0.326	0.416	0.495	0.911
득점권	65	4.6%	9.2%	24.6%	0.327	0.422	0.538	0.960
노아웃	78	3.8%	6.4%	20.5%	0.271	0.329	0.414	0.743
원아웃	77	1.3%	6.5%	19.5%	0.377	0.416	0.536	0.952
투아웃	74	4.1%	12.2%	29.7%	0.258	0.378	0.452	0.830

한유섬 외야수 35

신장	190	체중	105	생일	1989.08.09	투타	우투좌타	지명	2012 SK 9라운드 85순위
연봉	240,000-50,000-90,000			학교	중앙초(해운대리틀)-대천중-경남고-경성대				

● 더 많은 홈런을 위해 왼쪽으로 넘기는 타구를 만들고자 시도했던 변화에 실패한 뒤 감을 회복하는데 오랜 시간이 걸렸다. 지난해 전반기 OPS 0.531이었는데 후반기 1.014로 반등했다. 기세를 이으면 과거의 파괴력을 되찾을 수 있다. 이숭용 감독은 한유섬을 4번타자로 낙점했다. 27개를 더해 200홈런을 채우는 게 목표다.

기본기록

연도	경기	타석	타수	안타	2루타	3루타	홈런	타점	득점	볼넷	사구	삼진	도루	도루자	타율	출루율	장타율	OPS	WAR	WPA
2021	135	519	442	123	18	1	31	95	71	60	10	96	1	0	0.278	0.373	0.534	0.907	4.34	0.83
2022	135	545	458	121	33	1	21	100	62	66	15	137	1	0	0.264	0.372	0.478	0.850	3.86	1.92
2023	109	388	333	91	15	2	7	55	29	34	12	81	2	1	0.273	0.355	0.393	0.748	1.86	0.50
통산	984	3678	3142	855	168	11	173	597	467	375	117	808	15	10	0.272	0.367	0.498	0.865	24.25	7.34

구종별기록

상황	상대%	타구속도	상하 각도	타율	장타율	땅볼%	뜬공%	강한타구%
직구	40.3%	136.7	30.7	0.244	0.387	28.1%	71.9%	33.3%
커브	8.2%	140.4	24.7	0.429	0.714	44.4%	55.6%	31.3%
슬라이더	18.2%	137.5	20.9	0.266	0.359	41.9%	58.1%	24.4%
체인지업	14.0%	134.2	19.9	0.205	0.295	53.8%	46.2%	29.6%
포크	9.4%	140.3	12.5	0.273	0.318	66.7%	33.3%	42.3%
싱커								
투심	5.6%	131.3	19.3	0.286	0.333	42.9%	57.1%	13.3%
너클								
커터	4.2%	148.3	18.3	0.500	0.667	0.0%	100.0%	55.6%
스플리터								

상황별기록

구분	타석	홈런/9	볼넷/9	삼진/9	타율	출루율	장타율	OPS
전반기	213	0.9%	8.0%	23.5%	0.185	0.270	0.261	0.531
후반기	175	2.9%	9.7%	17.7%	0.383	0.457	0.557	1.014
vs 좌	77	1.3%	5.2%	19.5%	0.300	0.338	0.414	0.752
vs 우	311	1.9%	9.6%	21.2%	0.266	0.359	0.388	0.747
주자없음	193	1.6%	10.4%	23.8%	0.195	0.295	0.296	0.591
주자있음	195	2.1%	7.2%	17.9%	0.354	0.415	0.494	0.909
득점권	113	0.9%	5.3%	21.2%	0.333	0.384	0.419	0.803
노아웃	119	0.8%	11.8%	25.2%	0.210	0.308	0.300	0.608
원아웃	145	2.8%	6.2%	20.7%	0.301	0.372	0.455	0.827
투아웃	124	1.6%	8.9%	16.9%	0.300	0.379	0.409	0.788

김주온 투수 25

신장	187	체중	89	생일	1996.12.08	투타	우투우타	지명	2015 삼성 2차 7라운드 72순위
연봉	3,000-3,000-3,000			학교	울산대현초-구미중-울산공고				

연도	경기	선발	QS	승	패	세이브	BS	홀드	이닝	피안타	피홈런	4사구	삼진	피안타율	WHIP	피OPS	FIP	ERA	WAR	WPA
2021	2	0	0	0	0	0	0	0	2	1	0	3	3	0.143	1.50	0.686	4.83	0.00	0.04	0.00
2022	5	0	0	0	0	0	0	0	4	3	1	5	4	0.200	2.00	0.867	8.34	11.25	-0.13	-0.07
2023	1	0	0	0	0	0	0	0	1/3	2	0	2	1	0.667	9.00	1.467	15.44	81.00	-0.08	-0.01
통산	37	0	0	0	3	0	1	0	37 1/3	52	6	37	26	0.338	2.20	0.974	7.09	8.20	-0.45	-0.48

박기호 투수 90

신장	184	체중	80	생일	2005.07.26	투타	우투우타	지명	2024 SSG 3라운드 30순위
연봉	3,000			학교	(청주시리틀)-현도중-청주고				

연도	경기	선발	QS	승	패	세이브	BS	홀드	이닝	피안타	피홈런	4사구	삼진	피안타율	WHIP	피OPS	FIP	ERA	WAR	WPA
2021																				
2022																				
2023																				
통산																				

박시후 투수 57

신장	182	체중	88	생일	2001.05.10	투타	좌투좌타	지명	2020 SK 2차 10라운드 100순위
연봉	3,000-3,000-3,000			학교	상인천초-상인천중-인천고				

연도	경기	선발	QS	승	패	세이브	BS	홀드	이닝	피안타	피홈런	4사구	삼진	피안타율	WHIP	피OPS	FIP	ERA	WAR	WPA
2021																				
2022	2	0	0	0	0	0	0	0	1	3	0	0	0	0.500	3.00	1.167	3.34	18.00	-0.06	-0.01
2023																				
통산	2	0	0	0	0	0	0	0	1	3	0	0	0	0.500	3.00	1.167	3.34	18.00	-0.06	-0.01

서상준 투수 61

신장	193	체중	108	생일	2000.01.14	투타	우투좌타	지명	2019 SK 2차 7라운드 66순위
연봉	3,000-3,000-3,200			학교	동일중앙초-야로중-영문고				

연도	경기	선발	QS	승	패	세이브	BS	홀드	이닝	피안타	피홈런	4사구	삼진	피안타율	WHIP	피OPS	FIP	ERA	WAR	WPA
2021																				
2022																				
2023	2	0	0	0	0	0	0	0	2	1	0	5	3	0.125	3.00	0.587	7.94	0.00	-0.07	-0.01
통산	2	0	0	0	0	0	0	0	2	1	0	5	3	0.125	3.00	0.587	7.94	0.00	-0.07	-0.01

신헌민 투수 32

신장	187	체중	88	생일	2002.07.19	투타	우투우타	지명	2022 SSG 2차 1라운드 2순위
연봉	3,000-3,000-3,200			학교	학강초-광주동성중-광주동성고				

연도	경기	선발	QS	승	패	세이브	BS	홀드	이닝	피안타	피홈런	4사구	삼진	피안타율	WHIP	피OPS	FIP	ERA	WAR	WPA
2021																				
2022	1	0	0	0	0	0	0	0	1	3	0	0	1	0.600	3.00	1.200	1.34	9.00	-0.03	-0.01
2023	11	0	0	0	0	0	0	0	12	19	1	6	8	0.345	2.08	0.919	4.44	6.00	-0.11	0.13
통산	12	0	0	0	0	0	0	0	13	22	1	6	9	0.367	2.15	0.941	4.16	6.23	-0.14	0.12

이기순 투수 39

| 신장 | 174 | 체중 | 74 | 생일 | 2003.05.14 | 투타 | 좌투좌타 | 지명 | 2022 SSG 2차 5라운드 42순위 |
| 연봉 | 3,000-3,000-3,100 | | | 학교 | 서흥초-인천신흥중-동산고 | | | | |

연도	경기	선발	QS	승	패	세이브	BS	홀드	이닝	피안타	피홈런	4사구	삼진	피안타율	WHIP	피OPS	FIP	ERA	WAR	WPA
2021																				
2022																				
2023	2	0	0	0	0	0	0	0	3	3	1	4	3	0.273	2.33	0.983	9.78	9.00	-0.08	-0.01
통산	2	0	0	0	0	0	0	0	3	3	1	4	3	0.273	2.33	0.983	9.78	9.00	-0.08	-0.01

정동윤 투수 51

| 신장 | 193 | 체중 | 103 | 생일 | 1997.10.22 | 투타 | 우투좌타 | 지명 | 2016 SK 1차 |
| 연봉 | 3,000-3,000-3,000 | | | 학교 | 덕성초(안산리틀)-중앙중-야탑고 | | | | |

연도	경기	선발	QS	승	패	세이브	BS	홀드	이닝	피안타	피홈런	4사구	삼진	피안타율	WHIP	피OPS	FIP	ERA	WAR	WPA
2021	1	0	0	0	0	0	0	0	2	1	0	1	0	0.167	1.00	0.453	4.83	0.00	0.04	0.00
2022																				
2023																				
통산	5	0	0	0	0	0	0	0	7 2/3	9	2	4	4	0.310	1.57	0.911	7.55	4.70	0.00	-0.06

정성곤 투수 1

| 신장 | 181 | 체중 | 80 | 생일 | 1996.07.10 | 투타 | 좌투좌타 | 지명 | 2015 KT 2차 2라운드 14순위 |
| 연봉 | 7,500-5,500-3,100 | | | 학교 | 역삼초-휘문중-구리인창고 | | | | |

연도	경기	선발	QS	승	패	세이브	BS	홀드	이닝	피안타	피홈런	4사구	삼진	피안타율	WHIP	피OPS	FIP	ERA	WAR	WPA
2021																				
2022	2	0	0	0	0	0	0	0	2 2/3	1	1	4	3	0.111	1.50	0.829	10.47	10.13	-0.10	-0.07
2023	6	0	0	0	0	0	0	0	4 1/3	8	2	7	3	0.381	3.46	1.346	12.90	10.38	-0.29	-0.10
통산	158	44	7	9	28	8	5	16	317	400	49	184	228	0.309	1.79	0.884	5.87	6.93	-0.32	-2.61

조병현 투수 19

| 신장 | 182 | 체중 | 90 | 생일 | 2002.05.08 | 투타 | 우투우타 | 지명 | 2021 SK 2차 3라운드 28순위 |
| 연봉 | 3,000-3,000-3,000 | | | 학교 | 온양온천초-온양중-세광고 | | | | |

연도	경기	선발	QS	승	패	세이브	BS	홀드	이닝	피안타	피홈런	4사구	삼진	피안타율	WHIP	피OPS	FIP	ERA	WAR	WPA
2021	3	3	0	0	0	0	0	0	6 2/3	7	1	6	8	0.259	1.80	0.875	5.58	8.10	-0.12	-0.33
2022																				
2023																				
통산	3	3	0	0	0	0	0	0	6 2/3	7	1	6	8	0.259	1.80	0.875	5.58	8.10	-0.12	-0.33

최현석 투수 94

| 신장 | 185 | 체중 | 90 | 생일 | 2003.10.16 | 투타 | 우투우타 | 지명 | 2024 SSG 4라운드 40순위 |
| 연봉 | 3,000 | | | 학교 | 서흥초-동산중-동산고-부산과학기술대 | | | | |

연도	경기	선발	QS	승	패	세이브	BS	홀드	이닝	피안타	피홈런	4사구	삼진	피안타율	WHIP	피OPS	FIP	ERA	WAR	WPA
2021																				
2022																				
2023																				
통산																				

한두솔 투수 34

| 신장 | 177 | 체중 | 86 | 생일 | 1997.01.15 | 투타 | 좌투좌타 | 지명 | 2018 KT 육성선수 |
| 연봉 | 3,000-3,100-3,200 | | | 학교 | 광주수창초-진흥중-광주제일고-일본 오사카리세이샤전문대 | | | | |

연도	경기	선발	QS	승	패	세이브	BS	홀드	이닝	피안타	피홈런	4사구	삼진	피안타율	WHIP	피OPS	FIP	ERA	WAR	WPA
2021																				
2022	8	0	0	0	0	0	0	0	5 1/3	10	0	4	1	0.400	2.63	0.947	5.22	16.88	-0.34	-0.10
2023	1	0	0	0	0	0	0	0	1	1	0	2	2	0.250	2.00	1.250	5.44	9.00	-0.01	-0.01
통산	9	0	0	0	0	0	0	0	6 1/3	11	0	6	3	0.379	2.53	0.989	5.29	15.63	-0.35	-0.11

고명준 내야수 18

| 신장 | 185 | 체중 | 94 | 생일 | 2002.07.08 | 투타 | 우투우타 | 지명 | 2021 SK 2차 2라운드 18순위 |
| 연봉 | 3,000-3,000-3,000 | | | 학교 | 서원초-세광중-세광고 | | | | |

연도	경기	타석	타수	안타	2루타	3루타	홈런	타점	득점	볼넷	사구	삼진	도루	도루자	타율	출루율	장타율	OPS	WAR	WPA
2021	3	5	5	0	0	0	0	0	0	0	0	3	0	0	0.000	0.000	0.000	0.000	-0.05	-0.25
2022																				
2023	2	4	4	0	0	0	0	0	0	0	0	3	0	0	0.000	0.000	0.000	0.000	-0.09	-0.06
통산	5	9	9	0	0	0	0	0	0	0	0	6	0	0	0.000	0.000	0.000	0.000	-0.14	-0.30

김민준 내야수 4

| 신장 | 181 | 체중 | 78 | 생일 | 2004.03.20 | 투타 | 우투우타 | 지명 | 2023 SSG 7라운드 65순위 |
| 연봉 | 3,000-3,000 | | | 학교 | 순천북초-순천이수중-북일고 | | | | |

연도	경기	타석	타수	안타	2루타	3루타	홈런	타점	득점	볼넷	사구	삼진	도루	도루자	타율	출루율	장타율	OPS	WAR	WPA
2021																				
2022																				
2023																				
통산																				

김성민 내야수 53

| 신장 | 184 | 체중 | 88 | 생일 | 2001.04.30 | 투타 | 우투우타 | 지명 | 2020 SK 2차 2라운드 20순위 |
| 연봉 | 3,000-3,000-3,000 | | | 학교 | 서울학동초-자양중-경기고 | | | | |

연도	경기	타석	타수	안타	2루타	3루타	홈런	타점	득점	볼넷	사구	삼진	도루	도루자	타율	출루율	장타율	OPS	WAR	WPA
2021																				
2022																				
2023																				
통산	9	16	14	4	0	0	2	4	4	1	1	3	0	0	0.286	0.375	0.714	1.089	0.07	0.11

김정민 외야수 65

| 신장 | 180 | 체중 | 75 | 생일 | 2004.03.07 | 투타 | 좌투좌타 | 지명 | 2023 SSG 3라운드 25순위 |
| 연봉 | 3,000-3,000 | | | 학교 | 광안초(부산수영구리틀)-경남중-경남고 | | | | |

연도	경기	타석	타수	안타	2루타	3루타	홈런	타점	득점	볼넷	사구	삼진	도루	도루자	타율	출루율	장타율	OPS	WAR	WPA
2021																				
2022																				
2023	8	2	2	1	0	0	0	1	0	0	1	0	0	0	0.500	0.500	0.500	1.000	0.03	0.00
통산	8	2	2	1	0	0	0	1	0	0	1	0	0	0	0.500	0.500	0.500	1.000	0.03	0.00

김찬형 내야수 5

신장	182	체중	83	생일	1997.12.29	투타	우투우타	지명	2016 NC 2차 6라운드 53순위
연봉	4,800-5,000-5,000			학교	양정초-경남중-경남고				

연도	경기	타석	타수	안타	2루타	3루타	홈런	타점	득점	볼넷	사구	삼진	도루	도루자	타율	출루율	장타율	OPS	WAR	WPA
2021	88	161	132	30	7	0	2	7	20	16	4	32	0	0	0.227	0.329	0.326	0.655	0.29	-0.33
2022																				
2023	36	53	48	11	3	0	1	5	6	2	1	10	0	0	0.229	0.275	0.354	0.629	-0.01	0.30
통산	321	600	527	132	25	2	5	40	76	36	18	102	10	6	0.250	0.318	0.334	0.652	0.49	-1.79

류효승 외야수 63

신장	190	체중	100	생일	1996.07.16	투타	우투우타	지명	2020 SK 2차 6라운드 60순위
연봉	0-3,000-3,100			학교	칠성초-경상중-대구상원고-성균관대				

연도	경기	타석	타수	안타	2루타	3루타	홈런	타점	득점	볼넷	사구	삼진	도루	도루자	타율	출루율	장타율	OPS	WAR	WPA
2021																				
2022																				
2023	3	4	3	0	0	0	0	0	1	0	0	0	0	0	0.000	0.250	0.000	0.250	-0.03	-0.13
통산	11	13	11	1	0	0	1	2	2	1	1	4	0	0	0.091	0.231	0.364	0.595	-0.06	-0.19

박대온 포수 30

신장	182	체중	85	생일	1995.08.28	투타	우투우타	지명	2014 NC 2차 2라운드 25순위
연봉	4,000-4,000-4,000			학교	서울도곡초-서울이수중-휘문고				

연도	경기	타석	타수	안타	2루타	3루타	홈런	타점	득점	볼넷	사구	삼진	도루	도루자	타율	출루율	장타율	OPS	WAR	WPA
2021	42	95	85	18	1	0	5	4	4	0	21	0			0.212	0.242	0.424	0.466	-0.55	-0.77
2022	59	133	127	23	4	0	1	10	8	0	2	37	0		0.181	0.192	0.236	0.428	-0.82	-1.75
2023	25	33	28	8	3	0	0	3	6	3	1	8	0		0.286	0.364	0.393	0.757	0.09	-0.20
통산	259	394	364	77	16	1	2	23	28	13	3	102	0	1	0.212	0.242	0.277	0.519	-1.60	-4.14

박지환 내야수 93

신장	183	체중	75	생일	2005.07.12	투타	우투우타	지명	2024 SSG 1라운드 10순위
연봉	3,000			학교	군산남초-군산중-세광고				

연도	경기	타석	타수	안타	2루타	3루타	홈런	타점	득점	볼넷	사구	삼진	도루	도루자	타율	출루율	장타율	OPS	WAR	WPA
2021																				
2022																				
2023																				
통산																				

신범수 포수 40

신장	177	체중	83	생일	1998.01.25	투타	우투좌타	지명	2016 KIA 2차 8라운드 78순위
연봉	3,600-3,600-5,000			학교	광주대성초-광주동성중-광주동성고				

연도	경기	타석	타수	안타	2루타	3루타	홈런	타점	득점	볼넷	사구	삼진	도루	도루자	타율	출루율	장타율	OPS	WAR	WPA
2021																				
2022	2	3	3	0	0	0	0	0	1	0	0	0	0	0	0.000	0.000	0.000	0.000	-0.07	-0.07
2023	36	100	88	15	3	0	2	10	7	5	2	19	0	0	0.170	0.245	0.273	0.518	-0.25	-1.31
통산	96	100	173	31	10	1	4	21	11	14	3	41	0	0	0.179	0.250	0.318	0.568	-0.45	-1.87

안상현 내야수 10

| 신장 | 178 | 체중 | 74 | 생일 | 1997.01.27 | 투타 | 우투우타 | 지명 | 2016 SK 2차 3라운드 26순위 |

연봉 3,200-4,000-4,000 학교 사파초-선린중-용마고

연도	경기	타석	타수	안타	2루타	3루타	홈런	타점	득점	볼넷	사구	삼진	도루	도루자	타율	출루율	장타율	OPS	WAR	WPA
2021	37	40	39	10	2	0	1	4	9	1	0	15	3	1	0.256	0.275	0.385	0.660	-0.05	-0.20
2022	46	47	38	6	0	0	2	5	12	5	1	12	2	0	0.158	0.273	0.316	0.589	0.02	-0.36
2023	58	66	58	14	3	0	0	2	10	5	0	15	3	1	0.241	0.302	0.293	0.595	0.08	-0.61
통산	207	263	239	55	8	0	3	16	46	15	1	70	15	5	0.230	0.277	0.301	0.578	-0.18	-1.59

이승민 외야수 97

| 신장 | 187 | 체중 | 90 | 생일 | 2005.01.06 | 투타 | 좌투좌타 | 지명 | 2024 SSG 2라운드 20순위 |

연봉 3,000 학교 서울도곡초-휘문중-휘문고

연도	경기	타석	타수	안타	2루타	3루타	홈런	타점	득점	볼넷	사구	삼진	도루	도루자	타율	출루율	장타율	OPS	WAR	WPA
2021																				
2022																				
2023																				
통산																				

이정범 외야수 31

| 신장 | 178 | 체중 | 88 | 생일 | 1998.04.10 | 투타 | 좌투좌타 | 지명 | 2017 SK 2차 5라운드 46순위 |

연봉 3,200-3,000-3,200 학교 인천숭의초-동인천중-인천고

연도	경기	타석	타수	안타	2루타	3루타	홈런	타점	득점	볼넷	사구	삼진	도루	도루자	타율	출루율	장타율	OPS	WAR	WPA
2021	19	66	59	15	4	0	3	9	8	7	0	15	0	0	0.254	0.333	0.475	0.808	0.34	-0.26
2022	7	11	11	3	0	0	0	1	2	0	0	2	0	0	0.273	0.273	0.273	0.546	0.05	-0.06
2023	15	33	29	5	0	0	0	4	2	2	0	6	0	0	0.172	0.212	0.172	0.384	-0.09	-0.32
통산	41	110	99	23	4	0	3	14	12	9	0	23	0	0	0.232	0.291	0.364	0.655	0.30	-0.63

전경원 포수 12

| 신장 | 184 | 체중 | 95 | 생일 | 1999.03.18 | 투타 | 우투우타 | 지명 | 2018 SK 2차 5라운드 45순위 |

연봉 3,200-3,200-3,200 학교 연현초-성남중-성남고

연도	경기	타석	타수	안타	2루타	3루타	홈런	타점	득점	볼넷	사구	삼진	도루	도루자	타율	출루율	장타율	OPS	WAR	WPA
2021																				
2022	1	1	1	0	0	0	0	0	0	0	0	0	0	0	0.000	0.000	0.000	0.000	-0.02	-0.01
2023																				
통산	1	1	1	0	0	0	0	0	0	0	0	0	0	0	0.000	0.000	0.000	0.000	-0.02	-0.01

조형우 포수 20

| 신장 | 187 | 체중 | 95 | 생일 | 2002.04.04 | 투타 | 우투우타 | 지명 | 2021 SK 2차 1라운드 8순위 |

연봉 3,000-3,200-6,300 학교 송정동초-무등중-광주제일고

연도	경기	타석	타수	안타	2루타	3루타	홈런	타점	득점	볼넷	사구	삼진	도루	도루자	타율	출루율	장타율	OPS	WAR	WPA
2021																				
2022	9	13	12	2	1	0	0	1	2	1	0	3	0	0	0.167	0.231	0.250	0.481	-0.07	-0.11
2023	62	133	119	22	4	1	2	12	9	8	1	25	0	0	0.185	0.240	0.286	0.526	-0.31	-1.00
통산	71	146	131	24	5	1	2	13	11	9	1	28	0	0	0.183	0.239	0.282	0.521	-0.38	-1.11

채현우 외야수 60

신장	182	체중	80	생일	1995.11.21	투타	우투우타	지명	2019 SK 2차 8라운드 76순위
연봉	0-3,000-3,000			학교	칠성초-경복중-대구상원고-송원대				

연도	경기	타석	타수	안타	2루타	3루타	홈런	타점	득점	볼넷	사구	삼진	도루	도루자	타율	출루율	장타율	OPS	WAR	WPA
2021																				
2022																				
2023	1	0	0	0	0	0	0	1	0	0	0	0	0	-	-	-	-	0.00	0.00
통산	26	25	24	3	1	0	0	5	1	0	9	6	1	0.125	0.160	0.167	0.327	-0.10	-0.13

최경모 내야수 52

신장	168	체중	73	생일	1996.06.17	투타	우투우타	지명	2019 SK 2차 6라운드 56순위
연봉	3,000-5,000-3,700			학교	본리초-경운중-경북고-홍익대				

연도	경기	타석	타수	안타	2루타	3루타	홈런	타점	득점	볼넷	사구	삼진	도루	도루자	타율	출루율	장타율	OPS	WAR	WPA
2021																				
2022	98	75	73	22	2	0	4	16	1	0	2	18	2	0	0.301	0.311	0.329	0.640	0.00	-0.64
2023	28	20	20	3	0	0	1	6	0	0	5	2	0	0	0.150	0.150	0.150	0.300	-0.39	-0.09
통산	143	111	109	26	3	0	6	24	1	0	25	4	0	0.239	0.245	0.266	0.511	-0.72	-0.79	

최상민 외야수 23

신장	178	체중	75	생일	1999.08.20	투타	좌투좌타	지명	2018 SK 육성선수
연봉	3,000-3,000-3,200			학교	석교초-청주중-북일고				

연도	경기	타석	타수	안타	2루타	3루타	홈런	타점	득점	볼넷	사구	삼진	도루	도루자	타율	출루율	장타율	OPS	WAR	WPA
2021																				
2022	27	18	14	1	0	0	1	3	3	0	4	3	1	0.071	0.235	0.071	0.306	-0.02	0.23	
2023	51	41	34	8	0	0	3	5	4	0	7	2	2	0.235	0.308	0.235	0.543	-0.12	-0.53	
통산	78	59	48	9	0	0	4	8	7	0	11	5	3	0.188	0.286	0.188	0.474	-0.14	-0.29	

현원회 포수 8

신장	180	체중	95	생일	2001.07.08	투타	우투우타	지명	2020 SK 2차 4라운드 40순위
연봉	0-0-3,000			학교	가동초-경상중-대구고				

연도	경기	타석	타수	안타	2루타	3루타	홈런	타점	득점	볼넷	사구	삼진	도루	도루자	타율	출루율	장타율	OPS	WAR	WPA
2021																				
2022																				
2023																				
통산	1	0	0	0	0	0	0	0	0	0	0	0	0	-	-	-	-	0.00	0.00

PLAYER LIST

육성선수

성명	포지션	등번호	신장	체중	생년월일	투타	지명	연봉	학교
류현곤	투수	43	178	78	2004.11.10	우투우타	2023 SSG 8라운드 75순위	3,000-3,000	부춘초(서산시리틀)-공주중-청담고
박성빈	투수	00	187	92	2003.12.29	우투우타	2024 SSG 7라운드 70순위	3,000	서울도곡초(강남구리틀)-대치중-휘문고-사이버한국외대(얼리 드래프트)
변건우	투수	04	181	80	2005.07.15	우투우타	2024 SSG 11라운드 110순위	3,000	화도초(남양주B리틀)-충암중-충암고
안현서	투수	48	185	83	2004.10.16	좌투좌타	2023 SSG 4라운드 35순위	3,000-3,000	영일초-서울신월중-경기고
유호식	투수	45	190	104	1999.05.11	우투우타	2018 SK 2차 3라운드 25순위	3,000-3,000-3,000	서울청구초-덕수중-성남고
윤성보	투수	03	180	85	2002.09.12	우투우타	2024 SSG 9라운드 90순위	3,000	천안남산초-청담중-라온고-송원대(얼리 드래프트)
이승훈	투수	46	186	81	2004.08.12	우투우타	2023 SSG 9라운드 85순위	3,000-3,000	서울학동초-건대부중-배재고
이찬혁	투수	08	187	90	1998.08.19	우투우타	2017 LG 2차 3라운드 22순위	3,100-3,100-3,000	도신초-강남중-서울고
최수호	투수	62	183	78	2000.07.19	우투우타	2019 SK 2차 3라운드 26순위	3,000-3,000-3,000	봉천초-배명중-북일고
허민혁	투수	21	188	90	1999.08.20	우투우타	2019 SK 2차 4라운드 36순위	0-3,000-3,000	서당초-매향중-공주고
김건이	포수	66	183	90	2001.05.15	우투좌타	2023 SSG 10라운드 95순위	3,000-3,000	강남초-선린중-선린인터넷고-강릉영동대
김규민	포수	02	180	94	2002.08.23	우투좌타	2024 SSG 10라운드 100순위	3,000	동수원초(수원영통구리틀)-매향중-공주고-여주대
김지현	포수	44	184	95	1998.10.04	우투우타	2024 SSG 육성선수	3,000	효제초-선린중-소래고-인하대
김태윤	내야수	36	170	65	2003.02.28	우투좌타	2022 SSG 2차 7라운드 62순위	3,000-3,100-3,100	창우초(하남시리틀)-배명중-배명고
정준재	내야수	95	165	68	2003.01.03	우투좌타	2024 SSG 5라운드 50순위	3,000	상인천초-동인천중-강릉고-동국대(얼리 드래프트)
최유빈	내야수	3	183	83	2003.05.05	우투우타	2022 SSG 2차 10라운드 92순위	3,000-3,000-3,000	양진초(광진구리틀)-건대부중-장충고
허진	내야수	07	175	78	2001.06.16	우투우타	2024 SSG 육성선수	3,000	광주수창초-충장중-광주동성고-고려대
박세직	외야수	9	182	77	2004.07.30	좌투좌타	2023 SSG 6라운드 55순위	3,000-3,000	서울이수초-선린중-야탑고
박정빈	외야수	58	182	80	2002.06.14	우투우타	2021 SK 2차 5라운드 48순위	3,000-0-3,000	효제초-청량중-경기고
백준서	외야수	01	181	89	2005.09.26	우투우타	2024 SSG 8라운드 80순위	3,000	불정초(분당구리틀)-대원중-덕수고
정현승	외야수	96	180	80	2001.10.24	좌투좌타	2024 SSG 6라운드 60순위	3,000	현산초-부천중-덕수고-인하대
최민창	외야수	69	179	76	1996.04.16	좌투좌타	2015 LG 2차 2라운드 17순위	3,200-3,300-3,000	강남초-선린중-신일고

서진용

창원NC파크

NC DINOS
NC 다이노스

시즌 전 NC를 5강 후보로 보는 전문가는 많지 않았다. 직전 시즌 6위 팀이 양의지, 루친스키, 노진혁이라는 핵심 전력을 잃었으니 당연한 추정이었다. NC는 놀라운 반전 드라마를 썼다. 에릭 페디가 한국 타자들이 본 적이 없는 신문물 스위퍼를 들고 와 리그를 평정했다. 양의지가 떠나고 박세혁이 부진해 고민이던 포수 자리에 새 국가대표 포수 김형준이 등장했다. 김주원은 수비력이 일취월장해 차세대 국가대표 유격수로 공인받았다. 손아섭이 부활해 생애 첫 타격왕을 차지했고, 서호철은 피나는 노력으로 '9라운더의 신화'를 썼다. 류진욱과 김영규가 이용찬을 받치는 든든한 셋업맨으로 자리매김했다. 이 모든 성장과 부활이 모여, NC는 가을야구 6연승의 쾌속질주로 한국시리즈의 문턱까지 갔다. 비록 아쉬운 리버스 스윕을 당했지만, NC의 2023년을 실패라고 부르는 사람은 아무도 없다.

2023 좋았던 일

수비력을 짐작하는 가장 대중적인 지표는 실책이다. 실책을 기준으로 보면 지난해 NC의 수비는 낙제점이다. 리그 최다인 130개의 팀 실책을 범했다. 그런데 생각해보면, 실책으로 수비를 평가하는 건 이상한 일이다. 수비의 목표는 '실책 안 하기'가 아니라 '아웃 잡아내기'이기 때문이다. 수비 범위가 좁은 수비수는 실책도 적다. 어려운 타구를 따라갈 엄두도 못내기 때문이다. 반면 수비 범위가 넓은 수비수는 실책도 많은 경향이 있다. 1994년 최고의 유격수 이종범이 리그 최다인 28개의 실책을 범한 게 대표적인 예다. '인플레이 타구를 아웃시키기'라는 팀 수비의 제1목표를 기준으로 본다면, NC의 팀 수비는 최악이 아니라 최고다. DER 68.1%로 1위였다. NC는 해마다 DER 최상위를 지키는 경향이 있다. 시프트 등 팀 전술과 개인 역량으로 다른 팀보다 훨씬 많은 타구를 처리해내기 때문이다.

2023 나빴던 일

외국인투수들을 계속 잘 뽑는 반면 토종 선발진 구축, 특히 에이스 육성에는 계속 어려움을 겪고 있다. 1군에서 11번째 시즌을 보냈지만 sWAR 5를 넘긴 국내 투수를 단 한 명도 만들지 못했다.

건강하기만 하면 리그를 대표하는 에이스인 구창모가 지난해에도 결국 부상을 떨치지 못했다. 나머지 선발들은 4~5선발급 기량에서 정체됐다. 3년 동안 선발 수업을 받았던 송명기는 결국 불펜 전환이 확정됐고, 지난겨울 선발 전환을 노렸던 김영규는 부상에 신음하고 있다.

그나마 지난해 후반기부터 포스트시즌까지 가능성을 보인 신민혁이 비어 있는 '토종 에이스' 자리에 도전한다.

만약 신민혁이 성장하지 못한다면, 올해도 강인권 감독의 머리가 아플 것이다.

강인권 감독 88

신장	182	체중	87	생일	1972.06.26	투타 우투우타
연봉	25,000-25,000			학교	대전신흥초-충남중-대전고-한양대	

창단 후 빠르게 강팀의 면모를 갖춘 NC가 흔들렸던 시즌들은 공통점이 있다. 내부 갈등이 경기력에 영향을 끼친 것이다. 감독과 프런트 갈등이 터진 2018년, 방역 파문이 터진 2021년, 코치진의 술자리 폭행 사건이 터진 2022년, 모두 하위권으로 추락했다. 그래서 강인권 감독에게 주어진 가장 중요한 숙제는 '질서 확립'이었다. 강 감독은 이 미션을 비교적 순탄하게 수행했다. 현재 NC 팀 내부는 어느 때보다 질서가 잡혔다는 게 구단 안팎의 공통 평가다. 실전 운용은 평가가 엇갈린다. 정규 시즌 때는 불펜진 운영 등에서 비판도 많이 받았다. 하지만 포스트시즌 들어 신출귀몰한 용병술로 '갓인권'으로 격상되기도 했다. 경기 결과에 따라 하룻밤 사이에 '돌'과 '갓' 사이를 오가고, 안 좋은 일로 더 많이 회자되는 건 감독들의 운명이다. 진실은 '돌'과 '갓' 사이 어디엔가 있을 것이다. 확실한 것은 강 감독의 지도력이 코치 시절 받았던 기대에 부합한다는 점이다.

구단 정보

창단	연고지	홈구장	우승	홈페이지
2011	창원	창원NC파크	1(20)	www.ncdinos.com

2023시즌 성적

순위	경기	승	무	패	승률
4	144	75	2	67	0.528

타율 / 순위	출루율 / 순위	장타율 / 순위	홈런 / 순위	도루 / 순위	실책 / 순위
0.270 / 3	0.345 / 2	0.387 / 4	98 / 5	111 / 4	130 / 10

ERA / 순위	선발ERA / 순위	구원ERA / 순위	탈삼진 / 순위	볼넷허용 / 순위	피홈런 / 순위
3.83 / 2	3.76 / 2	3.92 / 3	1090 / 1	513 / 5	99 / 7

최근 10시즌 성적

연도	순위	승	무	패	승률
2013	7	52	4	72	0.419
2014	3	70	1	57	0.551
2015	3	84	3	57	0.596
2016	2	83	3	58	0.589
2017	3	79	3	62	0.560
2018	10	58	1	85	0.406
2019	5	73	2	69	0.514
2020	1	83	6	55	0.601
2021	7	67	9	68	0.496
2022	6	67	3	74	0.475

2023시즌 월별 성적

월	승	무	패	승률	순위
4	14	0	12	0.538	4
5	9	0	11	0.450	7
6	13	1	9	0.591	5
7	7	0	10	0.412	8
8	12	1	8	0.600	4
9-10	20	0	17	0.541	3
포스트시즌	6	0	3	0.667	3

COACHING STAFF

코칭스태프

성명	보직	등번호	신장	체중	생년월일	투타	학교
전형도	수석	74	177	83	1971.10.30	우투우타	사당초-휘문중-휘문고-단국대
전상렬	1루/외야	72	174	77	1972.06.12	좌투좌타	칠성초-경복중-대구상고
박석진	불펜투수	89	179	80	1972.07.19	우언우타	부산수영초-대천중-경남고-단국대
송지만	타격	77	178	85	1973.03.02	우투우타	서흥초-동산중-동산고-인하대
김수경	투수	98	183	90	1979.08.20	우투우타	서화초-대헌중-인천고
이종욱	작전/주루	93	176	78	1980.06.18	좌투좌타	면목초-홍은중-선린정보고-영남대
진종길	수비	75	178	80	1981.09.23	우투좌타	성북초(부산동래마린스리틀)-부산동성중-부산고-동의대
전민수	타격	76	177	76	1989.03.18	우투좌타	사당초-서울이수중-덕수고
윤수강	배터리	92	181	100	1990.02.22	우투우타	군산중앙초-충장중-광주제일고-성균관대
공필성	퓨처스 감독	0	177	77	1967.11.11	우투우타	제황초-진해남중-마산상고-경성대
지석훈	퓨처스 수비	80	181	81	1984.03.17	우투우타	가동초-휘문중-휘문고
조영훈	퓨처스 타격	79	185	90	1982.11.12	좌투좌타	영랑초-설악중-속초상고-건국대
김종호	퓨처스 작전/주루	69	184	83	1984.05.31	좌투좌타	성수초(성동구리틀)-청량중-배재고-건국대
손정욱	퓨처스 투수	90	182	84	1990.12.24	좌투좌타	서울도곡초-홍은중-덕수고-경희대
김종민	퓨처스 배터리	86	176	85	1986.03.30	우투우타	대전신흥초-충남중-대전고-단국대
윤병호	퓨처스 1루/타격	83	181	85	1989.07.05	우투우타	백운초-신일중-세광고
최건용	잔류 총괄/코디네이터	78	170	80	1972.06.16	우투우타	응암초-오산중-장충고-동국대
손용석	잔류 타격/수비	71	176	90	1987.04.13	우투우타	사직초(부산동래마린스리틀)-부산중-부산고
김건태	잔류 투수	81	185	84	1991.10.02	우투우타	광주수창초-무등중-진흥고
이용훈	피칭코디네이터	99	183	83	1977.07.14	우투우타	동상초-경남중-부산공고-경성대

박민우

2024 팀 이슈

지방 소멸의 시대에 가장 어려움을 겪는 팀이 NC다. 10개 구단 중 연고도시의 인구가 가장 적다. 1군에 데뷔한 2013년 108만 명이었던 창원특례시의 인구는 해마다 줄어들어 올해는 100만 명이 붕괴될 것이 유력하다. 그리고 창원은 프로야구 연고지 중 유일하게 전철이 다니지 않는 도시다. 차량을 이용하는 관객의 비중이 상대적으로 높을 수밖에 없는데, 그들에게 '야구와 함께 치맥'은 불가능한 일이다. 이런저런 악재들이 겹쳐, NC는 흥행에 어려움을 겪고 있다. 모든 구단들의 시즌 관객수가 코로나 이전인 2019년보다 꽤 늘어났는데, NC만 16만 명 감소해 리그 최하위로 떨어졌다. 창원NC파크에서 처음으로 가을야구가 열렸고, 김주원, 김형준, 서호철 등 국가대표급 젊은 스타들이 대거 출현한 2023년을 발판 삼아, 올해는 그 흐름을 반전시킬 수 있을까.

2024 최상 시나리오

김주원과 김형준, 서호철이 지난해의 도약을 발판 삼아 리그를 대표하는 스타로 발돋움한다. 외국인 투수 카스타노와 카일 하트가 '둘이 합쳐 페디 만큼'이라는 팬들의 기대에 부합하는 활약을 펼친다. 맷 데이비슨이 NC파크를 '홈런 공장'으로 만든다. 신민혁이 지난 가을에 보여줬던 호투쇼를 정규시즌에도 이어가고, 김영규가 성공적으로 선발로 전환한다. 제구를 잡은 신영우가 후반기에 폭풍 같은 강속구 쇼를 펼친다. 손아섭과 박민우, 박건우는 시즌 내내 '타격왕 팀 내 경쟁'을 벌인다. 내내 인파로 미어터진 NC 구장에서 사상 처음으로 한국시리즈가 펼쳐진다. 경기 전 노브레인이 신나게 '마산스트리트'를 라이브로 연주한다. 만원 관중의 응원 속에 창단 두 번째 우승을 확정한다. 그리고 상무에서 구창모가 부상을 깨끗하게 떨쳤다는 소식이 들려온다.

2024 최악 시나리오

새 외국인 투수들이 떠나간 페디를 더욱 그립게 만든다. 김주원이 공격에서 여전히 실마리를 찾지 못한다. 맷 데이비슨은 우려대로 선풍기질로 일관하다 퇴출된다. 신민혁은 토종 에이스보다는 4선발에 가까운 기량으로 정체되고, 결국 토종 에이스는 올해도 나타나지 않는다. 손아섭과 박민우, 박건우는 이제 세월의 흐름을 느낀다. 지난해의 선전이 '오직 페디 덕'이었다는 팬들의 조소가 쏟아지고 감독의 리더십이 흔들린다. 결국 NC파크는 가을이 오기도 전에 썰렁해지고, 가을야구에 초대받지 못한 NC는 2년 연속 관중 최하위에 머문다. 계속 영업이 부진한 모기업은 전력 보강을 위한 자금 지원을 해줄 형편이 안 된다. 이용찬이 FA로 팀을 떠나고, 새 전력은 나타나지 않는 암울한 겨울이 이어진다.

김영규 투수 17

신장	188	체중	86	생일	2000.02.10
투타	좌투좌타	지명	2018 NC 2차 8라운드 79순위		
연봉	9,500-14,000-22,500				
학교	광주서석초-무등중-광주제일고				

● 데뷔 후 5년 동안 꾸준하게 발전한 끝에 이제는 한국 야구를 대표하는 좌완 파이어볼러 중 한 명이 됐다. 원래 강력했던 직구와 슬라이더의 위력이 더 높아진데다, 포크볼의 완성도까지 점점 높아지고 있다. 직구 평속이 144.5km로 토종 좌완들 중 4위. 주무기 슬라이더는 134.7km로 토종 좌완들 2위, 오른손타자 상대 결정구로 쓰는 포크볼은 133.4km로 토종 왼손투수들 중 가장 빠른 투수가 됐다. 포크볼의 릴리스 포인트 189.6cm는 리그 모든 투수들 중 4번째, 왼손투수들 중에서는 가장 높다. 타자들 입장에서는 생전 처음 보는 높은 타점에서 출발해 엄청나게 빠른 속도로 날아오다 뚝 떨어지는 포크볼은 너무나 부담스러운 공이다. 모든 지표에서 생애 최고치이자 리그 상위권의 지표를 찍었고 아시안게임과 APBC 국가대표로 선발돼 군 문제까지 해결했다. 슬라이더로 왼손타자, 포크볼로 오른손타자를 효과적으로 잡아내기에 스플릿 약점도 거의 없어졌다. 오른손타자도 잘 잡는 '장신 왼손 파이어볼러'는 선발투수의 가능성을 꿈꾸는 게 당연하다. 실제로 올 겨울 선발투수로 변신을 시도했다. 5년 전, 데뷔 시즌 때는 선발로 실패했지만, 지금의 김영규는 19살 때와는 완전히 다른 투수다. 다만 스프링캠프 중반에 팔꿈치 미세 통증으로 조기 귀국해 시즌 준비에 제동이 걸린 것이 변수다.

기본기록

연도	경기	선발	QS	승	패	세이브	BS	홀드	이닝	피안타	피홈런	4사구	삼진	피안타율	WHIP	피OPS	FIP	ERA	WAR	WPA
2021	37	8	1	5	3	0	0	6	63 2/3	69	10	29	42	0.274	1.52	0.773	5.42	5.37	0.19	0.24
2022	72	0	0	2	7	1	6	13	66	56	5	29	46	0.242	1.18	0.683	4.07	3.41	1.14	0.69
2023	63	0	0	2	4	0	2	24	61 2/3	45	2	24	48	0.205	1.10	0.587	3.43	3.06	1.45	1.22
통산	222	31	7	16	20	1	8	45	325 1/3	335	36	135	237	0.269	1.39	0.740	4.59	4.54	3.23	1.77

구종별 기록

구종	구사%	구속	수직 무브	수평 무브	분당 회전	땅볼%	타구속도	강한타구%
직구	47.7%	144.5	28.0	16.9	2477.9	46.2%	133.7	16.7%
커브	0.1%	125.9	8.4	-6.6	688.0	-	-	-
슬라이더	35.0%	134.7	10.1	0.8	803.9	68.4%	133.6	18.9%
체인지업								
포크	17.1%	133.4	14.4	12.8	1433.5	68.4%	136.4	28.6%
싱커								
투심								
너클								
커터								
스플리터								

상황별 기록

상황	타석	홈런/9	볼넷/9	삼진/9	피안타율	WHIP	피OPS	GO/FO
전반기	141	0.00	3.72	7.43	0.177	1.02	0.482	1.52
후반기	106	0.71	2.84	6.39	0.240	1.22	0.722	1.39
vs 좌	143	0.25	2.45	6.63	0.200	0.98	0.584	1.79
vs 우	104	0.36	4.68	7.56	0.211	1.28	0.589	1.08
주자없음	131	0.29	3.45	7.76	0.203	1.15	0.579	1.23
주자있음	116	0.30	3.26	6.23	0.206	1.05	0.595	1.77
득점권	70	0.54	3.78	5.94	0.242	1.32	0.701	1.85
1-2번 상대	71	0.00	5.00	5.50	0.153	1.06	0.451	1.50
3-5번 상대	70	1.20	4.20	4.80	0.323	1.80	0.939	1.27
6-9번 상대	106	0.00	1.88	9.11	0.162	0.77	0.442	1.57

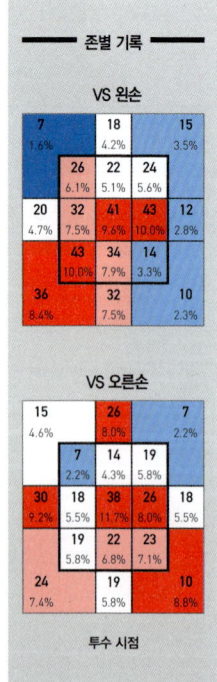

류진욱 투수 41

신장 189	체중 88	생일	1996.10.10
투타 우투우타	지명	2015 NC 2차 2라운드 21순위	
연봉 7,500-7,500-16,500			
학교 양정초-개성중-부산고			

터프가이

모든 것이 점점 터프해져 간다!

● 프로 인생 초창기 두 번이나 팔꿈치 수술을 받는 등 인고의 시간을 견뎌 마침내 리그 최고 수준의 구원 투수로 거듭났다. 겨울 동안 근육량을 늘리자 모든 구종의 구속이 빨라졌다. 커터의 평균 시속 139.4㎞는 토종 투수 중 고우석에 이어 두 번째로 빨랐다. 즉 2024년 토종 투수 최고속 커터의 주인공이 될 가능성이 높다. 포크볼 평균 시속 137.5㎞는 장현식(KIA)에 이어 두 번째로 빠르다. 이렇게 빨라진 속도로 공격적으로 승부하자 삼진이 폭증하고 볼넷이 줄었다. 그리고 투심성 궤적을 가진 패스트볼에다 날카롭게 떨어지는 두 가지 변화구를 이용해 무더기 땅볼을 유도했다. 땅볼/뜬공 비율이 정우영, 김원중, 박종훈에 이어 4번째로 낮았다. 엄청난 땅볼 유도 능력은 장타 억제로 연결된다. 피장타율이 0.219로 50이닝 이상 던진 투수들 중 가장 높았다. 포크볼의 위력이 높아지면서 오른손투수지만 왼손타자도 손쉽게 제압하게 됐다. 왼손타자 상대 피안타율이 0.141, 피OPS는 0.477에 불과하다. 시즌 후반으로 갈수록 모든 구종의 릴리스 포인트 높이가 비슷해졌다. 즉 타자 입장에서는 던지는 순간 어떤 구종인지 판별할 단서가 줄어들었을 가능성이 높다. 많이 감소했지만, 아직 볼넷 비율이 리그 평균보다 조금 높다. 즉 제구가 유일한 약점이다. 포스트시즌까지 76이닝을 던졌다. 2022년의 두 배에 가깝다. 즉 올해는 피로 관리가 절대적으로 중요하다. 투수조장을 맡았다.

기본기록

연도	경기	선발	QS	승	패	세이브	BS	홀드	이닝	피안타	피홈런	4사구	삼진	피안타율	WHIP	피OPS	FIP	ERA	WAR	WPA
2021	44	0	0	1	0	1	0	7	43 1/3	40	2	22	31	0.242	1.43	0.657	4.02	2.08	0.78	0.70
2022	51	0	0	4	2	0	0	4	46 1/3	48	2	35	37	0.274	1.71	0.748	4.57	4.86	-0.10	-0.03
2023	70	0	0	1	4	0	1	22	67	41	1	33	62	0.180	1.09	0.499	3.22	2.15	1.95	1.87
통산	168	0	0	6	6	1	1	33	159 2/3	133	6	91	133	0.229	1.37	0.631	3.93	2.99	2.61	2.59

구종별 기록

구종	구사%	구속	수직 무브	수평 무브	분당 회전	땅볼%	타구속도	강한타구%
직구	54.6%	147.2	24.4	-15.9	2256.4	46.4%	132.4	25.8%
커브								
슬라이더								
체인지업								
포크	29.0%	137.5	6.9	-21.7	1694.1	82.9%	134.8	33.3%
싱커								
투심								
너클								
커터	16.4%	139.4	11.1	0.3	897.2	54.8%	133.7	21.4%
스플리터								

상황별 기록

상황	타석	홈런/9	볼넷/9	삼진/9	피안타율	WHIP	피OPS	GO/FO
전반기	114	0.00	4.45	7.71	0.125	0.89	0.425	1.36
후반기	154	0.25	4.17	8.84	0.220	1.25	0.555	1.65
vs 좌	93	0.00	5.64	10.88	0.141	1.12	0.477	2.64
vs 우	175	0.20	3.63	7.05	0.200	1.07	0.512	1.20
주자없음	144	0.00	4.89	9.00	0.136	1.03	0.418	1.35
주자있음	124	0.28	3.66	7.59	0.233	1.16	0.599	1.75
득점권	66	0.00	4.50	7.88	0.259	1.38	0.597	2.63
1-2번 상대	43	0.00	4.66	10.24	0.222	1.34	0.588	1.57
3-5번 상대	99	0.29	7.04	5.48	0.190	1.43	0.571	1.55
6-9번 상대	126	0.00	2.36	9.70	0.159	0.79	0.415	1.46

존별 기록

VS 왼손

21 6.3%	10 3.0%	3 0.9%
25 7.5%	18 5.4%	9 2.7%
39 11.7%	28 8.4%	27 8.1%	15 4.5%	5 1.5%
	26 7.8%	12 8.1%	3.6%	
25 7.5%		29 8.7%	14 4.2%	

VS 오른손

35 6.3%	28 5.1%	12 2.2%
25 4.5%	35 6.3%	32 5.8%
21 3.8%	37 6.7%	56 10.1%	39 7.0%	40 7.2%
	15 2.7%	46 8.3%	55 9.9%	
8 1.4%		33 6.0%	37 6.7%	

투수 시점

신민혁 투수 53

신장	184	체중	95	생일	1999.02.04
투타	우투우타	지명		2018 NC 2차 5라운드 49순위	
연봉	12,000-13,500-18,000				
학교	염강초(강서구리틀)-매향중-야탑고				

● 전 세계 투수들의 속도를 쫓는 시대, 신민혁의 선택은 독특했다. 이제 전성기가 시작될 한창 나이에 직구 평속은 오히려 느려졌다. 대신 제구를 더 정교하게 가다듬었다. 그렇지 않아도 낮았던 볼넷 비율을 4.8%까지 낮췄다. 후반기에는 겨우 3.2%로 '고영표 수준'까지 내려갔다. 에릭 페디로부터 배운 준비 자세, 즉 글러브로 얼굴을 가리고 눈만 내밀어 포수의 사인을 보는 동작이 집중력을 높이는데 도움이 됐다고 느낀다. 페디로부터 커터 그립도 배워 바꿨다. 시속 140㎞대의 직구와 125㎞대인 주무기 체인지업의 사이인 시속 134㎞ 정도의 커터의 완성도가 높아지면서, 타자들이 신경 써야 할 속도의 범위가 늘었다. 그리고 시즌 후반으로 가면서 점점 투구판 가운데 쪽으로 옮겨진 투구 위치도 제구 향상에 도움이 된 듯하다. 이 모든 변화들이 모인 결과가 포스트시즌 3경기의 눈부신 호투였다. 약간의 행운도 따른 것으로 보인다. KBO리그의 대표적인 뜬공투수답게 가을야구에서도 엄청나게 많은 뜬공을 허용했지만 한 개도 담장을 넘어가지 않았다. 팀의 토종 에이스이자 3선발로 시즌을 시작한다. 겨울 훈련의 포커스도 속도가 아닌 제구에 맞췄다. 본인의 희망대로 스트라이크존에 자유자재로 집어넣고 빼는 능력을 갖춘다면, 이 시대에 보기 드문 '컨트롤 아티스트'로 자리매김할 것이다.

기본기록

연도	경기	선발	QS	승	패	세이브	BS	홀드	이닝	피안타	피홈런	4사구	삼진	피안타율	WHIP	피OPS	FIP	ERA	WAR	WPA
2021	30	25	9	9	6	0	0	0	145	155	17	49	107	0.271	1.37	0.747	4.39	4.41	2.24	1.36
2022	26	23	8	4	9	0	0	0	118 1/3	128	15	41	105	0.275	1.34	0.768	4.23	4.56	1.10	1.21
2023	29	24	5	5	5	0	0	0	122	122	14	31	97	0.256	1.20	0.707	4.11	3.98	1.49	1.03
통산	102	79	23	20	23	0	0	0	427 1/3	462	56	137	335	0.273	1.35	0.757	4.51	4.46	4.87	3.30

구종별 기록

구종	구사%	구속	수직 무브	수평 무브	분당 회전	땅볼%	타구속도	강한타구%
직구	26.5%	140.7	27.8	-11.4	2229.6	42.7%	139.0	24.0%
커브	2.2%	113.2	-15.7	14.5	1320.8	33.3%	142.5	20.0%
슬라이더	1.9%	127.6	11.2	5.9	1053.3	0.0%	132.5	0.0%
체인지업	41.1%	126.4	19.2	-23.9	2040.8	35.2%	126.1	11.9%
포크	0.4%	127.6	7.6	-14.5	1093.6	66.7%	142.6	50.0%
싱커								
투심	0.3%	138.4	19.8	-17.2	1930.6	0.0%	110.6	0.0%
너클								
커터	27.5%	135.5	17.0	-7.1	1277.2	31.5%	133.2	22.3%
스플리터								

상황별 기록

상황	타석	홈런/9	볼넷/9	삼진/9	피안타율	WHIP	피OPS	GO/FO
전반기	267	1.34	2.52	7.71	0.267	1.34	0.747	0.59
후반기	252	0.73	1.17	6.60	0.245	1.08	0.664	0.54
vs 좌	264	1.53	2.14	8.39	0.283	1.41	0.790	0.61
vs 우	255	0.57	1.57	6.00	0.227	1.02	0.618	0.52
주자없음	299	0.78	1.82	7.53	0.246	1.20	0.668	0.50
주자있음	220	1.37	1.88	6.66	0.270	1.22	0.761	0.67
득점권	120	1.59	2.22	6.99	0.260	1.20	0.768	0.74
1-2번 상대	136	1.45	2.03	7.55	0.274	1.20	0.763	0.55
3-5번 상대	175	1.60	2.25	7.09	0.255	1.20	0.791	0.57
6-9번 상대	208	0.35	1.05	6.97	0.245	1.05	0.602	0.56

존별 기록

VS 왼손

50 5.4%	44 4.7%	21 2.3%
56 6.0%	53 5.7% / 73 7.8% / 47 5.0%	47 5.0%
	67 7.2% / 87 9.3% / 74 7.9%	
	52 5.6% / 78 8.4% / 38 4.1%	
40 4.3%	55 5.9%	49 5.3%

VS 오른손

56 6.2%	31 3.5%	27 3.0%
57 6.3%	43 4.8% / 55 6.1% / 28 3.1%	35 3.9%
	77 8.6% / 96 9.6% / 64 7.1%	
	70 7.8% / 73 8.1% / 54 6.0%	
40 4.5%	64 7.1%	38 4.2%

투수 시점

이용찬 투수 22

신장	185	체중	85	생일	1989.01.02
투타	우투우타		지명	2007 두산 1차	
연봉	40,000-40,000-40,000				
학교	신원초-양천중-장충고				

● 3월 WBC에 참가한 많은 국가대표 투수들처럼 정규 시즌에서 구위 저하에 시달렸다. 모든 구종의 속도가 지난해 대비 시속 1km 가까이 느려졌다. 그러자 모든 구종에서 맞아 나가는 빈도가 늘었고, 힘든 승부도 늘어났다. 당연히 삼진이 줄고 볼넷이 늘었다. 릴리스 포인트에도 미세한 변화가 있었다. 원래 가장 낮았던 직구는 1cm 가량 더 내려가고, 원래 높았던 포크볼과 커브의 릴리스 포인트는 1cm 가량 더 높아졌다. 직구와 포크가 6cm, 직구와 포크는 15cm 가까이 릴리스 높이가 차이가 나면서, 타자 입장에서 구종을 알아채기가 조금 수월해졌을 가능성이 있다. WBC 때문에 일찍 페이스를 올리는 바람에 시즌 막판에는 체력 저하까지 겪었다. 이 모든 악재에도 불구하고, 여전히 수준급 구원투수의 위상은 유지했다. 생애 최다 세이브를 올렸고 삼진 비율, 볼넷 비율, FIP 등 투수의 구위를 나타내는 모든 지표들이 평균 이상이었다. 물론 NC 구단과 팬들, 이용찬 본인은 '평균 이상의 투수'가 아닌, 리그 최정상급의 클로저로 부활하기를 기대한다.
겨울 동안 충분한 휴식과 회복에 중점을 뒀고 작년보다 늦게 페이스를 올렸다. 시즌이 끝난 뒤 다시 FA가 되기에, 개인적으로도 매우 중요한 시즌이다.

기본기록

연도	경기	선발	QS	승	패	세이브	BS	홀드	이닝	피안타	피홈런	4사구	삼진	피안타율	WHIP	피OPS	FIP	ERA	WAR	WPA
2021	39	0	0	1	3	16	4	3	37	27	2	12	35	0.199	1.03	0.534	2.87	2.19	1.45	0.96
2022	59	0	0	3	3	22	4	0	60 2/3	56	3	16	61	0.238	1.14	0.597	2.76	2.08	2.36	3.86
2023	60	0	0	4	2	29	6	0	61	53	5	22	51	0.233	1.18	0.635	3.87	4.13	0.94	2.23
통산	500	102	55	61	60	157	32	7	998 1/3	1013	78	377	765	0.266	1.35	0.709	4.04	3.72	10.33	13.88

구종별 기록

구종	구사%	구속	수직 무브	수평 무브	분당 회전	땅볼%	타구속도	강한타구%
직구	48.1%	145.9	23.9	-21.4	2449.8	48.5%	130.7	25.0%
커브	4.9%	122.8	-12.9	9.3	1058.1	71.4%	131.2	12.5%
슬라이더	1.8%	133.9	8.9	3.2	717.9	0.0%	135.6	25.0%
체인지업								
포크	45.2%	129.8	2.3	-20.2	1408.1	55.3%	131.8	17.0%
싱커								
투심								
너클								
커터								
스플리터								

상황별 기록

상황	타석	홈런/9	볼넷/9	삼진/9	피안타율	WHIP	피OPS	GO/FO
전반기	127	0.91	3.34	8.49	0.265	1.38	0.750	0.87
후반기	127	0.57	2.30	6.61	0.202	0.99	0.561	1.27
vs 좌	114	0.00	3.10	7.45	0.176	0.97	0.456	0.82
vs 우	140	1.41	2.53	7.59	0.280	1.38	0.781	1.37
주자없음	141	0.80	1.87	8.02	0.218	1.07	0.585	1.06
주자있음	113	0.66	3.95	6.91	0.255	1.32	0.700	1.08
득점권	68	0.55	4.96	7.71	0.228	1.35	0.654	1.38
1-2번 상대	58	0.64	2.57	8.36	0.204	1.07	0.518	0.67
3-5번 상대	92	0.87	3.48	6.97	0.300	1.55	0.816	1.35
6-9번 상대	104	0.68	2.39	7.52	0.194	0.95	0.545	1.16

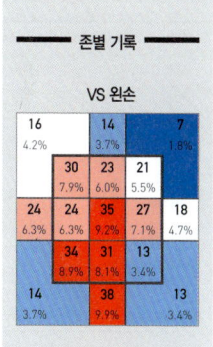

카스타노 투수 20

신장	190	체중	104	생일	1994.09.17
투타	좌투좌타	지명	2024 NC 자유선발		
연봉	$520,000				
학교	미국 Baylor(대)				

● 제구가 되는 장신 외국인투수는 KBO리그에서 성공할 확률이 꽤 높다. 키움의 최전성기를 이끈 에이스 밴 헤켄과 요키시가 대표적이다. 카스타노는 기량만 놓고 보면 요키시의 업그레이드 버전이다. 키도 약간 더 크고, KBO리그 직전 시즌을 놓고 비교하면 레퍼토리와 제구가 비슷한데 속도는 모두 조금씩 빠르다. 파노니(전 KIA)와 닮은 점도 있다. KBO리그 좌완투수 중에는 매우 희귀한, 커터를 제1구종으로 던지는 투수다. MLB에서 스윙맨으로 활약한 2022년에 기록한 커터의 평균 시속이 139.2km. 파노니보다 약 1km가 빠르고, 최근 3년간 류현진의 커터와 비슷하다. 국내 오른손타자들이 자주 보지 못한 고속 커터를 몸 쪽에 꽂아 넣을 수만 있다면 큰 효과를 발휘할 가능성이 높다. 정통 포심을 자주 던지지 않고 싱커까지 갖췄기 때문에 땅볼 유도 능력도 준수하다. NC의 강력한 내야 수비진과 궁합이 잘 맞을 것이다. 가장 큰 변수는 건강이다. 2021년과 2022년에 어깨 통증으로 장기 결장하는 등 부상 이탈이 잦았다. 작년에는 라인드라이브 타구에 머리를 맞고 뇌진탕 증세를 겪기도 했다. NC 구단은 영입 전 메디컬 테스트를 꼼꼼하게 했고, 관리 가능하다는 결론을 냈다고 밝혔다. 카스타노 본인도 스프링캠프에서 '진작 이렇게 관리 받았다면 좋았을 걸'이라고 말했다.

기본기록

연도	리그	경기	선발	QS	승	패	세이브	BS	홀드	이닝	피안타	피홈런	4구구	삼진	피안타율	WHIP	피OPS	FIP	ERA	WAR
2021	MLB	12	0	0	0	2	0	0	0	25 1/3	34	4	13	19	0.324	1.792	0.925	5.23	7.36	-0.1
2022	MLB	4	1	0	0	1	0	0	0	16	19	3	7	19	0.292	1.625	0.869	4.49	6.19	-0.2
2023	MLB	2	0	0	0	0	0	0	0	3	7	2	3	4	0.412	3.333	1.382	12.26	21.00	-0.3
MLB 통산		27	13	0	0	7	0	0	0	86 2/3	107	18	45	67	0.303	1.685	0.935	5.89	7.17	-1.8

구종별 기록

구종	구사%	구속	수직 무브	수평 무브	분당 회전	땅볼%	타구속도	강한타구%
직구								
커브								
슬라이더								
체인지업								
포크								
싱커								
투심								
너클								
커터								
스플리터								

상황별 기록

상황	타석	홈런/9	볼넷/9	삼진/9	피안타율	WHIP	피OPS	GO/FO
전반기								
후반기								
vs 좌								
vs 우								
주자없음								
주자있음								
득점권								
1-2번 상대								
3-5번 상대								
6-9번 상대								

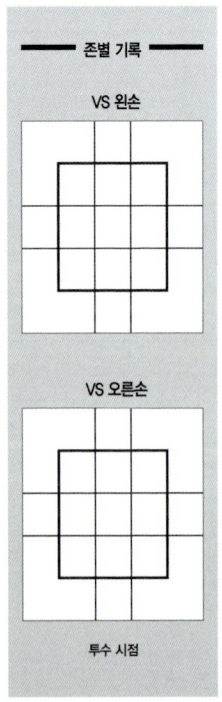

김주원 내야수 7

신장	185	체중	83	생일	2002.07.30
투타	우투양타	지명	2021 NC 2차 1라운드 6순위
연봉	6,000-9,000-16,000		
학교	삼일초(군포시리틀)-안산중앙중-유신고		

● 2002~2003년생 선수들은 한국 야구사에 '유격수 풍년 세대'로 기록될 가능성이 높다. 김도영과 이재현, 김휘집과 안재석, 김주원까지 소속팀과 국가대표팀의 미래를 책임질 유격수 자원들이 넘쳐난다. 그리고 2023년은 이들 중 김주원이 가장 먼저 '차세대 국대 유격수'로 치고 나온 해로 기록될 것이다. 항저우 아시안게임에서 류중일 감독의 지도를 받은 뒤 수비가 몰라보게 안정됐다. 원래 가지고 있었던 넓은 수비 범위와 강력한 어깨에 안정성까지 더해지자 수비에 약점이 없어졌다. 그 상승세는 생애 첫 가을야구까지 이어졌다. 포스트시즌 9경기 77이닝 동안 유격수 자리에서 단 한 개의 실책도 범하지 않았다. KT와 플레이오프 2차전 9회말, 절체절명의 역전 위기를 넘긴 '끝내기 다이빙캐치'는 지난해 최고의 명장면 중 하나다. 타석에서는 명암이 엇갈렸다. 3시즌 연속 삼진을 감소시킨 건 긍정적이다. 특히 후반기에 기록한 삼진 비율 15.5%는 리그 평균보다 낮았다. 즉 김주원은 이제 콘택트 능력은 리그 평균 이상으로 올라왔을 가능성이 있다. 하지만 타구의 질은 향상되지 않았다. 2022년에 약점이었던 우타석 타격은 좋아졌는데, 장점이던 좌타석 타격이 악화되면서 전체적으로는 크게 얻은 게 없었다. 즉 2024년의 최대 과제는 '타구 질 향상'이다.

기본기록

연도	경기	타석	타수	안타	2루타	3루타	홈런	타점	득점	볼넷	사구	삼진	도루	도루자	타율	출루율	장타율	OPS	WAR	WPA
2021	69	189	166	40	7	1	5	16	20	17	2	57	2		0.241	0.316	0.386	0.702	0.29	-0.96
2022	96	326	273	61	9	3	10	47	35	30	14	89	10	3	0.223	0.331	0.388	0.719	1.66	-1.27
2023	127	474	403	94	9	2	10	54	56	44	15	106	15		0.233	0.328	0.340	0.668	1.11	-1.52
통산	292	989	842	195	25	6	25	117	111	91	31	252	31	8	0.232	0.327	0.365	0.692	3.05	-3.75

구종별기록

구분	상대%	타구속도	상하 각도	타율	장타율	땅볼%	뜬공%	강한타구%
직구	41.3%	128.5	24.3	0.228	0.370	38.5%	61.3%	23.6%
커브	10.4%	128.7	17.6	0.186	0.186	62.5%	37.5%	25.0%
슬라이더	13.9%	130.9	30.4	0.255	0.426	35.0%	65.0%	13.8%
체인지업	15.6%	129.5	23.5	0.235	0.309	50.0%	50.0%	20.0%
포크	8.1%	137.7	20.2	0.238	0.405	38.9%	61.1%	37.5%
싱커								
투심	6.2%	133.6	18.8	0.231	0.231	50.0%	50.0%	35.0%
너클								
커터	4.5%	114.9	27.0	0.333	0.333	50.0%	50.0%	20.0%
스플리터								

상황별 기록

상황	타석	홈런/9	볼넷/9	삼진/9	타율	출루율	장타율	OPS
전반기	287	2.1%	9.8%	26.8%	0.238	0.335	0.347	0.682
후반기	187	2.1%	8.6%	15.5%	0.226	0.319	0.329	0.648
vs 좌	135	2.2%	12.6%	15.6%	0.313	0.410	0.409	0.819
vs 우	339	2.1%	8.0%	25.1%	0.201	0.295	0.313	0.608
주자없음	250	1.6%	11.2%	20.4%	0.227	0.332	0.306	0.638
주자있음	224	2.7%	7.1%	24.6%	0.241	0.324	0.380	0.704
득점권	139	3.6%	7.9%	25.2%	0.267	0.350	0.457	0.807
노아웃	176	1.7%	10.8%	20.5%	0.214	0.321	0.303	0.624
원아웃	150	2.7%	9.3%	20.0%	0.318	0.387	0.457	0.844
투아웃	148	2.0%	7.4%	27.0%	0.171	0.277	0.264	0.541

존별 기록

VS 왼손

7 1.5%	17 3.6%	41 8.6%
15 3.2%	23 4.8%	29 6.1%
14 2.9%	30 6.3%	49 10.3%	31 6.5%	34 7.2%
	25 5.3%	37 7.8%	37 7.8%	
36 7.6%	36 7.6%	14 2.9%

VS 오른손

64 5.6%	32 2.8%	23 2.0%
	77 6.7%	83 7.3%	42 3.7%	
74 6.5%	88 7.7%	94 8.2%	62 5.4%	41 3.6%
	76 6.7%	80 6.8%	90 7.9%	
55 4.8%	85 7.4%	77 6.7%

투수 시점

김형준 포수 25

신장 187	체중 98	생일 1999.11.02
투타 우투우타	지명 2018 NC 2차 1라운드 9순위	
연봉 5,000-5,000-5,800		
학교 가동초-세광중-세광고		

● 지난해 포수 수비 이닝 톱10에 오른 선수들은 모두 30대라는 공통점이 있다. 한국 야구의 '포수 세대교체'가 얼마나 더뎠는지를 잘 보여주는 현상이다. 그리고 김형준은 순식간에 한국 야구의 오랜 '젊은 포수 가뭄'을 끝낼 주역으로 떠올랐다. 부상 때문에 8월에야 1군 경기에 나섰지만 공수에서 충분한 능력을 보여준 뒤 항저우 아시안게임으로 향했고, 맹활약을 펼쳤다. 그리고 포스트시즌 전 경기에 박세혁을 제치고 선발 출장하며 자신의 시대가 시작됐음을 알렸다. 시즌 뒤 APBC 대표팀에서도 주전 포수는 당연히 김형준이었다. 수비력에서는 흠잡을 부분이 없다. 통산 도루 저지율 40.3%로 주전 포수들 중 양의지에 이어 2위다. 송구 스피드도 상위권이고, 특히 공을 미트에서 빼내 릴리스 포인트로 옮기는 '트랜스퍼' 속도와 송구 정확도가 '메이저급'이다. 블로킹 능력도 입대 이전보다 훨씬 향상됐다는 평가. 공격의 잠재력도 인상적이다. 지난해 82타석에서 기록한 평균 타구 속도는 136.2km. 전준우, 손아섭, 김도영, 강민호와 비슷한, 리그 상위권이었다. 그리고 25.8도라는, 전형적인 '거포'의 평균 발사각을 기록했다. 표본 크기가 매우 작기는 하지만, 홈런 타자의 잠재력을 엿볼 수 있는 대목이다. 팀 안팎에서는 야구 기술만큼이나, 담대한 성격과 리더십을 장점으로 꼽는 사람들이 많다.

기본기록

연도	경기	타석	타수	안타	2루타	3루타	홈런	타점	득점	볼넷	사구	삼진	도루	도루자	타율	출루율	장타율	OPS	WAR	WPA
2021																				
2022																				
2023	26	82	72	17	2	0	6	13	10	8	1	24	0	0	0.236	0.321	0.514	0.835	0.50	0.01
통산	185	372	332	76	9	0	11	35	41	33	2	101	0	0	0.229	0.302	0.355	0.657	-0.09	-2.76

구종별기록

구분	상대%	타구속도	상하 각도	타율	장타율	땅볼%	뜬공%	강한타구%
직구	43.2%	145.2	24.8	0.250	0.500	22.2%	77.8%	50.0%
커브	14.8%	123.5	38.9	0.267	0.333	33.3%	66.7%	25.0%
슬라이더	13.0%	145.1	39.4	0.100	0.400	50.0%	50.0%	50.0%
체인지업	12.8%	134.4	20.9	0.100	0.100	57.1%	42.9%	0.0%
포크	4.6%	143.3	18.4	0.750	1.750	-	-	33.3%
싱커								
투심	4.3%	148.2	30.1	0.000	0.000	33.3%	66.7%	33.3%
너클								
커터	7.2%	151.2	44.1	0.333	1.333	25.0%	75.0%	40.0%
스플리터								

상황별 기록

상황	타석	홈런/9	볼넷/9	삼진/9	타율	출루율	장타율	OPS
전반기								
후반기	82	7.3	9.8	29.3	0.236	0.321	0.514	0.835
vs 좌	24	12.5	4.2	29.2	0.182	0.217	0.591	0.808
vs 우	58	5.2	12.1	29.3	0.260	0.362	0.480	0.842
주자없음	50	10.0	10.0	30.0	0.227	0.320	0.591	0.911
주자있음	32	3.1	9.4	28.1	0.250	0.323	0.393	0.716
득점권	18	0.0	5.6	27.8	0.294	0.333	0.353	0.686
노아웃	32	12.5	6.3	43.8	0.207	0.258	0.621	0.879
원아웃	27	3.7	3.7	22.2	0.240	0.296	0.440	0.736
투아웃	23	4.3	21.7	17.4	0.278	0.435	0.444	0.879

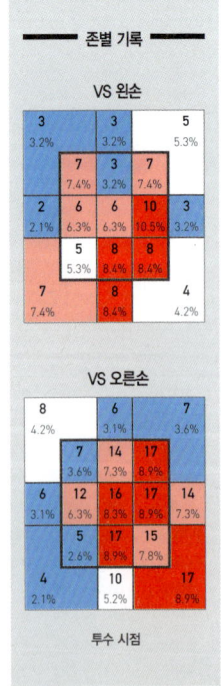

박건우 외야수 37

신장	184	체중	80	생일	1990.09.08
투타	우투우타	지명	2009 두산 2차 2라운드 10순위		
연봉	190,000-90,000-80,000				
학교	역삼초-서울이수중-서울고				

● 야구 선수에게 33세는 일반적으로 기량 하락이 시작됐거나 가속화하는 나이다. 그래서 2023년의 박건우는 대단히 놀라운 케이스다. 해마다 시속 137㎞대 언저리였던 평균 타구 속도가 갑자기 141km로 치솟았다. 타구 속도 리그 8위다. 게다가 평균 발사각도 4도 가까이 높아져 생애 가장 높은 20.1도를 기록했다. 2023년까지 박건우의 정체성이 전형적인 '라인드라이브 형 타자'였다면, 지난해에는 '뜬공 타자의 느낌도 나는 라인드라이브 형 타자'로 변신한 것이다. 평균 히팅 포인트가 투수 쪽으로 약 4cm 전진했다. 즉 공을 '더 앞에서' 때렸고, 왼쪽으로 가는 타자가 늘어났다. 오른손타자가 타구의 질이 좋아지는 전형적인 레시피다. 타자가 장타를 노리면 삼진이 늘어나는 함정에 빠지는 경우도 많지만, 박건우의 삼진 빈도는 평소 그대로였다. 즉 다른 모든 경향은 그대로인 채, 타구의 질만 향상시키며 6년 만에 가장 높은 장타율을 기록했다. 그렇게 꾸준한 향상의 결과가 데뷔 첫 골든글러브였다. 이제 '포스트시즌에 약하다'는 비난도 옛말이 됐다. 지난해 포스트시즌에서 손아섭에 이어 팀 내에서 두 번째로 많은 안타 12개를 생산하며 PS 타율 0.343을 기록했다. 우익수 수비도 여전히 견고하다. 처음 제정된 'KBO 수비상'에서 윤동희(롯데)와 함께 공동 2위에 올랐다.

기본기록

연도	경기	타석	타수	안타	2루타	3루타	홈런	타점	득점	볼넷	사구	삼진	도루	도루자	타율	출루율	장타율	OPS	WAR	WPA
2021	126	525	458	149	31	2	6	63	82	50	11	72	13	0	0.325	0.400	0.441	0.841	4.96	0.47
2022	111	463	408	137	18	1	10	61	52	44	8	62	3	3	0.336	0.408	0.458	0.866	4.56	-0.10
2023	130	533	458	146	34	2	12	85	70	56	9	71	7	5	0.319	0.397	0.480	0.877	4.97	0.84
통산	1167	4518	3996	1303	267	23	110	624	706	376	80	596	92	29	0.326	0.391	0.487	0.878	42.38	7.35

구종별기록

구분	상대%	타구속도	상하 각도	타율	장타율	땅볼%	뜬공%	강한타구%
직구	41.8%	145.1	20.5	0.374	0.579	37.8%	62.2%	45.0%
커브	8.5%	134.2	27.3	0.303	0.515	27.3%	72.7%	14.3%
슬라이더	20.8%	138.3	18.1	0.287	0.386	43.8%	56.3%	29.0%
체인지업	13.0%	133.3	22.7	0.200	0.357	48.9%	51.1%	14.6%
포크	4.2%	131.6	17.9	0.364	0.364	36.4%	63.6%	23.5%
싱커								
투심	6.7%	153.0	9.5	0.478	0.739	63.6%	36.4%	72.2%
너클								
커터	5.0%	143.5	19.5	0.158	0.211	40.0%	60.0%	33.3%
스플리터								

상황별 기록

상황	타석	홈런/9	볼넷/9	삼진/9	타율	출루율	장타율	OPS
전반기	299	2.3%	12.0%	13.7%	0.286	0.385	0.431	0.816
후반기	234	2.1%	8.5%	12.8%	0.360	0.412	0.542	0.954
vs 좌	174	4.0%	13.2%	13.2%	0.297	0.391	0.517	0.908
vs 우	359	1.4%	9.2%	13.4%	0.329	0.399	0.463	0.862
주자없음	245	2.0%	9.4%	15.1%	0.327	0.396	0.468	0.864
주자있음	288	2.4%	11.5%	11.8%	0.311	0.397	0.492	0.889
득점권	172	1.7%	12.8%	11.0%	0.304	0.398	0.467	0.865
노아웃	160	3.1%	12.5%	8.8%	0.356	0.440	0.563	1.003
원아웃	199	2.5%	12.1%	14.1%	0.331	0.417	0.503	0.920
투아웃	174	1.1%	6.9%	16.7%	0.275	0.333	0.388	0.721

존별 기록

VS 왼손

15 2.6%	23	28 4.8%
	22 3.7%	36 6.1%	41 7.0%
18 3.1%	40 6.8%	57 9.7%	46 7.8%	43 7.3%
	39 6.6%	39 6.6%	36 6.1%
40 6.8%	34 5.8%	30 5.1%

VS 오른손

43 3.9%	49 4.5%	29 2.7%
	48 4.4%	76 7.0%	60 5.5%
31 2.8%	81 7.4%	114 10.4%	87 8.0%	75 6.9%
	40 3.7%	77 7.1%	84 7.7%
21 1.9%	63 5.8%	113 10.4%

투수 시점

박민우 내야수 2

신장 185	체중 80	생일 1993.02.06
투타 우투좌타	지명 2012 NC 1라운드 9순위	
연봉 41,000-110,000-100,000		
학교 마포초(용산리틀)–선린중–휘문고		

● 2021년 '방역 파문'의 후유증에서 마침내 벗어나 우리가 알던 '악마'로 돌아왔다. 2022년 시즌 후반기부터 보였던 선구안 회복세가 작년에도 이어졌다. 슬럼프 동안 늘어난 팝플라이 타구가 줄어들고, 특유의 라인드라이브-땅볼 타구가 늘어나면서 '박민우 야구'의 가장 중요한 무기인 인플레이 안타가 급증했다. 이전 2년 동안 2할대에 머물렀던 BABIP이 예전 수준인 0.356으로 치솟았고, 그 결과 3년 만에 3할 타율에 복귀하며 출루율 0.380을 넘겼다. 출루 빈도가 늘어나자 빠른 발을 이용할 기회도 늘었다. 8년 만에 가장 많은 26개의 도루를 기록했다. 지난해에는 주로 2번 타순에 기용됐지만, 이번 스프링캠프에서는 주로 1번으로 전진 배치됐다. 베이스가 커지고 피치 클락 도입이 예정돼 도루의 가치가 폭증할 환경에 대한 대응책으로 적절하다. 수비력은 여전하다. 뛰어난 타구 판단 능력과, 리그에서 가장 시프트를 적절하게 사용하는 NC의 팀 수비 전술이 겹쳐, 이닝 대비 타구 처리 빈도가 리그에서 가장 높았다. 즉 박민우는 공격만큼이나 수비에서도 엄청난 기여를 했을 것이 확실하다. 다만 올해는 변수가 있다. 시프트 수비가 금지되면서, 왼손 강타자의 무수한 안타를 지워낸 박민우의 트레이드마크 '2익수 수비'를 더 이상 펼칠 수 없다. 내야 그라운드 안에서 수비의 해법을 찾아야 한다.

기본기록

연도	경기	타석	타수	안타	2루타	3루타	홈런	타점	득점	볼넷	사구	삼진	도루	도루자	타율	출루율	장타율	OPS	WAR	WPA
2021	50	215	180	47	5	3	1	18	30	22	7	23	12	3	0.261	0.360	0.339	0.699	1.06	-0.89
2022	104	451	390	104	22	1	4	38	61	42	10	55	21	4	0.267	0.351	0.359	0.710	1.98	-1.01
2023	124	509	452	143	20	7	2	46	76	40	9	57	26	7	0.316	0.381	0.405	0.786	3.49	-0.27
통산	1162	4813	4168	1332	213	54	31	438	782	448	104	598	243	67	0.320	0.395	0.419	0.814	36.91	3.34

구종별기록

구분	상대%	타구속도	상하 각도	타율	장타율	땅볼%	뜬공%	강한타구%
직구	46.1%	131.1	16.2	0.344	0.460	45.0%	55.0%	12.2%
커브	7.7%	121.6	15.1	0.346	0.385	50.0%	50.0%	0.0%
슬라이더	18.2%	131.1	12.3	0.208	0.260	59.1%	40.9%	4.3%
체인지업	10.8%	132.1	10.5	0.296	0.407	58.6%	41.4%	7.9%
포크	5.4%	133.9	9.3	0.308	0.346	77.8%	22.2%	14.3%
싱커 투심 너클	6.2%	132.0	4.8	0.355	0.452	77.8%	22.2%	4.5%
커터 스플리터	5.6%	133.3	3.4	0.409	0.409	90.9%	9.1%	11.8%

상황별 기록

상황	타석	홈런/9	볼넷/9	삼진/9	타율	출루율	장타율	OPS
전반기	264	0.4%	7.6%	13.3%	0.311	0.376	0.374	0.750
후반기	245	0.4%	8.2%	9.0%	0.323	0.386	0.438	0.824
vs 좌	155	0.0%	9.7%	13.5%	0.351	0.425	0.412	0.837
vs 우	354	0.6%	7.1%	10.2%	0.302	0.362	0.402	0.764
주자없음	270	0.7%	5.2%	12.2%	0.315	0.363	0.418	0.781
주자있음	239	0.0%	10.9%	10.0%	0.318	0.402	0.388	0.790
득점권	134	0.0%	13.4%	11.2%	0.309	0.406	0.400	0.806
노아웃	191	0.0%	5.2%	9.9%	0.335	0.387	0.435	0.822
원아웃	185	0.0%	9.2%	11.9%	0.337	0.405	0.417	0.822
투아웃	133	1.5%	9.8%	12.0%	0.261	0.338	0.345	0.683

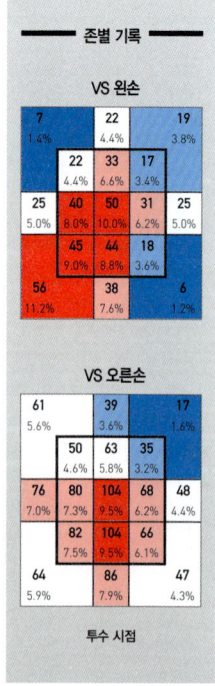

존별 기록
VS 왼손 / VS 오른손 / 투수 시점

손아섭 외야수 31

신장 174	체중 84	생일 1988.03.18	
투타 우투좌타	지명 2007 롯데 2차 4라운드 29순위		
연봉 150,000-50,000-50,000			
학교 양정초-개성중-부산고			

● 지난해 35살로 야구인생의 황혼에 접어든 손아섭이, 2022년의 늪에서 빠져나올 가능성은 낮아 보였다. 하지만 위기에서 언제나 일어섰던 오뚝이는 이번에도 방법을 찾아냈다. 겨울 동안 강정호의 지도를 받아 수정한 스윙 메커니즘이 제대로 효과를 발휘했다. 2022년 후반기에 131㎞대로 떨어졌던 타구 속도가, 다시 예전의 137㎞대로 올라왔다. 전성기 때처럼 총알 같은 저탄도 타구들을 야구장 곳곳으로 뿌려 인플레이 안타를 대량 생산했다. 시즌 BABIP 0.376으로 홍창기, 구자욱에 이은 리그 3위. 다른 타자들 같으면 지나치게 높아 보이겠지만, 손아섭은 이게 '정상치'다. 통산 BABIP이 0.364로 3천 타석 이상 들어선 타자들 중 역대 4위이니까. 그렇게 프로 생활 16년 만에 생애 첫 타격왕을 차지했다. 통산 안타도 2,416개로 박용택의 역대 최다 기록에 88개만 남겼다. 손아섭의 목표는 더 원대하다. 2014년 서건창 이후 누구도 오르지 못한 시즌 200안타, 그리고 수비 기여도를 높여 외야수 골든글러브에 도전하겠다는 각오를 밝혔다. 그리고 일생의 소원인 '우승 반지'를 마련하겠다고 벼르고 있다. 지난해 후반기에 전반기보다 삼진이 줄고 타구 속도가 더 빨라졌다는 걸, 즉 더 발전한 것을 감안하면 손아섭의 희망이 빈말처럼 보이지 않는다.

기본기록

연도	경기	타석	타수	안타	2루타	3루타	홈런	타점	득점	볼넷	사구	삼진	도루	도루자	타율	출루율	장타율	OPS	WAR	WPA
2021	139	610	542	173	29	2	3	58	88	51	3	67	11	6	0.319	0.390	0.397	0.787	3.50	0.18
2022	138	617	548	152	29	4	4	48	72	59	3	76	7	3	0.277	0.347	0.367	0.714	2.86	-0.93
2023	140	609	551	187	36	3	5	65	97	50	2	67	14	3	0.339	0.393	0.443	0.836	4.87	0.83
통산	1974	8521	7500	2416	425	34	174	986	1316	909	40	1212	226	66	0.322	0.396	0.457	0.853	47.95	13.45

구종별기록

구분	상대%	타구속도	상하 각도	타율	장타율	땅볼%	뜬공%	강한타구%
직구	44.0%	139.6	13.3	0.410	0.524	56.8%	43.2%	35.2%
커브	9.5%	132.2	17.6	0.239	0.343	55.3%	44.7%	19.0%
슬라이더	18.5%	136.4	11.4	0.326	0.442	71.2%	28.8%	28.8%
체인지업	9.3%	134.7	23.1	0.270	0.365	48.6%	51.4%	25.7%
포크	6.7%	140.3	15.7	0.310	0.333	65.2%	34.8%	32.0%
싱커								
투심	6.7%	140.3	9.7	0.375	0.469	76.5%	23.5%	37.5%
너클								
커터	5.3%	133.2	13.9	0.289	0.421	59.1%	40.9%	25.0%
스플리터								

상황별 기록

상황	타석	홈런/9	볼넷/9	삼진/9	타율	출루율	장타율	OPS
전반기	333	0.6%	6.9%	13.2%	0.331	0.377	0.447	0.824
후반기	276	1.1%	9.8%	8.3%	0.349	0.413	0.438	0.851
vs 좌	197	2.5%	8.6%	13.7%	0.324	0.381	0.486	0.867
vs 우	412	0.0%	8.0%	9.7%	0.347	0.399	0.422	0.821
주자없음	371	0.3%	6.7%	11.3%	0.325	0.372	0.414	0.786
주자있음	238	1.7%	10.5%	10.5%	0.364	0.426	0.490	0.916
득점권	137	2.2%	12.4%	10.9%	0.339	0.409	0.504	0.913
노아웃	292	0.7%	7.2%	11.6%	0.331	0.378	0.431	0.809
원아웃	167	1.2%	9.6%	10.8%	0.374	0.425	0.476	0.901
투아웃	150	0.7%	8.7%	10.0%	0.319	0.387	0.430	0.817

존별 기록

VS 왼손

26 4.1%	35 5.5%	41 6.5%
40 6.3%	47 7.4%	38 6.0%
42 6.6%	59 9.3%	51 8.1%	49 7.8%	13 2.1%
	40 6.3%	17 2.7%		
49 7.8%	31 4.9%	14 2.2%

VS 오른손

83 6.9%	81 6.7%	35 2.9%
	92 7.6%	79 6.6%	49 4.1%	
78 6.5%	99 8.2%	106 8.8%	70 5.8%	56 4.6%
	67 5.5%	82 6.7%	42 3.5%	
57 4.7%	79 6.5%	53 4.4%

투수 시점

김시훈 투수 21

신장	188	체중	95	생일	1999.02.24	투타	우투우타	지명	2018 NC 1차
연봉	3,000-9,000-11,000			학교	양덕초-마산동중-마산고				

● 2022년의 도약만큼이나 지난해의 퇴보도 놀라웠다. 한참 공이 빨라져야 할 나이에 직구 구속이 급감했고, 자신감이 떨어지다 보니 볼넷이 늘었다. 특히 왼손타자 상대에 어려움이 심화됐다. 그래도 4가지 구종을 던질 줄 아는 젊은 장신 투수의 가치는 여전하다. 겨울 동안 조금 더 성실하게 몸을 만들었고 강인권 감독은 선발 후보로 점찍었다.

기본기록

연도	경기	선발	QS	승	패	세이브	BS	홀드	이닝	피안타	피홈런	4사구	삼진	피안타율	WHIP	피OPS	FIP	ERA	WAR	WPA
2021																				
2022	59	7	1	4	5	0	2	11	83 1/3	75	7	47	79	0.240	1.42	0.678	4.23	3.24	1.30	1.42
2023	61	0	0	4	3	3	3	12	52 2/3	57	3	35	49	0.278	1.73	0.762	4.32	4.44	0.00	-0.33
통산	120	7	1	8	8	3	5	23	136	132	10	82	128	0.255	1.54	0.711	4.27	3.71	1.30	1.09

구종별 기록

구종	구사율%	구속	수직 무브	수평 무브	분당 회전	땅볼%	타구속도	강한타구%
직구	41.6%	143.2	30.2	-11.5	2426.8	57.5%	142.4	33.3%
커브	20.2%	118.3	-12.1	2.1	811.4	55.6%	122.6	10.0%
슬라이더	12.9%	134.2	9.7	4.3	799.4	62.5%	141.2	45.5%
체인지업								
포크	25.2%	133.8	13.4	-18.7	1641.2	61.8%	128.8	17.1%
싱커								
투심								
너클								
커터	0.1%	140.4	14.4	7.3	1186.0	-	-	-
스플리터								

상황별 기록

상황	타석	홈런/9	볼넷/9	삼진/9	피안타율	WHIP	피OPS	GO/FO
전반기	141	0.58	5.23	10.74	0.258	1.58	0.728	1.04
후반기	104	0.42	6.65	4.98	0.306	1.94	0.810	2.13
vs 좌	88	0.51	7.13	8.66	0.296	1.98	0.815	1.83
vs 우	157	0.51	5.14	8.23	0.269	1.60	0.734	1.28
주자없음	116	0.39	7.04	10.17	0.296	2.04	0.783	1.39
주자있음	129	0.61	4.85	6.98	0.262	1.48	0.743	1.48
득점권	75	0.60	6.60	8.40	0.295	1.93	0.782	1.31
1-2번 상대	36	1.13	4.50	11.25	0.241	1.38	0.678	2.00
3-5번 상대	86	0.00	6.87	6.38	0.282	1.85	0.759	1.53
6-9번 상대	123	0.68	5.47	8.89	0.286	1.75	0.787	1.27

송명기 투수 11

신장	191	체중	93	생일	2000.08.09	투타	우투우타	지명	2019 NC 2차 1라운드 7순위
연봉	13,000-13,000-13,500			학교	양남초(하남시리틀)-건대부중-장충고				

● 도약해야 할 나이에 반대로 퇴보했다. 모든 구종의 속도가 줄어 삼진이 급감했다. 2년 연속 500이닝 이상 던진 투수 중 삼진 비율이 7% 넘게 감소한 투수는 송명기뿐이다. 구위는 하락했는데 뜬공 성향이 유지되자 '홈런 공장'이 돼 버렸다. 새 시즌에는 불펜으로 새출발한다. 2020년 한국시리즈에서 보여준 잠재력을 되살려야 한다.

기본기록

연도	경기	선발	QS	승	패	세이브	BS	홀드	이닝	피안타	피홈런	4사구	삼진	피안타율	WHIP	피OPS	FIP	ERA	WAR	WPA
2021	24	24	6	8	9	0	0	0	123 1/3	147	12	67	102	0.292	1.66	0.822	4.55	5.91	0.78	0.42
2022	25	22	5	5	7	0	2	0	107 2/3	116	14	69	106	0.276	1.58	0.819	4.98	4.51	0.16	0.76
2023	35	17	3	4	9	0	0	2	104 1/3	106	12	58	65	0.260	1.47	0.745	5.36	4.83	0.06	-0.16
통산	122	76	16	26	28	0	3	2	426	451	51	237	346	0.271	1.53	0.785	5.00	4.86	2.57	1.86

구종별 기록

구종	구사율%	구속	수직 무브	수평 무브	분당 회전	땅볼%	타구속도	강한타구%
직구	50.5%	142.1	21.7	-24.9	2447.9	27.3%	135.1	19.3%
커브	4.3%	115.1	-8.0	12.5	914.8	57.1%	116.9	11.1%
슬라이더	15.5%	130.8	16.1	-3.4	1193.2	26.5%	133.7	26.1%
체인지업								
포크	19.3%	131.7	9.2	-20.3	1581.0	65.3%	132.8	18.5%
싱커								
투심								
너클								
커터	10.5%	133.4	15.7	-8.6	1307.0	40.7%	133.9	21.9%
스플리터								

상황별 기록

상황	타석	홈런/9	볼넷/9	삼진/9	피안타율	WHIP	피OPS	GO/FO
전반기	275	1.07	4.60	5.98	0.285	1.65	0.797	0.52
후반기	199	0.99	3.35	5.12	0.225	1.23	0.673	0.71
vs 좌	253	0.91	4.22	5.58	0.213	1.24	0.653	0.74
vs 우	221	1.21	3.83	5.64	0.313	1.77	0.848	0.46
주자없음	248	0.89	6.08	5.72	0.263	1.77	0.767	0.61
주자있음	226	1.17	2.17	5.50	0.256	1.19	0.720	0.60
득점권	119	1.37	3.42	6.15	0.272	1.44	0.769	0.55
1-2번 상대	121	0.66	4.28	4.94	0.248	1.39	0.703	0.85
3-5번 상대	163	1.59	4.24	4.56	0.271	1.59	0.810	0.46
6-9번 상대	190	0.84	3.77	6.07	0.257	1.42	0.716	0.60

신영우 투수 43

신장	182	체중	84	생일	2004.04.21	투타	우투우타	지명	2023 NC 1라운드 4순위
연봉	3,000-3,000			학교	센텀초-센텀중-경남고				

● 엄청난 유망주. 하지만 아직은 미완의 대기다. 시속 150km를 쉽게 넘기는 강속구가 제구가 되지 않아 퓨처스리그에서 삼진보다 많은 볼넷을 허용했다. 겨울 동안 근육량을 늘렸고 스프링캠프에서는 작년보다 공이 더 빨라지고 제구도 향상됐다는 평가. 하지만 아직 제구가 1군에서 버틸 수준인지에 대해서는 의견이 엇갈린다.

기본기록

연도	경기	선발	QS	승	패	세이브	BS	홀드	이닝	피안타	피홈런	4사구	삼진	피안타율	WHIP	피OPS	FIP	ERA	WAR	WPA
2021																				
2022																				
2023																				
통산																				

구종별 기록

구종	구사%	구속	수직 무브	수평 무브	분당 회전	땅볼%	타구속도	강한타구%
직구								
커브								
슬라이더								
체인지업								
포크								
싱커								
투심								
너클								
커터								
스플리터								

상황별 기록

상황	타석	홈런/9	볼넷/9	삼진/9	피안타율	WHIP	피OPS	GO/FO
전반기								
후반기								
vs 좌								
vs 우								
주자없음								
주자있음								
득점권								
1-2번 상대								
3-5번 상대								
6-9번 상대								

이용준 투수 48

신장	180	체중	95	생일	2002.05.08	투타	우투우타	지명	2021 NC 2차 2라운드 16순위
연봉	3,000-3,500-6,700			학교	중대초-양천중-서울디자인고				

● 3년차에 처음 의미 있는 기회를 받고 잠재력과 숙제를 확인했다. 시즌 초 신인왕 후보로 거론될 만큼 선발 가능성을 보였다. 특히 슬라이더의 완성도가 높아서 오른손타자들을 효과적으로 제압했다. 반대로 3구종 체인지업이 약해 왼손타자 상대로 어려움이 이어졌다. 첫 풀타임 시즌이라 갈수록 체력이 떨어졌다. 선발 후보로 준비한다.

기본기록

연도	경기	선발	QS	승	패	세이브	BS	홀드	이닝	피안타	피홈런	4사구	삼진	피안타율	WHIP	피OPS	FIP	ERA	WAR	WPA
2021	2	0	0	0	0	0	0	0	1 2/3	3	0	4	1	0.375	4.20	0.958	9.33	21.60	-0.10	-0.02
2022	10	2	0	0	1	0	0	0	22	33	4	16	19	0.337	2.09	1.014	6.16	8.59	-0.58	-0.59
2023	24	12	1	3	4	0	0	0	67	60	5	46	50	0.239	1.55	0.694	4.98	4.30	0.24	-0.29
통산	36	14	1	3	5	0	0	0	90 2/3	96	9	66	70	0.269	1.73	0.789	5.30	5.66	-0.44	-0.90

구종별 기록

구종	구사%	구속	수직 무브	수평 무브	분당 회전	땅볼%	타구속도	강한타구%
직구	51.1%	143.2	27.1	-15.1	2337.5	50.6%	137.6	26.3%
커브	8.5%	118.7	-14.0	3.5	949.8	61.5%	136.0	33.3%
슬라이더	28.8%	125.4	2.3	8	383.6	54.3%	129.3	17.9%
체인지업	11.5%	122.7	18.3	-20.3	1785.9	61.5%	127.4	15.8%
포크	0.1%	134.0	26.4	-17.5	2188.0	-	-	-
싱커								
투심								
너클								
커터								
스플리터								

상황별 기록

상황	타석	홈런/9	볼넷/9	삼진/9	피안타율	WHIP	피OPS	GO/FO
전반기	246	0.66	5.63	6.96	0.244	1.55	0.698	1.11
후반기	58	0.71	7.71	5.68	0.217	1.58	0.671	1.31
vs 좌	144	0.85	5.40	5.40	0.262	1.61	0.759	1.15
vs 우	160	0.51	6.37	7.90	0.217	1.50	0.633	1.15
주자없음	160	0.79	5.50	7.08	0.226	1.51	0.659	0.88
주자있음	144	0.55	6.34	6.34	0.254	1.59	0.734	1.58
득점권	83	1.00	9.00	4.50	0.237	1.78	0.763	1.41
1-2번 상대	78	0.00	5.74	4.02	0.292	1.85	0.723	2.42
3-5번 상대	101	1.25	6.23	7.48	0.293	1.80	0.859	0.87
6-9번 상대	125	0.61	5.76	7.58	0.163	1.21	0.543	0.88

이재학 투수 51

| 신장 | 181 | 체중 | 84 | 생일 | 1990.10.04 | 투타 | 우언우타 | 지명 | 2010 두산 2라운드 10순위 |

연봉 18,000-20,000-20,000 학교 대구옥산초-경북중-대구고

● 전반기에는 전성기를 연상시키는 호투로 선발진 공백을 잘 메웠지만 6월말 타구에 맞고 중족골 골절을 당한 뒤 구위가 떨어졌다. 릴리스포인트가 확 올라가면서 체인지업의 움직임이 줄었는데 부상 후유증일 가능성이 높다. 그래도 왼손타자가 폭증한 환경에서, 왼손타자를 잡을 줄 알고 선발도 소화할 수 있는 베테랑의 가치는 매우 높다.

기본기록

연도	경기	선발	QS	승	패	세이브	BS	홀드	이닝	피안타	피홈런	4사구	삼진	피안타율	WHIP	피OPS	FIP	ERA	WAR	WPA
2021	17	17	4	6	6	0	0	0	83	74	14	58	65	0.239	1.52	0.793	6.05	5.20	0.29	0.56
2022	26	17	5	3	8	0	0	0	91	75	5	62	72	0.224	1.42	0.664	4.52	4.75	0.31	0.76
2023	15	13	5	5	5	0	0	0	67 1/3	55	6	38	43	0.223	1.31	0.655	5.02	4.54	0.53	0.56
통산	285	241	85	82	76	1	0	1	1321	1292	147	666	1108	0.258	1.41	0.739	4.82	4.52	11.09	2.58

구종별 기록

구종	구사%	구속	수직 무브	수평 무브	분당 회전	땅볼%	타구속도	강한타구%
직구	42.7%	139.9	21.0	-25.9	2429.9	24.6%	136.5	20.8%
커브	2.0%	120.7	-1.5	-2.6	2308.5	100.0%	155.9	100.0%
슬라이더								
체인지업	46.1%	121.6	6.7	-29.1	1906.0	37.2%	130.6	11.6%
포크								
싱커								
투심								
너클								
커터	9.1%	129.7	14.5	-18.1	1592.7	16.7%	127.4	0.0%
스플리터								

상황별 기록

상황	타석	홈런/9	볼넷/9	삼진/9	피안타율	WHIP	피OPS	GO/FO
전반기	135	0.27	4.59	6.21	0.123	0.93	0.409	0.51
후반기	158	1.32	4.24	5.29	0.308	1.68	0.865	0.39
vs 좌	166	0.90	3.38	5.40	0.197	1.08	0.599	0.48
vs 우	127	0.66	5.93	6.26	0.257	1.65	0.728	0.40
주자없음	171	0.91	4.54	6.13	0.176	1.16	0.557	0.46
주자있음	122	0.65	4.23	5.20	0.293	1.52	0.800	0.43
득점권	68	1.15	5.74	4.02	0.216	1.34	0.671	0.38
1-2번 상대	75	0.51	3.06	2.55	0.246	1.25	0.669	0.45
3-5번 상대	106	1.59	5.96	7.15	0.256	1.63	0.797	0.59
6-9번 상대	112	0.33	4.00	6.67	0.177	1.07	0.514	0.36

이준호 투수 27

| 신장 | 181 | 체중 | 85 | 생일 | 2000.03.27 | 투타 | 우투우타 | 지명 | 2023 NC 6라운드 54순위 |

연봉 3,000-4,300 학교 부산인지초(해운대리틀)-센텀중-경남고-성균관대

● 올 시즌 NC 투수진의 가장 중요한 다크호스. 대학 시절부터 완성도 높은 투수라 평가 받았고, 지난해 후반기에는 구위도 좋아졌다. 직구 평속 144㎞, 슬라이더가 130㎞를 넘어서며 타자들을 압도하기 시작했다. 플레이오프 4차전 4K쇼로 잠재력을 확실히 보여줬다. 새 시즌은 선발로 준비한다. 캠프 MVP에 선정될 정도로 준비를 인정받았다.

기본기록

연도	경기	선발	QS	승	패	세이브	BS	홀드	이닝	피안타	피홈런	4사구	삼진	피안타율	WHIP	피OPS	FIP	ERA	WAR	WPA
2021																				
2022																				
2023	17	2	0	3	2	0	0	0	31 2/3	32	3	19	19	0.260	1.48	0.736	5.27	4.83	-0.23	0.24
통산	17	2	0	3	2	0	0	0	31 2/3	32	3	19	19	0.260	1.48	0.736	5.27	4.83	-0.23	0.24

구종별 기록

구종	구사%	구속	수직 무브	수평 무브	분당 회전	땅볼%	타구속도	강한타구%
직구	54.9%	142.0	27.8	-4.4	2111.8	39.5%	135.1	34.0%
커브	14.5%	121.8	-11.9	7.0	923.0	55.6%	128.4	16.7%
슬라이더	15.5%	128.2	4.7	7.3	691.0	38.5%	126.8	0.0%
체인지업	4.9%	132.2	18.7	-21.7	2067.5	33.3%	130.8	0.0%
포크								
싱커								
투심	10.3%	138.8	22.6	-16.4	2082.1	66.7%	144.2	30.0%
너클								
커터								
스플리터								

상황별 기록

상황	타석	홈런/9	볼넷/9	삼진/9	피안타율	WHIP	피OPS	GO/FO
전반기	94	0.46	5.03	4.58	0.278	1.68	0.737	0.92
후반기	50	1.50	3.00	6.75	0.227	1.17	0.732	0.53
vs 좌	67	0.00	4.41	3.86	0.175	1.10	0.512	1.05
vs 우	77	1.76	4.11	7.04	0.333	1.89	0.931	0.50
주자없음	77	1.06	3.71	5.29	0.239	1.35	0.711	0.86
주자있음	67	0.61	4.91	5.52	0.286	1.64	0.766	0.65
득점권	40	0.00	7.27	6.23	0.200	1.50	0.650	0.82
1-2번 상대	31	0.00	3.86	3.86	0.269	1.43	0.701	0.89
3-5번 상대	42	0.00	1.74	7.84	0.231	1.06	0.493	0.83
6-9번 상대	71	1.88	6.28	4.40	0.276	1.81	0.908	0.67

임정호 투수 13

신장	188	체중	90	생일	1990.04.16	투타	좌투좌타	지명	2013 NC 3라운드 30순위
연봉	10,500-9,000-13,500			학교	성동초–잠신중–신일고–성균관대				

● 왼손타자가 급증한 리그 환경에서 왼손 스페셜리스트의 가치는 어느 때보다 높다. 사이드암 딜리버리를 이용해 왼손타자의 몸 쪽으로 파고드는 투심과 바깥쪽으로 달아나는 커브의 조합이 10년 동안 변함없이 통하고 있다. 국내 왼손투수들 중 옆으로 가장 크게 휘는 커브를 던진다. 시즌 뒤 '3타자 의무 상대' 규정이 도입되면 피해를 볼 수 있다.

기본기록

연도	경기	선발	QS	승	패	세이브	BS	홀드	이닝	피안타	피홈런	4사구	삼진	피안타율	WHIP	피OPS	FIP	ERA	WAR	WPA
2021	60	0	0	4	0	0	1	12	34 2/3	37	2	28	24	0.278	1.79	0.769	4.95	4.15	0.06	-0.04
2022	33	0	0	1	2	0	0	6	25	21	1	9	30	0.221	1.12	0.593	2.54	3.24	0.54	0.67
2023	65	0	0	4	4	0	4	15	50	51	3	21	49	0.264	1.36	0.704	3.52	4.68	0.23	0.67
통산	414	0	0	10	16	1	6	83	257	230	14	152	263	0.242	1.37	0.668	3.93	4.31	2.09	2.88

구종별 기록

구종	구사%	구속	수직 무브	수평 무브	분당 회전	땅볼%	타구속도	강한타구%
직구								
커브	12.1%	117.9	-8.1	-15.1	1067.6	71.4%	126.9	0.0%
슬라이더	38.5%	129.1	13.8	1.7	1041.7	45.7%	129.3	19.6%
체인지업	8.1%	132.4	1.7	21.3	1500.3	100.0%	136.2	14.3%
포크	0.4%	131.7	-1.6	17.8	1250.3	100.0%	-	-
싱커								
투심	41.0%	137.2	13.0	26.5	2122.8	65.5%	136.3	32.4%
너클								
커터								
스플리터								

상황별 기록

상황	타석	홈런/9	볼넷/9	삼진/9	피안타율	WHIP	피OPS	GO/FO
전반기	113	1.05	4.56	7.71	0.240	1.40	0.717	1.68
후반기	103	0.00	1.48	9.99	0.289	1.32	0.691	1.33
vs 좌	132	0.29	2.90	9.87	0.244	1.26	0.621	1.07
vs 우	84	0.95	3.32	7.11	0.297	1.53	0.839	2.70
주자없음	110	0.38	2.66	9.89	0.275	1.48	0.690	1.18
주자있음	106	0.68	3.42	7.86	0.253	1.25	0.720	2.00
득점권	61	1.17	3.52	7.04	0.264	1.30	0.784	2.86
1-2번 상대	74	0.00	3.94	9.00	0.254	1.44	0.682	2.10
3-5번 상대	61	1.93	3.21	7.07	0.321	1.64	0.895	0.93
6-9번 상대	81	0.00	2.25	9.90	0.230	1.10	0.575	1.69

최성영 투수 26

신장	180	체중	85	생일	1997.04.28	투타	좌투좌타	지명	2016 NC 2차 2라운드 13순위
연봉	7,200-7,200-8,300			학교	영랑초–설악중–설악고				

● 선발진이 붕괴됐을 때 마운드의 소금 역할을 했다. 정규시즌에는 13차례 선발을, 가을야구에서도 2경기 무실점의 호투를 펼쳤다. 숙제도 명확하다. 입대 전보다 구위가 떨어져 삼진이 확 줄었다. 직구 평속이 오버핸드 투수들 중 3번째로 느렸다. 오른손타자 상대로 약하다. 겨울 동안 구속 향상에 매진했다. 스윙맨으로 시즌을 시작할 것이다.

기본기록

연도	경기	선발	QS	승	패	세이브	BS	홀드	이닝	피안타	피홈런	4사구	삼진	피안타율	WHIP	피OPS	FIP	ERA	WAR	WPA
2021																				
2022																				
2023	18	13	1	5	4	0	0	0	66 2/3	77	6	37	38	0.304	1.64	0.836	5.14	4.86	0.35	0.27
통산	100	49	6	12	11	1	0	2	290	314	37	167	196	0.282	1.60	0.817	5.65	5.21	0.99	-0.28

구종별 기록

구종	구사%	구속	수직 무브	수평 무브	분당 회전	땅볼%	타구속도	강한타구%
직구	46.4%	137.0	27.9	15.9	2311.5	43.7%	133.5	23.3%
커브	0.1%	114.1	-16.3	0.9	958.0	-	-	-
슬라이더	26.1%	125.4	10.1	0.2	729.1	37.1%	133.9	23.9%
체인지업	27.4%	124.2	17.3	21.8	1837.3	60.5%	130.7	11.9%
포크								
싱커								
투심								
너클								
커터								
스플리터								

상황별 기록

상황	타석	홈런/9	볼넷/9	삼진/9	피안타율	WHIP	피OPS	GO/FO
전반기	121	0.32	4.18	5.79	0.262	1.43	0.741	0.90
후반기	182	1.16	4.42	4.66	0.333	1.78	0.900	0.85
vs 좌	135	0.29	2.32	4.94	0.287	1.32	0.720	0.89
vs 우	168	1.26	6.06	5.30	0.319	1.91	0.930	0.85
주자없음	152	0.94	5.65	5.97	0.326	2.09	0.916	1.00
주자있음	151	0.71	3.32	4.50	0.282	1.29	0.751	0.77
득점권	87	0.00	2.45	4.91	0.268	1.14	0.611	0.64
1-2번 상대	80	0.56	2.81	2.25	0.426	2.13	1.026	1.25
3-5번 상대	106	1.93	5.40	4.24	0.287	1.67	0.897	0.56
6-9번 상대	117	0.00	4.28	7.57	0.235	1.32	0.654	1.08

하트 투수 30

신장	196	체중	90	생일	1992.11.23	투타	좌투좌타	지명	2024 NC 자유선발
연봉	$500,000			학교	미국 Indiana(대)				

● 신장 198cm의 왼손투수라면 일단 신체적 특성만으로도 KBO리그에서 가산점을 얻는다. 피지컬에 비해 구속은 빠르지 않다. 하지만 다섯 개 구종을 모두 어느 정도의 제구력으로 던질 수 있는 기술을 가졌다. 마이너에서 오랫동안 선발 로테이션을 소화한 것도 장점이다. 젊었을 때는 땅볼 투수였지만 최근 3시즌 동안 뜬공이 급격히 늘어났다.

기본기록

연도	리그	경기	선발	QS	승	패	세이브	BS	홀드	이닝	피안타	피홈런	4사구	삼진	피안타율	WHIP	피OPS	FIP	ERA	WAR
2021	AAA	23	20	0	6	9	0	0	1	106 2/3	100	19	47	90	0.246	1.38	0.786	5.54	4.22	-
2022	AAA	24	10	1	7	3	0	0	0	82 1/3	81	13	33	74	0.256	1.38	0.779	5.78	5.25	-
2023	AAA	19	18	1	4	6	0	0	0	89 1/3	97	10	35	86	0.284	1.48	0.801	-	4.53	-
AAA 통산		143	119	46	42	47	0	0	1	701 2/3	654	70	259	618	0.248	1.30	0.717	-	3.72	-
MLB 통산		4	3	0	0	1	0	0	0	11	24	4	10	13	-	-	-	8.28	15.55	-0.2

구종별 기록

구종	구사%	구속	수직 무브	수평 무브	분당 회전	땅볼%	타구속도	강한타구%
직구								
커브								
슬라이더								
체인지업								
포크								
싱커								
투심								
너클								
커터								
스플리터								

상황별 기록

상황	타석	홈런/9	볼넷/9	삼진/9	피안타율	WHIP	피OPS	GO/FO
전반기								
후반기								
vs 좌								
vs 우								
주자없음								
주자있음								
득점권								
1-2번 상대								
3-5번 상대								
6-9번 상대								

한재승 투수 55

신장	180	체중	90	생일	2001.11.21	투타	우투우타	지명	2021 NC 2차 4라운드 36순위
연봉	3,000-3,200-3,400			학교	동막초-상인천중-인천고				

● 미래의 마무리 기대주. 최고 시속 151km에 수직무브먼트가 좋은 정통 포심 패스트볼을 던지고, 커터성 슬라이더와 이용찬에게서 배운 포크볼도 인상적이다. 퓨처스에서 100타자를 만나 40명을 삼진으로 돌려세웠다. 제구가 숙제인데 겨울 동안 호주리그에 뛰며 조금 향상됐다는 평가를 받았다. 불펜 필승조로 시작할 가능성이 높다.

기본기록

연도	경기	선발	QS	승	패	세이브	BS	홀드	이닝	피안타	피홈런	4사구	삼진	피안타율	WHIP	피OPS	FIP	ERA	WAR	WPA
2021																				
2022	12	0	0	0	0	0	0	2	10 2/3	13	0	11	11	0.310	2.16	0.801	4.09	2.53	0.14	0.27
2023	11	0	0	0	1	0	0	0	9 2/3	9	2	5	10	0.231	1.45	0.728	5.61	4.66	-0.01	-0.10
통산	23	0	0	0	1	0	0	2	20 1/3	22	2	16	21	0.272	1.82	0.771	4.78	3.54	0.13	0.17

구종별 기록

구종	구사%	구속	수직 무브	수평 무브	분당 회전	땅볼%	타구속도	강한타구%
직구	64.6%	145.4	30.0	-4.3	2326.3	58.3%	135.1	28.4%
커브								
슬라이더	27.1%	130.5	6.3	5.5	687.3	57.1%	137.4	16.7%
체인지업								
포크	8.3%	132.8	10.4	-6.4	884.2	100.0%	121.7	0.0%
싱커								
투심								
너클								
커터								
스플리터								

상황별 기록

상황	타석	홈런/9	볼넷/9	삼진/9	피안타율	WHIP	피OPS	GO/FO
전반기								
후반기	44	1.86	4.66	9.31	0.231	1.45	0.728	1.50
vs 좌	16	2.70	2.70	8.10	0.267	1.50	0.780	3.00
vs 우	28	1.42	5.68	9.95	0.208	1.42	0.696	1.00
주자없음	25	3.00	3.00	10.50	0.174	1.00	0.675	2.00
주자있음	19	0	7.36	7.36	0.313	2.18	0.796	1.50
득점권	10	0	4.50	4.50	0.333	2.00	0.844	1.50
1-2번 상대	9	0	0.00	3.38	0.111	0.38	0.222	2.50
3-5번 상대	16	6.00	6.00	15.00	0.286	1.29	1.089	4.00
6-9번 상대	19	0.00	6.75	9.00	0.250	1.75	0.681	0.60

권희동 외야수 36

신장	177	체중	85	생일	1990.12.30	투타	우투우타	지명	2013 NC 9라운드 84순위
연봉	11,000-9,000-15,000			학교	동천초–경주중–경주고–경남대				

● FA 계약이 늦어져 2군에서 시즌을 시작했지만 5월 초 1군에 올라온 뒤 기대 이상의 활약을 펼쳤다. 히팅 포인트를 투수 쪽으로 15㎝ 정도 전진시켜 타구의 질을 높였다. 5년 만에 최고 타율, 6년 만에 최고 OPS를 기록하며 주전 좌익수 자리를 탈환했다. 왼손투수를 상대로 OPS 0.908, 삼진/볼넷 1.7의 극강의 모습을 이어갔다.

기본기록

연도	경기	타석	타수	안타	2루타	3루타	홈런	타점	득점	볼넷	사구	삼진	도루	도루자	타율	출루율	장타율	OPS	WAR	WPA
2021	55	171	133	35	3	0	8	26	29	5	24	2	0	0.263	0.406	0.466	0.872	1.53	0.24
2022	82	280	238	54	5	1	5	22	30	31	8	44	2	1	0.227	0.335	0.319	0.654	0.67	-0.34
2023	96	373	309	88	16	0	7	63	33	49	6	50	2	0	0.285	0.388	0.405	0.793	2.44	0.70
통산	953	3304	2800	733	125	7	88	444	392	369	64	525	26	10	0.262	0.357	0.406	0.763	15.61	1.34

구종별기록

상황	상대%	타구속도	상하 각도	타율	장타율	땅볼%	뜬공%	강한타구%
직구	39.5%	134.1	26.9	0.333	0.504	29.7%	70.3%	17.6%
커브	10.4%	123.0	22.4	0.258	0.290	47.4%	52.6%	0.0%
슬라이더	21.2%	131.2	21.3	0.200	0.277	44.7%	55.3%	2.4%
체인지업	13.4%	131.1	18.6	0.268	0.341	60.9%	39.1%	4.0%
포크	3.7%	133.1	21.4	0.357	0.714	42.9%	57.1%	18.2%
싱커								
투심	5.7%	131.4	18.7	0.222	0.278	44.4%	55.6%	11.1%
너클								
커터	6.0%	128.9	14.5	0.353	0.412	66.7%	33.3%	10.0%
스플리터								

상황별기록

구분	타석	홈런/9	볼넷/9	삼진/9	타율	출루율	장타율	OPS
전반기	143	2.1%	17.5%	10.5%	0.270	0.408	0.414	0.822
후반기	230	1.7%	10.4%	15.2%	0.293	0.374	0.399	0.773
vs 좌	105	1.9%	20.0%	5.7%	0.316	0.452	0.456	0.908
vs 우	268	1.9%	10.4%	16.4%	0.274	0.362	0.387	0.749
주자없음	180	2.2%	12.8%	12.2%	0.273	0.378	0.390	0.768
주자있음	193	1.6%	13.5%	14.5%	0.297	0.397	0.419	0.816
득점권	133	0.8%	14.3%	15.8%	0.327	0.423	0.433	0.856
노아웃	71	1.4%	13.5%	13.5%	0.250	0.380	0.386	0.766
원아웃	130	0.8%	13.1%	9.2%	0.398	0.465	0.509	0.974
투아웃	132	2.3%	12.9%	17.4%	0.204	0.318	0.319	0.637

김성욱 외야수 38

신장	181	체중	83	생일	1993.05.01	투타	우투우타	지명	2012 NC 3라운드 32순위
연봉	10,000-10,000-9,500			학교	광주서림초–충장중–진흥고				

● 지난 시즌 첫 주에 불방망이를 휘두른 타격감이 햄스트링을 다친 뒤 온데간데없이 사라졌다. 콘택트 능력이 심각하게 저하되며 삼진이 폭증했고 타구의 질도 악화됐지만, 준플레이오프 1차전에서 결승 홈런을 때리며 살아 있음을 증명했다. 어느덧 프로 13년차. 빈 중견수 자리는 김성욱이 주전으로 도약할 마지막 기회일 지도 모른다.

기본기록

연도	경기	타석	타수	안타	2루타	3루타	홈런	타점	득점	볼넷	사구	삼진	도루	도루자	타율	출루율	장타율	OPS	WAR	WPA
2021																				
2022																				
2023	93	204	179	40	10	0	6	16	28	5	6	63	1		0.223	0.303	0.380	0.683	0.63	-1.00
통산	833	2049	1807	442	85	10	61	233	305	165	29	422	54	21	0.245	0.315	0.404	0.719	7.90	-5.00

구종별기록

상황	상대%	타구속도	상하 각도	타율	장타율	땅볼%	뜬공%	강한타구%
직구	45.8%	129.8	27.1	0.161	0.230	34.7%	65.3%	16.1%
커브	8.6%	122.8	18.8	0.143	0.357	60.0%	40.0%	16.7%
슬라이더	21.8%	127.0	38.2	0.206	0.412	25.0%	75.0%	17.6%
체인지업	10.4%	141.3	15.6	0.316	0.526	40.0%	60.0%	10.0%
포크	4.8%	144.8	9.7	0.375	0.500	-	-	66.7%
싱커								
투심	6.5%	125.6	12.0	0.462	1.000	75.0%	25.0%	33.3%
너클								
커터	2.2%	149.1	10.9	0.500	0.500	50.0%	50.0%	33.3%
스플리터								

상황별기록

구분	타석	홈런/9	볼넷/9	삼진/9	타율	출루율	장타율	OPS
전반기	116	3.4%	8.6%	31.0%	0.224	0.319	0.398	0.717
후반기	88	2.3%	6.8%	30.7%	0.222	0.284	0.358	0.642
vs 좌	61	3.3%	6.6%	23.0%	0.236	0.283	0.400	0.683
vs 우	143	2.8%	8.4%	34.3%	0.218	0.312	0.371	0.683
주자없음	99	5.1%	8.1%	29.3%	0.281	0.354	0.506	0.860
주자있음	105	1.0%	7.6%	32.4%	0.167	0.255	0.256	0.511
득점권	56	1.8%	7.1%	41.1%	0.102	0.196	0.224	0.420
노아웃	62	3.2%	12.9%	32.3%	0.260	0.373	0.440	0.813
원아웃	73	4.1%	4.1%	27.4%	0.224	0.274	0.388	0.662
투아웃	69	1.4%	7.2%	33.3%	0.194	0.275	0.323	0.598

데이비슨 내야수 24

| 신장 | 190 | 체중 | 104 | 생일 | 1991.03.26 | 투타 | 우투우타 | 지명 | 2024 NC 자유선발 |
| 연봉 | $560,000 | | | 학교 | 미국 Yucaipa(고) | | | | |

● 장타력 하나만큼은 확실하다. 2020년 기록한 최고 타구속도 시속 182킬로미터는 올 시즌 한국에 오는 외국인 타자 어느 누구보다도 빠르다. 지난해 일본에서 고전하면서도 홈런은 19개나 쳤다. 문제는 방망이에 잘 걸리지 않는다는 것. 일본 만큼 정교하지 않은 한국 투수들의 변화구를 얼마나 참아 내거나 건드릴 수 있느냐가 관건이다.

기본기록

연도	리그	경기	타석	타수	안타	2루타	3루타	홈런	타점	득점	볼넷	사구	삼진	도루	도루자	타율	출루율	장타율	OPS	WAR
2021	AAA	84	358	313	92	21	0	28	81	60	33	5	90	0	0	0.294	0.365	0.629	0.994	-
2022	MLB	13	37	34	5	0	0	2	3	3	3	0	13	0	1	0.147	0.216	0.324	0.540	-0.3
2023	NPB	112	381	348	73	16	1	19	44	34	22	9	120	0	1	0.210	0.273	0.425	0.698	0.5
MLB 통산		306	1112	1003	221	46	1	54	157	109	88	13	381	0	3	0.220	0.290	0.430	0.719	-0.1

구종별기록

상황	상대%	타구속도	상하 각도	타율	장타율	땅볼%	뜬공%	강한타구%
직구								
커브								
슬라이더								
체인지업								
포크								
싱커								
투심								
너클								
커터								
스플리터								

상황별기록

구분	타석	홈런/9	볼넷/9	삼진/9	타율	출루율	장타율	OPS
전반기								
후반기								
vs 좌								
vs 우								
주자없음								
주자있음								
득점권								
노아웃								
원아웃								
투아웃								

도태훈 내야수 16

| 신장 | 184 | 체중 | 85 | 생일 | 1993.03.18 | 투타 | 우투좌타 | 지명 | 2016 NC 육성선수 |
| 연봉 | 4,000-5,000-8,000 | | | 학교 | 양정초-개성중-부산고-동의대 | | | | |

● 최고 수준 유틸리티맨으로 도약했다. 1, 2, 3루 모두 쓸 만한 수비력으로 팀의 전력 구멍을 메웠다. 예전보다 끈질기게 공을 골라 투수들의 투구수를 늘렸다. 그리고 몸 바쳐 공격 기여도를 높였다. 17번이나 투구에 맞고 출루했다. 17.8타석에 한 번 꼴로 얻어 맞은 셈. 300타석 이상 들어선 타자 중 가장 자주 맞는 '휴먼 마그넷'이다.

기본기록

연도	경기	타석	타수	안타	2루타	3루타	홈런	타점	득점	볼넷	사구	삼진	도루	도루자	타율	출루율	장타율	OPS	WAR	WPA
2021	77	76	66	12	1	0	1	9	10	6	4	14	1	0	0.182	0.289	0.242	0.531	-0.18	-0.61
2022	91	163	139	30	2	0	3	12	13	18	4	23	0	0	0.216	0.282	0.309	0.591	-0.36	-2.19
2023	117	302	239	56	6	0	5	23	41	38	17	48	2	1	0.234	0.376	0.322	0.698	1.94	-0.96
통산	360	654	543	118	15	0	10	55	78	68	25	102	3	1	0.217	0.330	0.300	0.630	1.08	-4.23

구종별기록

상황	상대%	타구속도	상하 각도	타율	장타율	땅볼%	뜬공%	강한타구%
직구	41.8%	125.5	25.4	0.311	0.485	36.7%	63.3%	3.9%
커브	8.5%	134.2	9.8	0.214	0.214	66.7%	33.3%	0.0%
슬라이더	19.5%	123.0	24.4	0.146	0.146	42.9%	57.1%	3.6%
체인지업	11.4%	125.9	17.9	0.143	0.143	58.8%	41.2%	6.7%
포크	9.8%	141.5	16.4	0.320	0.440	75.0%	25.0%	44.4%
싱커								
투심	4.3%	135.0	-2.8	0.083	0.083	80.0%	20.0%	12.5%
너클								
커터	4.7%	111.0	12.5	0.111	0.111	85.7%	14.3%	0.0%
스플리터								

상황별기록

구분	타석	홈런/9	볼넷/9	삼진/9	타율	출루율	장타율	OPS
전반기	172	2.3%	12.8%	14.5%	0.283	0.408	0.399	0.807
후반기	130	0.8%	12.3%	17.7%	0.168	0.333	0.218	0.551
vs 좌	74	0.0%	9.5%	17.6%	0.172	0.324	0.172	0.496
vs 우	228	2.2%	13.6%	15.4%	0.254	0.393	0.370	0.763
주자없음	146	2.7%	11.0%	17.1%	0.240	0.370	0.372	0.742
주자있음	156	0.6%	14.1%	14.7%	0.229	0.383	0.271	0.654
득점권	98	0.0%	15.3%	16.3%	0.183	0.379	0.211	0.590
노아웃	75	1.3%	9.3%	9.3%	0.186	0.304	0.237	0.541
원아웃	123	0.8%	11.4%	21.1%	0.253	0.385	0.313	0.698
투아웃	104	2.9%	16.3%	14.4%	0.247	0.413	0.395	0.808

박세혁 포수 10

신장	체중	생일	투타	지명
181	86	1990.01.09	우투좌타	2012 두산 5라운드 47순위

연봉	학교
30,000-70,000-70,000	수유초-신일중-신일고-고려대

● FA로 이적해 부푼 기대를 받았지만, 헤드샷 후유증과 손목 부상으로 생애 최악의 시즌을 보냈다. 부상 이후 타구 속도가 급감하며 타격 지표도 급전직하했다. 불운의 흔적도 있다. 운이 개입하는 대표적인 지표인 BABIP이 0.232로 200타석 이상 들어선 타자들 중 가장 낮았다. 김형준이 국대 포수로 성장한 지금, 입지를 지키려면 반등이 절실하다.

기본기록

연도	경기	타석	타수	안타	2루타	3루타	홈런	타점	득점	볼넷	사구	삼진	도루	도루자	타율	출루율	장타율	OPS	WAR	WPA
2021	96	270	237	52	12	0	0	30	25	22	5	43	4	2	0.219	0.296	0.270	0.566	0.10	-1.67
2022	128	402	351	87	13	1	3	41	33	33	6	71	2	2	0.248	0.320	0.316	0.636	0.90	-2.84
2023	88	283	242	51	9	0	3	6	32	35	30	4	43	1	0.211	0.307	0.347	0.654	0.87	-1.96
통산	870	2561	2206	559	100	16	30	291	307	221	46	420	29	13	0.253	0.330	0.354	0.684	6.08	-9.35

구종별기록

상황	상대%	타구속도	상하 각도	타율	장타율	땅볼%	뜬공%	강한타구%
직구	45.1%	130.8	30.0	0.264	0.473	28.8%	71.2%	22.0%
커브	10.8%	141.2	14.9	0.192	0.385	22.2%	77.8%	25.0%
슬라이더	15.1%	118.8	32.6	0.152	0.182	45.5%	54.5%	16.7%
체인지업	9.4%	130.3	16.3	0.263	0.421	72.7%	27.3%	0.0%
포크	7.7%	123.6	19.9	0.143	0.179	43.8%	56.3%	11.1%
싱커 투심 너클	7.9%	146.0	17.7	0.000	0.000	58.3%	41.7%	50.0%
커터 스플리터	4.1%	135.0	17.1	0.273	0.273	33.3%	66.7%	11.1%

상황별기록

구분	타석	홈런/9	볼넷/9	삼진/9	타율	출루율	장타율	OPS
전반기	219	1.8%	11.0%	16.0%	0.214	0.316	0.348	0.664
후반기	64	3.1%	9.4%	12.5%	0.200	0.274	0.345	0.619
vs 좌	79	1.3%	12.7%	10.1%	0.203	0.316	0.281	0.597
vs 우	204	2.5%	9.8%	17.2%	0.213	0.303	0.371	0.674
주자없음	138	2.2%	11.6%	15.9%	0.237	0.348	0.390	0.738
주자있음	145	2.1%	9.7%	14.5%	0.185	0.266	0.306	0.572
득점권	96	3.1%	9.4%	15.6%	0.205	0.280	0.361	0.641
노아웃	91	2.2%	6.6%	14.3%	0.253	0.306	0.380	0.686
원아웃	110	2.7%	13.6%	16.4%	0.176	0.309	0.319	0.628
투아웃	82	1.2%	11.0%	14.6%	0.208	0.305	0.347	0.652

서호철 내야수 5

신장	체중	생일	투타	지명
179	85	1996.10.16	우투우타	2019 NC 2차 9라운드 87순위

연봉	학교
3,000-4,500-12,000	순천남산초-순천이수중-효천고-동의대

● 퓨처스리그 타격왕을 차지할 때 보여준 콘택트 능력이 1군에서도 통한다는 걸 마침내 증명했다. 2022년에 19.2%였던 삼진 비율을 리그 평균보다 훨씬 낮은 11.6%까지 낮춰 인플레이 타구를 늘렸고 그 결과 타율이 높아졌다. 왼손투수 상대 OPS가 0.906에 달할 정도로 '왼손투수 킬러'의 면모도 보였다. 3루수 수비는 리그 최고 수준이라는 평가.

기본기록

연도	경기	타석	타수	안타	2루타	3루타	홈런	타점	득점	볼넷	사구	삼진	도루	도루자	타율	출루율	장타율	OPS	WAR	WPA
2021																				
2022	89	214	195	40	8	0	2	14	26	12	4	41	3	1	0.205	0.265	0.277	0.542	-0.21	-2.21
2023	114	435	397	114	17	3	5	41	50	20	8	51	4	5	0.287	0.331	0.383	0.714	1.37	-1.24
통산	205	657	600	154	25	3	7	55	76	32	12	94	7	6	0.257	0.306	0.343	0.649	0.95	-3.51

구종별기록

상황	상대%	타구속도	상하 각도	타율	장타율	땅볼%	뜬공%	강한타구%
직구	44.2%	128.2	21.9	0.261	0.329	35.9%	64.1%	16.8%
커브	12.1%	130.2	16.3	0.279	0.377	56.8%	43.2%	9.3%
슬라이더	19.1%	129.4	14.5	0.275	0.449	59.5%	40.5%	21.6%
체인지업	9.7%	123.0	25.3	0.349	0.395	47.4%	52.6%	12.0%
포크	4.4%	128.5	20.7	0.222	0.444	55.6%	44.4%	11.1%
싱커 투심 너클	6.8%	127.5	13.5	0.400	0.500	64.7%	35.3%	27.3%
커터 스플리터	3.8%	122.2	15.6	0.357	0.357	50.0%	50.0%	18.2%

상황별기록

구분	타석	홈런/9	볼넷/9	삼진/9	타율	출루율	장타율	OPS
전반기	262	0.8%	4.6%	12.6%	0.310	0.346	0.413	0.759
후반기	173	1.7%	4.6%	10.4%	0.252	0.308	0.335	0.643
vs 좌	120	0.8%	5.0%	7.5%	0.385	0.420	0.486	0.906
vs 우	315	1.3%	4.4%	13.3%	0.250	0.297	0.344	0.641
주자없음	215	1.9%	3.3%	12.6%	0.310	0.349	0.433	0.782
주자있음	220	0.5%	5.9%	10.9%	0.263	0.313	0.330	0.643
득점권	118	0.8%	7.6%	15.3%	0.294	0.345	0.373	0.718
노아웃	158	0.6%	5.1%	7.6%	0.340	0.382	0.411	0.793
원아웃	156	0.6%	5.1%	14.1%	0.291	0.340	0.397	0.737
투아웃	121	2.5%	3.3%	14.0%	0.217	0.256	0.330	0.586

오영수 내야수 34

신장	178	체중	93	생일	2000.01.30	투타	우투좌타	지명	2018 NC 2차 2라운드 19순위
연봉	3,000-6,000-7,200			학교	사파초–신월중–용마고				

● 2022년 후반기 성장세를 이어가지 못했다. 선구안과 콘택트, 투 스트라이크 이후의 대처능력 등 약점이 전혀 향상되지 않았다. 타구 속도는 빨라졌지만 땅볼이 늘면서 소득이 없었다. 수비의 안정성까지 흔들렸다. 데이비슨에게 1루 주전을 내준 데다, 캠프 초반 햄스트링 부상으로 조기 귀국했다. 절체절명의 위기에서 새 시즌을 시작한다.

기본기록

연도	경기	타석	타수	안타	2루타	3루타	홈런	타점	득점	볼넷	사구	삼진	도루	도루자	타율	출루율	장타율	OPS	WAR	WPA
2021																				
2022	83	259	231	55	10	0	6	31	25	22	3	58	0	5	0.238	0.309	0.359	0.668	0.55	-0.53
2023	70	238	208	49	9	1	4	24	21	17	5	55	3	3	0.236	0.305	0.346	0.651	-0.33	-1.38
통산	167	521	462	107	19	1	10	55	46	40	8	122	3	9	0.232	0.300	0.342	0.642	-0.16	-2.40

구종별기록

상황	상대%	타구속도	상하 각도	타율	장타율	땅볼%	뜬공%	강한타구%
직구	37.3%	138.4	21.0	0.220	0.366	42.2%	57.8%	29.1%
커브	14.5%	137.5	4.7	0.045	0.045	81.8%	18.2%	16.7%
슬라이더	16.9%	143.3	5.2	0.333	0.367	70.0%	30.0%	25.0%
체인지업	11.9%	131.8	13.9	0.333	0.375	57.1%	42.9%	17.6%
포크	8.6%	137.1	12.2	0.154	0.154	73.3%	26.7%	33.3%
싱커								
투심	5.4%	154.1	13.4	0.357	0.714	57.1%	42.9%	66.7%
너클								
커터	5.4%	145.2	20.0	0.300	0.700	80.0%	20.0%	0.0%
스플리터								

상황별기록

구분	타석	홈런/9	볼넷/9	삼진/9	타율	출루율	장타율	OPS
전반기	119	2.5%	8.4%	26.1%	0.202	0.287	0.354	0.641
후반기	119	0.8%	5.9%	20.2%	0.266	0.322	0.339	0.661
vs 좌	64	1.6%	7.8%	26.6%	0.218	0.302	0.291	0.593
vs 우	174	1.7%	6.9%	21.8%	0.242	0.306	0.366	0.672
주자없음	118	1.7%	8.5%	22.9%	0.255	0.331	0.349	0.680
주자있음	120	1.7%	5.8%	23.3%	0.216	0.278	0.343	0.621
득점권	75	0.0%	8.0%	21.3%	0.164	0.260	0.213	0.473
노아웃	77	2.6%	6.5%	15.6%	0.313	0.361	0.469	0.830
원아웃	71	0.0%	5.6%	29.6%	0.200	0.254	0.231	0.485
투아웃	90	2.2%	8.9%	24.4%	0.203	0.300	0.342	0.642

윤형준 내야수 52

신장	186	체중	97	생일	1994.01.31	투타	우투우타	지명	2013 NC 4라운드 31순위
연봉	4,000-4,000-6,400			학교	광주서림초–무등중–진흥고				

● 프로 데뷔 11년 만에 가장 많은 타석 기회를 받았지만 1군 안착에는 실패했다. 오영수의 부진 속에 한때 1루수 주전으로 도약했지만 8월 이후 페이스가 급격히 떨어져 포스트시즌 엔트리에 오르지 못했고 애리조나 캠프에도 초대받지 못했다. 변화구 대응 능력과 선구안 문제에 계속 발목을 잡히고 있다. 데이비슨의 입단으로 입지가 더 좁아졌다.

기본기록

연도	경기	타석	타수	안타	2루타	3루타	홈런	타점	득점	볼넷	사구	삼진	도루	도루자	타율	출루율	장타율	OPS	WAR	WPA
2021	51	81	74	22	0	0	5	10	10	3	0	17	0	1	0.297	0.321	0.500	0.821	0.02	-0.71
2022	35	69	67	14	0	0	3	14	5	1	1	21	0	0	0.209	0.232	0.269	0.501	-0.26	-0.87
2023	82	236	218	55	12	1	5	27	17	10	3	58	2	1	0.252	0.291	0.385	0.676	0.24	-0.97
통산	179	409	382	96	14	1	11	45	32	14	4	105	2	2	0.251	0.282	0.380	0.662	-0.13	-2.69

구종별기록

상황	상대%	타구속도	상하 각도	타율	장타율	땅볼%	뜬공%	강한타구%
직구	37.4%	128.4	23.5	0.316	0.513	41.9%	58.1%	27.7%
커브	10.9%	130.5	15.8	0.217	0.217	54.5%	45.5%	14.3%
슬라이더	22.7%	130.3	23.0	0.228	0.351	35.5%	64.5%	10.5%
체인지업	12.3%	123.4	15.0	0.214	0.321	62.5%	37.5%	18.8%
포크	5.5%	134.1	31.9	0.222	0.333	66.7%	33.3%	33.3%
싱커								
투심	7.2%	122.1	17.3	0.125	0.250	46.2%	53.8%	25.0%
너클								
커터	4.1%	138.5	17.1	0.333	0.333	0.0%	100.0%	16.7%
스플리터								

상황별기록

구분	타석	홈런/9	볼넷/9	삼진/9	타율	출루율	장타율	OPS
전반기	129	2.3%	7.0%	19.4%	0.278	0.339	0.461	0.800
후반기	107	1.9%	0.9%	30.8%	0.223	0.234	0.301	0.535
vs 좌	79	3.8%	3.8%	25.3%	0.243	0.269	0.419	0.688
vs 우	157	1.3%	4.5%	24.2%	0.257	0.301	0.368	0.669
주자없음	120	1.7%	4.2%	25.8%	0.274	0.317	0.407	0.724
주자있음	116	2.6%	4.3%	23.3%	0.229	0.263	0.362	0.625
득점권	60	1.7%	8.3%	25.0%	0.280	0.339	0.400	0.739
노아웃	95	2.1%	5.3%	25.3%	0.264	0.301	0.414	0.715
원아웃	68	1.5%	5.7%	29.4%	0.254	0.279	0.381	0.660
투아웃	73	2.7%	5.5%	19.2%	0.235	0.288	0.353	0.641

천재환 외야수 23

신장	181	체중	83	생일	1994.04.01	투타	우투우타	지명	2017 NC 육성선수
연봉	3,000-3,100-5,000			학교	대전신흥초-공주중-화순고-고려대				

● 29살에 마침내 의미 있는 기회를 얻었다. 4월에 맹타를 휘둘러 팀 월간 MVP에 선정됐지만, 이후 약점을 집중 공략당하며 이렇다 할 활약을 하지 못했다. 모든 변화구에 콘택트 능력이 좋지 않다. 오른손타자지만 왼손투수 공략에 어려움을 겪는다. 외야 세 포지션의 수비 범위와 송구가 수준급. 올해도 외야 백업 요원을 맡을 것이다.

기본기록

연도	경기	타석	타수	안타	2루타	3루타	홈런	타점	득점	볼넷	사구	삼진	도루	도루자	타율	출루율	장타율	OPS	WAR	WPA
2021																				
2022	29	36	35	5	1	0	1	1	4	0	1	11	1	0	0.143	0.167	0.257	0.424	-0.17	-0.87
2023	78	179	163	39	7	1	2	17	12	8	4	44	2	3	0.239	0.288	0.331	0.619	0.24	-1.38
통산	107	215	198	44	8	1	3	18	16	8	5	55	3	3	0.222	0.268	0.318	0.586	0.08	-2.24

구종별기록

상황	상대%	타구속도	상하 각도	타율	장타율	땅볼%	뜬공%	강한타구
직구	40.8%	135.5	24.7	0.246	0.361	33.3%	66.7%	17.1%
커브	13.2%	127.8	17.6	0.130	0.130	45.5%	54.5%	14.3%
슬라이더	24.3%	133.7	16.1	0.278	0.333	44.4%	55.6%	26.1%
체인지업	9.0%	121.6	21.2	0.294	0.529	50.0%	50.0%	10.0%
포크	3.3%	141.8	7.9	0.286	0.429	100.0%	0.0%	0.0%
싱커								
투심	5.2%	132.6	29.5	0.308	0.385	57.1%	42.9%	16.7%
너클								
커터	4.3%	120.1	15.2	0.000	0.000	40.0%	60.0%	0.0%
스플리터								

상황별기록

구분	타석	홈런/9	볼넷/9	삼진/9	타율	출루율	장타율	OPS
전반기	158	1.3%	5.1%	24.1%	0.259	0.314	0.357	0.671
후반기	21	0.0%	0.0%	28.6%	0.100	0.095	0.150	0.245
vs 좌	48	0.0%	4.2%	33.3%	0.178	0.208	0.200	0.408
vs 우	131	1.5%	4.6%	21.4%	0.263	0.318	0.381	0.699
주자없음	86	2.3%	3.5%	25.6%	0.198	0.244	0.346	0.590
주자있음	93	0.0%	5.4%	23.7%	0.280	0.330	0.317	0.647
득점권	57	0.0%	5.3%	24.6%	0.224	0.288	0.224	0.510
노아웃	57	1.8%	5.3%	21.1%	0.250	0.291	0.365	0.656
원아웃	65	1.5%	6.2%	26.2%	0.298	0.354	0.456	0.810
투아웃	57	0.0%	1.8%	26.3%	0.167	0.211	0.167	0.378

최정원 내야수 14

신장	176	체중	70	생일	2000.06.24	투타	우투좌타	지명	2019 NC 2차 7라운드 67순위
연봉	6,600-6,600-6,600			학교	서원초-청주중-청주고				

● 제대해 돌아온 작년에는 뭔가 보여줄 기회가 없었지만, 올해는 팀 전력의 매우 중요한 변수다. 2021년에서 1군에서, 그리고 지난 2년간 퓨처스에서 보여준 뛰어난 출루 능력을 펼쳐 보인다면, 빠른 발을 이용해 도루에 유리해진 리그 환경의 수혜자가 될 것이다. 내야와 외야가 모두 가능한 수비 능력도 중요한 생존 무기다.

기본기록

연도	경기	타석	타수	안타	2루타	3루타	홈런	타점	득점	볼넷	사구	삼진	도루	도루자	타율	출루율	장타율	OPS	WAR	WPA
2021	72	238	212	60	4	2	0	8	40	18	4	40	10	7	0.283	0.350	0.321	0.671	0.22	-1.23
2022																				
2023	39	56	50	13	1	0	0	2	5	4	1	12	1		0.260	0.315	0.400	0.715	0.23	0.03
통산	160	342	302	84	9	3	0	15	70	26	7	66	18	8	0.278	0.349	0.344	0.693	0.64	-1.18

구종별기록

상황	상대%	타구속도	상하 각도	타율	장타율	땅볼%	뜬공%	강한타구
직구	55.9%	127.1	20.2	0.333	0.485	47.1%	52.9%	4.5%
커브	5.9%	-	-	0.000	0.000	100.0%	0.0%	-
슬라이더	10.8%	102.4	22.9	0.333	0.333	-	-	0.0%
체인지업	19.6%	125.1	49.3	0.000	0.000	50.0%	50.0%	0.0%
포크	2.9%	98.0	-2.2	0.000	0.000	100.0%	0.0%	0.0%
싱커								
투심	1.5%	141.3	3.6	0.000	0.000	50.0%	50.0%	0.0%
너클								
커터	3.4%	126.2	4.3	0.500	1.500	100.0%	0.0%	0.0%
스플리터								

상황별기록

구분	타석	홈런/9	볼넷/9	삼진/9	타율	출루율	장타율	OPS
전반기	11	0.0%	0.0%	27.3%	0.091	0.091	0.182	0.273
후반기	45	0.0%	2.2%	22.2%	0.308	0.372	0.462	0.834
vs 좌	13	0.0%	7.7%	7.7%	0.600	0.667	0.600	1.267
vs 우	43	0.0%	0.0%	27.9%	0.175	0.214	0.350	0.564
주자없음	36	0.0%	0.0%	27.8%	0.182	0.250	0.273	0.523
주자있음	20	0.0%	5.0%	15.0%	0.412	0.444	0.647	1.091
득점권	9	0.0%	11.1%	33.3%	0.375	0.444	0.750	1.194
노아웃	17	0.0%	0.0%	35.3%	0.133	0.133	0.267	0.400
원아웃	28	0.0%	3.6%	10.7%	0.360	0.429	0.440	0.869
투아웃	11	0.0%	0.0%	36.4%	0.200	0.273	0.500	0.773

김민균 투수 101

신장	188	체중	88	생일	2005.01.18	투타	좌투좌타	지명	2024 NC 3라운드 25순위
연봉	3,000			학교	가동초-자양중-경기고				

연도	경기	선발	QS	승	패	세이브	BS	홀드	이닝	피안타	피홈런	4사구	삼진	피안타율	WHIP	피OPS	FIP	ERA	WAR	WPA
2021																				
2022																				
2023																				
통산																				

김재열 투수 32

신장	183	체중	97	생일	1996.01.02	투타	우투우타	지명	2014 롯데 2차 7라운드 71순위
연봉	3,900-6,000-6,000			학교	양정초-개성중-부산고				

연도	경기	선발	QS	승	패	세이브	BS	홀드	이닝	피안타	피홈런	4사구	삼진	피안타율	WHIP	피OPS	FIP	ERA	WAR	WPA
2021	24	0	0	1	0	0	0	0	32 2/3	28	4	22	18	0.231	1.41	0.704	5.84	3.86	-0.05	-0.19
2022	47	0	0	1	2	1	1	5	43	45	5	23	36	0.269	1.56	0.797	4.64	6.07	-0.49	0.41
2023	9	0	0	0	0	0	0	0	11 2/3	20	2	13	9	0.364	2.83	1.053	7.47	13.11	-0.60	-0.32
통산	94	0	0	2	3	1	1	7	104 2/3	116	14	73	76	0.280	1.73	0.833	5.71	6.36	-1.46	0.03

김진호 투수 54

신장	183	체중	90	생일	1998.06.07	투타	우투우타	지명	2017 NC 2차 2라운드 18순위
연봉	3,000-6,000-6,500			학교	의왕부곡초-성일중-광주동성고				

연도	경기	선발	QS	승	패	세이브	BS	홀드	이닝	피안타	피홈런	4사구	삼진	피안타율	WHIP	피OPS	FIP	ERA	WAR	WPA
2021	1	1	0	0	1	0	0	0	1	2	0	3	1	0.500	5.00	1.214	10.33	27.00	-0.13	-0.36
2022	36	0	0	4	0	1	0	0	42 2/3	53	7	21	35	0.312	1.71	0.854	5.31	6.12	-0.45	-0.38
2023	19	0	0	2	1	0	1	9	16 1/3	15	0	11	22	0.242	1.53	0.630	2.77	2.76	0.50	0.45
통산	59	4	0	6	3	1	1	9	70 1/3	84	12	44	65	0.299	1.78	0.847	5.66	6.01	-0.35	-0.69

김태현 투수 15

신장	188	체중	95	생일	1998.03.21	투타	좌투좌타	지명	2017 NC 1차
연봉	3,000-3,000-4,000			학교	김해삼성초-내동중-김해고				

연도	경기	선발	QS	승	패	세이브	BS	홀드	이닝	피안타	피홈런	4사구	삼진	피안타율	WHIP	피OPS	FIP	ERA	WAR	WPA
2021	6	0	0	0	0	0	0	0	5 1/3	5	0	11	3	0.263	2.25	0.763	8.39	11.81	-0.21	-0.05
2022																				
2023	16	0	0	1	0	0	0	0	20 1/3	17	4	14	16	0.224	1.48	0.765	6.69	4.43	-0.17	0.02
통산	24	0	0	1	0	0	0	0	27	24	5	29	18	0.238	1.78	0.798	7.26	6.00	-0.45	-0.04

김휘건 투수 59

신장	191	체중	105	생일	2005.08.27	투타	우투우타	지명	2024 NC 1라운드 5순위
연봉	3,000			학교	소양초-춘천중-휘문고				

연도	경기	선발	QS	승	패	세이브	BS	홀드	이닝	피안타	피홈런	4사구	삼진	피안타율	WHIP	피OPS	FIP	ERA	WAR	WPA
2021																				
2022																				
2023																				
통산																				

박주현 투수 67

신장	184	체중	85	생일	1999.08.03	투타	좌투좌타	지명	2018 KT 2차 8라운드 71순위
연봉	2,700-3,000-3,000			학교	철산초(광명리틀)-영동중-충암고				

연도	경기	선발	QS	승	패	세이브	BS	홀드	이닝	피안타	피홈런	4사구	삼진	피안타율	WHIP	피OPS	FIP	ERA	WAR	WPA
2021																				
2022																				
2023																				
통산																				

배재환 투수 61

신장	186	체중	95	생일	1995.02.24	투타	우투우타	지명	2014 NC 2차 1라운드 1순위
연봉	9,000-9,000-6,300			학교	가동초-잠신중-서울고				

연도	경기	선발	QS	승	패	세이브	BS	홀드	이닝	피안타	피홈런	4사구	삼진	피안타율	WHIP	피OPS	FIP	ERA	WAR	WPA
2021																				
2022																				
2023																				
통산	161	2	0	8	13	1	8	34	164 1/3	155	18	126	149	0.250	1.61	0.763	5.46	4.38	0.72	-2.33

서의태 투수 58

신장	194	체중	115	생일	1997.09.05	투타	좌투좌타	지명	2016 KT 2차 3라운드 21순위
연봉	3,000-3,000-3,000			학교	묵동초(남양주리틀)-청량중-경기고				

연도	경기	선발	QS	승	패	세이브	BS	홀드	이닝	피안타	피홈런	4사구	삼진	피안타율	WHIP	피OPS	FIP	ERA	WAR	WPA
2021																				
2022																				
2023																				
통산	1	0	0	0	0	0	0	0	2/3	1	0	3	1	0.333	4.50	1.000	14.33	54.00	-0.09	0.00

소이현 투수 50

신장	185	체중	93	생일	1999.02.09	투타	우투우타	지명	2017 NC 2차 3라운드 28순위
연봉	0-0-3,200			학교	서울이수초-서울이수중-서울디자인고				

연도	경기	선발	QS	승	패	세이브	BS	홀드	이닝	피안타	피홈런	4사구	삼진	피안타율	WHIP	피OPS	FIP	ERA	WAR	WPA
2021	10	0	0	0	0	0	0	0	10 2/3	13	1	12	10	0.289	2.34	0.846	6.05	6.75	-0.23	-0.19
2022																				
2023																				
통산	24	0	0	0	0	0	0	0	24	22	2	28	19	0.237	2.04	0.762	6.43	6.38	-0.29	-0.27

심창민 투수 18

신장	185	체중	86	생일	1993.02.01	투타	우언우타	지명	2011 삼성 1라운드 4순위
연봉	28,000-15,000			학교	동삼초-경남중-경남고				

연도	경기	선발	QS	승	패	세이브	BS	홀드	이닝	피안타	피홈런	4사구	삼진	피안타율	WHIP	피OPS	FIP	ERA	WAR	WPA
2021	59	0	0	3	2	0	2	16	51 1/3	47	8	38	58	0.237	1.54	0.778	5.32	5.08	-0.16	0.05
2022	11	0	0	1	2	0	0	0	6 1/3	9	0	10	6	0.346	2.53	0.951	6.18	14.21	-0.38	-0.49
2023	5	0	0	0	1	0	0	0	3 1/3	2	0	6	5	0.167	2.10	0.611	5.84	2.70	-0.02	0.07
통산	485	0	0	31	29	51	21	80	491	404	58	287	564	0.223	1.31	0.694	4.44	4.22	4.59	4.78

임상현 투수 100

신장	184	체중	89	생일	2005.07.16	투타	우투우타	지명	2024 NC 2라운드 15순위
연봉	3,000			학교	신일초(김천리틀)-상원중-대구상원고				

연도	경기	선발	QS	승	패	세이브	BS	홀드	이닝	피안타	피홈런	4사구	삼진	피안타율	WHIP	피OPS	FIP	ERA	WAR	WPA
통산																				

임형원 투수 12

신장	183	체중	73	생일	2001.09.15	투타	우투우타	지명	2020 NC 2차 4라운드 31순위
연봉	0-3,000-3,000			학교	시흥계수초(소사리틀)-동산중-인천고				

연도	경기	선발	QS	승	패	세이브	BS	홀드	이닝	피안타	피홈런	4사구	삼진	피안타율	WHIP	피OPS	FIP	ERA	WAR	WPA
2021																				
2022																				
2023																				
통산	1	0	0	0	0	0	0	0	1	0	0	1.000	-	2.000	3.55	-	0.00	0.00		

전사민 투수 57

신장	194	체중	85	생일	1999.07.06	투타	우투우타	지명	2019 NC 2차 2라운드 17순위
연봉	3,000-3,100-3,400			학교	연서초(부산동래구리틀)-대신중-부산정보고				

연도	경기	선발	QS	승	패	세이브	BS	홀드	이닝	피안타	피홈런	4사구	삼진	피안타율	WHIP	피OPS	FIP	ERA	WAR	WPA
2021																				
2022	7	0	0	0	0	0	0	0	8 1/3	5	1	6	2	0.179	1.32	0.610	6.58	3.24	-0.03	-0.04
2023	9	0	0	0	2	1	0	0	17	17	1	16	6	0.288	1.82	0.790	6.15	4.76	-0.20	-0.04
통산	17	0	0	0	2	1	0	0	26 1/3	24	2	22	9	0.261	1.67	0.737	6.09	4.10	-0.18	-0.08

채원후 투수 19

신장	180	체중	70	생일	1995.07.11	투타	우투우타	지명	2015 두산 2차 1라운드 8순위
연봉	4,000-3,800-3,500			학교	학강초-광주동성중-광주제일고				

연도	경기	선발	QS	승	패	세이브	BS	홀드	이닝	피안타	피홈런	4사구	삼진	피안타율	WHIP	피OPS	FIP	ERA	WAR	WPA
2021	14	0	0	0	0	0	0	0	17 1/3	15	0	20	18	0.227	2.02	0.705	4.72	3.12	0.10	-0.11
2022	3	0	0	0	0	0	0	1	3	1	0	1	2	0.111	0.33	0.311	3.01	0.00	0.13	0.18
2023	3	0	0	0	0	0	0	0	3 1/3	4	0	4	2	0.333	2.40	1.054	5.84	8.10	-0.04	-0.02
통산	57	0	0	1	0	0	0	3	56 2/3	54	3	54	56	0.251	1.80	0.752	4.94	4.29	0.12	-0.04

최우석 투수 103

신장	190	체중	90	생일	2005.03.31	투타	우투우타	지명	2024 NC 5라운드 45순위
연봉	3,000			학교	서흥초-동인천중-비봉고				

연도	경기	선발	QS	승	패	세이브	BS	홀드	이닝	피안타	피홈런	4사구	삼진	피안타율	WHIP	피OPS	FIP	ERA	WAR	WPA
2021																				
2022																				
2023																				
통산																				

홍유원 투수 102

신장	188	체중	96	생일	2005.05.17	투타	우투우타	지명	2024 NC 4라운드 35순위
연봉	3,000			학교	울산대현초-포항중-대구고				

연도	경기	선발	QS	승	패	세이브	BS	홀드	이닝	피안타	피홈런	4사구	삼진	피안타율	WHIP	피OPS	FIP	ERA	WAR	WPA
2021																				
2022																				
2023																				
통산																				

김수윤 내야수 3

신장	180	체중	83	생일	1998.07.16	투타	우투우타	지명	2017 NC 2차 7라운드 68순위
연봉	3,000-3,100-3,200			학교	김해삼성초-개성중-부산고				

연도	경기	타석	타수	안타	2루타	3루타	홈런	타점	득점	볼넷	사구	삼진	도루	도루자	타율	출루율	장타율	OPS	WAR	WPA
2021	7	7	7	0	0	0	0	0	0	0	0	2	0	0	0.000	0.000	0.000	0.000	-0.17	-0.08
2022	10	18	17	2	1	0	1	2	1	1	0	7	0	0	0.118	0.167	0.353	0.520	-0.13	-0.06
2023	16	15	14	3	0	0	0	2	0	1	0	4	0	0	0.214	0.267	0.214	0.481	-0.10	-0.03
통산	33	40	38	5	1	0	1	4	1	2	0	13	0	0	0.132	0.175	0.237	0.412	-0.41	-0.16

김한별 내야수 68

신장	177	체중	85	생일	2001.01.18	투타	우투우타	지명	2020 NC 2차 7라운드 61순위
연봉	3,000-3,100-3,800			학교	효제초-선린중-배재고				

연도	경기	타석	타수	안타	2루타	3루타	홈런	타점	득점	볼넷	사구	삼진	도루	도루자	타율	출루율	장타율	OPS	WAR	WPA
2021																				
2022	24	23	21	2	0	0	0	0	0	0	0	6	0	1	0.095	0.095	0.095	0.190	-0.55	-0.43
2023	79	105	97	21	0	1	0	4	8	4	2	23	0	3	0.216	0.262	0.237	0.499	-0.45	-0.76
통산	103	128	118	23	0	1	0	4	8	4	2	29	0	4	0.195	0.234	0.212	0.446	-1.01	-1.20

박시원 외야수 39

신장	185	체중	85	생일	2001.05.30	투타	우투좌타	지명	2020 NC 2차 2라운드 11순위
연봉	0-0-3,000			학교	광주서림초-광주동성중-광주제일고				

연도	경기	타석	타수	안타	2루타	3루타	홈런	타점	득점	볼넷	사구	삼진	도루	도루자	타율	출루율	장타율	OPS	WAR	WPA
2021	1	1	1	0	0	0	0	0	0	0	0	0	0	0	0.000	0.000	0.000	0.000	-0.03	-0.12
2022																				
2023																				
통산	2	2	2	0	0	0	0	0	0	0	0	0	0	0	0.000	0.000	0.000	0.000	-0.05	-0.13

박영빈 외야수 9

신장	182	체중	88	생일	1997.07.16	투타	우투좌타	지명	2020 NC 육성선수
연봉	0-3,000-3,200			학교	호원초(의정부리틀)-청량중-충암고-경희대				

연도	경기	타석	타수	안타	2루타	3루타	홈런	타점	득점	볼넷	사구	삼진	도루	도루자	타율	출루율	장타율	OPS	WAR	WPA
2021																				
2022																				
2023	41	17	14	1	1	0	0	0	11	0	6	4	2		0.071	0.133	0.143	0.276	-0.19	-0.18
통산	41	17	14	1	1	0	0	0	11	0	6	4	2		0.071	0.133	0.143	0.276	-0.19	-0.18

박주찬 내야수 6

신장	178	체중	84	생일	1996.01.11	투타	우투우타	지명	2019 NC 육성선수
연봉	0-3,000-3,100			학교	동막초-경포중-강릉고-동아대				

연도	경기	타석	타수	안타	2루타	3루타	홈런	타점	득점	볼넷	사구	삼진	도루	도루자	타율	출루율	장타율	OPS	WAR	WPA
2021																				
2022																				
2023	5	14	14	2	0	0	0	1	0	0	2	0		0.143	0.143	0.143	0.286	-0.16	-0.14
통산	5	14	14	2	0	0	0	1	0	0	2	0		0.143	0.143	0.143	0.286	-0.16	-0.14

박한결 외야수 60

신장	181	체중	90	생일	2004.04.26	투타	우투우타	지명	2023 NC 2라운드 14순위
연봉	3,000-3,100			학교	본리초-경복중-경북고				

연도	경기	타석	타수	안타	2루타	3루타	홈런	타점	득점	볼넷	사구	삼진	도루	도루자	타율	출루율	장타율	OPS	WAR	WPA
2021																				
2022																				
2023	12	18	15	5	1	0	1	5	3	3	0	7	0	0	0.333	0.444	0.600	1.044	0.24	-0.19
통산	12	18	15	5	1	0	1	5	3	3	0	7	0	0	0.333	0.444	0.600	1.044	0.24	-0.19

송승환 외야수 8

신장	183	체중	93	생일	2000.10.28	투타	우투우타	지명	2019 두산 2차 2라운드 19순위
연봉	3,000-3,500-3,500			학교	신기초(금천구리틀)-양천중-서울고				

연도	경기	타석	타수	안타	2루타	3루타	홈런	타점	득점	볼넷	사구	삼진	도루	도루자	타율	출루율	장타율	OPS	WAR	WPA
2021																				
2022	11	28	28	7	1	0	1	4	3	0	0	7	0	0	0.250	0.250	0.393	0.643	-0.06	0.14
2023	30	76	70	16	3	1	0	4	10	4	0	16	0	1	0.229	0.270	0.300	0.570	0.06	-0.56
통산	43	106	100	23	4	1	1	8	13	4	0	24	0	1	0.230	0.260	0.320	0.580	-0.05	-0.42

신용석 포수 42

신장	181	체중	91	생일	2003.10.11	투타	우투우타	지명	2023 NC 3라운드 24순위
연봉	3,000-3,000			학교	양덕초-마산동중-마산고				

연도	경기	타석	타수	안타	2루타	3루타	홈런	타점	득점	볼넷	사구	삼진	도루	도루자	타율	출루율	장타율	OPS	WAR	WPA
2021																				
2022																				
2023																				
통산																				

안중열 포수 1

신장	176	체중	87	생일	1995.09.01	투타	우투우타	지명	2014 KT 2차 특별 15순위
연봉	6,400-6,000-7,100			학교	가야초-개성중-부산고-(영남사이버대)				

연도	경기	타석	타수	안타	2루타	3루타	홈런	타점	득점	볼넷	사구	삼진	도루	도루자	타율	출루율	장타율	OPS	WAR	WPA
2021	58	157	125	29	5	0	3	16	19	27	1	25	0	0	0.232	0.370	0.344	0.714	1.00	-0.21
2022	33	84	71	11	0	0	2	2	8	11	2	19	0	1	0.155	0.286	0.239	0.525	-0.26	-0.72
2023	77	177	154	30	6	0	4	15	16	16	2	45	0	0	0.195	0.276	0.312	0.588	-0.06	-1.37
통산	400	905	793	169	39	1	16	74	89	80	10	226	2	2	0.213	0.292	0.325	0.617	-1.25	-5.31

조현진 내야수 46

신장	182	체중	69	생일	2002.09.16	투타	우투좌타	지명	2021 한화 2차 6라운드 52순위
연봉	3,000-3,000-3,100			학교	아라초(함안리틀)–창원신월중–마산고				

연도	경기	타석	타수	안타	2루타	3루타	홈런	타점	득점	볼넷	사구	삼진	도루	도루자	타율	출루율	장타율	OPS	WAR	WPA
2021																				
2022																				
2023	10	5	5	1	0	0	0	0	0	0	0	1	0	0	0.200	0.200	0.200	0.400	-0.02	-0.21
통산	10	5	5	1	0	0	0	0	0	0	0	1	0	0	0.200	0.200	0.200	0.400	-0.02	-0.21

최보성 내야수 49

신장	181	체중	88	생일	1998.10.16	투타	우투우타	지명	2018 NC 2차 7라운드 69순위
연봉	3,200-3,000-3,200			학교	진해장복초(진해리틀)–외포중–개성고				

연도	경기	타석	타수	안타	2루타	3루타	홈런	타점	득점	볼넷	사구	삼진	도루	도루자	타율	출루율	장타율	OPS	WAR	WPA
2021	10	14	12	3	0	0	0	1	0	0	1	5	0	1	0.250	0.308	0.250	0.558	-0.18	0.46
2022																				
2023	12	21	19	5	0	0	0	0	2	2	0	2	0	0	0.263	0.333	0.263	0.596	-0.02	-0.03
통산	22	35	31	8	0	0	0	1	2	2	1	7	0	1	0.258	0.324	0.258	0.582	-0.21	0.43

한석현 외야수 33

신장	181	체중	73	생일	1994.05.17	투타	좌투좌타	지명	2014 LG 2차 5라운드 48순위
연봉	3,900-3,900-3,900			학교	후암초–대천중–경남고				

연도	경기	타석	타수	안타	2루타	3루타	홈런	타점	득점	볼넷	사구	삼진	도루	도루자	타율	출루율	장타율	OPS	WAR	WPA
2021	16	26	21	6	2	1	0	1	5	3	1	7	2	0	0.286	0.385	0.476	0.861	0.14	-0.26
2022	6	10	9	2	0	0	0	1	0	0	3	0	1	0	0.222	0.222	0.222	0.444	-0.14	-0.22
2023	27	66	60	12	1	0	2	5	4	0	20	2	1	0	0.200	0.250	0.217	0.467	-0.48	-0.75
통산	58	105	92	20	3	1	0	3	14	8	1	31	5	2	0.217	0.284	0.272	0.556	-0.48	-1.24

PLAYER LIST

육성선수

성명	포지션	등번호	신장	체중	생년월일	투타	지명	연봉	학교
강건준	투수	64	186	84	2003.07.14	우투우타	2023 NC 5라운드 44순위	3,000-3,000	중대초-배명중-배명고
김민규	투수	113	183	84	2001.09.07	우투우타	2024 NC 육성선수	3,000	광주서석초-진흥중-광주동성고-경성대
김주환	투수	95	186	95	2004.10.29	우투우타	2023 NC 11라운드 104순위	3,000-3,000	여수서초-여수중-효천고
김준원	투수	110	190	82	2005.05.31	우투우타	2024 NC 11라운드 105순위	3,000	칠성초-대구중-경북고
노시훈	투수	63	188	95	1998.08.04	우투우타	2019 NC 2차 10라운드 97순위	3,000-3,000-3,000	부산수영초-마산중-용마고
노재원	투수	96	179	93	2001.07.26	우투우타	2023 NC 육성선수	0-3,000	중대초-배명중-배명고
목지훈	투수	73	181	83	2004.05.11	우투우타	2023 NC 4라운드 34순위	3,000-3,000	효제초-청량중-신일고
박지한	투수	56	185	90	2000.10.21	좌투좌타	2019 NC 2차 8라운드 77순위	0-0-3,000	동일중앙초-부산중-개성고
서동욱	투수	91	177	80	2004.02.26	우투우타	2023 NC 9라운드 84순위	3,000-3,000	신천초(송파구리틀)-대치중-신일고
손주환	투수	104	177	85	2002.01.05	우투우타	2024 NC 6라운드 55순위	3,000	영천초-신정중-물금고-동아대
원종해	투수	106	183	83	2005.04.09	우투우타	2024 NC 7라운드 65순위	3,000	길동초-건대부중-장충고
이우석	투수	45	185	80	1996.04.16	우투우타	2015 NC 2차 6라운드 61순위	3,300-3,300-3,200	군산남초-군산남중-군산상고
이현우	투수	65	183	90	2003.05.05	우투우타	2022 NC 2차 7라운드 70순위	3,000-3,000-3,000	용인새빛초(용인수지구리틀)-서울이수중-배명고
전루건	투수	47	185	80	2000.06.09	우투우타	2019 두산 2차 1라운드 9순위	3,000-3,300-3,200	도신초-충암중-부천고
최시혁	투수	28	190	85	2000.07.19	우투우타	2019 NC 2차 3라운드 27순위	3,000-3,300-3,000	봉천초-배명중-북일고
하준수	투수	62	189	95	2000.05.07	우투우타	2019 NC 2차 6라운드 57순위	3,000-3,100-3,100	남부민초-대신중-부경고

성명	포지션	등번호	신장	체중	생년월일	투타	지명	연봉	학교
김재민	포수	109	178	88	2005.08.31	우투우타	2024 NC 10라운드 95순위	3,100	광주서림초-진흥중-진흥고
김태호	포수	112	178	93	2001.02.15	우투양타	2024 NC 육성선수	3,000	신도초(해운대리틀)-센텀중-부산정보고-동아대
문상인	포수	00	185	79	1998.01.31	우투우타	2017 KT 2차 5라운드 41순위	3,200-3,300-3,100	김해삼성초-개성중-경남고
김세훈	내야수	105	174	77	2005.04.04	우투우타	2024 NC 7라운드 61순위	3,000	매호초(경산시리틀)-경운중-경북고
김택우	내야수	4	171	75	2000.06.12	우투좌타	2023 NC 육성선수	3,000-3,000	수원신곡초-수원북중-유신고-연세대
박인우	내야수	111	177	80	2001.12.14	우투우타	2024 NC 육성선수	3,000	배봉초(군포시리틀)-청량중-배명고-용인예술과학대
서준교	내야수	40	181	83	2003.05.23	우투우타	2022 NC 2차 10라운드 100순위	3,000-3,000-3,000	거제제산초(거제리틀)-외포중-김해고
신성호	내야수	70	178	76	2003.09.28	우투우타	2023 NC 7라운드 64순위	3,000-3,000	김해삼성초-내동중-마산고
안인산	내야수	87	181	95	2001.02.27	우투우타	2020 NC 2차 3라운드 21순위	3,000-0-3,000	군포오금초(안양시리틀)-평촌중-야탑고
조현민	내야수	107	181	83	2005.03.23	우투좌타	2024 NC 8라운드 75순위	3,000	정수초(성북구리틀)-서울이수중-충암고
한재환	내야수	35	177	89	2001.10.19	우투우타	2020 NC 2차 8라운드 71순위	0-3,000-3,000	기장대청초(기장리틀)-대신중-개성고
고승완	외야수	108	178	81	2001.03.15	우투우타	2024 NC 9라운드 85순위	3,000	광주대성초-무등중-광주동성고-연세대
김범준	외야수	66	183	90	2000.04.20	우투우타	2019 NC 2차 5라운드 47순위	0-3,000-3,000	울산대현초-제일중-대구고
배상호	외야수	94	181	75	2004.03.12	좌투좌타	2023 NC 10라운드 94순위	3,000-3,000	남도초-경상중-경북고
최우재	외야수	29	186	90	1997.04.11	우투좌타	2016 NC 2차 8라운드 48순위	3,000-3,000-3,000	광주수창초-진흥중-진흥고

잠실야구장

DOOSAN BEARS
두산 베어스

전년도 9위 팀이 5위로 상승하고도 실망스럽게 느껴지는 건 드문 일이다. 지난해 두산이 그 경우가 된 건 시즌 중반, 분명히 상위권으로 도약할 가능성이 느껴졌기 때문이다. 7월 25일, 구단 역사상 최다인 11연승을 달려 2위 SSG를 3경기차로 추격했다. 선두권 진입이 눈앞에 둔 듯했던 그날 이후, 두산은 거짓말처럼 내리막길을 걸었다. 이후 시즌 끝까지 63경기에서 승률이 0.484. 가장 큰 문제는 공격력 부족이었다. 그날 이후 팀 타율 0.252로 9위, 경기당 득점이 3.70점으로 8위에 그쳤다. 왕조의 주역들은 세월의 흐름을 거스르지 못했고, 젊은 타자들은 성장하지 못했다. 과부하가 걸린 불펜마저 붕괴되며 추격의 힘을 잃었다. 와일드카드 결정전에서도 감독의 다소 의아한 투수 기용과 불펜 난조로 끝내 '첫 이변의 주인공'이 되는데 실패했다. 초보 감독과 젊은 선수들이 모두 아픔을 통해 교훈을 얻어야 '왕조의 재건'이 가능하다.

2023 좋았던 일

외국인 선수 몸값 제한이 생기고 미국 마이너리그의 연봉이 대폭 올라가면서 좋은 외국인 선수를 구하기란 점점 어려워지고 있다. 과거에는 태평양을 건너왔을 만한 선수들이 KBO리그에 매력을 느끼기 어려워졌기 때문이다. 특히 점점 불펜 투수를 많이 활용하는 메이저리그의 경향 때문에 좋은 투수를 구하기가 상대적으로 더 어려워졌다. 그래서 '외국인 보는 눈'은 지금 더욱 중요해졌다. 그런 면에서 두산은 복 받은 팀이다. 3년 만에 돌아온 알칸타라가 에이스의 위용을 그대로 보여줬고, 2022년에 평범했던 브랜든이 대체 선수로 돌아와서는 확 달라진 구위를 뽐냈다. 알칸타라가 31세, 브랜든은 29세다. 둘 다 빅리그 진출을 희망하기에는 부족한 실력이란 걸 감안하면, 향후 3~4년은 별 고민 없이 최상급의 외국인 투수진을 구축할 수 있게 된 것이다.

2023 나빴던 일

현대 야구 이론에서 타순 구성의 상식은 '잘 치는 타자가 최대한 타석에 자주 등장하게 하기'다. 그래서 지난해 메이저리그 wRC+ 1위 오타니 쇼헤이부터 5위 안디 디아즈까지 5명은 모두 1번 혹은 2번에 가장 자주 배치됐다. 이런 관점에서 지난해 두산의 2번 타자는 다소 의아했다. wRC+기준으로 지난해 두산에서 가장 잘 친 타자 4명은 양의지와 로하스, 양석환과 정수빈이다. 그런데 2번 타순에는 이들 4명이 배치되는 일이 드물었다. 김재호(41회), 허경민(28회), 박계범(16회), 조수행(14회)이 가장 자주 2번에 기용됐다. 그래서 두산의 2번 타순의 타율은 0.245로 9위, 출루율 0.329로 8위였다. 심지어 두산의 9번 타자들이 타율 0.279, 출루율 0.337로 2번 타자보다 잘 쳤다. 두산의 2번 타자는 시즌 전체 659타석으로 9번(549타석)보다 110회 더 쳤다. 더 나은 타자가 칠 수 있는 110번의 기회를 날린 것이다.

이승엽 감독 77

신장 183	체중 88	생일 1976.08.18	투타 좌투좌타
연봉 50,000-50,000		학교 대구중앙초-경상중-경북고	

가장 위대한 홈런 타자였지만, '감독 이승엽'의 스타일은 조금 달랐다. 스몰볼을 즐겼고, 빠르고 정교하며 수비가 되는 타자들을 선호했다. 그 결과 두산의 20대 타자들의 장타율은 전체 9위로 떨어졌다. 홈런 5개 이상을 친 20대 타자가 강승호 한 명뿐일 정도로 장타력 감소가 심각했다. 특히 후반기로 갈수록 이런 유형의 타자들의 기용 빈도가 늘어나며, 위에 설명한 득점력 감소의 원인을 제공했다. 시즌 중 불펜 운용에도 종종 의문이 제기됐다. 특히 와일드카드 결정전 6회, 당시 투수진에서 가장 구위가 좋던 최승용을 일찍 교체한 건 두산의 운명을 결정한 실수였다. 생애 처음으로 팬들에게 야유를 받은 충격을 지금도 잊지 못한다. '국민 타자'는 언제나 위기를 믿기 힘든 한 방으로 탈출하곤 했다. '감독 이승엽'도 반전 드라마를 쓸 수 있을까.

구단 정보

창단	연고지	홈구장	우승	홈페이지
1982	서울	잠실야구장	6회(82,95,01,15,16,19)	www.doosanbears.com

2023시즌 성적

순위	경기	승	무	패	승률
5	144	74	2	68	0.521

타율 / 순위	출루율 / 순위	장타율 / 순위	홈런 / 순위	도루 / 순위	실책 / 순위
0.255 / 9	0.332 / 8	0.373 / 5	100 / 3	133 / 2	114 / 6

ERA / 순위	선발ERA / 순위	구원ERA / 순위	탈삼진 / 순위	볼넷허용 / 순위	피홈런 / 순위
3.92 / 3	3.64 / 1	4.34 / 6	1013 / 4	501 / 4	90 / 6

최근 10시즌 성적

연도	순위	승	무	패	승률
2013	2	71	3	54	0.568
2014	6	59	1	68	0.465
2015	1	79	0	65	0.549
2016	1	93	1	50	0.650
2017	2	84	3	57	0.596
2018	1	93	0	51	0.646
2019	1	88	1	55	0.615
2020	2	79	4	61	0.564
2021	2	71	8	65	0.522
2022	9	60	2	82	0.423

2023시즌 월별 성적

월	승	무	패	승률	순위
4	12	1	11	0.522	5
5	11	0	11	0.500	5
6	10	0	14	0.417	7
7	11	0	5	0.688	1
8	10	0	13	0.435	6
9-10	20	1	14	0.588	5
포스트시즌	0	0	1	0.000	5

COACHING STAFF

코칭스태프

성명	보직	등번호	신장	체중	생년월일	투타	학교
박흥식	수석	73	173	80	1962.01.05	좌투좌타	대구초-대구중-신일고-한양대
조웅천	투수	70	183	82	1971.03.17	우언우타	광주남초-무등중-순천상고
김한수	타격	75	188	94	1971.10.30	우투우타	강남초-신월중-광영고-중앙대
조성환	수비	92	181	81	1976.12.23	우투우타	백운초-충암중-충암고-원광대
이영수	타격	91	184	90	1981.05.09	우투우타	대구수창초-경운중-대구상고-한양대
박정배	투수	79	180	90	1982.04.01	우투우타	공주중동초-공주중-공주고-한양대
정진호	주루	88	185	78	1988.10.02	우투좌타	인헌초-선린중-유신고-중앙대
세리자와	배터리	78	177	80	1968.04.12	우투우타	일본 오오미야히가시고
고토	작전	89	186	90	1969.05.14	우투좌타	일본 추쿄고
이정훈	퓨처스 감독	76	169	80	1963.08.28	좌투좌타	삼덕초-경상중-대구상고-동아대
강석천	퓨처스 수비	86	185	87	1967.12.07	우투우타	신탄진초-한밭중-대전고-인하대
김상진	퓨처스 투수	84	182	91	1970.03.15	우투우타	마산월포초-마산동중-마산제일고
권명철	퓨처스 투수	82	183	90	1969.10.28	우투우타	서화초-동인천중-인천고-인하대
이도형	퓨처스 타격	71	182	102	1975.05.24	우투우타	서울학동초-휘문중-휘문고
김진수	퓨처스 배터리	80	180	90	1979.04.19	우투우타	양정초-개성중-경남고-대불대
김지용	퓨처스 투수	81	174	86	1988.02.20	우투우타	이문초(노원구리틀)-청량고-중앙고-강릉영동대
김동한	퓨처스 작전/주루	83	174	73	1988.06.24	우투우타	내발산초-양천중-장충고-동국대
조경택	퓨처스 재활/잔류	72	183	94	1970.11.25	우투우타	원주중앙초-원주중-원주고
가득염	퓨처스 재활/잔류	90	184	81	1969.10.01	좌투좌타	대동초-충남중-대전고-동국대
조인성	퓨처스 재활/잔류	74	182	110	1975.05.25	우투우타	수유초-신일중-신일고-연세대
천종민	트레이닝		183	92	1984.10.30		사직초-청주남중-오창고-한남대
조광희	트레이닝		178	71	1994.01.07		신현초-신현중-신현고-용인대
유종수	트레이닝		186	88	1996.08.26		선일초-남수원중-화홍고-경희대
이광우	퓨처스 트레이닝	87	182	83	1965.03.14	우투우타	군산초-군산중-군산상고-원광대
이덕현	퓨처스 트레이닝		188	80	1996.05.12		광진초-건대부중-건대부고-국민대

알칸타라

2024 팀 이슈

사람은 누구나 위기에 봉착하면 과거에 통했던 해법을 찾는다. 감독 첫 해부터 위기에 빠진 이승엽 감독의 선택도 '내가 경험했던 해결책'이었다. 과거 일본 프로야구 시절 부진에 빠졌을 때 김성근 감독과 1대 1 '지옥 훈련'을 통해 부활했던 기억이, 11월 김재환과의 '1대 1 특훈'으로 연결됐다. 자신이 만난 최고의 타격 이론가 김한수 코치, 그리고 자신의 은사 박흥식 코치에게 타선 부활을 맡겼다. '그때 맞았던' 방식이 '지금도 맞을지'는 미지수다. 확실한 건, 이 선택의 결과가 지난해 타선 침체로 고전했던 두산의 올 시즌 운명을 결정할 가장 중요한 변수라는 점이다.

2024 최상 시나리오

2024 최악 시나리오

김재환이 우리가 알던 '그 김재환'으로 돌아온다. 알칸타라와 브랜든이 작년처럼 리그 최강의 1-2 펀치를 형성한다. 라모스가 기대대로 안정된 콘택트와 수준급의 수비를 보여주며 로하스의 기억을 잊게 만든다. 곽빈과 정철원이 '평속 150㎞'의 벽을 뚫고 날아오른다. 최승용이 빨리 부상을 털고 돌아와 팀이 그토록 고대하던 토종 좌완 에이스로 자리 잡는다. 김택연이 리그 최강의 셋업맨으로 떠오르며 신인왕을 수상한다. 박준영과 강승호가 나란히 15홈런을 때려내며 리그 최고 수준의 '장타 키스톤 콤비'를 형성한다. 양의지가 변함없는 활약으로 프로야구 사상 최고 포수의 입지를 굳힌다. 팀의 7번째 우승을 이끈 이승엽 감독이 팬들의 야유를 환호로 바꾸며 헹가래를 받고 가을 하늘로 날아오른다. 그리고 '왕조 재건'을 선언한다.

김재환의 부진이 결국 '에이징 커브' 문제였음이 밝혀진다. 덩달아 김재호와 양의지, 허경민, 정수빈도 세월의 흐름을 실감하며 야구 인생의 황혼기로 접어든다. 라모스는 잠실구장의 먼 담장을 좀처럼 넘기지 못하며 '구관이 명관'이라는 말이 돌게 만든다. 주축 불펜 투수들은 2년 연속 무리한 등판에 중반 이후 페이스가 급격하게 떨어진다. 예전 세대 지도자들의 방식을 젊은 선수들이 받아들이지 못하며 타선의 세대교체가 또 다시 지연된다. 결국 또 타선 침체로 발목을 잡혀 가을 야구 문턱에서 좌절한다. '스타 선수는 좋은 지도자가 되기 어렵다'는 속설이 또 한 번 증명되며, 국민타자가 안타깝게 유니폼을 벗는다. 팬들은 과거 왕조 시대 추억의 영상을 무한 반복 시청하며 또 한 번의 추운 겨울을 견딘다.

곽빈 투수 47

신장	187
체중	95
생일	1999.05.28
투타	우투우타
지명	2018 두산 1차
연봉	6,500-14,000-21,000
학교	서울학동초-자양중-배명고

● 20대 초반의 '차세대 주역'들이 대부분 경험하는 성장통을 겪었다. 2022년 후반기의 상승세를 이어 4월에 눈부신 호투를 펼쳤지만 5월초 허리 통증으로 엔트리에서 제외된 뒤 좀처럼 제구를 찾지 못했다. 3월 WBC 때문에 일찍 페이스를 끌어올렸다가 시즌 막판에는 체력 저하까지 겪었다. 결국 와일드카드 결정전에서 패전투수가 되는 아픔도 맛봤다. 컨디션이 완전하지 않은 와중에도 최선을 다해 버텼다. sWAR 4.18은 고영표, 안우진에 이은 토종 투수 3위다. 선발 등판 평균 투구수 96.6개는 토종 투수 4위다. 그러고도 평균 6이닝을 못 넘긴 이유는 결국 제구 탓이다. 볼이 많아지면서 2022년에 3.9개로 낮췄던 타석 당 투구수가 4.24개로 폭증했다. 2022년 후반기, 볼넷 비율을 리그 최저 수준인 5.5%대로 낮췄던 제구력을 다시 찾는다면 더 많은 이닝을 책임지는 진짜 토종 에이스로 자리매김할 수 있다. 그 길로 가기 위한 관건은 역시 건강이다. 구종들은 여전히 매력적이다. 직구와 슬라이더의 평균 속도가 조금씩 더 올라 국내 선발로는 안우진, 문동주에 이은 3위다. 또 오버핸드 투수 중에서는 수평무브먼트가 가장 큰 커브와 체인지업을 던진다. 커브는 오른손타자의 바깥쪽, 체인지업은 왼손타자의 바깥쪽으로 휘며 떨어져 결정구로 위력을 발휘한다.

기본기록

연도	경기	선발	QS	승	패	세이브	BS	홀드	이닝	피안타	피홈런	4구4구	삼진	피안타율	WHIP	피OPS	FIP	ERA	WAR	WPA
2021	21	21	1	4	7	0	0	0	98 2/3	78	7	91	96	0.221	1.59	0.724	5.07	4.10	1.07	0.77
2022	27	27	10	8	9	0	0	0	147 2/3	143	13	71	138	0.253	1.37	0.710	4.04	3.78	1.92	1.61
2023	23	23	13	12	7	0	0	0	127 1/3	96	7	63	106	0.212	1.21	0.609	3.98	2.90	2.91	4.03
통산	103	71	24	27	24	1	2	4	404 2/3	361	33	245	366	0.241	1.42	0.707	4.55	3.87	5.14	6.68

구종별 기록

구종	구사%	구속	수직 무브	수평 무브	분당 회전	땅볼%	타구속도	강한타구%
직구	42.8%	147.1	24.8	-19.8	2464.9	23.8%	136.5	25.4%
커브	17.7%	117.4	-18.4	15.6	1504.4	45.7%	123.5	3.8%
슬라이더	23.7%	136.0	8.5	-6.0	818.7	43.8%	137.5	24.0%
체인지업	15.7%	128.5	11.9	-25.4	1916.9	48.7%	129.5	15.6%
포크								
싱커								
투심								
너클								
커터								
스플리터								

상황별 기록

상황	타석	홈런/9	볼넷/9	삼진/9	피안타율	WHIP	피OPS	GO/FO
전반기	262	0.14	4.57	6.92	0.176	1.11	0.529	0.67
후반기	264	0.87	3.61	8.09	0.248	1.32	0.688	0.47
vs 좌	290	0.40	5.03	7.41	0.220	1.35	0.637	0.61
vs 우	236	0.61	3.03	7.58	0.204	1.04	0.576	0.52
주자없음	310	0.51	4.18	9.38	0.218	1.31	0.608	0.58
주자있음	216	0.48	3.99	5.11	0.203	1.08	0.611	0.55
득점권	113	0.66	5.93	5.93	0.182	1.24	0.622	0.61
1-2번 상대	137	0.52	5.24	8.39	0.157	1.11	0.514	0.69
3-5번 상대	182	0.63	4.22	5.06	0.248	1.38	0.679	0.52
6-9번 상대	207	0.36	3.22	8.94	0.217	1.13	0.610	0.54

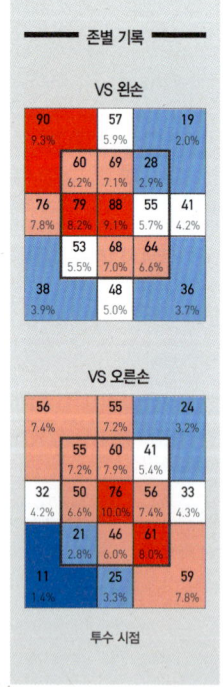

브랜든 투수 48

신장 190	체중 81	생일 1994.06.03
투타 좌투좌타	지명 2022 두산 자유선발	
연봉 $150,000-$230,000-$750,000		
학교 미국 Virginia(대)		

● 2022년 브랜든 와델은 평범한 외국인투수였다. 하지만 지난해 6월 돌아온 브랜든은 완전히 다른 투수가 돼 있었다. 비결은 비시즌에 던지는 방식을 바꾼 슬라이더였다. 속도가 종전의 슬라이더보다 조금 느려졌지만 수평무브먼트가 엄청나게 커졌다. 즉 왼손타자의 바깥쪽으로 휘는 폭이 몰라보게 커졌다. KBO리그에서 시속 130km가 넘는 왼손투수의 '고속 변화구' 중에는 가장 큰 폭의 수평무브먼트였다. 177.2cm라는 비교적 높은 릴리스포인트에서 아래쪽이 아니라 옆으로 크게 휘어지는 변화는 국내 타자들에게는 대단히 낯선 궤적이었다. 그 공은 브랜든의 야구 인생을 바꿨다. 특히 왼손타자 상대 성적이 눈에 띄게 좋아졌다. 2022년에 12%에 불과했던 왼손타자 상대 삼진 비율이 지난해 27.7%로 급증했다. 왼손 상대 피OPS 0.506은 선발 투수들 중 페디에 이어 2위였다. 왼손타자가 폭증한 리그 환경에서 가장 적절한 변화였다. 기존에 던지던 체인지업을 활용해 오른손타자도 효과적으로 제압하면서 브랜든은 약점을 찾기 힘든 선발 투수가 됐다. 복귀 이후 브랜든(0.213)보다 피안타율이 낮았던 투수는 페디뿐이다. 변화구가 좋다보니 땅볼 유도를 잘 한다. '왕조 시절'보다 다소 불안해진 두산의 내야 수비가 안정된다면 성적이 더 좋아질 여지가 있다.

기본기록

연도	경기	선발	QS	승	패	세이브	BS	홀드	이닝	피안타	피홈런	4구	삼진	피안타율	WHIP	피OPS	FIP	ERA	WAR	WPA
2021																				
2022	11	11	5	5	3	0	0	0	65	56	5	25	40	0.228	1.23	0.626	4.26	3.60	0.85	1.64
2023	18	18	13	11	3	0	0	0	104 2/3	80	4	42	100	0.213	1.05	0.571	3.23	2.49	3.00	3.34
통산	29	29	18	16	6	0	0	0	169 2/3	136	9	67	140	0.219	1.12	0.593	3.62	2.92	3.86	4.98

구종별 기록

구종	구사%	구속	수직 무브	수평 무브	분당 회전	땅볼%	타구속도	강한타구%
직구	40.1%	146.5	23.6	11.9	2065.6	55.8%	130.2	23.4%
커브	4.8%	121.6	-10.9	-11.9	1066.2	75.0%	144.6	40.0%
슬라이더	19.4%	130.1	6.1	-13.3	1077.6	56.3%	125.4	13.5%
체인지업	8.5%	131.3	12.9	22.3	1796.4	64.3%	137.1	27.8%
포크								
싱커								
투심								
너클								
커터	27.1%	138.0	10.7	-1.6	915.1	64.3%	131.0	14.9%
스플리터								

상황별 기록

상황	타석	홈런/9	볼넷/9	삼진/9	피안타율	WHIP	피OPS	GO/FO
전반기	100	0.35	1.73	9.00	0.193	0.85	0.487	1.05
후반기	327	0.34	2.86	8.47	0.220	1.12	0.596	1.53
vs 좌	177	0.20	2.00	9.80	0.200	0.93	0.506	1.19
vs 우	250	0.45	3.02	7.69	0.223	1.14	0.618	1.57
주자없음	243	0.32	2.84	8.53	0.220	1.16	0.589	1.52
주자있음	184	0.38	2.27	8.69	0.204	0.92	0.546	1.25
득점권	99	0.73	2.55	8.03	0.179	0.89	0.542	1.45
1-2번 상대	109	0.33	1.30	7.16	0.216	0.94	0.524	1.64
3-5번 상대	153	0.55	4.91	8.18	0.282	1.67	0.776	1.06
6-9번 상대	165	0.20	1.64	9.82	0.148	0.66	0.413	1.61

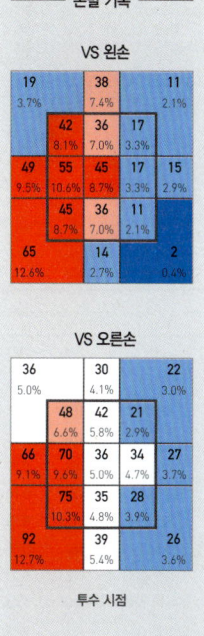

알칸타라 투수 43

신장	193	체중	100	생일	1992.12.04
투타	우투우타	지명	2019 KT 자유선발		
연봉	$0-$500,000-$800,000				
학교	도미니카 Liceo secundario Emma Balaguer(고)				

● 3년의 시간이 흘렀지만 기량은 그대로였다. 외국인투수 가운데 가장 빠른 평균 시속 150.7km의 강속구 위주의 공격적인 피칭으로 리그 최고 수준의 이닝이터 역할을 했다. 볼넷 비율 4.5%는 고영표(KT)에게만 뒤진 최소 볼넷 비율 리그 2위. 통산 볼넷 비율도 4.0%로 고영표에 이어 프로야구 역사상 2위다.

예전과 달라진 건 변화구들의 사용 방식이다. 2020년에는 직구 다음으로 많이 던진 구종이 슬라이더였지만, 그 당시 처음 익힌 포크볼을 작년에는 직구 다음으로 많이 던졌다. 포크볼 구사율 30.1%로 규정 이닝을 채운 투수들 중 1위. 좌우타자 모두에게 결정구로 사용해 효과적으로 헛스윙을 유도한다. 슬라이더는 예전보다 오른손타자 바깥쪽으로 휘어지는 폭이 커졌다. 구속이 약간 떨어졌지만 여전히 위력을 유지하는 방법이다.

불안한 대목도 있다. 지난해 후반기에 삼진 비율이 큰 폭으로 떨어지는 등 여러 지표가 하락했다. 그래도 잘 맞춰 잡아서 큰 피해는 입지 않았지만, 이제 31살인 나이를 감안하면 이제 이닝 관리가 필요하다는 걸 일깨워주는 대목일 수도 있다. 올 겨울에는 충분한 휴식과 회복을 위해 페이스를 올리는 일정을 많이 늦췄다. 올해도 변함없는 1선발로 두산의 반등을 이끈다.

기본기록

연도	경기	선발	QS	승	패	세이브	BS	홀드	이닝	피안타	피홈런	4사구	삼진	피안타율	WHIP	피OPS	FIP	ERA	WAR	WPA
2021																				
2022																				
2023	31	31	22	13	9	0	0	0	192	171	16	40	162	0.236	1.07	0.623	3.45	2.67	4.94	4.82
통산	89	89	67	44	22	0	0	0	563 1/3	534	43	114	444	0.248	1.11	0.649	3.48	3.04	14.97	14.04

구종별 기록

구종	구사%	구속	수직 무브	수평 무브	분당 회전	땅볼%	타구속도	강한타구%
직구	49.7%	149.9	27.1	-18.4	2591.3	40.4%	134.5	22.1%
커브	2.4%	123.2	-7.8	5.3	688.2	41.7%	140.5	27.3%
슬라이더	18.2%	135.3	6.9	4.4	671.9	52.9%	135.6	21.2%
체인지업	1.2%	135.1	16.6	-16.2	1706.9	50.0%	138.5	0.0%
포크	28.5%	134.6	7.8	-15.6	1298.0	61.6%	133.2	24.8%
싱커								
투심								
너클								
커터								
스플리터								

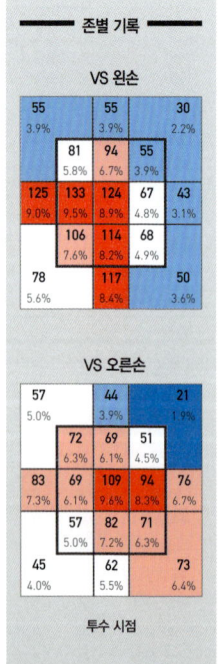

상황별 기록

상황	타석	홈런/9	볼넷/9	삼진/9	피안타율	WHIP	피OPS	GO/FO
전반기	417	0.59	1.43	9.03	0.210	0.94	0.552	1.00
후반기	360	0.95	1.90	5.80	0.267	1.24	0.707	0.94
vs 좌	424	0.72	1.70	7.09	0.269	1.25	0.688	1.01
vs 우	353	0.79	1.57	8.15	0.196	0.88	0.545	0.93
주자없음	467	0.80	1.20	7.59	0.233	1.07	0.612	1.09
주자있음	310	0.68	2.27	7.60	0.241	1.08	0.639	0.79
득점권	163	0.68	2.72	8.17	0.276	1.31	0.728	0.65
1-2번 상대	193	0.00	0.90	5.58	0.209	0.86	0.480	1.15
3-5번 상대	277	1.48	2.01	7.25	0.236	1.13	0.702	0.69
6-9번 상대	307	0.60	1.80	9.24	0.253	1.16	0.642	1.19

정철원 투수 65

신장 192	체중 95	생일 1999.03.27
투타 우투우타	지명 2018 두산 2차 2라운드 20순위	
연봉 3,000-10,000-16,500		
학교 역북초-송전중-안산공고		

● WBC 때문에 시즌을 일찍 준비했지만 시즌 중반까지는 잘 버티는 듯했다. 2022년보다 모든 구종의 속도가 떨어지는 등 이상 신호가 있기는 했지만 셋업맨으로서 역할을 비교적 충실하게 수행해갔다. 그러나 8월 중순, 홍건희를 대신해 마무리투수로 선임된 뒤 난타당하기 시작했다. 딱 45일 만에 무려 6개의 블론세이브를 기록하며 막판 순위 경쟁에 찬물을 끼얹었다. 이 기간 동안 삼진 비율이 리그 평균 이하인 15%로 급감했고, 피안타율 0.291, 피OPS 0.785를 찍는 등 마무리투수로는 어울리지 않는 부진을 겪었다. 결국 와일드카드 결정전 7회, 결정적인 2타점 2루타를 맞고 역전의 희망을 꺼뜨렸다. 시즌 후반부의 부진이 체력 저하 때문인지 마무리 보직의 부담감 때문인지는 명확치 않다.

기록에서 눈에 띄는 건 릴리스 포인트다. 시즌 초반에 비해 9월 이후에 릴리스포인트가 직구는 5cm, 포크볼은 8cm 가량 높아졌다. 무언가 투구 메커니즘에 변화가 있었을 가능성이 높다는 것이고, 그 원인은 체력 저하일 확률이 높다. 확실한 것은 신인왕을 받았던 2022년 수준의 구위를 회복해야 마무리로서 경쟁력도 되찾을 수 있다는 것. 겨울 동안 웨이트 트레이닝으로 체력을 키우는데 힘썼다. 스프링캠프 연습경기에서 부진해 마무리투수의 입지가 흔들렸다.

기본기록

연도	경기	선발	QS	승	패	세이브	BS	홀드	이닝	피안타	피홈런	4사구	삼진	피안타율	WHIP	피OPS	FIP	ERA	WAR	WPA
2021																				
2022	58	0	0	4	3	3	3	23	72 2/3	60	4	28	47	0.232	1.18	0.644	3.84	3.10	1.44	2.02
2023	67	0	0	7	6	13	9	11	72 2/3	66	8	34	55	0.242	1.35	0.675	4.68	3.96	0.28	1.38
통산	125	0	0	11	9	16	12	34	145 1/3	126	12	62	102	0.237	1.27	0.660	4.26	3.53	1.72	3.40

구종별 기록

구종	구사%	구속	수직 무브	수평 무브	분당 회전	땅볼%	타구속도	강한타구%
직구	62.8%	147.0	28.5	-12.9	2427.9	48.3%	137.6	35.0%
커브	0.3%	129.5	-6.0	0.9	432.7	-	-	-
슬라이더	26.9%	131.8	0.5	0.5	393.9	53.8%	128.2	13.6%
체인지업								
포크	10.0%	129.4	11.5	-12.2	1268.5	47.1%	127.7	5.3%
싱커								
투심								
너클								
커터								
스플리터								

상황별 기록

상황	타석	홈런/9	볼넷/9	삼진/9	피안타율	WHIP	피OPS	GO/FO
전반기	170	0.89	3.98	7.52	0.211	1.20	0.598	0.98
후반기	145	1.13	3.94	5.91	0.278	1.53	0.763	0.95
vs 좌	158	1.00	4.50	7.75	0.228	1.36	0.652	0.97
vs 우	157	0.98	3.44	5.89	0.255	1.34	0.697	0.95
주자없음	158	1.00	3.75	7.00	0.225	1.31	0.649	0.95
주자있음	157	0.98	4.17	6.63	0.260	1.39	0.701	0.97
득점권	105	0.75	4.13	7.88	0.227	1.29	0.618	1.08
1-2번 상대	63	0.52	2.08	3.63	0.175	0.81	0.476	1.22
3-5번 상대	117	1.46	4.38	8.76	0.297	1.70	0.808	0.52
6-9번 상대	135	0.88	4.70	7.04	0.226	1.37	0.653	1.32

존별 기록

VS 왼손

34 7.0%	27 5.5%	14 2.9%
22 4.5%	37 7.6%	16 3.3%
28 5.7%	47 9.6%	31 6.4%	28 5.7%	29 5.9%
20 4.1%	35 7.2%	32 6.6%
38 7.8%	25 5.1%	25 5.1%

VS 오른손

25 5.1%	19 3.9%	16 3.3%
28 5.8%	36 7.4%	21 4.3%
22 4.5%	32 6.6%	46 9.5%	38 7.8%	35 7.2%
20 4.1%	41 8.4%	24 4.5%
14 2.9%	29 6.0%	42 8.6%

투수 시점

최승용 투수 28

신장	190
체중	87
생일	2001.05.11
투타	좌투좌타
지명	2021 두산 2차 2라운드 20순위
연봉	3,500-6,000-10,200
학교	양오초-모가중-소래고

● 지난해 후반기 최고의 토종 선발 투수는 누구였을까? 답은 당연히 기준에 따라 다르다. 만약 ERA를 기준으로 놓는다면 최승용도 그 답 중 한 명이 된다. 8월 8일 선발 전환 이후 평균자책점이 1.62. 이 기간 뷰캐넌에만 뒤진 리그 2위이고 토종 선발 중에서는 1위다. 이 기간 FIP도 3.16으로 대단히 훌륭한 걸 감안하면, 최승용의 후반기 선발 대약진은 행운이 아니라는 걸 알 수 있다. 구단 역사에서 젊은 왼손 선발을 제대로 키운 케이스가 희귀한 두산으로서는 가슴이 뛰는 순간이다. 가장 큰 성장의 비결은 제구 향상이다. 시즌마다 낮춰 온 볼넷 비율을 7.1%까지 떨어뜨렸다. 50이닝 이상 던진 국내 왼손투수들 중 최채흥과 양현종에 이어 3번째로 낮다. 제구를 잡느라 구위를 포기한 것도 아니다. 2022년보다 모든 구종의 속도가 조금씩 빨라졌고 삼진 비율이 2% 높아졌다. 포크볼의 위력이 좋아지면서 오른손타자 상대 약점도 사라졌다. APBC에서 필승조로 활약하며 국가대표로도 경쟁력을 입증받았다. 중3때야 본격적인 전업 선수의 길로 들어선 투수라고는 믿기 힘든 빠른 성장세다. 올 시즌 4선발로 본격적인 활약을 펼치려 준비하던 지난겨울, 악재를 만났다. 팔꿈치 피로골절 판정을 받고 스프링캠프 명단에서 제외됐다. 건강한 복귀 여부는 리그의 판도에 영향을 끼칠 중대한 사항이다.

기본기록

연도	경기	선발	QS	승	패	세이브	BS	홀드	이닝	피안타	피홈런	4사구	삼진	피안타율	WHIP	피OPS	FIP	ERA	WAR	WPA
2021	15	2	0	0	0	0	0	2	18 1/3	20	3	11	16	0.286	1.64	0.864	5.51	3.93	0.01	-0.02
2022	48	15	2	3	7	0	0	5	93 1/3	104	8	45	64	0.278	1.58	0.760	4.53	5.30	-0.07	0.93
2023	34	20	4	3	6	1	0	0	111	116	9	38	82	0.269	1.35	0.688	4.05	3.97	1.38	1.92
통산	97	37	6	6	13	1	0	7	222 2/3	240	20	94	162	0.274	1.47	0.733	4.35	4.53	1.32	2.83

구종별 기록

구종	구사%	구속	수직 무브	수평 무브	분당 회전	땅볼	타구속도	강한타구%
직구	47.9%	141.5	27.0	20.1	2513.4	33.0%	136.5	26.1%
커브	11.7%	115.8	-17.5	-8.8	1226.9	50.0%	134.0	21.9%
슬라이더	29.5%	130.2	10.7	-0.3	809.6	47.2%	134.8	19.3%
체인지업								
포크	10.9%	128.9	11.5	15.5	1391.5	66.7%	142.3	24.2%
싱커								
투심								
너클								
커터								
스플리터								

상황별 기록

상황	타석	홈런/9	볼넷/9	삼진/9	피안타율	WHIP	피OPS	GO/FO
전반기	290	1.13	2.97	6.79	0.296	1.54	0.772	0.67
후반기	189	0.19	2.47	6.46	0.228	1.10	0.560	0.90
vs 좌	219	0.00	2.54	5.98	0.299	1.45	0.685	0.93
vs 우	260	1.32	2.93	7.19	0.245	1.27	0.690	0.65
주자없음	255	0.82	2.78	8.18	0.281	1.51	0.716	0.70
주자있음	224	0.64	2.73	5.14	0.255	1.20	0.655	0.83
득점권	126	1.20	3.60	6.00	0.239	1.27	0.664	1.13
1-2번 상대	127	0.00	1.52	4.55	0.296	1.31	0.687	0.81
3-5번 상대	164	1.26	4.04	7.82	0.301	1.68	0.798	0.83
6-9번 상대	188	0.79	2.56	7.09	0.224	1.12	0.595	0.68

존별 기록

VS 왼손

19 2.7%	26 3.7%	31 4.4%
	37 5.3% / 53 7.6% / 39 5.6%	
46 6.6%	60 8.6% / 68 9.7% / 39 5.6%	23 3.3%
	68 9.7% / 46 6.6% / 29 4.2%	
76 10.9%	31 4.4%	7 1.0%

VS 오른손

18 2.1%	41 4.8%	55 6.5%
	38 4.5% / 50 5.9% / 38 4.5%	
43 5.1%	62 7.3% / 85 10.0% / 73 8.6%	59 7.0%
	52 6.1% / 61 7.2% / 56 6.6%	
45 5.3%	43 5.1%	29 3.4%

투수 시점

김재환 외야수 32

신장 183	체중 90	생일 1988.09.22
투타 우투좌타	지명 2008 두산 2차 1라운드 4순위	
연봉 150,000-150,000-150,000		
학교 영랑초-상인천중-인천고		

● 타자의 기량 하락에는 여러 가지 이유가 있다. 나이, 스윙 메커니즘, 멘탈, 리그 환경 변화 등. 김재환의 지난해 추락에 가장 큰 이유가 뭔지는 불분명하다. 시즌 전 팔꿈치 뼛조각 제거의 여파? 그로 인한 혹은 다른 이유로 인한 스윙의 변화? 혹은 35살이 된 나이? 확실한 건 타구의 질이 실제로 떨어졌다는 점이다. 2021년까지 평균 시속 145㎞의 '탈 KBO급'이었던 김재환의 타구 속도는 2년 연속 하락해 지난 시즌 141.6㎞까지 떨어졌다. 스윙 스피드가 감소했다는 것인데, 만약 그 이유가 나이라면 반등의 가능성은 희박하다.

선수 본인과 코칭스태프는 스윙 메커니즘과 멘탈의 문제라고 확신 혹은 희망하고 있다. 이승엽 감독은 일본 시절 부진에 빠졌을 때의 탈출 방법, 즉 '무한 스윙'을 함께 하며 부활을 희망했고, 김재환 본인은 1월에 '강정호 스쿨'을 찾아 처방을 받았다. 지난해에는 밀어치는 타구의 빈도가 생애 최고치였다. 시프트를 의식해 밀어치기를 했다는 건데, 효과는 별로였다. 올해는 다행히 시프트 수비가 금지된다. 예전처럼 호쾌한 풀스윙으로 잡아당기는데 신경 쓰이는 방해 요소가 사라지는 것이다. 지명타자로 출전하는 빈도는 더 늘어날 것이다. 즉 방망이의 부활이 더욱 절실해 질 것이다.

기본기록

연도	경기	타석	타수	안타	2루타	3루타	홈런	타점	득점	볼넷	사구	삼진	도루	도루자	타율	출루율	장타율	OPS	WAR	WPA
2021	137	566	475	130	23	2	27	102	86	81	5	127	2	3	0.274	0.382	0.501	0.883	5.18	1.46
2022	128	517	448	111	24	1	23	72	64	61	4	133	2	1	0.248	0.340	0.460	0.800	3.81	-1.06
2023	132	484	405	89	15	0	10	46	40	72	5	100	3	1	0.220	0.343	0.331	0.674	1.51	0.21
통산	1247	4957	4254	1208	228	15	234	840	716	617	39	1071	36	12	0.284	0.376	0.510	0.886	45.70	17.58

구종별기록

구분	상대%	타구속도	상하 각도	타율	장타율	땅볼%	뜬공%	강한타구%
직구	37.7%	141.3	27.5	0.212	0.356	39.3%	60.7%	35.7%
커브	8.0%	138.2	14.9	0.286	0.321	63.6%	36.4%	53.3%
슬라이더	19.3%	141.5	22.1	0.207	0.268	41.7%	58.3%	37.8%
체인지업	13.8%	140.3	22.3	0.138	0.207	42.4%	57.6%	34.4%
포크	9.1%	140.9	19.8	0.167	0.361	55.0%	45.0%	31.8%
싱커								
투심	5.8%	152.9	12.2	0.464	0.643	75.0%	25.0%	58.8%
너클								
커터	6.2%	137.5	24.5	0.313	0.313	33.3%	66.7%	23.1%
스플리터								

상황별 기록

상황	타석	홈런/9	볼넷/9	삼진/9	타율	출루율	장타율	OPS
전반기	294	2.4%	13.3%	22.1%	0.240	0.350	0.376	0.726
후반기	190	1.6%	17.4%	18.4%	0.187	0.332	0.258	0.590
vs 좌	115	0.0%	10.4%	28.7%	0.245	0.322	0.255	0.577
vs 우	369	2.7%	16.3%	18.2%	0.211	0.350	0.356	0.706
주자없음	260	0.8%	14.6%	21.9%	0.187	0.315	0.251	0.566
주자있음	224	3.6%	15.2%	19.2%	0.258	0.375	0.425	0.800
득점권	122	3.3%	22.1%	16.4%	0.264	0.434	0.440	0.874
노아웃	168	3.0%	15.5%	23.2%	0.229	0.357	0.379	0.736
원아웃	150	2.0%	14.0%	19.3%	0.228	0.333	0.307	0.640
투아웃	166	1.2%	15.1%	19.3%	0.203	0.337	0.304	0.641

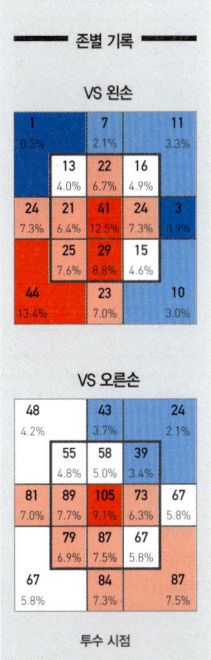

라모스 외야수 4

신장	183	체중	97	생일	1992.04.15
투타	우투양타	지명	2022 KT 자유선발		
연봉	$650,000-$0-$550,000				
학교	푸에르토리코 Alfonso Casta Martinez(고)				

● 호세 로하스는 지난해 외국인타자들 중 가장 빠른 평균 시속 141.1km의 타구 속도를 기록했다. 즉 펀치력 하나만큼은 최고 수준이었다. 그리고 적응이 끝난 후반기에 리그에서 7번째로 높고 외국인 중에서는 오스틴(LG)에 이어 두 번째로 높은 OPS 0.859를 기록했다. 이런 로하스를 라모스로 교체한 두산의 선택은 올 시즌 전력에 가장 중요한 변수다. 여러모로 로하스와는 다른 유형의 타자다. 로하스만큼 강한 타구를 만들지는 못한다. KT 시절 만들었던 타구 56개의 평균 시속도 리그 하위권인 평균 126.4km에 불과했다. 대신 삼진을 조금 덜 당하고 인플레이 타구를 더 만든다. 작년에는 트리플A에서 갑자기 볼넷이 늘었다. 참을성과 출루 능력 향상의 결과라면 2년 전 KT에 왔을 때보다 더 성숙한 모습이 기대된다. 수비에서는 로하스와 비교가 안 된다. 평생 외야수였던 만큼, 로하스보다 모든 면에서 낫다. 리그에서 가장 뜬공 투수가 많은 두산 투수진의 특성, 세계적으로 광활한 잠실구장의 특성, 그리고 김재환이 자주 좌익수로 투입되는 상황을 감안하면, 우익수 수비라도 괜찮았으면 좋겠다는 이승엽 감독의 희망을 이해할 수 있는 대목이다. 즉 라모스 영입을 통해 타격에서 볼 가능성이 높은 손해를, 수비에서 만회해야 한다.

기본기록

연도	리그	경기	타석	타수	안타	2루타	3루타	홈런	타점	득점	볼넷	사구	삼진	도루	도루자	타율	출루율	장타율	OPS	WAR
2021	MLB	18	55	50	10	2	0	1	8	5	4	0	12	0	0	0.200	0.255	0.300	0.555	-0.5
2022	KBO	18	80	72	18	1	1	3	11	10	4	2	18	2	0	0.250	0.304	0.417	0.721	0.34
2023	MLB	23	86	74	18	3	1	0	5	9	11	1	21	2	1	0.243	0.349	0.311	0.660	0.2
MLB 통산		41	141	124	28	5	1	1	13	14	15	1	33	2	1	0.226	0.312	0.306	0.619	-0.3

구종별기록

구분	상대%	타구속도	상하 각도	타율	장타율	땅볼%	뜬공%	강한타구%
직구								
커브								
슬라이더								
체인지업								
포크								
싱커								
투심								
너클								
커터								
스플리터								

상황별 기록

상황	타석	홈런/9	볼넷/9	삼진/9	타율	출루율	장타율	OPS
전반기								
후반기								
vs 좌								
vs 우								
주자없음								
주자있음								
득점권								
노아웃								
원아웃								
투아웃								

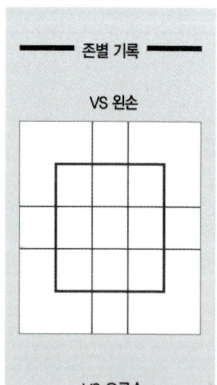

VS 왼손

VS 오른손

투수 시점

양석환 내야수 53

신장	185	체중	90	생일	1991.07.15
투타	우투우타	지명	2014 LG 2차 3라운드 28순위		
연봉	39,000-40,000-30,000				
학교	백운초-신일중-신일고-동국대				

● 야구 인생에서 가장 중요한 타이밍에 반등에 성공했다. 부활의 열쇠는 히팅 포인트 전진이었을 가능성이 높다. 2022년보다 평균 히팅 포인트가 투수 쪽으로 11cm 가량 당겨졌다. 장타의 비결 중 하나인 '앞에서 치기'를 실현한 것이다. 양석환이 타석에서 상대하는 공 중 직구의 비율은 33.3%에 불과하다. 리그 전체에서 박동원에 이어 두 번째로 낮다. 즉 투수들은 양석환을 상대로 변화구 일변도의 투구를 계속한다. 양석환은 이 변화구들을 '충분히 보고 나서 치기'가 아닌 '꺾이기 전에 치기'를 선택한 걸로 보인다. 양석환은 이 변화를 통해 평균 타구 속도를 5.6km나 높였다. 30대 타자들 중 양석환보다 타구 속도가 빨라진 선수는 없다. 원래 리그를 대표하는 뜬공 타자였으니 빨라진 타구는 장타, 특히 그 중에서도 2루타로 자주 연결됐다. 당연히 타율과 장타율이 높아졌고, 4+2년 78억의 FA 계약에 성공했다. OPS 0.786이 1루수 치고는 아쉬워 보일 수도 있겠지만, 공격형 1루수가 드문 리그 환경에서 이 정도면 훌륭한 기록이다. 작년에 양석환보다 OPS가 높던 토종 1루수는 박병호 뿐이다.
1루 수비 이닝은 리그 2위이자 토종 1위다. 주전 1루수 생활 3년 동안 수비도 많이 향상됐다는 평가. 올해는 주장의 중책을 맡았다.

기본기록

연도	경기	타석	타수	안타	2루타	3루타	홈런	타점	득점	볼넷	사구	삼진	도루	도루자	타율	출루율	장타율	OPS	WAR	WPA
2021	133	546	488	133	22	0	28	96	66	42	9	136	2	3	0.273	0.337	0.490	0.827	3.58	0.29
2022	107	446	405	99	14	1	20	51	58	32	7	101	1	0	0.244	0.309	0.432	0.741	1.64	-0.98
2023	140	582	524	147	28	0	21	89	73	41	6	133	4	0	0.281	0.333	0.454	0.787	3.09	-0.20
통산	897	3320	3024	801	155	6	122	499	380	211	37	692	21	18	0.265	0.317	0.441	0.758	13.57	-3.40

구종별기록

구분	상대%	타구속도	상하 각도	타율	장타율	땅볼%	뜬공%	강한타구%
직구	33.4%	142.5	33.6	0.234	0.423	22.9%	77.1%	39.7%
커브	13.2%	133.4	19.5	0.269	0.558	63.2%	36.8%	25.0%
슬라이더	23.1%	137.1	29.9	0.271	0.415	30.8%	69.2%	27.0%
체인지업	14.7%	133.4	22.0	0.387	0.507	46.4%	53.6%	19.6%
포크	6.4%	129.2	17.3	0.310	0.345	57.1%	42.9%	15.4%
싱커								
투심	5.9%	134.7	18.1	0.289	0.553	48.0%	52.0%	23.5%
너클								
커터	3.3%	139.3	23.9	0.556	0.778	33.3%	66.7%	42.9%
스플리터								

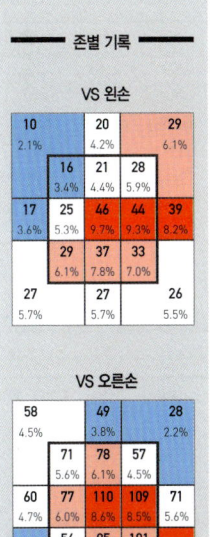

상황별 기록

상황	타석	홈런/9	볼넷/9	삼진/9	타율	출루율	장타율	OPS
전반기	314	4.1%	6.1%	22.3%	0.275	0.322	0.447	0.769
후반기	268	3.0%	8.2%	23.5%	0.288	0.347	0.463	0.810
vs 좌	147	4.1%	6.8%	23.1%	0.313	0.354	0.493	0.847
vs 우	435	3.4%	7.1%	22.8%	0.269	0.326	0.441	0.767
주자없음	297	3.4%	7.1%	24.2%	0.275	0.333	0.451	0.784
주자있음	285	3.9%	7.0%	21.4%	0.287	0.333	0.458	0.791
득점권	170	1.8%	9.4%	21.2%	0.261	0.318	0.380	0.698
노아웃	186	6.5%	5.9%	23.7%	0.300	0.355	0.553	0.908
원아웃	194	1.5%	5.7%	18.6%	0.314	0.340	0.430	0.770
투아웃	202	3.0%	9.4%	26.2%	0.231	0.307	0.385	0.692

양의지 포수 25

신장	180	체중	95	생일	1987.06.05
투타	우투우타	지명	2006 두산 2차 8라운드 59순위		
연봉	100,000-30,000-50,000				
학교	송정동초-무등중-진흥고				

● '양의 귀환'을 손꼽아 기다려 온 두산 팬들의 기대를 완벽하게 충족시키는 시즌을 보냈다. 2년 만에 3할 타율, sWAR 5를 넘기며 포수 WAR 1위에 올랐다. 잠실구장으로 옮겼지만 장타력에도 별 손해가 없었다. 2022년보다 조금 빨라진 평균 시속 139.6km의 빠른 타구를 평균 발사각 25.1도의 높은 탄도로 쏘아 올려 잠실구장을 넘기거나 장타를 만들어냈다. 그러면서도 특유의 콘택트 능력도 그대로 유지했다. 포수로서 능력도 여전했다. 도루 저지율 48.2%로 자신의 생애 최고치이자 2015년 '10구단 시대' 출범 이후 주전 포수 최고 기록을 세웠다. 통산 기록을 보면 이미 '살아 있는 전설'로 입지를 굳히고 있다. 통산 타율 0.307로 역대 포수들 중 1위. 통산 sWAR은 63.85로 박경완에 3.5승, 이만수에 1.4승 정도 뒤져 있어 올 시즌 안에 추월이 유력하다. 즉 아직 한창 현역인 양의지가 프로야구 사상 최고의 포수로 등극하는 시기가 올 시즌일 가능성이 높은 것이다. 나이에 따른 체력과 잔부상 문제는 어쩔 수 없었다. 이승엽 감독은 올 시즌에는 양의지를 지명타자로 조금 더 자주 기용해 체력을 아끼고 방망이를 더 많이 활용할 계획을 세우고 있다. ABS의 도입은 '포수 양의지'의 유일한 약점으로 꼽히는 프레이밍마저 과거의 유물로 만든다.

기본기록

연도	경기	타석	타수	안타	2루타	3루타	홈런	타점	득점	볼넷	사구	삼진	도루	도루자	타율	출루율	장타율	OPS	WAR	WPA
2021	141	570	480	156	29	2	30	111	81	69	11	60	2	1	0.325	0.414	0.581	0.995	6.14	3.96
2022	130	510	427	121	24	0	20	94	61	60	13	48	3	1	0.283	0.380	0.480	0.860	4.55	-0.79
2023	129	510	439	134	23	0	17	68	56	57	11	56	8	0	0.305	0.396	0.474	0.870	5.26	0.06
통산	1714	6381	5474	1680	308	10	245	1012	819	628	163	701	54	22	0.307	0.390	0.501	0.891	48.72	10.20

구종별기록

구분	상대%	타구속도	상하 각도	타율	장타율	땅볼%	뜬공%	강한타구%
직구	44.8%	140.4	27.3	0.305	0.480	28.5%	71.5%	36.5%
커브	8.7%	139.2	23.5	0.156	0.344	57.1%	42.9%	31.6%
슬라이더	18.4%	138.0	21.9	0.271	0.443	37.1%	62.9%	29.2%
체인지업	9.9%	137.3	25.2	0.400	0.625	28.6%	71.4%	36.4%
포크	4.7%	137.3	21.2	0.286	0.476	50.0%	50.0%	41.7%
싱커								
투심	8.0%	137.7	23.9	0.359	0.513	37.5%	62.5%	38.7%
너클								
커터	5.5%	145.8	17.3	0.300	0.300	41.7%	58.3%	46.7%
스플리터								

상황별 기록

상황	타석	홈런/9	볼넷/9	삼진/9	타율	출루율	장타율	OPS
전반기	299	2.7%	14.4%	10.7%	0.335	0.438	0.496	0.934
후반기	211	4.3%	6.6%	11.4%	0.267	0.336	0.445	0.781
vs 좌	130	0.8%	10.0%	12.3%	0.289	0.369	0.377	0.746
vs 우	380	4.2%	11.6%	10.5%	0.311	0.405	0.508	0.913
주자없음	267	3.4%	9.4%	13.1%	0.305	0.378	0.469	0.847
주자있음	243	3.3%	13.2%	8.6%	0.305	0.416	0.480	0.896
득점권	139	1.4%	18.7%	5.0%	0.315	0.446	0.426	0.872
노아웃	178	3.9%	9.0%	10.1%	0.293	0.365	0.471	0.836
원아웃	167	4.2%	11.4%	9.6%	0.333	0.431	0.511	0.942
투아웃	165	1.8%	13.3%	13.3%	0.291	0.394	0.440	0.834

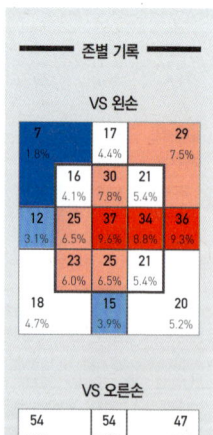

존별 기록 / 투수 시점

정수빈 외야수 31

신장 175	체중 70	생일	1990.10.07
투타 좌투좌타	지명	2009 두산 2차 5라운드 39순위	
연봉	60,000-60,000-60,000		
학교	수원신곡초-수원북중-유신고		

● 2년 연속 이어진 부진으로 '먹튀'로 전락할 위기에서 극적으로 부활했다. 가장 큰 변화는 '신중한 어프로치'였다. 타석 당 투구수가 0.4개나 늘었다. 2년 연속 200타석 이상 들어선 타자들 중 가장 큰 증가폭이다. 공에 스윙이 나가는 빈도는 생애 최저치였다. 공을 간간하게 고르다보니 당연히 볼넷이 늘었다. 반면 한 번 스윙을 시작하면 어떻게든 건드렸다. 콘택트 비율이 5년 만에 최고치로 올라갔다. 게다가 타구 발사각이 조금 높아졌다. 땅볼이 줄어들고 라인드라이브 타구가 늘어났다는 것. 이렇게 인플레이 타구가 늘고 타구 질이 조금 좋아지자, 정수빈의 빠른 발과 결합해 BABIP이 치솟았다. 33살에 타석에서 생애 최고의 시즌을 보낸 비결이다. 리그 최고 수준의 중견수 수비는 여전했다. 빠른 발과 정확한 타구 판단에 변함이 없었고, 8개의 보살을 기록해 리그 중견수 중 1위에 올랐다. 2014년 이후 9년 만에 한 개의 실책도 범하지 않고 '수비율 100% 시즌'도 만들었다. 곽빈, 최원준 등 두산의 주축 선발 투수들이 뜬공 유도 위주의 피칭을 할 수 있는 것도 잠실구장+정수빈 조합 때문이다. 게다가 33살에 생애 가장 많은 도루를 기록하며 첫 도루왕까지 차지했다. 큰 베이스, 피치클락 등 도루하기 유리한 환경이 조성되는 올해, 정수빈의 가치는 더욱 높아질 것이다.

기본기록

연도	경기	타석	타수	안타	2루타	3루타	홈런	타점	득점	볼넷	사구	삼진	도루	도루자	타율	출루율	장타율	OPS	WAR	WPA
2021	104	351	313	81	19	4	3	37	50	29	3	50	12	7	0.259	0.326	0.374	0.700	1.53	-1.01
2022	127	455	405	105	12	4	3	41	58	39	1	56	15	8	0.259	0.323	0.331	0.654	1.58	-1.78
2023	137	583	498	143	14	11	2	33	75	64	7	63	39	8	0.287	0.375	0.371	0.746	4.63	-0.77
통산	1543	5463	4767	1332	181	84	32	497	820	472	71	706	275	89	0.279	0.351	0.373	0.724	18.65	-6.39

구종별기록

구분	상대%	타구속도	상하 각도	타율	장타율	땅볼%	뜬공%	강한타구%
직구	42.5%	134.4	20.7	0.320	0.477	50.9%	49.1%	9.2%
커브	8.4%	129.2	9.2	0.229	0.292	78.6%	21.4%	0.0%
슬라이더	17.2%	128.7	18.8	0.329	0.354	58.7%	41.3%	10.6%
체인지업	12.1%	126.9	15.0	0.135	0.135	64.1%	35.9%	0.0%
포크	6.3%	132.6	8.9	0.343	0.457	73.3%	26.7%	0.0%
싱커								
투심	8.0%	138.8	10.8	0.424	0.485	77.8%	22.2%	5.3%
너클								
커터	5.4%	130.3	19.2	0.217	0.217	66.7%	33.3%	0.0%
스플리터								

상황별 기록

상황	타석	홈런/9	볼넷/9	삼진/9	타율	출루율	장타율	OPS
전반기	331	0.0%	9.7%	10.6%	0.277	0.359	0.333	0.692
후반기	252	0.8%	12.7%	11.1%	0.300	0.395	0.423	0.818
vs 좌	168	0.6%	10.1%	10.7%	0.267	0.345	0.336	0.681
vs 우	415	0.2%	11.3%	10.8%	0.295	0.387	0.386	0.773
주자없음	373	0.5%	9.4%	12.6%	0.287	0.362	0.362	0.724
주자있음	210	0.0%	13.8%	7.6%	0.287	0.399	0.390	0.789
득점권	126	0.0%	17.5%	8.7%	0.253	0.402	0.326	0.728
노아웃	264	0.8%	10.2%	10.6%	0.302	0.385	0.374	0.759
원아웃	165	0.0%	9.1%	9.7%	0.295	0.364	0.377	0.741
투아웃	154	0.0%	14.3%	12.3%	0.254	0.370	0.362	0.732

존별 기록

VS 왼손

26 4.7%	32 5.7%	22 3.9%
45 8.1%	40 7.2%	31 5.5%
50 8.9%	54 9.7%	49 8.8%	24 4.3%	10 1.8%
	35 6.3%	34 6.1%	12 2.1%	
71 12.7%		21 3.8%		3 0.5%

VS 오른손

112 8.0%	65 4.6%	15 1.1%
108 7.7%	99 7.0%	44 3.1%
115 8.2%	119 8.5%	134 9.5%	81 5.8%	49 3.5%
	93 6.6%	98 7.0%	62 4.4%	
70 5.0%		73 5.2%		68 4.8%

투수 시점

김동주 투수 41

| 신장 | 190 | 체중 | 90 | 생일 | 2002.02.14 | 투타 | 우투우타 | 지명 | 2021 두산 2차 1라운드 10순위 |
| 연봉 | 3,000-3,100-5,400 | | | 학교 | 갈산초-양천중-선린인터넷고 | | | | |

● 장신의 오버핸드 투수 치고는 대단히 특이한, 왼손타자의 바깥쪽으로 많이 휘어지는 직구를 가졌다. 왼손타자를 잡아낼 포크볼도 쓸 만한 위력을 보이면서 가능성을 인정받았다. 후반기에는 체력이 방전됐다. 즉 제구와 체력 향상이라는 숙제도 확인했다. 최승용이 부상으로 이탈한 시즌 초반, 팀 선발진에서 중책을 맡을 가능성이 높다.

기본기록

연도	경기	선발	QS	승	패	세이브	BS	홀드	이닝	피안타	피홈런	4사구	삼진	피안타율	WHIP	피OPS	FIP	ERA	WAR	WPA
2021																				
2022	10	0	0	0	0	0	0	0	16 2/3	23	5	9	13	0.303	1.92	0.889	7.30	7.56	-0.34	0.12
2023	18	17	4	3	6	0	0	0	78 1/3	73	5	39	59	0.255	1.38	0.725	4.26	4.14	0.99	0.99
통산	28	17	4	3	6	0	0	0	95	96	10	48	72	0.265	1.47	0.760	4.76	4.74	0.65	1.10

구종별 기록

구종	구사%	구속	수직 무브	수평 무브	분당 회전	땅볼%	타구속도	강한타구%
직구	43.5%	142.9	25.6	-22.4	2579.8	41.2%	134.2	20.7%
커브	1.8%	116.1	-8.2	5.9	731.2	20.0%	127.4	16.7%
슬라이더	38.7%	132.6	7.9	-1.4	713.3	50.0%	133.1	19.6%
체인지업								
포크	16.0%	133.6	9.4	-14.7	1327.1	64.3%	133.6	23.3%
싱커								
투심								
너클								
커터								
스플리터								

상황별 기록

상황	타석	홈런/9	볼넷/9	삼진/9	피안타율	WHIP	피OPS	GO/FO
전반기	222	0.52	2.44	7.84	0.280	1.35	0.757	0.92
후반기	112	0.68	7.09	4.73	0.198	1.43	0.649	0.87
vs 좌	175	0.23	4.95	8.10	0.259	1.50	0.746	1.14
vs 우	159	0.94	3.05	5.40	0.252	1.25	0.702	0.73
주자없음	192	0.43	4.07	7.50	0.241	1.43	0.675	1.14
주자있음	142	0.74	3.96	5.94	0.276	1.32	0.798	0.63
득점권	76	0.50	6.50	6.50	0.196	1.33	0.695	0.64
1-2번 상대	86	1.00	5.50	7.00	0.288	1.78	0.867	1.00
3-5번 상대	116	0.33	4.67	7.00	0.268	1.48	0.752	0.73
6-9번 상대	132	0.54	2.70	6.48	0.224	1.08	0.611	1.00

김명신 투수 46

| 신장 | 178 | 체중 | 90 | 생일 | 1993.11.29 | 투타 | 우투우타 | 지명 | 2017 두산 2차 2라운드 20순위 |
| 연봉 | 10,000-14,500-22,500 | | | 학교 | 남도초-대구초-경북고-경성대 | | | | |

● 또 두산 마운드의 '최후 보루' 역할을 했다. 불펜 모든 보직에서 비상 상황마다 불을 껐다. 서른 살에 직구 평속을 1km 넘게 끌어올렸고, 커브의 떨어지는 폭을 키웠다. 그 결과 생애 최고의 삼진 비율, 최저치의 FIP를 기록할 정도로 위력을 뽐냈다. 지난 3년간 리그 전체에서 가장 많은 이닝을 던진 구원 투수. 정말 관리가 필요하다.

기본기록

연도	경기	선발	QS	승	패	세이브	BS	홀드	이닝	피안타	피홈런	4사구	삼진	피안타율	WHIP	피OPS	FIP	ERA	WAR	WPA
2021	58	1	0	3	2	0	1	2	67	72	6	20	43	0.279	1.28	0.750	4.06	4.30	0.30	0.23
2022	68	0	0	3	3	0	0	79 2/3	75	5	28	61	0.253	1.26	0.660	3.68	3.62	1.07	0.78
2023	70	0	0	3	3	1	1	24	79	72	3	33	65	0.245	1.25	0.655	3.43	3.65	1.25	2.62
통산	251	3	0	12	10	1	5	41	286 1/3	293	19	107	218	0.269	1.31	0.709	3.90	3.90	3.23	4.45

구종별 기록

구종	구사%	구속	수직 무브	수평 무브	분당 회전	땅볼%	타구속도	강한타구%
직구	48.9%	141.0	27.4	-15.5	2355.1	42.3%	131.8	21.7%
커브	13.5%	114.8	-23.3	12.9	1606.5	56.5%	121.8	3.8%
슬라이더	17.8%	126.5	3.3	-0.6	413.7	52.6%	132.8	24.0%
체인지업	0.4%	127.1	10.8	-24.7	1833.0	0.0%	125.1	0.0%
포크	19.5%	127.2	9.5	-22.8	1686.9	51.4%	131.5	18.4%
싱커								
투심								
너클								
커터								
스플리터								

상황별 기록

상황	타석	홈런/9	볼넷/9	삼진/9	피안타율	WHIP	피OPS	GO/FO
전반기	181	0.21	2.70	7.48	0.250	1.22	0.628	1.05
후반기	153	0.50	3.53	7.32	0.239	1.29	0.688	0.76
vs 좌	177	0.43	4.10	7.78	0.226	1.30	0.615	0.64
vs 우	157	0.24	1.93	6.99	0.266	1.21	0.700	1.35
주자없음	180	0.21	2.76	8.29	0.229	1.20	0.602	0.98
주자있음	154	0.49	3.44	6.38	0.266	1.31	0.720	0.82
득점권	100	0.42	5.91	7.17	0.275	1.69	0.747	0.83
1-2번 상대	80	0.52	3.12	8.83	0.286	1.50	0.738	0.64
3-5번 상대	109	0.36	3.55	7.70	0.221	1.22	0.620	0.74
6-9번 상대	145	0.25	2.72	6.94	0.240	1.16	0.636	1.26

김민규 투수 19

신장	183	체중	90	생일	1999.05.07	투타	우투좌타	지명	2018 두산 2차 3라운드 30순위
연봉	5,500-5,500-5,000			학교	장평초(광진구리틀)-잠신중-휘문고				

● 제대하고 돌아온 김민규는 한눈에 봐도 홀쭉해져 있었다. 몸이 왜소해지니 구속도 떨어졌다. 자연스럽게 1군에서 던질 기회도 적어졌다. 그래서 겨울 동안 살을 찌웠다. 캠프에서 구위가 회복되고 있다는 평가를 받았다. 만약 그렇다면 두산은 선발과 구원 모두 경험이 있고, 가을야구에서도 깜짝 활약을 펼친 적이 있는 중요한 자원을 얻게 된다.

기본기록

연도	경기	선발	QS	승	패	세이브	BS	홀드	이닝	피안타	피홈런	4사구	삼진	피안타율	WHIP	피OPS	FIP	ERA	WAR	WPA
2021	31	6	0	2	3	0	0	1	56 1/3	64	9	32	39	0.282	1.63	0.811	5.73	6.07	-0.50	-0.06
2022																				
2023	6	1	0	0	0	0	0	0	8 1/3	6	0	6	5	0.207	1.20	0.678	4.40	4.32	0.00	-0.06
통산	68	11	0	3	5	1	1	1	120 1/3	120	12	66	98	0.256	1.47	0.737	4.78	5.46	-0.18	0.41

구종별 기록

구종	구사%	구속	수직 무브	수평 무브	분당 회전	땅볼%	타구속도	강한타구%
직구	55.6%	140.1	25.6	-16.7	2293.8	33.3%	136.3	11.1%
커브								
슬라이더	33.3%	122.8	6.3	-1.5	564.6	42.9%	125.5	10.0%
체인지업								
포크	11.1%	120.9	10.7	-14.1	1201.2	33.3%	142.2	50.0%
싱커								
투심								
너클								
커터								
스플리터								

상황별 기록

상황	타석	홈런/9	볼넷/9	삼진/9	피안타율	WHIP	피OPS	GO/FO
전반기	4	0.00	0.00	0.00	0.250	1.00	0.750	0.00
후반기	33	0.00	4.91	6.14	0.200	1.23	0.664	0.78
vs 좌	18	0.00	13.50	10.13	0.417	3.38	1.306	0.00
vs 우	19	0.00	0.00	3.18	0.059	0.18	0.170	1.00
주자없음	18	0.00	5.40	5.40	0.333	2.10	1.044	1.00
주자있음	19	0.00	3.60	5.40	0.071	0.60	0.293	0.38
득점권	14	0.00	2.45	4.91	0.091	0.55	0.305	0.29
1-2번 상대	5	0.00	0.00	6.75	0.250	0.75	0.950	0.00
3-5번 상대	16	0.00	2.45	0.00	0.267	1.36	0.713	0.83
6-9번 상대	16	0.00	8.10	10.80	0.100	1.20	0.500	0.67

김택연 투수 63

신장	181	체중	88	생일	2005.06.03	투타	우투우타	지명	2024 두산 1라운드 2순위
연봉	3,000			학교	동막초-상인천중-인천고				

● 스프링캠프 최대 화제. 청소년 대표팀 때부터 발군이던 직구 구위가 프로에서도 충분히 통할 가능성을 보였다. 직구의 움직임이 엄청나고 제구까지 갖췄다. 슬라이더와 커브도 완성도가 상당하다. 같은 나이 때의 박영현(KT)보다 한 수 위라는 평가. 개막전 로스터 진입을 넘어, 시즌 초반부터 마무리를 꿰찰 수 있다는 전망까지 나오고 있다.

기본기록

연도	경기	선발	QS	승	패	세이브	BS	홀드	이닝	피안타	피홈런	4사구	삼진	피안타율	WHIP	피OPS	FIP	ERA	WAR	WPA
2021																				
2022																				
2023																				
통산																				

구종별 기록

구종	구사%	구속	수직 무브	수평 무브	분당 회전	땅볼%	타구속도	강한타구%
직구								
커브								
슬라이더								
체인지업								
포크								
싱커								
투심								
너클								
커터								
스플리터								

상황별 기록

상황	타석	홈런/9	볼넷/9	삼진/9	피안타율	WHIP	피OPS	GO/FO
전반기								
후반기								
vs 좌								
vs 우								
주자없음								
주자있음								
득점권								
1-2번 상대								
3-5번 상대								
6-9번 상대								

박치국 투수 1

신장	177	체중	78	생일	1998.03.10	투타	우언우타	지명	2017 두산 2차 1라운드 10순위
연봉	14,500-10,500-13,000			학교	인천숭의초-인천신흥중-제물포고				

● 전반기에는 최고의 구위를 보였다. 특히 5월부터 7월까지는 생애 최고의 제구력을 보이며 정상급 계투요원으로 활약했다. 하지만 8월 이후 급격히 페이스가 떨어졌다. 특히 왼손타자들에게 집중타를 맞고 무너졌다. 왼손타자가 갈수록 늘고, '1이닝 3타자 규정'이 곧 도입되는 상황에서, 왼손타자 상대 약점은 박치국에게 치명타가 될 수 있다.

기본기록

연도	경기	선발	QS	승	패	세이브	BS	홀드	이닝	피안타	피홈런	4사구	삼진	피안타율	WHIP	피OPS	FIP	ERA	WAR	WPA
2021	23	0	0	2	1	0	1	8	22	21	2	12	20	0.273	1.45	0.787	3.92	4.09	0.23	0.96
2022	15	0	0	1	2	0	3	5	11 2/3	6	0	12	12	0.158	1.29	0.518	4.11	5.40	-0.07	-0.07
2023	62	0	0	5	3	2	2	11	52 2/3	54	3	26	48	0.258	1.42	0.704	3.78	3.59	0.80	1.39
통산	312	3	0	16	18	8	12	60	309	327	23	152	264	0.274	1.44	0.746	4.11	4.02	2.48	3.87

구종별 기록

구종	구사%	구속	수직 무브	수평 무브	분당 회전	땅볼%	타구속도	강한타구%
직구	49.5%	143.2	9.3	-24.8	2015.0	40.0%	133.1	26.2%
커브	7.0%	121.6	-3.0	23.5	1543.1	33.3%	132.7	16.7%
슬라이더	15.8%	129.4	-0.8	4.8	487.0	41.2%	132.7	25.0%
체인지업	27.6%	130.9	-1.2	-24.2	1696.7	35.7%	135.5	21.6%
포크								
싱커								
투심								
너클								
커터								
스플리터								

상황별 기록

상황	타석	홈런/9	볼넷/9	삼진/9	피안타율	WHIP	피OPS	GO/FO
전반기	149	0.26	2.91	8.21	0.252	1.32	0.648	0.59
후반기	87	0.96	4.82	8.20	0.270	1.61	0.804	0.76
vs 좌	90	0.96	5.30	8.20	0.289	1.77	0.854	0.85
vs 우	146	0.26	2.65	8.21	0.241	1.24	0.616	0.56
주자없음	110	0.70	2.10	8.42	0.252	1.25	0.659	0.56
주자있음	126	0.33	5.00	8.00	0.264	1.59	0.744	0.74
득점권	82	0.66	6.62	9.17	0.215	1.53	0.686	0.74
1-2번 상대	37	0.00	1.93	4.82	0.265	1.18	0.777	0.67
3-5번 상대	83	0.00	5.71	7.79	0.254	1.67	0.657	0.52
6-9번 상대	116	1.04	2.77	9.69	0.260	1.35	0.711	0.75

이병헌 투수 29

신장	183	체중	95	생일	2003.06.04	투타	좌투좌타	지명	2022 두산 1차
연봉	3,000-3,100-3,600			학교	역삼초-영동중-서울고				

● 입단 2년차에 처음으로 제대로 된 기회를 받았다. 특급 유망주 출신다운 잠재력과 숙제를 함께 확인했다. 토종 왼손투수로는 상위권의 구속을 앞세워 좋은 탈삼진 능력을 보였다. 제구는 아직 갈 길이 멀었다. 겨울 동안 체인지업과 제구의 완성도를 높이는데 구슬땀을 쏟았다 스프링캠프에서 제구가 꽤 향상됐다는 평가를 받았다.

기본기록

연도	경기	선발	QS	승	패	세이브	BS	홀드	이닝	피안타	피홈런	4사구	삼진	피안타율	WHIP	피OPS	FIP	ERA	WAR	WPA
2021																				
2022	9	0	0	0	0	0	0	5	5	0	8	5	0.250	2.40	0.764	6.14	3.60	0.01	-0.06
2023	36	0	0	0	0	0	2	5	27	25	2	23	28	0.248	1.74	0.760	4.89	4.67	-0.10	-0.64
통산	45	0	0	0	0	0	2	5	32	30	2	31	33	0.248	1.84	0.763	5.05	4.50	-0.09	-0.70

구종별 기록

구종	구사%	구속	수직 무브	수평 무브	분당 회전	땅볼%	타구속도	강한타구%
직구	68.4%	144.2	24.7	11.5	2114.2	37.8%	135.7	24.4%
커브								
슬라이더	27.1%	132.0	2.8	-4.3	551.7	33.3%	132.3	20.0%
체인지업	2.1%	135.2	14.3	21.1	1855.5	-	-	-
포크	2.3%	132.4	7.0	9.9	1015.4	-	-	-
싱커								
투심								
너클								
커터								
스플리터								

상황별 기록

상황	타석	홈런/9	볼넷/9	삼진/9	피안타율	WHIP	피OPS	GO/FO
전반기	69	0.64	9.00	9.00	0.259	2.00	0.801	0.37
후반기	57	0.69	5.54	9.69	0.234	1.46	0.713	0.92
vs 좌	79	0.53	7.94	10.06	0.226	1.71	0.724	0.71
vs 우	47	0.90	6.30	8.10	0.282	1.80	0.819	0.43
주자없음	56	0.79	10.32	9.53	0.209	1.94	0.742	0.69
주자있음	70	0.57	5.17	9.19	0.276	1.60	0.774	0.50
득점권	43	1.29	11.57	6.43	0.387	3.00	1.137	0.67
1-2번 상대	48	0.00	6.75	8.25	0.135	1.17	0.460	0.69
3-5번 상대	44	0.96	7.71	13.70	0.250	1.82	0.830	0.86
6-9번 상대	34	1.59	7.94	4.76	0.393	2.82	1.071	0.27

이영하 투수 50

신장	192	체중	91	생일	1997.11.01	투타	우투우타	지명	2016 두산 1차
연봉	16,000-12,000-10,000			학교	영일초-강남중-선린인터넷고				

● 불미스러운 일에 연루돼 시즌 출발이 늦어졌다. 다행히 불기소 처분으로 일단락됐지만 제 기량을 온전히 펼치기는 불가능했다. 그래도 생애 가장 빠른 직구 평균 시속을 찍으며 건재함을 알렸다. 올 시즌에는 다시 선발 보직에 도전한다. 레퍼토리는 충분하다. 선발로만 나서면 구위가 떨어지고 제구가 흔들렸던 전철을 밟아서는 안 된다.

기본기록

연도	경기	선발	QS	승	패	세이브	BS	홀드	이닝	피안타	피홈런	4사구	삼진	피안타율	WHIP	피OPS	FIP	ERA	WAR	WPA
2021	35	11	1	5	6	1	0	2	78 2/3	81	9	58	53	0.273	1.75	0.811	5.68	6.29	-0.25	-0.62
2022	21	20	6	6	8	0	0	0	98 2/3	109	5	63	83	0.283	1.68	0.742	4.20	4.93	0.04	0.17
2023	36	0	0	5	3	0	0	4	39 1/3	40	2	25	28	0.256	1.55	0.724	4.51	5.49	-0.35	-0.51
통산	223	97	38	51	38	7	2	8	670 1/3	709	53	370	455	0.274	1.55	0.756	4.81	4.85	2.92	4.97

구종별 기록

구종	구사%	구속	수직 무브	수평 무브	분당 회전	땅볼%	타구속도	강한타구%
직구	49.5%	147.5	28.5	-15.6	2534.0	48.9%	138.8	32.8%
커브	3.8%	124.5	-10.3	4.7	828.8	33.3%	128.4	0.0%
슬라이더	40.1%	135.4	9.3	1.9	757.3	60.7%	126.8	4.3%
체인지업								
포크	6.7%	131.9	13.0	-13.0	1384.0	75.0%	140.2	44.4%
싱커								
투심								
너클								
커터								
스플리터								

상황별 기록

상황	타석	홈런/9	볼넷/9	삼진/9	피안타율	WHIP	피OPS	GO/FO
전반기	68	1.29	5.79	7.07	0.273	1.71	0.812	1.07
후반기	116	0.00	4.26	6.04	0.248	1.46	0.676	1.11
vs 좌	99	0.43	3.86	5.57	0.310	1.71	0.829	1.04
vs 우	85	0.49	5.89	7.36	0.188	1.36	0.594	1.16
주자없음	94	0.44	3.48	5.66	0.247	1.40	0.660	1.55
주자있음	90	0.48	6.27	7.23	0.268	1.71	0.796	0.68
득점권	62	0.68	5.40	6.75	0.235	1.50	0.734	0.61
1-2번 상대	43	1.42	8.53	4.26	0.441	3.32	1.184	2.20
3-5번 상대	48	0.84	6.75	10.13	0.225	1.59	0.729	1.11
6-9번 상대	93	0.00	2.82	5.24	0.195	1.03	0.527	0.89

최원준 투수 61

신장	182	체중	91	생일	1994.12.21	투타	우언우타	지명	2017 두산 1차
연봉	34,000-33,000-25,000			학교	수유초-신일중-신일고				

● 왼손타자 폭증 시대에, 왼손타자를 잡을 확실한 무기가 없는 투수는 선발 투수로 생존이 쉽지 않다. 최원준도 3년을 잘 버티다 결국 한계에 부딪혔다. 왼손타자 상대 약점이 여전한데다, 3년째 변함없는 구종을 지켜본 오른손타자에게도 난타 당했고 결국 선발 보직을 내놓아야 했다. FA 시즌을 앞두고 체인지업 그립을 바꾸는 모험을 했다.

기본기록

연도	경기	선발	QS	승	패	세이브	BS	홀드	이닝	피안타	피홈런	4사구	삼진	피안타율	WHIP	피OPS	FIP	ERA	WAR	WPA
2021	29	29	15	12	4	0	0	0	158 1/3	160	15	47	113	0.260	1.24	0.706	4.01	3.30	3.41	2.86
2022	30	30	16	8	13	0	0	0	165	183	21	44	113	0.279	1.33	0.749	4.43	3.60	1.63	1.39
2023	26	20	7	3	10	0	0	0	107 2/3	119	11	40	71	0.287	1.37	0.799	4.57	4.93	0.64	0.87
통산	167	100	42	34	31	1	0	4	617 2/3	670	65	198	434	0.276	1.33	0.751	4.40	3.82	7.63	6.82

구종별 기록

구종	구사%	구속	수직 무브	수평 무브	분당 회전	땅볼%	타구속도	강한타구%
직구	52.8%	137.2	9.1	-29.3	2221.2	27.8%	137.7	38.3%
커브	9.8%	112.2	1.5	13.9	860.9	37.9%	136.2	13.5%
슬라이더	30.4%	126.7	9.6	-4.0	807.0	27.0%	133.0	20.9%
체인지업	6.6%	121.8	2.2	-26.0	1684.2	33.3%	144.8	35.3%
포크	0.4%	119.3	-3.8	-14.3	958.7	100.0%	124.1	0.0%
싱커								
투심								
너클								
커터								
스플리터								

상황별 기록

상황	타석	홈런/9	볼넷/9	삼진/9	피안타율	WHIP	피OPS	GO/FO
전반기	321	0.87	2.48	6.56	0.283	1.38	0.800	0.35
후반기	144	1.03	2.06	4.63	0.295	1.34	0.795	0.63
vs 좌	246	0.65	2.91	6.31	0.297	1.46	0.814	0.35
vs 우	219	1.21	1.73	5.54	0.276	1.27	0.781	0.51
주자없음	250	0.83	2.32	6.46	0.299	1.53	0.798	0.52
주자있음	215	1.01	2.36	5.40	0.272	1.20	0.800	0.33
득점권	128	0.94	2.83	5.97	0.284	1.40	0.833	0.33
1-2번 상대	115	0.42	4.15	4.98	0.412	2.40	1.101	0.33
3-5번 상대	161	2.08	1.62	6.00	0.265	1.18	0.807	0.33
6-9번 상대	189	0.19	2.11	6.32	0.229	1.04	0.604	0.58

최지강 투수 42

| 신장 | 180 | 체중 | 88 | 생일 | 2001.07.23 | 투타 | 우투좌타 | 지명 | 2022 두산 육성선수 |
| 연봉 | 3,000-3,000-3,400 | | | 학교 | 광주서석초-광주동성중-광주동성고-강릉영동대 | | | | |

● 2년 전 육성선수로 입단한 뒤 구위가 해마다 향상됐다. 지난해 개막전 승리투수가 되며 강렬한 인상을 남겼고 최고 시속 152㎞를 찍었다. 오버핸드 치고는 매우 낮은 릴리스 포인트에서 옆으로 많이 휘는 특성을 갖고 있다. 슬라이더의 낙폭도 준수하다. 스프링캠프부터 시속 150㎞를 넘기며 두산 팬들의 가슴을 설레게 했다. 불펜의 다크호스다.

기본기록

연도	경기	선발	QS	승	패	세이브	BS	홀드	이닝	피안타	피홈런	4사구	삼진	피안타율	WHIP	피OPS	FIP	ERA	WAR	WPA
2021																				
2022	2	0	0	0	0	0	0	0	1 2/3	6	0	2	2	0.667	4.80	1.505	4.54	21.60	-0.14	-0.06
2023	25	0	0	2	1	0	0	2	22	16	0	21	14	0.205	1.64	0.622	5.03	5.32	-0.09	0.63
통산	27	0	0	2	1	0	0	2	23 2/3	22	0	23	16	0.253	1.86	0.712	4.95	6.46	-0.22	0.57

구종별 기록

구종	구사%	구속	수직 무브	수평 무브	분당 회전	땅볼%	타구속도	강한타구%
직구	46.7%	144.0	21.8	-22.2	2363.7	52.6%	142.3	39.1%
커브								
슬라이더	42.5%	133.8	3.2	2.9	478.1	40.7%	133.5	9.4%
체인지업	10.8%	131.4	6.0	-23.6	1725.1	100.0%	133.8	33.3%
포크								
싱커								
투심								
너클								
커터								
스플리터								

상황별 기록

상황	타석	홈런/9	볼넷/9	삼진/9	피안타율	WHIP	피OPS	GO/FO
전반기	70	0.00	8.79	5.65	0.208	1.74	0.622	0.89
후반기	32	0.00	7.04	5.87	0.200	1.43	0.624	1.29
vs 좌	57	0.00	9.95	5.68	0.150	1.58	0.557	0.87
vs 우	45	0.00	5.79	5.79	0.263	1.71	0.694	1.20
주자없음	46	0.00	9.00	5.40	0.139	1.50	0.493	0.92
주자있음	56	0.00	7.50	6.00	0.262	1.75	0.733	1.08
득점권	33	0.00	9.45	6.75	0.261	1.95	0.772	1.33
1-2번 상대	25	0.00	6.00	4.50	0.158	1.17	0.491	0.67
3-5번 상대	33	0.00	9.82	7.36	0.125	1.50	0.531	1.14
6-9번 상대	44	0.00	8.31	5.19	0.286	2.08	0.762	1.22

홍건희 투수 17

| 신장 | 187 | 체중 | 97 | 생일 | 1992.09.29 | 투타 | 우투우타 | 지명 | 2011 KIA 2라운드 9순위 |
| 연봉 | 25,000-30,000-30,000 | | | 학교 | 화순초-화순중-화순고 | | | | |

● 지난해 8월에 흔들리며 마무리 자리를 정철원에게 내줬다. 결정적 시기의 부진이었기에 FA 계약까지 손해를 봤다. 그런데 이 흔들림은 불운이었을까 부진이었을까? 속도와 무브먼트, 삼진-볼넷 비율 같은 2차 지표에서는 기량 저하의 흔적을 찾기 어렵다. 올 시즌에도 여전히 수준급 불펜 투수로 활약할 가능성이 높다는 뜻이다.

기본기록

연도	경기	선발	QS	승	패	세이브	BS	홀드	이닝	피안타	피홈런	4사구	삼진	피안타율	WHIP	피OPS	FIP	ERA	WAR	WPA
2021	65	0	0	6	6	3	5	17	74 1/3	65	3	27	82	0.239	1.24	0.619	2.74	2.78	2.53	1.55
2022	58	0	0	2	9	18	3	4	9	62	4	58	5	23	60	0.250	1.27	0.666	3.42	3.48	0.83	1.69
2023	64	0	0	1	5	22	3	5	61 2/3	67	4	24	62	0.272	1.48	0.722	3.30	3.06	0.98	0.40
통산	403	33	7	21	24	49	18	44	601 2/3	685	49	274	542	0.289	1.56	0.798	4.52	5.30	3.73	1.83

구종별 기록

구종	구사%	구속	수직 무브	수평 무브	분당 회전	땅볼%	타구속도	강한타구%
직구	55.9%	145.3	26.2	-5.6	2077.3	38.4%	131.7	23.2%
커브	3.1%	118.3	-17.5	4.6	1159.0	100.0%	150.9	100.0%
슬라이더	38.9%	134.2	5.6	1.4	549.1	51.2%	134.6	24.4%
체인지업								
포크	2.1%	135.0	20.8	-16.4	1906.4	0.0%	123.4	0.0%
싱커								
투심								
너클								
커터								
스플리터								

상황별 기록

상황	타석	홈런/9	볼넷/9	삼진/9	피안타율	WHIP	피OPS	GO/FO
전반기	155	0.00	2.83	6.94	0.288	1.46	0.719	0.78
후반기	122	1.35	4.39	11.81	0.252	1.50	0.726	0.80
vs 좌	147	0.29	3.77	8.13	0.308	1.71	0.794	0.94
vs 우	130	0.88	3.23	9.98	0.233	1.24	0.642	0.65
주자없음	138	1.26	3.45	9.73	0.307	1.74	0.819	0.73
주자있음	139	0.00	3.55	8.45	0.235	1.24	0.619	0.85
득점권	84	0.00	4.26	9.47	0.239	1.37	0.659	1.06
1-2번 상대	62	0.00	3.00	11.25	0.368	2.08	0.866	1.10
3-5번 상대	95	1.23	4.50	7.36	0.244	1.41	0.757	0.88
6-9번 상대	120	0.33	2.93	9.47	0.243	1.27	0.620	0.63

강승호 내야수 23

신장	178	체중	88	생일	1994.02.09	투타	우투우타	지명	2013 LG 1라운드 3순위
연봉	11,500-20,000-25,500			학교	순천북초–천안북중–북일고				

● 딱 2022년 수준의 활약을 했다. 다른 말로 하면 정체돼 있다. 퇴보의 조짐도 보인다. 타구 속도와 발사각이 조금 하락했는데 BABIP만 리그 오른손타자 중 4번째로 높은 0.341로 치솟았다. 즉 행운이 깃든 시즌이었을 가능성이 있다. 오른손투수를 상대로 장타력이 너무 낮아지는 약점을 노출했다. 감독의 신뢰 속에 올 시즌도 주전 2루수로 출발한다.

기본기록

연도	경기	타석	타수	안타	2루타	3루타	홈런	타점	득점	볼넷	사구	삼진	도루	도루자	타율	출루율	장타율	OPS	WAR	WPA
2021	113	340	301	72	16	2	7	37	47	22	6	78	6	2	0.239	0.301	0.375	0.676	1.12	-1.98
2022	134	487	444	117	28	1	10	62	54	29	3	100	13	5	0.264	0.310	0.399	0.709	2.38	-0.74
2023	127	459	419	111	18	6	7	59	51	27	6	110	13	6	0.265	0.316	0.387	0.703	1.60	-1.41
통산	561	1849	1673	422	89	11	34	228	217	107	21	442	37	16	0.252	0.302	0.380	0.682	4.43	-7.19

구종별기록

상황	상대%	타구속도	상하각도	타율	장타율	땅볼%	뜬공%	강한타구%
직구	35.7%	133.2	26.2	0.306	0.465	33.3%	66.7%	28.4%
커브	11.4%	127.2	24.7	0.125	0.200	57.1%	42.9%	12.5%
슬라이더	22.0%	130.7	14.1	0.286	0.357	64.7%	35.3%	19.0%
체인지업	12.2%	135.7	15.9	0.341	0.591	45.0%	55.0%	20.0%
포크	5.4%	137.1	14.5	0.130	0.130	57.1%	42.9%	25.0%
싱커								
투심	8.0%	136.7	3.6	0.313	0.375	95.0%	5.0%	37.5%
너클								
커터	5.3%	128.3	9.7	0.080	0.080	78.6%	21.4%	9.1%
스플리터								

상황별기록

구분	타석	홈런/9	볼넷/9	삼진/9	타율	출루율	장타율	OPS
전반기	219	2.3%	5.9%	21.5%	0.262	0.312	0.401	0.713
후반기	240	0.8%	5.8%	26.3%	0.267	0.321	0.373	0.694
vs 좌	128	3.1%	7.8%	24.2%	0.328	0.375	0.543	0.918
vs 우	331	0.9%	5.1%	23.9%	0.241	0.294	0.327	0.621
주자없음	226	1.3%	4.9%	29.6%	0.251	0.301	0.346	0.647
주자있음	233	1.7%	6.9%	18.5%	0.279	0.332	0.428	0.760
득점권	139	2.2%	7.2%	17.3%	0.273	0.331	0.413	0.744
노아웃	142	1.4%	3.5%	20.4%	0.260	0.290	0.405	0.695
원아웃	157	0.6%	7.6%	19.7%	0.302	0.369	0.388	0.757
투아웃	160	2.5%	6.3%	31.3%	0.235	0.288	0.369	0.657

김인태 외야수 33

신장	178	체중	78	생일	1994.07.03	투타	좌투좌타	지명	2013 두산 1라운드 4순위
연봉	14,000-10,000-9,000			학교	포항제철서초–천안북중–북일고				

● 부상의 악령과 헤어지지 못하고 있다. 슬라이딩을 하다가 어깨가 탈구돼 무려 4개월을 날렸다. 115타석 밖에 못 들어왔지만 특유의 '눈 야구'로 높은 출루율은 유지했다. 지난 4년간 출루율이 0.360 이하로 내려간 적이 없고 통산 출루율이 0.354로 양의지를 제외한 어떤 주전보다도 높다. 외야 및 지명타자 백업으로 시즌을 시작한다.

기본기록

연도	경기	타석	타수	안타	2루타	3루타	홈런	타점	득점	볼넷	사구	삼진	도루	도루자	타율	출루율	장타율	OPS	WAR	WPA
2021	133	418	344	89	15	1	8	46	51	62	3	67	0	2	0.259	0.373	0.378	0.751	2.32	0.42
2022	83	279	235	58	6	0	5	25	25	41	3	47	1	0	0.247	0.366	0.336	0.702	1.23	-0.73
2023	47	115	98	25	5	0	1	14	8	15	1	26	2	1	0.255	0.360	0.337	0.697	0.26	-0.43
통산	457	1164	977	239	42	2	20	122	126	161	9	206	4	2	0.245	0.354	0.353	0.707	3.85	-0.59

구종별기록

상황	상대%	타구속도	상하각도	타율	장타율	땅볼%	뜬공%	강한타구%
직구	39.2%	143.5	19.9	0.351	0.486	36.8%	63.2%	44.4%
커브	10.0%	126.6	20.0	0.091	0.091	50.0%	50.0%	20.0%
슬라이더	14.1%	137.9	2.5	0.143	0.214	100.0%	0.0%	50.0%
체인지업	10.9%	134.2	17.4	0.429	0.571	100.0%	0.0%	33.3%
포크	13.6%	136.7	23.4	0.286	0.357	40.0%	60.0%	42.9%
싱커								
투심	5.5%	128.6	31.5	0.125	0.125	20.0%	80.0%	20.0%
너클								
커터	6.6%	123.9	14.3	0.143	0.143	75.0%	25.0%	0.0%
스플리터								

상황별기록

구분	타석	홈런/9	볼넷/9	삼진/9	타율	출루율	장타율	OPS
전반기	22	0.0%	9.1%	22.7%	0.263	0.333	0.316	0.649
후반기	93	1.1%	14.0%	22.6%	0.253	0.366	0.342	0.708
vs 좌	11	0.0%	9.1%	36.4%	0.300	0.364	0.500	0.864
vs 우	104	1.0%	13.5%	21.2%	0.250	0.359	0.318	0.677
주자없음	56	1.8%	14.3%	26.8%	0.255	0.375	0.319	0.694
주자있음	59	0.0%	11.9%	18.6%	0.255	0.345	0.353	0.698
득점권	39	0.0%	15.4%	20.5%	0.313	0.421	0.438	0.859
노아웃	42	2.4%	16.7%	26.2%	0.176	0.317	0.265	0.582
원아웃	32	0.0%	12.5%	18.8%	0.333	0.438	0.407	0.845
투아웃	41	0.0%	9.8%	22.0%	0.270	0.341	0.351	0.692

김재호 내야수 52

신장	181	체중	75	생일	1985.03.21	투타	우투우타	지명	2004 두산 1차
연봉	50,000-50,000-30,000			학교	남정초-중앙중-중앙고				

● 후배 유격수들이 좀처럼 성장하지 못하면서, KBO리그 사상 최초로 38세 이후에 sWAR 1을 넘긴 유격수가 됐다. 수비 범위와 안정성에서 세월의 흐름을 느끼기 어려웠다. 타석에서는 생애 최저치인 8%의 삼진 비율을 찍으면서 '콘택트 회춘'을 선보였다. 연봉 계약이 늦어진 올해도 팀 내 최고 수비력의 유격수가 김재호라는 사실에는 변함이 없다.

기본기록

연도	경기	타석	타수	안타	2루타	3루타	홈런	타점	득점	볼넷	사구	삼진	도루	도루자	타율	출루율	장타율	OPS	WAR	WPA
2021	89	251	211	44	8	0	1	24	23	29	2	34	1	0	0.209	0.306	0.261	0.567	0.36	-2.22
2022	102	164	223	48	7	0	1	21	26	28	2	33	0	2	0.215	0.304	0.260	0.564	0.34	-2.51
2023	91	302	247	70	13	0	3	29	32	30	8	24	4	0	0.283	0.376	0.372	0.748	2.01	-0.51
통산	1736	5195	4408	1197	206	26	53	589	641	562	49	629	79	40	0.272	0.355	0.366	0.721	19.50	-4.52

구종별기록

상황	상대%	타구속도	상하 각도	타율	장타율	땅볼%	뜬공%	강한타구%
직구	42.9%	131.3	25.2	0.311	0.434	27.5%	72.5%	23.9%
커브	7.8%	127.4	7.4	0.200	0.200	77.8%	22.2%	11.1%
슬라이더	20.2%	119.9	26.8	0.283	0.391	32.1%	67.9%	5.6%
체인지업	12.3%	128.3	19.6	0.250	0.321	46.7%	53.3%	10.0%
포크	3.8%	128.7	16.1	0.273	0.364	71.4%	28.6%	14.3%
싱커								
투심	8.6%	136.8	10.3	0.238	0.286	73.3%	26.7%	30.8%
너클								
커터	4.4%	136.1	5.8	0.200	0.200	66.7%	33.3%	14.3%
스플리터								

상황별기록

구분	타석	홈런/9	볼넷/9	삼진/9	타율	출루율	장타율	OPS
전반기	102	2.0%	11.8%	6.9%	0.301	0.402	0.325	0.727
후반기	200	1.5%	9.0%	8.5%	0.274	0.363	0.396	0.759
vs 좌	107	0.9%	13.1%	6.5%	0.330	0.422	0.420	0.842
vs 우	195	1.0%	8.2%	8.7%	0.258	0.351	0.346	0.697
주자없음	155	1.3%	11.0%	8.4%	0.274	0.368	0.341	0.709
주자있음	147	0.7%	8.8%	7.5%	0.295	0.386	0.411	0.797
득점권	81	0.0%	7.4%	7.4%	0.303	0.360	0.394	0.754
노아웃	105	1.0%	8.6%	6.7%	0.270	0.385	0.351	0.736
원아웃	123	1.6%	9.8%	8.9%	0.306	0.385	0.407	0.792
투아웃	74	0.0%	12.2%	8.1%	0.262	0.351	0.338	0.689

박계범 내야수 14

신장	177	체중	84	생일	1996.01.11	투타	우투우타	지명	2014 삼성 2차 2라운드 17순위
연봉	14,500-9,700-8,500			학교	순천북초-순천이수중-효천고				

● 주전급으로 도약하는가 했던 2021년의 기억이 점점 희미해지고 있다. 2년 연속 공수에서 기량이 하락했다. 오른손투수를 공략하지 못하는 약점이 더 심각해졌고, 수비 범위와 안정성도 악화됐다는 평가. 박준영의 가세로 뎁스 차트에서 입지가 한 단계 더 하락했다. 어느덧 28세. 빨리 전환점을 만들지 못하면 1군에서 입지를 잃을 위기다.

기본기록

연도	경기	타석	타수	안타	2루타	3루타	홈런	타점	득점	볼넷	사구	삼진	도루	도루자	타율	출루율	장타율	OPS	WAR	WPA
2021	118	385	322	86	12	1	5	46	44	44	9	68	4	3	0.267	0.368	0.357	0.725	2.08	-0.27
2022	77	168	145	32	8	0	1	14	21	12	3	40	5	3	0.221	0.290	0.317	0.607	-0.32	-1.43
2023	78	194	169	37	6	0	2	15	18	15	2	44	2	2	0.219	0.286	0.290	0.576	-0.60	-1.29
통산	419	1126	968	230	41	2	16	116	131	100	19	239	19	11	0.238	0.318	0.334	0.652	0.67	-5.10

구종별기록

상황	상대%	타구속도	상하 각도	타율	장타율	땅볼%	뜬공%	강한타구%
직구	42.4%	131.4	17.2	0.286	0.386	46.2%	53.8%	13.0%
커브	10.0%	125.0	23.2	0.200	0.300	60.0%	40.0%	0.0%
슬라이더	19.7%	132.2	26.7	0.257	0.371	45.0%	55.0%	13.0%
체인지업	11.4%	139.6	11.8	0.053	0.053	72.7%	27.3%	14.3%
포크	5.0%	-	-	0.100	0.100	100.0%	0.0%	-
싱커								
투심	6.8%	132.8	-2.5	0.200	0.200	85.7%	14.3%	40.0%
너클								
커터	4.7%	138.2	15.4	0.125	0.125	66.7%	33.3%	0.0%
스플리터								

상황별기록

구분	타석	홈런/9	볼넷/9	삼진/9	타율	출루율	장타율	OPS
전반기	123	1.6%	6.5%	22.0%	0.236	0.289	0.345	0.634
후반기	71	0.0%	9.9%	23.9%	0.186	0.279	0.186	0.465
vs 좌	62	1.6%	11.3%	11.3%	0.235	0.333	0.333	0.666
vs 우	132	0.8%	6.1%	28.0%	0.212	0.264	0.271	0.535
주자없음	100	1.0%	10.0%	24.0%	0.247	0.330	0.326	0.656
주자있음	94	1.1%	5.3%	21.3%	0.188	0.236	0.250	0.486
득점권	63	0.0%	6.3%	20.6%	0.127	0.190	0.164	0.354
노아웃	73	1.4%	6.8%	17.8%	0.246	0.294	0.311	0.605
원아웃	63	1.6%	7.9%	23.8%	0.286	0.349	0.393	0.742
투아웃	58	0.0%	8.6%	27.6%	0.115	0.207	0.154	0.361

박준영 내야수 9

신장	180	체중	90	생일	1997.08.05	투타	우투우타	지명	2016 NC 1차
연봉	7,000-6,000-7,000			학교	서울도곡초(남양주리틀)–잠신중–경기고				

● FA 박세혁의 보상 선수로 두산으로 옮겨와 가능성과 숙제를 모두 확인했다. 타구 평균 시속 137.7km와 평균 발사각 25도라는, 확실한 장타 잠재력을 인정받았다. 하지만 삼진 비율이 100타석 이상 타자들 가장 높은 38.4%일 정도로 콘택트 문제가 심각했다. 코칭스태프는 새 시즌의 주전 유격수로 박준영을 먼저 낙점했다.

기본기록

연도	경기	타석	타수	안타	2루타	3루타	홈런	타점	득점	볼넷	사구	삼진	도루	도루자	타율	출루율	장타율	OPS	WAR	WPA
2021	111	315	273	57	7	2	8	31	37	27	10	92	4	3	0.209	0.301	0.337	0.638	0.07	-2.81
2022	75	240	208	45	8	1	4	19	27	27	1	54	7	2	0.216	0.308	0.322	0.630	-0.07	-1.56
2023	51	138	127	29	8	2	4	17	16	9	2	53	2	1	0.228	0.290	0.417	0.707	0.43	0.37
통산	272	744	654	138	27	5	16	70	84	65	16	216	14	6	0.211	0.297	0.341	0.638	-0.55	-4.95

구종별기록

상황	상대%	타구속도	상하 각도	타율	장타율	땅볼%	뜬공%	강한타구%
직구	43.3%	137.1	29.5	0.179	0.357	30.4%	69.6%	25.0%
커브	12.9%	145.5	20.9	0.176	0.235	66.7%	33.3%	60.0%
슬라이더	17.5%	134.0	23.8	0.259	0.556	42.9%	57.1%	33.3%
체인지업	7.9%	148.1	9.1	0.429	0.786	33.3%	66.7%	33.3%
포크	5.3%	-	-	0.000	0.000			
싱커								
투심	8.9%	135.1	32.2	0.286	0.286	25.0%	75.0%	25.0%
너클								
커터	4.3%	117.8	33.6	0.333	0.333	0.0%	100.0%	0.0%
스플리터								

상황별기록

구분	타석	홈런/9	볼넷/9	삼진/9	타율	출루율	장타율	OPS
전반기	13	7.7%	7.7%	15.4%	0.500	0.538	1.167	1.705
후반기	125	2.4%	6.4%	40.8%	0.200	0.264	0.339	0.603
vs 좌	36	5.6%	2.8%	25.0%	0.314	0.333	0.629	0.962
vs 우	102	2.0%	7.8%	43.1%	0.196	0.275	0.337	0.612
주자없음	80	5.0%	2.5%	38.8%	0.218	0.238	0.410	0.648
주자있음	58	0.0%	12.1%	37.9%	0.245	0.362	0.429	0.791
득점권	34	0.0%	14.7%	38.2%	0.310	0.412	0.552	0.964
노아웃	47	6.4%	0.0%	38.3%	0.217	0.234	0.478	0.712
원아웃	49	2.0%	8.2%	38.8%	0.227	0.306	0.432	0.738
투아웃	42	0.0%	11.9%	38.1%	0.243	0.333	0.324	0.657

이유찬 내야수 7

신장	175	체중	68	생일	1998.08.05	투타	우투우타	지명	2017 두산 2차 5라운드 50순위
연봉	6,000-6,000-8,500			학교	동막초–천안북중–북일고				

● 시즌 개막 유격수로 출전했고 데뷔 후 처음으로 200타석 넘는 기회를 받았다. 하지만 타석에서는 장점이 눈에 띄지 않으며 결국 기회를 살리지 못했다. 파워도 콘택트도 선구안도 평균 이하였다. 2루수와 유격수 수비에서도 안정성이 떨어졌다. 발은 조금도 느려지지 않았지만, 발 만으로 주전 도약은 쉽지 않다.

기본기록

연도	경기	타석	타수	안타	2루타	3루타	홈런	타점	득점	볼넷	사구	삼진	도루	도루자	타율	출루율	장타율	OPS	WAR	WPA
2021																				
2022	13	31	29	7	0	0	1	2	3	0	0	12	1	1	0.241	0.233	0.345	0.578	-0.23	-0.26
2023	104	239	210	51	7	2	1	16	31	20	3	51	12	5	0.243	0.316	0.310	0.626	0.09	-1.26
통산	271	415	363	90	10	3	2	27	75	35	6	97	32	11	0.248	0.322	0.309	0.631	0.16	-2.15

구종별기록

상황	상대%	타구속도	상하 각도	타율	장타율	땅볼%	뜬공%	강한타구%
직구	44.3%	125.7	21.6	0.207	0.268	38.6%	61.4%	12.0%
커브	7.6%	130.3	9.2	0.412	0.588	50.0%	50.0%	0.0%
슬라이더	21.6%	123.3	26.5	0.250	0.275	31.6%	68.4%	0.0%
체인지업	8.8%	127.4	16.0	0.409	0.545	50.0%	50.0%	6.3%
포크	5.0%	130.2	9.9	0.000	0.000	50.0%	50.0%	20.0%
싱커								
투심	8.7%	138.1	24.8	0.211	0.316	41.7%	58.3%	36.4%
너클								
커터	4.0%	133.2	14.7	0.111	0.111	57.1%	42.9%	16.7%
스플리터								

상황별기록

구분	타석	홈런/9	볼넷/9	삼진/9	타율	출루율	장타율	OPS
전반기	207	0.5%	9.2%	20.8%	0.246	0.322	0.317	0.639
후반기	32	0.0%	3.1%	25.0%	0.222	0.276	0.259	0.535
vs 좌	48	0.0%	10.4%	27.1%	0.279	0.354	0.349	0.703
vs 우	191	0.5%	7.9%	19.9%	0.234	0.306	0.299	0.605
주자없음	140	0.0%	5.7%	20.0%	0.267	0.314	0.313	0.627
주자있음	99	1.0%	12.1%	23.2%	0.203	0.319	0.304	0.623
득점권	65	1.5%	10.8%	23.1%	0.170	0.286	0.283	0.569
노아웃	71	0.0%	7.0%	21.1%	0.200	0.269	0.217	0.486
원아웃	85	1.2%	11.8%	17.6%	0.247	0.345	0.342	0.687
투아웃	83	0.0%	6.0%	25.3%	0.273	0.325	0.351	0.676

장승현 포수 22

| 신장 | 184 | 체중 | 86 | 생일 | 1994.03.07 | 투타 | 우투우타 | 지명 | 2013 두산 4라운드 36순위 |
| 연봉 | 7,800-6,000-6,000 | | | 학교 | 인천서림초-동산중-제물포고 | | | | |

● 양의지가 30대 후반에 접어드는 두산에게, 백업 포수는 다른 팀보다 중요성이 훨씬 높다. 그래서 장승현의 지난해 부진은 두산에게 꽤 큰 피해를 안겼다. 양의지가 무리하게 포수로 나서는 시간이 늘어나면서 결국 시즌 후반 체력 고갈과 부상에 시달렸기 때문이다. 지난해의 모습이 계속된다면 '두 번째 포수'의 위치를 지키기가 쉽지 않다.

기본기록

연도	경기	타석	타수	안타	2루타	3루타	홈런	타점	득점	볼넷	사구	삼진	도루	도루자	타율	출루율	장타율	OPS	WAR	WPA
2021	92	211	177	41	10	0	2	27	18	19	8	50	0	0	0.232	0.332	0.322	0.654	0.73	-0.87
2022	60	109	96	20	3	0	0	9	6	5	4	27	0	0	0.208	0.274	0.240	0.514	-0.42	-0.93
2023	76	158	139	22	1	0	3	9	11	6	8	36	1	0	0.158	0.235	0.230	0.465	-0.53	-1.80
통산	306	562	486	100	19	0	5	52	45	35	22	134	1	0	0.206	0.288	0.276	0.564	-0.40	-4.04

구종별기록

상황	상대%	타구속도	상하 각도	타율	장타율	땅볼%	뜬공%	강한타구%
직구	44.3%	132.1	25.4	0.125	0.250	58.3%	41.7%	23.3%
커브	8.6%	134.0	27.9	0.000	0.000	50.0%	50.0%	33.3%
슬라이더	20.0%	135.3	14.3	0.250	0.250	61.5%	38.5%	13.3%
체인지업	11.4%	132.9	14.8	0.286	0.500	57.1%	42.9%	0.0%
포크	4.4%	-	-	0.000	0.000	100.0%	0.0%	-
싱커								
투심	7.4%	132.3	16.0	0.077	0.077	81.8%	18.2%	20.0%
너클								
커터	4.0%	145.1	14.9	0.167	0.167	60.0%	40.0%	33.3%
스플리터								

상황별기록

구분	타석	홈런/9	볼넷/9	삼진/9	타율	출루율	장타율	OPS
전반기	94	3.2%	4.3%	20.2%	0.226	0.293	0.345	0.638
후반기	64	0.0%	3.1%	26.6%	0.055	0.148	0.055	0.203
vs 좌	42	2.4%	0.0%	26.2%	0.205	0.225	0.308	0.533
vs 우	116	1.7%	5.2%	21.6%	0.140	0.239	0.200	0.439
주자없음	81	3.7%	2.5%	19.8%	0.173	0.235	0.307	0.542
주자있음	77	0.0%	5.2%	26.0%	0.141	0.236	0.141	0.377
득점권	46	0.0%	8.7%	28.3%	0.111	0.256	0.111	0.367
노아웃	56	1.8%	0.0%	17.9%	0.184	0.216	0.245	0.461
원아웃	48	0.0%	2.1%	29.2%	0.068	0.146	0.068	0.214
투아웃	54	3.7%	9.3%	22.2%	0.217	0.333	0.370	0.703

조수행 외야수 51

| 신장 | 178 | 체중 | 73 | 생일 | 1993.08.30 | 투타 | 우투좌타 | 지명 | 2016 두산 2차 1라운드 5순위 |
| 연봉 | 8,500-7,800-9,500 | | | 학교 | 노암초-경포중-강릉고-건국대 | | | | |

● 생애 가장 많은 타석 기회를 받았지만, 아쉬움만 남겼다. OPS 0.549로 200타석 이상 타자들 중 리그 꼴찌였다. 일정 수준 이상의 타구를 만들거나 볼넷을 골라내지 못하는 타자가 주전이 되기는 쉽지 않다. 그래도 지난해 생애 최다인 26개의 도루를 기록한 엄청난 스피드가 있기에, 올 시즌도 1군 대주자, 대수비 요원으로 활약할 것이다.

기본기록

연도	경기	타석	타수	안타	2루타	3루타	홈런	타점	득점	볼넷	사구	삼진	도루	도루자	타율	출루율	장타율	OPS	WAR	WPA
2021	115	104	84	24	2	1	1	8	34	16	3	26	21	4	0.286	0.417	0.369	0.786	0.98	-0.40
2022	117	134	119	28	3	1	1	9	36	10	1	31	22	7	0.235	0.295	0.311	0.606	0.20	-1.09
2023	126	249	219	48	2	1	1	17	41	23	2	38	26	6	0.219	0.298	0.251	0.549	0.04	-1.23
통산	667	806	719	182	16	7	4	60	191	64	7	152	86	24	0.253	0.319	0.312	0.631	1.43	-3.65

구종별기록

상황	상대%	타구속도	상하 각도	타율	장타율	땅볼%	뜬공%	강한타구%
직구	46.9%	130.8	18.5	0.252	0.315	55.4%	44.6%	8.5%
커브	6.8%	127.2	11.4	0.154	0.154	100.0%	0.0%	0.0%
슬라이더	17.4%	126.8	11.7	0.235	0.235	61.9%	38.1%	0.0%
체인지업	9.0%	120.0	1.8	0.200	0.200	75.0%	25.0%	0.0%
포크	9.3%	129.4	6.4	0.000	0.000	77.8%	22.2%	0.0%
싱커								
투심	4.7%	127.3	1.3	0.143	0.143	87.5%	12.5%	16.7%
너클								
커터	5.8%	118.0	12.3	0.455	0.455	50.0%	50.0%	0.0%
스플리터								

상황별기록

구분	타석	홈런/9	볼넷/9	삼진/9	타율	출루율	장타율	OPS
전반기	99	1.0%	12.1%	20.2%	0.157	0.278	0.193	0.471
후반기	150	0.0%	7.3%	12.0%	0.257	0.311	0.287	0.598
vs 좌	75	0.0%	5.3%	12.0%	0.275	0.311	0.275	0.586
vs 우	174	0.6%	10.9%	16.7%	0.193	0.292	0.240	0.532
주자없음	131	0.0%	8.4%	14.5%	0.208	0.275	0.233	0.508
주자있음	118	0.8%	10.2%	16.1%	0.232	0.325	0.273	0.598
득점권	67	0.0%	11.9%	13.4%	0.236	0.338	0.255	0.593
노아웃	79	1.3%	8.9%	10.1%	0.224	0.307	0.284	0.591
원아웃	83	0.0%	7.2%	18.1%	0.187	0.253	0.187	0.440
투아웃	87	0.0%	11.5%	17.2%	0.247	0.333	0.286	0.619

허경민 내야수 13

신장	176	체중	69	생일	1990.08.26	투타	우투우타	지명	2009 두산 2차 1라운드 7순위
연봉	120,000-120,000-60,000			학교	송정동초–충장중–광주제일고				

● 2018년 이후 5년 만에 공격적으로 가장 부진한 시즌을 보냈다. 가장 큰 이유는 엄청난 불운일 가능성이 높다. 삼진은 오히려 감소했고, 평균 속도와 발사각 등 타구의 질에 별 변화가 없었는데 BABIP이 생애 최저치인 0.267로 하락했다. 리그 오른손타자 중 최저치. 올 시즌 반등이 가능성이 매우 높다. 주장직을 내려놓고 반등에 도전한다.

기본기록

연도	경기	타석	타수	안타	2루타	3루타	홈런	타점	득점	볼넷	사구	삼진	도루	도루자	타율	출루율	장타율	OPS	WAR	WPA
2021	136	518	468	130	24	1	5	59	61	36	8	35	5	7	0.278	0.338	0.365	0.703	1.56	-2.03
2022	121	493	432	125	23	0	8	60	59	36	16	40	10	3	0.289	0.360	0.398	0.758	2.82	-0.04
2023	130	475	429	115	23	1	7	48	44	35	6	26	9	3	0.268	0.328	0.375	0.703	1.38	-1.69
통산	1433	5256	4648	1354	241	18	53	575	696	372	119	417	120	57	0.291	0.355	0.385	0.740	16.60	-6.34

구종별기록

상황	상대%	타구속도	상하 각도	타율	장타율	땅볼%	뜬공%	강한타구%
직구	48.0%	132.3	27.3	0.219	0.303	38.5%	61.5%	16.8%
커브	7.4%	128.5	10.0	0.393	0.464	64.3%	35.7%	4.8%
슬라이더	17.8%	133.4	17.5	0.322	0.575	58.8%	41.2%	18.2%
체인지업	8.4%	126.8	26.3	0.209	0.209	23.3%	76.7%	3.0%
포크	3.0%	125.6	13.5	0.400	0.600	33.3%	66.7%	0.0%
싱커 투심	9.3%	133.9	15.4	0.385	0.410	56.0%	44.0%	17.6%
너클 커터	6.0%	131.8	13.3	0.211	0.263	42.9%	57.1%	16.7%
스플리터								

상황별기록

구분	타석	홈런/9	볼넷/9	삼진/9	타율	출루율	장타율	OPS
전반기	281	1.1%	8.2%	4.6%	0.273	0.342	0.357	0.699
후반기	194	2.1%	6.2%	6.7%	0.261	0.309	0.400	0.709
vs 좌	118	0.0%	7.6%	5.1%	0.222	0.288	0.315	0.603
vs 우	357	2.0%	7.5%	5.6%	0.283	0.342	0.396	0.738
주자없음	269	2.2%	6.7%	4.8%	0.280	0.342	0.394	0.736
주자있음	206	0.5%	8.3%	6.3%	0.251	0.311	0.350	0.661
득점권	125	0.0%	9.6%	5.6%	0.224	0.296	0.299	0.595
노아웃	163	1.2%	7.4%	5.5%	0.293	0.344	0.400	0.744
원아웃	161	1.2%	5.0%	6.2%	0.253	0.298	0.329	0.627
투아웃	151	2.0%	9.9%	4.6%	0.256	0.344	0.398	0.742

홍성호 외야수 44

신장	187	체중	98	생일	1997.07.15	투타	우투좌타	지명	2016 두산 2차 4라운드 36순위
연봉	3,000-3,100-3,300			학교	인헌초–신린중–신린인터넷고				

● 2023년 퓨처스리그 최고의 타자. 북부리그 타격 3관왕을 차지했다. 어마어마한 파워에다 콘택트 능력도 나쁘지 않았다. 2군에서는 검증할 게 없었고 1군에서는 제대로 된 기회가 없었다. 의외로 9월 확대 엔트리에도 포함되지 않았다. 외야수 수비는 낙제점이어서 1루수로 포지션을 옮겼다. 1루 백업 및 대타 요원 경쟁을 펼치고 있다.

기본기록

연도	경기	타석	타수	안타	2루타	3루타	홈런	타점	득점	볼넷	사구	삼진	도루	도루자	타율	출루율	장타율	OPS	WAR	WPA
2021																				
2022	12	19	18	3	0	0	0	3	1	0	0	7	0	0	0.167	0.211	0.167	0.378	-0.18	-0.23
2023	21	51	48	14	0	0	5	6	2	1	1	14	0	1	0.292	0.333	0.375	0.708	0.03	-0.18
통산	33	70	66	17	0	0	5	9	3	1	1	21	0	1	0.258	0.300	0.318	0.618	-0.15	-0.42

구종별기록

상황	상대%	타구속도	상하 각도	타율	장타율	땅볼%	뜬공%	강한타구%
직구	41.5%	129.3	33.7	0.294	0.471	16.7%	83.3%	33.3%
커브	13.2%	112.6	28.4	0.250	0.250	66.7%	33.3%	0.0%
슬라이더	20.1%	114.6	11.1	0.000	0.000	50.0%	50.0%	0.0%
체인지업	10.7%	135.1	26.7	0.286	0.286	0.0%	100.0%	0.0%
포크	5.7%	158.2	-2.5	1.000	1.000	-	-	100.0%
싱커 투심	1.3%	150.6	5.3	1.000	1.000	-	-	100.0%
너클 커터	7.5%	91.5	40.8	0.000	0.000	50.0%	50.0%	0.0%
스플리터								

상황별기록

구분	타석	홈런/9	볼넷/9	삼진/9	타율	출루율	장타율	OPS
전반기	44	0.0%	4.5%	25.0%	0.341	0.386	0.439	0.825
후반기	7	0.0%	0.0%	42.9%	0.000	0.000	0.000	0.000
vs 좌	10	0.0%	0.0%	20.0%	0.300	0.300	0.400	0.700
vs 우	41	0.0%	4.9%	29.3%	0.289	0.341	0.368	0.709
주자없음	29	0.0%	3.4%	20.7%	0.286	0.310	0.357	0.667
주자있음	22	0.0%	4.5%	36.4%	0.300	0.364	0.400	0.764
득점권	14	0.0%	7.1%	50.0%	0.231	0.286	0.308	0.594
노아웃	17	0.0%	0.0%	23.5%	0.176	0.176	0.176	0.352
원아웃	14	0.0%	7.1%	21.4%	0.417	0.500	0.583	1.083
투아웃	20	0.0%	5.0%	35.0%	0.316	0.350	0.421	0.771

김강률 투수 27

신장	187	체중	95	생일	1988.08.28	투타	우투우타	지명	2007 두산 2차 4라운드 26순위
연봉	22,500-20,000-15,000			학교	문촌초(일산리틀)-장성중-경기고				

연도	경기	선발	QS	승	패	세이브	BS	홀드	이닝	피안타	피홈런	4사구	삼진	피안타율	WHIP	피OPS	FIP	ERA	WAR	WPA
2021	50	0	0	3	0	21	7	3	51 2/3	54	2	26	41	0.271	1.53	0.708	3.53	2.09	1.67	2.61
2022	26	0	0	3	4	9	4	1	24 2/3	28	2	10	15	0.295	1.46	0.770	4.15	4.38	0.13	0.28
2023	32	0	0	1	0	1	0	7	25 2/3	23	2	14	21	0.232	1.36	0.648	4.46	4.21	0.03	0.51
통산	395	1	0	24	12	45	16	44	434 2/3	451	32	223	365	0.271	1.50	0.733	4.26	3.89	3.38	7.72

김유성 투수 62

신장	190	체중	98	생일	2002.01.01	투타	우투우타	지명	2023 두산 2라운드 19순위
연봉	3,000-3,000			학교	김해삼성초-내동중-김해고-고려대(얼리 드래프트)				

연도	경기	선발	QS	승	패	세이브	BS	홀드	이닝	피안타	피홈런	4사구	삼진	피안타율	WHIP	피OPS	FIP	ERA	WAR	WPA
2021																				
2022																				
2023	7	0	0	0	0	0	0	0	6 1/3	6	2	12	6	0.250	2.84	0.974	11.34	9.95	-0.25	-0.25
통산	7	0	0	0	0	0	0	0	6 1/3	6	2	12	6	0.250	2.84	0.974	11.34	9.95	-0.25	-0.25

김정우 투수 30

신장	183	체중	87	생일	1999.05.15	투타	우투우타	지명	2018 SK 1차
연봉	3,000-3,000-3,100			학교	소래초-동산중-동산고				

연도	경기	선발	QS	승	패	세이브	BS	홀드	이닝	피안타	피홈런	4사구	삼진	피안타율	WHIP	피OPS	FIP	ERA	WAR	WPA
2021																				
2022																				
2023	7	0	0	0	0	0	0	0	6 2/3	11	1	7	6	0.355	2.70	0.990	6.74	9.45	-0.17	-0.06
통산	8	0	0	0	0	0	0	0	7 2/3	13	1	8	6	0.361	2.74	0.977	6.68	9.39	-0.18	-0.07

김호준 투수 56

신장	180	체중	82	생일	1998.05.17	투타	좌투좌타	지명	2018 두산 육성선수
연봉	3,000-3,000-3,100			학교	원주일산초-성남성일중-안산공고				

연도	경기	선발	QS	승	패	세이브	BS	홀드	이닝	피안타	피홈런	4사구	삼진	피안타율	WHIP	피OPS	FIP	ERA	WAR	WPA
2021																				
2022																				
2023	3	0	0	0	0	0	0	0	3	3	1	4	2	0.273	2.33	0.983	10.44	12.00	-0.11	0.00
통산	3	0	0	0	0	0	0	0	3	3	1	4	2	0.273	2.33	0.983	10.44	12.00	-0.11	0.00

박소준 투수 18

신장	177	체중	68	생일	1995.01.21	투타	우투우타	지명	2013 두산 육성선수
연봉	4,500-4,000-3,300			학교	청주우암초-청주중-청주고				

연도	경기	선발	QS	승	패	세이브	BS	홀드	이닝	피안타	피홈런	4사구	삼진	피안타율	WHIP	피OPS	FIP	ERA	WAR	WPA
2021	22	5	0	0	4	0	0	0	59 2/3	69	3	32	33	0.292	1.64	0.750	4.49	5.73	-0.21	-1.26
2022																				
2023																				
통산	33	10	1	1	6	0	0	0	88	103	7	49	55	0.297	1.69	0.789	4.96	5.83	-0.30	-0.89

박신지 투수 49

신장 185	체중 75	생일 1999.07.16	투타 우투우타	지명 2018 두산 2차 1라운드 10순위
연봉 3,100-3,600-3,500		학교 목암초(의정부리틀)-영동중-경기고		

연도	경기	선발	QS	승	패	세이브	BS	홀드	이닝	피안타	피홈런	4사구	삼진	피안타율	WHIP	피OPS	FIP	ERA	WAR	WPA
2021																				
2022	29	9	0	1	6	0	0	0	61 2/3	84	7	45	38	0.326	2.01	0.881	5.77	6.71	-0.97	-0.86
2023	15	1	0	0	0	0	0	0	26	39	1	14	15	0.342	1.92	0.893	4.40	5.54	-0.05	-0.47
통산	65	10	0	2	8	0	1	0	111 2/3	147	12	72	72	0.315	1.88	0.869	5.56	6.21	-0.96	-2.05

박정수 투수 12

신장 178	체중 74	생일 1996.01.29	투타 우언좌타	지명 2015 KIA 2차 7라운드 65순위
연봉 5,000-4,500-5,500		학교 서울청구초-서울이수중-야탑고		

연도	경기	선발	QS	승	패	세이브	BS	홀드	이닝	피안타	피홈런	4사구	삼진	피안타율	WHIP	피OPS	FIP	ERA	WAR	WPA
2021	12	5	0	3	3	0	0	0	30 1/3	38	5	17	26	0.304	1.71	0.881	5.44	7.42	-0.27	-0.70
2022	13	0	0	1	1	0	0	0	19 2/3	17	1	10	18	0.233	1.32	0.626	3.70	3.20	0.32	-0.17
2023	25	0	0	1	0	1	0	0	36 2/3	37	1	24	28	0.268	1.50	0.754	4.15	4.17	-0.03	0.25
통산	105	12	0	6	8	1	0	2	180 1/3	191	17	119	144	0.275	1.57	0.806	5.09	5.79	-0.47	-0.51

백승우 투수 69

신장 183	체중 95	생일 2000.01.04	투타 좌투좌타	지명 2023 두산 7라운드 69순위
연봉 3,000-3,100		학교 장산초(부산동래마린스리틀)-대신중-부산고-동아대		

연도	경기	선발	QS	승	패	세이브	BS	홀드	이닝	피안타	피홈런	4사구	삼진	피안타율	WHIP	피OPS	FIP	ERA	WAR	WPA
2021																				
2022																				
2023	6	0	0	0	0	0	0	0	4	3	0	4	1	0.214	1.50	0.603	5.94	0.00	0.09	-0.07
통산	6	0	0	0	0	0	0	0	4	3	0	4	1	0.214	1.50	0.603	5.94	0.00	0.09	-0.07

이교훈 투수 99

신장 181	체중 83	생일 2000.05.29	투타 좌투좌타	지명 2019 두산 2차 3라운드 29순위
연봉 3,300-0-3,300		학교 구리초(남양주리틀)-청원중-서울고		

연도	경기	선발	QS	승	패	세이브	BS	홀드	이닝	피안타	피홈런	4사구	삼진	피안타율	WHIP	피OPS	FIP	ERA	WAR	WPA
2021	11	0	0	0	0	0	0	0	8 1/3	13	2	4	8	0.351	1.92	0.990	5.97	10.80	-0.24	0.04
2022																				
2023																				
통산	16	0	0	0	0	0	0	0	12 2/3	19	3	8	11	0.339	2.05	0.992	6.68	10.66	-0.41	0.00

이승진 투수 55

신장 186	체중 86	생일 1995.01.07	투타 우투우타	지명 2014 SK 2차 7라운드 73순위
연봉 11,000-8,800-5,500		학교 수원신곡초-매송중-야탑고		

연도	경기	선발	QS	승	패	세이브	BS	홀드	이닝	피안타	피홈런	4사구	삼진	피안타율	WHIP	피OPS	FIP	ERA	WAR	WPA
2021	47	0	0	1	4	2	0	13	48 1/3	41	3	33	28	0.238	1.49	0.665	4.90	3.91	0.16	0.83
2022	35	0	0	3	1	0	1	2	31 1/3	35	5	13	29	0.280	1.50	0.759	4.81	6.61	-0.47	0.39
2023	1	0	0	0	0	0	0	0	2/3	1	0	2	1	0.250	3.00	0.750	9.44	0.00	-0.16	0.00
통산	167	9	1	6	10	2	2	21	192	194	20	109	163	0.262	1.52	0.738	4.78	5.34	-0.41	0.35

이원재 투수 64

신장	187	체중	98	생일	2003.05.07	투타	좌투좌타	지명	2022 두산 2차 2라운드 19순위
연봉	3,000-3,000-3,000			학교	부산수영초-경남중-경남고				

연도	경기	선발	QS	승	패	세이브	BS	홀드	이닝	피안타	피홈런	4사구	삼진	피안타율	WHIP	피OPS	FIP	ERA	WAR	WPA
2021																				
2022																				
2023	1	1	0	0	0	0	0	0	1	3	0	3	0	0.500	6.00	1.334	12.44	27.00	-0.14	-0.27
통산	1	1	0	0	0	0	0	0	1	3	0	3	0	0.500	6.00	1.334	12.44	27.00	-0.14	-0.27

최종인 투수 104

신장	185	체중	84	생일	2001.05.01	투타	우투우타	지명	2020 두산 2차 9라운드 89순위
연봉	0-3,000-3,000			학교	해강초-센텀중-부산고				

연도	경기	선발	QS	승	패	세이브	BS	홀드	이닝	피안타	피홈런	4사구	삼진	피안타율	WHIP	피OPS	FIP	ERA	WAR	WPA
2021																				
2022																				
2023																				
통산																				

최준호 투수 59

신장	188	체중	90	생일	2004.06.03	투타	우투우타	지명	2023 두산 1라운드 9순위
연봉	3,000-3,000			학교	온양온천초-온양중-북일고				

연도	경기	선발	QS	승	패	세이브	BS	홀드	이닝	피안타	피홈런	4사구	삼진	피안타율	WHIP	피OPS	FIP	ERA	WAR	WPA
2021																				
2022																				
2023																				
통산																				

권민석 내야수 34

신장	184	체중	74	생일	1999.02.20	투타	우투우타	지명	2018 두산 2차 10라운드 100순위
연봉	3,300-3,100-3,100			학교	영랑초(수원영통구리틀)-설악중-강릉고				

연도	경기	타석	타수	안타	2루타	3루타	홈런	타점	득점	볼넷	사구	삼진	도루	도루자	타율	출루율	장타율	OPS	WAR	WPA
2021	33	15	14	3	2	0	0	1	8	1	0	7	0	0	0.214	0.267	0.357	0.624	0.06	-0.13
2022	16	3	3	0	0	0	0	3	0	0	1	0	0	0	0.000	0.000	0.000	0.000	-0.06	-0.02
2023	1	2	2	0	0	0	0	0	0	0	0	1	0	0	0.000	0.000	0.000	0.000	-0.05	0.00
통산	105	77	69	16	4	0	0	8	17	4	0	24	1	0	0.232	0.267	0.290	0.557	-0.27	-0.68

김기연 포수 45

신장	178	체중	106	생일	1997.09.07	투타	우투우타	지명	2016 LG 2차 4라운드 34순위
연봉	3,000-3,500-4,000			학교	광주수창초-진흥중-진흥고				

연도	경기	타석	타수	안타	2루타	3루타	홈런	타점	득점	볼넷	사구	삼진	도루	도루자	타율	출루율	장타율	OPS	WAR	WPA
2021																				
2022	12	9	9	2	0	0	0	1	0	0	0	3	0	0	0.222	0.222	0.222	0.444	-0.04	-0.07
2023	28	40	34	4	0	0	0	2	3	5	0	10	1	0	0.118	0.231	0.118	0.349	-0.39	-0.28
통산	42	49	43	6	0	0	0	3	3	5	0	13	1	0	0.140	0.229	0.140	0.369	-0.43	-0.35

김대한 외야수 37

신장	185	체중	83	생일	2000.12.06	투타	우투우타	지명	2019 두산 1차
연봉	3,000-4,500-3,700			학교	숭인초(강북구리틀)–덕수중–휘문고				

연도	경기	타석	타수	안타	2루타	3루타	홈런	타점	득점	볼넷	사구	삼진	도루	도루자	타율	출루율	장타율	OPS	WAR	WPA
2021																				
2022	51	110	96	23	6	1	4	11	13	5	6	27	2		0.240	0.315	0.448	0.763	0.69	-0.50
2023	33	89	81	16	3	1	1	7	10	7	1	21	1	3	0.198	0.270	0.296	0.566	-0.38	-0.69
통산	103	217	192	39	9	2	5	18	27	15	7	57	3	4	0.203	0.284	0.349	0.633	0.15	-1.34

김문수 외야수 102

신장	188	체중	94	생일	2004.03.29	투타	우투좌타	지명	2023 두산 9라운드 89순위
연봉	3,000-3,000			학교	강남초–서울이수중–경기고				

연도	경기	타석	타수	안타	2루타	3루타	홈런	타점	득점	볼넷	사구	삼진	도루	도루자	타율	출루율	장타율	OPS	WAR	WPA
2021																				
2022																				
2023																				
통산																				

김민혁 내야수 10

신장	188	체중	100	생일	1996.05.03	투타	우투우타	지명	2015 두산 2차 2라운드 16순위
연봉	3,200-4,500-3,800			학교	광주대성초–광주동성중–광주동성고				

연도	경기	타석	타수	안타	2루타	3루타	홈런	타점	득점	볼넷	사구	삼진	도루	도루자	타율	출루율	장타율	OPS	WAR	WPA
2021	6	8	6	0	0	0	0	0	2	2	0	0			0.000	0.250	0.000	0.250	-0.06	0.02
2022	38	97	88	25	2	0	5	16	11	7	2	25	0		0.284	0.351	0.477	0.828	0.71	-0.23
2023	21	36	29	4	1	0	0	3	2	4	1	9	0		0.138	0.250	0.172	0.422	-0.28	-0.38
통산	105	220	197	45	7	0	7	31	21	18	3	61	0		0.228	0.300	0.371	0.671	0.36	-0.82

김태근 외야수 8

신장	175	체중	74	생일	1996.08.10	투타	우투우타	지명	2019 두산 2차 5라운드 49순위
연봉	3,000-3,100-3,400			학교	광진초(광진구리틀)–건대부중–배명고–건국대				

연도	경기	타석	타수	안타	2루타	3루타	홈런	타점	득점	볼넷	사구	삼진	도루	도루자	타율	출루율	장타율	OPS	WAR	WPA
2021																				
2022	2	6	4	2	1	0	0	2	0	1	1	0		1	0.500	0.667	0.750	1.417	0.13	0.12
2023	41	55	52	11	3	0	0	3	9	0	1	21	0	3	0.212	0.226	0.269	0.495	-0.45	-0.65
통산	52	61	56	13	4	0	0	5	11	1	2	22	1	6	0.232	0.271	0.304	0.575	-0.32	-0.52

박지훈 내야수 2

신장	183	체중	80	생일	2000.09.07	투타	우투우타	지명	2020 두산 2차 5라운드 49순위
연봉	0-3,600-3,600			학교	김해삼성초–경남중–마산고				

연도	경기	타석	타수	안타	2루타	3루타	홈런	타점	득점	볼넷	사구	삼진	도루	도루자	타율	출루율	장타율	OPS	WAR	WPA
2021	34	14	12	4	1	0	0	2	6	1	1	3	3	1	0.333	0.429	0.417	0.846	0.13	0.33
2022																				
2023	22	21	19	4	1	0	0	2	2	2	0	7	1	0	0.211	0.286	0.263	0.549	-0.01	0.04
통산	66	37	33	8	2	0	0	4	9	3	1	12	4	1	0.242	0.324	0.303	0.627	0.06	0.37

서예일 내야수 16

신장	178	체중	83	생일	1993.06.19	투타	우투양타	지명	2016 두산 2차 6라운드 56순위
연봉	3,300-3,400-3,400			학교	동천초-경주중-성남고-동국대				

연도	경기	타석	타수	안타	2루타	3루타	홈런	타점	득점	볼넷	사구	삼진	도루	도루자	타율	출루	장타율	OPS	WAR	WPA
2021	5	1	1	0	0	0	0	0	0	0	0	0	0	0	0.000	0.000	0.000	0.000	-0.07	-0.03
2022	35	27	25	4	1	0	0	2	2	1	0	6	0	0	0.160	0.192	0.200	0.392	-0.25	-0.22
2023	5	10	9	2	0	0	0	1	2	0	0	2	0	0	0.222	0.200	0.222	0.422	-0.12	-0.08
통산	145	116	105	20	5	0	0	6	16	7	0	29	0	0	0.190	0.237	0.238	0.475	-0.72	-0.38

안승한 포수 20

신장	176	체중	98	생일	1992.01.25	투타	우투우타	지명	2014 KT 2차 특별 12순위
연봉	3,700-4,500-5,500			학교	남정초-선린중-충암고-동아대				

연도	경기	타석	타수	안타	2루타	3루타	홈런	타점	득점	볼넷	사구	삼진	도루	도루자	타율	출루	장타율	OPS	WAR	WPA
2022	30	39	36	12	3	0	0	8	5	2	0	12	0	0	0.333	0.368	0.417	0.785	0.40	0.13
2023	22	27	24	5	0	0	0	1	1	2	1	10	1	0	0.208	0.296	0.208	0.504	-0.14	-0.20
통산	88	113	104	23	4	0	0	14	10	5	2	35	1	0	0.221	0.270	0.260	0.530	-0.41	-1.06

양찬열 외야수 57

신장	179	체중	84	생일	1997.05.25	투타	우투좌타	지명	2020 두산 2차 8라운드 79순위
연봉	3,000-4,300-4,000			학교	서울상수초-건대부중-장충고-단국대				

연도	경기	타석	타수	안타	2루타	3루타	홈런	타점	득점	볼넷	사구	삼진	도루	도루자	타율	출루	장타율	OPS	WAR	WPA
2021																				
2022	41	94	82	20	4	0	3	12	15	11	0	23	0	0	0.244	0.333	0.402	0.735	0.40	0.16
2023	44	99	88	21	2	2	0	6	15	9	1	23	3	2	0.239	0.313	0.307	0.620	0.40	-1.42
통산	102	219	192	46	6	2	3	21	35	23	2	48	3	2	0.240	0.326	0.339	0.665	0.90	-1.33

여동건 내야수 5

신장	175	체중	75	생일	2005.08.04	투타	우투우타	지명	2024 두산 2라운드 12순위
연봉	3,000			학교	가동초-자양중-서울고				

연도	경기	타석	타수	안타	2루타	3루타	홈런	타점	득점	볼넷	사구	삼진	도루	도루자	타율	출루	장타율	OPS	WAR	WPA
2021																				
2022																				
2023																				
통산																				

오명진 내야수 6

신장	179	체중	79	생일	2001.09.04	투타	우투좌타	지명	2020 두산 2차 6라운드 59순위
연봉	3,100-0			학교	대전신흥초-한밭중-세광고				

연도	경기	타석	타수	안타	2루타	3루타	홈런	타점	득점	볼넷	사구	삼진	도루	도루자	타율	출루	장타율	OPS	WAR	WPA
2021	2	3	3	0	0	0	0	0	1	0	0	1	0	0	0.000	0.000	0.000	0.000	-0.07	0.00
2022																				
2023																				
통산	7	7	7	0	0	0	0	0	1	0	0	2	0	0	0.000	0.000	0.000	0.000	-0.18	-0.28

윤준호 포수 67

신장	179	체중	90	생일	2000.11.14	투타	우투우타	지명	2023 두산 5라운드 49순위
연봉	3,000-3,000			학교	부산안락초(해운대리틀)–센텀중–경남고–동의대				

연도	경기	타석	타수	안타	2루타	3루타	홈런	타점	득점	볼넷	사구	삼진	도루	도루자	타율	출루율	장타율	OPS	WAR	WPA
2021																			
2022																			
2023																			
통산																			

임종성 내야수 36

신장	183	체중	90	생일	2005.03.03	투타	우투우타	지명	2024 두산 3라운드 22순위
연봉	3,000			학교	본리초–대구중–경북고				

연도	경기	타석	타수	안타	2루타	3루타	홈런	타점	득점	볼넷	사구	삼진	도루	도루자	타율	출루율	장타율	OPS	WAR	WPA
2021																			
2022																			
2023																			
통산																			

전다민 외야수 114

신장	177	체중	75	생일	2001.08.21	투타	우투좌타	지명	2024 두산 6라운드 52순위
연봉	3,000			학교	길동초–청원중–설악고–강릉영동대				

연도	경기	타석	타수	안타	2루타	3루타	홈런	타점	득점	볼넷	사구	삼진	도루	도루자	타율	출루율	장타율	OPS	WAR	WPA
2021																			
2022																			
2023																			
통산																			

전민재 내야수 15

신장	181	체중	73	생일	1999.06.30	투타	우투우타	지명	2018 두산 2차 4라운드 40순위
연봉	3,200-3,600-3,400			학교	천안남산초–천안북중–대전고				

연도	경기	타석	타수	안타	2루타	3루타	홈런	타점	득점	볼넷	사구	삼진	도루	도루자	타율	출루율	장타율	OPS	WAR	WPA
2021	9	5	4	1	0	0	0	1	1	0	0	2	0	0	0.250	0.200	0.250	0.450	-0.10	0.04
2022	35	46	45	13	1	0	0	5	11	0	0	12	3	0	0.289	0.289	0.311	0.600	0.11	-0.46
2023	19	18	17	4	2	0	0	1	3	0	0	3	0	3	0.235	0.235	0.353	0.588	-0.16	-0.47
통산	77	77	74	21	4	0	0	5	17	0	0	19	3	3	0.284	0.280	0.338	0.618	-0.09	-0.92

PLAYER LIST

육성선수

성명	포지션	등번호	신장	체중	생년월일	투타	지명	연봉	학교
김도윤	투수	120	181	83	2002.06.28	우투좌타	2021 두산 2차 4라운드 40순위	3,100-0-3,100	신도초(계룡시리틀)−현도중−청주고
김무빈	투수	115	181	85	2005.04.11	좌투좌타	2024 두산 7라운드 62순위	3,000	역삼초−대치중−신일고
김태완	투수	117	184	87	2005.03.29	우투우타	2024 두산 9라운드 82순위	3,000	(금천구리틀)−강남중−선린인터넷고
남율	투수	107	183	76	2004.04.08	우투우타	2023 두산 11라운드 109순위	3,000-3,000	서울도곡초−휘문중−휘문고
문원	투수	100	187	91	1998.08.22	우투우타	2017 두산 2차 4라운드 40순위	3,200-3,000-3,000	사당초−휘문중−강릉고
박지호	투수	113	181	99	2003.07.02	좌투좌타	2024 두산 5라운드 42순위	3,000	(천안유소년리틀)−모가중−장안고−동강대
배창현	투수	111	183	78	1998.12.09	좌투좌타	2018 두산 2차 5라운드 50순위	0-3,100-3,000	본리초−대구중−경북고
이민혁	투수	112	185	94	1998.04.13	우투우타	2019 두산 2차 4라운드 39순위	0-3,000-3,000	부천초(부천원미리틀)−서울신월중−장충고−인천재능대
이상연	투수	103	195	103	2001.08.10	우투우타	2021 두산 2차 6라운드 60순위	0-0-3,000	해원초(수영구리틀)−대천중−부산고
이주엽	투수	106	188	90	2001.03.26	우투우타	2020 두산 1차	0-3,100-3,000	서울이수초−성남중−성남고
장원호	투수	121	188	100	2003.02.24	우투우타	2024 두산 육성선수	3,000	김해신명초(김해리틀)−개성중−부산고−부산과학기술대
전형근	투수	35	183	80	2000.05.17	우투우타	2019 두산 2차 9라운드 89순위	3,000-3,000-3,000	가동초−휘문중−휘문고
제환유	투수	24	183	76	2000.09.30	우투좌타	2020 두산 2차 2라운드 19순위	0-3,000-3,000	둔산초−공주중−공주고
조제영	투수	38	182	89	2001.02.12	우투우타	2020 두산 2차 4라운드 39순위	3,100-0-3,100	양덕초−마산중−용마고
최세창	투수	108	187	95	2001.06.01	우투우타	2020 두산 2차 3라운드 29순위	3,100-0-3,100	예원초−사직중−개성고
한충희	투수	110	181	90	2003.12.25	우투우타	2023 두산 6라운드 59순위	3,000-3,000	광주대성초−무등중−광주제일고
류현준	포수	119	182	92	2005.03.25	우투우타	2024 두산 10라운드 92순위	3,000	문정초(송파구리틀)−배재중−장충고
박민준	포수	105	183	95	2002.10.21	우투우타	2023 두산 8라운드 79순위	3,000-3,000	아라초−마산동중−용마고−동강대
장규빈	포수	101	186	98	2001.04.21	우투우타	2020 두산 2차 1라운드 9순위	0-0-3,000	갈산초−서울신월중−경기고
임서준	내야수	93	185	85	2004.07.11	우투좌타	2023 두산 4라운드 39순위	3,000-3,000	중대초−양천중−경동고
강태완	외야수	68	186	88	2004.09.17	좌투좌타	2024 두산 4라운드 32순위	0-3,000	(장유리틀)−원동중−대구상원고
강현구	외야수	60	186	98	2002.06.16	우투우타	2021 두산 2차 3라운드 30순위	3,000-0-3,000	서울도림초(인천남동구리틀)−동산중−인천고
손율기	외야수	116	180	100	2005.06.11	우투좌타	2024 두산 8라운드 72순위	3,000	양덕초−마산동중−용마고
양현진	외야수	109	191	86	2002.01.03	우투우타	2021 두산 2차 10라운드 100순위	3,000-0-3,000	길주초(안동시리틀)−포항중−영문고

김재환

KIA챔피언스필드

KIA TIGERS
기아 타이거즈

KIA타이거즈가 2024시즌 우승을 다툴 '다크호스'로 급부상했다. 전제조건은 있다. '부상이 없다면'. 이 조건을 채워야 KIA의 뜨거운 질주가 가능하다. 지난 시즌 5강을 눈앞에서 날렸지만 가능성을 확인할 수 있던 시즌이었다. 9연승을 합작한 뜨거운 타선은 누구나 인정하는 힘이다. 나성범을 중심으로 경험 많은 타선이 그대로 틀을 갖추고 있고, 젊은 마운드는 더 촘촘해졌다. 지난 시즌 선발·불펜에서 경험을 더한 윤영철과 최지민에 '일고듀오' 이의리와 정해영도 든든하다. 드라이브라인과 호주리그 파견을 통해 마운드에 데이터와 경험도 추가했다. 밥상은 차려져 있다. 잘 차려진 밥상, 이범호 신임 감독이 숟가락을 들었다. 더할 것도 없이, 있는 반찬을 고루고루 섞어서 밥을 먹으면 된다. 부상, 컨디션 관리가 대권 도전을 위한 숙제다.

2023 좋았던 일

2017년 우승 시즌을 떠올리게 하는 화끈한 타격이 펼쳐졌다. 쉴 틈 없는 타선, 지고 있어도 질 것 같지 않은 날들이 이어졌다. 부상에서 돌아온 나성범은 천하무적이었고 '최고참' 최형우는 나이를 잊었다. 확실한 주전으로 자리 잡은 박찬호와 경험을 더한 김도영의 기동력은 팬들을 환호케 했고, 상대는 곤혹스러워했다. '예비역' 최원준까지 가세하면서 KIA 육상부가 구성됐다. 9연승 질주를 하면서 5위를 넘어 그 이상을 올려다보던 뜨거운 순간이 있었다. 목표했던 포스트 시즌 진출에는 실패했지만 '건강한 타선'의 힘을 확인할 수 있던 시즌이었다. '젊은 마운드'에 또 다른 얼굴이 등장했다. 고등학교를 졸업하고 온 윤영철이 선발 한 자리를 잡고 '슈퍼루키'의 명맥을 이었다. 정교함으로 프로 무대를 공략하면서 8승을 수확했다.

2023 나빴던 일

'금품 요구' 논란 속 개막을 앞두고 장정석 단장이 해임됐다. 어수선하게 시작한 시즌에 부상 악몽이 이어졌다. 시작부터 차포를 잃었다. WBC 대표팀에서 종아리 부상만 안고 돌아온 나성범과 개막 두 경기 만에 발가락이 골절된 김도영. 나성범의 악몽은 끝이 아니었다. 승리가 간절했던 상황, 열심히 뛰다가 나성범이 햄스트링 부상으로 다시 주저앉았다. 후배들의 줄부상에도 자리를 지키던 최형우 역시 열심히 뛰다가 쇄골 골절 부상을 당했다. 손가락 부상에도 '부상 투혼'을 하던 박찬호는 사구에 손목이 골절돼 결국 시즌을 마감했다. '완전체'가 만든 뜨거웠던 시간은 짧았다. 야구 선배라는 이들의 횡포에 이의리는 '마상'을 입었다. 외국인 투수는 또 흉작이었고, 부상에, 황당한 대표팀 탈락 논란까지 많은 상처가 남은 2023시즌이었다.

이범호 감독 71

신장	183	체중	93	생일	1981.11.25	투타	우투우타
연봉	30,000			학교	대구수창초-경운중-대구고(목원대)		

캠프 출발을 앞두고 KIA에 날벼락이 떨어졌다. 배임수재 혐의로 김종국 감독이 검찰 조사를 받으면서 계약이 해지됐고 '사령탑' 없이 캠프가 시작됐다. 관심사가 된 KIA의 감독은 이범호 타격 코치의 차지가 됐다. 시작은 KIA가 아니었지만 타이거즈를 대표하는 선수이자 주장으로 활약했고, 퓨처스 총괄 코치로 지도자 경험을 쌓은 이범호. KBO리그 80년대생 첫 감독이라는 타이틀도 얻었다. 새 감독의 향방에 촉각을 곤두세우고 있던 선수들은 '엄지척'을 하면서 이범호 감독의 등장을 반겼다. '주장 같은 감독'을 이야기한 이범호 감독. '하지 마'가 아닌 마음껏 해볼 수 있는 무대를 깔아주겠다는 게 그의 생각이다. 선수들의 절대적인 신뢰 속에 출범한 이범호호. 퓨처스리그와는 다른 긴장감과 압박감을 이겨내고 타이거즈의 색을 만들어야 한다.

구단 정보

창단	연고지	홈구장	우승	홈페이지
1982	광주	광주기아챔피언스필드	11회(83,86,87,88,89,91,93,96,97,09,17)	www.tigers.co.kr

2023시즌 성적

순위	경기	승	무	패	승률
6	144	73	2	69	0.514

타율 / 순위	출루율 / 순위	장타율 / 순위	홈런 / 순위	도루 / 순위	실책 / 순위
0.276 / 2	0.345 / 3	0.390 / 2	101 / 2	122 / 3	102 / 2

ERA / 순위	선발ERA / 순위	구원ERA / 순위	탈삼진 / 순위	볼넷허용 / 순위	피홈런 / 순위
4.13 / 5	4.38 / 9	3.81 / 2	980 / 5	564 / 9	89 / 5

최근 10시즌 성적

연도	순위	승	무	패	승률
2013	8	51	3	74	0.408
2014	8	54	0	74	0.422
2015	7	67	0	77	0.465
2016	5	70	1	73	0.490
2017	1	87	1	56	0.608
2018	5	70	0	74	0.486
2019	7	62	2	80	0.437
2020	6	73	0	71	0.507
2021	9	58	76	10	0.433
2022	5	70	1	73	0.490

2023시즌 월별 성적

월	승	무	패	승률	순위
4	12	0	11	0.522	5
5	10	0	11	0.476	6
6	7	1	15	0.318	9
7	11	0	5	0.688	1
8	13	1	8	0.619	2
9-10	20	0	19	0.513	5
포스트시즌	-	-	-	-	-

COACHING STAFF

코칭스태프

성명	보직	등번호	신장	체중	생년월일	투타	학교
진갑용	수석	70	182	90	1974.05.08	우투우타	하단초-초량중-부산고-고려대
조재영	작전	75	182	87	1980.03.15	우투우타	미성초-신일중-신일고
홍세완	타격	77	183	85	1978.01.16	우투우타	구로남초-서울경원중-장충고-성균관대
이현곤	주루	80	183	83	1980.02.21	우투우타	송정동초-무등중-광주제일고-연세대
정재훈	투수	73	178	83	1980.01.01	우투우타	역삼초-휘문중-휘문고-성균관대
박기남	수비	76	175	80	1981.08.14	우투우타	길동초-건대부중-배재고-단국대
이동걸	투수	85	185	95	1983.08.12	우투우타	언북초-휘문중-휘문고-동국대
타케시	배터리	83	178	95	1967.03.17	우투우타	일본 하나조노고
손승락	퓨처스 감독	68	187	99	1982.03.04	우투우타	내당초-경상중-대구고-영남대
이정호	퓨처스 투수	79	187	98	1982.04.27	우투우타	내당초(삼성리틀)-경상중-대구상고
이상화	퓨처스 투수	97	181	98	1980.09.15	우투우타	송도초-포항중-경주고-경성대
최희섭	퓨처스 타격	78	192	123	1979.03.16	좌투좌타	송정동초-충장중-광주제일고-고려대
이해창	퓨처스 배터리	87	184	85	1987.05.11	우투우타	강남초-서울이수중-경기고-한양대
윤해진	퓨처스 수비	81	178	84	1989.02.25	우투우타	부산대연초-부산중-개성고-경성대
박효일	퓨처스 주루	90	178	85	1990.04.18	우투우타	칠성초-경상중-대구싱원고-동의대
김석연	잔류조 타격	91	177	86	1968.08.16	우투우타	태안초-태안중-대전고-동아대
서덕원	잔류조 투수	93	183	89	1993.07.12	우투우타	개운초-청량중-장충고-건국대
김상훈	전력분석		180	92	1977.10.27	우투우타	광주중앙초-충장중-광주제일고-고려대
박규민	전력분석		185	79	1995.03.14	우투우타	학강초-광주동성중-광주동성고
방석호	전력분석		181	89	1983.08.29		영서초-청량중-신일고-단국대
남원호	전력분석		172	82	1985.01.04	우투우타	율하초-대구중-대구고-성균관대
조승범	전력분석		189	100	1989.09.25		광주수창초-무등중-광주제일고-인하대
신용진	전력분석		177	85	1991.05.20		청주우암초-청주중-청주고-건국대
이진경	전력분석		184	90	1994.11.26		서라벌초-제일중-울산공고
이진우	전력분석		176	72	1994.11.27		광주수창초-광주동성중-광주동성고 (사이버한국외대)
박창민	트레이닝 총괄		167	82	1976.07.13		여수초-여수중 여천고-미국 California State(대)
정영	AT		182	95	1987.05.08		송전초-신천중-휘문고-신구대
정상욱	AT		173	92	1984.07.22		매산초-해룡중-함평고-동신대
조희영	AT		173	72	1994.12.12		우강초-합덕중-서야고-건양대
김민기	AT		174	84	1991.05.10		서문초-오금중-보인고-경기대
조준희	AT		171	85	1994.12.31		파주와동초-둔촌중-둔촌고-경기대
박준서	AT		180	80	1999.02.03		목포삼학초-목포청호중-목포덕인고-동신대
김덕신	AT		170	78	1991.06.20		갑룡초-동백중-해강고-동의대
백승훈	AT		175	84	1997.01.02		덕소초-와부중-가운고-대구가톨릭대
황종현	AT		173	87	1999.02.20		학동초-예당중-동탄중앙고-남서울대
김동후	S&C		177	79	1981.06.30		반원초-서울경원중-세화고-인하대
노민철	S&C		177	85	1986.05.17		대문초-대문중-남대전고-건양대
박정욱	S&C		175	82	1997.01.15		사동초-경산중-모계고-계명대
백정훈	스카우트		178	105	1982.06.24		월산초-동성중-동성고-성균관대
박서준	스카우트		183	95	1991.09.12		방배초-청원중-청원고-연세대
이석현	스카우트		172	84	1995.01.04		백운초-자양중-덕수고-경희대

나성범

2024 팀 이슈

'감독'에 시선이 집중된 시즌이다. 캠프 출발을 앞두고 김종국 감독이 '금품 수수 혐의'로 검찰 조사를 받으면서 사령탑에서 물러났다. 감독 없이 출발한 캠프의 관심사는 역시 감독이었다. 차기 사령탑을 놓고 많은 이야기가 나왔지만, 이범호 타격 코치가 감독에 올라 그대로 캠프를 지휘했다. '감독감'이라는 평가 속 언젠가는 지휘봉을 들 것이라는 전망은 있었지만 예상치 못했던 상황에서 일찍 역할을 맡게 된 신임 감독. 80년대생 감독 시대의 문을 연 이범호 감독이 공언대로 "주장 같은 감독"으로 잘 짜인 팀을 높은 곳으로 올려놓을 수 있을지가 관심사다. 지난 시즌 부상에 신음했던 KIA는 트레이닝 파트를 재정비 하고 '부상'과의 싸움에 나섰다. 큰 부상 없이 마무리된 캠프, 시즌에도 그 분위기를 이어가는 게 관건이 될 전망이다.

2024 최상 시나리오

2024 최악 시나리오

챔피언스필드에 야구 꽃이 핀다. 선수단과의 상견례 자리에서 "타이거즈 색을 만들겠다"라고 외친 이범호 신임 감독이 약속을 지킨다. '하지 마'가 아닌 선수들이 마음껏 뛸 수 있는 무대를 만들겠다던 그의 구상이 통했다. 그라운드의 주인공이 된 선수들이 거침없는 플레이를 하면서 승리를 만들어낸다. 실패도 그냥 실패로 끝내지 않는다. 눈치 안 보고 실패하며 배우고 또 성장한다. 윌 크로우와 제임스 네일은 '외국인 잔혹사'를 지우고 마운드 전면에서 승리를 이끈다. 1년 사이 무섭게 성장한 이의리와 윤영철, 경험을 앞세운 양현종도 든든하다. 마무리 정해영이 최연소 100세이브 기록과 함께 세이브왕에 오르고, '우승 주장'이 된 나성범은 부지런히 담장을 넘기면서 '타이틀 홀더'의 꿈도 이룬다. 박찬호의 골든글러브 재수도 통한다.

시작은 거창했지만 끝은 미약하다. 기대감으로 시작했던 '이범호호'의 항해가 부상 암초를 만난다. 지난 시즌 KIA를 괴롭혔던 부상이 결정적인 순간 다시 발목을 잡는다. 부상이라는 돌발 변수에 초보 감독의 구상이 흐트러지면서 스텝이 꼬인다. 마음과 다르게 시즌이 흘러가면서 사령탑의 마음은 급해져 팽팽한 승부에서 실수가 이어진다. 뒷심 싸움에서 밀리며 이번에도 '가을 잔치'의 관람자가 된다. 기대감 속에 출발했던 새 외국인 원투펀치의 부진이 아쉽다. 어깨 부상 여파로 윌 크로우는 이닝이 부족하고, 제임스 네일도 세밀한 타자들에게 고전하면서 승수 쌓기에 제동이 걸린다. 세월은 야속하다. 투·타의 최고참 양현종과 최형우의 노련함은 여전하지만 완벽한 시즌은 아니다. 기대했던 또 한 번의 뜨거운 가을은 찾아오지 않는다.

이의리 투수 48

신장 185	체중 90	생일 2002.06.16
투타 좌투좌타		지명 2021 KIA 1차
연봉 9,000-15,000-17,000		
학교 광주수창초-충장중-광주제일고		

● 올해도 이의리는 마운드의 핵심이다. 신인 때부터 막중했던 이의리의 역할은 올해도 변함없다. 이의리는 지난 시즌 더 단단해졌다. 팀은 물론 한국을 대표하는 선수로 아시안게임을 준비했던 이의리가 규정도 없고, 명분도 없는 황당한 대표팀 엔트리 탈락을 경험했다. 야구팬들의 공분을 샀던 전력강화위원회 야구 선배들의 나이값 못하는 횡포에도 이의리는 어른스러웠고 프로다웠다. 대표팀 탈락 충격에도 마운드를 지킨 이의리는 77구로 7이닝 무실점 호투를 선보이면서 '80구' 논란을 잠재웠다. 11승으로 개인 최다승 기록을 새로 썼지만 기복 많은 투구는 고민이다. 누구보다 자신을 잘 아는 이의리는 제구를 위해 제구에서 답을 찾지 않는다. 단점보다는 자신의 장점에 집중하겠다는 생각. 미국 드라이브라인에서 눈으로 '이의리'의 모습을 확인하고 있다. 좋은 턴 동작을 가지고 있지만 발을 딛는 시점에 힘을 쓰는 게 늦어 타이밍이 맞지 않았다. 흔들리는 밸런스의 이유를 이 지점이라 본 이의리는 스트라이드를 살짝 넓히고 조금 길게 가져갈 생각이다. 완벽한 스트라이크를 위한 '제구'가 아닌 타자에게 이기기 위한 커맨드에도 집중하고 있다. 드라이브라인에서 만난 마르코 곤잘레스의 "커맨드에 집중하다 보면 무브먼트는 따라올 것이다"라는 이야기가 힌트가 됐다. 장점인 구위에 신경 쓰면서 구종마다 라인을 그리고 던질 계획이다.

기본기록

연도	경기	선발	QS	승	패	세이브	BS	홀드	이닝	피안타	피홈런	4사구	삼진	피안타율	WHIP	피OPS	FIP	ERA	WAR	WPA
2021	19	19	4	4	5	0	0	0	94 2/3	69	6	58	93	0.204	1.32	0.608	4.03	3.61	1.96	1.36
2022	29	28	12	10	10	0	0	0	154	128	18	83	161	0.221	1.31	0.690	4.39	3.86	1.52	1.28
2023	28	28	6	11	7	0	0	0	131 2/3	103	4	101	156	0.213	1.49	0.620	3.75	3.96	2.17	1.74
통산	76	75	22	25	22	0	0	0	380 1/3	300	28	242	410	0.214	1.38	0.646	4.07	3.83	5.65	4.39

구종별 기록

구종	구사%	구속	수직 무브	수평 무브	분당 회전	땅볼%	타구속도	강한타구%
직구	59.4%	145.9	30.5	17.4	2663.6	38.7%	134.5	21.5%
커브	8.6%	124.0	-16.7	-9.7	1257.5	89.5%	133.0	12.5%
슬라이더	20.8%	132.3	4.2	2.1	497.8	58.1%	131.7	15.9%
체인지업	11.2%	132.7	21.6	22.6	2184.6	68.2%	122.5	4.2%
포크								
싱커								
투심								
너클								
커터								
스플리터								

상황별 기록

상황	타석	홈런/9	볼넷/9	삼진/9	피안타율	WHIP	피OPS	GO/FO
전반기	335	0.12	7.64	11.59	0.187	1.52	0.576	0.82
후반기	263	0.46	4.76	9.51	0.243	1.45	0.671	1.14
vs 좌	238	0.35	6.79	8.54	0.218	1.55	0.639	1.36
vs 우	360	0.23	6.08	12.04	0.209	1.45	0.608	0.74
주자없음	300	0.14	5.05	11.32	0.222	1.44	0.603	1.03
주자있음	298	0.41	7.68	10.01	0.202	1.54	0.637	0.88
득점권	191	0.63	7.33	10.47	0.181	1.42	0.608	0.85
1-2번 상대	154	0.55	8.54	9.92	0.209	1.48	0.674	1.24
3-5번 상대	211	0.00	5.69	11.02	0.164	1.20	0.505	1.42
6-9번 상대	233	0.36	5.58	10.80	0.258	1.64	0.687	0.87

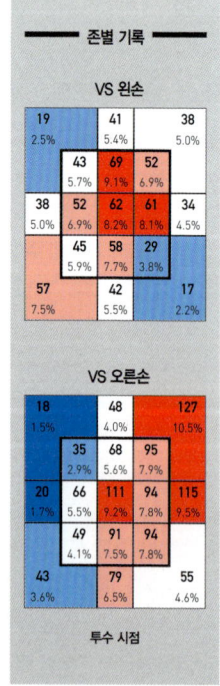

전상현 투수 51

신장	182	체중	84	생일	1996.04.18
투타	우투우타	지명	2016 KIA 2차 4라운드 38순위		
연봉	11,000-13,500-17,000				
학교	남도초-경복중-대구상원고				

● 만족 없는 전상현의 '나를 찾는 여정'이 계속된다. 전상현은 승리 연결고리다. 포커페이스와 묵직한 구위로 마무리 역할도 했던 전상현은 정해영 앞에서 또 다른 우완 장현식과 이닝을 끊어줘야 한다. 부상으로 힘들었던 2021 시즌, 2022년 다시 시동을 건 전상현은 지난해에는 2016년 프로 입단 후 가장 많은 64경기에 나와 2.15의 평균자책점으로 13홀드, 1세이브를 기록했다. 팀 내 다승 공동 3위에도 그의 이름이 있다. 접전 상황에서 흐름을 끊고 분위기를 끌고 오면서 무려 8승을 챙겼다. 이의리(11승), 양현종(9승)에 이어 윤영철과 다승 공동 3위. 기록으로는 최고의 수치가 쓰였지만 전상현에게는 만족스러운 시즌은 아니었다. "만족하면 그게 한계라고 생각해 버리게 된다"라는 게 그의 이야기. 또 하나, 결과보다는 과정이 마음에 들지 않았다. '부상'의 그림자가 길었다. 부상을 이겨내고 필승조로 다시 자리를 굳혔지만 타자들을 움찔하게 하던 예전의 구위는 아니다. 달라진 몸을 인정해야 하지만 그게 쉽지 않았다. 예전 모습을 완벽하게 찾을 수 없다는 걸 인정한 그는 '2024 전상현'이 보여줄 수 있는 최고의 퍼포먼스를 준비하고 있다. 간절한 '우승'이라는 목표를 이룰 수 있는 적기다. 우승후보라는 외부의 시선과 더 탄탄해진 마운드를 보면서 한국시리즈에서 공을 던지는 자신의 모습을 상상하며 시즌을 기다리고 있다.

기본기록

연도	경기	선발	QS	승	패	세이브	BS	홀드	이닝	피안타	피홈런	4사구	삼진	피안타율	WHIP	피OPS	FIP	ERA	WAR	WPA
2021	15	0	0	1	0	0	1	7	13	15	1	6	8	0.288	1.62	0.766	4.49	3.46	0.14	0.57
2022	50	0	0	5	5	2	3	16	46 1/3	42	2	16	53	0.244	1.25	0.642	2.52	3.30	1.09	1.71
2023	64	0	0	8	3	1	2	13	58 2/3	50	1	27	50	0.233	1.30	0.600	3.14	2.15	1.58	2.72
통산	246	3	0	17	16	18	11	65	250	225	15	107	255	0.241	1.32	0.657	3.46	3.20	5.28	8.43

구종별 기록

구종	구사%	구속	수직 무브	수평 무브	분당 회전	땅볼%	타구속도	강한타구%
직구	47.7%	142.2	32.4	-9.1	2482.2	38.2%	138.7	25.0%
커브	5.2%	122.0	-15.7	10.4	1219.1	0.0%	133.0	14.3%
슬라이더	41.7%	134.6	14.7	1.4	1101.6	37.5%	131.2	10.0%
체인지업								
포크	5.4%	133.1	13.3	-14.9	1411.5	33.3%	115.4	0.0%
싱커								
투심								
너클								
커터								
스플리터								

상황별 기록

상황	타석	홈런/9	볼넷/9	삼진/9	피안타율	WHIP	피OPS	GO/FO
전반기	128	0.33	5.53	8.46	0.248	1.55	0.669	0.29
후반기	122	0.00	2.61	6.97	0.218	1.06	0.530	0.97
vs 좌	98	0.47	8.53	9.47	0.253	2.00	0.734	0.50
vs 우	152	0.00	1.82	6.81	0.221	0.96	0.515	0.63
주자없음	110	0.38	2.25	7.88	0.298	1.54	0.721	0.58
주자있음	140	0.00	5.19	7.53	0.171	1.13	0.488	0.24
득점권	83	0.00	6.63	9.47	0.182	1.37	0.514	0.29
1-2번 상대	50	0.00	5.56	5.56	0.209	1.41	0.553	0.35
3-5번 상대	96	0.40	3.97	7.15	0.253	1.37	0.651	0.59
6-9번 상대	104	0.00	3.28	9.42	0.225	1.18	0.573	0.76

존별 기록

VS 왼손

28 9.8%	18 5.7%	14 4.4%
19 6.0%	14 4.4%	8 2.5%
31 10.1%	32 9.5%	30 6.3%	20 5.7%	18
	15 4.7%	21 6.6%	15 4.7%	
13 4.1%	12 3.8%	8 2.5%

VS 오른손

12 2.6%	27 5.8%	37 7.9%
12 2.6%	27 5.8%	28 6.0%
6 1.3%	16 3.4%	40 8.6%	45 9.6%	54 11.6%
	7 1.5%	31 6.6%	37 7.9%	
5 1.1%	25 5.4%	58 12.4%

투수 시점

정해영 투수 62

신장	189	체중	98	생일	2001.08.23
투타	우투우타		지명	2020 KIA 1차	
연봉	17,000-23,000-20,000				
학교	광주대성초-광주동성중-광주제일고				

● 최연소 100세이브에 10개를 남겨둔 KIA 마무리. 꽃길만 있었던 것은 아니다. 지난 시즌 정해영은 원점에서 다시 시작했다. 불안불안했던 시즌 초반을 보내면서 2군에서 재정비 시간을 보내야 했다. 예상보다 길어졌던 기다림의 시간. 밸런스를 시작부터 다시 준비했다. 34일을 비웠지만 23세이브를 수확하면서 '3년 연속 20세이브'를 기록했다. 어린 나이에 부담 많은 마무리 자리를 맡아 어깨가 무거웠던 정해영. 시즌이 끝난 뒤에는 '맏형' 역할도 했다. 이의리, 최지민, 황동하, 곽도규, 윤영철과 드라이브라인에 파견됐다. 5명의 프로 경력을 합치면 '11년', 그 중 올해로 다섯 번째 시즌을 맞는 정해영이 최고참이었다. 후배들을 이끌고 야구를 공부하고 온 정해영은 한 단계 도약을 꿈꾼다. 성장통은 필요하다. 데이터로 확인한 정해영은 '힘을 100% 활용 못하는 투수'였다. 그만큼 부상 위험은 적었지만 더 강한 마무리가 되기 위해 변화를 준비하고 있다. 오른팔을 뒤로 빼는 동작을 수정하면서 마지막 발을 딛는 순간에 힘을 뒤에 남겨둘 계획이다. 부상 위험은 커지지만 웨이트·보강으로 이 부분을 보완하면서 힘을 더 쓰겠다는 구상이다. 지난 시즌 눈앞에서 5강 꿈이 사라졌던 만큼 목표도 '세이브'가 아닌 '블론세이브'로 바꿨다. 정해영에게는 최연소 '100'세이브라는 숫자보다 '0'이라는 블론세이브가 더 크게 보인다.

기본기록

연도	경기	선발	QS	승	패	세이브	BS	홀드	이닝	피안타	피홈런	4구	삼진	피안타율	WHIP	피OPS	FIP	ERA	WAR	WPA
2021	64	0	0	5	2	34	5	0	65 1/3	49	5	32	49	0.210	1.18	0.620	4.25	2.20	2.11	3.81
2022	55	0	0	3	7	32	4	0	56	54	3	18	43	0.252	1.29	0.668	3.41	3.38	1.59	2.63
2023	52	0	0	3	4	23	3	1	49 1/3	53	3	21	30	0.277	1.48	0.731	4.11	2.92	1.03	1.51
통산	218	0	0	16	19	90	14	12	209	197	13	97	154	0.254	1.37	0.692	4.04	2.89	5.64	7.73

구종별 기록

구종	구사%	구속	수직 무브	수평 무브	분당 회전	땅볼%	타구속도	강한타구%
직구	63.6%	142.9	29.4	-10.8	2334.4	39.1%	136.5	24.1%
커브								
슬라이더	18.0%	130.9	14.8	5.4	1178.9	21.4%	132.5	18.2%
체인지업								
포크	18.4%	133.9	18.0	-14.2	1638.3	53.8%	134.9	23.1%
싱커								
투심								
너클								
커터								
스플리터								

상황별 기록

상황	타석	홈런/9	볼넷/9	삼진/9	피안타율	WHIP	피OPS	GO/FO
전반기	95	1.25	2.91	4.57	0.287	1.48	0.749	0.65
후반기	123	0.00	4.23	6.18	0.269	1.48	0.715	0.78
vs 좌	119	0.31	3.77	5.02	0.240	1.29	0.627	0.91
vs 우	99	0.87	3.48	5.40	0.322	1.70	0.856	0.50
주자없음	109	0.76	2.66	6.85	0.304	1.61	0.780	0.66
주자있음	109	0.35	4.56	4.21	0.247	1.36	0.676	0.77
득점권	70	0.00	5.40	4.86	0.186	1.26	0.524	0.95
1-2번 상대	48	0.00	4.91	6.55	0.205	1.27	0.567	1.09
3-5번 상대	68	1.80	3.60	5.40	0.300	1.60	0.873	0.83
6-9번 상대	102	0.00	3.09	5.01	0.293	1.50	0.709	0.53

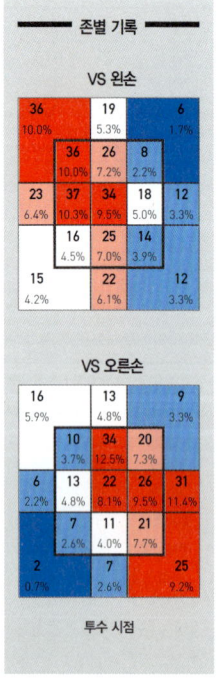

존별 기록

VS 왼손

VS 오른손

투수 시점

최지민 투수 39

신장	185
체중	100
생일	2003.09.10
투타	좌투좌타
지명	2022 KIA 2차 1라운드 5순위
연봉	3,000-3,000-10,000
학교	강릉율곡초(강릉리틀)-경포중-강릉고

● 상상하지 못한 2023시즌이었다. 시즌 전 마운드 구상에는 없던 이름이었지만 시즌이 끝난 뒤 최지민은 국가대표 필승조 타이틀까지 달았다. 호주리그에서 다양한 타자와 상황을 경험하면서 경기 운영에 눈을 떴다. 조금은 편한 경기에서 공격적으로 승부 하다 보니 스피드가 늘었다. 스피드가 늘면서 자신감 있는 승부가 가능해졌고, 결과가 좋으니 더 공격적으로 하면서 공이 더 빨라졌다. 자기발전을 하면서 달라진 모습으로 돌아온 최지민은 경기를 하면서 또 발전했고, 팀 내 입지도 달라졌다. 대표팀에서도 최지민은 두각을 나타냈다. 대표팀 첫 경기를 잘 풀면서 모든 게 물 흐르듯 흘러갔다. 큰 무대에서도 좋은 결과를 내면서 최지민은 1년 만에 놀라운 성장을 했다. 고민이 없었던 것은 아니다. 승계 주자 실점이 많아서 이에 대한 고민과 숙제가 남았다. 올해도 최지민의 등판 상황에는 주자들이 기다리고 있다. 처음 필승조를 하면서 경험이 부족했던 만큼 올 시즌에는 더 차분하게 주자들을 막겠다는 각오다. 처음 보낸 비시즌의 성과가 중요하다. 호주리그를 시작으로 아시아프로야구챔피언십까지 쉼 없이 달렸다. 사실상 프로 첫 시즌이었던 지난해 58경기에 나와 59⅓이닝을 소화했다. 금메달이 걸린 큰 경기에서도 온 힘을 쏟은 만큼 얼마나 잘 쉬고 충전했느냐가 중요하다. '체력'도 키운다. 한 시즌 부상 없이 잘 마무리하기 위해서는 체력이 먼저다.

기본기록

연도	경기	선발	QS	승	패	세이브	BS	홀드	이닝	피안타	피홈런	4구	삼진	피안타율	WHIP	피OPS	FIP	ERA	WAR	WPA
2021																				
2022	6	0	0	0	0	0	0	0	6	12	1	6	7	0.400	2.83	1.067	6.17	13.50	-0.24	-0.15
2023	58	0	0	6	3	3	2	12	59 1/3	45	4	30	44	0.216	1.20	0.623	4.30	2.12	1.33	1.37
통산	64	0	0	6	3	3	2	12	65 1/3	57	5	36	51	0.239	1.35	0.680	4.43	3.17	1.09	1.22

구종별 기록

구종	구사%	구속	수직 무브	수평 무브	분당 회전	땅볼%	타구속도	강한타구%
직구	63.4%	145.6	26.5	23.0	2648.5	46.1%	137.1	28.9%
커브								
슬라이더	28.2%	131.7	7.3	4.1	650.5	38.1%	138.5	21.7%
체인지업	8.4%	133.6	21.3	23.5	2212.1	50.0%	139.9	20.0%
포크								
싱커								
투심								
너클								
커터								
스플리터								

상황별 기록

상황	타석	홈런/9	볼넷/9	삼진/9	피안타율	WHIP	피OPS	GO/FO
전반기	168	0.43	4.04	7.02	0.188	1.09	0.540	0.69
후반기	76	1.06	3.71	5.82	0.281	1.47	0.806	1.47
vs 좌	120	0.61	3.64	5.76	0.219	1.18	0.624	1.17
vs 우	124	0.61	4.25	7.58	0.214	1.21	0.621	0.61
주자없음	105	0.76	3.42	6.08	0.223	1.27	0.624	0.78
주자있음	139	0.50	4.29	7.07	0.211	1.15	0.621	0.94
득점권	98	0.79	5.56	8.74	0.221	1.37	0.691	0.83
1-2번 상대	47	0.00	3.09	5.40	0.238	1.20	0.557	1.27
3-5번 상대	76	0.55	6.06	7.71	0.219	1.53	0.623	0.80
6-9번 상대	121	0.86	3.16	6.61	0.206	1.02	0.649	0.77

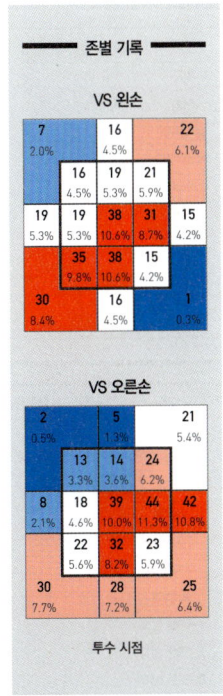

크로우 투수 12

신장	185	체중	108	생일	1994.09.09
투타	우투우타	지명	2024 KIA 자유선발		
연봉	$600,000				
학교	미국 Pigeon Forge(고)-미국 South Carolina(대)				

● '외국인투수'가 KIA 타이거즈의 최대 약점이었다. 2년 연속 시즌 중간에 두 명의 외국인 투수를 모두 교체하고도 결과가 좋지 못했다. 올 시즌에도 아예 새로 판을 깔았다. 빅리그에서 풀타임을 경험한 윌 크로우와 빅 리그 맛을 본 제임스 네일이 '외국인 원투펀치'를 구성했다. 일단 경력으로는 크로우에게 시선이 더 쏠린다. 2021시즌 피츠버그 선발로 25경기를 소화하는 등 메이저리그 통산 94경기에 출전했다. 최고 구속 153㎞의 빠른공을 앞세운 크로우, 일본 야쿠르트를 상대로 치른 스프링캠프 첫 실전에서도 곧바로 153㎞를 찍으면서 눈길을 끌었다. 슬라이더, 체인지업에 지난 시즌 리그에서 핫했던 스위퍼도 구사한다. 네일과 함께 팀 내 스위퍼 바람을 일으킨 크로우는 든든한 수비진을 믿고 싱커로 맞춰 잡는 승부도 하겠다는 계획이다. 외국인 선수에게 중요한 '적응력'에서도 동료들의 인정을 받았다. 그라운드 안팎에서 메이저리그 출신다운 면모를 보여주고 있지만 '부상'이 크로우의 2024 시즌 키워드가 될 전망이다. KIA가 외국인 투수에게 기대하는 것은 승수도 승수지만 많은 이닝이다. 지난 시즌 어깨 부상으로 많은 이닝을 소화하지 못했던 만큼 우려의 시선은 있다. 캠프에서 천천히 스피드를 올려가면서 새 리그에서 새 출발을 준비한 크로우가 건강하게 시즌을 완주해야 KIA의 가을잔치 목표도 이뤄진다.

기본기록

연도	리그	경기	선발	QS	승	패	세이브	BS	홀드	이닝	피안타	피홈런	4사구	삼진	피안타율	WHIP	피OPS	FIP	ERA	WAR
2021	MLB	26	25	3	4	8	0	0	0	116 2/3	126	25	63	111	0.276	1.57	0.864	5.67	5.48	-0.5
2022	MLB	60	1	0	6	10	4	6	16	76	68	8	41	68	0.235	1.39	0.686	4.31	4.38	0.1
2023	MLB	5	0	0	0	1	1	0	0	9.2	9	1	10	9	0.243	1.86	0.810	5.84	4.66	0.0
MLB 통산		94	29	3	10	21	5	7	16	210 2/3	217	39	112	196	0.265	1.56	0.821	5.45	5.30	-1.0

구종별 기록

구종	구사%	구속	수직 무브	수평 무브	분당 회전	땅볼%	타구속도	강한타구%
직구								
커브								
슬라이더								
체인지업								
포크								
싱커								
투심								
너클								
커터								
스플리터								

상황별 기록

상황	타석	홈런/9	볼넷/9	삼진/9	피안타율	WHIP	피OPS	GO/FO
전반기								
후반기								
vs 좌								
vs 우								
주자없음								
주자있음								
득점권								
1-2번 상대								
3-5번 상대								
6-9번 상대								

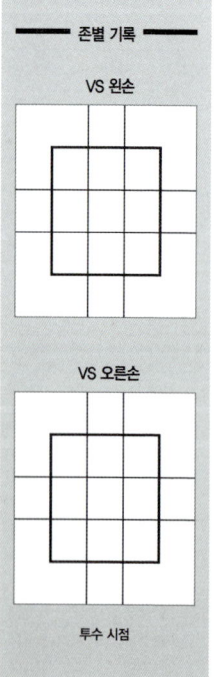

김도영 내야수 5

신장	183	체중	85	생일	2003.10.02
투타	우투우타	지명	2022 KIA 1차		
연봉	3,000-5,000-10,000				
학교	광주대성초-광주동성중-광주동성고				

● '김도영 예고편'이었던 2023시즌이었다. 개막전에서 안타를 개시했고, 두 번째 경기에서는 3안타를 몰아쳤다. '이게 김도영이다'를 보여주려는 순간 홈에 들어온 김도영의 표정이 어두워졌다. 발가락 골절로 3안타를 남기고 떠난 김도영. 오랜 기다림 끝에 6월 23일 다시 김도영의 시즌이 열렸다. 꾸준하게 출석 도장을 찍으면서 김도영이 감을 잡았다. 컨디션이 좋은 날에도, 좋지 않은 날에도 경기를 풀어가는 법을 배웠고 김도영표 시원한 홈런도 이어졌다. 잠실 외야 상단을 찍으며 힘을 보여준 김도영은 박찬호와 발로도 상대를 괴롭혔다. 조재영 주루코치의 적극적인 팔돌림에 '이게 되네'라는 득점 장면도 만들었다. 시동 걸리면 막을 수 없는 폭주 기관차가 됐다. 수비는 역시 경험이다. 이제는 3루가 가장 익숙하고 가장 많은 경기를 소화한 포지션이 됐다. 경기를 하면서 송구 안정감이 눈에 띄게 달라졌다. 그러나 이 모든 게 '건강'할 때 의미 있다. 부상으로 시작한 시즌 부상으로 마무리한 것은 아쉽다. 처음 태극마크를 달고 뛴 아시아프로야구챔피언십에서 간절한 마음에 헤드퍼스트 슬라이딩을 했지만 다시 또 수술대에 올라야 했다. 긴 재활이 예고됐지만 괴물 같은 회복력으로 개막을 준비하고 있다. 마음 급한 김도영과 달리 벤치는 천천히 예열을 시키면서 캠프에서 '지명수비'를 맡겼다. 자신에게 맞는 방망이와 폼도 찾았다. 신나게 될 일만 남았다.

기본기록

연도	경기	타석	타수	안타	2루타	3루타	홈런	타점	득점	볼넷	사구	삼진	도루	도루자	타율	출루율	장타율	OPS	WAR	WPA
2021																				
2022	103	254	224	53	11	4	3	19	37	22	3	62	13	3	0.237	0.312	0.362	0.674	0.40	-1.63
2023	84	385	340	103	20	5	7	47	72	38	1	62	25	4	0.303	0.371	0.453	0.824	2.74	-0.40
통산	187	639	564	156	31	9	10	66	109	60	4	124	38	7	0.277	0.348	0.417	0.765	3.13	-2.03

구종별기록

구분	상대%	타구속도	상하 각도	타율	장타율	땅볼%	뜬공%	강한타구%
직구	37.1%	138.8	23.8	0.370	0.605	35.5%	64.5%	40.4%
커브	11.8%	133.2	16.9	0.222	0.250	52.6%	47.4%	19.0%
슬라이더	22.3%	136.6	14.4	0.257	0.329	54.3%	45.7%	26.7%
체인지업	12.2%	141.9	12.0	0.205	0.282	71.4%	28.6%	36.8%
포크	6.9%	136.7	7.7	0.174	0.217	75.0%	25.0%	21.4%
싱커								
투심	7.0%	135.9	20.7	0.357	0.607	55.6%	44.4%	38.1%
너클								
커터	2.7%	146.8	5.1	0.500	0.800	100.0%	0.0%	50.0%
스플리터								

상황별 기록

상황	타석	홈런/9	볼넷/9	삼진/9	타율	출루율	장타율	OPS
전반기	72	2.8%	4.2%	20.8%	0.353	0.380	0.529	0.909
후반기	313	1.6%	11.2%	15.0%	0.290	0.369	0.434	0.803
vs 좌	72	1.4%	12.5%	13.9%	0.387	0.458	0.581	1.039
vs 우	313	1.9%	9.3%	16.6%	0.284	0.350	0.424	0.774
주자없음	209	1.0%	9.6%	16.3%	0.286	0.354	0.423	0.777
주자있음	176	2.8%	10.2%	15.9%	0.325	0.391	0.490	0.881
득점권	112	1.8%	12.5%	18.8%	0.312	0.393	0.441	0.834
노아웃	129	1.6%	9.3%	13.2%	0.304	0.370	0.429	0.799
원아웃	139	0.7%	10.1%	14.4%	0.309	0.374	0.455	0.829
투아웃	117	3.4%	10.3%	21.4%	0.295	0.368	0.476	0.844

존별 기록

VS 왼손

	2 1.0%	11 5.3%	12 5.8%	
	9 4.4%	11 5.3%	12 5.8%	
12 5.8%	17 8.3%	18 8.7%	15 7.3%	19 9.2%
	10 4.9%	17 8.3%	10 4.9%	
14 6.8%		8 3.9%		9 4.4%

VS 오른손

	48 5.0%	40 4.1%	17 1.8%	
	51 5.3%	46 4.7%	53 5.5%	
50 5.2%	60 6.2%	88 9.1%	78 8.0%	63 6.5%
	50 5.2%	71 7.3%	72 7.4%	
30 3.1%		60 6.2%		92 9.5%

투수 시점

김태군 포수 42

신장 182	체중 92	생일 1989.12.30	
투타 우투우타	지명 2008 LG 2차 3라운드 17순위		
연봉 20,000-20,000-70,000			
학교 양정초-대동중-부산고			

● 드디어 확실한 '안방마님'이 생겼다. 트레이드와 트레이드를 부르던 자리, 트레이드로 온 김태군이 자리를 잡았다. 2023시즌이 끝나기 전 다년계약을 하면서 포수 한자리가 채워졌다. 특급 대우를 받고 도장을 찍은 만큼 새 시즌을 준비하는 김태군의 마음가짐도 남다르다. '책임감'을 이야기한 김태군은 신인의 마음으로 시즌을 준비했다. 새로 호흡을 맞춘 타케시 배터리 코치도 원점에서 김태군을 준비시켰다. 캠프에서 8년 만에 단독 펑고를 받으며 구슬땀을 흘리기도 했고, 불펜피칭 시간 가장 부지런하게 투수들 공을 받으며 파이팅을 외치기도 했다. 실전도 빨랐다. 코칭스태프의 만류에도 두 번째 연습경기 날부터 라인업에 이름을 올렸다. 올 시즌 팀 성적의 많은 지분을 차지하고 있는 '새 외국인 원투펀치' 윌 크로우, 제임스 네일의 모습을 실전에서 확인하기 위한 노력이었다. 불펜피칭과는 또 다른 모습을 확인하면서 KIA 마운드를 더 단단하게 다지는 역할을 하고 있다. 호주 캠프로 이동하던 10시간, 비행기 안에서 이의리와 대화를 나누며 '요즘 투수들'의 이야기를 들었다는 김태군. 조금 더 부드러운 선배가 되겠다면서도 건방 떠는 순간은 참지 않겠다는 베테랑. 그라운드 안팎에서 당근과 채찍을 활용해 베테랑 역할을 톡톡히 하고 있다. KIA에 쏠리는 시선, 1경기의 간절함과 가치를 배운 후배들과 말이 아닌 행동으로 보여주겠다는 각오다.

기본기록

연도	경기	타석	타수	안타	2루타	3루타	홈런	타점	득점	볼넷	사구	삼진	도루	도루자	타율	출루율	장타율	OPS	WAR	WPA
2021	102	276	232	51	7	0	7	24	23	21	11	30	0	1	0.220	0.311	0.341	0.652	0.46	-0.94
2022	102	235	205	61	11	0	2	25	20	17	4	34	0	0	0.298	0.358	0.380	0.738	1.60	-0.62
2023	114	346	311	80	10	1	1	42	24	15	8	30	2	1	0.257	0.305	0.305	0.610	0.16	-2.81
통산	1295	3348	2935	729	115	2	25	303	267	173	88	440	3	7	0.248	0.307	0.314	0.621	3.63	-9.55

구종별기록

구분	상대%	타구속도	상하 각도	타율	장타율	땅볼%	뜬공%	강한타구%
직구	39.8%	131.7	22.3	0.260	0.293	50.0%	50.0%	14.8%
커브	10.1%	125.5	21.8	0.280	0.440	35.7%	64.3%	12.5%
슬라이더	21.5%	124.5	17.9	0.211	0.246	53.8%	46.2%	7.0%
체인지업	9.6%	124.6	24.7	0.290	0.387	52.9%	47.1%	0.0%
포크	5.5%	132.5	5.9	0.278	0.278	69.2%	30.8%	8.3%
싱커								
투심	9.9%	137.0	9.2	0.364	0.424	68.8%	31.3%	22.2%
너클								
커터	3.6%	120.5	11.3	0.083	0.083	63.6%	36.4%	0.0%
스플리터								

상황별 기록

상황	타석	홈런/9	볼넷/9	삼진/9	타율	출루율	장타율	OPS
전반기	165	0.6%	6.1%	7.3%	0.260	0.321	0.329	0.650
후반기	181	0.0%	2.8%	9.9%	0.255	0.290	0.285	0.575
vs 좌	60	0.0%	6.7%	11.7%	0.278	0.333	0.296	0.629
vs 우	286	0.3%	3.8%	8.0%	0.253	0.299	0.307	0.606
주자없음	176	0.6%	3.4%	9.7%	0.209	0.267	0.258	0.525
주자있음	170	0.0%	5.3%	7.6%	0.311	0.346	0.358	0.704
득점권	105	0.0%	6.7%	4.8%	0.337	0.369	0.391	0.760
노아웃	105	0.0%	1.9%	8.6%	0.222	0.278	0.233	0.511
원아웃	116	0.0%	5.2%	7.8%	0.288	0.328	0.317	0.645
투아웃	125	0.8%	5.6%	9.6%	0.256	0.304	0.350	0.654

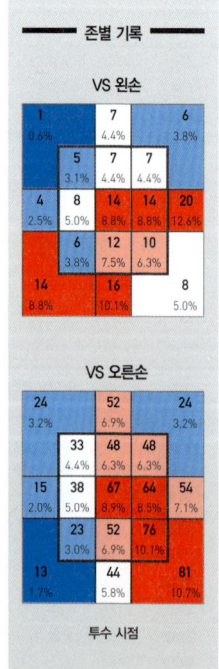

나성범 외야수 47

신장	183	체중	100	생일	1989.10.03
투타	좌투좌타	지명	2012 NC 2라운드 10순위		
연봉	200,000-80,000-80,000				
학교	광주대성초-진흥중-진흥고-연세대				

● "우승을 위해 왔다". 그라운드 안팎에서 모범 FA로 역할을 해줬지만 고향 팀에 올 때 말했던 '우승'이라는 목표에는 아직 근접하지 못했다. KIA에서의 세 번째 시즌. 올 시즌에는 주장 역할까지 맡으면서 일이 많아졌다. 지난 시즌은 야구 인생 최고의 강렬함과 좌절감을 동시에 맛본 롤러코스터 시즌이었다. 58경기에서 81개의 안타를 만들면서 0.365의 타율을 기록했다. 18개의 타구는 아예 담장 밖으로 넘기면서 놀라운 홈런페이스를 보여줬다. 0.671의 장타율과 0.427의 출루율. 득점권 타율도 0.348에 이르면서 '무적'의 나성범이었다. 하지만 그라운드 밖에 머문 시간이 더 길었다. WBC 경기에서 입은 종아리 부상으로 6월 23일 KT전을 통해 뒤늦게 시즌을 열었고 9월 19일 LG전에서 햄스트링을 부상을 당하면서 일찍 시즌을 마감했다. 부상 없이 자리를 지키는 게 우선 목표가 된 시즌. 나성범의 자신감은 넘친다. "빨리 개막하면 좋겠다"라고 이야기할 정도로 몸 상태도 좋고, 준비도 잘 됐다. 나성범의 성적 키는 벤치가 쥘 전망이다. 지난 시즌 예민한 부위의 부상으로 고전했고, 파울타구에 맞아 완벽하지 않은 몸 상태로 무리해서 뛰다가 또다시 재활군이 됐다. 적절한 수비 이닝을 통해 나성범의 부담을 최소화하고 전력은 극대화하는 벤치 운영에 따라 나성범과 팀의 성적이 달라질 전망이다.

기본기록

연도	경기	타석	타수	안타	2루타	3루타	홈런	타점	득점	볼넷	사구	삼진	도루	도루자	타율	출루율	장타율	OPS	WAR	WPA
2021	144	623	570	160	29	1	33	101	96	38	11	155	1	2	0.281	0.335	0.509	0.844	3.48	1.33
2022	144	649	563	180	39	2	21	97	92	64	17	137	6	1	0.320	0.402	0.508	0.910	6.74	2.00
2023	58	253	222	81	12	1	18	57	51	26	1	36	0	0	0.365	0.427	0.671	1.098	4.50	1.78
통산	1283	5665	5044	1591	324	29	251	984	957	455	120	1235	100	29	0.315	0.383	0.540	0.923	50.04	15.77

구종별기록

구분	상대%	타구속도	상하 각도	타율	장타율	땅볼%	뜬공%	강한타구%
직구	45.4%	144.6	22.1	0.439	0.768	42.1%	57.9%	50.0%
커브	8.3%	156.2	32.7	0.273	0.818	20.0%	80.0%	85.7%
슬라이더	19.0%	133.5	29.1	0.283	0.370	48.0%	52.0%	18.5%
체인지업	9.6%	144.0	24.6	0.276	0.655	42.9%	57.1%	33.3%
포크	8.7%	154.5	7.4	0.188	0.563	100.0%	0.0%	57.1%
싱커								
투심	3.9%	142.9	18.3	0.667	0.889	33.3%	66.7%	28.6%
너클								
커터	5.1%	140.1	22.0	0.222	0.333	28.6%	71.4%	28.6%
스플리터								

상황별 기록

상황	타석	홈런/9	볼넷/9	삼진/9	타율	출루율	장타율	OPS
전반기	61	9.8%	3.3%	13.1%	0.322	0.344	0.695	1.039
후반기	192	6.3%	12.5%	14.6%	0.380	0.453	0.663	1.116
vs 좌	63	6.3%	12.7%	6.3%	0.396	0.460	0.660	1.120
vs 우	190	7.4%	9.5%	16.8%	0.355	0.416	0.675	1.091
주자없음	124	6.5%	6.5%	13.7%	0.322	0.371	0.574	0.945
주자있음	129	7.8%	14.0%	14.7%	0.411	0.481	0.776	1.257
득점권	84	4.8%	16.7%	19.0%	0.348	0.440	0.591	1.031
노아웃	81	6.2%	9.9%	9.9%	0.361	0.420	0.639	1.059
원아웃	75	5.3%	10.7%	21.3%	0.365	0.427	0.603	1.030
투아웃	97	9.3%	10.3%	12.4%	0.368	0.433	0.747	1.180

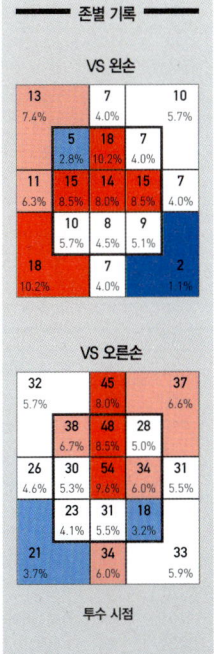

박찬호 내야수 1

신장 178	체중 72	생일 1995.06.05
투타 우투우타	지명 2014 KIA 2차 5라운드 50순위
연봉 12,000-20,000-30,000
학교 신답초-건대부중-장충고

● 시즌 초반 예열 시간은 필요했지만 골든글러브를 이야기할 수 있는 선수가 됐다. 0.301의 타율로 처음 '3할 타자'로 이름을 올렸고 무리하지 않고도 30도루를 기록했다. KIA 톱타자하면 우선 떠오르는 이름이기도 하다. 지난해 1번에서 가장 좋은 0.312의 타율을 기록했다. 강자에 강한 면모도 여전했다. MVP 페디의 '1점대' 평균자책점을 막은 이가 박찬호다. 8월 31일 NC전, KIA가 1회 선취점을 낸 것까지는 평범한 흐름이었다. 3회 박찬호가 볼넷으로 나간 뒤 도루로 2루를 훔쳤고, 김도영의 우중간 2루타 때 홈을 밟았다. 최형우-소크라테스-김선빈-김태군의 4연속 안타로 페디를 몰아붙인 KIA는 5-3으로 앞선 2사 만루에서 카운트 펀치를 날렸다. 주인공은 타자일순해 다시 타석에 들어선 박찬호, 유격수 옆 빠지는 타구로 페디를 상대로 7번째 득점을 만들었다. 결과적으로 박찬호가 2.00으로 시즌을 마무리한 페디의 대기록을 저지한 셈이 됐다. 배트를 컨트롤 할 줄 알게 된 박찬호의 질주는 아쉽게 부상에 꺾였다. 마음이 급했던 헤드퍼스트 슬라이딩으로 손가락 인대를 다쳤고, '부상투혼'으로 5강 불꽃을 살려보려고 했지만 사구에 손목이 골절되면서 박찬호와 KIA의 시즌이 막을 내렸다. 골든글러브에 부족했던 경기와 팀 성적. 그래도 당당한 2위가 됐다. 후유증 없이 다시 준비하고 있는 시즌, 골든글러브 도전은 계속된다.

기본기록

연도	경기	타석	타수	안타	2루타	3루타	홈런	타점	득점	볼넷	사구	삼진	도루	도루자	타율	출루율	장타율	OPS	WAR	WPA
2021	131	483	418	103	15	5	1	59	51	54	0	73	9	4	0.246	0.331	0.313	0.644	1.12	-0.79
2022	130	566	493	134	22	0	4	45	81	57	1	67	42	8	0.272	0.344	0.341	0.685	2.69	-1.15
2023	130	507	452	136	18	4	3	52	73	40	2	56	30	8	0.301	0.356	0.378	0.734	3.58	-0.34
통산	820	2847	2548	645	92	14	13	250	353	226	7	422	140	35	0.253	0.313	0.316	0.629	4.26	-8.18

구종별기록

구분	상대%	타구속도	상하 각도	타율	장타율	땅볼%	뜬공%	강한타구%
직구	41.0%	133.4	18.9	0.311	0.383	43.5%	56.5%	17.9%
커브	11.0%	126.3	19.8	0.214	0.286	47.8%	52.2%	0.0%
슬라이더	22.3%	122.8	20.2	0.274	0.305	44.6%	55.4%	5.8%
체인지업	8.0%	124.1	18.4	0.364	0.614	48.0%	52.0%	2.9%
포크	5.6%	126.5	13.9	0.346	0.346	50.0%	50.0%	5.3%
싱커								
투심	9.0%	134.2	9.1	0.265	0.294	64.0%	36.0%	17.9%
너클								
커터	3.0%	131.9	13.4	0.278	0.333	72.5%	27.5%	9.1%
스플리터								

상황별 기록

상황	타석	홈런/9	볼넷/9	삼진/9	타율	출루율	장타율	OPS
전반기	293	0.7%	6.1%	12.3%	0.272	0.317	0.328	0.645
후반기	214	0.5%	10.3%	9.3%	0.342	0.408	0.449	0.857
vs 좌	100	2.0%	8.0%	10.0%	0.333	0.388	0.437	0.825
vs 우	407	0.2%	7.9%	11.3%	0.293	0.348	0.364	0.712
주자없음	295	0.7%	8.5%	12.2%	0.283	0.346	0.357	0.703
주자있음	212	0.5%	7.1%	9.4%	0.328	0.371	0.410	0.781
득점권	132	0.0%	9.8%	9.1%	0.355	0.403	0.436	0.839
노아웃	177	0.6%	8.5%	7.9%	0.239	0.306	0.303	0.609
원아웃	176	0.6%	8.0%	11.3%	0.348	0.392	0.432	0.824
투아웃	154	0.6%	7.1%	13.6%	0.317	0.370	0.401	0.771

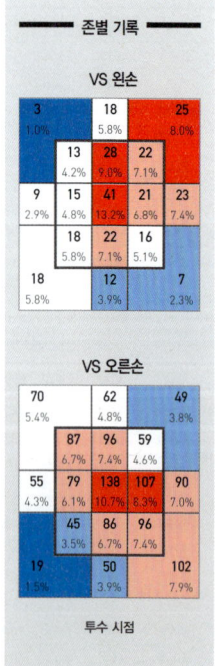

소크라테스 외야수 30

신장	188	체중	93	생일 1992.09.06
투타	좌투좌타	지명	2022 KIA 자유선발
연봉	$500,000-$500,000-$500,000		
학교	도미니카 Liceo Cacique Enriquillo(고)		

● 3년 연속 KIA 타이거즈의 소크라테스다. 그라운드와 관중석에 소크라테스 열풍을 일으켰던 2022시즌, 지난 시즌에도 자기 몫은 해줬다. 외국인 타자에게 기대하는 파괴력에 대한 아쉬움은 있었지만 검증된 소크라테스가 올 시즌에도 그대로 KIA 타선을 지킨다. 외야 전력 극대화를 위한 교통 정리가 이뤄지면서 소크라테스의 고정석은 좌익수가 됐다. 중견수가 익숙한 소크라테스, 좌익수는 지난 시즌 가장 적은 이닝(118 2/3)을 소화했던 포지션이기도 하다. 팀 퍼스트를 이야기하는 소크라테스는 외야 모든 자리에서 뛰었던 만큼 "문제없다"며 주어진 역할을 잘 수행하겠다는 각오다. 올 시즌에도 개인적인 목표는 없다. 매 경기 승리하는 데 집중하다 보면 목표하고 있는 포스트 시즌에 이를 것이라는 게 소크라테스의 이야기다. 또 팀 성적이 나오면 알아서 개인 성적도 따라온다는 게 그의 생각이다. 팀이 부상으로 신음했던 지난 시즌 그라운드에서 누구보다 동료들의 빈 자리를 느꼈던 소크라테스였던 만큼 '부상'을 올 시즌 키워드로 꼽는다. 지난 시즌 142경기에 나온 소크라테스는 608타석을 소화했고, 외야에서 1,207이닝을 지켰다. 공수에서 누구보다 열심히 뛰었지만 동료들이 하나, 둘 부상으로 쓰러지는 것을 지켜봐야 했다. 소크라테스 혼자서는 역부족이었던 시즌. 건강한 동료들과 뜨거웠던 연승 순간을 만드는 상상을 하며 새 시즌을 기다리고 있다.

기본기록

연도	경기	타석	타수	안타	2루타	3루타	홈런	타점	득점	볼넷	사구	삼진	도루	도루자	타율	출루율	장타율	OPS	WAR	WPA
2021																				
2022	127	554	514	160	29	7	17	77	83	34	2	81	12	7	0.311	0.354	0.494	0.848	3.99	-1.35
2023	142	608	547	156	31	3	20	96	91	52	1	80	15	6	0.285	0.344	0.463	0.807	3.70	0.24
통산	269	1162	1061	316	60	10	37	173	174	86	3	161	27	13	0.298	0.349	0.478	0.827	7.69	-1.11

구종별기록

구분	상대%	타구속도	상하 각도	타율	장타율	땅볼%	뜬공%	강한타구%
직구	40.5%	138.0	20.1	0.346	0.561	40.4%	59.6%	37.1%
커브	7.4%	140.6	12.9	0.350	0.425	64.7%	35.3%	41.7%
슬라이더	19.0%	134.7	19.8	0.196	0.382	47.2%	52.8%	27.3%
체인지업	14.3%	127.3	26.6	0.198	0.284	43.1%	56.9%	20.7%
포크	9.9%	137.1	24.1	0.328	0.478	32.3%	67.7%	31.0%
싱커								
투심	5.2%	147.9	17.7	0.292	0.583	53.3%	46.7%	69.2%
너클								
커터	3.6%	126.1	38.5	0.214	0.500	40.0%	60.0%	0.0%
스플리터								

상황별 기록

상황	타석	홈런/9	볼넷/9	삼진/9	타율	출루율	장타율	OPS
전반기	325	3.4%	8.9%	13.8%	0.289	0.351	0.454	0.805
후반기	283	3.2%	8.1%	12.4%	0.281	0.336	0.473	0.809
vs 좌	159	3.1%	11.9%	11.3%	0.248	0.333	0.401	0.734
vs 우	449	3.3%	7.3%	13.8%	0.298	0.347	0.483	0.830
주자없음	295	3.1%	8.5%	13.9%	0.263	0.325	0.433	0.758
주자있음	313	3.5%	8.6%	12.5%	0.307	0.361	0.491	0.852
득점권	179	3.4%	10.1%	12.8%	0.303	0.363	0.500	0.863
노아웃	206	3.9%	7.8%	10.2%	0.293	0.345	0.511	0.856
원아웃	205	4.4%	7.3%	9.8%	0.294	0.341	0.487	0.828
투아웃	197	1.5%	10.7%	19.8%	0.267	0.345	0.386	0.731

존별 기록

VS 왼손

13 2.8%	18 3.9%	15 3.3%
	19 4.1%	22 4.8%	20 4.3%	
32 7.0%	29 6.3%	43 9.3%	21 4.6%	17 3.7%
	27 5.9%	35 7.6%	28 6.1%	
65 14.1%		45 9.8%		11 2.4%

VS 오른손

53 4.3%	44 3.5%	32 2.6%
	75 6.0%	62 5.0%	45 3.6%	
98 7.9%	104 8.4%	109 8.8%	61 4.9%	66 5.3%
	85 6.8%	98 7.9%	62 5.0%	
89 7.2%		89 7.2%		71 5.7%

투수 시점

곽도규 투수 0

신장	185	체중	90	생일	2004.04.12	투타	좌투좌타	지명	2023 KIA 5라운드 42순위
연봉	3,000-3,300			학교	도척초-공주중-공주고				

● 지난 시즌 곽도규는 KIA 마운드의 히트 상품이었다. 왼손 사이드암이 150㎞의 공을 뿌렸다. 이제 막 고등학교를 졸업하고 온 어린 선수의 패기 넘치는 모습도 눈길을 끌었다. 두 번째 시즌을 앞두고 호주·미국 유학으로 실력을 더했다. 호주리그서 다양한 경기 상황을 경험했고, 미국에서는 눈으로 데이터를 확인하고 방향성을 잡았다.

기본기록

연도	경기	선발	QS	승	패	세이브	BS	홀드	이닝	피안타	피홈런	4사구	삼진	피안타율	WHIP	피OPS	FIP	ERA	WAR	WPA
2021																				
2022																				
2023	14	0	0	0	0	0	0	0	11 2/3	14	0	12	14	0.311	2.06	0.812	4.13	8.49	-0.19	0.08
통산	14	0	0	0	0	0	0	0	11 2/3	14	0	12	14	0.311	2.06	0.812	4.13	8.49	-0.19	0.08

구종별 기록

구종	구사%	구속	수직 무브	수평 무브	분당 회전	땅볼%	타구속도	강한타구%
직구	5.2%	141.8	21.0	30.8	2738.0	-	-	-
커브	22.6%	127.0	-7.3	-13.9	1064.1	33.3%	127.7	0.0%
슬라이더								
체인지업								
포크								
싱커								
투심	72.2%	144.6	12.2	31.3	2514.8	57.1%	135.7	12.5%
너클								
커터								
스플리터								

상황별 기록

상황	타석	홈런/9	볼넷/9	삼진/9	피안타율	WHIP	피OPS	GO/FO
전반기	26	0.00	10.80	12.60	0.278	2.20	0.791	2.00
후반기	35	0.00	5.40	9.45	0.333	1.95	0.825	0.83
vs 좌	29	0.00	11.81	10.13	0.278	2.25	0.778	2.50
vs 우	32	0.00	4.26	11.37	0.333	1.89	0.826	0.67
주자없음	21	0.00	4.15	14.54	0.278	1.62	0.770	1.00
주자있음	40	0.00	9.82	8.59	0.333	2.32	0.833	1.20
득점권	29	0.00	11.57	7.71	0.444	3.00	1.044	2.00
1-2번 상대	13	0.00	18.00	18.00	0.250	3.00	0.788	-
3-5번 상대	20	0.00	4.15	6.23	0.313	1.62	0.764	1.00
6-9번 상대	28	0.00	6.75	11.81	0.333	2.06	0.843	0.75

김민주 투수 45

신장	182	체중	85	생일	2002.09.08	투타	우투우타	지명	2024 KIA 7라운드 66순위
연봉	3,000			학교	(성동구리틀)-건대부중-배명고-강릉영동대				

● "선수들도 느낀 게 많을 것"이라며 이범호 감독이 김민주의 이름을 언급했다. 캠프 불펜 피칭부터 남달랐다. 자신 있게 공을 던지면서 '싸움닭' 기질을 보여줬고 타자들 앞에서도 그의 기세는 여전했다. 피하지 않는 자신감 있는 직구 승부를 자신의 장점으로 꼽은 김민주. 변화구 세밀함을 더한다며 올해의 '슈퍼루키' 후보로 손색없다.

기본기록

연도	경기	선발	QS	승	패	세이브	BS	홀드	이닝	피안타	피홈런	4사구	삼진	피안타율	WHIP	피OPS	FIP	ERA	WAR	WPA
2021																				
2022																				
2023																				
통산																				

구종별 기록

구종	구사%	구속	수직 무브	수평 무브	분당 회전	땅볼%	타구속도	강한타구%
직구								
커브								
슬라이더								
체인지업								
포크								
싱커								
투심								
너클								
커터								
스플리터								

상황별 기록

상황	타석	홈런/9	볼넷/9	삼진/9	피안타율	WHIP	피OPS	GO/FO
전반기								
후반기								
vs 좌								
vs 우								
주자없음								
주자있음								
득점권								
1-2번 상대								
3-5번 상대								
6-9번 상대								

네일 투수 40

신장	193	체중	83	생일	1993.02.08	투타	우투우타	지명	2024 KIA 자유선발
연봉	$350,000			학교	미국 Charleston(고)-미국 Alabama at Birmingham(대)				

● "페디보다 낫다"라는 감탄사를 부른 제임스 네일의 스위퍼. 첫 라이브 피칭 때 수준급 스위퍼로 찬사를 받았다. 고민 많던 외인 원투펀치 자리를 새로 채운 네일. 캠프에서 의욕이 넘쳐 오버페이스를 걱정할 정도였다. 150㎞가 넘는 강속구에 다양한 변화구, 제구도 안정적이다. 한국말 배우기에도 열심인 모범 외국인투수의 등장이다.

기본기록

연도	리그	경기	선발	QS	승	패	세이브	BS	홀드	이닝	피안타	피홈런	4사구	삼진	피안타율	WHIP	피OPS	FIP	ERA	WAR
2021	AAA	44	3	0	4	3	0	1	8	73 1/3	80	5	21	64	0.276	1.37	0.694	3.71	3.31	-
2022	AAA	31	0	0	5	3	3	1	5	59	60	6	21	66	0.267	1.37	0.722	3.93	3.66	-
2023	MLB	10	0	0	0	0	0	0	1	15 1/3	27	1	9	7	0.380	2.35	0.929	4.95	8.80	-0.6
MLB 통산		17	0	0	0	0	0	0	1	24 1/3	87	7	30	73	0.330	1.89	0.846	5.17	7.40	-0.7

구종별 기록

구종	구사%	구속	수직 무브	수평 무브	분당 회전	땅볼%	타구속도	강한타구%
직구								
커브								
슬라이더								
체인지업								
포크								
싱커								
투심								
너클								
커터								
스플리터								

상황별 기록

상황	타석	홈런/9	볼넷/9	삼진/9	피안타율	WHIP	피OPS	GO/FO
전반기								
후반기								
vs 좌								
vs 우								
주자없음								
주자있음								
득점권								
1-2번 상대								
3-5번 상대								
6-9번 상대								

박준표 투수 31

신장	181	체중	93	생일	19920626	투타	우언우타	지명	2013 KIA 7라운드 62순위
연봉	12,500-10,500-8,000			학교	송정동초-진흥중-중앙고-동강대				

● 호주 캔버라와 일본 오키나와로 이어진 캠프에서 박준표는 투수 MVP였다. 손가락 부상 이후 무뎌진 변화구가 다시 매서워졌다. 넓어지는 스트라이크존을 활용할 수 있는 커브, 그립을 바꾸면서 세심하게 가다듬었다. 왼손투수 전쟁이 벌어지고 있는 불펜에 '사이드암' 경쟁도 치열해졌다. 달라진 움직임으로 확실한 경쟁력을 보여줬다.

기본기록

연도	경기	선발	QS	승	패	세이브	BS	홀드	이닝	피안타	피홈런	4사구	삼진	피안타율	WHIP	피OPS	FIP	ERA	WAR	WPA
2021	32	0	0	2	4	0	2	4	32	42	3	26	18	0.326	1.84	0.917	5.86	5.91	-0.45	-0.50
2022	34	0	0	1	0	0	1	8	23 1/3	27	4	18	11	0.297	1.59	0.878	6.55	5.40	-0.33	0.21
2023	33	0	0	2	1	0	0	3	28	28	3	9	13	0.259	1.32	0.705	4.50	4.50	-0.02	0.00
통산	306	4	0	23	11	6	11	51	323	329	30	137	196	0.266	1.33	0.733	4.71	4.54	2.35	5.12

구종별 기록

구종	구사%	구속	수직 무브	수평 무브	분당 회전	땅볼%	타구속도	강한타구%
직구								
커브	19.6%	117.6	0.2	25.9	1579.3	50.0%	122.8	13.3%
슬라이더								
체인지업								
포크	7.3%	135.0	2.1	-21.7	1556.5	28.6%	133.8	0.0%
싱커								
투심	73.1%	140.4	6.3	-25.3	1933.5	70.8%	139.4	37.5%
너클								
커터								
스플리터								

상황별 기록

상황	타석	홈런/9	볼넷/9	삼진/9	피안타율	WHIP	피OPS	GO/FO
전반기	55	0.68	1.35	4.73	0.283	1.28	0.724	1.38
후반기	63	1.23	4.30	3.68	0.236	1.36	0.687	2.00
vs 좌	38	1.13	3.38	0.00	0.324	1.75	0.878	4.75
vs 우	80	0.90	2.70	5.85	0.220	1.15	0.626	1.10
주자없음	62	0.66	4.61	5.27	0.255	1.54	0.684	1.54
주자있음	56	1.26	1.26	3.14	0.264	1.12	0.725	1.83
득점권	31	1.29	2.57	2.57	0.276	1.43	0.806	1.38
1-2번 상대	17	1.93	1.93	3.86	0.188	0.86	0.610	4.50
3-5번 상대	49	1.69	3.38	3.38	0.318	1.69	0.852	0.73
6-9번 상대	52	0.00	2.84	4.97	0.229	1.18	0.601	2.75

양현종 투수 54

신장	183	체중	91	생일	1988.03.01	투타	좌투좌타	지명	2007 KIA 2차 1라운드 1순위
연봉	100,000-50,000-50,000			학교	학강초-광주동성중-광주동성고				

● 직진만 했던 양현종이 지난해 잠시 자리를 비웠다. 이닝도 매서움도 떨어지면서 8월 휴가를 떠났다. 시즌 중반 엔트리 말소는 2013년 이후 처음. 재정비 시간을 보낸 양현종은 송진우를 넘어 선발 최다승 주인공이 됐고, 9시즌 연속 170이닝도 달성했다. '양현종은 양현종이다'를 보여야 하는 위기의 시간, 긴 호흡으로 새 시즌을 맞는다.

기본기록

연도	경기	선발	QS	승	패	세이브	BS	홀드	이닝	피안타	피홈런	4사구	삼진	피안타율	WHIP	피OPS	FIP	ERA	WAR	WPA
2021																				
2022	30	30	16	12	7	0	0	0	175 1/3	170	14	53	141	0.253	1.25	0.678	3.66	3.85	2.60	2.11
2023	29	29	14	9	11	0	0	0	171	181	13	49	133	0.272	1.34	0.704	3.72	3.58	3.15	2.03
통산	484	383	207	168	113	0	1	9	2332 1/3	2291	189	944	1947	0.261	1.37	0.711	4.04	3.81	40.68	17.37

구종별 기록

구종	구사%	구속	수직 무브	수평 무브	분당 회전	땅볼%	타구속도	강한타구%
직구	54.0%	141.8	29.8	11.1	2340.7	37.0%	134.7	21.5%
커브	2.5%	118.6	-10.8	-9.7	905.5	66.7%	132.7	0.0%
슬라이더	18.6%	127.9	2.5	-3.3	443.5	56.6%	131.2	12.0%
체인지업	24.9%	129.2	16.4	20.3	1774.5	65.9%	133.4	19.6%
포크								
싱커								
투심								
너클								
커터								
스플리터								

상황별 기록

상황	타석	홈런/9	볼넷/9	삼진/9	피안타율	WHIP	피OPS	GO/FO
전반기	400	0.60	2.59	8.17	0.298	1.48	0.752	0.82
후반기	329	0.78	2.45	5.69	0.242	1.18	0.646	1.08
vs 좌	320	0.56	2.13	6.50	0.226	1.07	0.582	1.06
vs 우	409	0.79	2.88	7.44	0.309	1.58	0.801	0.85
주자없음	406	0.88	2.63	7.02	0.259	1.35	0.693	0.88
주자있음	323	0.46	2.40	6.98	0.290	1.32	0.719	1.04
득점권	179	0.62	2.27	6.80	0.283	1.28	0.718	0.91
1-2번 상대	183	0.61	2.45	7.16	0.254	1.25	0.647	1.12
3-5번 상대	250	0.61	3.20	6.86	0.243	1.29	0.632	1.00
6-9번 상대	296	0.79	1.99	7.01	0.307	1.44	0.801	0.80

윤영철 투수 13

신장	187	체중	87	생일	2004.04.20	투타	좌투좌타	지명	2023 KIA 1라운드 2순위
연봉	3,000-9,000			학교	창서초(서대문구리틀)-충암중-충암고				

● 2년 차 징크스는 없다. 신인답지 않은 여유로움과 정교함으로 프로 첫해 8승을 수확하며 KIA '슈퍼루키' 계보를 이었다. 강속구가 없어도 컨트롤로 승부할 수 있다는 것을 보여준 첫 시즌. 미국 드라이브라인에서 스피드 상승 가능성을 확인했다. 첫해 122⅔이닝을 소화하면서 쌓은 경험에 스피드까지 더해 탄탄한 선발을 꿈꾼다.

기본기록

연도	경기	선발	QS	승	패	세이브	BS	홀드	이닝	피안타	피홈런	4사구	삼진	피안타율	WHIP	피OPS	FIP	ERA	WAR	WPA
2021																				
2022																				
2023	25	24	7	8	7	0	0	0	122 2/3	124	10	49	74	0.263	1.40	0.726	4.47	4.04	1.60	2.28
통산	25	24	7	8	7	0	0	0	122 2/3	124	10	49	74	0.263	1.40	0.726	4.47	4.04	1.60	2.28

구종별 기록

구종	구사%	구속	수직 무브	수평 무브	분당 회전	땅볼%	타구속도	강한타구%
직구	41.7%	137.3	30.1	18.4	2508.2	29.6%	137.5	24.0%
커브	3.6%	117.8	-9.9	-1.4	693.5	33.3%	123.7	0.0%
슬라이더	34.2%	128.2	10.1	0.3	749.5	53.8%	132.7	19.1%
체인지업	20.4%	125.7	24.3	20.8	2088.8	63.8%	126.6	15.7%
포크								
싱커								
투심								
너클								
커터								
스플리터								

상황별 기록

상황	타석	홈런/9	볼넷/9	삼진/9	피안타율	WHIP	피OPS	GO/FO
전반기	292	0.40	3.16	5.14	0.258	1.35	0.684	0.71
후반기	236	1.16	3.98	5.80	0.269	1.47	0.780	1.09
vs 좌	231	0.67	2.18	5.53	0.293	1.42	0.753	0.89
vs 우	297	0.78	4.57	5.35	0.237	1.39	0.703	0.83
주자없음	291	0.84	4.45	6.12	0.252	1.50	0.713	0.91
주자있음	237	0.62	2.48	4.66	0.276	1.29	0.742	0.79
득점권	132	0.29	4.02	5.17	0.239	1.31	0.658	0.76
1-2번 상대	144	0.55	2.45	5.18	0.304	1.52	0.754	1.14
3-5번 상대	180	0.92	5.31	5.31	0.265	1.64	0.801	0.58
6-9번 상대	204	0.71	2.84	5.68	0.231	1.14	0.640	0.96

이준영 투수 20

신장	177	체중	85	생일	1992.08.10	투타	좌투좌타	지명	2015 KIA 2차 4라운드 42순위
연봉	6,700-14,000-14,000			학교	군산남초-군산중-군산상고-중앙대				

● 왼손으로 공을 던지던 투수가 귀하던 KIA였는데 '왼손투수 왕국'이 됐다. 좌완 불펜진의 맏형 이준영의 역할이 중요하다. 지난 5년간 꾸준하게 불펜을 지키면서 경험이라는 가장 큰 자산을 쌓았다. 강렬함으로 어필하는 후배들, 이준영에게는 안정감이 있다. '슬라이더 장인'이기도 한 이준영은 캠프 초반부터 달리며 페이스를 올렸다.

기본기록

연도	경기	선발	QS	승	패	세이브	BS	홀드	이닝	피안타	피홈런	4사구	삼진	피안타율	WHIP	피OPS	FIP	ERA	WAR	WPA
2021	50	1	0	3	2	1	1	9	35 2/3	30	3	19	26	0.221	1.37	0.636	4.48	5.55	-0.11	-0.30
2022	75	0	0	1	1	1	1	17	46 1/3	41	3	26	42	0.238	1.45	0.675	3.86	2.91	0.84	1.20
2023	64	0	0	1	0	0	0	10	33 2/3	26	0	25	30	0.211	1.46	0.594	3.71	3.21	0.71	0.30
통산	287	3	0	6	7	2	5	51	208	214	14	122	170	0.262	1.60	0.721	4.36	5.02	0.74	0.80

구종별 기록

구종	구사%	구속	수직 무브	수평 무브	분당 회전	땅볼%	타구속도	강한타구%
직구	26.9%	140.8	28.3	11.3	2248.4	21.4%	130.2	7.1%
커브								
슬라이더	73.1%	131.1	8.3	-0.2	674.5	36.5%	127.5	9.7%
체인지업								
포크								
싱커								
투심								
너클								
커터								
스플리터								

상황별 기록

상황	타석	홈런/9	볼넷/9	삼진/9	피안타율	WHIP	피OPS	GO/FO
전반기	102	0.00	5.87	8.61	0.207	1.43	0.554	0.38
후반기	47	0.00	6.75	6.75	0.222	1.50	0.689	0.91
vs 좌	113	0.00	5.81	8.20	0.172	1.25	0.525	0.64
vs 우	36	0.00	7.36	7.36	0.333	2.18	0.811	0.17
주자없음	75	0.00	4.32	10.80	0.185	1.20	0.524	0.74
주자있음	74	0.00	7.94	5.29	0.241	1.71	0.668	0.35
득점권	51	0.00	7.50	4.50	0.250	1.67	0.692	0.39
1-2번 상대	59	0.00	5.84	9.49	0.260	1.70	0.673	0.71
3-5번 상대	33	0.00	4.15	6.23	0.143	0.92	0.452	0.64
6-9번 상대	57	0.00	7.82	7.82	0.200	1.58	0.595	0.30

임기영 투수 17

신장	184	체중	86	생일	1993.04.16	투타	우언우타	지명	2012 한화 2라운드 18순위
연봉	14,000-15,000-25,000			학교	대구수창초-경운중-경북고				

● 전화위복이 된 2023시즌이었다. 5선발 경쟁에서 밀리며 불펜으로 이동했지만, 오히려 자신의 주가를 끌어올리는 기회가 됐다. 이미 선발로서 보여준 게 있는 임기영은 전천후 불펜으로 활약했다. 64경기에서 82이닝을 소화한 '마당쇠'이기도 했다. 다양한 활용도를 보여준 임기영은 눈길 끄는 '예비 FA'로 2024시즌을 맞는다.

기본기록

연도	경기	선발	QS	승	패	세이브	BS	홀드	이닝	피안타	피홈런	4사구	삼진	피안타율	WHIP	피OPS	FIP	ERA	WAR	WPA
2021	28	28	13	8	8	0	0	0	153	155	15	56	129	0.262	1.31	0.712	4.02	4.88	2.15	1.47
2022	26	23	10	4	13	1	0	0	129 1/3	137	18	41	82	0.273	1.34	0.761	4.81	4.24	1.19	1.18
2023	64	0	0	4	4	2	4	3	82	56	6	25	57	0.193	0.91	0.556	3.88	2.96	1.52	1.30
통산	248	122	46	45	57	4	2	19	821 1/3	932	96	286	599	0.288	1.41	0.776	4.58	4.71	9.48	5.80

구종별 기록

구종	구사%	구속	수직 무브	수평 무브	분당 회전	땅볼%	타구속도	강한타구%
직구	36.9%	136.7	15.2	-28.2	2265.7	33.3%	131.5	15.1%
커브								
슬라이더	18.3%	128.7	10.0	-5.5	821.6	38.7%	127.4	15.0%
체인지업	39.3%	124.7	0.6	-27.8	1800.1	51.4%	132.2	14.6%
포크								
싱커								
투심	5.5%	135.8	9.2	-27.3	2035.9	50.0%	129.5	0.0%
너클								
커터								
스플리터								

상황별 기록

상황	타석	홈런/9	볼넷/9	삼진/9	피안타율	WHIP	피OPS	GO/FO
전반기	203	0.18	2.29	6.88	0.201	0.96	0.538	0.73
후반기	121	1.45	1.74	5.23	0.180	0.84	0.585	0.74
vs 좌	128	0.54	2.70	5.13	0.172	0.90	0.538	0.77
vs 우	196	0.74	1.66	7.03	0.207	0.92	0.569	0.70
주자없음	199	0.69	0.86	6.71	0.175	0.75	0.474	0.92
주자있음	125	0.61	4.25	5.46	0.229	1.21	0.701	0.45
득점권	73	0.55	6.06	7.16	0.235	1.41	0.724	0.48
1-2번 상대	45	0.00	1.50	4.50	0.171	0.75	0.464	0.87
3-5번 상대	108	0.36	1.78	6.39	0.245	1.14	0.634	0.59
6-9번 상대	171	1.01	2.42	6.65	0.166	0.83	0.532	0.79

장현식 투수 50

신장	181	체중	91	생일	1995.02.24	투타	우투우타	지명	2013 NC 1라운드 9순위
연봉	20,000-19,000-16,000			학교	신도초-서울이수중-서울고				

● 뼛조각 제거 수술을 받으면서 2023시즌 출발이 늦었다. 아프지 않고 시즌을 보냈지만 수술은 처음이라 시행착오도 있었다. 장현식이 이번 시즌은 치밀하게 계산했다. 비시즌부터 자신의 타임라인을 정하고, 거기에 따라 개막에 맞춰 100%를 채워가는 작업을 했다. 일정한 밸런스로 건강하게 또 강력하게 공을 던지기 위한 준비도 했다.

기본기록

연도	경기	선발	QS	승	패	세이브	BS	홀드	이닝	피안타	피홈런	4사구	삼진	피안타율	WHIP	피OPS	FIP	ERA	WAR	WPA
2021	69	0	0	5	1	5	34	76 2/3	67	7	45	80	0.238	1.42	0.684	4.15	3.29	1.67	3.23
2022	54	0	0	2	3	1	5	19	52	5	14	27	40	0.266	1.54	0.748	4.19	3.12	0.89	1.02
2023	56	0	0	2	2	3	2	5	51	58	6	27	44	0.296	1.65	0.807	4.78	4.06	0.17	-0.26
통산	362	30	9	27	32	7	18	75	516 2/3	548	64	286	445	0.274	1.58	0.788	5.06	5.05	1.57	1.83

구종별 기록

구종	구사%	구속	수직 무브	수평 무브	분당 회전	땅볼	타구속도	강한타구%
직구	66.9%	146.4	27.0	-12.2	2271.2	43.8%	138.6	27.7%
커브								
슬라이더	24.5%	133.4	10.9	1.2	840.1	37.5%	128.1	15.2%
체인지업								
포크	8.7%	138.5	18.1	-15.7	1760.0	71.4%	135.3	9.1%
싱커								
투심								
너클								
커터								
스플리터								

상황별 기록

상황	타석	홈런/9	볼넷/9	삼진/9	피안타율	WHIP	피OPS	GO/FO
전반기	113	0.74	6.66	8.14	0.272	1.77	0.732	0.52
후반기	113	1.35	2.70	7.43	0.317	1.54	0.872	1.23
vs 좌	94	0.41	3.27	6.14	0.306	1.55	0.727	1.37
vs 우	132	1.55	5.59	9.00	0.288	1.72	0.866	0.50
주자없음	111	2.05	4.09	8.59	0.347	2.05	0.940	0.73
주자있음	115	0.31	4.97	7.14	0.242	1.34	0.667	0.89
득점권	58	0.00	8.53	7.11	0.349	2.13	0.869	1.00
1-2번 상대	42	0.00	3.48	6.10	0.270	1.35	0.603	1.63
3-5번 상대	86	2.21	3.54	7.08	0.289	1.48	0.879	0.39
6-9번 상대	98	0.44	6.20	9.30	0.313	1.97	0.828	1.12

황동하 투수 41

신장	183	체중	96	생일	2002.07.30	투타	우투우타	지명	2022 KIA 2차 7라운드 65순위
연봉	3,000-3,000-3,500			학교	전주진북초-전라중-인상고				

● 함평에서 칼을 갈았던 황동하는 연습경기에서 빠른 템포의 투구로 존재감을 알린 뒤 정식 배번을 달고 프로 데뷔전을 치르고 선발로도 기회를 얻었다. 그의 가능성을 본 KIA는 미국 드라이브라인에 황동하를 파견했다. 미국에서 스피드 업을 찾아온 그는 스위퍼도 배워왔다. 선발은 많으면 좋다. 황동하가 새로운 시도로 입지 넓히기에 나선다.

기본기록

연도	경기	선발	QS	승	패	세이브	BS	홀드	이닝	피안타	피홈런	4사구	삼진	피안타율	WHIP	피OPS	FIP	ERA	WAR	WPA
2021																				
2022																				
2023	13	6	0	0	3	0	0	0	31 1/3	35	5	22	19	0.285	1.79	0.894	6.41	6.61	-0.46	-0.31
통산	13	6	0	0	3	0	0	0	31 1/3	35	5	22	19	0.285	1.79	0.894	6.41	6.61	-0.46	-0.31

구종별 기록

구종	구사%	구속	수직 무브	수평 무브	분당 회전	땅볼	타구속도	강한타구%
직구	50.4%	141.6	26.1	-19.0	2367.0	42.1%	137.8	30.4%
커브	5.4%	120.6	-2.8	8.0	686.2	57.1%	136.5	16.7%
슬라이더	32.2%	131.1	13.5	-4.3	1034.4	33.3%	129.4	9.5%
체인지업								
포크	12.0%	125.6	15.2	-19.0	1633.4	50.0%	129.8	7.7%
싱커								
투심								
너클								
커터								
스플리터								

상황별 기록

상황	타석	홈런/9	볼넷/9	삼진/9	피안타율	WHIP	피OPS	GO/FO
전반기	57	0.73	8.03	5.84	0.222	1.70	0.731	0.80
후반기	92	1.89	4.74	5.21	0.321	1.84	0.990	0.72
vs 좌	79	1.15	5.74	4.02	0.303	1.91	0.903	0.64
vs 우	70	1.72	6.32	6.89	0.263	1.66	0.886	0.63
주자없음	77	1.76	7.04	5.28	0.292	2.02	0.941	1.06
주자있음	72	1.13	5.06	5.63	0.276	1.56	0.843	0.50
득점권	41	0.96	3.86	6.75	0.242	1.29	0.666	0.46
1-2번 상대	38	1.29	7.71	5.14	0.290	2.14	0.873	1.00
3-5번 상대	48	1.69	4.22	5.06	0.302	1.69	0.933	1.40
6-9번 상대	63	1.32	6.59	5.93	0.265	1.68	0.873	0.33

고종욱 외야수 57

| 신장 | 184 | 체중 | 83 | 생일 | 1989.01.11 | 투타 | 우투좌타 | 지명 | 2011 넥센 3라운드 19순위 |
| 연봉 | 7,000-7,000-15,000 | | | 학교 | 역삼초-대치중-경기고-한양대 | | | | |

● "1호 계약자가 되고 싶었다"라던 고종욱. 11월 21일 고종욱의 FA 계약 소식이 전해졌다. FA 1호 계약을 놓친 게 아쉬울 만큼 조건은 상관없었다. 야구 인생의 갈림길에서 손을 내밀어준 고마운 팀, 고종욱은 KIA에 고마운 선수가 됐다. 부상으로 흔들리던 외야에서 알짜배기 활약을 해줬다. 올해도 고종욱의 방망이는 매섭다.

기본기록

연도	경기	타석	타수	안타	2루타	3루타	홈런	타점	득점	볼넷	사구	삼진	도루	도루자	타율	출루율	장타율	OPS	WAR	WPA
2021	88	199	180	48	5	0	2	18	25	16	0	30	2	3	0.267	0.323	0.328	0.651	0.17	-1.09
2022	62	114	106	30	7	1	2	14	13	7	0	21	1	0	0.283	0.327	0.425	0.752	0.52	0.13
2023	114	286	270	80	17	0	3	39	35	14	0	58	2	2	0.296	0.329	0.393	0.722	1.48	-0.46
통산	1032	3338	3127	947	161	36	46	393	477	166	17	655	128	60	0.303	0.339	0.421	0.760	10.04	1.93

구종별기록

상황	상대%	타구속도	상하 각도	타율	장타율	땅볼%	뜬공%	강한타구%
직구	42.6%	138.0	16.0	0.333	0.441	46.8%	53.2%	28.6%
커브	7.6%	126.4	26.3	0.300	0.450	66.7%	33.3%	10.0%
슬라이더	17.3%	131.7	19.5	0.186	0.256	58.3%	41.7%	22.7%
체인지업	10.6%	135.8	13.8	0.324	0.412	60.0%	40.0%	25.0%
포크	12.4%	135.8	10.7	0.263	0.342	78.9%	21.1%	27.8%
싱커								
투심	5.3%	138.2	17.9	0.333	0.444	70.0%	30.0%	10.0%
너클								
커터	4.1%	127.8	19.8	0.375	0.375	40.0%	60.0%	0.0%
스플리터								

상황별기록

구분	타석	홈런/9	볼넷/9	삼진/9	타율	출루율	장타율	OPS
전반기	159	0.6%	5.0%	22.6%	0.293	0.327	0.400	0.727
후반기	127	1.6%	4.7%	17.3%	0.300	0.331	0.383	0.714
vs 좌	21	0.0%	9.5%	33.3%	0.211	0.286	0.263	0.549
vs 우	265	1.1%	4.5%	19.2%	0.303	0.332	0.402	0.734
주자없음	137	0.7%	5.8%	21.2%	0.279	0.321	0.364	0.685
주자있음	149	1.3%	4.0%	19.5%	0.312	0.336	0.418	0.754
득점권	87	2.3%	4.6%	17.2%	0.306	0.368	0.506	0.874
노아웃	93	1.1%	5.4%	17.2%	0.326	0.355	0.442	0.797
원아웃	113	1.8%	2.7%	20.4%	0.327	0.345	0.445	0.790
투아웃	80	0.0%	7.5%	23.8%	0.216	0.275	0.257	0.532

김선빈 내야수 3

| 신장 | 165 | 체중 | 77 | 생일 | 1989.12.18 | 투타 | 우투우타 | 지명 | 2008 KIA 2차 6라운드 43순위 |
| 연봉 | 45,000-45,000-60,000 | | | 학교 | 화순초-화순중-화순고 | | | | |

● 두 번째 FA 도장을 찍고 우승 도전을 이어간다. 매년 크고 작은 부상에 시달렸지만 부상병동이 됐던 지난 시즌 김선빈은 꿋꿋하게 자리를 지켰다. 루틴대로 제주도에서 시즌을 준비하며 눈에 띄게 체중도 감량했다. 여전한 타격 천재의 면모, 수비는 노련함으로 채운다. 주장에서 물러났지만 확 젊어진 내야, 베테랑의 책임감은 더 커졌다.

기본기록

연도	경기	타석	타수	안타	2루타	3루타	홈런	타점	득점	볼넷	사구	삼진	도루	도루자	타율	출루율	장타율	OPS	WAR	WPA
2021	130	564	501	154	32	0	5	67	55	56	1	39	0	0	0.307	0.375	0.401	0.776	4.14	1.45
2022	140	587	505	145	23	0	3	61	51	65	6	47	13	2	0.287	0.373	0.350	0.723	3.76	-0.42
2023	119	473	419	134	16	0	0	48	41	38	5	26	3	1	0.320	0.381	0.358	0.739	3.54	-0.35
통산	1509	5732	4968	1506	237	13	32	564	691	554	44	489	149	67	0.303	0.375	0.375	0.750	23.66	1.43

구종별기록

상황	상대%	타구속도	상하 각도	타율	장타율	땅볼%	뜬공%	강한타구%
직구	44.7%	133.3	17.9	0.374	0.417	51.3%	48.7%	15.1%
커브	9.3%	126.3	20.4	0.333	0.333	60.0%	40.0%	0.0%
슬라이더	20.0%	128.8	13.6	0.238	0.288	64.7%	35.3%	5.6%
체인지업	7.3%	127.5	15.7	0.286	0.321	50.0%	50.0%	5.3%
포크	5.5%	129.9	13.5	0.259	0.259	65.0%	35.0%	10.5%
싱커								
투심	9.7%	133.9	10.2	0.297	0.351	88.5%	11.5%	10.0%
너클								
커터	3.5%	120.9	12.2	0.250	0.250	66.7%	33.3%	12.5%
스플리터								

상황별기록

구분	타석	홈런/9	볼넷/9	삼진/9	타율	출루율	장타율	OPS
전반기	219	0.0%	10.5%	5.5%	0.290	0.369	0.337	0.706
후반기	254	0.0%	5.9%	5.5%	0.345	0.391	0.376	0.767
vs 좌	100	0.0%	8.0%	4.0%	0.432	0.480	0.489	0.969
vs 우	373	0.0%	8.0%	5.9%	0.290	0.353	0.323	0.676
주자없음	247	0.0%	8.1%	4.5%	0.309	0.377	0.345	0.722
주자있음	226	0.0%	8.0%	6.6%	0.332	0.385	0.372	0.757
득점권	146	0.0%	9.6%	6.8%	0.333	0.397	0.390	0.787
노아웃	157	0.0%	9.6%	5.7%	0.346	0.416	0.377	0.793
원아웃	164	0.0%	6.1%	6.7%	0.322	0.366	0.362	0.728
투아웃	152	0.0%	8.6%	3.9%	0.292	0.362	0.336	0.698

변우혁 내야수 29

| 신장 | 185 | 체중 | 95 | 생일 | 2000.03.18 | 투타 | 우투우타 | 지명 | 2019 한화 1차 |

연봉 3,000-3,500-6,000 학교 일산초-현도중-북일고

● 트레이드를 통해 새 유니폼을 입은 변우혁. KIA에서 '행복야구'를 했다. 새로운 환경에서 많은 기대 속 기분 좋은 출발을 했지만 올 시즌 만만치는 않다. 부상에서 회복한 김도영이 3루에 버티고 있고, 1루에는 이우성이 새로운 경쟁자로 나섰다. '간결함'으로 답을 찾고 있다. 간결한 스윙으로 타율·홈런 동시에 잡겠다는 계획이다.

기본기록

연도	경기	타석	타수	안타	2루타	3루타	홈런	타점	득점	볼넷	사구	삼진	도루	도루자	타율	출루율	장타율	OPS	WAR	WPA
2021																				
2022	21	61	61	16	3	0	3	8	5	0	0	21	0	0	0.262	0.262	0.459	0.721	0.05	-0.86
2023	83	226	200	45	4	0	7	24	23	23	3	74	0	0	0.225	0.314	0.350	0.664	0.27	-0.46
통산	133	348	314	73	8	0	11	34	35	30	4	112	0	0	0.232	0.307	0.363	0.670	0.57	-1.74

구종별기록

상황	상대%	타구속도	상하각도	타율	장타율	땅볼%	뜬공%	강한타구%
직구	33.8%	131.0	30.1	0.277	0.446	21.7%	78.3%	25.6%
커브	11.9%	120.6	16.9	0.200	0.200	66.7%	33.3%	0.0%
슬라이더	28.8%	125.6	22.9	0.169	0.288	41.4%	58.6%	20.6%
체인지업	11.8%	132.0	14.1	0.310	0.552	60.0%	40.0%	7.1%
포크	6.6%	134.2	14.3	0.250	0.250	50.0%	50.0%	11.1%
싱커								
투심	4.9%	120.7	41.1	0.000	0.000	40.0%	60.0%	25.0%
너클								
커터	2.3%	108.7	6.1	0.167	0.167	100.0%	0.0%	0.0%
스플리터								

상황별기록

구분	타석	홈런/9	볼넷/9	삼진/9	타율	출루율	장타율	OPS
전반기	141	4.3%	8.5%	29.1%	0.227	0.298	0.383	0.681
후반기	85	1.2%	12.9%	38.8%	0.222	0.341	0.292	0.633
vs 좌	61	4.9%	11.5%	24.6%	0.333	0.410	0.556	0.966
vs 우	165	2.4%	9.7%	35.8%	0.185	0.279	0.274	0.553
주자없음	118	3.4%	11.9%	40.7%	0.204	0.305	0.350	0.655
주자있음	108	2.8%	8.3%	24.1%	0.247	0.324	0.351	0.675
득점권	63	3.2%	9.5%	20.6%	0.213	0.333	0.368	0.701
노아웃	58	1.7%	13.8%	31.0%	0.204	0.328	0.327	0.655
원아웃	87	4.6%	5.7%	36.8%	0.247	0.299	0.395	0.694
투아웃	81	2.5%	12.3%	29.6%	0.214	0.321	0.314	0.635

서건창 내야수 58

| 신장 | 176 | 체중 | 84 | 생일 | 1989.08.22 | 투타 | 우투좌타 | 지명 | 2008 LG 육성선수 |

연봉 26,000-20,000-5,000 학교 송정동초-충장중-광주제일고

● LG의 2023시즌이 화려했던 만큼 서건창의 마음에는 어둠이 더 깊었다. 새로운 야구, KIA에서 시작한다. 돌고 돌아 고향으로 돌아온 그는 평정심으로 새 출발을 준비했다. '친구' 김선빈과 단짝이 돼 스스럼없이 새 팀에 적응했다. 야구가 다시 시작된다는 설렘으로 캠프 첫 연습경기에 나섰고 뜨거운 안타 행진으로 실력 발휘를 했다.

기본기록

연도	경기	타석	타수	안타	2루타	3루타	홈런	타점	득점	볼넷	사구	삼진	도루	도루자	타율	출루율	장타율	OPS	WAR	WPA
2021	144	600	513	130	24	2	6	52	78	69	9	78	12	4	0.253	0.350	0.343	0.693	2.28	-1.00
2022	77	247	219	49	10	1	2	18	39	20	4	44	8	3	0.224	0.299	0.306	0.605	0.71	-2.20
2023	44	126	110	22	5	0	0	12	14	10	0	14	3	1	0.200	0.260	0.282	0.542	-0.54	-1.48
통산	1256	5333	4597	1365	259	56	39	491	813	566	62	533	229	80	0.297	0.378	0.403	0.781	26.36	-1.54

구종별기록

상황	상대%	타구속도	상하각도	타율	장타율	땅볼%	뜬공%	강한타구%
직구	47.4%	132.5	21.4	0.167	0.185	37.0%	63.0%	8.2%
커브	6.1%	126.9	27.1	0.667	1.333	0.0%	100.0%	0.0%
슬라이더	17.4%	125.7	22.3	0.500	0.688	50.0%	50.0%	0.0%
체인지업	8.8%	129.4	24.6	0.167	0.333	75.0%	25.0%	0.0%
포크	9.2%	117.5	16.1	0.000	0.000	60.0%	40.0%	0.0%
싱커								
투심	6.3%	142.9	13.3	0.200	0.400	75.0%	25.0%	0.0%
너클								
커터	4.8%	133.6	27.7	0.000	0.000	57.1%	42.9%	0.0%
스플리터								

상황별기록

구분	타석	홈런/9	볼넷/9	삼진/9	타율	출루율	장타율	OPS
전반기	103	0.0%	9.7%	10.7%	0.207	0.280	0.310	0.590
후반기	23	0.0%	13.0%	17.4%	0.174	0.174	0.174	0.348
vs 좌	19	0.0%	10.5%	0.0%	0.412	0.474	0.529	1.003
vs 우	107	0.0%	7.5%	13.1%	0.161	0.221	0.237	0.458
주자없음	61	0.0%	8.2%	14.8%	0.214	0.279	0.321	0.600
주자있음	65	0.0%	7.7%	7.7%	0.185	0.242	0.241	0.483
득점권	36	0.0%	5.6%	8.3%	0.241	0.265	0.345	0.610
노아웃	37	0.0%	8.1%	16.2%	0.200	0.265	0.333	0.598
원아웃	52	0.0%	13.5%	3.8%	0.186	0.288	0.209	0.497
투아웃	37	0.0%	0.0%	16.2%	0.216	0.216	0.324	0.540

윤도현 내야수 11

신장	181	체중	84	생일	2003.05.07	투타	우투우타	지명	2022 KIA 2차 2라운드 15순위
연봉	3,000-3,000-3,000			학교	광주화정초-무등중-광주제일고				

● 다시 한 번 윤도현이 뜨거운 이름이 됐다. 2022스프링캠프에서 '리틀 김하성'으로 눈길을 끈 윤도현이 뉴스 메인을 장식했다. 캠프 첫 연습경기에서 홈런 포함 4안타. 잡아당겨서 만든 1호포, 두 번째 홈런은 생각대로 잘 밀어서 완성했다. 타격은 모두가 인정하는 천재, 빠른 발도 가지고 있다. 문제는 '건강'한 윤도현이다.

기본기록

연도	경기	타석	타수	안타	2루타	3루타	홈런	타점	득점	볼넷	사구	삼진	도루	도루자	타율	출루율	장타율	OPS	WAR	WPA
2021																				
2022																				
2023	1	1	1	0	0	0	0	0	0	0	0	1	0	0	0.000	0.000	0.000	0.000	-0.07	-0.01
통산	1	1	1	0	0	0	0	0	0	0	0	1	0	0	0.000	0.000	0.000	0.000	-0.07	-0.01

구종별기록

상황	상대%	타구속도	상하 각도	타율	장타율	땅볼%	뜬공%	강한타구%
직구								
커브	66.7%	-	-	0.000	0.000	-	-	-
슬라이더	33.3%	-	-	-	-	-	-	-
체인지업								
포크								
싱커								
투심								
너클								
커터								
스플리터								

상황별기록

구분	타석	홈런/9	볼넷/9	삼진/9	타율	출루율	장타율	OPS
전반기	1	0.0%	0.0%	100.0%	0.000	0.000	0.000	0.000
후반기								
vs 좌								
vs 우	1	0.0%	0.0%	100.0%	0.000	0.000	0.000	0.000
주자없음	1	0.0%	0.0%	100.0%	0.000	0.000	0.000	0.000
주자있음								
득점권								
노아웃	1	0.0%	0.0%	100.0%	0.000	0.000	0.000	0.000
원아웃								
투아웃								

이우성 외야수 25

신장	182	체중	95	생일	1994.07.17	투타	우투우타	지명	2013 두산 2라운드 15순위
연봉	4,100-5,500-13,000			학교	대전유천초-한밭중-대전고				

● 성실함이라는 자산이 실력이 됐다. 지난해 팀의 줄부상 상황에서 찾아온 기회를 놓치지 않고 꾸준하게 경기에 나서면서 타격에 눈을 떴다. 공격적인 주루와 헌신적인 수비도 이우성을 빛나게 했다. 영역 확장을 위한 변화가 있다. 1루수로 변신한 그는 역시 성실함으로 실력을 만들고 있다. 안정된 수비로 무주공산 1루에 먼저 깃발을 꽂았다.

기본기록

연도	경기	타석	타수	안타	2루타	3루타	홈런	타점	득점	볼넷	사구	삼진	도루	도루자	타율	출루율	장타율	OPS	WAR	WPA
2021	65	100	85	17	5	0	4	12	13	0	17	2	1	0.200	0.303	0.259	0.562	-0.04	-0.80
2022	80	137	120	35	7	0	1	12	23	12	1	20	1	3	0.292	0.361	0.375	0.736	0.65	-1.21
2023	126	400	355	107	17	0	8	58	39	31	5	81	8	1	0.301	0.363	0.417	0.780	2.18	0.59
통산	454	1078	954	245	43	0	19	123	122	90	14	229	11	7	0.257	0.328	0.362	0.690	2.08	-4.15

구종별기록

상황	상대%	타구속도	상하 각도	타율	장타율	땅볼%	뜬공%	강한타구%
직구	38.3%	139.6	14.1	0.303	0.439	54.4%	45.6%	34.1%
커브	10.4%	132.6	21.5	0.314	0.429	63.2%	36.8%	18.2%
슬라이더	21.2%	133.4	12.9	0.351	0.442	50.0%	50.0%	22.0%
체인지업	10.2%	134.7	7.1	0.194	0.278	61.9%	38.1%	21.7%
포크	8.6%	137.5	12.0	0.138	0.172	72.7%	27.3%	20.0%
싱커								
투심	7.9%	151.7	9.7	0.355	0.581	75.0%	25.0%	77.8%
너클								
커터	3.3%	139.2	15.6	0.500	0.500	25.0%	37.5%
스플리터								

상황별기록

구분	타석	홈런/9	볼넷/9	삼진/9	타율	출루율	장타율	OPS
전반기	215	2.3%	7.9%	22.3%	0.289	0.355	0.405	0.760
후반기	185	1.6%	7.6%	17.8%	0.315	0.372	0.430	0.802
vs 좌	75	4.0%	8.0%	16.0%	0.299	0.373	0.463	0.836
vs 우	325	1.5%	7.7%	21.2%	0.302	0.361	0.406	0.767
주자없음	204	2.5%	7.4%	21.1%	0.263	0.328	0.382	0.710
주자있음	196	1.5%	8.2%	19.4%	0.343	0.400	0.456	0.856
득점권	126	1.6%	11.9%	20.6%	0.320	0.407	0.447	0.854
노아웃	116	4.3%	8.6%	20.7%	0.280	0.342	0.470	0.812
원아웃	145	1.4%	7.6%	12.4%	0.349	0.403	0.465	0.868
투아웃	139	0.7%	7.2%	28.1%	0.270	0.338	0.325	0.663

이창진 외야수 8

신장	173	체중	85	생일	1991.03.04	투타	우투우타	지명	2014 롯데 2차 6라운드 60순위
연봉	7,000-14,000-12,000			학교	신도초-동인천중-인천고-건국대				

● 한 번 불이 붙으면 멈출 수 없다. 흐름을 타면 가장 뜨거운 선수가 바로 이창진이다. 외야의 돌격대장으로 거침없이 공격을 이끌지만 꾸준함은 아쉽다. 타격 폼을 수정하면서 꾸준함을 위한 답을 찾고 있다. 지난 시즌에는 대타 경험도 많이 했다. 힘든 시즌이기도 했지만 대타로 나가면서 순간순간 경기를 보고, 투수를 상대하는 법도 배웠다.

기본기록

연도	경기	타석	타수	안타	2루타	3루타	홈런	타점	득점	볼넷	사구	삼진	도루	도루자	타율	출루율	장타율	OPS	WAR	WPA
2021	105	293	249	52	8	1	3	33	35	36	1	54	5	0	0.209	0.308	0.285	0.593	-0.04	-1.53
2022	111	404	346	104	14	0	7	48	56	41	2	63	3	5	0.301	0.374	0.402	0.776	2.42	-1.32
2023	104	284	244	66	11	3	4	29	35	34	2	44	9	2	0.270	0.362	0.389	0.751	2.19	-1.33
통산	512	1602	1377	368	69	6	20	165	209	179	11	280	25	17	0.267	0.353	0.370	0.723	7.52	-6.89

구종별기록

상황	상대%	타구속도	상하 각도	타율	장타율	땅볼%	뜬공%	강한타구%
직구	39.7%	132.6	19.7	0.303	0.450	47.6%	52.4%	15.1%
커브	9.7%	134.2	12.5	0.172	0.241	70.0%	30.0%	0.0%
슬라이더	24.6%	132.1	20.8	0.256	0.282	60.9%	39.1%	4.8%
체인지업	10.2%	125.0	21.9	0.148	0.407	60.0%	40.0%	15.4%
포크	5.5%	123.9	15.7	0.412	0.471	50.0%	50.0%	8.3%
싱커								
투심	7.1%	131.8	5.3	0.467	0.600	75.0%	25.0%	22.2%
너클								
커터	3.1%	137.2	36.1	0.000	0.000	33.3%	66.7%	16.7%
스플리터								

상황별기록

구분	타석	홈런/9	볼넷/9	삼진/9	타율	출루율	장타율	OPS
전반기	215	2.3%	7.9%	22.3%	0.289	0.355	0.405	0.760
후반기	185	1.6%	7.6%	17.8%	0.315	0.372	0.430	0.802
vs 좌	75	4.0%	8.0%	16.0%	0.299	0.373	0.463	0.836
vs 우	325	1.5%	7.7%	21.2%	0.302	0.361	0.406	0.767
주자없음	204	2.5%	7.4%	21.1%	0.263	0.328	0.382	0.710
주자있음	196	1.5%	8.2%	19.4%	0.343	0.400	0.456	0.856
득점권	126	1.6%	11.9%	20.6%	0.320	0.407	0.447	0.854
노아웃	116	4.3%	8.6%	20.7%	0.280	0.342	0.470	0.812
원아웃	145	1.4%	7.6%	12.4%	0.349	0.403	0.465	0.868
투아웃	139	0.7%	7.2%	28.1%	0.270	0.338	0.325	0.663

최원준 외야수 16

신장	178	체중	85	생일	1997.03.23	투타	우투좌타	지명	2016 KIA 2차 1라운드 3순위
연봉	13,000-22,000-22,000			학교	연현초-서울경원중-서울고				

● 지난 시즌 KIA 팬들은 '육상부'의 질주를 보면서 쾌감을 느꼈다. 상대를 흔들며 득점력을 높였던 발. 박찬호, 김도영과 함께 최원준이 또 다른 질주를 준비하고 있다. 상무 전역 후 적응의 시간이 필요했다. 종아리 부상으로 일찍 끝났던 시즌. '성범스쿨'에 입학해 힘을 키웠다. 중견수라는 확실한 자리에서 경쟁하면서 마음도 편하다.

기본기록

연도	경기	타석	타수	안타	2루타	3루타	홈런	타점	득점	볼넷	사구	삼진	도루	도루자	타율	출루율	장타율	OPS	WAR	WPA
2021	143	668	589	174	21	6	4	44	82	61	11	68	40	13	0.295	0.370	0.372	0.742	3.73	-1.12
2022																				
2023	67	274	239	61	11	2	0	37	31	0	39	13	5	0.255	0.341	0.331	0.672	0.72	-0.37	
통산	610	2139	1901	539	96	18	16	183	302	171	27	274	89	32	0.284	0.349	0.375	0.724	7.71	-2.62

구종별기록

상황	상대%	타구속도	상하 각도	타율	장타율	땅볼%	뜬공%	강한타구%
직구	45.3%	129.3	25.0	0.277	0.356	44.1%	55.9%	16.7%
커브	8.0%	131.4	13.2	0.120	0.120	64.7%	35.3%	6.3%
슬라이더	14.5%	134.2	16.4	0.318	0.364	44.4%	55.6%	16.7%
체인지업	14.2%	126.0	16.3	0.273	0.364	57.9%	42.1%	8.3%
포크	10.1%	118.6	20.9	0.182	0.273	85.7%	14.3%	12.5%
싱커								
투심	6.0%	137.9	16.9	0.063	0.125	76.9%	23.1%	42.9%
너클								
커터								
스플리터								

상황별기록

구분	타석	홈런/9	볼넷/9	삼진/9	타율	출루율	장타율	OPS
전반기	97	0.0%	8.2%	15.5%	0.241	0.305	0.264	0.569
후반기	177	0.6%	13.0%	13.6%	0.263	0.360	0.368	0.728
vs 좌	36	0.0%	11.1%	19.4%	0.219	0.306	0.219	0.525
vs 우	238	0.4%	11.3%	13.0%	0.261	0.346	0.348	0.694
주자없음	157	0.0%	7.6%	14.6%	0.228	0.287	0.297	0.584
주자있음	117	0.9%	16.2%	13.7%	0.298	0.416	0.383	0.799
득점권	74	1.4%	20.3%	12.2%	0.328	0.466	0.431	0.897
노아웃	100	1.0%	8.0%	14.0%	0.227	0.292	0.352	0.644
원아웃	103	0.0%	10.7%	15.5%	0.283	0.359	0.326	0.685
투아웃	71	0.0%	16.9%	12.7%	0.254	0.380	0.305	0.685

최형우 외야수 34

신장	180	체중	106	생일	1983.12.16	투타	우투좌타	지명	2002 삼성 2차 6라운드 48순위
연봉	90,000-90,000-100,000			학교	진북초–전주동중–전주고				

● 그라운드에 몸이 떨어지던 순간 최형우는 "야구 인생이 끝났다"고 생각했다. "부러지지 않는 이상 경기를 뛴다"던 최형우가 쇄골 분쇄 골절 부상으로 시즌을 마감했었다. 우려의 시선을 뒤로하고 '최고참'이 건강하게 돌아왔다. 시계를 거꾸로 돌려놓은 것 같았던 지난 시즌. 나이는 잊었다. 캠프 연습경기에도 나와 '이상 무'를 알렸다.

기본기록

연도	경기	타석	타수	안타	2루타	3루타	홈런	타점	득점	볼넷	사구	삼진	도루	도루자	타율	출루율	장타율	OPS	WAR	WPA
2021	104	446	373	87	15	1	12	55	52	67	4	67	0	0	0.233	0.354	0.375	0.729	1.18	0.02
2022	132	530	454	120	27	1	14	71	55	73	1	92	1	0	0.264	0.366	0.421	0.787	3.24	-0.44
2023	121	508	431	130	27	1	17	81	64	65	8	83	0	0	0.302	0.400	0.487	0.887	4.78	2.26
통산	2065	8735	7452	2323	490	17	373	1542	1224	1078	108	1318	28	18	0.312	0.402	0.532	0.934	52.60	21.78

구종별기록

상황	상대%	타구속도	상하 각도	타율	장타율	땅볼%	뜬공%	강한타구%
직구	38.2%	139.7	25.1	0.308	0.566	20.0%	80.0%	38.8%
커브	8.2%	129.8	14.6	0.286	0.371	52.9%	47.1%	11.5%
슬라이더	20.9%	140.0	19.2	0.368	0.547	45.2%	54.8%	39.1%
체인지업	14.6%	138.0	21.1	0.228	0.368	61.3%	38.7%	23.5%
포크	8.5%	139.2	12.6	0.289	0.447	57.9%	42.1%	33.3%
싱커								
투심	5.3%	147.5	25.7	0.263	0.421	45.5%	54.5%	50.0%
너클								
커터	4.3%	133.3	22.1	0.308	0.462	42.9%	57.1%	20.0%
스플리터								

상황별기록

구분	타석	홈런/9	볼넷/9	삼진/9	타율	출루율	장타율	OPS
전반기	315	3.5%	13.7%	18.1%	0.294	0.403	0.483	0.886
후반기	193	3.1%	11.4%	13.5%	0.313	0.394	0.494	0.888
vs 좌	136	5.9%	11.0%	19.1%	0.322	0.397	0.593	0.990
vs 우	372	2.4%	13.4%	15.3%	0.294	0.401	0.447	0.848
주자없음	231	3.5%	9.5%	19.5%	0.294	0.377	0.505	0.882
주자있음	277	3.2%	15.5%	13.7%	0.308	0.419	0.471	0.890
득점권	152	3.3%	14.5%	15.1%	0.317	0.421	0.480	0.901
노아웃	178	4.5%	9.6%	17.4%	0.314	0.382	0.553	0.935
원아웃	156	3.2%	18.6%	16.0%	0.308	0.449	0.492	0.941
투아웃	174	2.3%	10.9%	15.5%	0.283	0.374	0.414	0.788

한준수 포수 55

신장	184	체중	95	생일	1999.02.13	투타	우투좌타	지명	2018 KIA 1차
연봉	0-3,100-5,000			학교	광주서석초–광주동성중–광주동성고				

● 전역 후 첫 시즌은 "우리 한준수가 달라졌어요"였다. 시원시원한 타격으로 한준수 특유의 매력을 보여줬고 차분한 모습으로 안방을 지키며 올 시즌 포수 경쟁에 새바람을 불어넣었다. 타격 강점이 있지만 포수는 수비가 우선이다. 타케시 배터리 코치가 강조하는 '도루 저지', '수비' 과제를 잘 풀어가야 김태군과 안방을 지킬 수 있다.

기본기록

연도	경기	타석	타수	안타	2루타	3루타	홈런	타점	득점	볼넷	사구	삼진	도루	도루자	타율	출루율	장타율	OPS	WAR	WPA
2021																				
2022																				
2023	48	94	86	22	4	0	2	12	9	7	0	26	0	0	0.256	0.312	0.372	0.684	0.36	-0.62
통산	55	114	106	28	6	0	2	14	11	7	0	28	0	0	0.264	0.310	0.377	0.687	0.55	-0.70

구종별기록

상황	상대%	타구속도	상하 각도	타율	장타율	땅볼%	뜬공%	강한타구%
직구	41.5%	140.4	23.3	0.206	0.353	38.9%	61.1%	38.1%
커브	7.9%	141.1	28.5	0.000	0.000	20.0%	80.0%	20.0%
슬라이더	20.4%	137.9	24.9	0.353	0.529	40.0%	60.0%	50.0%
체인지업	5.3%	128.1	24.1	0.167	0.167	50.0%	50.0%	0.0%
포크	16.4%	150.4	2.9	0.385	0.538	100.0%	0.0%	50.0%
싱커								
투심	5.3%	150.6	23.4	0.200	0.200	33.3%	66.7%	66.7%
너클								
커터	3.1%	155.3	-0.6	0.667	0.667	-	-	100.0%
스플리터								

상황별기록

구분	타석	홈런/9	볼넷/9	삼진/9	타율	출루율	장타율	OPS
전반기	8	12.5%	0.0%	37.5%	0.375	0.375	0.875	1.250
후반기	86	1.2%	8.1%	26.7%	0.244	0.306	0.321	0.627
vs 좌	16	6.3%	6.3%	37.5%	0.357	0.400	0.643	1.043
vs 우	78	1.3%	7.7%	25.6%	0.236	0.295	0.319	0.614
주자없음	49	2.0%	10.2%	26.5%	0.250	0.327	0.386	0.713
주자있음	45	2.2%	4.4%	28.9%	0.262	0.295	0.357	0.652
득점권	29	0.0%	3.4%	34.5%	0.250	0.276	0.250	0.526
노아웃	37	2.7%	2.7%	32.4%	0.200	0.222	0.343	0.565
원아웃	27	3.7%	11.1%	18.5%	0.250	0.333	0.417	0.750
투아웃	30	0.0%	10.0%	30.0%	0.333	0.400	0.370	0.770

강이준 투수 36

신장	190	체중	86	생일	1998.04.07	투타	우투우타	지명	2017 KIA 2차 4라운드 34순위
연봉	3,000-3,000-3,000			학교	발산초-덕수중-구리인창고				

연도	경기	선발	QS	승	패	세이브	BS	홀드	이닝	피안타	피홈런	4사구	삼진	피안타율	WHIP	피OPS	FIP	ERA	WAR	WPA
2021																				
2022																				
2023																				
통산	3	3	0	0	2	0	0	0	9	14	1	11	3	0.333	2.56	0.972	7.51	11.00	-0.33	-0.56

김건국 투수 43

신장	183	체중	86	생일	1988.02.02	투타	우투우타	지명	2006 두산 2차 1라운드 6순위
연봉	0-3,000-4,000			학교	한서초(서부리틀)-청량중-덕수정보고				

연도	경기	선발	QS	승	패	세이브	BS	홀드	이닝	피안타	피홈런	4사구	삼진	피안타율	WHIP	피OPS	FIP	ERA	WAR	WPA
2021	13	0	0	0	0	0	0	0	22	27	3	14	17	0.300	1.86	0.883	5.47	6.55	-0.15	0.12
2022																				
2023	6	5	0	0	1	0	0	0	16	18	0	5	9	0.286	1.38	0.746	3.25	6.75	0.04	-0.09
통산	94	11	0	7	6	0	1	4	148	161	11	66	109	0.280	1.46	0.753	4.26	4.80	1.44	0.56

김기훈 투수 53

신장	184	체중	93	생일	2000.01.03	투타	좌투좌타	지명	2019 KIA 1차
연봉	4,000-5,000-4,000			학교	광주수창초-무등중-광주동성고				

연도	경기	선발	QS	승	패	세이브	BS	홀드	이닝	피안타	피홈런	4사구	삼진	피안타율	WHIP	피OPS	FIP	ERA	WAR	WPA
2021																				
2022	5	0	0	0	0	0	0	0	8 2/3	4	0	7	9	0.138	1.27	0.444	3.69	1.04	0.33	0.47
2023	29	0	0	2	0	0	0	0	31 1/3	28	0	39	26	0.243	2.07	0.742	5.42	4.60	-0.30	-1.27
통산	75	23	3	5	10	0	0	1	171 1/3	154	19	153	123	0.245	1.72	0.788	6.10	5.10	-0.81	-2.12

김대유 투수 69

신장	187	체중	92	생일	1991.05.08	투타	좌투좌타	지명	2010 넥센 3라운드 18순위
연봉	12,500-16,000-11,000			학교	부산중앙초-부산중-부산고				

연도	경기	선발	QS	승	패	세이브	BS	홀드	이닝	피안타	피홈런	4사구	삼진	피안타율	WHIP	피OPS	FIP	ERA	WAR	WPA
2021	64	0	0	4	1	0	2	24	50 2/3	32	2	24	56	0.177	0.93	0.486	3.06	2.13	1.79	2.46
2022	59	0	0	0	2	0	1	13	39 2/3	35	2	23	36	0.238	1.26	0.688	3.69	2.04	0.94	0.62
2023	41	0	0	0	2	0	0	4	24 2/3	26	2	14	20	0.280	1.38	0.746	4.46	5.11	-0.03	-0.38
통산	203	3	0	6	5	0	2	41	160 2/3	139	9	101	153	0.235	1.31	0.666	4.10	3.70	2.74	2.75

김사윤 투수 21

신장	182	체중	90	생일	1994.06.08	투타	좌투좌타	지명	2013 SK 3라운드 28순위
연봉	3,200-3,600-3,400			학교	광주화정초-무등중-화순고				

연도	경기	선발	QS	승	패	세이브	BS	홀드	이닝	피안타	피홈런	4사구	삼진	피안타율	WHIP	피OPS	FIP	ERA	WAR	WPA
2021	6	6	0	0	1	0	0	0	17 1/3	20	5	24	21	0.303	2.31	1.029	8.81	9.87	-0.57	-1.26
2022	31	0	0	3	0	0	1	2	27	23	2	28	23	0.245	1.74	0.815	5.71	7.00	-0.46	-0.21
2023																				
통산	96	6	0	4	2	1	2	12	94 2/3	82	6	109	89	0.240	1.85	0.828	6.68	6.65	-1.03	-0.96

김승현 투수 24

| 신장 | 180 | 체중 | 105 | 생일 | 1992.07.09 | 투타 | 우투우타 | 지명 | 2016 삼성 2차 1라운드 10순위 |
| 연봉 | 5,500-4,500-4,100 | 학교 | 노암초-경포중-강릉고-건국대 |

연도	경기	선발	QS	승	패	세이브	BS	홀드	이닝	피안타	피홈런	4사구	삼진	피안타율	WHIP	피OPS	FIP	ERA	WAR	WPA
2021																				
2022	6	0	0	0	1	0	0	2	4	6	2	4	5	0.300	2.50	1.067	10.34	11.25	-0.39	-0.22
2023	10	0	0	0	0	0	0	0	12 2/3	11	1	11	7	0.244	1.66	0.749	5.97	4.26	0.00	0.00
통산	101	0	0	2	8	0	0	4	107 1/3	128	13	85	83	0.298	1.86	0.852	5.94	5.37	-0.38	-2.27

김유신 투수 49

| 신장 | 187 | 체중 | 100 | 생일 | 1999.06.14 | 투타 | 좌투좌타 | 지명 | 2018 KIA 2차 1라운드 6순위 |
| 연봉 | 3,700-3,900-4,200 | 학교 | 화순초-청주중-세광고 |

연도	경기	선발	QS	승	패	세이브	BS	홀드	이닝	피안타	피홈런	4사구	삼진	피안타율	WHIP	피OPS	FIP	ERA	WAR	WPA
2021	15	11	0	2	6	0	0	0	54 1/3	63	11	37	29	0.300	1.80	0.926	6.94	7.62	-0.81	-0.89
2022	10	0	0	1	0	0	0	0	14 2/3	9	3	16	9	0.173	1.70	0.785	8.04	6.14	-0.32	0.19
2023	27	0	0	0	1	0	0	2	30 1/3	34	2	22	12	0.296	1.75	0.817	5.68	5.64	-0.24	-0.40
통산	62	13	0	3	7	0	0	2	112 1/3	119	16	82	56	0.279	1.74	0.852	6.53	7.13	-1.53	-1.45

김찬민 투수 38

| 신장 | 184 | 체중 | 85 | 생일 | 2003.09.13 | 투타 | 우언우타 | 지명 | 2022 KIA 2차 4라운드 35순위 |
| 연봉 | 3,000-3,000-3,000 | 학교 | 부안동초-이평중-전주고 |

연도	경기	선발	QS	승	패	세이브	BS	홀드	이닝	피안타	피홈런	4사구	삼진	피안타율	WHIP	피OPS	FIP	ERA	WAR	WPA
2021																				
2022																				
2023																				
통산																				

김현수 투수 32

| 신장 | 185 | 체중 | 90 | 생일 | 2000.07.10 | 투타 | 우투우타 | 지명 | 2019 롯데 2차 3라운드 28순위 |
| 연봉 | 4,000-4,000-4,500 | 학교 | 효제초-홍은중-장충고 |

연도	경기	선발	QS	승	패	세이브	BS	홀드	이닝	피안타	피홈런	4사구	삼진	피안타율	WHIP	피OPS	FIP	ERA	WAR	WPA
2021	17	8	0	1	4	0	0	0	45 2/3	57	8	39	27	0.305	2.04	0.942	6.99	7.88	-0.87	-0.92
2022	1	0	0	0	0	0	0	0	2	3	0	1	1	0.375	2.00	0.944	3.84	4.50	0.01	0.00
2023																				
통산	39	12	0	2	7	0	0	0	86 1/3	104	11	74	51	0.298	2.00	0.900	6.45	7.09	-0.96	-0.86

유승철 투수 10

| 신장 | 184 | 체중 | 87 | 생일 | 1998.03.02 | 투타 | 우투양타 | 지명 | 2017 KIA 1차 |
| 연봉 | 4,000-3,800-3,600 | 학교 | 순천북초-순천이수중-효천고 |

연도	경기	선발	QS	승	패	세이브	BS	홀드	이닝	피안타	피홈런	4사구	삼진	피안타율	WHIP	피OPS	FIP	ERA	WAR	WPA
2021																				
2022	21	0	0	3	0	0	0	0	19	21	5	16	14	0.280	1.95	0.949	7.66	7.58	-0.87	0.12
2023	1	0	0	0	0	0	0	0	1	0	0	1	0	0.000	1.00	0.250	6.44	0.00	0.01	0.00
통산	64	0	0	4	1	0	3	71 1/3	74	12	54	63	0.271	1.71	0.853	6.03	5.55	-0.83	-0.78

유지성 투수 4

신장	189	체중	94	생일	2000.11.15	투타	좌투좌타	지명	2020 KIA 2차 4라운드 36순위
연봉	0-3,000-3,100			학교	수유초-자양중-북일고				

연도	경기	선발	QS	승	패	세이브	BS	홀드	이닝	피안타	피홈런	4사구	삼진	피안타율	WHIP	피OPS	FIP	ERA	WAR	WPA
2021																				
2022																				
2023																				
통산																				

윤중현 투수 19

신장	180	체중	84	생일	1995.04.25	투타	우언우타	지명	2018 KIA 2차 9라운드 86순위
연봉	6,500-7,900-6,500			학교	광주서석초-무등중-광주제일고-성균관대				

연도	경기	선발	QS	승	패	세이브	BS	홀드	이닝	피안타	피홈런	4사구	삼진	피안타율	WHIP	피OPS	FIP	ERA	WAR	WPA
2021	30	13	1	5	6	0	0	2	82 2/3	91	7	45	33	0.284	1.48	0.746	5.27	3.92	0.62	0.76
2022	47	0	0	3	1	0	1	5	53 2/3	63	4	19	27	0.294	1.43	0.738	4.37	5.03	0.00	0.20
2023	31	0	0	2	1	0	0	0	28	29	2	11	8	0.287	1.39	0.730	4.87	3.86	0.15	0.15
통산	108	13	1	10	8	0	1	7	164 1/3	183	13	75	68	0.288	1.45	0.741	4.92	4.27	0.77	1.10

이형범 투수 33

신장	181	체중	80	생일	1994.02.27	투타	우투우타	지명	2012 NC 특별 23순위
연봉	8,100-7,000-7,000			학교	화순초-화순중-화순고				

연도	경기	선발	QS	승	패	세이브	BS	홀드	이닝	피안타	피홈런	4사구	삼진	피안타율	WHIP	피OPS	FIP	ERA	WAR	WPA
2021	4	0	0	0	0	0	0	0	2 2/3	2	0	6	2	0.200	2.63	0.700	8.58	0.00	-0.07	-0.36
2022	31	0	0	1	0	1	0	3	31	34	1	15	17	0.270	1.45	0.694	4.11	4.35	0.07	-0.76
2023	23	0	0	1	0	0	0	1	27 2/3	40	2	15	13	0.348	1.88	0.904	5.07	6.51	-0.51	-0.32
통산	191	8	1	10	9	20	5	12	236	259	20	128	114	0.283	1.53	0.767	5.19	4.58	-0.95	-0.26

장민기 투수 46

신장	182	체중	88	생일	2001.12.30	투타	좌투좌타	지명	2021 KIA 2차 2라운드 14순위
연봉	3,500-3,500-3,500			학교	사파초-내동중-용마고				

연도	경기	선발	QS	승	패	세이브	BS	홀드	이닝	피안타	피홈런	4사구	삼진	피안타율	WHIP	피OPS	FIP	ERA	WAR	WPA
2021	21	0	0	2	1	0	1	2	23 1/3	13	1	33	22	0.169	1.80	0.684	6.25	3.47	0.03	-0.54
2022																				
2023																				
통산	21	0	0	2	1	0	1	2	23 1/3	13	1	33	22	0.169	1.80	0.684	6.25	3.47	0.03	-0.54

조대현 투수 67

신장	192	체중	85	생일	2005.02.19	투타	우투우타	지명	2024 KIA 1라운드 6순위
연봉	3,000			학교	남정초-영남중-강릉고				

연도	경기	선발	QS	승	패	세이브	BS	홀드	이닝	피안타	피홈런	4사구	삼진	피안타율	WHIP	피OPS	FIP	ERA	WAR	WPA
2021																				
2022																				
2023																				
통산																				

고명성 내야수 2

신장	178	체중	68	생일	1999.04.16	투타	우투우타	지명	2018 KT 2차 4라운드 31순위
연봉	3,100-3,100-3,100			학교	군산남초-군산남중-군산상고				

연도	경기	타석	타수	안타	2루타	3루타	홈런	타점	득점	볼넷	사구	삼진	도루	도루자	타율	출루율	장타율	OPS	WAR	WPA
2021	7	1	1	0	0	0	0	0	1	0	0	0	0	0	0.000	0.000	0.000	0.000	-0.02	0.00
2022	1	0	0	0	0	0	0	0	0	0	0	0	0	0	-	-	-	-	0.00	0.00
2023																				
통산	43	21	19	2	0	0	0	0	5	2	0	7	0	0	0.105	0.190	0.105	0.295	-0.26	-0.37

김규성 내야수 14

신장	183	체중	73	생일	1997.03.08	투타	우투좌타	지명	2016 KIA 2차 7라운드 63순위
연봉	4,300-4,500-5,500			학교	갈산초-선린중-선린인터넷고				

연도	경기	타석	타수	안타	2루타	3루타	홈런	타점	득점	볼넷	사구	삼진	도루	도루자	타율	출루율	장타율	OPS	WAR	WPA
2021	54	41	36	5	1	0	0	2	8	5	0	17	0	1	0.139	0.244	0.167	0.411	-0.39	-0.57
2022	70	52	50	9	0	1	1	4	14	1	0	12	0	0	0.180	0.196	0.280	0.476	-0.34	-0.76
2023	99	177	158	37	6	1	2	11	29	13	1	43	6	2	0.234	0.297	0.323	0.620	0.40	-1.53
통산	326	452	401	79	9	3	6	28	72	32	2	112	8	4	0.197	0.260	0.279	0.539	-0.84	-5.02

김석환 외야수 35

신장	187	체중	97	생일	1999.02.28	투타	좌투좌타	지명	2017 KIA 2차 3라운드 24순위
연봉	3,100-3,500-4,000			학교	광주서석초-광주동성중-광주동성고				

연도	경기	타석	타수	안타	2루타	3루타	홈런	타점	득점	볼넷	사구	삼진	도루	도루자	타율	출루율	장타율	OPS	WAR	WPA
2021	5	20	19	5	0	0	1	3	1	1	0	7	0	0	0.263	0.300	0.421	0.721	-0.04	-0.13
2022	51	107	94	14	2	0	3	7	15	10	3	32	0	0	0.149	0.252	0.266	0.518	-0.43	-1.21
2023	12	26	23	3	1	0	0	3	1	2	0	9	0	0	0.130	0.200	0.174	0.374	-0.23	-0.14
통산	69	155	138	22	3	0	4	13	17	12	4	49	0	0	0.159	0.247	0.268	0.515	-0.74	-1.48

김호령 외야수 27

신장	178	체중	85	생일	1992.04.30	투타	우투우타	지명	2015 KIA 2차 10라운드 102순위
연봉	6,000-7,000-9,000			학교	관산초-안산중앙중-군산상고-동국대				

연도	경기	타석	타수	안타	2루타	3루타	홈런	타점	득점	볼넷	사구	삼진	도루	도루자	타율	출루율	장타율	OPS	WAR	WPA
2021	62	154	130	27	2	0	4	15	16	16	6	44	4	1	0.208	0.322	0.315	0.637	0.48	-1.17
2022	54	88	77	21	1	1	1	8	21	7	0	22	2	1	0.273	0.333	0.351	0.684	0.35	-0.85
2023	76	107	95	17	7	0	0	6	16	8	1	38	1	0	0.179	0.250	0.253	0.503	-0.50	-1.17
통산	606	1410	1240	298	49	9	19	118	223	105	27	369	43	19	0.240	0.313	0.340	0.653	2.74	-5.80

박민 내야수 37

신장	184	체중	84	생일	2001.06.05	투타	우투우타	지명	2020 KIA 2차 1라운드 6순위
연봉	3,500-3,500-3,500			학교	갈산초-성남중-야탑고				

연도	경기	타석	타수	안타	2루타	3루타	홈런	타점	득점	볼넷	사구	삼진	도루	도루자	타율	출루율	장타율	OPS	WAR	WPA
2021	18	38	35	6	1	0	0	3	3	2	1	10	0	1	0.171	0.237	0.200	0.437	-0.28	-0.45
2022	6	2	2	0	0	0	0	0	0	0	0	0	0	0	0.000	0.000	0.000	0.000	-0.05	-0.01
2023																				
통산	30	42	38	6	1	0	0	3	5	3	1	11	0	1	0.158	0.238	0.184	0.422	-0.36	-0.48

박정우 외야수 15

신장	175	체중	68	생일	1998.02.01	투타	좌투좌타	지명	2017 KIA 2차 7라운드 64순위
연봉	3,500-3,600-3,800			학교	역삼초-언북중-덕수고				

연도	경기	타석	타수	안타	2루타	3루타	홈런	타점	득점	볼넷	사구	삼진	도루	도루자	타율	출루율	장타율	OPS	WAR	WPA
2021	32	61	48	9	0	0	0	4	3	10	2	8	0	2	0.188	0.350	0.208	0.558	0.10	-0.57
2022	16	3	3	1	0	0	0	2	2	0	0	1	0	0	0.333	0.333	0.333	0.666	-0.02	0.05
2023	21	12	9	3	0	0	0	2	0	0	1	0	0	0	0.333	0.333	0.333	0.666	-0.07	0.24
통산	69	76	60	13	1	0	0	6	7	10	2	10	0	2	0.217	0.347	0.233	0.580	0.01	-0.29

오선우 내야수 56

신장	186	체중	95	생일	1996.12.13	투타	좌투좌타	지명	2019 KIA 2차 5라운드 50순위
연봉	3,500-3,000-3,300			학교	성동초-자양중-배명고-인하대				

연도	경기	타석	타수	안타	2루타	3루타	홈런	타점	득점	볼넷	사구	삼진	도루	도루자	타율	출루율	장타율	OPS	WAR	WPA
2021	9	16	15	1	0	0	0	1	1	0	0	9	0	0	0.067	0.125	0.067	0.192	-0.12	-0.36
2022																				
2023	33	31	28	5	0	0	2	5	2	3	0	15	0	0	0.179	0.258	0.393	0.651	0.03	-0.16
통산	128	177	163	30	1	1	7	23	19	10	4	74	0	0	0.184	0.249	0.331	0.580	0.30	-1.45

이상준 포수 44

신장	182	체중	105	생일	2005.12.13	투타	우투우타	지명	2024 KIA 3라운드 26순위
연봉	3,000			학교	서울도곡초-대치중-경기고				

연도	경기	타석	타수	안타	2루타	3루타	홈런	타점	득점	볼넷	사구	삼진	도루	도루자	타율	출루율	장타율	OPS	WAR	WPA
2021																				
2022																				
2023																				
통산																				

정해원 내야수 59

신장	185	체중	87	생일	2004.05.21	투타	우투우타	지명	2023 KIA 3라운드 22순위
연봉	3,000-3,100			학교	제주신광초-덕수중-휘문고				

연도	경기	타석	타수	안타	2루타	3루타	홈런	타점	득점	볼넷	사구	삼진	도루	도루자	타율	출루율	장타율	OPS	WAR	WPA
2021																				
2022																				
2023																				
통산																				

주효상 포수 22

신장	182	체중	85	생일	1997.11.11	투타	우투좌타	지명	2016 넥센 1차
연봉	4,300-4,800-4,400			학교	역북초-강남중-서울고				

연도	경기	타석	타수	안타	2루타	3루타	홈런	타점	득점	볼넷	사구	삼진	도루	도루자	타율	출루율	장타율	OPS	WAR	WPA
2021																				
2022																				
2023	19	36	32	2	0	0	1	2	2	0	0	10	0	0	0.063	0.118	0.063	0.181	-0.40	-0.54
통산	256	441	391	75	15	1	2	37	33	36	4	139	1	2	0.192	0.266	0.251	0.517	-2.32	-1.83

최정용 내야수 23

| 신장 | 178 | 체중 | 75 | 생일 | 1996.10.24 | 투타 | 우투좌타 | 지명 | 2015 삼성 2차 2라운드 15순위 |
| 연봉 | 3,800-4,000-4,300 | | | 학교 | 서원초-세광중-세광고 | | | | |

연도	경기	타석	타수	안타	2루타	3루타	홈런	타점	득점	볼넷	사구	삼진	도루	도루자	타율	출루율	장타율	OPS	WAR	WPA
2021	53	65	52	10	1	0	0	2	7	9	0	16	2	0	0.192	0.306	0.212	0.518	-0.20	-0.90
2022	30	23	22	2	0	0	0	5	0	0	6	0	0	0.091	0.091	0.091	0.182	-0.45	-0.43
2023	56	41	36	6	1	0	0	1	17	2	0	9	4	0	0.167	0.211	0.194	0.405	-0.07	-0.43
통산	238	278	247	53	4	1	1	11	49	17	0	72	6	1	0.215	0.264	0.251	0.515	-1.15	-2.85

한승택 포수 26

| 신장 | 174 | 체중 | 83 | 생일 | 1994.06.21 | 투타 | 우투우타 | 지명 | 2013 한화 3라운드 23순위 |
| 연봉 | 8,500-8,000-6,500 | | | 학교 | 잠전초(남양주리틀)-잠신중-덕수고 | | | | |

연도	경기	타석	타수	안타	2루타	3루타	홈런	타점	득점	볼넷	사구	삼진	도루	도루자	타율	출루율	장타율	OPS	WAR	WPA
2021	82	239	203	44	7	0	3	16	17	28	3	61	0	0	0.217	0.321	0.296	0.617	0.48	-1.55
2022	66	119	102	18	2	0	1	12	11	9	3	30	0	0	0.176	0.261	0.225	0.486	-0.29	-0.96
2023	49	104	85	11	2	0	0	3	6	11	2	32	0	0	0.129	0.245	0.153	0.398	-0.49	-1.81
통산	593	1272	1100	227	34	2	19	116	98	113	19	332	1	0	0.206	0.291	0.293	0.584	-1.18	-7.60

홍종표 내야수 6

| 신장 | 178 | 체중 | 72 | 생일 | 2000.05.02 | 투타 | 우투좌타 | 지명 | 2020 KIA 2차 2라운드 16순위 |
| 연봉 | 3,300-3,300-3,500 | | | 학교 | 동막초-영남중-강릉고 | | | | |

연도	경기	타석	타수	안타	2루타	3루타	홈런	타점	득점	볼넷	사구	삼진	도루	도루자	타율	출루율	장타율	OPS	WAR	WPA
2021																				
2022																				
2023	40	12	7	0	0	0	0	10	3	1	1	0	0	0	0.000	0.364	0.000	0.364	0.02	0.08
통산	80	100	87	20	3	0	0	7	17	7	1	14	0	2	0.230	0.292	0.264	0.556	-0.04	-1.12

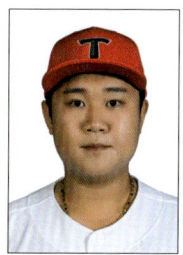

황대인 내야수 52

| 신장 | 178 | 체중 | 100 | 생일 | 1996.02.10 | 투타 | 우투우타 | 지명 | 2015 KIA 2차 1라운드 2순위 |
| 연봉 | 6,500-13,000-8,000 | | | 학교 | 군산신풍초-자양중-경기고 | | | | |

연도	경기	타석	타수	안타	2루타	3루타	홈런	타점	득점	볼넷	사구	삼진	도루	도루자	타율	출루율	장타율	OPS	WAR	WPA
2021	86	308	282	67	10	1	13	45	30	18	2	62	0	0	0.238	0.283	0.418	0.701	0.47	-0.61
2022	129	524	476	122	27	0	14	91	40	36	7	92	0	0	0.256	0.315	0.401	0.716	1.38	-2.62
2023	60	199	174	37	4	0	5	26	19	18	4	50	0	0	0.213	0.296	0.322	0.618	-0.21	-0.14
통산	376	1248	1124	278	51	2	39	188	107	94	15	262	0	0	0.247	0.310	0.399	0.709	2.89	-3.92

PLAYER LIST

육성선수

성명	포지션	등번호	신장	체중	생년월일	투타	지명	연봉	학교
강동훈	투수	034	185	98	2000.11.23	우투우타	2024 KIA 5라운드 46순위	3,000	천안남산초-청주중-청주고-중앙대
김도현	투수	045	183	87	2000.09.15	우투우타	2019 한화 2차 4라운드 33순위	3,500-0-3,500	김원초(동대문구리틀)-잠신중-신일고
김민재	투수	037	188	85	2003.07.08	우투우타	2024 KIA 8라운드 76순위	3,000	효제초-청량중-신일고-동원과학기술대
김태윤	투수	033	180	94	2004.10.07	우투우타	2024 KIA 4라운드 36순위	3,000	동궁초(사상구리틀)-대동중-개성고
박건우	투수	03	193	97	1998.06.03	우투우타	2021 KIA 2차 1라운드 4순위	3,100-0-3,100	다솜초-언북중-덕수고-고려대
성영탁	투수	039	180	89	2004.07.28	우투우타	2024 KIA 10라운드 96순위	3,000	동주초(부산서구리틀)-개성중-부산고
오규석	투수	022	187	97	2001.12.04	우투우타	2020 KIA 2차 3라운드 26순위	0-3,000-3,000	희망대초-휘문중-휘문고
이도현	투수	015	188	90	2005.01.07	우투우타	2023 KIA 7라운드 62순위	3,000-3,000	가동초-휘문중-휘문고
이송찬	투수	63	187	85	2004.08.08	우투우타	2023 KIA 6라운드 52순위	3,000-3,000	화순초-광주동성중-광주동성고
최지웅	투수	035	184	96	2004.05.14	우투우타	2024 KIA 6라운드 56순위	3,000	탄천초-송전중-청담고
홍원빈	투수	021	195	101	2000.10.16	우투우타	2019 KIA 2차 1라운드 10순위	0-3,000-3,000	안말초-강남중-덕수고
권혁경	포수	020	187	94	2002.01.23	우투우타	2021 KIA 2차 4라운드 34순위	3,200-0-3,200	중대초-잠신중-신일고
이성주	포수	06	183	98	2003.03.28	우투우타	2022 KIA 2차 5라운드 45순위	3,000-3,000-3,000	고명초-잠신중-경기고
강민제	내야수	038	181	82	2005.02.10	우투우타	2024 KIA 9라운드 86순위	3,000	군산중앙초-군산중-군산상일고
김도월	내야수	02	188	80	2004.04.03	우투우타	2023 KIA 9라운드 82순위	3,000-3,000	화곡초-영남중-서울고
김두현	내야수	040	177	76	2003.04.25	우투우타	2024 KIA 11라운드 106순위	3,000	수원신곡초-매향중-공주고-동원대
김원경	내야수	07	182	83	2001.05.01	우투우타	2021 KIA 2차 6라운드 54순위	3,000-3,000	사파초-마산중-비봉고
김재현	내야수	010	176	81	2000.12.02	우투좌타	2023 KIA 10라운드 92순위	3,000-3,000	광주화정초-건대부중-경기고-송원대
오정환	내야수	9	185	75	1999.03.27	우투좌타	2018 KIA 2차 4라운드 36순위	3,100-3,000-3,000	강남초-자양중-경기고
임석진	내야수	28	180	98	1997.10.10	우투우타	2016 SK 2차 1라운드 6순위	3,000-3,100-3,200	군산신풍초-서울이수중-서울고
장시현	내야수	01	178	75	2001.12.21	우투우타	2021 KIA 2차 7라운드 64순위	0-3,000-3,000	서울도곡초-언북중-충암고
최수빈	내야수	013	176	80	1997.04.08	우투좌타	2016 SK 2차 8라운드 75순위	0-3,000-3,100	갈산초-양천중-성남고
김민수	외야수	04	186	87	2000.04.05	우투좌타	2019 KIA 2차 7라운드 70순위	3,000-3,000-3,000	부산수영초-경남중-경남고

이의리

사직야구장

LOTTE GIANTS
롯데 자이언츠

시작은 화려했다. 4월 30일 사직구장에서 키움을 5 : 3으로 꺾고 8연승을 달렸다. 그리고 2012년 7월 7일 이후 3,949일 만에 1위로 뛰어올랐다. 6월 3일에는 5할 승률 +11승으로 시즌 최다를 찍었다. 그 뒤 급전직하했다. 6월을 9승 16패로 마쳤고 7월엔 5승 12패로 승률 2할대였다. 7월 13일 NC에 3 : 13으로 대패하며 77경기 만에 5할 승률이 무너졌다. 8월 28일엔 래리 서튼 감독이 물러났다. 봄의 선전은 결국 5할 승률 -10승에 6년 연속 포스트시즌 진출 실패라는 결과로 이어졌다. 서튼 감독 사임은 건강상 이유로 발표됐지만 시즌 종료 4일 뒤 발표된 성민규 단장 경질의 전 단계였다. 결국 2020년 이후 시작된 '팀 리빌딩'이 실패로 끝났다는 걸 자인한 셈이다. 단장 경질과 함께 김태형 신임 감독 선임이 발표됐다. 그 열흘 뒤 프런트 출신 43세 박준혁 단장이 취임했다.

2023 좋았던 일

2022시즌 롯데 야수진의 sWAR은 11.1승으로 리그 최하위였다. 지난해 sWAR 증가분은 4.82승으로 10개 구단 가운데 가장 높았다. FA 유강남과 노진혁 영입으로 2022년 최하위였던 포수와 유격수 포지션 순위는 각각 3위, 5위로 향상됐다. 전준우는 팀 내에서 가장 가치 있는 타자였다. 외야에서 19세 김민석과 20세 윤동희가 주전으로 도약했다. 노장 1루수 정훈, 방출 선수 출신 김상수와 내야수 박승욱의 활약은 기대 이상이었다. 선발투수 박세웅은 네 시즌 연속으로 호투했다. 나균안은 첫 선발 풀시즌에서 3선발 같은 4선발로 자리잡았다. 두 선발투수와 외야수 윤동희는 항저우 아시안게임 금메달리스트가 됐다. 마무리 김원중은 리그에서 세 번째로 많은 세이브를 따냈다. 사직구장 관중은 2022년 63만 명에서 89만 명으로 41% 증가했다.

2023 나빴던 일

2023년 야수진 sWAR 14.2승은 전년 대비 확실히 증가했다. 그럼에도 2년 연속 리그 최하위를 피하지 못했다. 기본 전력이 워낙 약했다. 개막전 4번 타자 한동희의 부진은 그에게나 팀에게나 재앙이었다. 외야진은 젊어졌지만 sWAR 순위는 좌익수 8위, 중견수 10위, 우익수 9위였다. 잭 렉스는 무릎 부상으로 55경기만 뛰고 방출됐다. 득점력이 최저 수준인데도 내야수 니코 구드럼을 후임으로 뽑았고 결과는 역시나였다. 시즌 초반 외국인 선발투수 두 명의 부진은 심각했다. 찰리 반스는 슬럼프를 극복했지만 댄 스트레일리의 교체는 너무 늦었다. 외국인 투수 문제에도 선발진은 2022년보다 나았다. 하지만 불펜 sWAR은 오히려 감소했다. 10개 구단 중 순위는 8위에 불과했다. 2루수 안치홍은 시즌 뒤 FA로 팀을 떠났다. 신규 영입은 없었다.

김태형 감독 88

신장 175	체중 82	생일 1967.09.12	투타 우투우타
연봉 60,000		학교 화계초-신일중-신일고-단국대	

롯데는 2020년 성민규 단장-허문회 감독이라는 파격적인 인사를 했다. 초보 단장과 초보 감독이 호흡을 잘 맞춰 구단 조직에 변화를 가져오기를 기대했다. 하지만 불화 끝에 허 감독은 이듬해 5월 경질됐다. 후임 서튼 감독 시절엔 단장 우위 체제였다. 지난해 시즌 뒤 발표된 인사는 그 반대 방향을 가리킨다. 신임 김태형 감독은 두산을 8시즌 지휘하며 승률 0.571을 기록한 명장이다. 300+경기 기준 김영덕에 이은 역대 2위. 사상 최초로 7시즌 연속 한국시리즈 진출을 일궈냈고 세 번 우승했다. 50대 젊은 나이지만 카리스마형이라는 점에서는 앞 시대 감독들을 닮았다. "어떤 게 이상적인 소통인지 잘 모르겠다"라는 말에는 여러 의미가 담겨 있다. 한 두산 코치는 김 감독의 장점에 대해 "선수의 상태를 잘 파악해 기용한다"라고 평했다. 불펜을 보호하는 타입은 아니다. 두산에서 마지막 3시즌 모두 구원투수 3일 연투 분야에서 1위였다.

구단 정보

창단	연고지	홈구장	우승	홈페이지
1982	부산	사직야구장	2회(84,92)	www.giantsclub.com

2023시즌 성적

순위	경기	승	무	패	승률
7	144	68	0	76	0.472

타율 / 순위	출루율 / 순위	장타율 / 순위	홈런 / 순위	도루 / 순위	실책 / 순위
0.265 / 5	0.338 / 4	0.362 / 8	69 / 9	101 / 6	103 / 3

ERA / 순위	선발ERA / 순위	구원ERA / 순위	탈삼진 / 순위	볼넷허용 / 순위	피홈런 / 순위
4.15 / 6	3.83 / 3	4.63 / 8	1070 / 2	532 / 7	80 / 2

최근 10시즌 성적

연도	순위	승	무	패	승률
2013	5	66	4	58	0.532
2014	7	58	1	69	0.457
2015	8	66	1	77	0.462
2016	8	66	0	78	0.458
2017	3	80	2	62	0.563
2018	7	68	2	74	0.479
2019	10	48	3	93	0.340
2020	7	71	1	72	0.497
2021	8	65	8	71	0.478
2022	8	64	4	76	0.457

2023시즌 월별 성적

월	승	무	패	승률	순위
4	14	0	8	0.636	1
5	13	0	9	0.591	3
6	9	0	16	0.360	8
7	5	0	12	0.294	10
8	10	0	13	0.435	6
9-10	17	0	18	0.486	6
포스트시즌	-	-	-	-	-

COACHING STAFF

코칭스태프

성명	보직	등번호	신장	체중	생년월일	투타	학교
김민재	수석	76	181	84	1973.01.03	우투우타	부산중앙초-경남중-부산공고
김광수	벤치	77	165	80	1959.01.03	우투우타	효제초-선린중-선린상고-건국대
김민호	내야수비	72	181	81	1969.03.19	우투우타	월성초-신라중-경주고-계명대
주형광	투수(메인)	81	185	92	1976.03.01	좌투좌타	부산수영초-초량중-부산고
김주찬	타격	85	183	95	1981.03.25	우투우타	충암초-충암중-충암고
정상호	배터리	73	187	100	1982.12.24	우투우타	석천초-동인천중-동산고
권오원	투수(불펜)	79	185	85	1979.08.16	우투우타	연천초-사직중-부산상고-동아대
고영민	3루/작전/주루	90	182	73	1984.02.08	우투우타	도신초-영남중-성남고
임훈	타격(보조)	84	186	86	1985.07.17	좌투좌타	수유초-신일중-신일고
유재신	1루/외야수비	70	179	78	1987.11.21	우투우타	사직초(부산동래마린스리틀)-사직중-북일고
백어진	타격전력분석	93	182	85	1990.11.26	우투우타	광주수창초-진흥중-진흥고
조세범	투수전력분석	86	183	85	1986.03.01	우투우타	서교초-영남중-중앙고-인하대
김용희	퓨처스 감독	99	190	96	1955.10.04	우투우타	동광초-경남중-경남고-고려대
김평호	퓨처스 3루/작전	71	169	74	1963.12.23	우투양타	군산초-군산남중-군산상고-동국대
임경완	퓨처스 투수(메인)	75	186	104	1975.12.28	우언우타	하단초-경남중-경남고-인하대
문규현	퓨처스 내야수비	89	184	96	1983.07.05	우투우타	군산초-군산남중-군산상고
이재율	퓨처스 투수(불펜)	74	179	82	1986.05.28	우언우타	재송초-대천중-부산고(영남사이버대)
이병규(83)	퓨처스 타격	83	178	98	1983.10.09	좌투좌타	율하초-경상중-경북고-한양대
백용환	퓨처스 배터리	80	179	91	1989.03.20	우투우타	서울영중초-양천중-장충고
이성곤	퓨처스 타격(보조)	94	186	104	1992.03.25	우투좌타	성동초-잠실중-경기고-연세대
김현욱	잔류군 투수	92	184	82	1970.07.06	우언우타	대구옥산초-대구중-경북고-한양대
조무근	잔류군 재활	87	200	128	1991.09.26	우투우타	남도초-경상중-대구상원고-성균관대
나경민	잔류군 야수	82	177	78	1991.12.12	좌투좌타	둔촌초-잠신중-덕수고
박정현	잔류군 수비	97	175	82	1996.05.08	우투우타	대구옥산초-경북중-북일고
이병국	트레이닝	78	186	93	1980.07.13		인천숭의초-대헌중-동산고-경희대
김태현	트레이닝		179	94	1987.03.11		송현초-대구대서중-대곡고-경운대
이대승	트레이닝		176	81	1991.09.24		광일초-덕원중-부산고-동아대
홍승현	트레이닝		174	84	1995.09.06		반원초-서울경원중-서울고-남서울대
임재호	트레이닝		175	67	1993.07.15		명도초-명서중-창원고-남서울대
김동혁	트레이닝		180	79	1997.03.29		금곡초-명진중-금곡고-한국체대
엄정용	트레이닝		174	79	1988.01.05		온천초-동래중-사직고-동서대
유승훈	트레이닝		179	87	1998.09.21		대구중앙초-오성중-청구고-동국대
조동관	트레이닝		178	86	1998.01.15		샛별초-신남중-충북고-서원대
김동환	트레이닝		179	70	2000.03.25		사파초-창원신월중-물금고-부산과학기술대
유진혁	트레이닝		173	70	2001.07.06		전포초-부산동중-부산동성고-부산과학기술대

유강남

2024 팀 이슈

오프시즌 롯데에서 가장 주목할 영입은 선수가 아닌 감독이었다. 2008년 외국인 제리 로이스터 이후 롯데 지휘봉을 잡은 사실상 첫 '빅 네임' 감독이다. "롯데에는 강성 감독이 필요하다"라고 생각했던 이들은 만족할 수 있다. 하지만 감독의 역량 이전에 선수층이 두껍지 않다는 게 가장 큰 문제다. 야수진은 특히 허약하다. 중간이 없다. 지난해 sWAR 상위 13명 가운데 25~29세 선수는 전무했다. 지난해 최고 야수 전준우는 올해 38세다. 롯데는 지난 시즌을 앞두고 투수 한현희까지 FA 세 명을 영입했다. 하지만 올해는 안치홍의 공백을 'FA 미아'에서 극적으로 탈출한 김민성으로 메워야 한다. 젊은 야수들의 분발이 절실한 시즌이다. 김태형 감독이 '육성'과 '리빌딩'으로 왕조를 구축했던 두산에 오래 몸담았다는 점이 얼마만큼 희망의 근거가 될 수 있을까.

2024 최상 시나리오 | 2024 최악 시나리오

전준우는 4년 연속 3할 타율을 기록하며 통산 3할 기록도 유지한다. 4시즌 만에 20홈런 고지를 다시 밟는다. 새 외국인 야수 빅토르 레예스는 한국에 오기 바로 앞 시즌에 개인 통산 가장 많은 홈런을 때려냈다. KBO리그에서는 다시 기록을 경신한다. 부상으로 아웃이 확정이니까 삭제 되어야 할꺼 같아요. 윤동희는 아시안게임에서의 활약이 우연이 아니었음을 입증한다. 팀 홈런은 지난해 69개에서 100개를 넘어선다. 14년 만에 데뷔 팀으로 돌아온 김민성은 2023년 사직구장에서 타율이 0.316이었다. 경기 수는 훨씬 늘어났지만 이번에도 3할이다. 박세웅은 커리어 네 번째, 나균안은 처음으로 10승 고지를 밟는다. '슈퍼 에이스'는 없지만 1~4번이 모두 강력한 선발진은 팀의 최대 자산이다.

2024년엔 '봄데'도 없다. 몇 번의 불운이 겹치며 시즌 초반부터 순위는 죽죽 떨어진다. 몇 번 연승에 성공하지만 5위와의 거리를 좁히지 못하고 시즌 종료를 맞는다. 정규시즌 마지막 홈 경기 관객은 4,970명. 2023년의 딱 절반이다. 젊은 야수 고승민, 김민석, 윤동희, 한동희는 2년 연속 OPS 0.700에 미달한다. 불펜 트리오 김원중, 최준용, 구승민은 앞 4년 연속으로 경기 후반 이닝을 책임져 왔다. KBO리그에서 구원투수가 꾸준히 활약하기 어렵다는 경향을 피해가지 못한다. 그럼에도 롯데 불펜은 3일 연투 분야에선 리그 1위. 어느 순간부터 부산 팬들은 '백인천'이라는 이름을 연상한다. 성민규 전 단장은 재임 시절 기존 프런트와도 불화했다. 성 전 단장에 실망했던 이들은 지금 프런트에게도 화를 낸다. 새 시즌은 다가오는데 샐러리캡 여유는 없다.

김원중 투수 34

신장	192	체중	96	생일	1993.06.14
투타	우투좌타	지명	2012 롯데 1라운드 5순위		
연봉	28,000-25,200-50,000				
학교	학강초-광주동성중-광주동성고				

● 부상으로 2022시즌 고전했다. sWAR 0.79승은 2020년 풀타임 구원투수로 전업한 뒤 최저였다. 3월 WBC에선 호주전 5번째 투수로 등판해 역전 쓰리런 홈런을 맞혔다. 다음날 일본전에서는 아웃카운트 하나를 잡는 동안 2안타와 희생플라이 하나를 내줬다. 대회 1⅓이닝 ERA 10.80 부진이었다. 세 번째 체코전에선 포심 최고구속이 시속 143.5㎞에 그치며 우려를 샀다. 하지만 정규시즌에선 커리어 두 번째 30세이브 고지를 밟으며 안정적인 투구를 했다. 세이브성공률 85.7%도 준수했다. 시즌 포심 평균구속은 WBC 평균보다 빠른 시속 146.4㎞였다. 7~8월에 WHIP 1.00 이하에 1점대 ERA로 가장 좋았다. 김원중의 포심 평균구속은 리그 상위 10%다. 하지만 수직무브먼트는 하위 46%로 평범하다. 빠른공 자체의 구위보다는 스플리터와의 콤비네이션으로 타자를 잡아낸다. 3시즌 연속 스플리터 구사율이 40%를 넘겼다. 10%대 비율로 던지는 커브도 효과적이었다. 피장타율 0.293은 개인 통산 가장 좋은 성적이다. 다만 빠른 타구 저지능력이 리그 하위 15%였다는 점은 우려된다. 아웃피치인 스플리터에 빠른 타구가 늘었다. 9이닝 당 볼넷 3.53개는 선발 시절보다는 훨씬 좋긴 하지만 마무리로서 불안감이 있다. 하지만 탈삼진 능력은 대단하다. 9이닝 당 삼진 11.59개는 40+이닝 기준 리그 1위였다. 2022년에도 역시 1위.

기본기록

연도	경기	선발	QS	승	패	세이브	BS	홀드	이닝	피안타	피홈런	4사구	삼진	피안타율	WHIP	피OPS	FIP	ERA	WAR	WPA
2021	61	0	0	4	4	35	5	0	62 2/3	50	6	31	64	0.217	1.24	0.639	3.83	3.59	1.53	3.16
2022	43	0	0	2	3	17	3	2	43	40	4	16	60	0.240	1.30	0.689	2.67	3.98	0.91	1.17
2023	63	0	0	5	6	30	5	0	63 2/3	51	2	30	82	0.220	1.19	0.600	2.55	2.97	2.10	1.48
통산	325	73	19	36	43	107	21	4	611 2/3	651	77	333	605	0.272	1.55	0.783	4.76	5.24	8.22	4.64

구종별 기록

구종	구사%	구속	수직 무브	수평 무브	분당 회전	땅볼%	타구속도	강한타구%
직구	44.3%	146.4	26.5	-22.7	2685.9	58.0%	140.3	33.9%
커브	13.5%	117.6	-19.4	14.1	1474.0	63.6%	124.8	0.0%
슬라이더								
체인지업								
포크	42.2%	132.7	2.2	-18.8	1360.6	60.5%	131.9	26.3%
싱커								
투심								
너클								
커터								
스플리터								

상황별 기록

상황	타석	홈런/9	볼넷/9	삼진/9	피안타율	WHIP	피OPS	GO/FO
전반기	147	0.26	4.11	10.54	0.227	1.29	0.624	1.42
후반기	118	0.31	2.83	12.87	0.212	1.08	0.570	1.69
vs 좌	125	0.31	3.45	11.30	0.255	1.36	0.686	1.35
vs 우	140	0.26	3.60	11.83	0.189	1.06	0.524	1.70
주자없음	150	0.24	2.68	12.16	0.196	1.03	0.499	1.54
주자있음	115	0.34	4.92	10.80	0.255	1.43	0.740	1.50
득점권	69	0.69	6.92	10.38	0.321	2.08	0.958	1.56
1-2번 상대	56	0.00	5.40	10.03	0.313	1.89	0.786	1.86
3-5번 상대	92	0.40	2.42	13.70	0.256	1.25	0.641	1.73
6-9번 상대	117	0.30	3.64	10.62	0.143	0.88	0.473	1.32

존별 기록

VS 왼손

19 4.9%	13 3.3%	3 0.8%
28 7.2%	17 4.3%	14 3.6%
33 8.4%	34 8.7%	39 10.0%	19 4.9%	12 3.1%
	28 7.2%	31 7.9%	21 5.4%	
25 6.4%	29 7.4%	26 6.6%

VS 오른손

22 5.1%	16 3.7%	15 3.5%
18 4.1%	19 7.1%	19 4.4%
14 3.2%	25 5.8%	27 6.2%	31 7.1%	34 7.8%
	19 4.4%	30 6.9%	38 8.8%	
15 3.5%	41 9.4%	39 9.0%

투수 시점

나균안 투수 43

신장 186	체중 109		생일 1998.03.16	
투타 우투우타	지명 2017 롯데 2차 1라운드 3순위			
연봉 5,800-10,900-17,000				
학교 무학초-창원신월중-용마고				

투수로 세 번째, 풀타임 선발로 첫 번째 시즌을 성공적으로 치렀다. 4월 5경기에선 4승 무패 ERA 1.34, WHIP 0.89로 리그 월간 MVP에 선정됐다. 전반기 ERA는 3.23. 후반기 7경기에서 5.17에 그친 점은 좋지 않았다. 하지만 10월 항저우아시안게임 국가대표로 선발돼 태국전 승리투수가 되며 금메달에 공을 세웠다. 포수로 나균안은 통산 sWAR이 -3.22승이었다. 안 뛰는 게 팀에 도움이 되는 선수였다. 투수로는 지난 두 시즌 3.69승이다. 구단 역사상 김응국 다음가는 투타 전업 성공 사례다. 나균안의 포심 구속은 리그 평균 수준이다. 하지만 수직무브먼트는 상위 24%로 뛰어나다. 여기에 포심, 스플리터, 커터, 커브를 모두 10% 이상 비율로 구사하는 포 피치 피처다. 커브를 제외한 세 구종 릴리스포인트가 거의 같다는 장점이 있다. 스플리터 구종가치 10.5는 10개 구단 선발투수 가운데 가장 뛰어났다. 제구력이 안정적이고, 통산 90이닝 당 홈런 0.52개도 준수하다. BABIP이 2022년 0.360에서 0.335로 낮아졌지만 여전히 리그 평균 BABIP(0.310)보다는 높았다. 특별히 운이 따른 시즌으로 보기는 어렵다. 2022년에 너무 운이 좋지 않았다. 시범경기를 앞두고 사생활 문제가 불거졌다. 야구 대선배 이만수는 "야구만 잘하면 된다는 안일한 생각이 어린 선수들에게 너무 팽배하다"라고 썼다.

기본기록

연도	경기	선발	QS	승	패	세이브	BS	홀드	이닝	피안타	피홈런	4구구	삼진	피안타율	WHIP	피OPS	FIP	ERA	WAR	WPA
2021	23	7	1	1	2	1	0	1	46 1/3	62	4	24	27	0.315	1.86	0.829	4.84	6.41	-0.12	-0.04
2022	39	13	6	3	8	0	3	2	117 2/3	125	5	50	123	0.273	1.38	0.726	2.80	3.98	2.48	0.77
2023	23	23	12	6	8	0	0	0	130 1/3	140	8	47	114	0.276	1.40	0.721	3.55	3.80	2.55	2.16
통산	85	43	19	10	18	1	3	3	294 1/3	327	17	111	264	0.281	1.46	0.742	3.44	4.28	0.49	-2.04

구종별 기록

구종	구사%	구속	수직 무브	수평 무브	분당 회전	땅볼%	타구속도	강한타구%
직구	40.7%	142.5	29.7	-12.0	2420.3	34.0%	138.1	30.6%
커브	10.4%	116.1	-14.8	6.8	1044.4	50.0%	139.6	16.7%
슬라이더								
체인지업								
포크	35.6%	129.4	8.6	-14.7	1248.5	47.0%	132.3	17.8%
싱커								
투심								
너클								
커터	13.2%	135.8	17.9	-2.5	1373.9	59.0%	137.6	37.8%
스플리터								

상황별 기록

상황	타석	홈런/9	볼넷/9	삼진/9	피안타율	WHIP	피OPS	GO/FO
전반기	392	0.49	2.84	7.14	0.265	1.33	0.678	0.76
후반기	177	0.70	3.05	9.63	0.301	1.57	0.816	0.80
vs 좌	260	0.45	2.08	7.71	0.280	1.34	0.692	0.72
vs 우	309	0.65	3.62	8.01	0.272	1.45	0.745	0.82
주자없음	295	0.43	2.57	8.14	0.305	1.62	0.775	0.72
주자있음	274	0.67	3.21	7.62	0.241	1.19	0.659	0.83
득점권	159	0.22	3.79	7.81	0.192	1.04	0.512	0.93
1-2번 상대	143	0.27	2.16	6.75	0.278	1.35	0.695	1.45
3-5번 상대	200	0.84	4.43	6.33	0.310	1.73	0.836	0.53
6-9번 상대	226	0.50	2.15	9.77	0.246	1.16	0.638	0.68

존별 기록

VS 왼손

31 4.0%	32 4.2%	18 2.3%	
	43 5.6%	39 5.1%	30 3.9%
45 5.9%	64 8.3%	78 10.2%	51 6.6%	25 3.3%
	50 6.5%	63 8.2%	39 5.1%
43 5.6%		82 10.7%	35 4.6%

VS 오른손

41 4.2%	38 3.9%	16 1.7%	
	45 4.7%	64 6.6%	38 3.9%
40 4.1%	75 7.8%	97 10.0%	62 6.4%	50 5.2%
	55 5.7%	68 7.0%	77 8.0%
44 4.6%		73 7.5%	84 8.7%

투수 시점

박세웅 투수 21

신장 182	체중 85	생일 1995.11.30
투타 우투우타	지명 2014 KT 1차	
연봉 26,000-150,000-135,000		
학교 대구경운초-경운중-경북고		

● 3년 연속 두 자릿수 승리에는 1승이 모자랐다. 하지만 5년 최대 90억 원 비FA년 FA 계약 첫 시즌을 만족스럽게 보냈다. 투구에 자신감이 있었다. sWAR 3.11승은 개인 통산 세 번째로 좋았다. 3월 WBC에서 가장 인상적인 투구를 한 대표팀 투수였다. 일본전 1⅓이닝 퍼펙트, 체코전 4⅔이닝 1피안타 무실점이었다. 한국을 9점차로 대파한 일본 대표전에서 "박세웅이 선발로 등판했다면 경기가 쉽지 않았을 것"이라는 평가가 나왔다. 10월 항저우 아시안게임 일본전에서도 선발 6이닝 2피안타 무실점 9K로 거의 완벽했다. 박세웅은 평균 시속 145.4㎞ 포심에 슬라이더, 스플리터, 커터를 구사한다. 포심 피안타율이 2년 연속 3할대를 넘은 건 다소 아쉽다. 박세웅의 포심 구속은 리그 상위 17%지만 수직무브먼트는 하위 32%로 좋지 않다. 하지만 커버할 수 있다. 커터는 지난해 새로 장착한 구종이며 피안타율 0.200로 좋았다. 커브는 0.175, 스플리터는 0.155였다. 커터를 슬라이더에 포함할 경우 구종가치는 13.6으로 60+이닝 기준 리그 7위였다. 오른손 내국인 투수 가운데선 가장 높았다. 90이닝 당 볼넷이 2022년 1.83개에 3.45개로 늘어난 건 아쉽다. 하지만 과거 최대 약점이던 90이닝 당 홈런을 2년 연속 0.47개 이하로 묶었다. 강한 타구 저지력은 2021년 리그 하위 8%에서 2022년 하위 39%, 지난해 상위 43%로 크게 향상됐다.

기본기록

연도	경기	선발	QS	승	패	세이브	BS	홀드	이닝	피안타	피홈런	4사구	삼진	피안타율	WHIP	피OPS	FIP	ERA	WAR	WPA
2021	28	28	18	10	9	0	0	0	163	141	20	63	125	0.229	1.19	0.665	4.55	3.98	2.99	1.79
2022	28	28	13	10	11	0	0	0	157⅓	179	8	40	146	0.284	1.34	0.712	2.89	3.89	2.95	1.54
2023	27	27	16	9	7	0	0	0	154	145	8	63	129	0.248	1.32	0.650	3.65	3.45	3.06	2.76
통산	223	211	91	62	77	0	0	0	1155	1250	123	476	924	0.277	1.44	0.757	4.57	4.60	19.28	6.32

구종별 기록

구종	구사%	구속	수직 무브	수평 무브	분당 회전	땅볼%	타구속도	강한타구%
직구	40.0%	145.4	25.1	-15.0	2260.7	51.4%	135.2	26.4%
커브	19.1%	121.1	-23.4	11.1	1641.7	69.6%	139.5	16.7%
슬라이더	23.2%	133.6	4.8	5.9	815.2	51.6%	131.5	12.3%
체인지업								
포크	12.2%	129.3	7.5	-12.3	1039.3	62.5%	127.1	3.6%
싱커								
투심								
너클								
커터	5.5%	134.6	4.4	3.3	520.6	64.7%	133.7	23.5%
스플리터								

상황별 기록

상황	타석	홈런/9	볼넷/9	삼진/9	피안타율	WHIP	피OPS	GO/FO
전반기	368	0.31	3.26	7.13	0.235	1.23	0.617	1.53
후반기	289	0.69	3.70	8.09	0.265	1.45	0.692	1.03
vs 좌	371	0.42	3.89	7.77	0.247	1.38	0.646	1.52
vs 우	286	0.53	2.90	7.24	0.250	1.26	0.655	1.06
주자없음	365	0.54	2.94	8.17	0.248	1.33	0.653	1.46
주자있음	292	0.38	4.04	6.81	0.249	1.32	0.645	1.11
득점권	171	0.46	4.12	6.86	0.281	1.50	0.707	1.32
1-2번 상대	162	0.47	2.85	5.92	0.265	1.29	0.654	1.44
3-5번 상대	237	0.68	3.57	7.47	0.284	1.55	0.746	1.18
6-9번 상대	258	0.29	4.00	8.57	0.203	1.16	0.555	1.31

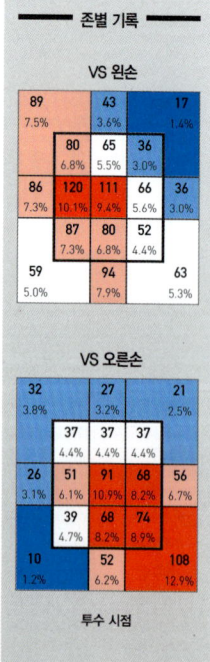

반즈 투수 28

신장 189	체중 91	생일 1995.10.01
투타 좌투좌타	지명 2022 롯데 자유선발	
연봉 $465,384-$850,000-$850,000		
학교 미국 Clemson(대)		

● 2023년 출발은 재앙에 가까웠다. 첫 두 경기 10이닝 동안 12점을 내줬다. 4월 11일 LG와의 시즌 데뷔전에서 4⅓이닝 6볼넷을 기록했다. 포심 평균구속은 시속 142.0㎞에 불과했다. 포심에 대한 자신감이 떨어지자 투심 구사율을 높였지만 너무 쉽게 안타를 내줬다. 첫 등판이 늦은 데서 보듯 컨디션이 좋지 않았다. 4월 4경기 ERA는 7.58. 왼손투수 반즈는 왼손타자에게 강하다. 첫 시즌인 2022년 왼손타자 상대 피OPS는 0.564로 리그에서 세 번째로 좋았다. 지난해 4월에는 0.906에 달했다. 하지만 5월에 ERA를 1.82로 끌어내리며 살아났다. 왼손타자 상대 강점도 회복했다. 포심 구속은 8월 18일 키움전에선 평균 시속 145.3㎞까지 올라왔다. 전반기 ERA는 4.57이었지만 후반기엔 2.05로 50+이닝 기준 리그 1위였다. 반즈의 패스트볼 구속은 리그 평균 수준에 그친다. 하지만 주무기 슬라이더의 수직, 수평무브먼트는 모두 리그 정상급이다. 왼손타자에게 반즈의 체인지업은 매우 치기 어려운 공이다. 지난해 피안타율이 0.083에 불과했다. 2022년엔 왼손타자에게 체인지업을 던져 맞은 안타가 하나도 없었다. 홈런을 잘 내주지 않는다. 왼손타자 상대로는 통산 두 시즌 588타석에서 피홈런이 단 1개였다. 제구력이 좋은 편이지만 두 시즌 몸에 맞는 공 33개로 리그 최다였다. 새 버전 sWAR에서 리그 최고 왼손투수로 평가됐다.

기본기록

연도	경기	선발	QS	승	패	세이브	BS	홀드	이닝	피안타	피홈런	4사구	삼진	피안타율	WHIP	피OPS	FIP	ERA	WAR	WPA
2021																				
2022	31	31	18	12	12	0	0	0	186 1/3	176	8	65	160	0.249	1.20	0.644	3.21	3.62	3.69	3.05
2023	30	30	18	11	10	0	0	0	170 1/3	171	6	71	147	0.263	1.33	0.681	3.41	3.28	4.21	3.38
통산	61	61	36	23	22	0	0	0	356 2/3	347	14	136	307	0.256	1.26	0.661	3.31	3.46	7.90	6.43

구종별 기록

구종	구사%	구속	수직 무브	수평 무브	분당 회전	땅볼%	타구속도	강한타구%
직구	35.6%	143.3	21.3	20.7	2244.0	49.2%	135.6	25.0%
커브	0.2%	114.5	-6.8	-18.7	1214.5	-	-	-
슬라이더	32.8%	128.6	1.3	-8.0	705.3	54.6%	130.5	16.5%
체인지업	23.0%	126.8	11.6	25.5	1871.2	54.4%	131.5	20.6%
포크								
싱커								
투심	8.5%	142.7	15.8	22.4	2069.9	58.8%	144.0	46.2%
너클								
커터								
스플리터								

상황별 기록

상황	타석	홈런/9	볼넷/9	삼진/9	피안타율	WHIP	피OPS	GO/FO
전반기	364	0.65	3.38	7.84	0.269	1.40	0.735	0.92
후반기	370	0.00	2.57	7.70	0.258	1.27	0.628	1.30
vs 좌	304	0.13	2.88	8.63	0.238	1.21	0.602	1.74
vs 우	430	0.46	3.02	7.14	0.282	1.42	0.736	0.81
주자없음	390	0.21	3.75	8.68	0.269	1.54	0.684	1.42
주자있음	344	0.42	2.19	6.88	0.257	1.14	0.676	0.84
득점권	169	0.64	3.00	7.71	0.234	1.12	0.670	1.08
1-2번 상대	185	0.00	3.95	6.15	0.267	1.49	0.676	1.39
3-5번 상대	256	0.64	3.49	8.26	0.294	1.59	0.774	0.76
6-9번 상대	293	0.25	1.98	8.30	0.233	1.05	0.600	1.27

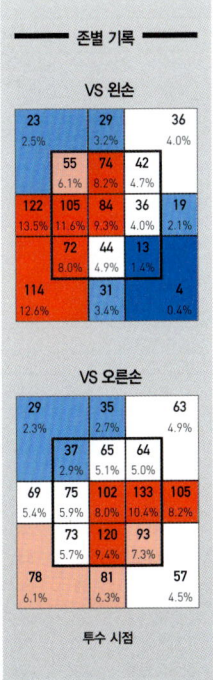

존별 기록

VS 왼손 / VS 오른손

투수 시점

윌커슨 투수 46

신장	188	체중	104	생일	1989.05.24
투타	우투우타	지명	2023 롯데 자유선발		
연봉	$250,000-$600,000				
학교	미국 Cumberland(대)				

● 7월 26일 잠실구장 KBO리그 데뷔전에서 두산 상대로 5이닝 2실점 승리투수가 됐다. 10월 7일 최종전에서 역시 두산을 만나 6이닝 3실점 승리를 따냈다. 댄 스트레일리의 대체 외국인선수로 준수한 활약을 했다. 시즌 절반만 뛰고도 sWAR 2.17승은 팀 내 투수 가운데 찰리 반즈와 박세웅에 이어 세 번째였다. 'QS 머신'. 13경기 중 11번이나 선발 6이닝 이상 3자책점 이하로 호투했다. QS에 실패한 번은 76구만 던진 데뷔전이었다. QS율 84.6%는 75이닝 이상 던진 선발 투수 가운데 1위였다. 다만, 7이닝 이상 투구는 세 번뿐이었다. 구위가 강력한 투수는 아니다. 포심과 슬라이더(커터 포함)를 70%, 커브와 체인지업을 30% 비율로 구사한다. 포심과 슬라이더의 콤비네이션이 뛰어나다. 평균시속 144.6㎞인 포심 피안타율이 0.155를 찍은 이유다. 슬라이더도 0.191로 뛰어나다. 2022년 일본프로야구 한신 소속으로 14경기 ERA 4.08로 평범했다. 일본에선 포심 승부에 애를 먹었지만 슬라이더는 뛰어났다. 롯데 이적 뒤 구사율을 높인 커터 피안타율은 0.300으로 좋지 않았다. 윌커슨은 메이저리그에서 통산 세 시즌을 보냈지만 커터는 거의 던지지 않았고 한신에서도 구사율은 1.2%에 그쳤다. 탈삼진 능력과 제구력을 겸한 투수라는 점은 매력적이다. 지난해 삼진/볼넷 비율이 4.0을 넘는 선발투수 여섯 명 중에 포함됐다.

기본기록

연도	경기	선발	QS	승	패	세이브	BS	홀드	이닝	피안타	피홈런	4사구	삼진	피안타율	WHIP	피OPS	FIP	ERA	WAR	WPA
2021																				
2022																				
2023	13	13	11	7	2	0	0	0	79 2/3	67	3	22	81	0.223	1.09	0.593	2.73	2.26	2.55	2.59
통산	13	13	11	7	2	0	0	0	79 2/3	67	3	22	81	0.223	1.09	0.593	2.73	2.26	2.55	2.59

구종별 기록

구종	구사%	구속	수직 무브	수평 무브	분당 회전	땅볼%	타구속도	강한타구%
직구	37.5%	144.1	26.1	-11.3	2195.5	34.8%	134.2	20.4%
커브	15.0%	121.9	-17.5	9.3	1290.5	58.8%	138.4	30.0%
슬라이더	16.8%	132.3	4.5	3.4	482.8	42.4%	135.4	21.9%
체인지업	12.3%	134.1	17.2	-19.1	1850.8	47.1%	135.0	28.0%
포크								
싱커								
투심								
너클								
커터	18.4%	138.7	16.3	0.2	1253.6	40.7%	124.5	18.9%
스플리터								

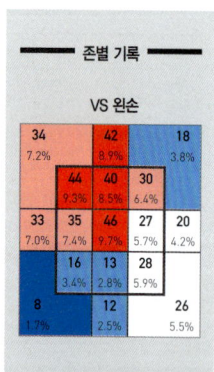

상황별 기록

상황	타석	홈런/9	볼넷/9	삼진/9	피안타율	WHIP	피OPS	GO/FO
전반기								
후반기	327	0.34	2.26	9.15	0.223	1.09	0.593	0.75
vs 좌	153	0.24	2.65	9.64	0.237	1.18	0.617	0.65
vs 우	174	0.43	1.91	8.72	0.211	1.02	0.573	0.83
주자없음	188	0.42	3.12	8.72	0.249	1.34	0.656	0.69
주자있음	139	0.25	1.24	9.66	0.189	0.80	0.507	0.83
득점권	78	0.46	0.46	12.81	0.195	0.81	0.517	0.79
1-2번 상대	80	0.49	3.44	5.89	0.271	1.42	0.738	0.77
3-5번 상대	113	0.31	0.94	10.05	0.236	1.05	0.593	0.68
6-9번 상대	134	0.28	2.76	10.19	0.183	0.98	0.508	0.79

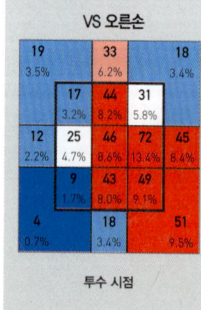

투수 시점

노진혁 내야수 52

신장	184	체중	80	생일	1989.07.15
투타	우투좌타	지명	2012 NC 특별 20순위		
연봉	23,000-50,000-60,000				
학교	광주대성초-광주동성중-광주동성고-성균관대				

● 무난한 FA 계약 첫 시즌이었다. 하지만 NC 시절부터 문제였던 건강 문제가 다시 불거졌다. 고질적인 허리 외에 옆구리 등에 부상을 겪으며 113경기에만 나섰다. 최근 3시즌 연속 115경기 이하 출장이다. 파워 감소는 우려스럽다. 앞 세 시즌 평균 홈런 14.3개였지만 롯데에선 4홈런에 그쳤다. 시속 150km 이상 빠른 타구비율이 33%로 2022년(36%)과 크게 달라지지 않았다는 점은 반등을 기대케 한다. 인플레이타구 평균속도는 리그 상위 17%에서 상위 14%로 오히려 나아졌다. 공을 오래 보는 타입으로 볼넷/타석비율 11.5%는 개인 통산 최고였다. 포심 공략에 강점이 있다. 3시즌 연속 이 구종 타율이 3할을 넘었다. 하지만 완손과 사이드암의 빠른공에는 고전했다. 왼손투수 상대 약점은 노진혁의 특징이다. 통산 오른손투수 상대 OPS는 0.822로 준수하다. 하지만 완손투수에겐 0.629로 뚝 떨어진다. 구종별로는 슬라이더가 약점이다. 2014년 이후 슬라이더 구종가치가 플러스였던 시즌이 없다. 유능한 주자는 아니다. 추가진루율 34.9%로 리그 평균(42.0%)과 차이가 컸다. 통산 도루는 15개. 그런데 지난해에만 도루 7개를 성공시켰다. 수비 불안이 우려됐지만 큰 무리 없이 유격수로만 827이닝을 소화했다. 앞 두 시즌 마이너스였던 수비 WAR도 플러스로 전환했다. 김태형 감독은 노진혁을 2022년 NC에서처럼 3루수로 기용할 의사를 밝혔다.

기본기록

연도	경기	타석	타수	안타	2루타	3루타	홈런	타점	득점	볼넷	사구	삼진	도루	도루자	타율	출루율	장타율	OPS	WAR	WPA
2021	107	384	330	95	22	0	8	58	41	42	5	90	1	1	0.288	0.374	0.427	0.801	2.48	-0.12
2022	115	451	396	111	24	0	15	75	50	45	2	105	2	0	0.280	0.353	0.455	0.808	2.32	0.24
2023	113	390	334	86	26	1	4	51	43	45	3	84	7	2	0.257	0.347	0.377	0.724	2.14	1.12
통산	914	2983	2643	701	160	12	75	382	348	273	20	659	15	15	0.265	0.336	0.420	0.756	12.16	-0.67

구종별기록

구분	상대%	타구속도	상하 각도	타율	장타율	땅볼%	뜬공%	강한타구%
직구	38.1%	143.2	23.2	0.301	0.485	32.9%	67.1%	37.9%
커브	7.3%	127.7	29.1	0.174	0.217	40.0%	60.0%	8.3%
슬라이더	19.7%	137.5	20.2	0.235	0.324	52.0%	48.0%	12.9%
체인지업	14.5%	134.3	25.9	0.229	0.371	52.9%	47.1%	26.3%
포크	8.2%	128.0	12.5	0.269	0.269	50.0%	50.0%	10.0%
싱커								
투심	6.5%	141.4	17.1	0.273	0.409	50.0%	50.0%	21.4%
너클								
커터	5.7%	129.5	36.7	0.176	0.176	30.0%	70.0%	8.3%
스플리터								

상황별 기록

상황	타석	홈런/9	볼넷/9	삼진/9	타율	출루율	장타율	OPS
전반기	207	1.4%	9.2%	23.2%	0.254	0.327	0.381	0.708
후반기	183	0.5%	14.2%	19.7%	0.261	0.370	0.373	0.743
vs 좌	82	0.0%	8.5%	31.7%	0.211	0.272	0.268	0.540
vs 우	308	1.3%	12.3%	18.8%	0.270	0.367	0.407	0.774
주자없음	210	1.0%	12.9%	22.9%	0.214	0.319	0.319	0.638
주자있음	180	1.1%	10.0%	20.0%	0.309	0.381	0.447	0.828
득점권	116	0.0%	12.1%	19.0%	0.272	0.366	0.380	0.746
노아웃	125	1.6%	13.6%	21.6%	0.243	0.344	0.369	0.713
원아웃	132	0.8%	10.6%	23.5%	0.265	0.351	0.372	0.723
투아웃	133	0.8%	10.5%	19.5%	0.263	0.346	0.390	0.736

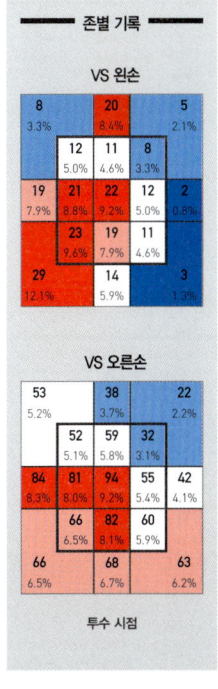

레이예스 외야수 29

신장 196	체중 87	생일 1994.10.05
투타 우투양타	지명 2024 롯데 자유선발	
연봉 $600,000		
학교 베네수엘라 Dr Felipe Guevara(고)		

● 베네수엘라 출신 스위치히터. 2011년 애틀랜타와 계약을 했고 4년 뒤 애리조나로 트레이드됐다. 2017년 12월 룰5 드래프트에서 디트로이트의 부름을 받았고 이듬해 4월 1일 23세 나이로 메이저리그에 데뷔했다. 메이저리그에선 2022년까지 통산 5시즌 394경기 0.264/0.294/0.379 슬래시라인에 홈런 16개를 기록했다. 출장 기회에 비해 성적이 두드러지지 않았다. 스트라이크존을 벗어나는 공에 스윙을 참지 못하는 성향이 단점으로 지적됐다. 마이너리그 유망주 시절엔 파워보다는 콘택트와 스피드, 수비가 두드러지는 외야수로 꼽혔다. 메이저리그 시절 가장 두드러지는 능력은 송구였다. 2022년 송구 능력은 메이저리그 상위 17%로 평가됐다. 통산 오른손투수 상대 타율은 0.259지만 왼손투수에겐 0.280으로 상대적으로 나았다. 오른손타자 타석에서 배트 스피드는 평균 이상이라는 평가였다. 커리어 내내 타격으로는 높은 평가를 받지 못했다는 점에서 롯데에 어울리는 외국인선수인지 확신하기 어렵다. 하지만 지난해 시카고 화이트삭스 산하 AAA 팀에서 개인 통산 최다인 20홈런을 날렸다. AAA 통산 OPS 0.830은 준수하다. 메이저리그에선 슬라이더에 고전했지만 지난해 트리플A에서 이 구종 타율은 0.310이었다. 커브에는 타율 0.118로 매우 부진했다. 유망주 시절 15~20도루를 기대할 수 있었지만 지난 두 시즌 6도루에 그쳤다.

기본기록

연도	리그	경기	타석	타수	안타	2루타	3루타	홈런	타점	득점	볼넷	사구	삼진	도루	도루자	타율	출루율	장타율	OPS	WAR
2021	MLB	76	220	209	54	10	4	5	22	26	8	0	55	5	1	0.258	0.284	0.416	0.701	-0.1
2022	MLB	92	336	315	80	19	3	3	34	27	13	4	77	2	2	0.254	0.289	0.362	0.651	0.1
2023	AAA	128	546	502	140	28	2	20	83	75	36	4	124	3	1	0.279	0.330	0.462	0.792	-
MLB 통산		394	1280	1214	321	57	17	16	107	147	49	6	287	33	9	0.264	0.294	0.379	0.673	0.4

구종별기록

구분	상대%	타구속도	상하 각도	타율	장타율	땅볼%	뜬공%	강한타구%
직구								
커브								
슬라이더								
체인지업								
포크								
싱커								
투심								
너클								
커터								
스플리터								

상황별 기록

상황	타석	홈런/9	볼넷/9	삼진/9	타율	출루율	장타율	OPS
전반기								
후반기								
vs 좌								
vs 우								
주자없음								
주자있음								
득점권								
노아웃								
원아웃								
투아웃								

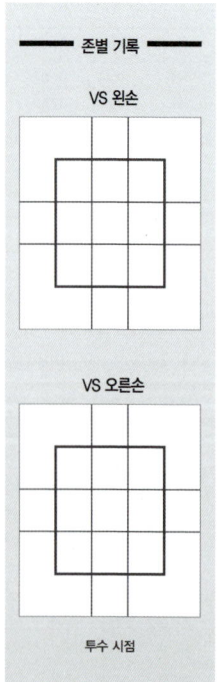

유강남 포수 27

신장	182	체중	88	생일	1992.07.15
투타	우투우타	지명	2011 LG 7라운드 50순위		
연봉	27,000-60,000-100,000				
학교	청원초-휘문중-서울고				

● 선수 개인으로는 FA 첫 시즌에 sWAR 2.30승을 기록하며 무난한 시즌을 보냈다. LG 시절부터 7시즌 연속 2승 이상 기록을 이어갔다. 팀 입장에서는 오래 묵은 포수 포지션 약점을 해소했다는 점에서 성공적인 FA 계약이었다. 스탯티즈의 새로운 WAR 버전에서는 4.09승으로 팀 야수 중 1위, 리그 전체 22위였다. 이는 유강남의 최대 강점인 보더라인에서 스트라이크 콜을 많이 얻어내는 프레이밍 능력에 기인한다. 스탯티즈는 수비 WAR 평가에서 프레이밍을 추가했다. 유강남이 지난해 프레이밍으로 얻어낸 점수는 10개 구단 포수 가운데 압도적으로 1위였다. 올해부터 KBO리그는 세계 프로야구 사상 최초로 자동볼판정시스템(ABS)을 가동한다. 이러면 프레이밍 기술이 판정에 미치는 영향은 시즌 개막 뒤 판단해야 하지만, 일단 크게 줄어들 가능성이 크다. 유강남에게는 자신의 가치를 새로 입증해야 할 도전의 시기다. 도루저지는 유강남의 강점이 아니다. 도루저지 득점기여도는 지난해 72경기 이상 출장한 포수 14명 가운데 최하위였다. 하지만 블로킹 관련 득점기여도는 14명 중 가장 높았다. 타자로는 OPS 0.725에 팀 내에서 세 번째로 좋은 공격 WAR을 기록했다. 이미지와는 달리 빠른 타구를 날리는 타자다. 평균 타구속도 시속 141.0㎞로 50구 이상 기준 팀 내 1위, 리그 6위였다. 구종별로는 슬라이더가 최대 약점이었다.

기본기록

연도	경기	타석	타수	안타	2루타	3루타	홈런	타점	득점	볼넷	사구	삼진	도루	도루자	타율	출루율	장타율	OPS	WAR	WPA
2021	130	441	397	100	16	0	11	60	39	25	14	75	2	0	0.252	0.317	0.375	0.692	2.07	-1.79
2022	139	469	416	106	16	0	8	47	54	34	11	98	0	0	0.255	0.326	0.351	0.677	1.80	-0.79
2023	121	403	352	92	13	0	10	55	45	37	8	64	0	1	0.261	0.342	0.384	0.726	2.21	-0.37
통산	1151	3729	3330	888	149	1	113	502	384	236	98	663	8	3	0.267	0.331	0.414	0.745	19.53	-5.31

구종별기록

구분	상대%	타구속도	상하 각도	타율	장타율	땅볼%	뜬공%	강한타구%
직구	38.0%	144.3	17.2	0.326	0.455	51.9%	48.1%	55.2%
커브	10.1%	145.9	17.9	0.241	0.345	66.7%	33.3%	46.2%
슬라이더	24.1%	135.8	23.4	0.217	0.301	60.5%	39.5%	30.0%
체인지업	11.5%	141.3	27.7	0.257	0.457	56.3%	43.8%	35.3%
포크	5.7%	135.9	17.6	0.238	0.333	63.6%	36.4%	27.3%
싱커								
투심	6.9%	139.9	19.1	0.130	0.261	75.0%	25.0%	41.7%
너클								
커터	3.8%	126.6	24.6	0.133	0.133	63.6%	36.4%	25.0%
스플리터								

상황별 기록

상황	타석	홈런/9	볼넷/9	삼진/9	타율	출루율	장타율	OPS
전반기	252	2.0%	9.9%	15.1%	0.233	0.316	0.338	0.654
후반기	151	3.3%	7.9%	17.2%	0.308	0.384	0.459	0.843
vs 좌	98	5.1%	5.1%	14.3%	0.319	0.361	0.538	0.899
vs 우	305	1.6%	10.5%	16.4%	0.241	0.336	0.330	0.666
주자없음	213	2.8%	8.9%	15.0%	0.259	0.343	0.381	0.724
주자있음	190	2.1%	9.5%	16.8%	0.264	0.340	0.387	0.727
득점권	120	1.7%	13.3%	13.3%	0.276	0.370	0.398	0.768
노아웃	125	5.6%	9.6%	16.8%	0.314	0.390	0.552	0.942
원아웃	154	0.0%	8.4%	15.6%	0.241	0.318	0.285	0.603
투아웃	124	2.5%	9.7%	15.3%	0.236	0.323	0.345	0.668

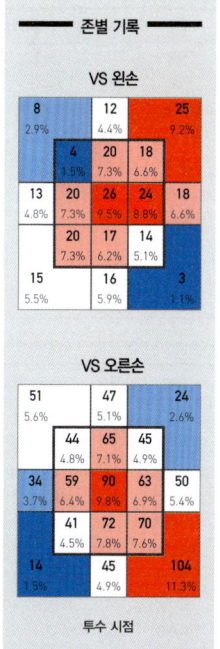

전준우 외야수 8

신장	184	
체중	98	
생일	1986.02.25	
투타	우투우타	
지명	2008 롯데 2차 2라운드 15순위	
연봉	50,000-50,000-130,000	
학교	흥무초-경주중-경주고-건국대	

● 롯데에서 15번째 시즌에 154안타와 17홈런을 때려냈다. 구단 사상 세 번째 2,000안타 기록에 188개, 세 번째 200홈런에는 4개를 남겨두고 16번째 시즌을 맞는다. 문자 그대로 프랜차이즈 스타. 지난해 11월 20일 4년 최대 47억 원에 오프시즌 1호 FA 계약을 했다. 올해 38세 생일을 맞았다. 하지만 지난해 개인 통산 여섯 번째로 높은 홈런율을 기록했다는 점은 긍정적이다. 평균타구속도도 2022년 시속 136.1km에서 지난해 시속 137.2km로 향상됐다. 볼넷률 9.3%는 2014년 이후 가장 높았다. 지난해 파워와 선구안을 유지할 수 있다면 나이는 큰 문제가 아닐 것이다. 3년 연속 3할 타율을 기록한 콘택트 능력은 전준우의 강점이다. 패스트볼에 매우 강했다. 포심 구종가치 16.2는 LG 홍창기와 리그 공동 8위였다. 체인지업과 싱커 공략도 평균 이상이었다. 하지만 슬라이더, 커브, 스플리터에는 상대적으로 약점을 드러냈다. 왼손투수 상대 OPS 0.933으로 매우 강했다. 새 버전 sWAR에서 전준우의 지난해 타격 WAR은 리그 9위로 평가됐다. 하지만 전체 WAR 순위는 28위로 떨어진다. 수비 공헌도가 -1.46승으로 낮게 평가된 게 가장 큰 이유다. 지난해 주로 지명타자로 뛰며 외야수로 40경기, 1루수로 3경기 선발 출장했다. 수비를 했을 때 타격이 더 좋았다.

기본기록

연도	경기	타석	타수	안타	2루타	3루타	홈런	타점	득점	볼넷	사구	삼진	도루	도루자	타율	출루율	장타율	OPS	WAR	WPA
2021	144	619	552	192	46	0	7	92	88	53	5	71	6	3	0.348	0.405	0.469	0.874	5.45	2.52
2022	120	517	470	143	31	1	11	68	73	35	3	73	6	3	0.304	0.350	0.445	0.795	3.02	-0.50
2023	138	559	493	154	21	0	17	77	80	52	7	65	9	2	0.312	0.381	0.471	0.852	4.52	0.83
통산	1616	6775	6039	1812	360	23	196	888	996	553	87	1002	133	65	0.300	0.364	0.465	0.829	32.08	6.25

구종별기록

구분	상대%	타구속도	상하 각도	타율	장타율	땅볼%	뜬공%	강한타구%
직구	38.5%	136.5	21.9	0.369	0.574	38.9%	61.1%	32.7%
커브	9.9%	144.2	22.5	0.219	0.313	45.0%	55.0%	31.6%
슬라이더	22.0%	139.7	20.0	0.262	0.411	46.4%	53.6%	37.1%
체인지업	10.4%	142.6	17.0	0.373	0.490	57.7%	42.3%	31.3%
포크	5.2%	131.4	24.6	0.269	0.385	23.5%	76.5%	20.0%
싱커								
투심	7.9%	128.6	22.2	0.229	0.429	60.0%	40.0%	31.8%
너클								
커터	6.0%	131.6	18.1	0.200	0.200	46.2%	53.8%	14.3%
스플리터								

상황별 기록

상황	타석	홈런/9	볼넷/9	삼진/9	타율	출루율	장타율	OPS
전반기	292	2.1%	8.9%	11.3%	0.272	0.342	0.389	0.731
후반기	267	4.1%	9.7%	12.0%	0.356	0.423	0.559	0.982
vs 좌	132	3.8%	13.6%	13.6%	0.321	0.424	0.509	0.933
vs 우	427	2.8%	8.0%	11.0%	0.310	0.368	0.459	0.827
주자없음	286	2.4%	9.8%	11.9%	0.320	0.399	0.482	0.881
주자있음	273	3.7%	8.8%	11.4%	0.304	0.363	0.458	0.821
득점권	153	2.0%	8.5%	12.4%	0.290	0.346	0.389	0.735
노아웃	196	1.5%	8.7%	10.2%	0.302	0.367	0.407	0.774
원아웃	181	3.3%	7.2%	11.0%	0.337	0.387	0.528	0.915
투아웃	182	4.4%	12.1%	12.6%	0.297	0.390	0.481	0.871

존별 기록

VS 왼손

8 2.0%	19 4.8%	19 4.8%
16 4.0%	20 5.0%	19 4.8%
22 5.5%	27 6.8%	34 8.6%	21 5.3%	24 6.0%
	28 7.1%	35 8.8%	22 5.5%	
39 9.8%	27 6.8%	17 4.3%

VS 오른손

50 4.0%	47 3.8%	30 2.4%
55 4.5%	66 5.3%	57 4.6%
53 4.3%	86 7.0%	122 9.9%	114 9.2%	83 6.7%
	59 4.8%	102 8.3%	103 8.3%	
36 2.9%	82 6.6%	90 7.3%

투수 시점

한동희 내야수 25

신장	182	체중	108	생일	1999.06.01
투타	우투우타	지명	2018 롯데 1차		
연봉	17,200-19,260-16,200				
학교	부산대연초-경남중-경남고				

● 프로 5번째 시즌이던 2022년 처음으로 3할 타율을 기록하며 롯데의 새로운 중심 타자로 자리잡았다. 2023년은 최악이었다. 타율은 0.307에서 0.223, OPS는 0.817에서 0.583으로 급감했다. 기대와는 한참 먼 시즌을 보냈다. 한동희는 특징적인 스윙의 소유자다. 타구 발사각도가 리그 하위권임에도 홈런 파워가 있다. 2021년엔 발사각도 14.2도로 리그 하위 16%였지만 홈런 17개를 때려냈다. 지난해엔 18.8도(하위 30%)로 각도를 높였다. 그럼에도 5홈런에 그쳤다. 홈런/타석 비율은 2021년 3.43%에서 지난해 1.42%로 급감했다. 장타를 늘리기 위해 스윙을 교정했지만 실패로 끝났다. 전반기 OPS는 0.602, 원래 스윙으로 돌아온 후반기에 0.541로 더 부진했다는 점이 우려된다. 스트라이크존에 들어오는 공에 스윙한 확률은 59.4%로 리그 평균(65.8%)에 미치지 못했다. 부진이 소극적인 스윙으로 이어졌을 가능성이 있다. 도루와는 거리가 먼 타자다. 프로 통산 647경기에서 도루 10번만 시도했고 8번 아웃됐다. 지난해 추가 진루율 38.2%도 리그 평균(42.0%)에 미달했다. 2023년 sWAR -0.82은 리그 야수 367명 가운데 363위. 새 버전 WAR로는 -2.48승으로 최하위였다. 새 버전에서는 수비 WAR이 -1.93승으로 야수 중 가장 낮게 평가됐다. 수비 통계의 임의성을 고려하더라도 호수비와는 거리가 멀다. 6월 상무 입대 예정이다.

기본기록

연도	경기	타석	타수	안타	2루타	3루타	홈런	타점	득점	볼넷	사구	삼진	도루	도루자	타율	출루율	장타율	OPS	WAR	WPA
2021	129	496	424	113	24	0	17	69	54	61	6	95	0	1	0.267	0.364	0.443	0.807	2.58	-0.46
2022	129	499	456	140	27	0	14	65	43	33	6	64	0	0	0.307	0.359	0.458	0.817	2.68	-1.02
2023	108	353	319	71	11	0	5	32	30	26	1	58	1	3	0.223	0.279	0.304	0.583	-0.84	-3.72
통산	647	2312	2058	539	106	1	59	267	225	207	20	429	2	8	0.262	0.332	0.400	0.732	4.09	-10.60

구종별기록

구분	상대%	타구속도	상하 각도	타율	장타율	땅볼%	뜬공%	강한타구%
직구	33.7%	142.5	19.1	0.234	0.297	47.1%	52.9%	40.8%
커브	9.4%	136.4	19.5	0.304	0.522	46.2%	53.8%	22.2%
슬라이더	25.9%	143.0	15.8	0.187	0.240	63.0%	37.0%	29.7%
체인지업	14.5%	128.4	20.7	0.191	0.319	67.9%	32.1%	14.8%
포크	3.8%	133.3	-2.5	0.273	0.273	100.0%	0.0%	33.3%
싱커 투심	8.2%	139.5	18.5	0.321	0.357	46.7%	53.3%	38.9%
너클 커터 스플리터	4.5%	139.4	40.2	0.091	0.364	33.3%	66.7%	42.9%

상황별 기록

상황	타석	홈런/9	볼넷/9	삼진/9	타율	출루율	장타율	OPS
전반기	246	1.6%	6.9%	16.3%	0.225	0.278	0.324	0.602
후반기	107	0.9%	8.4%	16.8%	0.216	0.283	0.258	0.541
vs 좌	107	0.0%	10.3%	15.0%	0.232	0.308	0.274	0.582
vs 우	246	2.0%	6.1%	17.1%	0.219	0.266	0.317	0.583
주자없음	177	2.8%	6.2%	18.1%	0.223	0.271	0.343	0.614
주자있음	176	0.0%	8.5%	14.8%	0.222	0.287	0.261	0.548
득점권	100	0.0%	12.0%	10.0%	0.238	0.327	0.288	0.615
노아웃	112	2.7%	6.3%	17.0%	0.204	0.255	0.320	0.575
원아웃	126	1.6%	7.1%	17.5%	0.241	0.286	0.348	0.634
투아웃	115	0.0%	8.7%	14.8%	0.221	0.296	0.240	0.536

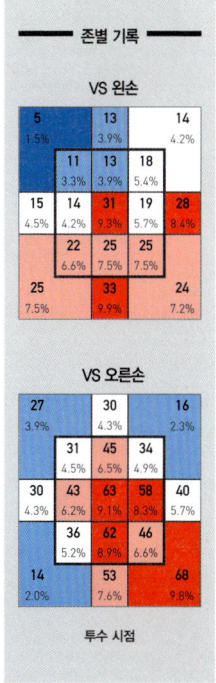

구승민 투수 22

신장	182	체중	86	생일	1990.06.12	투타	우투우타	지명	2013 롯데 6라운드 52순위
연봉	18,100-24,860-45,000			학교	동일초(도봉구리틀)-청원중-청원고-홍익대				

● 2022년에는 sWAR 2.42승으로 리그 최고 구원투수 중 한 명이었다. 지난해엔 0.86 승으로 2020년 이후 가장 부진했다. 어깨 상태가 썩 좋지 않았다. 하지만 22홀드로 구단 사상 첫 100홀드 금자탑을 세웠다. 포심과 슬라이더를 각각 45%, 나머지 10%를 슬라이더로 채운다. 지난해엔 모두 피안타율이 올라갔다.

기본기록

연도	경기	선발	QS	승	패	세이브	BS	홀드	이닝	피안타	피홈런	4사구	삼진	피안타율	WHIP	피OPS	FIP	ERA	WAR	WPA
2021	68	0	0	6	5	0	3	20	62 1/3	47	5	35	65	0.213	1.25	0.649	3.97	4.33	0.85	0.78
2022	73	0	0	2	4	0	1	26	62	46	3	36	77	0.205	1.31	0.605	3.03	2.90	1.81	1.77
2023	67	0	0	2	6	3	5	22	63 2/3	65	4	34	66	0.264	1.48	0.698	3.79	3.96	0.81	0.85
통산	382	3	0	23	27	5	19	108	387 2/3	351	46	200	405	0.244	1.37	0.719	4.40	4.41	5.49	4.57

구종별 기록

구종	구사%	구속	수직 무브	수평 무브	분당 회전	땅참%	타구속도	강한타구%
직구	43.5%	145.2	28.2	-16.0	2495.6	31.9%	138.6	29.0%
커브								
슬라이더	10.9%	134.1	6.2	2.8	615.5	62.5%	137.6	20.0%
체인지업								
포크	45.6%	132.1	10.2	-23.5	1812.8	52.1%	132.3	27.0%
싱커								
투심								
너클								
커터								
스플리터								

상황별 기록

상황	타석	홈런/9	볼넷/9	삼진/9	피안타율	WHIP	피OPS	GO/FO
전반기	172	0.99	5.94	9.17	0.270	1.71	0.766	0.78
후반기	117	0.00	1.65	9.55	0.257	1.17	0.602	0.85
vs 좌	152	0.24	2.89	10.37	0.220	1.10	0.553	0.69
vs 우	137	1.03	5.81	7.86	0.316	2.01	0.861	0.96
주자없음	139	0.56	2.53	9.28	0.256	1.31	0.650	0.91
주자있음	150	0.57	5.68	9.38	0.274	1.64	0.744	0.71
득점권	97	0.47	7.91	11.17	0.247	1.81	0.705	0.60
1-2번 상대	68	0.00	4.91	11.66	0.281	1.64	0.704	0.83
3-5번 상대	94	0.90	4.50	7.65	0.298	1.75	0.777	1.00
6-9번 상대	127	0.62	3.41	9.31	0.229	1.21	0.631	0.68

김도규 투수 23

신장	192	체중	118	생일	1998.07.11	투타	우투우타	지명	2018 롯데 2차 3라운드 23순위
연봉	5,700-9,500-8,000			학교	고봉초-충암중-안산공고				

● 2021년 1군 데뷔 이후 가장 적은 29⅔이닝 투구에 그쳤다. 데뷔 시즌 포심 평균구속은 시속 144.3km였다. 2022년 6월부터 포심 구속이 눈에 띄게 떨어졌다. 팔꿈치 상태가 좋지 않았다. 결국 10월 뼛조각 수술을 받았다. 하지만 지난해 포심 평균구속은 시속 141.0km에 그쳤다. 구위 회복이 관건이다.

기본기록

연도	경기	선발	QS	승	패	세이브	BS	홀드	이닝	피안타	피홈런	4사구	삼진	피안타율	WHIP	피OPS	FIP	ERA	WAR	WPA
2021	43	0	0	2	1	0	0	5	42	41	3	22	39	0.263	1.50	0.715	3.90	5.79	0.05	0.98
2022	55	0	0	4	4	3	2	8	51	48	2	23	45	0.250	1.31	0.660	3.32	3.71	0.65	0.92
2023	36	0	0	0	3	1	2	1	29 2/3	29	1	14	26	0.257	1.42	0.660	3.54	4.55	0.25	-1.26
통산	134	0	0	6	8	4	4	14	122 2/3	118	6	59	110	0.256	1.40	0.680	3.58	4.62	0.95	0.65

구종별 기록

구종	구사%	구속	수직 무브	수평 무브	분당 회전	땅참%	타구속도	강한타구%
직구	48.7%	141.0	26.4	-19.2	2441.6	42.1%	138.3	24.4%
커브								
슬라이더	24.2%	126.0	6.9	1.2	596.3	46.7%	136.3	18.8%
체인지업								
포크	27.2%	125.1	6.7	-14.6	1118.1	71.4%	132.4	20.0%
싱커								
투심								
너클								
커터								
스플리터								

상황별 기록

상황	타석	홈런/9	볼넷/9	삼진/9	피안타율	WHIP	피OPS	GO/FO
전반기	83	0.48	3.86	7.71	0.254	1.39	0.691	0.90
후반기	49	0.00	4.09	8.18	0.262	1.45	0.609	0.83
vs 좌	69	0.00	4.60	8.62	0.259	1.47	0.636	0.93
vs 우	63	0.64	3.21	7.07	0.255	1.36	0.687	0.82
주자없음	61	0.00	3.77	8.16	0.182	1.12	0.498	1.67
주자있음	71	0.59	4.11	7.63	0.328	1.70	0.811	0.40
득점권	45	0.93	4.66	5.59	0.294	1.55	0.822	0.43
1-2번 상대	21	0.00	10.80	8.10	0.438	3.30	1.050	0.20
3-5번 상대	33	1.13	3.38	10.13	0.207	1.30	0.626	1.00
6-9번 상대	78	0.00	2.95	6.87	0.235	1.20	0.578	1.00

김상수 투수 24

| 신장 | 180 | 체중 | 88 | 생일 | 1988.01.02 | 투타 | 우투우타 | 지명 | 2006 삼성 2차 2라운드 15순위 |
| 연봉 | 30,000-11,000-16,000 | | | 학교 | 신자초(자이언츠리틀)-자양중-신일고-(방송통신대) | | | | |

● 2022년 시즌 뒤 SSG에서 방출돼 롯데 유니폼을 입었다. 기대 이상의 투구를 했다. sWAR 1.21승은 2020년 이후 가장 뛰어났고 롯데 구원투수 중 김원중과 최준용 다음이었다. 빠른 타구를 잘 내주지 않는 능력은 리그 상위권. 패스트볼 구위가 향상됐고, 구사율을 부쩍 높인 체인지업이 효과적으로 먹혔다.

기본기록

연도	경기	선발	QS	승	패	세이브	BS	홀드	이닝	피안타	피홈런	4사구	삼진	피안타율	WHIP	피OPS	FIP	ERA	WAR	WPA
2021	50	0	0	4	3	6	3	5	58 1/3	71	10	31	44	0.298	1.73	0.836	5.49	5.09	-0.07	0.65
2022	8	0	0	0	0	1	0	0	8	9	2	5	3	0.310	1.63	1.044	7.72	9.00	-0.26	0.10
2023	67	0	0	4	2	1	3	18	52	45	1	24	36	0.238	1.27	0.623	3.69	3.12	0.91	1.25
통산	581	15	1	29	41	46	30	120	674 2/3	710	66	383	620	0.275	1.57	0.773	4.52	4.98	5.39	3.98

구종별 기록

구종	구사%	구속	수직 무브	수평 무브	분당 회전	땅볼%	타구속도	강한타구%
직구	44.3%	142.2	25.8	-15.8	2291.0	26.3%	127.1	19.6%
커브	12.2%	122.1	-16.8	9.0	1256.1	50.0%	134.9	0.0%
슬라이더	7.4%	129.8	2.9	0.5	389.3	62.5%	120.8	12.5%
체인지업	19.7%	126.2	15.0	-16.7	1538.8	53.6%	129.3	12.9%
포크	16.3%	127.0	2.8	-14.5	1063.5	63.6%	133.6	16.7%
싱커								
투심								
너클								
커터								
스플리터								

상황별 기록

상황	타석	홈런/9	볼넷/9	삼진/9	피안타율	WHIP	피OPS	GO/FO
전반기	129	0.30	3.94	6.37	0.250	1.38	0.657	0.73
후반기	89	0.00	3.22	6.04	0.221	1.12	0.572	1.09
vs 좌	88	0.00	5.12	4.19	0.284	1.66	0.757	1.25
vs 우	130	0.28	2.76	7.44	0.209	1.04	0.533	0.67
주자없음	104	0.00	5.40	6.65	0.256	1.66	0.656	1.04
주자있음	114	0.30	2.37	5.93	0.222	0.99	0.591	0.74
득점권	61	0.00	3.52	8.22	0.235	1.17	0.599	0.59
1-2번 상대	49	0.00	5.23	5.23	0.300	1.74	0.846	0.64
3-5번 상대	66	0.00	3.00	4.50	0.169	0.89	0.444	0.67
6-9번 상대	103	0.38	3.42	7.99	0.256	1.35	0.638	1.24

김진욱 투수 15

| 신장 | 185 | 체중 | 90 | 생일 | 2002.07.05 | 투타 | 좌투좌타 | 지명 | 2021 롯데 2차 1라운드 1순위 |
| 연봉 | 5,100-5,600-6,000 | | | 학교 | 수원신곡초-춘천중-강릉고 | | | | |

● 프로 세 번째 시즌에도 유망주 꼬리표를 떼지 못했다. ERA는 3년 연속 6점대. 수비 요인을 제거한 FIP는 5.51로 가장 낮았다. 구질은 수준급이다. 포심 수직무브먼트는 리그 상위 11%. 문제는 역시 제구력. 90이닝 당 볼넷이 지난해 7.18개, 통산 7.90개다. 포심과 슬라이더 릴리스포인트 차이가 큰 편이다.

기본기록

연도	경기	선발	QS	승	패	세이브	BS	홀드	이닝	피안타	피홈런	4사구	삼진	피안타율	WHIP	피OPS	FIP	ERA	WAR	WPA
2021	39	5	0	4	6	0	0	8	45 2/3	42	3	52	45	0.247	1.99	0.773	5.43	6.31	-0.05	-0.62
2022	14	12	2	2	5	0	0	0	46 2/3	43	3	43	52	0.244	1.67	0.738	4.65	6.36	-0.18	-0.35
2023	50	0	0	2	1	0	0	8	36 1/3	37	4	31	35	0.262	1.82	0.795	5.51	6.44	-0.48	-0.47
통산	103	17	2	8	12	0	0	16	128 2/3	122	10	126	132	0.251	1.83	0.767	5.17	6.37	-0.71	-1.45

구종별 기록

구종	구사%	구속	수직 무브	수평 무브	분당 회전	땅볼%	타구속도	강한타구%
직구	60.7%	143.3	31.0	12.1	2506.3	39.5%	137.5	29.8%
커브	19.5%	122.4	-14.9	-0.6	1020.9	57.9%	131.6	21.7%
슬라이더	18.1%	126.8	2.4	0.6	409.2	25.0%	142.4	20.0%
체인지업								
포크	1.7%	134.8	19.8	15.9	1831.6	0.0%	110.4	0.0%
싱커								
투심								
너클								
커터								
스플리터								

상황별 기록

상황	타석	홈런/9	볼넷/9	삼진/9	피안타율	WHIP	피OPS	GO/FO
전반기	134	0.64	7.07	9.32	0.250	1.75	0.725	0.86
후반기	43	2.16	7.56	6.48	0.303	2.04	1.025	0.36
vs 좌	103	0.89	7.52	5.75	0.300	2.02	0.868	0.76
vs 우	74	1.13	6.75	12.38	0.213	1.56	0.699	0.59
주자없음	82	1.00	5.00	10.50	0.239	1.50	0.749	0.74
주자있음	95	0.98	9.33	6.87	0.286	2.13	0.835	0.65
득점권	62	1.64	11.45	7.36	0.295	2.45	0.936	0.41
1-2번 상대	57	0.82	8.18	6.55	0.304	2.18	0.917	1.40
3-5번 상대	56	2.25	6.00	9.75	0.234	1.58	0.765	0.50
6-9번 상대	64	0.00	7.43	9.45	0.250	1.73	0.706	0.44

신정락 투수 36

| 신장 | 178 | 체중 | 78 | 생일 | 1987.05.13 | 투타 | 우언좌타 | 지명 | 2010 LG 1라운드 1순위 |
| 연봉 | 5,400-7,000-8,000 | | | 학교 | 천안남산초-천안북중-북일고-고려대 | | | | |

● 지난해 롯데 사이드암 투수는 한현희와 신정락 두 명 정도였다. 한현희는 FA 계약으로 금의환향했고, 신정락은 한화에서 방출된 뒤 입단했다. 신정락은 sWAR 0.43승, 한현희는 -0.22승으로 결과는 달랐다. 피OPS 0.813은 부정적인 수치다. 2022년 뚝 떨어진 포심 구속이 회복됐지만 전성기와는 거리가 있다.

기본기록

연도	경기	선발	QS	승	패	세이브	BS	홀드	이닝	피안타	피홈런	4사구	삼진	피안타율	WHIP	피OPS	FIP	ERA	WAR	WPA
2021	20	0	0	0	2	0	0	2	20	25	3	18	14	0.333	2.00	0.999	6.28	8.55	-0.79	-0.73
2022	44	0	0	2	1	1	0	4	47	52	4	23	23	0.278	1.45	0.756	4.81	4.02	0.08	-0.19
2023	34	0	0	4	0	0	1	1	29	32	4	14	28	0.288	1.48	0.812	4.44	4.66	0.17	-0.61
통산	347	30	8	27	26	11	6	32	480 1/3	510	45	253	392	0.276	1.45	0.762	4.55	5.25	-3.24	-2.47

구종별 기록

구종	구사%	구속	수직 무브	수평 무브	분당 회전	땅볼%	타구속도	강한타구%
직구	47.0%	137.2	2.3	-25.6	1879.2	43.5%	137.1	37.1%
커브	33.9%	117.6	5.0	24.7	1556.1	25.0%	119.5	15.0%
슬라이더								
체인지업	19.1%	122.2	-7.5	-28.3	1880.9	58.3%	134.6	31.3%
포크								
싱커								
투심								
너클								
커터								
스플리터								

상황별 기록

상황	타석	홈런/9	볼넷/9	삼진/9	피안타율	WHIP	피OPS	GO/FO
전반기	66	1.17	1.76	7.04	0.276	1.24	0.786	0.72
후반기	62	1.32	5.27	10.54	0.302	1.76	0.840	0.83
vs 좌	45	0.96	3.86	2.89	0.316	1.71	0.830	1.56
vs 우	83	1.37	3.20	11.44	0.277	1.37	0.803	0.43
주자없음	53	0.82	2.45	8.18	0.277	1.45	0.784	0.60
주자있음	75	1.50	4.00	9.00	0.297	1.50	0.834	0.93
득점권	53	1.35	4.05	8.10	0.250	1.28	0.736	1.09
1-2번 상대	17	0.00	6.75	10.13	0.385	2.63	0.962	1.50
3-5번 상대	53	3.27	4.91	6.55	0.400	2.18	1.231	0.62
6-9번 상대	58	0.00	1.76	9.98	0.170	0.78	0.411	0.80

심재민 투수 39

| 신장 | 182 | 체중 | 92 | 생일 | 1994.02.18 | 투타 | 좌투우타 | 지명 | 2014 KT 우선지명 |
| 연봉 | 8,200-8,300-9,400 | | | 학교 | 장유초(김해엔젤스리틀)-개성중-개성고-(전남과학대) | | | | |

● 5월 이호연의 상대로 KT에서 트레이드됐다. KT에서는 공이 안 좋았다. 4월 8일 시즌 데뷔전 포심 평균구속이 시속 135.2km에 그쳤다. 이적 뒤 구위가 살아났다. 포심 구종가치 5.4는 개인 통산 가장 좋았다. 9월 이후 선발 5경기 등판해 ERA 3.38로 호투했다. 어깨 문제로 괌 스프링캠프에 불참했다.

기본기록

연도	경기	선발	QS	승	패	세이브	BS	홀드	이닝	피안타	피홈런	4사구	삼진	피안타율	WHIP	피OPS	FIP	ERA	WAR	WPA
2021	28	2	0	1	0	0	1	46 2/3	41	4	11	35	0.234	1.11	0.603	3.59	2.89	0.99	0.26	
2022	44	1	0	4	0	0	0	6	43 1/3	41	4	18	21	0.250	1.32	0.706	4.61	3.74	0.38	0.69
2023	33	6	0	3	1	0	0	6	47 2/3	57	2	19	29	0.297	1.57	0.714	3.90	3.78	0.71	0.59
통산	322	12	0	16	21	2	5	37	364	415	33	179	249	0.293	1.57	0.780	4.76	4.77	3.85	-1.32

구종별 기록

구종	구사%	구속	수직 무브	수평 무브	분당 회전	땅볼%	타구속도	강한타구%
직구	41.4%	139.0	25.3	8.8	2003.4	65.9%	139.3	38.3%
커브	22.3%	116.1	-21.9	-11.4	1518.2	61.5%	131.1	15.4%
슬라이더	23.5%	127.9	3.2	-2.4	590.1	60.0%	136.2	21.4%
체인지업	12.8%	130.0	18.9	12.5	1576.0	55.6%	142.0	41.7%
포크								
싱커								
투심								
너클								
커터								
스플리터								

상황별 기록

상황	타석	홈런/9	볼넷/9	삼진/9	피안타율	WHIP	피OPS	GO/FO
전반기	36	0.00	6.35	6.35	0.452	3.18	1.076	5.50
후반기	182	0.43	3.00	5.36	0.276	1.36	0.643	1.46
vs 좌	125	0.31	2.20	4.71	0.295	1.40	0.685	1.58
vs 우	93	0.47	5.21	6.63	0.300	1.84	0.754	1.80
주자없음	102	0.86	3.00	7.29	0.295	1.67	0.722	1.78
주자있음	116	0.00	3.71	4.05	0.299	1.50	0.706	1.57
득점권	72	0.00	3.24	3.78	0.279	1.38	0.624	1.50
1-2번 상대	61	0.00	5.93	4.61	0.220	1.46	0.568	2.40
3-5번 상대	72	0.68	4.73	4.73	0.400	2.48	0.920	1.00
6-9번 상대	85	0.44	0.87	6.53	0.260	1.06	0.635	1.87

우강훈 투수 64

신장	183	체중	88	생일	2002.10.03	투타	우투우타	지명	2021 롯데 2차 5라운드 41순위
연봉	0-3,000-3,100			학교	희망대초-매송중-야탑고				

● 롯데 사이드암 투수진의 희망. 10월 5일 입단 3년 만에 1군 첫 등판을 했다. 타자 6명을 모두 아웃 처리한 인상적인 데뷔였다. 포심 평균구속은 시속 146.9km. 다음 경기에선 시속 147.6km로 올라갔다. 통산 1군 3경기, 2군 16경기에만 뛰었다는 게 약점. 야탑고 시절에도 통산 100이닝을 채우지 못했다.

기본기록

연도	경기	선발	QS	승	패	세이브	BS	홀드	이닝	피안타	피홈런	4사구	삼진	피안타율	WHIP	피OPS	FIP	ERA	WAR	WPA
2021																				
2022																				
2023	3	1	0	0	0	0	0	0	6	6	0	5	5	0.261	1.67	0.697	4.28	6.00	-0.05	-0.10
통산	3	1	0	0	0	0	0	0	6	6	0	5	5	0.261	1.67	0.697	4.28	6.00	-0.05	-0.10

구종별 기록

구종	구사%	구속	수직 무브	수평 무브	분당 회전	땅볼%	타구속도	강한타구%
직구	70.1%	144.8	11.7	-28.4	2297.3	50.0%	136.2	33.3%
커브	17.1%	119.9	-7.3	12.3	906.4	50.0%	100.5	0.0%
슬라이더	3.4%	130.3	5.4	-6.8	683.5	-	-	-
체인지업	9.4%	125.6	-1.9	-26.2	1723.5	-	-	-
포크								
싱커								
투심								
너클								
커터								
스플리터								

상황별 기록

상황	타석	홈런/9	볼넷/9	삼진/9	피안타율	WHIP	피OPS	GO/FO
전반기								
후반기	29	0.00	6.00	7.50	0.261	1.67	0.697	1.00
vs 좌	13	0.00	13.50	9.00	0.333	3.00	0.833	0.33
vs 우	16	0.00	2.25	6.75	0.214	1.00	0.599	1.67
주자없음	13	0.00	6.75	10.13	0.273	1.88	0.658	0.67
주자있음	16	0.00	5.40	5.40	0.250	1.50	0.733	1.33
득점권	9	0.00	7.71	3.86	0.143	1.29	0.619	0.67
1-2번 상대	5	0.00	13.50	13.50	0.500	4.50	1.100	0.50
3-5번 상대	11	0.00	3.86	3.86	0.300	1.71	0.764	0.50
6-9번 상대	13	0.00	6.00	9.00	0.111	1.00	0.444	4.00

이민석 투수 30

신장	189	체중	95	생일	2003.12.10	투타	우투우타	지명	2022 롯데 1차
연봉	3,000-4,100-3,800			학교	부산수영초-대천중-개성고				

● 4월 1일 잠실 두산전에서 시즌 데뷔전을 치렀다. 1⅓이닝 노히트에 포심 평균구속은 시속 151.0km로 측정됐다. 하지만 이 경기에서 팔꿈치 인대 부상을 당했다. 4월에는 토미 존 수술을 받았다. 빠른공 구속이 팀 내 1위, 리그 상위 1%인 대형 유망주다. 괌 스프링캠프에 참가했고 5월 1군 복귀가 목표다.

기본기록

연도	경기	선발	QS	승	패	세이브	BS	홀드	이닝	피안타	피홈런	4사구	삼진	피안타율	WHIP	피OPS	FIP	ERA	WAR	WPA
2021																				
2022	27	1	0	1	0	0	5		33 2/3	43	4	21	37	0.305	1.84	0.840	4.47	5.88	-0.32	-0.20
2023	1	0	0	0	0	0	0		1 1/3	0	0	1	1	0.000	0.75	0.200	4.19	0.00	0.04	0.13
통산	28	1	0	1	0	0	5		35	43	4	22	38	0.297	1.80	0.821	4.51	5.66	-0.28	-0.07

구종별 기록

구종	구사%	구속	수직 무브	수평 무브	분당 회전	땅볼%	타구속도	강한타구%
직구	48.1%	151.0	23.3	-11.6	2080.7	0.0%	141.4	0.0%
커브	7.4%	120.9	-18.4	4.1	1196.0	-	-	-
슬라이더	44.4%	137.5	6.2	-8.0	493.8	0.0%	132.0	0.0%
체인지업								
포크								
싱커								
투심								
너클								
커터								
스플리터								

상황별 기록

상황	타석	홈런/9	볼넷/9	삼진/9	피안타율	WHIP	피OPS	GO/FO
전반기	5	0.00	6.75	6.75	0.000	0.75	0.200	0.00
후반기								
vs 좌	3	0.00	0.00	9.00	0.000	0.00	0.000	0.00
vs 우	2	0.00	27.00	0.00	0.000	3.00	0.500	0.00
주자없음	3	0.00	13.50	13.50	0.000	1.50	0.333	0.00
주자있음	2	0.00	0.00	0.00	0.000	0.00	0.000	0.00
득점권	2	0.00	0.00	0.00	0.000	0.00	0.000	0.00
1-2번 상대	2	0.00	0.00	0.00	0.000	0.00	0.000	0.00
3-5번 상대	3	0.00	13.50	13.50	0.000	1.50	0.333	0.00
6-9번 상대								

최준용 투수 18

신장	185	체중	85	생일	2001.10.10	투타	우투우타	지명	2020 롯데 1차
연봉	10,700-15,800-16,300			학교	부산수영초-대천중-경남고				

● 8회 최준용, 9회 김원중이 롯데 불펜의 승리 공식이다. 등 통증으로 지난해 47 ⅔이닝 밖에 던지고도 2022년보다 더 높은 WAR(1.56승)를 기록했다. 포심 구속은 리그 상위 19%. 2년 연속 하락했다는 점은 우려된다. 수직무브먼트는 2021년보다 2.5cm 떨어졌다. 스위퍼와 벌칸체인지업 장착을 해법으로 삼았다.

기본기록

연도	경기	선발	QS	승	패	세이브	BS	홀드	이닝	피안타	피홈런	4구	삼진	피안타율	WHIP	피OPS	FIP	ERA	WAR	WPA
2021	44	0	0	4	2	1	2	20	47 1/3	41	6	17	45	0.234	1.20	0.679	3.97	2.85	1.22	3.06
2022	68	0	0	3	4	14	3	6	71	63	10	26	80	0.237	1.17	0.699	3.89	4.06	0.85	1.43
2023	47	0	0	2	5	0	3	14	47 2/3	50	2	19	40	0.266	1.43	0.662	3.44	2.45	1.15	0.67
통산	190	0	0	9	11	15	9	48	195 2/3	185	21	75	191	0.249	1.28	0.696	3.84	3.50	3.68	4.88

구종별 기록

구종	구사%	구속	수직 무브	수평 무브	분당 회전	땅볼%	타구속도	강한타구
직구	54.6%	145.1	25.7	-15.6	2314.3	34.0%	133.8	28.4%
커브	15.1%	120.6	-10.0	16.6	1294.3	46.2%	121.8	5.3%
슬라이더	3.4%	129.8	4.5	7.5	740.0	0.0%	128.1	25.0%
체인지업	26.9%	132.9	12.3	-25.7	2017.0	50.0%	136.0	25.0%
포크								
싱커								
투심								
너클								
커터								
스플리터								

상황별 기록

상황	타석	홈런/9	볼넷/9	삼진/9	피안타율	WHIP	피OPS	GO/FO
전반기	50	0.00	1.59	6.35	0.319	1.50	0.687	0.09
후반기	160	0.50	3.96	7.93	0.248	1.40	0.653	1.08
vs 좌	101	0.40	3.57	6.75	0.272	1.50	0.674	0.67
vs 우	109	0.36	3.24	8.28	0.260	1.36	0.650	0.75
주자없음	97	0.89	3.10	8.41	0.303	1.67	0.754	0.55
주자있음	113	0.00	3.62	6.91	0.232	1.24	0.579	0.56
득점권	58	0.00	2.51	6.28	0.231	1.12	0.550	0.41
1-2번 상대	51	0.00	4.91	4.91	0.289	1.73	0.684	0.73
3-5번 상대	72	1.04	3.63	6.75	0.234	1.27	0.665	0.54
6-9번 상대	87	0.00	2.33	9.78	0.278	1.40	0.645	0.89

한현희 투수 1

신장	182	체중	98	생일	1993.06.25	투타	우언우타	지명	2012 넥센 1라운드 2순위
연봉	25,000-20,000-30,000			학교	동삼초-경남중-경남고				

● FA 4년 계약 첫 시즌에 ERA와 WAR이 개인 통산 최악이었다. 불펜 전환 뒤에 더 부진했다. 2022년 대비 포심 평균구속이 시속 1.4㎞, 수직무브먼트는 1.5cm 하락했다. 여전히 투 피치 피처인 한현희에게 구위 저하는 치명적이었다. 왼손타자 상대 40이닝 이상 던진 투수 중 피OPS(0.936)가 가장 높았다.

기본기록

연도	경기	선발	QS	승	패	세이브	BS	홀드	이닝	피안타	피홈런	4구	삼진	피안타율	WHIP	피OPS	FIP	ERA	WAR	WPA
2021	18	15	5	6	2	0	0	1	85 2/3	86	4	36	61	0.257	1.35	0.682	3.78	3.89	1.63	1.27
2022	21	14	6	4	6	0	0	0	77 2/3	83	9	32	59	0.268	1.38	0.760	4.56	4.75	0.43	1.28
2023	38	15	5	6	12	0	1	3	104	123	11	55	74	0.297	1.61	0.820	4.95	5.45	0.02	-0.25
통산	454	134	52	71	55	8	9	108	1075 1/3	1115	102	459	851	0.268	1.35	0.735	4.43	4.38	13.05	5.11

구종별 기록

구종	구사%	구속	수직 무브	수평 무브	분당 회전	땅볼%	타구속도	강한타구
직구	52.2%	142.8	11.7	-30.7	2471.1	36.7%	134.0	23.6%
커브	37.4%	126.3	-0.6	7.8	624.7	41.8%	130.7	11.0%
슬라이더								
체인지업	4.9%	128.7	-4.7	-24.0	1686.6	33.3%	136.1	25.0%
포크	4.9%	130.4	-1.6	-24.1	1684.3	45.5%	144.5	26.7%
싱커								
투심	0.7%	139.1	2.5	-26.3	1940.4	100.0%	-	-
너클								
커터								
스플리터								

상황별 기록

상황	타석	홈런/9	볼넷/9	삼진/9	피안타율	WHIP	피OPS	GO/FO
전반기	301	1.13	4.66	6.93	0.313	1.77	0.874	0.53
후반기	175	0.67	2.45	5.58	0.272	1.34	0.730	0.88
vs 좌	255	1.19	3.74	5.26	0.339	1.83	0.936	0.61
vs 우	221	0.71	3.88	7.59	0.249	1.37	0.686	0.72
주자없음	229	1.24	5.15	6.80	0.327	2.06	0.923	0.77
주자있음	247	0.75	2.83	6.12	0.270	1.28	0.725	0.57
득점권	142	0.53	2.91	5.56	0.273	1.29	0.724	0.76
1-2번 상대	111	0.43	3.00	5.57	0.406	2.29	1.029	0.74
3-5번 상대	168	0.90	3.60	6.30	0.243	1.28	0.702	0.60
6-9번 상대	197	1.26	4.40	6.91	0.278	1.58	0.798	0.57

고승민 내야수 65

신장	189	체중	92	생일	2000.08.11	투타	우투좌타	지명	2019 롯데 2차 1라운드 8순위
연봉	3,800-7,300-8,000			학교	군산신풍초-배명중-북일고				

● 병역을 마치고 복귀한 2022년 92경기에서 타율 0.316을 기록하며 손아섭의 후계자로 주목받았다. 하지만 지난해 2할2푼대 타율로 슬럼프에 빠졌다. 평균타구속도 시속 140.6km로 리그 상위권이지만 콘택트율 77.5%로 리그 평균(79.6%)에 미치지 못했다. 변화구에 약하다. 볼넷 비율이 13.7%로 향상된 건 긍정적이다.

기본기록

연도	경기	타석	타수	안타	2루타	3루타	홈런	타점	득점	볼넷	사구	삼진	도루	도루자	타율	출루율	장타율	OPS	WAR	WPA
2021																				
2022	92	262	234	74	15	1	5	30	31	25	0	47	1	4	0.316	0.381	0.453	0.834	1.92	0.47
2023	94	308	255	57	14	2	2	24	35	42	1	64	8	3	0.224	0.331	0.318	0.649	0.23	-1.28
통산	216	659	572	152	35	5	7	60	73	71	1	127	9	7	0.266	0.345	0.381	0.726	2.40	-1.33

구종별기록

상황	상대%	타구속도	상하 각도	타율	장타율	땅볼%	뜬공%	강한타구%
직구	39.0%	143.6	20.8	0.276	0.471	37.2%	62.8%	46.4%
커브	8.9%	135.3	19.6	0.200	0.200	22.2%	77.8%	25.0%
슬라이더	18.3%	142.7	10.6	0.186	0.209	73.9%	26.1%	38.1%
체인지업	15.8%	134.0	24.6	0.163	0.184	46.9%	53.1%	24.1%
포크	8.0%	137.0	10.4	0.111	0.111	66.7%	33.3%	11.1%
싱커								
투심	6.2%	149.3	4.7	0.286	0.429	80.0%	20.0%	55.6%
너클								
커터	3.8%	139.0	13.2	0.400	0.700	66.7%	33.3%	20.0%
스플리터								

상황별기록

구분	타석	홈런/9	볼넷/9	삼진/9	타율	출루율	장타율	OPS
전반기	260	0.8%	13.5%	21.2%	0.241	0.345	0.343	0.688
후반기	48	0.0%	14.6%	18.8%	0.128	0.255	0.179	0.434
vs 좌	59	0.0%	16.9%	25.4%	0.191	0.345	0.234	0.579
vs 우	249	0.8%	12.9%	19.7%	0.231	0.328	0.337	0.665
주자없음	174	0.6%	13.2%	18.4%	0.212	0.316	0.311	0.627
주자있음	134	0.7%	14.2%	23.9%	0.240	0.352	0.327	0.679
득점권	82	1.2%	18.3%	19.5%	0.233	0.375	0.350	0.725
노아웃	115	0.0%	12.2%	14.8%	0.234	0.330	0.298	0.628
원아웃	98	1.0%	16.3%	22.4%	0.192	0.327	0.295	0.622
투아웃	95	1.1%	12.6%	26.3%	0.241	0.337	0.361	0.698

김민석 외야수 2

신장	185	체중	83	생일	2004.05.09	투타	우투좌타	지명	2023 롯데 1라운드 3순위
연봉	3,000-8,500			학교	신도초-휘문중-휘문고				

● 1라운더로 19세 나이에 주전 중견수로 활약했다. 호주프로야구(ABL)에서 먼저 프로 데뷔를 했다. 지난해 102안타는 역대 롯데 10대 선수 중 최다. 교타자 타입이지만 삼진이 많고 볼넷이 적다. 볼넷/삼진 비율 0.28은 400타석 이상 타자 58명 중 두 번째로 낮았다. 홈런율 0.66%는 45위. 외야 수비 범위와 송구 능력이 모두 떨어진다.

기본기록

연도	경기	타석	타수	안타	2루타	3루타	홈런	타점	득점	볼넷	사구	삼진	도루	도루자	타율	출루율	장타율	OPS	WAR	WPA
2021																				
2022																				
2023	129	454	400	102	24	0	3	39	53	31	6	112	16	3	0.255	0.314	0.338	0.652	0.87	-3.37
통산	129	454	400	102	24	0	3	39	53	31	6	112	16	3	0.255	0.314	0.338	0.652	0.87	-3.37

구종별기록

상황	상대%	타구속도	상하 각도	타율	장타율	땅볼%	뜬공%	강한타구%
직구	46.9%	131.9	19.9	0.245	0.350	47.6%	52.4%	16.2%
커브	8.8%	130.3	15.2	0.212	0.273	40.0%	60.0%	10.0%
슬라이더	16.2%	131.4	15.9	0.293	0.387	54.5%	45.5%	18.2%
체인지업	12.6%	122.2	18.3	0.231	0.269	54.2%	45.8%	3.6%
포크	5.0%	139.9	7.9	0.120	0.160	69.2%	30.8%	8.3%
싱커								
투심	6.1%	139.9	14.3	0.500	0.611	57.1%	42.9%	7.1%
너클								
커터	4.5%	127.6	15.5	0.353	0.471	57.1%	42.9%	33.3%
스플리터								

상황별기록

구분	타석	홈런/9	볼넷/9	삼진/9	타율	출루율	장타율	OPS
전반기	242	0.8%	6.2%	23.1%	0.260	0.312	0.344	0.656
후반기	212	0.5%	7.5%	26.4%	0.249	0.317	0.330	0.647
vs 좌	124	0.0%	7.3%	25.0%	0.241	0.295	0.313	0.608
vs 우	330	0.9%	6.7%	24.5%	0.260	0.322	0.347	0.669
주자없음	240	0.8%	5.8%	27.1%	0.229	0.283	0.314	0.597
주자있음	214	0.5%	7.9%	22.0%	0.288	0.351	0.367	0.718
득점권	127	0.0%	9.4%	27.6%	0.274	0.339	0.349	0.688
노아웃	161	1.2%	5.0%	26.7%	0.239	0.282	0.355	0.637
원아웃	143	0.7%	10.5%	21.7%	0.238	0.329	0.311	0.640
투아웃	150	0.0%	5.3%	25.3%	0.286	0.333	0.343	0.676

김민성 내야수 16

신장	181	체중	94	생일	1988.12.17	투타	우투우타	지명	2007 롯데 2차 2라운드 13순위
연봉	18,000-,18,000-20,000			학교	고명초-잠신중-덕수정보고-(영남사이버대)				

● LG와 2+1년 9억 원에 FA 계약한 뒤 곧바로 14년 만에 롯데로 복귀했다. 2020~22년 평균 이하 3루수였다. 지난해는 내야 전 포지션 유틸리티 역할을 하며 OPS 0.703, wRC+ 96.9로 준수했다. 2시즌 연속 타구속도가 떨어졌다. 슬라이더에 약하고 포심 구종가치는 9시즌 연속 마이너스였다. 주전 2루수나 3루수로 뛰어야 한다.

기본기록

연도	경기	타석	타수	안타	2루타	3루타	홈런	타점	득점	볼넷	사구	삼진	도루	도루자	타율	출루율	장타율	OPS	WAR	WPA
2021	121	426	360	80	22	0	8	39	35	42	8	73	3	3	0.222	0.313	0.350	0.663	0.61	-1.91
2022	92	157	140	29	4	0	3	20	16	10	3	27	0	1	0.207	0.273	0.300	0.573	-0.20	-0.37
2023	112	316	273	68	11	0	8	41	34	25	7	58	2	1	0.249	0.326	0.377	0.703	1.21	-2.08
통산	1696	5973	5233	1406	280	11	131	725	663	479	108	1015	52	30	0.269	0.339	0.401	0.740	12.39	-5.64

구종별기록

상황	상대%	타구속도	상하 각도	타율	장타율	땅볼%	뜬공%	강한타구%
직구	42.2%	134.4	23.6	0.292	0.425	40.3%	59.7%	28.9%
커브	10.0%	122.6	15.5	0.240	0.400	33.3%	66.7%	11.1%
슬라이더	21.9%	127.5	18.7	0.190	0.238	63.0%	37.0%	6.5%
체인지업	11.3%	123.7	26.0	0.138	0.379	38.9%	61.1%	5.0%
포크	3.5%	126.7	11.7	0.273	0.364	75.0%	25.0%	22.2%
싱커								
투심	7.0%	124.6	15.5	0.423	0.538	69.2%	30.8%	33.3%
너클								
커터	4.1%	132.8	36.4	0.091	0.364	37.5%	62.5%	16.7%
스플리터								

상황별기록

구분	타석	홈런/9	볼넷/9	삼진/9	타율	출루율	장타율	OPS
전반기	214	1.9%	8.9%	15.9%	0.288	0.364	0.408	0.772
후반기	102	3.9%	5.9%	23.5%	0.169	0.245	0.315	0.560
vs 좌	105	5.7%	4.8%	22.9%	0.232	0.298	0.463	0.761
vs 우	211	0.9%	9.5%	16.1%	0.258	0.340	0.331	0.671
주자없음	162	2.5%	9.9%	17.3%	0.234	0.333	0.376	0.709
주자있음	154	2.6%	5.8%	19.5%	0.265	0.317	0.379	0.696
득점권	97	3.1%	5.2%	16.5%	0.253	0.297	0.373	0.670
노아웃	109	3.7%	10.1%	17.4%	0.276	0.370	0.448	0.818
원아웃	103	0.0%	6.8%	18.4%	0.261	0.320	0.326	0.646
투아웃	104	3.8%	6.7%	19.2%	0.213	0.288	0.362	0.650

박승욱 내야수 53

신장	184	체중	83	생일	1992.12.04	투타	우투좌타	지명	2012 SK 3라운드 31순위
연봉	3,000-7,000-13,400			학교	칠성초-경복중-대구상원고				

● 2021시즌 뒤 KT에서 방출. 롯데에 입단해 내야 유틸리티 요원으로 활약했다. 지난해엔 sWAR 1.83승으로 팀 내 야수 가운데 5위였다. 개인 통산 최고 기록이기도 했다. 홈런은 없었지만 볼넷/삼진 비율이 0.40으로 앞 시즌(0.23)보다 두 배 가량 향상됐다. 타석 당 투구수(4.25)는 300+타석 기준 리그 5위였다. 왼손투수가 약점이다.

기본기록

연도	경기	타석	타수	안타	2루타	3루타	홈런	타점	득점	볼넷	사구	삼진	도루	도루자	타율	출루율	장타율	OPS	WAR	WPA
2021	8	6	6	2	1	0	0	5	0	0	0	1	0	0	0.333	0.333	0.500	0.833	-0.04	-0.07
2022	100	228	198	45	7	2	1	16	29	16	2	69	8	2	0.227	0.292	0.298	0.590	-0.23	-1.62
2023	123	338	290	83	18	3	0	30	37	35	1	87	15	4	0.286	0.364	0.369	0.733	1.62	-0.91
통산	605	1341	1164	292	42	14	11	105	179	114	17	355	40	14	0.251	0.326	0.339	0.665	1.82	-8.18

구종별기록

상황	상대%	타구속도	상하 각도	타율	장타율	땅볼%	뜬공%	강한타구%
직구	41.1%	137.8	17.6	0.319	0.440	41.8%	58.2%	20.5%
커브	7.1%	124.2	3.0	0.316	0.316	100.0%	0.0%	0.0%
슬라이더	17.4%	129.5	13.0	0.188	0.208	62.5%	37.5%	9.5%
체인지업	14.5%	133.1	20.5	0.256	0.385	56.3%	43.8%	23.5%
포크	6.7%	131.6	19.4	0.400	0.600	50.0%	50.0%	0.0%
싱커								
투심	8.3%	145.8	8.6	0.308	0.346	85.7%	14.3%	36.4%
너클	0.1%	-	-	-	-	-	-	-
커터	4.7%	137.5	6.5	0.333	0.333	83.3%	16.7%	28.6%
스플리터								

상황별기록

구분	타석	홈런/9	볼넷/9	삼진/9	타율	출루율	장타율	OPS
전반기	168	0.0%	8.9%	25.0%	0.277	0.348	0.351	0.699
후반기	170	0.0%	11.8%	26.5%	0.296	0.380	0.387	0.767
vs 좌	56	0.0%	10.7%	35.7%	0.128	0.226	0.149	0.375
vs 우	282	0.0%	10.3%	23.8%	0.317	0.391	0.412	0.803
주자없음	191	0.0%	7.3%	33.0%	0.227	0.288	0.278	0.566
주자있음	147	0.0%	14.3%	16.3%	0.377	0.471	0.509	0.980
득점권	89	0.0%	21.3%	19.1%	0.348	0.488	0.485	0.973
노아웃	129	0.0%	9.3%	27.9%	0.238	0.322	0.295	0.617
원아웃	106	0.0%	12.3%	27.4%	0.315	0.396	0.424	0.820
투아웃	103	0.0%	9.7%	21.4%	0.312	0.379	0.398	0.777

손성빈 포수 00

신장	186	체중	92	생일	2002.01.14	투타	우투우타	지명	2021 롯데 1차
연봉	3,000-3,100-5,000			학교	희망대초-신흥중-장안고				

● 롯데의 차세대 주전 포수. 6월 상무에서 제대한 뒤 45경기에 출장했다. 강한 어깨와 빠른 송구를 자랑하며 지난해 도루저지율 0.700(3/10)은 리그 1위였다. 포구는 아직 불안하다. 블로킹 관련 득점기여도는 마이너스였다. 1군 통산 65경기 타율 0.274로 타격에 재능이 있다. 상무에선 첫 시즌 OPS 0.831, 두 번째 시즌 0.920으로 뛰어났다.

기본기록

연도	경기	타석	타수	안타	2루타	3루타	홈런	타점	득점	볼넷	사구	삼진	도루	도루자	타율	출루율	장타율	OPS	WAR	WPA
2021	20	22	19	6	0	0	0	4	3	0	0	6	0	0	0.316	0.409	0.316	0.725	0.14	-0.16
2022																				
2023	45	80	76	20	3	0	1	15	13	2	0	10	0	0	0.263	0.282	0.342	0.624	0.16	-0.27
통산	65	102	95	26	3	0	1	15	17	5	0	16	0	0	0.274	0.310	0.337	0.647	0.30	-0.43

구종별기록

상황	상대%	타구속도	상하각도	타율	장타율	땅볼%	뜬공%	강한타구%
직구	47.8%	126.9	34.8	0.233	0.367	35.0%	65.0%	14.3%
커브	7.6%	121.7	23.6	0.200	0.200	75.0%	25.0%	0.0%
슬라이더	19.0%	125.7	13.9	0.353	0.412	80.0%	20.0%	10.0%
체인지업	12.8%	124.6	28.6	0.250	0.375	0.0%	100.0%	0.0%
포크	1.7%	-	-	0.000	0.000			
싱커								
투심	5.2%	136.6	24.5	0.250	0.250	66.7%	33.3%	0.0%
너클								
커터	5.9%	128.0	22.7	0.286	0.286	50.0%	50.0%	20.0%
스플리터								

상황별기록

구분	타석	홈런/9	볼넷/9	삼진/9	타율	출루율	장타율	OPS
전반기	18	0.0%	5.6%	22.2%	0.118	0.167	0.176	0.343
후반기	62	1.6%	1.6%	9.7%	0.305	0.317	0.390	0.707
vs 좌	21	4.8%	4.8%	14.3%	0.333	0.368	0.556	0.924
vs 우	59	0.0%	1.7%	11.9%	0.241	0.254	0.276	0.530
주자없음	37	2.7%	5.4%	18.9%	0.114	0.162	0.200	0.362
주자있음	43	0.0%	0.0%	7.0%	0.390	0.390	0.463	0.853
득점권	28	0.0%	0.0%	7.1%	0.500	0.500	0.571	1.071
노아웃	30	0.0%	3.3%	13.3%	0.111	0.143	0.111	0.254
원아웃	27	3.7%	3.7%	7.4%	0.538	0.556	0.731	1.287
투아웃	23	0.0%	0.0%	17.4%	0.130	0.130	0.174	0.304

오선진 내야수 6

신장	178	체중	80	생일	1989.07.07	투타	우투우타	지명	2008 한화 2차 4라운드 26순위
연봉	7,000-10,000-10,000			학교	화곡초-성남중-성남고				

● 2차 드래프트로 한화에서 이적했다. 안치홍의 이적으로 2루에 구멍이 생긴 롯데는 베테랑 내야수 오선진이 필요했다. 2차 드래프트 이적 선수 22명 가운데 2023시즌 가장 높은 sWAR 0.80승을 기록했다. 지난해 볼넷률 12.1%는 개인 통산 가장 높았다. 내야 전 포지션을 소화할 수 있는 유틸리티 플레이어다.

기본기록

연도	경기	타석	타수	안타	2루타	3루타	홈런	타점	득점	볼넷	사구	삼진	도루	도루자	타율	출루율	장타율	OPS	WAR	WPA
2021	23	46	42	9	0	0	2	5	3	1	0	8	0	0	0.214	0.283	0.214	0.497	-0.17	-0.40
2022	100	306	268	74	8	0	3	24	30	18	3	51	2	2	0.276	0.328	0.340	0.668	0.30	-1.11
2023	90	199	165	38	6	0	0	14	17	24	5	34	2	0	0.230	0.342	0.267	0.609	0.53	-0.93
통산	1109	2960	2612	629	93	6	18	229	275	200	57	509	49	28	0.241	0.307	0.302	0.609	0.21	-8.06

구종별기록

상황	상대%	타구속도	상하각도	타율	장타율	땅볼%	뜬공%	강한타구%
직구	48.5%	129.0	22.6	0.241	0.266	27.7%	72.3%	7.0%
커브	7.6%	114.9	5.8	0.250	0.250	75.0%	25.0%	0.0%
슬라이더	17.9%	128.8	19.0	0.115	0.115	71.4%	28.6%	0.0%
체인지업	9.3%	136.1	12.4	0.467	0.600	50.0%	50.0%	0.0%
포크	3.1%	125.2	5.6	0.143	0.143	83.3%	16.7%	0.0%
싱커								
투심	8.8%	126.4	14.9	0.158	0.211	71.4%	28.6%	0.0%
너클								
커터	4.8%	125.1	18.6	0.286	0.429	75.0%	25.0%	25.0%
스플리터								

상황별기록

구분	타석	홈런/9	볼넷/9	삼진/9	타율	출루율	장타율	OPS
전반기	106	0.0%	12.3%	16.0%	0.233	0.346	0.291	0.637
후반기	93	0.0%	11.8%	18.3%	0.228	0.337	0.241	0.578
vs 좌	75	0.0%	10.7%	17.3%	0.250	0.338	0.297	0.635
vs 우	124	0.0%	12.9%	16.9%	0.218	0.344	0.248	0.592
주자없음	108	0.0%	13.0%	16.7%	0.228	0.343	0.261	0.604
주자있음	91	0.0%	11.0%	17.6%	0.233	0.341	0.274	0.615
득점권	49	0.0%	14.3%	12.2%	0.297	0.404	0.351	0.755
노아웃	76	0.0%	11.8%	10.5%	0.300	0.425	0.367	0.792
원아웃	57	0.0%	10.5%	24.6%	0.229	0.316	0.271	0.587
투아웃	66	0.0%	13.6%	18.2%	0.158	0.273	0.158	0.431

윤동희 외야수 91

신장	187	체중	85	생일	2003.09.18	투타	우투우타	지명	2022 롯데 2차 3라운드 24순위
연봉	3,000-3,300-9,000			학교	현산초-대원중-야탑고				

● 프로 2년차인 지난해 때린 111안타는 팀 역대 20세 이하 선수 중 최다였다. 홈런은 2개에 그쳤지만 파워 향상을 기대할 수 있는 유망주다. 항저우 아시안게임에서 타율 0.435에 10안타 중 4개가 장타였다. 패스트볼 대응력을 높여야 한다. 롯데 타자들이 대개 그렇듯 슬라이더에도 약점을 드러냈다. 우익수 포지션에선 뛰어났다.

기본기록

연도	경기	타석	타수	안타	2루타	3루타	홈런	타점	득점	볼넷	사구	삼진	도루	도루자	타율	출루율	장타율	OPS	WAR	WPA
2021																				
2022	4	13	13	2	1	0	0	1	1	0	0	2	0	0	0.154	0.154	0.231	0.385	-0.18	-0.26
2023	107	423	387	111	18	1	2	41	45	28	1	69	3	6	0.287	0.333	0.354	0.687	0.40	-2.50
통산	111	436	400	113	19	1	2	42	46	28	1	71	3	6	0.283	0.327	0.350	0.677	0.22	-2.76

구종별기록

상황	상대%	타구속도	상하 각도	타율	장타율	땅볼%	뜬공%	강한타구%
직구	43.5%	139.0	22.4	0.270	0.356	39.8%	60.2%	30.4%
커브	9.4%	125.7	13.6	0.296	0.370	60.0%	40.0%	0.0%
슬라이더	23.1%	122.8	20.0	0.244	0.269	52.3%	47.7%	6.0%
체인지업	9.3%	125.1	19.5	0.467	0.533	37.5%	62.5%	3.8%
포크	3.5%	124.0	21.6	0.333	0.583	60.0%	40.0%	0.0%
싱커								
투심	6.5%	140.6	-2.2	0.414	0.448	91.7%	8.3%	22.2%
너클								
커터	4.7%	130.2	22.4	0.050	0.050	47.1%	52.9%	21.4%
스플리터								

상황별기록

구분	타석	홈런/9	볼넷/9	삼진/9	타율	출루율	장타율	OPS
전반기	202	1.0%	5.4%	18.3%	0.321	0.353	0.385	0.738
후반기	221	0.0%	7.7%	14.5%	0.255	0.314	0.325	0.639
vs 좌	119	0.0%	4.2%	14.3%	0.315	0.336	0.378	0.714
vs 우	304	0.7%	7.6%	17.1%	0.275	0.331	0.344	0.675
주자없음	219	0.5%	3.2%	17.8%	0.299	0.324	0.374	0.698
주자있음	204	0.5%	10.3%	14.7%	0.273	0.342	0.330	0.672
득점권	123	0.8%	12.2%	14.6%	0.262	0.341	0.330	0.671
노아웃	164	0.0%	4.3%	16.5%	0.335	0.364	0.387	0.751
원아웃	133	0.8%	6.8%	15.8%	0.294	0.331	0.395	0.726
투아웃	126	0.8%	9.5%	16.7%	0.212	0.294	0.265	0.559

이정훈 외야수 48

신장	185	체중	90	생일	1994.12.07	투타	우투좌타	지명	2017 KIA 2차 10라운드 94순위
연봉	4,000-4,000-6,000			학교	교문초-배재중-휘문고-경희대				

● 2022년 10월 KIA에서 웨이버로 풀린 뒤 롯데에 입단했다. KIA에서 1군 통산 8경기 이상 뛴 시즌이 딱 한 번이었다. 하지만 지난해 59경기에서 타율 0.296에 OPS 0.719로 기대 이상의 활약을 했다. 대타로도 타율 0.304로 준수했다. 부드러운 타격 폼은 좋은 평가를 받는다. 포수에서 외야수로 전향해 선발로 나설 수비력은 아니다.

기본기록

연도	경기	타석	타수	안타	2루타	3루타	홈런	타점	득점	볼넷	사구	삼진	도루	도루자	타율	출루율	장타율	OPS	WAR	WPA
2021	41	151	129	32	6	0	2	14	14	19	3	33	0	0	0.248	0.358	0.341	0.699	0.41	-0.87
2022	6	10	8	0	0	0	0	0	2	0	0	3	0	0	0.000	0.200	0.000	0.200	-0.12	-0.25
2023	59	171	152	45	7	0	1	17	17	13	3	28	1	1	0.296	0.357	0.362	0.719	0.68	-0.41
통산	120	354	309	81	14	0	3	34	31	34	7	68	1	1	0.262	0.345	0.337	0.682	0.80	-1.71

구종별기록

상황	상대%	타구속도	상하 각도	타율	장타율	땅볼%	뜬공%	강한타구%
직구	41.0%	137.1	17.9	0.300	0.400	43.8%	56.3%	24.4%
커브	9.4%	132.9	12.3	0.308	0.385	50.0%	50.0%	0.0%
슬라이더	17.7%	140.0	8.6	0.143	0.143	66.7%	33.3%	8.3%
체인지업	12.3%	129.3	20.9	0.471	0.471	44.4%	55.6%	0.0%
포크	11.0%	137.8	18.5	0.211	0.211	45.5%	54.5%	16.7%
싱커								
투심	7.3%	135.5	12.7	0.400	0.500	50.0%	50.0%	11.1%
너클								
커터	1.3%	136.7	11.0	0.333	0.333	50.0%	50.0%	33.3%
스플리터								

상황별기록

구분	타석	홈런/9	볼넷/9	삼진/9	타율	출루율	장타율	OPS
전반기	5	20.0%	0.0%	40.0%	0.200	0.200	0.800	1.000
후반기	166	0.0%	7.8%	15.7%	0.299	0.361	0.347	0.708
vs 좌	16	0.0%	0.0%	25.0%	0.125	0.125	0.125	0.250
vs 우	155	0.6%	8.4%	15.5%	0.316	0.381	0.390	0.771
주자없음	99	1.0%	8.1%	15.2%	0.295	0.374	0.375	0.749
주자있음	72	0.0%	6.9%	18.1%	0.297	0.333	0.344	0.677
득점권	39	0.0%	10.3%	17.9%	0.188	0.256	0.250	0.506
노아웃	59	0.0%	5.1%	20.3%	0.173	0.237	0.192	0.429
원아웃	56	1.8%	3.6%	10.7%	0.415	0.429	0.547	0.976
투아웃	56	0.0%	14.3%	17.9%	0.298	0.411	0.340	0.751

정보근 포수 42

신장	175	체중	94	생일	1999.08.31	투타	우투우타	지명	2018 롯데 2차 9라운드 83순위
연봉	3,400-5,900-7,400			학교	부산수영초-경남중-경남고				

● 수비형 포수. 하지만 지난해 후반기 인상적인 타격을 했다. 7월말 1군에 복귀해 70타석에서 타율 0.357에 OPS 0.974라는 뛰어난 활약을 했다. 지난해 라인드라이브 비율 56.6%는 놀랍게도 리그 1위였다. 샘플사이즈가 작다는 점에 주의해야 한다. 포수로는 프레이밍과 도루저지 능력이 좋다. 11월 마무리 캠프에서 부상을 당해 수술을 했다.

기본기록

연도	경기	타석	타수	안타	2루타	3루타	홈런	타점	득점	볼넷	사구	삼진	도루	도루자	타율	출루율	장타율	OPS	WAR	WPA
2021	11	20	18	5	0	0	0	0	2	0	2	0	1	0.278	0.350	0.278	0.628	-0.01	-0.33
2022	95	226	199	38	2	0	1	15	8	14	2	55	1	0	0.191	0.250	0.216	0.466	-1.15	-2.18
2023	56	101	81	27	6	1	1	13	11	14	1	13	1	0	0.333	0.433	0.469	0.902	1.21	0.22
통산	261	534	463	94	10	1	2	34	31	43	5	112	2	1	0.203	0.276	0.242	0.518	-1.73	-4.75

구종별기록

상황	상대%	타구속도	상하 각도	타율	장타율	땅볼%	뜬공%	강한타구%
직구	46.6%	136.6	13.8	0.387	0.581	57.1%	42.9%	30.4%
커브	6.3%	125.4	39.6	0.500	1.250	0.0%	100.0%	25.0%
슬라이더	20.6%	130.8	15.5	0.381	0.429	60.0%	40.0%	0.0%
체인지업	7.7%	124.3	14.0	0.100	0.100	42.9%	57.1%	0.0%
포크	2.9%	-	-	0.000	0.000	-	-	-
싱커								
투심	9.7%	141.1	12.0	0.667	0.833	50.0%	50.0%	0.0%
너클								
커터	6.3%	126.6	10.0	0.000	0.000	75.0%	25.0%	0.0%
스플리터								

상황별기록

구분	타석	홈런/9	볼넷/9	삼진/9	타율	출루율	장타율	OPS
전반기	31	0.0%	12.9%	12.9%	0.280	0.379	0.360	0.739
후반기	70	1.4%	14.3%	12.9%	0.357	0.456	0.518	0.974
vs 좌	23	0.0%	17.4%	13.0%	0.389	0.500	0.500	1.000
vs 우	78	1.3%	12.8%	12.8%	0.317	0.413	0.460	0.873
주자없음	49	0.0%	14.3%	16.3%	0.286	0.388	0.333	0.721
주자있음	52	1.9%	13.5%	9.6%	0.385	0.479	0.615	1.094
득점권	33	0.0%	15.2%	12.1%	0.280	0.406	0.400	0.806
노아웃	29	0.0%	20.7%	3.4%	0.474	0.600	0.684	1.284
원아웃	34	2.9%	11.8%	17.6%	0.276	0.353	0.414	0.767
투아웃	38	0.0%	10.5%	15.8%	0.303	0.395	0.394	0.789

정훈 내야수 9

신장	180	체중	85	생일	1987.07.18	투타	우투우타	지명	2006 현대 육성선수
연봉	55,000-30,000-30,000			학교	양덕초-마산동중-용마고				

● 3년 FA 계약 첫 시즌 출발은 험난했다. 시범경기에서 22타수 1안타, 극도로 부진했고 5월 3일까지 13타수 1안타에 그친 뒤 2군으로 내려갔다. 6월 1군에 복귀해 선전했지만 부상을 당했다. 하지만 후반기 타율 0.296에 OPS 0.845로 부활에 성공했다. 슬러거는 아니지만 지난해 홈런율 2.58%로 전준우에 이은 팀 내 2위였다.

기본기록

연도	경기	타석	타수	안타	2루타	3루타	홈런	타점	득점	볼넷	사구	삼진	도루	도루자	타율	출루율	장타율	OPS	WAR	WPA
2021	135	561	486	142	27	1	14	79	70	68	3	89	8	1	0.292	0.380	0.438	0.818	3.41	-1.17
2022	91	340	294	72	8	0	3	32	39	32	2	66	4	1	0.245	0.317	0.303	0.620	0.11	-1.44
2023	80	233	201	56	14	0	6	31	40	26	0	39	2	0	0.279	0.358	0.438	0.796	0.96	0.02
통산	1290	4347	3741	1027	182	21	69	474	592	433	73	798	75	30	0.275	0.358	0.390	0.748	15.56	-3.76

구종별기록

상황	상대%	타구속도	상하 각도	타율	장타율	땅볼%	뜬공%	강한타구%
직구	44.3%	136.8	21.6	0.325	0.513	39.5%	60.5%	25.4%
커브	7.9%	144.5	17.6	0.333	0.800	66.7%	33.3%	28.6%
슬라이더	18.1%	127.1	21.1	0.268	0.415	52.2%	47.8%	7.1%
체인지업	12.9%	110.9	9.3	0.087	0.087	72.7%	27.3%	0.0%
포크	3.8%	129.7	22.9	0.222	0.333	60.0%	40.0%	0.0%
싱커								
투심	6.2%	136.7	15.8	0.250	0.417	62.5%	37.5%	11.1%
너클								
커터	6.9%	132.7	6.4	0.333	0.333	71.4%	28.6%	22.2%
스플리터								

상황별기록

구분	타석	홈런/9	볼넷/9	삼진/9	타율	출루율	장타율	OPS
전반기	49	0.0%	10.2%	20.4%	0.214	0.298	0.310	0.608
후반기	184	3.3%	11.4%	15.8%	0.296	0.374	0.472	0.846
vs 좌	85	3.5%	14.1%	20.0%	0.268	0.369	0.451	0.820
vs 우	148	2.0%	9.5%	14.9%	0.285	0.352	0.431	0.783
주자없음	118	3.4%	13.6%	16.1%	0.255	0.356	0.441	0.797
주자있음	115	1.7%	8.7%	17.4%	0.303	0.360	0.434	0.794
득점권	68	2.9%	8.8%	17.6%	0.305	0.358	0.475	0.833
노아웃	75	2.7%	8.0%	9.3%	0.292	0.352	0.462	0.814
원아웃	84	4.8%	13.1%	23.8%	0.254	0.345	0.451	0.796
투아웃	74	0.0%	12.2%	16.2%	0.292	0.378	0.400	0.778

김강현 투수 19

신장	177	체중	84	생일	1995.02.27	투타	우투좌타	지명	2015 롯데 육성선수
연봉	3,000-3,000-3,200			학교	고명초-청원중-청원고				

연도	경기	선발	QS	승	패	세이브	BS	홀드	이닝	피안타	피홈런	4사구	삼진	피안타율	WHIP	피OPS	FIP	ERA	WAR	WPA
2021																				
2022																				
2023	2	0	0	0	0	0	0	0	3	1	0	3	0	0.111	1.00	0.444	6.44	3.00	0.01	0.00
통산	2	0	0	0	0	0	0	0	3	1	0	3	0	0.111	1.00	0.444	6.44	3.00	-0.03	0.00

박진 투수 44

신장	182	체중	106	생일	1999.04.02	투타	우투우타	지명	2019 롯데 2차 4라운드 38순위
연봉	3,100-3,200-3,300			학교	부산대연초-부산중-부산고				

연도	경기	선발	QS	승	패	세이브	BS	홀드	이닝	피안타	피홈런	4사구	삼진	피안타율	WHIP	피OPS	FIP	ERA	WAR	WPA
2021																				
2022																				
2023	4	0	0	0	0	0	0	0	5	7	1	7	2	0.333	2.80	1.071	9.44	9.00	-0.12	-0.10
통산	6	0	0	0	0	0	0	0	6	9	1	8	3	0.346	2.83	1.115	8.59	9.00	-0.14	-0.29

박진형 투수 40

신장	181	체중	77	생일	1994.06.10	투타	우투우타	지명	2013 롯데 2라운드 13순위
연봉	8,600-0-8,600			학교	영랑초-경포중-강릉고				

연도	경기	선발	QS	승	패	세이브	BS	홀드	이닝	피안타	피홈런	4사구	삼진	피안타율	WHIP	피OPS	FIP	ERA	WAR	WPA
2021	22	0	0	2	1	0	0	0	16	25	1	10	23	0.352	2.19	0.967	2.96	7.88	-0.11	-0.35
2022																				
2023																				
통산	215	23	4	18	14	7	14	36	294 1/3	335	32	165	298	0.290	1.62	0.831	4.60	5.24	3.11	-4.16

송재영 투수 59

신장	181	체중	84	생일	2002.06.20	투타	좌투좌타	지명	2021 롯데 2차 4라운드 31순위
연봉	3,100-3,100-3,100			학교	수원잠원초(수원영통구리틀)-매향중-라온고				

연도	경기	선발	QS	승	패	세이브	BS	홀드	이닝	피안타	피홈런	4사구	삼진	피안타율	WHIP	피OPS	FIP	ERA	WAR	WPA
2021	19	0	0	0	2	0	1	1	14 2/3	24	3	13	13	0.369	2.45	1.074	6.88	13.50	-0.74	-0.33
2022																				
2023																				
통산	19	0	0	0	2	0	1	1	14 2/3	24	3	13	13	0.369	2.45	1.074	6.88	13.50	-0.74	-0.33

이인복 투수 35

신장	187	체중	97	생일	1991.06.18	투타	우투우타	지명	2014 롯데 2차 2라운드 20순위
연봉	8,500-14,500-10,000			학교	희망대초-성일중-서울고-연세대				

연도	경기	선발	QS	승	패	세이브	BS	홀드	이닝	피안타	피홈런	4사구	삼진	피안타율	WHIP	피OPS	FIP	ERA	WAR	WPA
2021	25	8	1	3	0	0	0	1	61 1/3	75	5	19	45	0.299	1.45	0.798	3.80	4.11	1.12	0.83
2022	26	23	8	9	9	0	0	1	126 2/3	153	6	34	71	0.303	1.44	0.729	3.64	4.19	1.95	1.52
2023	10	7	0	1	4	0	0	0	33 1/3	54	3	15	15	0.380	1.92	0.958	4.97	6.48	-0.47	-0.46
통산	131	40	9	14	17	0	1	4	304	412	24	104	170	0.328	1.64	0.827	4.39	5.27	2.18	1.07

이진하 투수 62

신장	191	체중	96	생일	2004.06.02	투타	우투우타	지명	2023 롯데 2라운드 13순위
연봉	3,000-3,200			학교	백송초(일산리틀)-영남중-장충고				

연도	경기	선발	QS	승	패	세이브	BS	홀드	이닝	피안타	피홈런	4사구	삼진	피안타율	WHIP	피OPS	FIP	ERA	WAR	WPA
2021																				
2022																				
2023	9	0	0	0	0	0	0	0	8	4	0	4	2	0.154	0.88	0.527	4.44	3.38	0.08	-0.02
통산	9	0	0	0	0	0	0	0	8	4	0	4	2	0.154	0.88	0.527	4.44	3.38	0.08	-0.02

이태연 투수 54

신장	180	체중	80	생일	2004.02.21	투타	좌투좌타	지명	2023 롯데 6라운드 53순위
연봉	3,000-3,100			학교	화곡초-영남중-충암고				

연도	경기	선발	QS	승	패	세이브	BS	홀드	이닝	피안타	피홈런	4사구	삼진	피안타율	WHIP	피OPS	FIP	ERA	WAR	WPA
2021																				
2022																				
2023	15	0	0	0	0	0	0	1	5 2/3	12	1	9	4	0.444	3.71	1.235	9.09	15.88	-0.48	-0.33
통산	15	0	0	0	0	0	0	1	5 2/3	12	1	9	4	0.444	3.71	1.235	9.09	15.88	-0.48	-0.33

임준섭 투수 57

신장	181	체중	88	생일	1989.07.16	투타	좌투좌타	지명	2012 KIA 2라운드 15순위
연봉	4,000-4,000-4,000			학교	부산대연초-부산중-개성고-경성대				

연도	경기	선발	QS	승	패	세이브	BS	홀드	이닝	피안타	피홈런	4사구	삼진	피안타율	WHIP	피OPS	FIP	ERA	WAR	WPA
2021	13	0	0	0	0	0	0	0	10 2/3	19	1	12	11	0.373	2.53	1.013	5.86	10.97	-0.58	-0.30
2022	5	0	0	0	0	0	0	0	3 2/3	5	0	0	0	0.357	1.64	0.818	4.98	2.45	0.04	-0.03
2023	41	0	0	0	2	0	0	4	32 2/3	44	1	20	26	0.336	1.93	0.826	3.99	5.79	-0.26	0.45
통산	200	49	8	12	26	0	0	10	368 1/3	449	31	237	202	0.311	1.80	0.849	5.42	5.67	0.09	0.05

전미르 투수 61

신장	187	체중	100	생일	2005.08.15	투타	우투우타	지명	2024 롯데 1라운드 3순위
연봉	3,000			학교	본리초-협성경복중-경북고				

연도	경기	선발	QS	승	패	세이브	BS	홀드	이닝	피안타	피홈런	4사구	삼진	피안타율	WHIP	피OPS	FIP	ERA	WAR	WPA
2021																				
2022																				
2023																				
통산																				

정성종 투수 56

신장	181	체중	93	생일	1995.11.16	투타	우투좌타	지명	2018 롯데 2차 2라운드 13순위
연봉	4,100-3,600-3,900			학교	광주서석초-무등중-광주제일고-인하대				

연도	경기	선발	QS	승	패	세이브	BS	홀드	이닝	피안타	피홈런	4사구	삼진	피안타율	WHIP	피OPS	FIP	ERA	WAR	WPA
2021	12	0	0	0	0	0	0	0	12	19	2	9	4	0.345	2.25	0.904	7.08	8.25	-0.23	-0.14
2022	5	0	0	0	0	0	0	0	4 1/3	4	0	4	5	0.235	1.85	0.675	3.80	4.15	-0.04	0.02
2023	12	3	0	0	1	0	0	1	22	21	1	16	10	0.266	1.64	0.756	5.17	5.32	-0.05	-0.07
통산	71	3	0	1	3	0	0	1	107	127	11	66	55	0.303	1.74	0.827	5.52	5.80	-0.64	-0.53

정우준 투수 55

신장	180	체중	82	생일	2000.03.17	투타	우투우타	지명	2021 롯데 2차 6라운드 51순위
연봉	3,100-3,100-3,100			학교	태랑초(남양주리틀)-청원중-서울고-강릉영동대				

연도	경기	선발	QS	승	패	세이브	BS	홀드	이닝	피안타	피홈런	4사구	삼진	피안타율	WHIP	피OPS	FIP	ERA	WAR	WPA
2021	6	0	0	0	0	0	0	0	5 2/3	6	1	7	4	0.273	1.94	0.948	7.92	9.53	-0.14	-0.13
2022																				
2023																				
통산	6	0	0	0	0	0	0	0	5 2/3	6	1	7	4	0.273	1.94	0.948	7.92	9.53	-0.14	-0.13

정현수 투수 37

신장	180	체중	84	생일	2001.05.10	투타	좌투좌타	지명	2024 롯데 2차 13라운드 13순위
연봉	3,000			학교	부산대연초-부산중-부산고-송원대				

연도	경기	선발	QS	승	패	세이브	BS	홀드	이닝	피안타	피홈런	4사구	삼진	피안타율	WHIP	피OPS	FIP	ERA	WAR	WPA
2021																				
2022																				
2023																				
통산																				

진승현 투수 26

신장	184	체중	108	생일	2003.09.05	투타	우투좌타	지명	2022 롯데 2차 2라운드 14순위
연봉	3,000-3,200-4,300			학교	본리초-협성경복중-경북고				

연도	경기	선발	QS	승	패	세이브	BS	홀드	이닝	피안타	피홈런	4사구	삼진	피안타율	WHIP	피OPS	FIP	ERA	WAR	WPA
2021																				
2022	10	0	0	0	0	0	0	0	9	12	2	8	11	0.300	2.11	0.917	6.45	9.00	-0.22	0.20
2023	24	0	0	2	2	0	0	1	27 2/3	34	2	16	25	0.309	1.81	0.779	3.98	5.86	-0.12	0.19
통산	34	0	0	2	2	0	0	1	36 2/3	46	4	24	36	0.307	1.88	0.815	4.56	6.63	-0.34	0.39

진해수 투수 31

신장	187	체중	85	생일	1986.06.26	투타	좌투좌타	지명	2005 KIA 2차 7라운드 50순위
연봉	30,000-25,000-15,000			학교	동삼초-경남중-부경고				

연도	경기	선발	QS	승	패	세이브	BS	홀드	이닝	피안타	피홈런	4사구	삼진	피안타율	WHIP	피OPS	FIP	ERA	WAR	WPA
2021	50	0	0	1	0	0	1	5	44 1/3	41	2	21	39	0.250	1.33	0.641	3.51	2.44	0.71	0.09
2022	64	0	0	4	0	0	1	12	45	39	1	12	35	0.238	1.11	0.617	2.87	2.40	1.25	1.15
2023	19	0	0	0	0	0	0	1	2	14 2/3	18	2	10	12	0.295	1.91	0.832	5.62	3.68	-0.04	-0.37
통산	788	7	1	23	30	2	30	152	573 1/3	646	48	303	469	0.288	1.59	0.778	4.38	4.96	1.34	2.08

최설우 투수 45

신장	179	체중	93	생일	1992.02.20	투타	우투우타	지명	2014 한화 2차 1라운드 2순위
연봉	4,700-4,000-4,000			학교	감천초-대동중-개성고-동아대				

연도	경기	선발	QS	승	패	세이브	BS	홀드	이닝	피안타	피홈런	4사구	삼진	피안타율	WHIP	피OPS	FIP	ERA	WAR	WPA
2021	20	7	1	1	2	0	0	0	40 2/3	45	4	26	28	0.294	1.70	0.832	5.15	6.20	-0.06	-0.14
2022	1	1	0	0	1	0	0	0	2 2/3	8	0	2	1	0.533	3.38	1.223	4.84	20.25	-0.20	-0.30
2023	8	0	0	0	1	0	0	0	10	15	0	8	7	0.341	2.20	0.957	4.44	9.90	-0.43	-0.21
통산	101	9	1	2	7	1	1	2	149	186	18	101	106	0.315	1.85	0.897	5.63	7.07	-1.30	-1.22

최이준 투수 49

신장	182	체중	90		생일	1999.04.10	투타	우투우타	지명	2018 KT 2차 2라운드 11순위
연봉	3,000-3,000-3,800				학교	서울이수초-대치중-장충고				

연도	경기	선발	QS	승	패	세이브	BS	홀드	이닝	피안타	피홈런	4사구	삼진	피안타율	WHIP	피OPS	FIP	ERA	WAR	WPA
2021																				
2022	5	0	0	0	0	0	0	0	2 1/3	7	0	6	3	0.500	5.57	1.364	8.48	23.14	-0.30	-0.16
2023	28	0	0	1	0	0	0	1	29	37	1	21	20	0.306	2.00	0.879	4.58	6.83	-0.22	0.31
통산	36	0	0	1	0	0	0	1	34 1/3	49	1	31	25	0.331	2.33	0.940	5.05	8.13	-0.60	0.13

홍민기 투수 38

신장	185	체중	85		생일	2001.07.20	투타	좌투좌타	지명	2020 롯데 2차 1라운드 4순위
연봉	0-3,100-3,100				학교	법동초-한밭중-대전고				

연도	경기	선발	QS	승	패	세이브	BS	홀드	이닝	피안타	피홈런	4사구	삼진	피안타율	WHIP	피OPS	FIP	ERA	WAR	WPA
2021	1	0	0	0	0	0	0	0	1/3	0	0	2	0	0.000	6.00	0.667	21.33	27.00	-0.04	0.00
2022																				
2023																				
통산	1	0	0	0	0	0	0	0	1/3	0	0	2	0	0.000	6.00	0.667	21.33	27.00	-0.04	0.00

강성우 내야수 67

신장	182	체중	77		생일	2005.04.12	투타	우투우타	지명	2024 롯데 5라운드 43순위
연봉	3,000				학교	대전유천초-한밭중-청주고				

연도	경기	타석	타수	안타	2루타	3루타	홈런	타점	득점	볼넷	사구	삼진	도루	도루자	타율	출루율	장타율	OPS	WAR	WPA
2021																				
2022																				
2023																				
통산																				

강태율 포수 32

신장	179	체중	91		생일	1996.11.01	투타	우투우타	지명	2015 롯데 1차
연봉	3,300-3,900-3,600				학교	부산수영초-대천중-부경고				

연도	경기	타석	타수	안타	2루타	3루타	홈런	타점	득점	볼넷	사구	삼진	도루	도루자	타율	출루율	장타율	OPS	WAR	WPA
2021	19	31	26	2	1	0	1	5	1	4	0	10	0	1	0.077	0.194	0.231	0.425	-0.42	-0.56
2022	19	38	32	3	1	0	0	3	0	2	1	9	0	0	0.094	0.171	0.125	0.296	-0.25	-0.63
2023																				
통산	55	89	71	10	2	0	3	10	3	13	1	21	0	1	0.141	0.279	0.296	0.575	-0.21	-1.16

김동혁 외야수 50

신장	177	체중	77		생일	2000.09.15	투타	좌투좌타	지명	2022 롯데 2차 7라운드 64순위
연봉	3,000-3,000-3,100				학교	서화초-상인천중-제물포고-강릉영동대				

연도	경기	타석	타수	안타	2루타	3루타	홈런	타점	득점	볼넷	사구	삼진	도루	도루자	타율	출루율	장타율	OPS	WAR	WPA
2021																				
2022																				
2023	15	9	7	0	0	0	0	3	2	0	3	1	0	0	0.000	0.222	0.000	0.222	-0.09	-0.09
통산	15	9	7	0	0	0	0	3	2	0	3	1	0		0.000	0.222	0.000	0.222	-0.09	-0.09

나승엽 내야수 51

신장	190	체중	82	생일	2002.02.15	투타	우투좌타	지명	2021 롯데 2차 2라운드 11순위
연봉	4,000-4,000-4,000			학교	남정초-선린중-덕수고				

연도	경기	타석	타수	안타	2루타	3루타	홈런	타점	득점	볼넷	사구	삼진	도루	도루자	타율	출루율	장타율	OPS	WAR	WPA
2021	60	128	113	23	2	0	2	10	16	14	0	33	1	0	0.204	0.289	0.274	0.563	-0.42	-0.83
2022																				
2023																				
통산	60	128	113	23	2	0	2	10	16	14	0	33	1	0	0.204	0.289	0.274	0.563	-0.42	-0.83

서동욱 포수 69

신장	175	체중	88	생일	2000.03.24	투타	우투우타	지명	2023 롯데 육성선수
연봉	3,000-3,300			학교	순천남산초-순천이수중-순천효천고-홍익대				

연도	경기	타석	타수	안타	2루타	3루타	홈런	타점	득점	볼넷	사구	삼진	도루	도루자	타율	출루율	장타율	OPS	WAR	WPA
2021																				
2022																				
2023	13	20	17	2	1	0	0	0	2	3	0	5	0	0	0.118	0.250	0.176	0.426	-0.14	-0.13
통산	13	20	17	2	1	0	0	0	2	3	0	5	0	0	0.118	0.250	0.176	0.426	-0.14	-0.13

신윤후 내야수 3

신장	177	체중	77	생일	1996.01.05	투타	우투우타	지명	2019 롯데 2차 10라운드 98순위
연봉	4,900-5,300-5,200			학교	무학초-마산중-마산고-동의대				

연도	경기	타석	타수	안타	2루타	3루타	홈런	타점	득점	볼넷	사구	삼진	도루	도루자	타율	출루율	장타율	OPS	WAR	WPA
2021	71	136	119	31	5	2	1	6	23	11	3	20	3	1	0.261	0.336	0.361	0.697	0.26	-1.09
2022	49	73	68	16	4	2	2	7	8	4	1	15	3	1	0.235	0.288	0.441	0.729	0.27	-0.17
2023	28	27	25	1	0	0	0	1	2	0	2	8	1	0	0.040	0.111	0.040	0.151	-0.49	-0.16
통산	170	264	239	53	9	4	4	18	39	16	6	47	8	3	0.222	0.286	0.343	0.629	-0.26	-1.36

이선우 외야수 95

신장	180	체중	74	생일	2005.02.22	투타	우투우타	지명	2024 롯데 7라운드 63순위
연봉	3,000			학교	충암초(서대문구리틀)-서울신월중-덕수고				

연도	경기	타석	타수	안타	2루타	3루타	홈런	타점	득점	볼넷	사구	삼진	도루	도루자	타율	출루율	장타율	OPS	WAR	WPA
2021																				
2022																				
2023																				
통산																				

이주찬 내야수 63

신장	181	체중	86	생일	1998.09.21	투타	우투우타	지명	2021 롯데 육성선수
연봉	0-3,000-3,100			학교	송수초(해운대리틀)-센텀중-경남고-동의대				

연도	경기	타석	타수	안타	2루타	3루타	홈런	타점	득점	볼넷	사구	삼진	도루	도루자	타율	출루율	장타율	OPS	WAR	WPA
2021	3	8	7	0	0	0	0	0	0	0	0	5	0	0	0.000	0.000	0.000	0.000	-0.18	-0.10
2022																				
2023																				
통산	3	8	7	0	0	0	0	0	0	0	0	5	0	0	0.000	0.000	0.000	0.000	-0.18	-0.10

이학주 내야수 7

신장	187	체중	87	생일	1990.11.04	투타	우투좌타	지명	2019 삼성 2차 1라운드 2순위
연봉	7,000-7,200-9,200			학교	하안북초-양천중-충암고				

연도	경기	타석	타수	안타	2루타	3루타	홈런	타점	득점	볼넷	사구	삼진	도루	도루자	타율	출루율	장타율	OPS	WAR	WPA
2021	66	174	155	32	8	0	4	20	17	14	1	61	2	2	0.206	0.276	0.335	0.611	-0.19	-0.98
2022	91	260	232	48	11	1	3	15	29	16	2	54	2		4	0.207	0.263	0.302	0.565	-0.24	-2.68
2023	104	122	110	23	2	0	3	13	22	11	1	31	4		1	0.209	0.287	0.309	0.596	0.00	-0.61
통산	443	1235	1088	251	46	4	21	112	141	99	16	293	29		14	0.231	0.302	0.338	0.640	0.72	-6.32

이호준 내야수 98

신장	172	체중	72	생일	2004.03.20	투타	우투좌타	지명	2024 롯데 3라운드 23순위
연봉	3,000			학교	대구옥산초-경운중-대구상원고				

연도	경기	타석	타수	안타	2루타	3루타	홈런	타점	득점	볼넷	사구	삼진	도루	도루자	타율	출루율	장타율	OPS	WAR	WPA
2021																				
2022																				
2023																				
통산																				

장두성 외야수 13

신장	176	체중	75	생일	1999.09.16	투타	우투좌타	지명	2018 롯데 2차 10라운드 93순위
연봉	3,500-3,800-4,000			학교	축현초-재능중-동산고				

연도	경기	타석	타수	안타	2루타	3루타	홈런	타점	득점	볼넷	사구	삼진	도루	도루자	타율	출루율	장타율	OPS	WAR	WPA
2021	43	41	36	8	2	1	0	4	12	5	0	12	4	2	0.222	0.317	0.333	0.650	-0.09	-0.36
2022	53	28	23	4	0	0	0	7	5	0	0	11	4	1	0.174	0.321	0.174	0.495	-0.05	-0.52
2023	25	15	13	2	0	0	1	7	1	0	3	2	0		0.154	0.214	0.154	0.368	-0.14	-0.17
통산	121	84	72	14	2	1	0	5	26	11	0	26	10	3	0.194	0.301	0.250	0.551	-0.28	-1.04

정대선 내야수 68

신장	185	체중	85	생일	2004.11.16	투타	우투우타	지명	2023 롯데 5라운드 43순위
연봉	3,000-3,200			학교	서흥초-동산중-세광고				

연도	경기	타석	타수	안타	2루타	3루타	홈런	타점	득점	볼넷	사구	삼진	도루	도루자	타율	출루율	장타율	OPS	WAR	WPA
2021																				
2022																				
2023	19	47	40	6	1	0	0	6	5	2	2	8	0			0.150	0.217	0.175	0.392	-0.14	-0.49
통산	19	47	40	6	1	0	0	6	5	2	2	8	0			0.150	0.217	0.175	0.392	-0.14	-0.49

지시완 포수 66

신장	181	체중	105	생일	1994.04.10	투타	우투우타	지명	2014 한화 육성선수
연봉	6,000-7,600-5,800			학교	청주우암초-청주중-청주고				

연도	경기	타석	타수	안타	2루타	3루타	홈런	타점	득점	볼넷	사구	삼진	도루	도루자	타율	출루율	장타율	OPS	WAR	WPA
2021	73	187	166	40	9	0	7	26	23	14	5	54	0		0.241	0.319	0.422	0.741	0.93	-0.33
2022	75	199	174	37	7	0	3	17	16	20	2	55	0		0.213	0.299	0.305	0.604	0.05	-0.92
2023	6	10	8	1	0	0	0	0	0	0	0	6	0		0.125	0.125	0.125	0.250	-0.12	-0.20
통산	324	752	679	166	30	0	19	85	69	54	9	199	1		0.244	0.308	0.373	0.681	1.21	-0.87

최항 내야수 14

신장	183	체중	88	생일	1994.01.03	투타	우투좌타	지명	2012 SK 8라운드 70순위
연봉	4,000-3,100-3,100			학교	대일초-매송중-유신고				

연도	경기	타석	타수	안타	2루타	3루타	홈런	타점	득점	볼넷	사구	삼진	도루	도루자	타율	출루율	장타율	OPS	WAR	WPA
2021	34	79	69	19	2	1	0	7	5	6	2	16	1	0	0.275	0.346	0.333	0.679	0.02	-0.42
2022	15	24	20	2	0	0	0	1	0	2	1	7	0	0	0.100	0.208	0.100	0.308	-0.15	-0.25
2023	21	35	28	8	1	0	1	6	3	5	0	12	0	0	0.286	0.382	0.429	0.811	0.05	-0.03
통산	304	813	704	192	31	2	11	94	93	78	17	172	6	3	0.273	0.356	0.369	0.725	2.09	-3.63

황성빈 외야수 0

신장	172	체중	76	생일	1997.12.19	투타	우투좌타	지명	2020 롯데 2차 5라운드 44순위
연봉	3,000-7,200-7,600			학교	순천남산초-순천이수중-순천효천고-홍익대				

연도	경기	타석	타수	안타	2루타	3루타	홈런	타점	득점	볼넷	사구	삼진	도루	도루자	타율	출루율	장타율	OPS	WAR	WPA
2021																				
2022	102	353	320	94	12	4	1	16	62	22	2	55	10	12	0.294	0.341	0.366	0.707	0.92	-1.57
2023	74	191	170	36	5	2	0	8	22	12	1	27	9	5	0.212	0.268	0.265	0.533	-0.69	-1.46
통산	176	544	490	130	17	6	1	24	84	34	3	82	19	17	0.265	0.316	0.331	0.647	0.23	-3.04

PLAYER LIST

육성선수

성명	포지션	등번호	신장	체중	생년월일	투타	지명	연봉	학교
박명현	투수	117	185	80	2001.06.16	우투우타	2020 롯데 2차 3라운드 24순위	0-3,200-3,200	부천북초-대원중-야탑고
박성준	투수	107	180	81	2005.11.28	좌투좌타	2024 롯데 6라운드 53순위	3,000	강남초-휘문중-휘문고
박영완	투수	115	183	85	2000.07.22	우투좌타	2019 롯데 2차 5라운드 48순위	0-3,200-3,200	양덕초-마산동중-대구고
박재민	투수	116	186	88	2001.08.27	좌투좌타	2020 롯데 2차 2라운드 14순위	3,100-3,100	군산중앙초-청원중-전주고
박준우	투수	105	190	94	2005.05.27	우투우타	2024 롯데 4라운드 33순위	3,000	상동초(부천시리틀)-부천중-유신고
배세종	투수	108	190	108	2001.12.01	우투우타	2024 롯데 육성선수	3,000	부림초(안양시리틀)-충암중-충암고-동아대
윤성빈	투수	103	197	90	1999.02.26	우투우타	2017 롯데 1차	3,100-3,100-3,100	동일중앙초-경남중-부산고
이병준	투수	118	185	95	2002.05.28	우투우타	2021 롯데 2차 7라운드 61순위	0-3,000-3,800	부산청동초(영도구리틀)-경남중-개성고
이승헌	투수	47	196	97	1998.12.19	우투우타	2018 롯데 2차 1라운드 3순위	5,300-3,000-5,300	무학초-마산동중-용마고
전하원	투수	100	184	86	2005.10.30	우투우타	2024 롯데 10라운드 93순위	3,000	수유초-충암중-서울자동차고
최우인	투수	119	191	91	2002.08.09	우투우타	2021 롯데 2차 8라운드 71순위	0-3,000-3,000	가동초-대치중-서울고
현도훈	투수	17	188	95	1993.01.13	우투좌타	2018 두산 육성선수	3,200-1,500-3,200	풍양초(남양주리틀)-신일중-일본 교토쿠사이고-일본 큐슈교리츠대
강승구	포수	113	180	83	2003.10.19	우투우타	2024 롯데 육성선수	3,000	동막초-상인천중-제물포고-강릉영동대
백두산	포수	102	180	95	2001.05.20	우투우타	2024 롯데 육성선수	3,000	부산수영초-대천중-개성고-동의대
정재환	포수	120	185	94	2004.04.14	우투우타	2023 롯데 9라운드 83순위	3,000-3,000	반안초(해운대리틀)-센텀중-부산고
고경표	내야수	101	183	88	2001.07.20	우투우타	2024 롯데 육성선수	3,000	본리초-경상중-경북고-연세대
김동규	내야수	114	185	85	1999.04.08	우투우타	2019 롯데 2차 6라운드 58순위	0-0-3,000	안일초(안양시리틀)-현도중-포항제철고
안우진	내야수	109	181	83	2005.07.22	우투우타	2024 롯데 8라운드 73순위	3,000	서울학동초-덕수중-휘문고
최종은	내야수	106	178	82	1998.10.12	우투우타	2021 롯데 육성선수	0-3,000-3,000	고골초(하남시리틀)-청량중-장충고-중앙대
기민성	외야수	111	185	97	2001.09.14	우투우타	2024 롯데 육성선수	3,000	백마초-충암중-덕수고-홍익대
김대현	외야수	110	176	84	2003.11.15	우투우타	2024 롯데 육성선수	3,000	광주서림초-충장중-광주제일고-부산과학기술대
소한빈	외야수	112	179	91	2005.08.23	우투우타	2024 롯데 9라운드 83순위	3,000	서울중대초-배명중-서울고
유제모	외야수	104	178	78	2003.02.26	우투좌타	2024 롯데 11라운드 103순위	3,000	부흥초(안양시동안구리틀)-평촌중-야탑고-동의과학대

삼성 라이온즈파크

SAMSUNG LIONS
삼성 라이온즈

2023년 시즌을 앞두고 한 방송사 해설위원은 "삼성이 한화에게 뒤질 것"이고 말했다. 한화에는 앞섰다. 하지만 반 게임 차에 불과했다. 최하위 키움에게도 2경기 앞섰을 뿐이다. 삼성은 2015년 정규시즌 1위였고 한국시리즈에서 두산에 1승 4패로 업셋당했다. 이후 8년 동안 포스트시즌 진출은 딱 한 번. 구단 역대 시즌 승률 끝에서 1~3위가 모두 이 기간 나왔다. 2017년 0.396, 2019년 0.420, 그리고 지난해 0.427이었다. 삼성은 시즌 세 번째 경기였던 한화전에서 7:6 승리를 거두며 2승 1패를 마크했다. 이후 단 한 번도 승률 5할을 넘어서지 못했다. 마운드는 선발과 구원 모두 평균자책점이 2022년보다 나빠졌다. 투수진과 야수진 모두 WAR이 전년 대비 감소했다. 올해도 침체기를 보낼 가능성이 높다. 한화에게 뒤질 가능성은 훨씬 더 커졌다.

2023 좋았던 일

주포 구자욱이 부활했다. 부상을 털어낸 구자욱은 역시 리그를 대표하는 외야수였다. 강민호는 38세 나이에 두산 양의지 다음으로 팀 공헌도가 높은 포수로 활약했다. 2루수 김지찬은 공격에서 커리어하이 시즌을 보냈다. 유격수 이재현의 팀의 미래로 떠올랐다. 유익수 김성윤의 활약도 대단했다. 선발투수진 원투 펀치 데이비드 뷰캐넌과 원태인은 어느 구단에게도 뒤지지 않았다. 백정현의 부활은 지난해 삼성에서 가장 기쁜 일 중 하나였다. 오승환의 2023년에 대해서는 큰 의문부호가 붙었다. 하지만 개인 통산 두 번째로 3년 연속 30+세이브를 따내며 또다시 삼성의 수호신으로 활약했다. 이승현은 오승환 다음으로 팀 공헌도가 높은 구원투수였다. 부진한 성적에도 대구 팬들은 라이온즈파크를 찾았다. 평균 관객 9,161명은 SSG, LG에 이어 세 번째로 많았다.

2023 나빴던 일

2022년 삼성 외국인선수 세 명은 sWAR 16.85승을 기록했다. 리그 1위에 2위 LG(10.12)와도 차이가 컸다. 지난해엔 8.43승(6위)으로 반토막났다. 알베르트 수아레스는 부상으로 8월 6일 시즌아웃됐다. 호세 피렐라는 OPS 0.764로 전해보다 200포인트 이상 감소했다. 37세가 된 1루수 오재일은 sWAR이 마이너스로 추락했다. 1루수 뿐 아니라 3루수, 좌익수, 중견수, 지명타자는 전년 대비 WAR이 하락했다. BABIP신이 총애했던 몇몇 타자들로부터 가호를 거둬들인 탓이 컸다. 이재현은 무리한 출전 끝에 부상이 악화됐다. 불펜에서 베테랑 우규민이 부진했고, 젊은 투수들 성장은 더뎠다. '강속구'는 삼성과 거리가 먼 단어다. 2016년 이후 삼성의 패스트볼 구속 순위는 9위 아니면 10위였다. '나빴던 일' 거의 모두가 예견 가능했다는 점이 가장 나빴다.

박진만 감독 70

신장 178	체중 82	생일 1976.11.30	투타 우투우타
연봉 25,000-25,000		학교 서화초-상인천중-인천고(경기대)	

2022년 시즌 도중 감독 대행을 맡아 승률 0.560을 기록했다. 정식 감독으로 3년 계약을 한 2023시즌 기대가 컸지만 실망스러웠다. 전지훈련에서 강훈을 실시했고, 특타도 했다. 40대 젊은 감독이지만 야구단 운영 철학은 올드타이머에 가깝다는 평가다. 명수비수 출신답게 수비를 강조한다. 장타보다는 팀 배팅을 할 줄 아는 타자를 자주 기용한다. 지난해 삼성은 희생번트 공동 2위였다. 뛰는 야구에 대한 선호도 높다. 팀과 맞는 철학인지에는 다소 의문부호가 붙는다. 라이온즈파크는 타자친화형이다. 지난해 득점 파크팩터는 KT위즈파크에 이어 2위, 홈런 파크팩터는 랜더스필드에 이어 역시 2위였다. 불펜 운영은 감독 대행 시절보다 합리적이었다. 2022년 50경기에서 구원투수 3일 연투를 14회를 지시했다. 지난해에는 12회로 크게 줄였다.

구단 정보

창단	연고지	홈구장	우승	홈페이지
1982	대구	대구삼성 라이온즈파크	8회 (85,02,05,06,11,12,13,14)	www.SamsungLions.com

2023시즌 성적

순위	경기	승	무	패	승률
8	144	61	1	82	0.427

타율 / 순위	출루율 / 순위	장타율 / 순위	홈런 / 순위	도루 / 순위	실책 / 순위
0.263 / 6	0.334 / 7	0.368 / 7	88 / 8	103 / 5	103 / 3

ERA / 순위	선발ERA / 순위	구원ERA / 순위	탈삼진 / 순위	볼넷허용 / 순위	피홈런 / 순위
4.60 / 10	4.26 / 7	5.16 / 10	899 / 10	464 / 2	120 / 10

최근 10시즌 성적

연도	순위	승	무	패	승률
2013	1	75	2	51	0.595
2014	1	78	3	47	0.624
2015	2	88	0	56	0.611
2016	9	65	1	78	0.455
2017	9	55	5	84	0.396
2018	6	68	4	72	0.486
2019	8	60	1	83	0.420
2020	8	64	5	75	0.460
2021	3	76	9	59	0.563
2022	7	66	2	76	0.465

2023시즌 월별 성적

월	승	무	패	승률	순위
4	12	0	12	0.500	7
5	8	0	14	0.364	10
6	7	0	18	0.280	10
7	9	1	8	0.529	4
8	12	0	10	0.545	5
9-10	13	0	20	0.394	10
포스트시즌	-	-	-	-	-

COACHING STAFF

코칭스태프

성명	보직	등번호	신장	체중	생년월일	투타	학교
이병규	수석	99	185	85	1974.10.25	좌투좌타	청구초-서대문중-장충고-단국대
정민태	투수	79	183	90	1970.03.01	우투우타	인천숭의초-동산중-동산고-한양대
권오준	불펜	94	182	80	1980.03.09	우언우타	화곡초-선린중-선린정보고
이진영	타격	85	185	90	1980.06.15	좌투좌타	군산초-군산남중-군산상고
손주인	수비	75	179	82	1983.12.01	우투우타	광주서석초-진흥중-진흥고
강명구	작전	97	181	70	1980.10.25	우투좌타	광주중앙초-진흥중-진흥고-탐라대
이정식	배터리	89	183	93	1981.11.02	우투우타	중대초-자양중-장충고-경성대
배영섭	타격	77	178	78	1986.06.27	우투우타	신곡초-수원북중-유신고-동국대
박찬도	주루/외야	90	185	75	1989.02.22	우투좌타	비산초(안양시티틀)-평촌중-안산공고-중앙대
정대현	퓨처스 감독	73	184	106	1978.11.10	우언우타	군산중앙초-군산중-군산상고-경희대
강봉규	퓨처스 타격	78	183	88	1978.01.12	우투우타	부천초-개성중-경남고-고려대
강영식	퓨처스 투수	84	189	99	1981.06.17	좌투좌타	칠성초-경복중-대구상원고
채상병	퓨처스 배터리	98	184	95	1979.12.18	우투우타	효제초-홍은중-휘문고-연세대
조동찬	퓨처스 작전/외야	71	180	80	1983.07.27	우투우타	공주중동초-공주중-공주고
박희수	퓨처스 투수	87	184	88	1983.07.13	좌투좌타	대전유천초-한밭중-대전고-동국대
정병곤	퓨처스 수비/주루	92	173	73	1988.03.23	우투우타	내당초(삼성리틀)-경복중-경북고-단국대
박한이	육성군 주루/외야	74	182	91	1979.01.28	좌투좌타	초량초-부산중-부산고-동국대
김정혁	육성군 수비	82	182	82	1985.08.03	우투우타	포항초-포철중-포항제철고-동국대
다치바나	육성군 타격	76	180	93	1958.10.27	좌투좌타	일본 야나가와상고
다바타	육성군 투수	91	178	82	1969.02.27	우투우타	일본 다카오카제고
정현욱	재활군	88	187	102	1978.12.02	우투우타	장안초-건대부중-동대문상고
정연창	총괄 컨디셔닝	00	177	85	1982.12.08	우투우타	덕벌초-청주중-청석고-한남대
윤석훈	컨디셔닝	83	180	106	1986.08.31	우투우타	녹수초-현대중-현대고-대구한의대
황승현	컨디셔닝	80	178	78	1991.11.10	우투우타	남계초-현일중-현일고-대구한의대
박승주	컨디셔닝	95	177	81	1995.02.08	우투우타	선린초-동신중-한양공고-경복대
염상철	컨디셔닝	09	172	75	1997.07.19	우투우타	인천연수초-인천연수중-인천남동고-인하대
윤성철	퓨처스 컨디셔닝	93	170	70	1973.12.20	우투우타	효목초-동원중-성광고-대구대
허준환	퓨처스 스트랭스	96	175	83	1985.01.27	우투우타	하양초-무학중-무학고-영남대
권오경	육성군 컨디셔닝	81	172	65	1974.04.23	우투우타	대동초-영남중-관악고-신구대
한홍일	육성군 컨디셔닝	86	173	70	1987.04.06	우투우타	미포초-울산일산중-방어진고-대구대
나이토	재활군 컨디셔닝	72	180	82	1965.12.28	우투우타	미국 Arizona State(대)
김용해	재활군 컨디셔닝	08	175	75	1991.11.12	우투우타	한라초-한라중-제주제일고-부산대

구자욱

2024 팀 이슈

삼성은 오프시즌 이종열 신임 단장 체제에서 활발하게 움직였다. FA 시장에서 마무리 김재윤을 영입했다. 역시 FA로 영입한 임창민도 마무리 경험이 많다. 2차 드래프트에서는 투수 최성훈과 양현, 내야수 전병우를 지명했다. 여기에 NC에서 방출된 이민호를 영입해 재기 기대를 걸었다. 하지만 전체적으로 팀 전력이 크게 향상됐다고 보기는 어렵다. 외국인선수 세 명을 모두 교체했다. 데이비드 맥키넌은 지난해 일본프로야구(NPB)에서 수준급 타자였고, 코너 시볼드와 데니 레예스는 제구력이 좋다. 하지만 불확실성도 크다. 2022년 외국인 선수 활약은 워낙 이례적이었다. 삼성은 재건이 필요한 팀이다. 올시즌을 앞두고 트레이닝 파트에 정연창, 김지훈 코치를 영입했다. "투수 구속과 타자 근력 문제를 근본적으로 개선"한다는 취지다.

2024 최상 시나리오

외국인선수 세 명이 모두 성공한다. 2022년에는 미치지 못하지만 중심타자와 선발투수진에서 WAR 15승 정도의 공헌도를 올린다. 구자욱은 올해에도 구자욱이다. 오재일은 부활한다. 2022년 부진에는 불운 탓도 컸다. 이재현은 어깨 부상에서 회복돼 20홈런을 날린다. 마운드에서 원태인은 6시즌 만에 처음으로 15승 고지를 밟는다. 드래프트 1라운드 지명 신인 육선엽은 2018년 양창섭을 넘어 구단 역사상 가장 뛰어난 10대 신인 투수가 된다. 김재윤은 30세이브를 따내며, 오승환과 임창민은 앞 이닝을 든든하게 책임진다. 2022년부터 일본인 코치를 영입했던 퓨처스 팀에선 새로운 유망주가 나온다. 9월부터는 3년 만에 포스트시즌 진출을 위해 경쟁한다. 라이온즈파크는 2년 연속 역대 최다 관중 기록을 세운다.

2024 최악 시나리오

맥키넌은 일본 시절 좋지 않았던 허리에 문제가 생긴다. 레예스는 가장 많은 홈런을 내준 외국인투수가 된다. 코너의 밋밋한 패스트볼은 쉽게 맞아나간다. 이재현은 부상 후유증을 겪는다. 팬들 사이에서는 "지난해 부상 이후 왜 그렇게 자주 출장해야 했는가"라는 의문이 커진다. 김지성의 2022년은 플루크였다. 강민호와 오재일은 에이징커브가 뚜렷하다. 투수진에서는 42세 오승환, 39세 임창민, 37세 백정현, 36세 김대우에게 같은 현상이 나타난다. 젊은 야수들이 그라운드에 자주 선을 보이지만 파워 히팅을 기대할 만한 선수는 없다. 올해도 삼성 투수들은 리그에서 가장 느린 볼을 던진다. 2군에도 공이 빠른 투수가 없다. KT로 이적한 문용익이 그리워진다. 9월에는 키움과 탈꼴찌 경쟁을 한다. 구단 사상 첫 최하위 수모만은 막아야 한다.

김재윤 투수 62

신장 185	체중 91	생일 1990.09.16
투타 우투우타	지명 2015 KT 2차 특별 13순위	
연봉 28,000-36,000-40,000		
학교 서울도곡초-휘문중-휘문고		

● 2023년 세이브 부문 2위에 올랐다. 3년 연속 30+세이브도 달성했다. 이 기록을 세운 선수로는 임창용(1999-2000), 오승환(2006-2008, 2021-23), 손승락(2012-14)에 이어 KBO리그 역대 네 번째다. 미국 마이너리그에서 시련을 겪었던 포수가 KBO리그를 대표하는 마무리가 됐다. 세이브성공률 88.9%는 개인 통산 가장 높았다. 시즌 뒤 삼성과 4년 58억 원에 FA 계약을 했다. 우상이던 오승환의 후임 마무리다. 패스트볼 비중이 높다는 점에서 김재윤은 파워피처다. 지난해 포심 구사율이 70%를 넘겼다. 30+이닝 기준 KIA 김기훈에 이어 두 번째로 높았다. 하지만 평균구속은 스탯티즈 기준 시속 143.6㎞로 개인 통산 가장 낮았다. 2018년엔 시속 147.2㎞였다. 하지만 구종가치 18.4는 데뷔 이후 가장 좋았다. 구속은 리그 평균 수준이었지만 수직무브먼트가 상위 12%였다. 그만큼 타자 눈에 떠오르는 듯한 효과를 준다. 왼손타자를 만났을 때 패스트볼 구사율은 80%로 올라간다. 왼손타자에게는 스플리터를 제2구종으로 삼았고, 피안타율 0.160으로 매우 좋았다. 하지만 슬라이더 승부에서는 공이 자주 가운데로 몰렸다. 지난해 피홈런은 2개뿐이었다. 모두 접전인 하이레버리지 상황이었다는 점은 좋지 않았다. 지난해 90이닝 당 삼진 8.22개로 2022년보다 두 개 이상 줄어들었다. 하지만 볼넷은 1.78개로 개인 통산 가장 적었다.

기본기록

연도	경기	선발	QS	승	패	세이브	BS	홀드	이닝	피안타	피홈런	4사구	삼진	피안타율	WHIP	피OPS	FIP	ERA	WAR	WPA
2021	65	0	0	4	3	32	5	0	67	57	5	24	64	0.232	1.21	0.621	3.29	2.42	2.45	2.49
2022	61	0	0	9	7	33	6	0	66 1/3	46	5	21	78	0.190	1.01	0.531	2.65	3.26	2.15	2.12
2023	59	0	0	5	5	32	4	0	65 2/3	54	2	14	60	0.227	1.02	0.558	2.42	2.60	2.53	3.74
통산	481	0	0	44	33	169	41	17	504 2/3	470	44	144	542	0.247	1.20	0.658	3.23	3.58	15.14	14.66

구종별 기록

구종	구사%	구속	수직 무브	수평 무브	분당 회전	땅볼%	타구속도	강한타구%
직구	71.2%	142.5	30.9	-14.0	2576.0	27.1%	134.5	22.1%
커브								
슬라이더	19.8%	124.0	2.1	5.8	527.7	57.7%	130.6	12.9%
체인지업								
포크	9.0%	129.5	14.6	-17.4	1605.1	53.3%	128.1	10.5%
싱커								
투심								
너클								
커터								
스플리터								

상황별 기록

상황	타석	홈런/9	볼넷/9	삼진/9	피안타율	WHIP	피OPS	GO/FO
전반기	133	0.27	2.14	8.55	0.176	0.86	0.449	0.62
후반기	129	0.28	1.41	7.88	0.277	1.19	0.667	0.53
vs 좌	134	0.55	1.91	8.73	0.231	1.06	0.608	0.50
vs 우	128	0.00	1.65	7.71	0.222	0.98	0.505	0.66
주자없음	142	0.25	1.26	9.84	0.219	0.98	0.545	0.45
주자있음	120	0.30	2.40	6.30	0.238	1.07	0.572	0.76
득점권	71	0.52	3.63	8.31	0.267	1.33	0.676	0.76
1-2번 상대	52	0.00	0.75	9.00	0.286	1.25	0.708	0.28
3-5번 상대	81	0.96	3.86	6.75	0.229	1.29	0.656	0.64
6-9번 상대	129	0.00	1.03	8.74	0.202	0.80	0.436	0.68

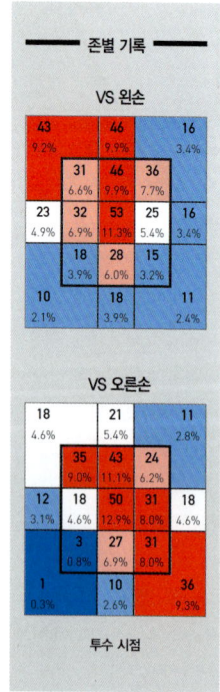

레예스 투수 43

신장	198	체중	113	생일	1996.11.02
투타	우투우타	지명	2024 삼성 자유선발
연봉	$500,000		
학교	도미니카 Melida Altagracia Baez(고)		

● 도미니카공화국 출신 대형 우완투수. 2022년 메이저리그에 데뷔해 지난해까지 통산 12경기(선발 4회)에 등판했다. 2015년 보스턴 마이너리그에서 프로 커리어를 시작했다. 한때 뛰어난 유망주로 꼽혔다. 2018년 마이너리그 통산 ERA가 2.12였다. 하지만 이듬해 더블A 승격 뒤론 평범해졌다. 통산 더블A ERA는 4.48, 트리플A에선 6.30이었다. 삼성은 오랫동안 파워피처가 드문 팀이다. 레예스도 미국 기준으로 강속구와는 거리가 먼 투수다. 지난해 메이저리그에서 포심 평균구속은 시속 147.3km로 하위 14% 수준이었다. 최고는 시속 152.5km, 최저는 시속 144.2km로 측정됐다. 포심 수직무브먼트도 평범하다. 오른손타자 몸 쪽으로 휘는 슈트성 움직임은 큰 편이다. 하지만 제구력이 탁월하다. 마이너리그 통산 9이닝 당 볼넷이 1.60개로 매우 뛰어났다. 제구력을 바탕으로 다양한 구종을 고루 구사한다. 지난해 메이저리그에서 포심, 슬라이더, 커터, 체인지업, 싱커를 모두 11% 이상 비율로 던졌다. 모든 공이 스트라이크존 가장자리로 잘 로케이션됐다. 코로나19 팬데믹으로 2020년 마이너리그 실전 등판이 없었다. 이후 피홈런이 급증했다는 점은 우려된다. 지난해 9이닝 당 홈런이 무려 2.36개였다. 지난해 KBO리그 홈런율이 역대 6번째로 낮았다는 점은 도움이 될 것이다.

기본기록

연도	리그	경기	선발	QS	승	패	세이브	BS	홀드	이닝	피안타	피홈런	4사구	삼진	피안타율	WHIP	피OPS	FIP	ERA	WAR
2022	AAA	19	19	7	8	2	0	0	0	86 2/3	79	7	23	89	0.237	1.13	0.656	3.37	3.32	-
2022	MLB	5	5	0	0	4	0	0	0	18 1/3	35	5	8	19	0.402	2.35	1.194	6.39	11.29	-0.2
2023	MLB	27	13	2	1	7	0	0	0	87 1/3	116	19	28	67	0.317	1.65	0.935	5.75	7.52	-0.1
MLB 통산		51	37	9	9	13	0	0	0	192 1/3	230	31	55	175	0.333	1.77	0.988	5.96	8.12	-0.5

구종별 기록

구종	구사%	구속	수직 무브	수평 무브	분당 회전	땅볼%	타구속도	강한타구%
직구								
커브								
슬라이더								
체인지업								
포크								
싱커								
투심								
너클								
커터								
스플리터								

상황별 기록

상황	타석	홈런/9	볼넷/9	삼진/9	피안타율	WHIP	피OPS	GO/FO
전반기								
후반기								
vs 좌								
vs 우								
주자없음								
주자있음								
득점권								
1-2번 상대								
3-5번 상대								
6-9번 상대								

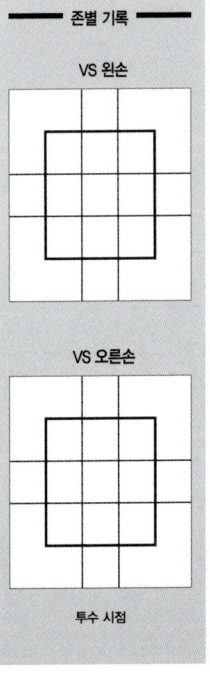

존별 기록

VS 왼손

VS 오른손

투수 시점

백정현 투수 29

신장 184	체중 80	생일 1987.07.13	
투타 좌투좌타	지명 2007 삼성 2차 1라운드 8순위		
연봉 80,000-40,000-40,000			
학교 대구옥산초-대구중-대구상원고			

● 화려하게 부활했다. 백정현은 2021년 ERA 2.63을 기록하며 34세 나이에 커리어하이 시즌을 맞았다. 수비 요인을 제거한 FIP가 4.27로 높았던 건 불안했다. FA 계약 첫 시즌이던 이듬해 ERA와 FIP는 모두 5점대로 치솟았다. 4월 6일 한화와의 시즌 첫 등판에서 2이닝 5실점으로 부진했을 때 2023년도 가망 없어 보였다. 하지만 이후 10경기 연속 3실점 이하에 8번 2실점 이하로 호투하며 부활했다. 전반기를 ERA 3.95로 마쳤고 후반기엔 3.00으로 더 좋았다. 팔꿈치 통증으로 8월말에 시즌을 조기 종료한 게 아쉬웠다. 지난해 백정현의 포심 평균구속은 시속 135.8km에 그쳤다. 리그 하위 6%. 하지만 수직무브먼트는 상위 2%로 최정상급이었다. 정상궤도보다 33.4cm나 '떠올랐다'. 그래서 느린 공으로도 구종가치가 4.2였다. 세컨 피치인 슬라이더는 7.8로 더 좋았다. 2021년 대단했던 포심-슬라이더 콤보가 살아났다. 오른손타자에게는 포심-체인지업, 왼손타자 상대로는 포심-슬라이더가 기본 투구 패턴이다. 서드 피치인 오른손타자 상대 슬라이더, 왼손타자 상대 커브 피안타율이 각각 0.138, 0.188이었던 점도 주목할 만 하다. 20대 시절보다 제구력이 훨씬 나아졌다. 지난 두 시즌 9이닝 당 볼넷은 2.68개였다. 백정현은 인터뷰를 잘 하는 선수다. 조리 있는 말은 체계적인 사고에서 나온다. 투수에게 중요한 능력이다.

기본기록

연도	경기	선발	QS	승	패	세이브	BS	홀드	이닝	피안타	피홈런	4사구	삼진	피안타율	WHIP	피OPS	FIP	ERA	WAR	WPA
2021	27	27	15	14	5	0	0	0	157 2/3	142	15	56	109	0.244	1.24	0.675	4.21	2.63	4.27	3.75
2022	24	24	7	4	13	0	0	0	124 2/3	154	22	46	70	0.302	1.53	0.850	5.59	5.27	0.07	0.15
2023	18	18	8	7	5	0	0	0	100 2/3	100	6	30	61	0.264	1.29	0.688	3.84	3.67	2.04	1.74
통산	407	154	61	61	57	2	0	24	1059 2/3	1136	129	432	806	0.276	1.44	0.776	4.72	4.50	15.09	7.34

구종별 기록

구종	구사%	구속	수직 무브	수평 무브	분당 회전	땅볼%	타구속도	강한타구%
직구	40.3%	135.8	33.4	12.5	2555.7	44.3%	138.5	30.8%
커브	7.9%	119.4	6.0	-1.5	487.3	63.2%	132.5	20.0%
슬라이더	27.2%	124.4	12.3	1.0	892.9	49.1%	134.5	15.9%
체인지업	23.7%	124.5	25.1	17.0	2010.4	62.7%	130.6	15.7%
포크								
싱커								
투심	0.9%	132.9	27.7	12.6	2141.2	0.0%	148.0	33.3%
너클								
커터								
스플리터								

상황별 기록

상황	타석	홈런/9	볼넷/9	삼진/9	피안타율	WHIP	피OPS	GO/FO
전반기	298	0.51	3.44	6.24	0.240	1.27	0.652	1.01
후반기	121	0.60	0.90	3.60	0.316	1.33	0.769	1.13
vs 좌	202	0.39	2.14	4.66	0.296	1.42	0.725	1.25
vs 우	217	0.66	3.15	6.13	0.233	1.18	0.651	0.88
주자없음	240	0.80	1.28	6.07	0.267	1.24	0.671	1.10
주자있음	179	0.20	4.47	4.67	0.259	1.35	0.710	0.98
득점권	97	0.00	7.71	4.71	0.288	1.86	0.771	0.76
1-2번 상대	106	0.34	2.39	3.42	0.237	1.10	0.588	1.58
3-5번 상대	151	1.10	3.86	5.79	0.319	1.74	0.836	0.83
6-9번 상대	162	0.22	1.94	6.48	0.232	1.06	0.613	0.95

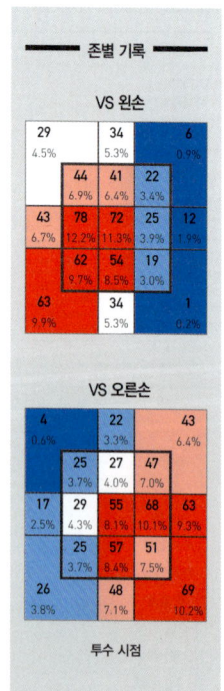

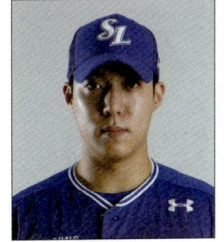

원태인 투수 18

신장 183	체중 92	생일 2000.04.06
투타 우투우타	지명 2019 삼성 1차	
연봉 30,000-35,000-43,000		
학교 율하초(중구리틀)-경복중-경북고		

● 2021년 14승을 거두며 삼성의 내국인 에이스로 도약했다. 2022년에도 10승을 따냈지만 지난해엔 7승에 그쳤다. 하지만 ERA는 앞 시즌 3.92에서 18.9% 향상됐다. 적은 승수는 9이닝 당 득점지원이 5.17에서 4.44로 줄어든 점과 무관치 않다. 스탯티즈 기준 평균 시속 144.5㎞ 포심을 구사한다. 데뷔 시즌보다 시속 4.6㎞ 빠르다. 데뷔 이후 2022년까지 계속됐던 구속 상승이 처음으로 꺾인 건 다소 아쉽다. 주무기인 체인지업은 리그 정상급으로 평가된다. 우투수지만 왼손타자 상대 피OPS가 3년 연속으로 오른손타자 상대 때보다 낮았던 이유다. 지난해 체인지업 구종가치가 6.9로 전년 대비 10.8이나 떨어진 점은 좋지 않았다. 수평무브먼트는 커지고 수직무브먼트는 줄어든 변화가 있었다. 2022년부터 투심을 버리고 커터를 던지기 시작했다. 지난해 구사율이 4%에 그쳤지만 피안타율 0.174로 효과적이었다. 제구력이 좋은 투수로 볼넷 저지 능력은 리그 상위 8%였다. 탈삼진 능력은 하위 38%로 떨어지는 편이다. 헛스윙 비율 14.3%는 리그 평균(14.7%)에 살짝 못 미쳤다. 시즌 7승 가운데 6승을 라이온즈파크에서 따냈다. 히터스파크에 가까운 홈구장에서 ERA 2.25였다. 항저우 아시안게임에서 2경기 10이닝 무실점으로 호투하며 금메달에 공헌했다. 3월 WBC, 11월 APBC에서도 태극 마크를 달았다.

기본기록

연도	경기	선발	QS	승	패	세이브	BS	홀드	이닝	피안타	피홈런	4사구	삼진	피안타율	WHIP	피OPS	FIP	ERA	WAR	WPA
2021	26	26	16	14	7	0	0	0	158 2/3	147	11	56	129	0.249	1.25	0.675	3.65	3.06	4.50	4.38
2022	27	27	11	10	8	0	0	0	165 1/3	175	16	42	130	0.270	1.29	0.698	3.73	3.92	3.00	2.26
2023	26	26	17	7	7	0	0	0	150	157	15	40	102	0.268	1.27	0.706	4.14	3.24	3.10	2.64
통산	132	125	63	41	40	0	1	2	726	760	73	243	507	0.268	1.35	0.726	4.30	3.92	14.16	9.63

구종별 기록

구종	구사%	구속	수직 무브	수평 무브	분당 회전	땅볼%	타구속도	강한타구%
직구	41.2%	143.8	28.8	-12.7	2389.2	43.2%	137.2	23.7%
커브	3.3%	111.8	-12.5	8.1	1008.8	28.6%	120.6	0.0%
슬라이더	25.3%	132.6	13.1	3.1	1016.3	44.3%	132.3	18.4%
체인지업	26.2%	124.1	17.9	-19.7	1761.9	43.4%	127.4	10.1%
포크								
싱커								
투심								
너클								
커터	4.0%	137.7	18.0	-0.3	1382.6	66.7%	130.3	7.7%
스플리터								

상황별 기록

상황	타석	홈런/9	볼넷/9	삼진/9	피안타율	WHIP	피OPS	GO/FO
전반기	384	0.99	2.58	5.76	0.268	1.32	0.715	0.84
후반기	250	0.76	1.21	6.67	0.269	1.20	0.693	0.75
vs 좌	319	0.71	2.49	6.39	0.254	1.24	0.673	0.85
vs 우	315	1.09	1.58	5.84	0.282	1.31	0.738	0.76
주자없음	366	0.96	1.93	6.32	0.267	1.31	0.712	0.74
주자있음	268	0.82	2.18	5.86	0.270	1.23	0.698	0.90
득점권	149	0.49	2.19	7.30	0.242	1.11	0.619	0.85
1-2번 상대	156	0.50	1.73	5.70	0.278	1.29	0.698	0.84
3-5번 상대	224	1.38	2.42	6.06	0.283	1.38	0.779	0.61
6-9번 상대	254	0.73	1.90	6.42	0.250	1.17	0.648	0.99

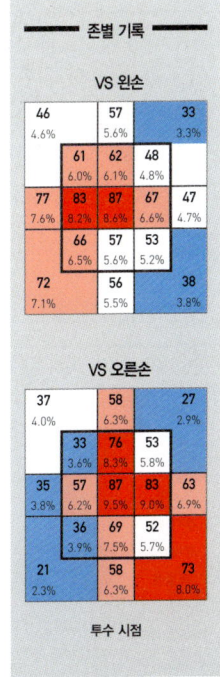

코너 투수 52

신장	188	체중	95	생일	1996.01.24
투타	우투우타	지명	2024 삼성 자유선발		
연봉	$800,000				
학교	미국 California State(대)				

● 삼성은 올해 외국인 투수 두 명을 모두 교체했다. 총액 100만 달러를 투자한 코너에게 에이스 역할을 기대한다. 운동 능력이 좋은 투수는 아니지만 투구 폼이 간결하고 빠르다. 공도 잘 숨겨 나온다. 2017년 드래프트에서 필라델피아에 3라운드 지명됐고 2021년 보스턴에서 메이저리그에 데뷔했다. 지난해엔 콜로라도에서 선발과 구원을 오가며 개인 통산 최다인 87⅓이닝을 던졌다. 하지만 두 보직 모두에서 ERA 7점대였고 12월 방출 통보를 받았다. 패스트볼 평균 구속은 시속 149.0㎞로 메이저리그 하위 27%였다. 수직무브먼트는 리그 평균보다 16% 떨어졌다. 유인구 구사, 헛스윙 유도, 탈삼진, 강한 타구 저지, 땅볼 유도 등 거의 모든 분야에서 하위권이었다. 하지만 제구력이 뛰어나다. 지난해 9이닝 당 볼넷 2.89개로 상위 27%였다. 마이너리그에선 통산 2.28개로 더 뛰어났다. 제구력은 드래프트 당시부터 정평이 났다. 모든 구종을 스트라이크존 경계 지역으로 던질 수 있고 좌우 사이드를 잘 활용한다. 지난해 포심을 55%, 슬라이더를 30% 비율로 던졌다. 하지만 스카우트들은 시볼드의 체인지업을 가장 높게 평가한다. 시볼드는 미국에서 커리어 내내 파워피처와 거리가 먼 피네스 타입이었다. 하지만 한국 야구는 아직 '구속 혁명' 초입 단계다. 평균 시속 149.0㎞는 지난해 KBO리그에서 8위에 해당한다.

기본기록

연도	리그	경기	선발	QS	승	패	세이브	BS	홀드	이닝	피안타	피홈런	4사구	삼진	피안타율	WHIP	피OPS	FIP	ERA	WAR
2022	AAA	19	19	7	8	2	0	0	0	86 1/3	79	7	19	89	0.237	1.13	0.656	3.37	3.32	-
2022	MLB	5	5	0	0	4	0	0	0	18 1/3	35	5	8	19	0.402	2.35	1.194	6.39	11.29	-0.2
2023	MLB	27	13	2	1	7	0	0	0	87 1/3	116	19	28	67	0.317	1.65	0.935	5.75	7.52	-0.1
MLB 통산		51	37	9	9	13	0	0	0	192 1/3	230	31	55	175	0.333	1.77	0.988	5.96	8.12	-0.5

구종별 기록

구종	구사%	구속	수직 무브	수평 무브	분당 회전	땅볼%	타구속도	강한타구%
직구								
커브								
슬라이더								
체인지업								
포크								
싱커								
투심								
너클								
커터								
스플리터								

상황별 기록

상황	타석	홈런/9	볼넷/9	삼진/9	피안타율	WHIP	피OPS	GO/FO
전반기								
후반기								
vs 좌								
vs 우								
주자없음								
주자있음								
득점권								
1-2번 상대								
3-5번 상대								
6-9번 상대								

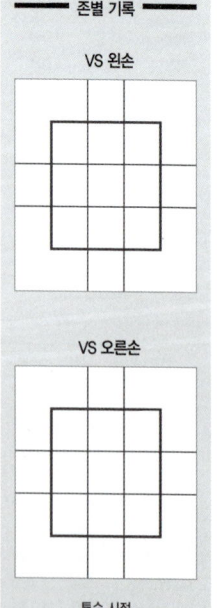

강민호 포수 47

신장 185	체중 100	생일	1985.08.18
투타 우투우타	지명	2004 롯데 2차 3라운드 17순위	
연봉	60,000-60,000-40,000		
학교	제주신광초-포철중-포철공고-(국제디지털대)		

● 2022년 OPS 0.739로 부진했다. 하지만 지난해 0.811을 기록하며 개인 통산 기록(0.815)에 근접했다. 2023년은 강민호의 앞 시즌들에 비해 투고타저 경향인 시즌이었다. sWAR 3.74승은 양의지에 이어 10개 구단 포수 가운데 두 번째로 높았다. 역대 38세 이상 포수 가운데 2010년 박경완에 이어 두 번째이기도 했다. KBO리그 역사를 만들었다. 16홈런을 때려내며 통산 기록을 319개로 늘렸다. 박경완의 통산 기록(314)을 넘어 주 포지션이 포수인 선수 가운데 역대 최고 기록을 세웠다. 통산 1,165타점도 옛 동료 홍성흔(1,120)을 제치고 역시 통산 1위다. 4월 OPS 0.950을 때려냈고, 전반기에 0.860이었다. 후반기엔 0.744로 폼이 다소 떨어졌다. 배트 스피드는 여전했다. 인플레이타구 속도는 리그 상위 25%였다. 스윙 스피드를 바탕으로 패스트볼에 강점을 유지했다. 체인지업에 잘 속지 않았다. 바깥쪽 낮은 슬라이더에는 약점을 드러냈다. 직구 상대 타율은 0.339지만 슬라이더에는 0.220이었다. 공격에서는 나이를 잊은 시즌이었다. 심지어 도루 6개를 기록하며 개인 시즌 최다 기록도 세웠다. 포수로는 786⅔이닝 동안 마스크를 썼다. 블로킹은 안정적이었다. 9이닝 당 폭투와 패스트볼 0.40개로 리그 평균(0.48)보다 나았다. 송구 능력은 떨어졌다. 도루저지율은 0.194로 2022년 0.341에 비해 크게 하락했다.

기본기록

연도	경기	타석	타수	안타	2루타	3루타	홈런	타점	득점	볼넷	사구	삼진	도루	도루자	타율	출루율	장타율	OPS	WAR	WPA
2021	123	462	406	118	22	0	18	67	55	45	4	53	0	0	0.291	0.361	0.478	0.839	3.15	-0.03
2022	130	444	396	102	19	1	13	66	38	41	3	58	0	0	0.258	0.330	0.409	0.739	1.70	-1.11
2023	125	495	434	126	19	0	16	77	60	49	6	65	6	1	0.290	0.366	0.445	0.811	3.38	-0.03
통산	2233	8257	7217	1989	355	11	319	1165	921	768	154	1477	29	33	0.276	0.355	0.460	0.815	25.71	0.17

구종별기록

구분	상대%	타구속도	상하 각도	타율	장타율	땅볼%	뜬공%	강한타구%
직구	37.6%	139.4	24.6	0.339	0.576	35.8%	64.2%	32.3%
커브	9.3%	128.2	22.1	0.333	0.467	38.5%	61.5%	15.0%
슬라이더	24.9%	135.7	18.5	0.220	0.340	59.6%	40.4%	30.0%
체인지업	13.1%	134.0	10.8	0.346	0.423	80.0%	20.0%	30.3%
포크	5.1%	140.3	19.4	0.200	0.300	69.2%	30.8%	33.3%
싱커								
투심	5.6%	140.9	7.9	0.263	0.316	78.6%	21.4%	28.6%
너클								
커터	4.5%	132.1	23.3	0.190	0.238	60.0%	40.0%	21.4%
스플리터								

상황별 기록

상황	타석	홈런/9	볼넷/9	삼진/9	타율	출루율	장타율	OPS
전반기	284	3.9%	9.2%	13.4%	0.307	0.378	0.482	0.860
후반기	211	2.4%	10.9%	12.8%	0.268	0.351	0.393	0.744
vs 좌	132	3.8%	11.4%	15.2%	0.226	0.318	0.409	0.727
vs 우	363	3.0%	9.4%	12.4%	0.313	0.384	0.458	0.842
주자없음	222	4.5%	9.9%	14.4%	0.281	0.356	0.487	0.843
주자있음	273	2.2%	9.9%	12.1%	0.298	0.375	0.409	0.784
득점권	165	3.6%	12.1%	12.1%	0.301	0.390	0.471	0.861
노아웃	171	2.9%	8.8%	12.3%	0.309	0.376	0.461	0.837
원아웃	143	4.9%	5.6%	15.4%	0.287	0.329	0.488	0.817
투아웃	181	2.2%	14.4%	12.2%	0.275	0.387	0.392	0.779

존별 기록

VS 왼손

9 2.3%	12 3.1%	14 3.7%
15 3.9%	14 3.7%	23 6.0%

22 5.7%	25 6.5%	27 7.0%	23 6.0%	31 8.1%

	23 6.0%	27 7.0%	20 5.2%	
29 7.6%		34 8.9%		35 9.1%

VS 오른손

37 3.9%	25 2.6%	19 2.0%
	43 4.5%	56 5.9%	46 4.8%	

38 4.0%	52 5.5%	81 8.5%	80 8.4%	53 5.6%

	58 6.1%	75 8.5%	77 8.1%	
31 3.3%		76 8.0%		106 11.1%

투수 시점

구자욱 외야수 5

신장	189	체중	75	생일	1993.02.12
투타	우투좌타	지명	2012 삼성 2라운드 12순위		
연봉	250,000-200,000-200,000				
학교	본리초-경복중-대구고				

● 2022년은 구자욱의 커리어에서 최악의 해였다. 햄스트링 부상에 시달리며 통산 가장 적은 99경기에만 나섰고 OPS 0.736도 최저였다. 전해 22홈런을 친 선수가 타구 다섯 개만 담장 너머로 보냈다. 5년 120억 원 계약 첫 해였다는 점에서 더 실망스러웠다. 2023년에는 달랐다. 개인 통산 두 번째 골든글러브를 수상하며 명예를 회복했다. sWAR 5.01승은 앞 시즌 대비 +3.54였고 리그 야수 가운데 7위였다. 몸 상태가 좋아지며 스윙스피드가 돌아왔다. 지난해 타구 속도는 리그 상위 21%로 2022년(37%)보다 훨씬 좋았다. 자기 스트라이크존을 지켰다. 볼넷/삼진 비율은 2022년 0.32에서 지난해 0.65로 두 배 이상 좋아졌다. 홈런이 11개에 그친 점은 다소 아쉽다. 플라이볼 성향 타자지만 장타 타구 속도는 상위 41% 수준이었다. 하지만 2루타 37개는 리그 1위였다. 6월초 다시 햄스트링 부상을 당해 한 달 가량 결장했을 때는 위험해보였다. 하지만 후반기 OPS 0.961로 전반기(0.831)보다 더 뛰어났다. 주자로서도 위협적인 선수다. 도루 12개를 성공시키며 9시즌 연속 두 자릿수 기록을 세웠다. 통산 도루성공률 79.4%는 역대 100도루 이상을 성공시킨 선수 중 5위다. 우익수로 69경기, 좌익수로 22경기 선발 출장했다. 타격에 비해 수비는 평범한 수준이다. 부상 여파로 수비 이닝은 데뷔 이후 가장 적었다.

기본기록

연도	경기	타석	타수	안타	2루타	3루타	홈런	타점	득점	볼넷	사구	삼진	도루	도루자	타율	출루율	장타율	OPS	WAR	WPA
2021	139	610	543	166	30	10	22	88	107	48	6	98	27	4	0.306	0.361	0.519	0.880	5.33	1.26
2022	99	442	409	120	23	3	5	38	69	27	3	84	11	1	0.293	0.340	0.401	0.741	1.86	-1.23
2023	119	515	453	152	37	1	11	71	65	53	4	81	12	4	0.336	0.407	0.494	0.901	4.96	1.87
통산	1081	4739	4206	1326	261	55	134	671	787	423	54	837	127	33	0.315	0.381	0.499	0.880	40.48	12.28

구종별기록

구분	상대%	타구속도	상하 각도	타율	장타율	땅볼%	뜬공%	강한타구%
직구	38.6%	141.8	22.4	0.376	0.582	34.5%	65.5%	32.8%
커브	8.8%	129.2	17.3	0.342	0.395	46.7%	53.3%	4.5%
슬라이더	22.7%	132.2	21.4	0.279	0.430	43.5%	56.5%	14.3%
체인지업	11.9%	136.8	14.2	0.300	0.440	50.0%	50.0%	22.9%
포크 싱커	7.8%	135.0	15.2	0.359	0.538	50.0%	50.0%	25.0%
투심 너클	6.2%	138.3	15.1	0.000	0.000	61.1%	38.9%	35.7%
커터 스플리터	4.2%	140.5	11.1	0.529	0.824	50.0%	50.0%	36.4%

상황별 기록

상황	타석	홈런/9	볼넷/9	삼진/9	타율	출루율	장타율	OPS
전반기	238	1.3%	11.3%	14.3%	0.301	0.380	0.451	0.831
후반기	277	2.9%	9.4%	17.0%	0.364	0.431	0.530	0.961
vs 좌	185	2.2%	10.8%	13.5%	0.335	0.411	0.478	0.889
vs 우	330	2.1%	10.0%	17.0%	0.336	0.405	0.503	0.908
주자없음	257	2.7%	10.5%	16.7%	0.325	0.401	0.513	0.914
주자있음	258	1.6%	10.1%	14.7%	0.347	0.414	0.476	0.890
득점권	145	1.4%	14.5%	15.2%	0.395	0.476	0.529	1.005
노아웃	159	2.5%	6.9%	15.1%	0.357	0.414	0.531	0.945
원아웃	189	1.6%	8.5%	16.4%	0.314	0.370	0.438	0.808
투아웃	167	2.4%	15.6%	15.6%	0.340	0.443	0.525	0.968

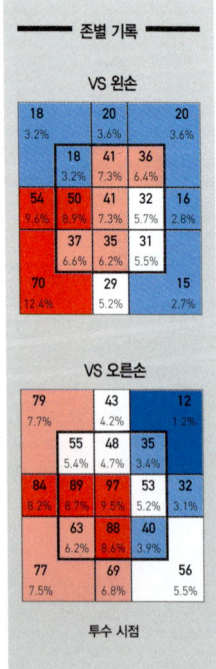

김지찬 내야수 58

신장 163	체중 64	생일 2001.03.08
투타 우투좌타	지명 2020 삼성 2차 2라운드 15순위	
연봉 11,000-16,000-16,000		
학교 백사초(이천시리틀)-모가중-라온고		

● 부상 문제로 데뷔 이후 가장 적은 99경기에만 출장했다. 하지만 공격에선 괄목할 시즌을 보냈다. 타율과 출루율, OPS에서 커리어하이였다. 출루율은 처음으로 0.400 벽을 넘었다. wRC+ 116.8은 리그 상위 14% 수준으로 역시 개인 첫 세 자릿수였다. 355타석에만 들어섰음에도 공격 WAR 2.51승으로 개인 최다였다. 공을 배트에 맞추는 능력에서는 리그 최정상급이다. 2023년 리그 평균 콘택트율은 79.6%. 김지찬은 89.2%로 10%p 가량 높았다. 100+타석 기준 이 부문에서 리그 3위였다. 5월 햄스트링에 이어 8월 늘 좋지 않던 허리에 통증을 겪었다. 하지만 후반기에 OPS 0.800으로 더 좋은 타격을 했다. 9월 이후 타율은 0.343이었다. 장타와는 거리가 멀다. 1군 4시즌 동안 홈런 2개 이상을 때린 시즌이 없다. 2루타도 2022년 7개가 최다이다. 하지만 주자로는 위협적이다. 지난해 주루 팀 공헌도는 리그 상위 4% 수준이었다. 데뷔 후 3년 연속 20도루 이상을 기록했다. 지난해 도루는 13개로 줄었지만 성공률 92.9%는 개인 통산 1위였다. 다른 방법으로도 베이스를 얻어낸다. 추가진루율 49.2%로 리그 평균(42.0%)을 크게 앞섰다. 수비가 약점이다. 6월 28일 롯데전에서 실책 3개를 했다. 수비범위에서 35세 노장 최주환과 리그 꼴찌를 다투는 2루수였다. 수비율 0.961은 10개 구단 주전 2루수 가운데 가장 낮았다.

기본기록

연도	경기	타석	타수	안타	2루타	3루타	홈런	타점	득점	볼넷	사구	삼진	도루	도루자	타율	출루율	장타율	OPS	WAR	WPA
2021	120	336	296	81	6	0	1	26	50	27	0	31	23	4	0.274	0.331	0.304	0.635	0.46	-0.66
2022	113	429	361	101	7	6	0	25	62	45	2	64	25	4	0.280	0.361	0.332	0.693	1.66	-0.70
2023	99	355	291	85	4	2	1	18	59	48	9	36	13	1	0.292	0.408	0.330	0.738	2.20	-0.54
통산	467	1407	1202	326	22	9	3	82	218	144	13	175	82	13	0.271	0.354	0.312	0.666	3.62	-4.40

구종별기록

구분	상대%	타구속도	상하각도	타율	장타율	땅볼%	뜬공%	강한타구%
직구	47.3%	122.1	16.9	0.297	0.383	47.1%	52.9%	0.0%
커브	6.6%	117.7	19.6	0.455	0.455	50.0%	50.0%	0.0%
슬라이더	18.2%	113.8	15.5	0.280	0.280	57.1%	42.9%	0.0%
체인지업	10.3%	117.8	15.3	0.270	0.270	65.2%	34.8%	0.0%
포크	4.4%	105.5	22.1	0.133	0.133	57.1%	42.9%	0.0%
싱커								
투심	9.0%	124.1	7.8	0.346	0.346	86.7%	13.3%	5.0%
너클								
커터	4.3%	123.8	7.9	0.250	0.250	55.6%	44.4%	0.0%
스플리터								

상황별 기록

상황	타석	홈런/9	볼넷/9	삼진/9	타율	출루율	장타율	OPS
전반기	252	0.4%	12.3%	9.9%	0.284	0.391	0.322	0.713
후반기	103	0.0%	16.5%	10.7%	0.313	0.450	0.350	0.800
vs 좌	97	0.0%	15.5%	13.4%	0.253	0.417	0.253	0.670
vs 우	258	0.4%	12.8%	8.9%	0.306	0.405	0.356	0.761
주자없음	210	0.5%	14.8%	9.0%	0.289	0.433	0.383	0.816
주자있음	145	0.0%	11.7%	11.7%	0.250	0.370	0.250	0.620
득점권	91	0.0%	9.9%	12.1%	0.274	0.391	0.274	0.665
노아웃	130	0.0%	13.8%	8.5%	0.282	0.398	0.311	0.709
원아웃	128	0.0%	14.1%	11.7%	0.321	0.438	0.340	0.778
투아웃	97	1.0%	12.4%	10.3%	0.268	0.381	0.341	0.722

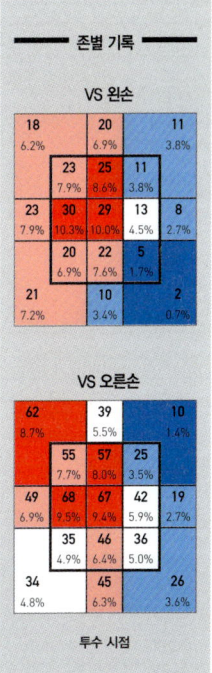

맥키넌 내야수 24

신장	188	체중	101	생일 1994.12.15
투타	우투우타	지명		2024 삼성 자유선발
연봉	$900,000			
학교	미국 Hartford(대)			

● 2017년 드래프트 32라운드에서 LA 에인절스에 지명됐다. 순위에서 보듯 입단 당시 평가는 최저 수준이었다. 하지만 그해 루키리그에서 타율 0.392를 때려내며 스카우트들을 놀라게 했다. 2022년 트리플A에서 OPS 1.001로 활약했고 메이저리그에도 데뷔했다. 하지만 타율 0.189에 그친 뒤 웨이버로 풀렸다. 오클랜드의 부름을 받았지만 13타수 무안타로 더 부진했다. 2023년에도 기대치가 있는 선수였지만 태평양을 건너 일본프로야구(NPB) 세이부에 입단했다. 추정 연봉은 9,000만 엔(약 8억 원). 127경기에서 타율 0.259에 15홈런을 때려냈다. 극심한 투고타저인 NPB에서 수준급 활약이었다. wRC+120로 리그 평균을 상회했다. WAR 2.1승은 양대리그 전체에서 상위 6.2%. 외국인 야수 가운데는 도밍고 산타나에 이어 두 번째로 높았다. 리그 평균보다 높은 확률로 볼넷을 얻었고 삼진은 적었다. 콘택트 비율 79.8%도 평균보다 2%p 높았다. NPB에선 포심과 투심을 가리지 않고 잘 공략했다. 체인지업과 스플리터에는 다소 고전했다. 맥키넌은 지난해 세이부의 개막전 2번타자였고 8월 26일까지 팀 내 유일하게 전 경기에 출장했다. 하지만 허리 부상으로 2주 이상을 쉬었다. 복귀 뒤 타격은 더 좋았지만 세이부는 재계약에 큰 미련을 두지 않았다. 몸 상태에 대해 우려했다는 시각도 있다. 기우라면 한국에서 잘 할 수 있는 타자다.

기본기록

연도	리그	경기	타석	타수	안타	2루타	3루타	홈런	타점	득점	볼넷	사구	삼진	도루	도루자	타율	출루율	장타율	OPS	WAR
2021	AA	99	426	365	104	30	0	13	65	53	52	6	83	2	2	0.285	0.380	0.474	0.854	-
2022	MLB	22	57	50	7	0	0	0	6	2	6	0	17	0	0	0.140	0.228	0.140	0.368	-0.6
2023	NPB	127	514	464	120	17	2	15	50	50	48	0	91	1	1	0.259	0.327	0.401	0.728	2.1
MLB 통산		22	57	50	7	0	0	0	6	2	6	0	17	0	0	0.140	0.228	0.140	0.368	-0.6

구종별기록

구분	상대%	타구속도	상하 각도	타율	장타율	땅볼%	뜬공%	강한타구%
직구								
커브								
슬라이더								
체인지업								
포크								
싱커								
투심								
너클								
커터								
스플리터								

상황별 기록

상황	타석	홈런/9	볼넷/9	삼진/9	타율	출루율	장타율	OPS
전반기								
후반기								
vs 좌								
vs 우								
주자없음								
주자있음								
득점권								
노아웃								
원아웃								
투아웃								

존별 기록

VS 왼손

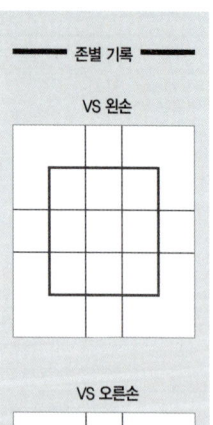

VS 오른손

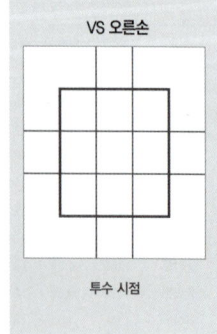

투수 시점

오재일 내야수 44

신장 187	체중 95	생일 1986.10.29
투타 좌투좌타	지명 2005 현대 2차 3라운드 24순위	
연봉 60,000-50,000-50,000		
학교 인창초(구리리틀)-구리인창중-야탑고		

● 2022년 오재일은 삼성에서 투수와 야수를 통틀어 가장 뛰어난 내국인 선수였다. 2023년 sWAR은 -0.06승. 뛰면 뛸수록 팀이 이길 확률을 떨어뜨리는 선수로 전락했다. 지난해 타율 0.203은 2012년과 똑같았다. 그해 넥센에서 두산으로 트레이드되며 선수 생활 전기를 맞았다. 이듬해 타율을 0.299로 끌어올리며 기회를 잡기 시작했다. 당시 나이는 27세. 2024년 오재일은 38세다. 그리고 4년 FA 계약 마지막 시즌이다. 두 번째 FA를 앞둔 시즌에 분발이 필요하다. 지난해 타격 부진에는 불운도 작용했다. 인플레이타구타율(BABIP)이 0.269로 2013년 이후 가장 낮았다. 앞 두 시즌엔 0.320선이었다. BABIP의 급격한 상승이나 하락은 다음 시즌으로 이어지지 않을 확률이 높다. 빠른 타구를 날리는 타자는 높은 BABIP를 기록할 가능성이 있다는 점도 긍정적이다. 지난해 오재일의 인플레이타구 속도는 리그 상위 16%, 강한 타구 비율은 상위 28%였다. 극심한 부진에도 자기 스트라이크존을 유지했다. 삼진이 늘어났지만 볼넷도 늘어났다. 올해 KBO리그가 수비 시프트를 제한한 점도 유리하게 작용한다. 다만 콘택트 비율이 66.5%로 개인 최저였다는 점은 우려스럽다. 250+타석 기준 리그에서 가장 낮았다. 주루 능력은 떨어진다. 통산 18시즌 동안 3도루 이상이 한 번도 없다. 1루 수비에선 포구 능력이 높은 평가를 받는다.

기본기록

연도	경기	타석	타수	안타	2루타	3루타	홈런	타점	득점	볼넷	사구	삼진	도루	도루자	타율	출루율	장타율	OPS	WAR	WPA
2021	120	484	418	119	20	0	25	97	64	58	0	106	1	0	0.285	0.366	0.512	0.878	3.25	1.84
2022	135	536	470	126	42	0	21	94	57	57	2	133	2	1	0.268	0.345	0.491	0.836	2.69	-0.58
2023	106	364	315	64	15	0	11	54	31	43	3	110	1	0	0.203	0.302	0.356	0.658	0.04	0.36
통산	1386	4845	4202	1157	256	6	204	828	583	546	29	1044	14	7	0.275	0.358	0.485	0.843	36.48	10.85

구종별기록

구분	상대%	타구속도	상하 각도	타율	장타율	땅볼%	뜬공%	강한타구%
직구	44.0%	141.1	30.9	0.244	0.480	16.4%	83.6%	34.2%
커브	7.8%	134.0	31.9	0.258	0.484	23.5%	76.5%	18.2%
슬라이더	20.6%	136.4	33.2	0.127	0.200	25.0%	75.0%	13.8%
체인지업	9.4%	135.1	29.9	0.167	0.300	40.0%	60.0%	27.3%
포크	9.4%	140.7	20.3	0.167	0.167	50.0%	50.0%	38.5%
싱커								
투심	4.5%	127.7	26.8	0.278	0.444	57.1%	42.9%	33.3%
너클								
커터	4.2%	140.7	40.6	0.133	0.200	33.3%	66.7%	37.5%
스플리터								

상황별 기록

상황	타석	홈런/9	볼넷/9	삼진/9	타율	출루율	장타율	OPS
전반기	241	2.9%	11.2%	31.5%	0.183	0.282	0.332	0.614
후반기	123	3.3%	13.0%	27.6%	0.243	0.341	0.402	0.743
vs 좌	96	2.1%	8.3%	31.3%	0.205	0.271	0.318	0.589
vs 우	268	3.4%	13.1%	29.9%	0.209	0.313	0.370	0.683
주자없음	187	2.1%	10.7%	30.5%	0.181	0.273	0.295	0.568
주자있음	177	4.0%	13.0%	29.9%	0.228	0.333	0.423	0.756
득점권	112	3.6%	16.1%	31.3%	0.213	0.348	0.404	0.752
노아웃	132	2.3%	10.6%	31.8%	0.197	0.288	0.299	0.587
원아웃	111	2.7%	8.1%	32.4%	0.214	0.279	0.378	0.657
투아웃	121	4.1%	16.5%	26.4%	0.200	0.339	0.400	0.739

존별 기록

VS 왼손

6 2.0%	10 3.3%	9 3.0%
21 6.9%	20 6.6%	14 4.6%
23 7.5%	24 7.9%	29 9.5%	17	6 2.0%
	28 9.2%	29 9.5%	9 3.0%	
36 11.8%	18 5.9%	6 2.0%

VS 오른손

39 4.6%	28 3.3%	28 3.3%
	50 5.8%	60 7.0%	32 3.7%	
44 5.1%	61 7.1%	66 7.7%	63 7.4%	40 4.7%
	54 6.3%	64 7.5%	56 5.6%	
46 5.4%	60 7.0%	73 8.5%

투수 시점

김대우 투수 17

| 신장 | 183 | 체중 | 85 | 생일 | 1988.11.21 | 투타 | 우언우타 | 지명 | 2011 넥센 9라운드 67순위 |
| 연봉 | 12,000-7,000-10,000 | | | 학교 | 역삼초-대치중-서울고-홍익대 | | | | |

● 선발과 구원을 오가며 sWAR 0.50승을 따냈다. 외국인투수를 제외하면 팀 내에서 6번째로 좋았다. 허리 부상에서 복귀한 시즌으로 나쁘지 않았다. 한 해 미뤘던 FA를 신청해 2년 4억 원에 잔류했다. 언더핸드 투수로 패스트볼 평균 구속이 KBO리그 최하위인 시속 132.0km다. 릴리스포인트 높이도 가장 낮다.

기본기록

연도	경기	선발	QS	승	패	세이브	BS	홀드	이닝	피안타	피홈런	4사구	삼진	피안타율	WHIP	피OPS	FIP	ERA	WAR	WPA
2021	31	5	0	0	2	0	0	1	51	68	7	17	24	0.315	1.63	0.858	5.00	6.35	-0.27	-0.65
2022	4	0	0	1	0	0	0	0	4 1/3	4	0	0	5	0.250	0.92	0.500	1.03	2.08	0.18	0.15
2023	44	5	0	0	2	0	0	4	64	66	7	25	49	0.273	1.38	0.740	4.46	4.50	0.27	-0.59
통산	352	43	4	27	26	2	2	23	580 2/3	695	73	288	395	0.301	1.61	0.846	5.29	5.75	0.77	-3.62

구종별 기록

구종	구사%	구속	수직 무브	수평 무브	분당 회전	땅볼%	타구속도	강한타구%
직구	26.9%	132.0	-2.8	-14.1	1045.8	41.5%	129.3	23.8%
커브	14.3%	120.4	5.5	4.2	560.6	36.4%	141.1	31.6%
슬라이더	32.3%	121.2	5.1	1.3	442.1	23.3%	133.5	19.3%
체인지업								
포크								
싱커								
투심	26.5%	130.8	-16.2	-18.6	1719.7	68.8%	141.4	24.2%
너클								
커터								
스플리터								

상황별 기록

상황	타석	홈런/9	볼넷/9	삼진/9	피안타율	WHIP	피OPS	GO/FO
전반기	142	0.82	3.00	8.73	0.252	1.27	0.675	0.56
후반기	135	1.16	3.19	4.94	0.294	1.48	0.806	0.89
vs 좌	129	0.89	2.67	6.23	0.276	1.35	0.762	0.56
vs 우	148	1.07	3.48	7.49	0.270	1.40	0.719	0.89
주자없음	139	0.61	4.85	7.89	0.262	1.62	0.697	0.88
주자있음	138	1.31	1.57	6.03	0.283	1.17	0.783	0.58
득점권	82	1.47	2.95	7.85	0.299	1.42	0.835	0.71
1-2번 상대	61	0.63	1.26	1.88	0.310	1.40	0.781	0.48
3-5번 상대	78	1.04	5.19	7.27	0.254	1.50	0.745	0.52
6-9번 상대	138	1.11	2.78	8.91	0.264	1.30	0.716	1.07

김태훈 투수 27

| 신장 | 187 | 체중 | 101 | 생일 | 1992.03.02 | 투타 | 우투우타 | 지명 | 2012 넥센 9라운드 79순위 |
| 연봉 | 19,000-18,000-17,000 | | | 학교 | 남부민초-대신중-부경고 | | | | |

● 4월 27일 키움에서 트레이드됐다. 다음날 첫 등판에서 세이브를 날렸다. 재앙의 시작이었다. 이적 뒤 63경기 ERA가 무려 7.28에 WHIP은 1.83에 달했다. 시즌 sWAR -1.54승은 전체 투수 최하위였다. 트레이드 상대인 이원석도 이적 뒤 -0.67승이었다는 게 위안이었다. 패스트볼 구위를 회복해야 한다.

기본기록

연도	경기	선발	QS	승	패	세이브	BS	홀드	이닝	피안타	피홈런	4사구	삼진	피안타율	WHIP	피OPS	FIP	ERA	WAR	WPA
2021	66	0	0	4	2	11	5	15	64 1/3	60	1	34	52	0.249	1.45	0.639	3.41	3.22	1.48	2.70
2022	43	0	0	3	2	0	9	4	10	43	40	3	22	34	0.255	1.40	0.696	4.06	3.14	0.72	1.29
2023	71	0	0	5	7	3	6	11	63 1/3	74	8	46	40	0.296	1.85	0.883	5.81	7.11	-1.50	-0.66
통산	326	15	1	31	27	25	18	50	408 2/3	444	36	215	286	0.280	1.57	0.774	4.79	4.96	1.99	3.80

구종별 기록

구종	구사%	구속	수직 무브	수평 무브	분당 회전	땅볼%	타구속도	강한타구%
직구	22.4%	143.2	27.5	-9.4	2207.7	30.3%	136.4	26.8%
커브	1.6%	116.2	-12.7	9.7	1087.9	0.0%	127.0	0.0%
슬라이더	8.9%	132.4	9.4	5.9	939.3	72.7%	139.3	23.5%
체인지업								
포크	29.0%	132.9	8.8	-13.8	1237.9	62.2%	134.0	15.9%
싱커								
투심	38.1%	143.1	23.6	-16.3	2188.9	42.1%	135.4	37.0%
너클								
커터								
스플리터								

상황별 기록

상황	타석	홈런/9	볼넷/9	삼진/9	피안타율	WHIP	피OPS	GO/FO
전반기	156	0.80	6.15	4.54	0.269	1.72	0.817	1.05
후반기	190	1.52	6.70	6.98	0.325	1.99	0.953	0.76
vs 좌	149	1.14	6.54	7.11	0.274	1.74	0.843	1.03
vs 우	157	1.14	5.68	4.26	0.321	1.96	0.920	0.83
주자없음	144	1.57	4.71	5.97	0.328	1.99	0.958	0.97
주자있음	162	0.78	7.27	5.45	0.262	1.73	0.805	0.87
득점권	104	0.86	9.00	6.86	0.256	1.95	0.776	1.10
1-2번 상대	70	1.98	7.24	8.56	0.316	2.12	0.996	1.17
3-5번 상대	89	1.37	5.95	3.66	0.253	1.63	0.804	0.85
6-9번 상대	147	0.60	5.70	5.70	0.314	1.87	0.877	0.88

오승환 투수 21

신장	178	체중	93	생일	1982.07.15	투타	우투우타	지명	2005 삼성 2차 1라운드 5순위
연봉	160,000-140,000-40,000			학교	도신초-우신중-경기고-단국대				

● 개인 통산 두 번째로 3년 연속 30세이브를 달성했다. 하지만 구위 하락 추세가 이어졌다. 2009년 WBC에서 오승환의 포심패스트볼 수직무브먼트는 33.8cm였다. 지난해엔 26.4cm에 그쳤다. 구속도 리그 상위 35% 수준으로 내려왔다. 시즌 뒤 2년 22억 원에 FA 계약을 했다. 계약총액을 연수로 나눈 금액은 35% 감소했다.

기본기록

연도	경기	선발	QS	승	패	세이브	BS	홀드	이닝	피안타	피홈런	4사구	삼진	피안타율	WHIP	피OPS	FIP	ERA	WAR	WPA
2021	64	0	0	2	44	1	0	62	56	3	18	50	0.245	1.16	0.674	2.85	2.03	2.62	5.43
2022	57	0	0	6	2	31	7	2	57	59	8	14	51	0.263	1.26	0.727	4.11	3.32	1.11	2.04
2023	58	1	0	4	5	30	4	2	62 2/3	57	9	17	44	0.238	1.15	0.690	4.67	3.45	0.95	1.79
통산	668	1	0	41	24	400	34	17	739 2/3	514	54	195	816	0.194	0.94	0.547	2.70	2.06	6.98	12.00

구종별 기록

구종	구사%	구속	수직 무브	수평 무브	분당 회전	땅볼%	타구속도	강한타구%
직구	46.3%	143.4	26.4	-19.3	2473.3	41.8%	138.7	36.5%
커브	10.3%	117.7	-8.7	9.6	822.5	60.0%	129.7	26.7%
슬라이더	27.3%	133.3	13.8	-1.1	1035.3	40.0%	135.0	22.9%
체인지업								
포크	15.0%	135.5	16.8	-22.6	2029.8	74.1%	132.5	13.3%
싱커								
투심								
너클								
커터								
스플리터								

상황별 기록

상황	타석	홈런/9	볼넷/9	삼진/9	피안타율	WHIP	피OPS	GO/FO
전반기	134	2.10	2.40	6.00	0.298	1.47	0.913	1.24
후반기	130	0.55	1.93	6.61	0.176	0.86	0.463	0.90
vs 좌	140	1.35	2.16	5.13	0.227	1.11	0.640	1.38
vs 우	124	1.23	2.15	7.67	0.250	1.19	0.747	0.71
주자없음	146	1.57	2.55	7.39	0.199	1.05	0.621	1.00
주자있음	118	0.99	1.65	4.94	0.288	1.28	0.779	1.10
득점권	71	1.13	1.69	4.50	0.270	1.25	0.717	1.00
1-2번 상대	63	0.61	1.84	4.91	0.254	1.23	0.646	1.25
3-5번 상대	91	2.08	2.91	6.23	0.244	1.25	0.800	0.78
6-9번 상대	110	1.03	1.71	7.18	0.222	1.03	0.625	1.19

이승현 투수 20

신장	181	체중	92	생일	1991.11.20	투타	우투우타	지명	2010 LG 2라운드 16순위
연봉	10,000-12,000-17,000			학교	화순초-진흥중-화순고				

● 지난해 삼성에서 가장 팀 공헌도 높은 구원투수는 노장 오승환, 그리고 두 번째가 32세 이승현이었다. 트레이드마크인 포심 수직무브먼트는 지난해에도 리그 7%로 상위권이었다. 지난해 체인지업 비중을 11%로 끌어올리며 포 피치 피처가 됐다. 왼손타자 상대 때 자주 던졌지만 효과는 오른손타자 때가 더 좋았다.

기본기록

연도	경기	선발	QS	승	패	세이브	BS	홀드	이닝	피안타	피홈런	4사구	삼진	피안타율	WHIP	피OPS	FIP	ERA	WAR	WPA
2021	21	0	0	1	1	0	0	1	17	30	6	8	7	0.385	2.24	1.147	8.51	9.53	-0.55	-0.40
2022	54	0	0	2	0	0	1	13	50	48	5	25	39	0.258	1.40	0.768	4.52	4.68	0.29	1.42
2023	60	0	0	4	2	0	1	14	60	68	5	15	42	0.278	1.38	0.714	3.83	3.60	0.69	0.85
통산	336	0	0	14	10	2	5	55	323 1/3	338	48	155	260	0.268	1.49	0.786	5.28	4.59	1.59	3.18

구종별 기록

구종	구사%	구속	수직 무브	수평 무브	분당 회전	땅볼%	타구속도	강한타구%
직구	51.3%	141.1	31.7	-13.0	2554.7	21.2%	137.2	24.4%
커브								
슬라이더	27.2%	130.8	14.6	2.2	1086.0	46.2%	131.7	17.4%
체인지업	11.8%	119.3	21.1	-19.2	1813.0	25.0%	124.9	11.8%
포크	9.7%	130.1	12.6	-13.0	1328.9	75.0%	141.4	38.9%
싱커								
투심								
너클								
커터								
스플리터								

상황별 기록

상황	타석	홈런/9	볼넷/9	삼진/9	피안타율	WHIP	피OPS	GO/FO
전반기	147	0.82	1.91	6.82	0.292	1.42	0.740	0.59
후반기	117	0.67	2.67	5.67	0.259	1.33	0.688	0.47
vs 좌	146	0.53	1.34	7.49	0.283	1.31	0.712	0.41
vs 우	118	1.03	3.42	4.78	0.271	1.48	0.716	0.68
주자없음	139	0.57	2.84	5.40	0.256	1.36	0.681	0.51
주자있음	125	0.95	1.59	7.31	0.302	1.41	0.750	0.55
득점권	67	1.32	1.98	6.59	0.333	1.76	0.850	0.74
1-2번 상대	58	0.68	0.68	6.75	0.309	1.35	0.757	0.65
3-5번 상대	90	1.80	3.60	6.30	0.272	1.50	0.806	0.32
6-9번 상대	116	0.00	2.03	6.08	0.266	1.31	0.623	0.66

이재익 투수 1

신장 180	체중 76	생일 1994.03.18	투타 좌투좌타	지명 2013 삼성 8라운드 68순위
연봉 3,700-5,700-8,200		학교 삼일초-중앙중-유신고		

● 늦깎이 투수로 28세인 2022년 첫 풀시즌을 소화했다. 지난해엔 삼성 불펜의 왼손 에이스로 활약했다. 2022년부터 포심을 거의 버리고 투심패스트볼이 주무기인 땅볼전문가가 됐다. 땅볼/뜬공아웃비 2.14는 30+이닝 기준 리그 3위였다. 브레이킹볼은 아직 만족스럽지 않다. 왼손타자 상대 피안타율이 0.314로 높았다.

기본기록

연도	경기	선발	QS	승	패	세이브	BS	홀드	이닝	피안타	피홈런	4사구	삼진	피안타율	WHIP	피OPS	FIP	ERA	WAR	WPA
2021	11	0	0	2	0	0	0	0	10	11	1	12	5	0.297	2.30	0.829	6.93	-0.06	-0.05	
2022	42	0	0	3	2	0	1	7	33 1/3	41	4	10	21	0.304	1.50	0.793	4.54	5.94	-0.28	-0.41
2023	51	0	0	1	3	0	1	11	41	46	3	17	26	0.288	1.54	0.742	4.15	3.95	0.47	-0.14
통산	108	0	0	6	5	0	2	18	85	106	10	41	53	0.309	1.72	0.825	5.01	5.82	-0.14	-0.69

구종별 기록

구종	구사%	구속	수직 무브	수평 무브	분당 회전	땅볼%	타구속도	강한타구%
직구								
커브	11.1%	118.5	-18.4	-10.3	1316.5	63.6%	147.0	30.8%
슬라이더	17.0%	123.8	-0.5	-2.9	470.0	60.0%	137.2	26.3%
체인지업								
포크	0.7%	133.9	12.9	23.5	1890.0	100.0%	-	-
싱커								
투심	71.2%	137.4	16.9	20.6	1942.3	70.9%	134.2	20.4%
너클								
커터								
스플리터								

상황별 기록

상황	타석	홈런/9	볼넷/9	삼진/9	피안타율	WHIP	피OPS	GO/FO
전반기	77	0.50	4.50	5.00	0.206	1.28	0.578	2.67
후반기	104	0.78	3.13	6.26	0.348	1.74	0.863	1.65
vs 좌	97	0.43	3.86	5.57	0.322	1.76	0.764	2.07
vs 우	84	0.90	3.60	5.85	0.247	1.30	0.714	2.07
주자없음	90	0.46	2.75	7.32	0.262	1.42	0.680	4.11
주자있음	91	0.84	4.64	4.22	0.316	1.64	0.806	1.15
득점권	59	0.82	9.00	4.91	0.404	2.73	0.997	1.88
1-2번 상대	52	0.00	2.13	3.55	0.313	1.42	0.707	3.67
3-5번 상대	70	0.60	7.20	6.00	0.259	1.80	0.714	0.94
6-9번 상대	59	1.35	1.67	7.43	0.296	1.35	0.797	3.67

임창민 투수 45

신장 183	체중 94	생일 1985.08.25	투타 우투우타	지명 2008 현대 2차 2라운드 11순위
연봉 12,000-10,000-20,000		학교 광주대성초-광주동성중-광주동성고-연세대		

● 2022년 이후 세 번째로 새 유니폼을 입는다. 앞 두 번은 방출. 이번엔 2년 최대 8억 원 FA 계약이다. 지난해 38세 나이에 키움 불펜에서 가장 높은 sWAR 1.89승을 기록했다. 슬라이더는 데뷔 이후 가장 뛰어났다. 고정관념을 깨려고 노력하는 투수다. 두 번 방출된 39세 투수의 FA 계약도 고정관념을 벗어난다.

기본기록

연도	경기	선발	QS	승	패	세이브	BS	홀드	이닝	피안타	피홈런	4사구	삼진	피안타율	WHIP	피OPS	FIP	ERA	WAR	WPA
2021	46	0	0	3	0	3	17	40 1/3	35	2	24	29	0.235	1.36	0.664	4.25	3.79	0.23	0.82	
2022	32	0	0	0	2	2	6	27 1/3	26	3	13	21	0.234	1.32	0.639	4.66	3.95	0.00	-1.14	
2023	51	0	0	2	2	26	4	1	46 2/3	51	3	19	40	0.276	1.46	0.695	3.59	2.51	1.34	1.53
통산	487	0	0	27	29	122	32	57	497	447	52	244	496	0.241	1.34	0.700	4.26	3.73	5.89	3.69

구종별 기록

구종	구사%	구속	수직 무브	수평 무브	분당 회전	땅볼%	타구속도	강한타구%
직구	46.4%	141.1	31.6	-16.5	2635.3	27.7%	136.9	19.0%
커브								
슬라이더	37.2%	131.2	10.9	0.5	825.7	40.0%	130.7	19.4%
체인지업								
포크	16.5%	132.9	18.3	-20.1	1910.4	35.0%	132.8	14.8%
싱커								
투심								
너클								
커터								
스플리터								

상황별 기록

상황	타석	홈런/9	볼넷/9	삼진/9	피안타율	WHIP	피OPS	GO/FO
전반기	126	0.31	2.76	7.36	0.245	1.23	0.597	0.63
후반기	83	1.04	4.15	8.31	0.320	1.85	0.839	0.30
vs 좌	107	0.76	3.42	7.23	0.305	1.61	0.776	0.52
vs 우	102	0.39	3.13	8.22	0.244	1.30	0.609	0.47
주자없음	102	0.41	4.09	8.59	0.256	1.50	0.676	0.64
주자있음	107	0.73	2.55	6.93	0.295	1.42	0.712	0.38
득점권	61	0.82	2.51	5.65	0.283	1.33	0.619	0.39
1-2번 상대	40	0.00	1.80	5.40	0.216	1.00	0.499	0.53
3-5번 상대	70	0.63	5.65	6.91	0.250	1.67	0.674	0.48
6-9번 상대	99	0.81	2.42	9.27	0.318	1.52	0.789	0.48

장필준 투수 26

신장	190	체중	90	생일	1988.04.08	투타	우투우타	지명	2015 삼성 2차 1라운드 9순위
연봉	12,000-8,000-7,000			학교	온양온천초-온양중-북일고				

● 강속구 투수가 드문 삼성에서 지난해 내국인 투수 두 번째로 빠른 공을 던졌다. 하지만 17경기에서 7점대 ERA로 고전했다. 포심 평균 시속 145.0㎞는 리그 상위 30%다. 2022년엔 시속 147.3㎞로 더 빨랐다. 하지만 무브먼트가 평범하고 빠른 타구를 자주 내준다. 제구는 여전히 불안하다.

기본기록

연도	경기	선발	QS	승	패	세이브	BS	홀드	이닝	피안타	피홈런	4사구	삼진	피안타율	WHIP	피OPS	FIP	ERA	WAR	WPA
2021	41	0	0	0	0	1	2	34 2/3	46	4	28	24	0.317	2.11	0.894	5.78	7.27	-0.61	-0.13	
2022	19	1	0	0	3	0	0	30	38	1	18	17	0.322	1.77	0.870	4.24	5.70	-0.02	-0.57	
2023	17	3	0	1	1	0	0	1	19 1/3	28	2	14	11	0.350	2.07	1.001	5.82	7.91	-0.34	-0.21
통산	344	8	0	17	29	42	20	47	399 1/3	461	43	204	348	0.290	1.61	0.805	4.67	5.18	3.54	-1.85

구종별 기록

구종	구사%	구속	수직 무브	수평 무브	분당 회전	땅볼%	타구속도	강한타구%
직구	42.6%	145.0	27.0	-14.3	2343.6	35.0%	134.1	26.9%
커브	13.5%	120.6	-0.5	12.4	878.4	40.0%	118.5	0.0%
슬라이더	2.5%	131.6	13.3	-1.7	1038.5	-	139.8	0.0%
체인지업	9.1%	128.1	18.2	-19.6	1789.9	0.0%	123.7	0.0%
포크	9.7%	128.4	1.9	-7.4	678.4	50.0%	148.4	66.7%
싱커								
투심	12.2%	143.4	24.3	-16.8	2227.3	0.0%	144.2	57.1%
너클								
커터	10.3%	137.6	20.6	-4.1	1583.0	66.7%	143.1	20.0%
스플리터								

상황별 기록

상황	타석	홈런/9	볼넷/9	삼진/9	피안타율	WHIP	피OPS	GO/FO
전반기	34	1.50	6.00	6.00	0.357	2.33	1.007	0.75
후반기	62	0.68	5.40	4.73	0.346	1.95	0.996	0.45
vs 좌	49	1.04	10.38	6.23	0.378	2.77	1.132	1.00
vs 우	47	0.84	1.69	4.22	0.326	1.50	0.874	0.32
주자없음	41	1.23	8.59	3.68	0.353	2.59	0.992	0.73
주자있음	55	0.75	3.75	6.00	0.348	1.75	1.005	0.41
득점권	32	1.42	2.84	9.95	0.346	1.74	0.983	0.20
1-2번 상대	24	0.00	14.73	2.45	0.444	3.82	1.250	3.50
3-5번 상대	35	1.35	5.40	5.40	0.379	2.25	1.009	0.07
6-9번 상대	37	1.00	2.00	6.00	0.273	1.22	0.839	0.58

최지광 투수 40

신장	173	체중	85	생일	1998.03.13	투타	우투우타	지명	2017 삼성 2차 1라운드 9순위
연봉	14,000-14,000-14,000			학교	감천초-대신중-부산고				

● 최채흥, 김도환과 함께 6월 12일 상무에서 전역했다. 컨디션이 좋지 않아 복귀 시즌엔 고전했다. 올해 불펜에서 중요한 역할을 기대받는다. 주무기인 빠른 슬라이더 위력을 되찾아야 한다. 2020년 슬라이더 평균구속은 시속 137.3㎞로 리그 평균(131.8)을 크게 상회했다. 지난해엔 시속 135.0㎞로 떨어졌다.

기본기록

연도	경기	선발	QS	승	패	세이브	BS	홀드	이닝	피안타	피홈런	4사구	삼진	피안타율	WHIP	피OPS	FIP	ERA	WAR	WPA
2021	60	0	0	7	1	0	2	14	51 1/3	53	5	29	49	0.276	1.56	0.795	4.38	4.91	0.21	0.58
2022																				
2023	22	0	2	0	2	0	0	1	17 1/3	17	4	10	18	0.239	1.50	0.766	6.10	5.19	-0.08	-0.61
통산	213	6	0	13	12	2	9	40	214 2/3	207	17	148	202	0.258	1.60	0.747	4.67	5.11	1.80	0.20

구종별 기록

구종	구사%	구속	수직 무브	수평 무브	분당 회전	땅볼%	타구속도	강한타구%
직구	39.6%	142.5	26.2	-11.9	2174.3	38.5%	143.8	47.1%
커브	13.5%	118.6	-17.2	14.2	1387.1	60.0%	136.4	28.6%
슬라이더	45.0%	134.2	8.9	3.6	781.2	25.0%	136.0	33.3%
체인지업	1.6%	137.1	21.0	-17.0	1960.4	100.0%	-	-
포크	0.3%	126.0	12.7	3.9	887.0	-	-	-
싱커								
투심								
너클								
커터								
스플리터								

상황별 기록

상황	타석	홈런/9	볼넷/9	삼진/9	피안타율	WHIP	피OPS	GO/FO
전반기	24	0.00	5.06	8.44	0.190	1.31	0.530	0.71
후반기	58	3.00	4.50	9.75	0.260	1.58	0.865	0.56
vs 좌	39	1.13	6.75	10.13	0.188	1.50	0.646	1.13
vs 우	43	2.89	2.89	8.68	0.282	1.50	0.864	0.33
주자없음	39	1.00	4.00	9.00	0.200	1.22	0.596	0.58
주자있음	43	3.24	5.40	9.72	0.278	1.80	0.928	0.64
득점권	25	5.79	3.86	7.71	0.333	1.93	1.210	0.57
1-2번 상대	14	0.00	8.10	10.80	0.091	1.20	0.377	2.00
3-5번 상대	31	2.84	2.84	8.53	0.259	1.42	0.842	0.50
6-9번 상대	37	2.35	4.70	9.39	0.273	1.70	0.836	0.45

최채흥 투수 56

신장	186	체중	97	생일	1995.01.22	투타	좌투좌타	지명	2018 삼성 1차
연봉	15,000-15,000-15,000			학교	동천초-포항중-대구상원고-한양대				

● 상무에서 전역해 6월 13일 복귀전을 치렀다. LG 상대로 5⅓이닝 셧아웃으로 호투했다. 하지만 다음 네 경기에서 14⅓이닝 동안 18점을 내주며 무너졌다. 상무 2년차에 골반 부상을 당해 컨디션이 좋지 않았다. 포심 수직무브먼트는 입대 전보다 3.4cm 줄었다. 건강을 되찾는다면 더 좋은 투구를 할 수 있다.

기본기록

연도	경기	선발	QS	승	패	세이브	BS	홀드	이닝	피안타	피홈런	4사구	삼진	피안타율	WHIP	피OPS	FIP	ERA	WAR	WPA
2021	26	20	6	5	9	0	0	2	122 1/3	143	16	39	82	0.291	1.47	0.780	4.62	4.56	1.59	1.14
2022																				
2023	15	14	2	1	7	0	0	0	63 1/3	90	9	19	33	0.330	1.67	0.867	5.10	6.68	-0.43	-0.60
통산	103	79	27	27	29	0	0	4	466 1/3	521	52	162	352	0.280	1.43	0.758	4.48	4.52	7.29	4.01

구종별 기록

구종	구사%	구속	수직 무브	수평 무브	분당 회전	땅볼%	타구속도	강한타구%
직구	38.2%	137.0	27.0	11.7	2147.9	35.3%	136.9	29.0%
커브	6.4%	108.9	-13.0	-6.2	842.4	62.5%	135.9	11.1%
슬라이더	36.5%	127.9	7.6	-3.6	662.5	46.7%	129.2	21.8%
체인지업	18.8%	121.4	15.5	13.9	1367.8	40.0%	134.8	17.2%
포크								
싱커								
투심								
너클								
커터								
스플리터								

상황별 기록

상황	타석	홈런/9	볼넷/9	삼진/9	피안타율	WHIP	피OPS	GO/FO
전반기	99	1.83	3.20	5.03	0.359	2.03	0.937	0.55
후반기	196	1.03	1.85	4.53	0.315	1.51	0.833	0.75
vs 좌	135	1.95	2.60	3.58	0.336	1.81	0.929	1.06
vs 우	160	0.76	2.02	5.55	0.324	1.57	0.815	0.45
주자없음	156	1.42	2.27	3.69	0.327	1.77	0.868	0.51
주자있음	139	1.14	2.27	5.68	0.333	1.58	0.866	0.97
득점권	83	0.44	2.66	6.20	0.247	1.18	0.671	0.91
1-2번 상대	80	1.56	1.56	4.67	0.320	1.56	0.830	0.68
3-5번 상대	103	0.86	3.43	5.57	0.344	1.90	0.903	0.58
6-9번 상대	112	1.44	1.80	3.96	0.324	1.56	0.862	0.77

황동재 투수 61

신장	191	체중	97	생일	2001.11.03	투타	우투우타	지명	2020 삼성 1차
연봉	3,100-4,100-4,100			학교	율하초-경운중-경북고				

● 7번 선발 등판 기회를 받았지만 살리지 못했다. QS는 한 번도 없었고, 네 번은 5회를 넘기지 못했다. 2년 연속 ERA 7점대. 데뷔 시즌 첫 경기에서 포심 평균구속은 시속 143.2km였다. 토미존 수술 뒤 복귀한 2022년 시속 139.4km, 지난해 시속 140.6km로 오히려 퇴보했다. 제구력도 불안하다.

기본기록

연도	경기	선발	QS	승	패	세이브	BS	홀드	이닝	피안타	피홈런	4사구	삼진	피안타율	WHIP	피OPS	FIP	ERA	WAR	WPA
2021																				
2022	16	13	2	1	3	0	0	0	66 1/3	91	9	31	53	0.327	1.84	0.903	4.91	7.06	-0.65	-1.06
2023	7	7	0	0	5	0	0	0	31 2/3	40	6	23	27	0.305	1.93	0.974	6.38	7.11	-0.40	-0.21
통산	24	20	2	1	8	0	0	0	99 1/3	139	16	58	83	0.331	1.96	0.955	5.78	7.70	-1.31	-1.60

구종별 기록

구종	구사%	구속	수직 무브	수평 무브	분당 회전	땅볼%	타구속도	강한타구%
직구	46.3%	139.6	28.2	-18.4	2490.3	31.3%	138.7	31.3%
커브	4.7%	113.7	-16.1	12.1	1254.5	33.3%	147.7	0.0%
슬라이더	22.5%	129.6	5.9	-5.2	678.9	50.0%	141.7	50.0%
체인지업								
포크	26.5%	126.7	16.1	-15.8	1578.1	43.8%	136.5	18.2%
싱커								
투심								
너클								
커터								
스플리터								

상황별 기록

상황	타석	홈런/9	볼넷/9	삼진/9	피안타율	WHIP	피OPS	GO/FO
전반기	67	1.84	6.14	6.75	0.236	1.57	0.909	0.72
후반기	88	1.59	5.82	8.47	0.355	2.24	1.022	0.50
vs 좌	77	1.80	7.80	7.20	0.317	2.20	0.990	0.72
vs 우	78	1.62	4.32	8.10	0.294	1.68	0.959	0.50
주자없음	80	2.76	3.31	6.06	0.329	1.84	1.059	0.46
주자있음	75	0.59	8.80	9.39	0.276	2.02	0.863	0.86
득점권	52	0.00	10.24	9.31	0.300	2.38	0.851	0.80
1-2번 상대	40	0.00	3.60	6.30	0.194	1.10	0.497	0.47
3-5번 상대	52	3.48	4.35	6.97	0.326	1.94	1.078	0.53
6-9번 상대	63	1.59	9.53	9.53	0.367	2.65	1.214	0.90

강한울 내야수 6

신장	181	체중	66	생일	1991.09.12	투타	우투좌타	지명	2014 KIA 2차 1라운드 5순위
연봉	10,000-15,000-10,000			학교	사당초-중앙중-안산공고-원광대				

● 2022년 타율 0.323으로 최고 시즌을 보냈다. 하지만 BABIP이 0.402로 비정상적으로 높았다. FA를 앞둔 지난해 BABIP은 0.288, 타율은 0.217로 추락했다. 운은 결국 공평했다. 타구속도가 리그 하위 48%에서 23%로 떨어진 건 실력 요인이었다. 내야 전 포지션을 소화한다. 3루수일 때 수비가 가장 좋았다.

기본기록

연도	경기	타석	타수	안타	2루타	3루타	홈런	타점	득점	볼넷	사구	삼진	도루	도루자	타율	출루율	장타율	OPS	WAR	WPA
2021	124	258	223	58	5	0	0	27	25	29	0	58	2	2	0.260	0.341	0.283	0.624	-0.04	-1.04
2022	94	252	226	73	12	1	1	26	31	20	0	48	4	2	0.323	0.375	0.398	0.773	1.35	-1.21
2023	72	240	212	46	7	2	0	10	30	20	0	54	1	3	0.217	0.282	0.269	0.551	-0.70	-2.79
통산	829	2367	2141	574	67	18	2	158	275	154	5	416	43	27	0.268	0.317	0.319	0.636	0.84	-10.35

구종별기록

상황	상대%	타구속도	상하 각도	타율	장타율	땅볼%	뜬공%	강한타구%
직구	43.3%	132.8	15.1	0.258	0.303	52.5%	47.5%	4.7%
커브	10.5%	118.1	17.2	0.056	0.167	60.0%	40.0%	0.0%
슬라이더	20.0%	122.1	27.1	0.226	0.321	39.1%	60.9%	3.6%
체인지업	9.2%	126.7	18.1	0.211	0.211	45.5%	54.5%	7.7%
포크	8.1%	115.0	23.0	0.250	0.250	50.0%	50.0%	0.0%
싱커								
투심								
너클								
커터								
스플리터								

상황별기록

구분	타석	홈런/9	볼넷/9	삼진/9	타율	출루율	장타율	OPS
전반기	145	0.0%	9.7%	23.4%	0.211	0.289	0.242	0.531
후반기	95	0.0%	6.3%	21.1%	0.226	0.272	0.310	0.582
vs 좌	81	0.0%	4.9%	30.9%	0.197	0.235	0.250	0.485
vs 우	159	0.0%	10.1%	18.2%	0.228	0.307	0.279	0.586
주자없음	124	0.0%	4.8%	25.0%	0.246	0.282	0.314	0.596
주자있음	116	0.0%	12.1%	19.8%	0.181	0.282	0.213	0.495
득점권	78	0.0%	14.1%	16.7%	0.156	0.273	0.203	0.476
노아웃	83	0.0%	3.6%	22.9%	0.270	0.299	0.338	0.637
원아웃	96	0.0%	11.5%	20.8%	0.241	0.323	0.289	0.612
투아웃	61	0.0%	9.8%	24.6%	0.109	0.197	0.145	0.342

김동엽 외야수 38

신장	186	체중	101	생일	1990.07.24	투타	우투우타	지명	2016 SK 2차 9라운드 86순위
연봉	15,000-9,000-8,000			학교	천안남산초-천안북중-북일고				

● 2020년 20홈런을 때린 뒤 3시즌 연속 부진을 겪었다. 지난해엔 OPS 0.701로 앞 시즌(0.587)보다 나았다. 강한 타구를 자주 날리지만 평균적으로 타구속도는 떨어진다. 콘택트 비율은 72.3%로 앞 두 시즌에 비해 다소 향상됐지만 2020년(76.4%)과는 거리가 있었다. 왼손투수 상대 타율 0.340은 가치가 있었다.

기본기록

연도	경기	타석	타수	안타	2루타	3루타	홈런	타점	득점	볼넷	사구	삼진	도루	도루자	타율	출루율	장타율	OPS	WAR	WPA
2021	69	203	185	44	9	0	4	24	20	10	4	42	2	1	0.238	0.286	0.351	0.637	-0.20	-0.97
2022	30	100	95	21	5	0	4	9	4	0	2	22	0	3	0.221	0.250	0.337	0.587	-0.36	-0.54
2023	69	182	165	42	7	0	5	18	20	13	2	29	1	1	0.255	0.313	0.388	0.701	0.44	-0.75
통산	649	2171	2010	541	87	2	92	314	259	113	25	430	24	17	0.269	0.314	0.452	0.766	5.00	-3.42

구종별기록

상황	상대%	타구속도	상하 각도	타율	장타율	땅볼%	뜬공%	강한타구%
직구	36.3%	134.9	25.1	0.274	0.419	31.8%	68.2%	33.3%
커브	11.2%	118.6	26.0	0.167	0.389	54.5%	45.5%	9.1%
슬라이더	27.0%	127.8	18.3	0.190	0.214	52.4%	47.6%	16.7%
체인지업	12.8%	131.5	26.1	0.389	0.611	57.1%	42.9%	8.3%
포크	5.0%	117.5	20.7	0.429	0.429	50.0%	50.0%	0.0%
싱커								
투심	3.4%	130.4	54.4	0.400	1.200	33.3%	66.7%	0.0%
너클								
커터	4.4%	121.8	29.8	0.100	0.100	42.9%	57.1%	16.7%
스플리터								

상황별기록

구분	타석	홈런/9	볼넷/9	삼진/9	타율	출루율	장타율	OPS
전반기	124	4.0%	8.9%	15.3%	0.266	0.339	0.431	0.770
후반기	58	0.0%	3.4%	17.2%	0.232	0.259	0.304	0.563
vs 좌	63	1.6%	12.7%	11.1%	0.340	0.429	0.472	0.901
vs 우	119	3.4%	4.2%	18.5%	0.214	0.252	0.348	0.600
주자없음	96	3.1%	8.3%	19.8%	0.250	0.313	0.409	0.722
주자있음	86	2.3%	5.8%	11.6%	0.260	0.314	0.364	0.678
득점권	49	2.0%	6.1%	8.2%	0.186	0.245	0.279	0.524
노아웃	66	3.0%	4.5%	12.1%	0.288	0.333	0.424	0.757
원아웃	69	2.9%	5.8%	17.4%	0.185	0.232	0.292	0.524
투아웃	47	2.1%	12.8%	19.1%	0.317	0.404	0.488	0.892

김동진 내야수 3

신장	184	체중	84	생일	1996.12.18	투타	우투좌타	지명	2021 삼성 2차 5라운드 43순위
연봉	3,100-3,300-4,500			학교	영랑초-설악중-설악고				

● 독립리그를 거쳐 2021년 25세 나이에 첫 프로 계약을 했다. 첫 두 시즌 1군 5경기 출장에 그쳤지만 지난해 본격적으로 선을 보였다. 김지찬이 빠졌을 때 선발 2루수로 23경기 출장했다. 김지찬처럼 파워는 떨어지지만 배트에 공을 맞추는 능력이 있다. 수비 능력도 김지찬과 비슷하다는 점은 좋지 않다.

기본기록

연도	경기	타석	타수	안타	2루타	3루타	홈런	타점	득점	볼넷	사구	삼진	도루	도루자	타율	출루율	장타율	OPS	WAR	WPA
2021																				
2022	5	4	4	1	0	0	0	0	2	0	0	0	0	0	0.250	0.250	0.500	0.750	0.01	-0.05
2023	44	137	122	32	7	0	0	8	14	9	1	26	3	0	0.262	0.313	0.320	0.633	0.29	-1.39
통산	49	141	126	33	8	0	0	8	14	9	1	28	3	0	0.262	0.312	0.325	0.637	0.30	-1.44

구종별기록

상황	상대%	타구속도	상하 각도	타율	장타율	땅공볼%	뜬공%	강한타구%
직구	39.0%	127.1	7.2	0.342	0.368	68.2%	31.8%	17.9%
커브	8.9%	110.6	51.7	0.000	0.000	50.0%	50.0%	0.0%
슬라이더	19.7%	131.4	5.3	0.250	0.400	77.8%	22.2%	0.0%
체인지업	16.0%	138.4	14.5	0.077	0.154	57.1%	42.9%	28.6%
포크	8.9%	123.7	12.9	0.333	0.467	75.0%	25.0%	12.5%
싱커								
투심	2.6%	147.0	0.0	0.333	0.333	100.0%	0.0%	50.0%
너클								
커터	4.9%	109.4	16.2	0.143	0.143	50.0%	50.0%	0.0%
스플리터								

상황별기록

구분	타석	홈런/9	볼넷/9	삼진/9	타율	출루율	장타율	OPS
전반기	61	0.0%	0.0%	18.0%	0.281	0.288	0.298	0.586
후반기	76	0.0%	11.8%	19.7%	0.246	0.333	0.338	0.671
vs 좌	40	0.0%	5.0%	12.5%	0.278	0.325	0.278	0.603
vs 우	97	0.0%	7.2%	21.6%	0.256	0.309	0.337	0.646
주자없음	68	0.0%	5.9%	22.1%	0.302	0.353	0.397	0.750
주자있음	69	0.0%	7.2%	15.9%	0.220	0.273	0.237	0.510
득점권	43	0.0%	7.0%	18.6%	0.250	0.293	0.278	0.571
노아웃	41	0.0%	4.9%	12.2%	0.389	0.421	0.472	0.893
원아웃	47	0.0%	6.4%	23.4%	0.244	0.298	0.268	0.566
투아웃	49	0.0%	8.2%	20.4%	0.178	0.245	0.244	0.489

김성윤 외야수 39

신장	163	체중	62	생일	1999.02.02	투타	좌투좌타	지명	2017 삼성 2차 4라운드 39순위
연봉	3,800-4,300-10,000			학교	창신초(부산진구리틀)-원동중-포항제철고				

● 2023년 삼성에서 기량이 가장 향상된 선수다. 2017년 입단 뒤 2022년까지 통산 타율은 0.173. 지난해 0.314로 환골탈태했다. 타율과 BABIP(0.352)의 차이도 크지 않았다. 체격이 좋아지며 배트 스피드가 향상됐다. 공을 배트에 맞추는 능력이 있다. 도루 20개를 기록한 스피드는 수비에서도 장점이다.

기본기록

연도	경기	타석	타수	안타	2루타	3루타	홈런	타점	득점	볼넷	사구	삼진	도루	도루자	타율	출루율	장타율	OPS	WAR	WPA
2021	30	19	18	3	0	0	0	2	7	0	0	5	0	1	0.167	0.158	0.167	0.325	-0.41	-0.40
2022	48	49	42	8	3	0	0	2	14	5	1	10	6	2	0.190	0.292	0.333	0.625	0.24	-0.29
2023	101	272	245	77	4	6	3	28	40	14	4	35	20	4	0.314	0.354	0.404	0.758	1.58	-0.04
통산	211	365	326	91	8	6	3	34	58	22	6	59	30	7	0.279	0.331	0.377	0.708	1.29	-0.95

구종별기록

상황	상대%	타구속도	상하 각도	타율	장타율	땅공볼%	뜬공%	강한타구%
직구	43.6%	133.9	14.7	0.347	0.453	54.4%	45.6%	13.6%
커브	7.8%	129.0	15.8	0.235	0.235	71.4%	28.6%	0.0%
슬라이더	20.7%	137.1	10.9	0.408	0.531	65.0%	35.0%	20.0%
체인지업	9.7%	126.2	15.2	0.238	0.333	60.0%	40.0%	13.3%
포크	7.8%	119.2	12.6	0.200	0.200	45.5%	54.5%	9.1%
싱커								
투심	5.8%	140.4	8.1	0.273	0.273	85.7%	14.3%	0.0%
너클								
커터	4.7%	135.7	4.0	0.333	0.333	60.0%	40.0%	20.0%
스플리터								

상황별기록

구분	타석	홈런/9	볼넷/9	삼진/9	타율	출루율	장타율	OPS
전반기	78	0.0%	7.7%	15.4%	0.217	0.273	0.304	0.577
후반기	194	1.0%	4.1%	11.9%	0.352	0.387	0.443	0.830
vs 좌	70	0.0%	7.1%	12.9%	0.349	0.397	0.381	0.778
vs 우	202	1.0%	5.0%	12.9%	0.302	0.340	0.412	0.752
주자없음	150	1.3%	6.0%	17.3%	0.321	0.367	0.421	0.788
주자있음	122	0.0%	4.1%	7.4%	0.305	0.339	0.381	0.720
득점권	67	0.0%	3.0%	6.0%	0.293	0.303	0.397	0.700
노아웃	79	2.5%	1.3%	10.1%	0.408	0.400	0.507	0.907
원아웃	121	0.0%	5.8%	14.0%	0.312	0.364	0.385	0.749
투아웃	72	0.0%	8.3%	13.9%	0.215	0.292	0.323	0.615

김영웅 내야수 30

신장	183	체중	81	생일	2003.08.24	투타	우투좌타	지명	2022 삼성 2차 1라운드 3순위
연봉	3,000-3,200-3,800			학교	공주중동초—야로중—물금고				

● 드래프트 1라운드 출신 21세 유망주. 파워히터 잠재력이 있다. 2022년 9월 13일 데뷔전 첫 타석에서 홈런을 날렸다. 두 시즌 연속 타율 1할대로 아직 기량을 가다듬어야 한다. 콘택트 비율 65.3%는 100+타석 기준 리그에서 세 번째로 나빴다. 체인지업에 특히 약했다. 시즌 초 주전 유격수 역할을 해야 한다.

기본기록

연도	경기	타석	타수	안타	2루타	3루타	홈런	타점	득점	볼넷	사구	삼진	도루	도루자	타율	출루율	장타율	OPS	WAR	WPA
2021																				
2022	13	15	15	2	0	0	1	1	2	0	0	7	0	0	0.133	0.133	0.333	0.466	-0.18	-0.19
2023	55	103	91	17	6	0	2	12	11	8	0	28	1	0	0.187	0.250	0.319	0.569	-0.50	-0.76
통산	68	118	106	19	6	0	3	13	13	8	0	35	1	0	0.179	0.235	0.321	0.556	-0.67	-0.95

구종별기록

상황	상대%	타구속도	각도	타율	장타율	땅볼%	뜬공%	강한타구%
직구	43.7%	134.9	25.8	0.242	0.394	30.0%	70.0%	19.2%
커브	11.4%	127.4	13.0	0.111	0.222	33.3%	66.7%	25.0%
슬라이더	19.4%	129.1	24.0	0.190	0.333	50.0%	50.0%	16.7%
체인지업	12.4%	134.9	19.1	0.067	0.067	50.0%	50.0%	14.3%
포크	4.0%	137.0	-13.3	0.000	0.000	100.0%	0.0%	0.0%
싱커								
투심	5.2%	141.5	15.8	0.000	0.000	50.0%	50.0%	0.0%
너클								
커터	4.0%	141.1	4.9	1.000	2.000			
스플리터								

상황별기록

구분	타석	홈런/9	볼넷/9	삼진/9	타율	출루율	장타율	OPS
전반기	70	1.4%	5.7%	22.9%	0.175	0.224	0.270	0.494
후반기	33	3.0%	12.1%	36.4%	0.214	0.303	0.429	0.732
vs 좌	18	11.1%	16.7%	33.3%	0.214	0.353	0.643	0.996
vs 우	85	0.0%	5.9%	25.9%	0.182	0.229	0.260	0.489
주자없음	52	1.9%	5.8%	30.8%	0.184	0.231	0.327	0.558
주자있음	51	2.0%	9.8%	23.5%	0.190	0.271	0.310	0.581
득점권	26	3.8%	11.5%	23.1%	0.227	0.308	0.455	0.763
노아웃	42	2.4%	4.8%	28.6%	0.189	0.231	0.351	0.582
원아웃	31	0.0%	16.1%	29.0%	0.160	0.290	0.240	0.530
투아웃	30	3.3%	3.3%	23.3%	0.207	0.233	0.345	0.578

김재성 포수 2

신장	185	체중	85	생일	1996.10.30	투타	우투좌타	지명	2015 LG 1차
연봉	4,500-7,500-7,000			학교	신광초—성남중—덕수고				

● 2021년 12월 FA 박해민의 보상선수로 삼성 유니폼을 입었다. 이듬해 185타석에서 타율 0.335로 대단했다. 하지만 지난해 타율은 1할대로 떨어졌다. 2022년 BABIP이 0.422로 비정상적이었다는 점에서 강한울과 같은 경로를 밟았다. 타구속도도 평범했다. 포구와 도루저지 능력이 좋은 포수라는 강점이 있다.

기본기록

연도	경기	타석	타수	안타	2루타	3루타	홈런	타점	득점	볼넷	사구	삼진	도루	도루자	타율	출루율	장타율	OPS	WAR	WPA
2021	58	73	65	9	2	1	0	3	6	5	1	13	1	0	0.138	0.208	0.246	0.454	-0.38	-0.80
2022	63	185	161	54	10	3	0	26	16	16	2	40	1	0	0.335	0.402	0.453	0.855	1.45	0.00
2023	57	125	99	19	3	0	1	7	7	19	5	31	0	0	0.192	0.350	0.253	0.603	0.20	-0.64
통산	190	397	336	83	15	1	5	37	29	45	8	88	1	0	0.247	0.346	0.342	0.688	1.23	-1.40

구종별기록

상황	상대%	타구속도	각도	타율	장타율	땅볼%	뜬공%	강한타구%
직구	48.3%	129.2	27.8	0.211	0.263	34.8%	65.2%	7.4%
커브	9.0%	122.4	29.3	0.143	0.143	66.7%	33.3%	0.0%
슬라이더	19.6%	120.7	30.1	0.059	0.059	28.6%	71.4%	0.0%
체인지업	11.0%	126.4	23.8	0.200	0.467	80.0%	20.0%	0.0%
포크	4.8%	143.6	27.4	0.250	0.250	0.0%	100.0%	0.0%
싱커								
투심	2.8%	142.3	15.4	0.143	0.143	50.0%	50.0%	0.0%
너클								
커터	4.6%	134.8	19.6	0.200	0.200	75.0%	25.0%	0.0%
스플리터								

상황별기록

구분	타석	홈런/9	볼넷/9	삼진/9	타율	출루율	장타율	OPS
전반기	70	1.4%	14.3%	24.3%	0.228	0.371	0.333	0.704
후반기	55	0.0%	16.4%	25.5%	0.143	0.321	0.143	0.464
vs 좌	38	2.6%	21.1%	18.4%	0.138	0.342	0.241	0.583
vs 우	87	0.0%	12.6%	27.6%	0.214	0.353	0.257	0.610
주자없음	71	0.0%	14.1%	28.2%	0.214	0.380	0.250	0.630
주자있음	54	1.9%	16.7%	20.4%	0.163	0.308	0.256	0.564
득점권	35	0.0%	25.7%	28.6%	0.192	0.400	0.231	0.631
노아웃	42	0.0%	19.0%	26.2%	0.161	0.350	0.194	0.544
원아웃	46	2.2%	15.2%	21.7%	0.189	0.348	0.297	0.645
투아웃	37	0.0%	10.8%	27.0%	0.226	0.351	0.258	0.609

김현준 외야수 41

신장	178	체중	78	생일	2002.10.11	투타	좌투좌타	지명	2021 삼성 2차 9라운드 83순위
연봉	3,300-8,000-14,000			학교	가산초(부산진구리틀)—센텀중—개성고				

● 주전 중견수 2년차 시즌은 첫 시즌과 비슷했다. 성장이 기대됐지만 시범경기에서 유구골 부상을 당한 게 아쉬웠다. 5월 19일 시즌 데뷔전에서 커리어 1호 홈런을 날렸다. 파워보다는 출루 능력이 강점이다. 볼넷/타석 비율이 10.7%에서 지난해 6.3%로 감소한 건 우려된다. 수비에선 아직 보완할 점이 있다.

기본기록

연도	경기	타석	타수	안타	2루타	3루타	홈런	타점	득점	볼넷	사구	삼진	도루	도루자	타율	출루율	장타율	OPS	WAR	WPA
2021	13	4	4	1	0	0	0	0	0	0	0	1	0	0	0.250	0.250	0.250	0.500	-0.03	-0.02
2022	118	422	363	100	19	4	0	22	57	45	6	80	6	3	0.275	0.365	0.350	0.715	2.53	-0.14
2023	109	479	433	119	10	6	3	46	62	30	5	84	5	5	0.275	0.327	0.346	0.673	1.49	-1.47
통산	240	905	800	220	29	10	3	68	121	75	11	164	11	8	0.275	0.344	0.348	0.692	4.00	-1.63

구종별기록

상황	상대%	타구속도	상하 각도	타율	장타율	땅볼%	뜬공%	강한타구%
직구	46.0%	128.1	13.8	0.287	0.312	65.2%	34.8%	6.9%
커브	9.2%	128.2	9.2	0.121	0.182	73.3%	26.7%	6.3%
슬라이더	20.2%	126.6	16.6	0.310	0.452	58.5%	41.5%	4.2%
체인지업	10.3%	126.2	13.9	0.192	0.231	56.8%	43.2%	2.9%
포크	7.2%	136.8	14.6	0.290	0.419	71.4%	28.6%	0.0%
싱커								
투심	3.1%	130.7	10.5	0.444	0.611	90.0%	10.0%	18.2%
너클								
커터 스플리터	4.0%	126.3	27.1	0.125	0.125	45.5%	54.5%	11.1%

상황별기록

구분	타석	홈런/9	볼넷/9	삼진/9	타율	출루율	장타율	OPS
전반기	195	1.0%	6.2%	20.5%	0.303	0.356	0.377	0.733
후반기	284	0.4%	6.3%	15.5%	0.256	0.307	0.326	0.633
vs 좌	166	0.6%	6.6%	21.1%	0.248	0.302	0.315	0.617
vs 우	313	0.6%	6.1%	15.7%	0.289	0.340	0.363	0.703
주자없음	269	0.4%	4.8%	20.1%	0.268	0.309	0.319	0.628
주자있음	210	1.0%	8.1%	14.3%	0.285	0.351	0.385	0.736
득점권	125	1.6%	8.8%	13.6%	0.288	0.364	0.413	0.777
노아웃	196	0.5%	3.6%	18.4%	0.283	0.314	0.350	0.664
원아웃	155	0.6%	5.2%	20.0%	0.248	0.297	0.291	0.588
투아웃	128	1.6%	11.7%	13.3%	0.295	0.383	0.411	0.794

류지혁 내야수 16

신장	181	체중	75	생일	1994.01.13	투타	우투좌타	지명	2012 두산 4라운드 36순위
연봉	105,00-15,500-20,000			학교	청원초—선린중—충암고				

● 지난해 7월 5일 포수 김태군의 상대로 KIA에서 트레이드 이적했다. 지난해만 놓고 보면 삼성이 승리한 트레이드였다. 이적 뒤 sWAR 0.83승으로 김태군(-0.39)보다 더 나았다. 커리어 최다인 26도루를 성공시켰다. 삼성에선 22번 시도에서 모두 베이스를 훔쳤다. 내야 전 포지션을 소화하는 유틸리티다.

기본기록

연도	경기	타석	타수	안타	2루타	3루타	홈런	타점	득점	볼넷	사구	삼진	도루	도루자	타율	출루율	장타율	OPS	WAR	WPA
2021	92	327	273	76	8	0	2	34	37	42	7	46	0	0	0.278	0.385	0.330	0.715	1.56	-0.79
2022	127	477	405	111	19	2	2	48	55	56	6	83	8	4	0.274	0.369	0.346	0.715	1.99	-0.54
2023	132	522	455	122	11	1	2	45	63	46	5	73	26	2	0.268	0.340	0.310	0.650	1.42	-3.60
통산	853	2443	2100	568	72	9	14	230	353	229	48	377	70	21	0.270	0.353	0.333	0.686	7.22	-7.35

구종별기록

상황	상대%	타구속도	상하 각도	타율	장타율	땅볼%	뜬공%	강한타구%
직구	43.9%	130.3	9.9	0.307	0.325	67.7%	32.3%	10.2%
커브	8.2%	128.4	9.9	0.233	0.267	66.7%	33.3%	6.7%
슬라이더	19.8%	130.7	10.0	0.220	0.280	59.6%	40.4%	10.6%
체인지업	10.9%	119.5	26.6	0.178	0.178	34.4%	65.6%	3.0%
포크	8.3%	121.5	12.0	0.250	0.250	63.6%	36.4%	0.0%
싱커								
투심	5.0%	138.9	3.3	0.350	0.400	81.8%	18.2%	7.7%
너클								
커터 스플리터	3.9%	135.0	14.2	0.179	0.214	60.0%	40.0%	18.8%

상황별기록

구분	타석	홈런/9	볼넷/9	삼진/9	타율	출루율	장타율	OPS
전반기	279	0.0%	10.0%	17.6%	0.260	0.343	0.298	0.641
후반기	243	0.8%	7.4%	9.1%	0.277	0.336	0.324	0.660
vs 좌	148	0.0%	7.4%	21.6%	0.244	0.315	0.260	0.575
vs 우	374	0.5%	9.4%	11.0%	0.278	0.350	0.330	0.680
주자없음	292	0.3%	9.6%	16.4%	0.246	0.329	0.292	0.621
주자있음	230	0.4%	7.8%	10.9%	0.297	0.355	0.333	0.688
득점권	140	0.7%	10.0%	14.3%	0.271	0.341	0.322	0.663
노아웃	223	0.0%	8.5%	15.7%	0.216	0.291	0.237	0.528
원아웃	140	0.7%	9.3%	13.6%	0.352	0.414	0.410	0.824
투아웃	159	0.6%	8.8%	11.9%	0.266	0.340	0.322	0.662

안주형 내야수 14

신장	176	체중	68	생일	1993.08.14	투타	우투좌타	지명	2016 삼성 육성선수
연봉	3,300-3,800-5,200			학교	부산중앙초-부산중-부경고-영남대				

● 육성선수 출신으로 지난해 1군에서 가장 많은 경기에 출장했다. 10월 4일 대구 한화전에서 프로 1호 홈런을 날렸다. 통산 2군 340경기에서도 홈런이 없었다. 슬라이더 공략이 뛰어났다. 지난해 이 구종에 타율 0.353을 기록했다. 유틸리티 내야수로 2루가 본업이다. 여러 삼성 2루수가 그렇듯 수비는 불안했다.

기본기록

연도	경기	타석	타수	안타	2루타	3루타	홈런	타점	득점	볼넷	사구	삼진	도루	도루자	타율	출루율	장타율	OPS	WAR	WPA
2021	1	0	0	0	0	0	0	0	0	0	0	0	0	0	-	-	-	-	0.00	0.00
2022	18	23	20	3	0	0	2	2	1	0	0	6	0	0	0.150	0.182	0.150	0.332	-0.13	-0.23
2023	53	91	79	19	2	0	1	10	12	10	0	20	0	0	0.241	0.322	0.304	0.626	0.09	-0.71
통산	97	132	117	27	3	0	1	15	16	11	0	30	1	1	0.231	0.292	0.282	0.574	-0.33	-1.31

구종별기록

상황	상대%	타구속도	상하 각도	타율	장타율	땅볼%	뜬공%	강한타구%
직구	49.2%	127.4	20.3	0.265	0.324	66.7%	33.3%	0.0%
커브	8.2%	-	-	0.000	0.000	100.0%	0.0%	-
슬라이더	20.8%	122.6	14.4	0.353	0.353	33.3%	66.7%	0.0%
체인지업	10.7%	131.5	16.5	0.273	0.545	33.3%	66.7%	0.0%
포크	7.1%	143.5	4.7	0.000	0.000	83.3%	16.7%	0.0%
싱커								
투심	2.7%	149.9	-4.4	0.000	0.000	100.0%	0.0%	0.0%
너클								
커터	1.4%	131.2	19.9	1.000	1.000	-	-	0.0%
스플리터								

상황별기록

구분	타석	홈런/9	볼넷/9	삼진/9	타율	출루율	장타율	OPS
전반기	44	0.0%	9.1%	25.0%	0.263	0.326	0.289	0.615
후반기	47	2.1%	12.8%	19.1%	0.220	0.319	0.317	0.636
vs 좌	30	0.0%	10.0%	30.0%	0.259	0.333	0.259	0.592
vs 우	61	1.6%	11.5%	18.0%	0.231	0.317	0.327	0.644
주자없음	39	2.6%	7.7%	20.5%	0.222	0.282	0.361	0.643
주자있음	52	0.0%	15.4%	15.4%	0.256	0.353	0.256	0.609
득점권	30	0.0%	16.7%	16.7%	0.292	0.400	0.292	0.692
노아웃	29	3.4%	6.9%	20.7%	0.154	0.214	0.269	0.483
원아웃	28	0.0%	17.9%	14.3%	0.364	0.464	0.409	0.873
투아웃	34	0.0%	8.8%	29.4%	0.226	0.294	0.258	0.552

이재현 내야수 7

신장	180	체중	82	생일	2003.02.04	투타	우투우타	지명	2022 삼성 1차
연봉	3,000-6,000-14,000			학교	서울이수초-선린중-서울고				

● 프로 두 번째 시즌에 12홈런, OPS 0.708로 활약했다. sWAR 2.23승은 역대 20세 이하 유격수 중 9위. 8위가 1987년의 장종훈이었다. 유격수 수비는 sWAR 기준 이도윤과 박찬호에 이어 리그에서 세 번째로 좋았다. 지난해 10월 어깨 수술을 받아 초반 결장한다. 8월 부상을 당한 뒤에도 출장을 강행했다.

기본기록

연도	경기	타석	타수	안타	2루타	3루타	홈런	타점	득점	볼넷	사구	삼진	도루	도루자	타율	출루율	장타율	OPS	WAR	WPA
2021																				
2022	75	239	230	54	4	0	7	23	23	5	1	44	0	0	0.235	0.254	0.343	0.597	-0.10	-1.57
2023	143	538	458	114	19	2	12	60	61	52	6	89	5	4	0.249	0.330	0.378	0.708	1.95	-1.27
통산	218	777	688	168	23	2	19	83	84	57	7	133	5	4	0.244	0.306	0.366	0.672	1.85	-2.84

구종별기록

상황	상대%	타구속도	상하 각도	타율	장타율	땅볼%	뜬공%	강한타구%
직구	43.3%	135.7	24.4	0.237	0.389	41.6%	58.4%	13.1%
커브	9.3%	119.9	24.6	0.206	0.265	33.3%	66.7%	4.3%
슬라이더	20.4%	128.1	27.6	0.256	0.349	43.1%	56.9%	7.4%
체인지업	11.0%	129.5	26.4	0.192	0.442	50.0%	50.0%	6.5%
포크	4.8%	125.6	18.2	0.333	0.375	50.0%	50.0%	8.3%
싱커								
투심	7.1%	139.4	17.9	0.429	0.571	66.7%	33.3%	28.6%
너클								
커터	4.1%	123.7	33.8	0.267	0.267	37.5%	62.5%	10.0%
스플리터								

상황별기록

구분	타석	홈런/9	볼넷/9	삼진/9	타율	출루율	장타율	OPS
전반기	306	2.3%	6.9%	19.3%	0.227	0.284	0.352	0.636
후반기	232	2.2%	13.4%	12.9%	0.281	0.389	0.416	0.805
vs 좌	166	1.8%	9.6%	18.7%	0.221	0.311	0.359	0.670
vs 우	372	2.4%	9.7%	15.6%	0.262	0.338	0.387	0.725
주자없음	283	3.5%	9.9%	17.3%	0.262	0.343	0.425	0.768
주자있음	255	0.8%	9.4%	15.7%	0.233	0.314	0.320	0.634
득점권	155	0.6%	10.3%	18.1%	0.240	0.322	0.328	0.650
노아웃	181	1.1%	8.3%	13.8%	0.216	0.297	0.270	0.567
원아웃	195	4.1%	12.8%	18.5%	0.272	0.364	0.494	0.858
투아웃	162	1.2%	7.4%	17.3%	0.257	0.321	0.358	0.679

김서준 투수 53

| 신장 | 183 | 체중 | 78 | 생일 | 2003.09.01 | 투타 | 우투우타 | 지명 | 2022 삼성 2차 5라운드 43순위 |
| 연봉 | 3,000-3,300-3,400 | | | 학교 | 희망대초-대원중-경기항공고 | | | | |

연도	경기	선발	QS	승	패	세이브	BS	홀드	이닝	피안타	피홈런	4사구	삼진	피안타율	WHIP	피OPS	FIP	ERA	WAR	WPA
2021																				
2022	3	0	0	0	0	0	0	0	2 2/3	6	1	5	2	0.429	3.75	1.365	12.34	10.13	-0.12	-0.03
2023	8	1	0	0	1	0	0	1	7 2/3	9	0	8	2	0.290	1.96	0.791	6.05	7.04	-0.08	-0.44
통산	11	1	0	0	1	0	0	1	10 1/3	15	1	13	4	0.333	2.42	0.972	7.65	7.84	-0.21	-0.47

김시현 투수 48

| 신장 | 181 | 체중 | 89 | 생일 | 1998.0926 | 투타 | 우투우타 | 지명 | 2017 삼성 2차 3라운드 29순위 |
| 연봉 | 0-3,700-3,700 | | | 학교 | 백운초-건대부중-강릉고 | | | | |

연도	경기	선발	QS	승	패	세이브	BS	홀드	이닝	피안타	피홈런	4사구	삼진	피안타율	WHIP	피OPS	FIP	ERA	WAR	WPA
2021																				
2022																				
2023	2	0	0	0	0	0	0	0	3	6	2	2	2	0.400	2.67	1.338	12.78	12.00	-0.14	-0.02
통산	37	0	0	0	0	0	0	0	45 2/3	61	11	32	33	0.333	1.93	1.001	7.39	7.29	-0.49	0.31

박권후 투수 49

| 신장 | 184 | 체중 | 80 | 생일 | 2004.05.28 | 투타 | 우투우타 | 지명 | 2023 삼성 2라운드 18순위 |
| 연봉 | 3,000-3,100 | | | 학교 | 진북초-전라중-전주고 | | | | |

연도	경기	선발	QS	승	패	세이브	BS	홀드	이닝	피안타	피홈런	4사구	삼진	피안타율	WHIP	피OPS	FIP	ERA	WAR	WPA
2021																				
2022																				
2023	4	0	0	0	0	0	0	0	2 2/3	4	1	1	0	0.333	1.88	0.968	9.44	3.38	-0.05	-0.01
통산	4	0	0	0	0	0	0	0	2 2/3	4	1	1	0	0.333	1.88	0.968	9.44	3.38	-0.05	-0.01

박준용 투수 66

| 신장 | 184 | 체중 | 92 | 생일 | 2003.12.19 | 투타 | 우투우타 | 지명 | 2024 삼성 2라운드 14순위 |
| 연봉 | 3,000 | | | 학교 | 북삼초(구미시리틀)-구미중-경북고-수성대 | | | | |

연도	경기	선발	QS	승	패	세이브	BS	홀드	이닝	피안타	피홈런	4사구	삼진	피안타율	WHIP	피OPS	FIP	ERA	WAR	WPA
2021																				
2022																				
2023																				
통산																				

서현원 투수 28

| 신장 | 187 | 체중 | 78 | 생일 | 2004.02.28 | 투타 | 우투우타 | 지명 | 2023 삼성 3라운드 23순위 |
| 연봉 | 3,000-3,000 | | | 학교 | 석교초-세광중-세광고 | | | | |

연도	경기	선발	QS	승	패	세이브	BS	홀드	이닝	피안타	피홈런	4사구	삼진	피안타율	WHIP	피OPS	FIP	ERA	WAR	WPA
2021																				
2022																				
2023																				
통산																				

양현 투수 19

신장	189	체중	104	생일	1992.08.23	투타	우언우타	지명	2011 두산 10라운드 73순위
연봉	10,000-8,500-9,000			학교	영랑초-한밭중-대전고				

연도	경기	선발	QS	승	패	세이브	BS	홀드	이닝	피안타	피홈런	4사구	삼진	피안타율	WHIP	피OPS	FIP	ERA	WAR	WPA
2021	45	0	0	1	2	0	0	5	48	59	3	27	22	0.312	1.77	0.807	4.66	4.69	-0.10	-0.13
2022	25	0	0	3	2	2	1	5	36 2/3	39	4	18	14	0.273	1.53	0.740	5.30	5.15	-0.24	0.08
2023	54	0	0	5	0	1	8	57	83	5	21	16	0.356	1.82	0.878	5.07	5.05	-0.46	-0.86
통산	260	5	0	14	14	4	6	35	290 1/3	328	24	118	139	0.295	1.50	0.765	4.74	4.06	1.90	-0.45

육선엽 투수 4

신장	190	체중	90	생일	2005.07.13	투타	우투우타	지명	2024 삼성 1라운드 4순위
연봉	3,000			학교	백마초-서울신월중-장충고				

연도	경기	선발	QS	승	패	세이브	BS	홀드	이닝	피안타	피홈런	4사구	삼진	피안타율	WHIP	피OPS	FIP	ERA	WAR	WPA
2021																				
2022																				
2023																				
통산																				

이상민 투수 15

신장	180	체중	85	생일	1990.11.04	투타	좌투좌타	지명	2013 NC 7라운드 66순위
연봉	5,500-7,500-6,500			학교	남도초(수성리틀)-대구중-경북고-동의대				

연도	경기	선발	QS	승	패	세이브	BS	홀드	이닝	피안타	피홈런	4사구	삼진	피안타율	WHIP	피OPS	FIP	ERA	WAR	WPA
2021	30	0	0	1	1	0	0	3	24 2/3	28	2	14	14	0.295	1.70	0.824	4.95	4.74	-0.01	0.44
2022	46	0	0	0	0	0	1	9	29 1/3	30	5	18	23	0.254	1.53	0.799	5.73	3.68	0.17	0.45
2023	23	0	0	2	0	0	1	18	32	2	3	17	0.405	1.94	0.966	3.50	8.50	-0.29	-0.41
통산	157	1	0	3	4	0	2	16	115 1/3	148	17	67	90	0.314	1.79	0.887	5.58	6.24	-0.48	0.14

이승민 투수 35

신장	174	체중	79	생일	2000.08.26	투타	좌투좌타	지명	2020 삼성 2차 4라운드 35순위
연봉	4,100-4,100-4,100			학교	본리초-경상중-대구고				

연도	경기	선발	QS	승	패	세이브	BS	홀드	이닝	피안타	피홈런	4사구	삼진	피안타율	WHIP	피OPS	FIP	ERA	WAR	WPA
2021	11	1	1	4	0	0			35 2/3	50	6	21	22	0.336	1.91	0.920	6.05	8.58	-0.49	-0.74
2022	2	0	0	0	0	0			5 1/3	2	0	5	2	0.111	1.31	0.471	5.40	1.69	0.08	0.14
2023																				
통산	20	16	2	2	7	0	0	0	67 1/3	86	11	45	40	0.313	1.90	0.890	6.31	7.35	-0.32	-0.94

이승현 투수 57

신장	183	체중	102	생일	2002.05.19	투타	좌투좌타	지명	2021 삼성 1차
연봉	5,500-8,000-7,000			학교	남도초-경복중-대구상원고				

연도	경기	선발	QS	승	패	세이브	BS	홀드	이닝	피안타	피홈런	4사구	삼진	피안타율	WHIP	피OPS	FIP	ERA	WAR	WPA
2021	41	0	0	1	4	0	1	7	39 1/3	35	3	26	46	0.246	1.47	0.725	3.97	5.26	0.17	0.15
2022	58	0	0	2	4	1	3	14	47 2/3	43	5	24	57	0.235	1.34	0.705	3.70	4.53	0.28	-0.81
2023	48	0	0	1	5	5	4	7	43 1/3	41	6	31	37	0.252	1.62	0.768	5.61	4.98	-0.25	-0.62
통산	147	0	0	4	13	6	8	28	130 1/3	119	14	81	140	0.244	1.47	0.732	4.42	4.90	0.21	-1.28

이호성 투수 55

| 신장 | 184 | 체중 | 87 | 생일 | 2004.08.14 | 투타 | 우투우타 | 지명 | 2023 삼성 1라운드 8순위 |

연봉 3,000-3,200 학교 도원초(부천소사리틀)-동인천중-인천고

연도	경기	선발	QS	승	패	세이브	BS	홀드	이닝	피안타	피홈런	4사구	삼진	피안타율	WHIP	피OPS	FIP	ERA	WAR	WPA
2021																				
2022																				
2023	5	2	0	1	0	0	0	0	17	11	1	10	11	0.190	1.24	0.649	4.68	2.65	0.34	0.25
통산	5	2	0	1	0	0	0	0	17	11	1	10	11	0.190	1.24	0.649	4.68	2.65	0.34	0.25

정민성 투수 67

| 신장 | 184 | 체중 | 98 | 생일 | 2005.05.09 | 투타 | 우투우타 | 지명 | 2024 삼성 4라운드 34순위 |

연봉 3,000 학교 군산중앙초-군산중-군산상일고

연도	경기	선발	QS	승	패	세이브	BS	홀드	이닝	피안타	피홈런	4사구	삼진	피안타율	WHIP	피OPS	FIP	ERA	WAR	WPA
2021																				
2022																				
2023																				
통산																				

최성훈 투수 54

| 신장 | 178 | 체중 | 75 | 생일 | 1989.10.11 | 투타 | 좌투좌타 | 지명 | 2012 LG 2라운드 16순위 |

연봉 10,500-13,000-10,000 학교 가동초-잠신중-경기고-경희대

연도	경기	선발	QS	승	패	세이브	BS	홀드	이닝	피안타	피홈런	4사구	삼진	피안타율	WHIP	피OPS	FIP	ERA	WAR	WPA
2021	46	0	0	1	1	0	0	3	40 2/3	40	2	20	33	0.255	1.45	0.687	3.75	2.43	0.73	0.17
2022	45	0	0	0	0	0	0	6	33 1/3	23	1	16	22	0.195	1.08	0.577	3.67	2.16	0.63	0.64
2023	5	0	0	0	0	1	0	0	3	7	0	1	2	0.438	2.67	1.034	3.11	15.00	-0.12	0.07
통산	269	6	1	8	8	2	0	23	247	272	17	125	144	0.283	1.55	0.763	4.66	3.97	0.92	1.47

최충연 투수 51

| 신장 | 190 | 체중 | 85 | 생일 | 1997.03.05 | 투타 | 우투우타 | 지명 | 2016 삼성 1차 |

연봉 4,500-5,500-4,700 학교 대구수창초-대구중-경북고

연도	경기	선발	QS	승	패	세이브	BS	홀드	이닝	피안타	피홈런	4사구	삼진	피안타율	WHIP	피OPS	FIP	ERA	WAR	WPA
2021																				
2022	38	0	0	1	0	0	0	0	38 1/3	39	3	25	29	0.265	1.54	0.776	4.57	4.70	-0.03	-0.46
2023	7	0	0	0	0	0	0	0	9 1/3	10	3	10	8	0.278	1.82	0.991	9.12	4.82	-0.21	-0.04
통산	194	11	0	5	19	9	5	23	261	287	28	172	259	0.278	1.67	0.809	4.91	5.90	1.37	-1.31

최하늘 투수 37

| 신장 | 190 | 체중 | 99 | 생일 | 1999.03.26 | 투타 | 우언우타 | 지명 | 2018 롯데 2차 7라운드 63순위 |

연봉 3,000-3,600-4,100 학교 서울학동초-자양중-경기고

연도	경기	선발	QS	승	패	세이브	BS	홀드	이닝	피안타	피홈런	4사구	삼진	피안타율	WHIP	피OPS	FIP	ERA	WAR	WPA
2021																				
2022	14	5	0	1	4	0	0	1	33 2/3	42	5	17	18	0.307	1.69	0.843	5.72	6.15	-0.18	0.17
2023	3	2	0	0	2	0	0	0	6 1/3	14	2	7	3	0.438	3.00	1.351	9.92	19.89	-0.60	-0.66
통산	19	8	0	1	6	0	0	1	42	60	9	27	22	0.335	1.95	0.975	7.06	9.21	-1.05	-0.81

홍무원 투수 46

| 신장 | 188 | 체중 | 92 | 생일 | 2002.01.11 | 투타 | 우투우타 | 지명 | 2021 삼성 2차 2라운드 13순위 |
| 연봉 | 3,000-3,200-3,500 | | | 학교 | 신남초(인천시리틀)-서울신월중-경기고 | | | | |

연도	경기	선발	QS	승	패	세이브	BS	홀드	이닝	피안타	피홈런	4사구	삼진	피안타율	WHIP	피OPS	FIP	ERA	WAR	WPA
2021																				
2022																				
2023																				
통산																				

홍원표 투수 65

| 신장 | 183 | 체중 | 86 | 생일 | 2001.03.27 | 투타 | 우투우타 | 지명 | 2020 삼성 2차 3라운드 25순위 |
| 연봉 | 0-3,100-3,300 | | | 학교 | 신도초-부천중-부천고 | | | | |

연도	경기	선발	QS	승	패	세이브	BS	홀드	이닝	피안타	피홈런	4사구	삼진	피안타율	WHIP	피OPS	FIP	ERA	WAR	WPA
2021																				
2022																				
2023	3	0	0	0	0	0	0	0	3 2/3	2	0	2	1	0.154	1.09	0.421	4.53	2.45	0.05	0.02
통산	4	0	0	0	0	0	0	0	4 2/3	3	0	4	1	0.176	1.29	0.509	5.64	1.93	0.07	0.02

홍정우 투수 11

| 신장 | 182 | 체중 | 85 | 생일 | 1996.03.16 | 투타 | 우투우타 | 지명 | 2015 삼성 2차 4라운드 35순위 |
| 연봉 | 5,300-6,300-6,000 | | | 학교 | 도신초-강남중-충암고 | | | | |

연도	경기	선발	QS	승	패	세이브	BS	홀드	이닝	피안타	피홈런	4사구	삼진	피안타율	WHIP	피OPS	FIP	ERA	WAR	WPA
2021	15	0	0	1	0	0	0	0	15 2/3	14	3	4	12	0.233	1.15	0.748	5.05	3.45	0.15	-0.16
2022	26	0	0	5	2	0	1	1	26 2/3	19	3	13	20	0.200	1.20	0.654	4.32	3.04	0.36	-0.36
2023	36	1	0	2	3	0	0	3	36	36	5	24	22	0.259	1.58	0.771	5.86	7.50	-0.79	-0.71
통산	114	1	0	9	5	0	2	5	113 2/3	116	18	59	85	0.261	1.50	0.784	5.38	5.78	-0.40	-1.50

공민규 내야수 9

| 신장 | 183 | 체중 | 85 | 생일 | 1999.09.27 | 투타 | 우투좌타 | 지명 | 2018 삼성 2차 8라운드 72순위 |
| 연봉 | 4,000-4,000-4,100 | | | 학교 | 서화초-동산중-인천고 | | | | |

연도	경기	타석	타수	안타	2루타	3루타	홈런	타점	득점	볼넷	사구	삼진	도루	도루자	타율	출루율	장타율	OPS	WAR	WPA
2021																				
2022	15	22	19	3	0	0	2	0	1	1	0	10	0		0.158	0.227	0.158	0.385	-0.28	-0.24
2023	22	33	31	6	1	1	0	2	0	2	0	13	0		0.194	0.242	0.290	0.532	-0.11	0.26
통산	65	115	103	22	2	1	3	10	4	9	2	41	0		0.214	0.287	0.340	0.627	-0.12	0.03

김도환 포수 42

| 신장 | 178 | 체중 | 90 | 생일 | 2000.04.14 | 투타 | 우투우타 | 지명 | 2019 삼성 2차 2라운드 12순위 |
| 연봉 | 5,000-5,000-5,000 | | | 학교 | 언북초(의정부리틀)-영동중-신일고 | | | | |

연도	경기	타석	타수	안타	2루타	3루타	홈런	타점	득점	볼넷	사구	삼진	도루	도루자	타율	출루율	장타율	OPS	WAR	WPA
2021	25	46	41	6	2	0	0	1	1	2	2	20	0	1	0.146	0.222	0.195	0.417	-0.32	-0.41
2022																				
2023	9	8	7	1	0	0	0	0	0	1	0	2	0	0	0.143	0.250	0.143	0.393	-0.06	-0.09
통산	129	209	182	35	10	0	2	17	10	16	2	72	0	1	0.192	0.261	0.280	0.541	-0.87	-1.93

김민수 포수 12

신장	177	체중	80	생일	1991.03.02	투타	우투우타	지명	2014 한화 2차 2라운드 24순위
연봉	6,200-5,200-4,600			학교	대구옥산초-경복중-대구상원고-영남대				

연도	경기	타석	타수	안타	2루타	3루타	홈런	타점	득점	볼넷	사구	삼진	도루	도루자	타율	출루율	장타율	OPS	WAR	WPA
2021	47	87	76	20	5	0	3	13	9	6	1	13	0		0.263	0.318	0.447	0.765	0.23	-0.13
2022																				
2023	2	1	1	0	0	0	0	0	0	0	0	1	0		0.000	0.000	0.000	0.000	-0.03	-0.05
통산	151	261	240	47	8	0	3	24	24	13	1	67	0		0.196	0.237	0.267	0.504	-0.85	-1.40

김재상 내야수 0

신장	180	체중	81	생일	2004.07.26	투타	우투좌타	지명	2023 삼성 3라운드 28순위
연봉	3,000-3,200			학교	고명초-덕수중-경기상고				

연도	경기	타석	타수	안타	2루타	3루타	홈런	타점	득점	볼넷	사구	삼진	도루	도루자	타율	출루율	장타율	OPS	WAR	WPA
2021																				
2022																				
2023	17	22	20	3	0	0	1	2	1	2	0	4	0		0.150	0.227	0.300	0.527	-0.15	-0.29
통산	17	22	20	3	0	0	1	2	1	2	0	4	0		0.150	0.227	0.300	0.527	-0.15	-0.29

김재혁 외야수 8

신장	182	체중	85	생일	1999.12.26	투타	우투우타	지명	2022 삼성 2차 2라운드 13순위
연봉	3,000-3,000-3,000			학교	제주남초-제주제일중-제주고-동아대				

연도	경기	타석	타수	안타	2루타	3루타	홈런	타점	득점	볼넷	사구	삼진	도루	도루자	타율	출루율	장타율	OPS	WAR	WPA
2021																				
2022	15	39	33	8	1	0	0	3	5	4	1	9	4	0	0.242	0.333	0.273	0.606	0.40	-0.01
2023																				
통산	15	39	33	8	1	0	0	3	5	4	1	9	4	0	0.242	0.333	0.273	0.606	0.40	-0.01

김태훈 외야수 25

신장	177	체중	78	생일	1996.03.31	투타	우투좌타	지명	2015 KT 2차 5라운드 53순위
연봉	4,100-4,300-4,100			학교	진흥초(안산리틀)-평촌중-유신고				

연도	경기	타석	타수	안타	2루타	3루타	홈런	타점	득점	볼넷	사구	삼진	도루	도루자	타율	출루율	장타율	OPS	WAR	WPA
2021	44	91	87	20	4	1	1	6	6	2	1	19	1		0.230	0.256	0.333	0.589	-0.11	-0.27
2022	7	10	10	0	0	0	0	0	0	0	0	2	0		0.000	0.000	0.000	0.000	-0.25	-0.28
2023	11	22	21	2	1	0	0	0	0	0	0	9	0		0.095	0.095	0.143	0.238	-0.29	-0.43
통산	86	170	164	31	6	1	2	9	9	2	1	47	1		0.189	0.202	0.274	0.476	-1.09	-0.98

김헌곤 외야수 32

신장	174	체중	81	생일	1988.11.09	투타	우투우타	지명	2011 삼성 5라운드 36순위
연봉	180,00-12,000-6,000			학교	회원초-경복중-제주관광고-영남대				

연도	경기	타석	타수	안타	2루타	3루타	홈런	타점	득점	볼넷	사구	삼진	도루	도루자	타율	출루율	장타율	OPS	WAR	WPA
2021	118	364	317	89	8	2	4	27	38	34	5	46	5	4	0.281	0.355	0.356	0.711	1.98	-1.98
2022	80	239	224	43	8	0	1	20	18	9	1	22	3		0.192	0.224	0.241	0.465	-0.38	-2.85
2023	6	4	4	0	0	0	0	0	0	0	0	1	0		0.000	0.000	0.000	0.000	-0.10	-0.04
통산	783	2523	2235	600	89	10	36	268	285	198	41	287	60	31	0.268	0.336	0.366	0.702	11.23	-12.57

김호진 내야수 60

신장	183	체중	84	생일	2005.07.16	투타	우투우타	지명	2024 삼성 6라운드 54순위
연봉	3,000			학교	송정동초-충장중-진흥고				

연도	경기	타석	타수	안타	2루타	3루타	홈런	타점	득점	볼넷	사구	삼진	도루	도루자	타율	출루율	장타율	OPS	WAR	WPA
2021																				
2022																				
2023																				
통산																				

류승민 외야수 50

신장	185	체중	90	생일	2004.10.11	투타	좌투좌타	지명	2023 삼성 7라운드 68순위
연봉	3,000-3,500			학교	광주화정초-무등중-광주제일고				

연도	경기	타석	타수	안타	2루타	3루타	홈런	타점	득점	볼넷	사구	삼진	도루	도루자	타율	출루율	장타율	OPS	WAR	WPA
2021																				
2022																				
2023	24	57	52	11	3	0	0	5	5	2	1	19	0	0	0.212	0.255	0.269	0.524	-0.31	-0.43
통산	24	57	52	11	3	0	0	5	5	2	1	19	0	0	0.212	0.255	0.269	0.524	-0.31	-0.43

윤정빈 외야수 31

신장	182	체중	93	생일	1999.06.24	투타	우투좌타	지명	2018 삼성 2차 5라운드 42순위
연봉	3,000-3,200-3,700			학교	신도초-부천중-부천고				

연도	경기	타석	타수	안타	2루타	3루타	홈런	타점	득점	볼넷	사구	삼진	도루	도루자	타율	출루율	장타율	OPS	WAR	WPA
2021																				
2022	13	10	10	0	0	0	0	1	0	0	0	5	0	0	0.000	0.000	0.000	0.000	-0.26	-0.11
2023	28	43	34	5	0	0	1	3	5	7	2	12	1	0	0.147	0.326	0.235	0.561	-0.02	0.02
통산	41	53	44	5	0	0	1	3	6	7	2	17	1	0	0.114	0.264	0.182	0.446	-0.27	-0.09

이병헌 포수 23

신장	180	체중	87	생일	1999.10.26	투타	우투우타	지명	2019 삼성 2차 4라운드 32순위
연봉	3,000-3,400-4,000			학교	인천숭의초-신흥중-제물포고				

연도	경기	타석	타수	안타	2루타	3루타	홈런	타점	득점	볼넷	사구	삼진	도루	도루자	타율	출루율	장타율	OPS	WAR	WPA
2021																				
2022	3	4	4	3	1	0	0	1	1	0	0	1	0	0	0.750	0.750	1.000	1.750	0.21	0.06
2023	23	33	28	4	0	0	2	3	3	0	11	0	0	0	0.143	0.219	0.143	0.362	-0.15	-0.45
통산	26	37	32	7	1	0	0	3	4	3	0	12	0	0	0.219	0.278	0.250	0.528	0.06	-0.39

이성규 외야수 13

신장	178	체중	82	생일	1993.08.03	투타	우투좌타	지명	2016 삼성 2차 4라운드 31순위
연봉	5,000-4,500-6,000			학교	광주대성초-광주동성중-광주동성고-인하대				

연도	경기	타석	타수	안타	2루타	3루타	홈런	타점	득점	볼넷	사구	삼진	도루	도루자	타율	출루율	장타율	OPS	WAR	WPA
2021																				
2022	13	34	27	2	0	0	1	5	5	2	8	0	0	0	0.074	0.265	0.074	0.339	-0.24	-0.20
2023	109	162	145	30	10	1	1	18	23	8	3	42	4	3	0.207	0.259	0.310	0.569	-0.35	-0.52
통산	257	513	452	85	19	2	13	56	62	34	12	142	8	5	0.188	0.261	0.325	0.586	-1.06	-3.40

전병우 내야수 34

| 신장 | 182 | 체중 | 93 | 생일 | 1992.10.24 | 투타 | 우투우타 | 지명 | 2015 롯데 2차 3라운드 28순위 |
| 연봉 | 7,000-8,000-6,000 | | | 학교 | 동삼초-경남중-개성고-동아대 | | | | |

연도	경기	타석	타수	안타	2루타	3루타	홈런	타점	득점	볼넷	사구	삼진	도루	도루자	타율	출루율	장타율	OPS	WAR	WPA
2021	115	261	214	40	8	0	6	31	35	33	9	83	3	1	0.187	0.319	0.308	0.627	0.17	-0.75
2022	115	231	197	40	7	0	5	21	14	17	7	68	0	0	0.203	0.288	0.315	0.603	-0.03	-0.64
2023	41	75	62	9	3	0	1	6	6	10	1	28	0	0	0.145	0.274	0.242	0.516	-0.15	-1.18
통산	446	1101	949	203	39	3	23	119	121	109	20	325	13	1	0.214	0.307	0.334	0.641	0.21	-3.95

PLAYER LIST

육성선수

성명	포지션	등번호	신장	체중	생년월일	투타	지명	연봉	학교
김대호	투수	120	185	100	2001.10.15	우투우타	2024 삼성 육성선수	3,000	제주신광초-이평중-군산상고-고려대
김동현	투수	123	186	95	2001.05.25	우투우타	2024 삼성 육성선수	3,000	용현초(인천남구리틀)-동인천중-인천고-강릉영동대
김성경	투수	122	181	84	1999.10.01	우투우타	2024 삼성 5라운드 44순위	3,000	학강초-망운중-광주동성고-송원대(얼리 드래프트)
김태우	투수	113	193	92	1999.09.15	우투우타	2018 삼성 2차 2라운드 12순위	3,000-3,200-3,300	대구옥산초-경운중-경북고
박시원	투수	109	187	96	2004.03.16	우투우타	2023 삼성 9라운드 88순위	0-3,000-3,000	신도초-안산중앙중-유신고
신경민	투수	110	186	103	2004.03.16	우투우타	2024 삼성 7라운드 64순위	3,000	칠성초-경상중-대구고
유병선	투수	102	181	84	2005.09.12	우투우타	2024 삼성 11라운드 104순위	3,000	무학초(성동구리틀)-청량중-경동고
이민호	투수	100	185	90	1993.08.11	우투우타	2012 NC 우선지명	10,000-5,000-4,500	부산수영초-부산중-부산고
장재혁	투수	117	177	79	2002.08.16	우투우타	2022 삼성 2차 9라운드 83순위	3,000-3,100-3,300	정평초(경산시리틀)-대구중-경북고
한연욱	투수	115	188	84	2001.02.11	우투우타	2020 삼성 2차 9라운드 85순위	0-3,200-3,300	대구수창초-대구중-대구고
홍승원	투수	108	185	93	2001.12.06	우투우타	2021 삼성 2차 6라운드 53순위	3,000-3,200-3,500	소래초-양천중-성남고
김세민	포수	101	180	94	2002.03.24	우투우타	2021 삼성 2차 7라운드 63순위	3,000-0-3,000	광주서석초-창원신월중-청담고
김재형	포수	124	186	102	2005.11.22	우투우타	2024 삼성 10라운드 94순위	3,000	봉천초-선린중-덕수고
박진우	포수	111	176	87	2003.10.14	우투우타	2023 삼성 11라운드 108순위	3,000-3,000	글꽃초(대전중구리틀)-현도중-청주고
정진수	포수	112	177	93	1997.09.25	우투좌타	2020 삼성 2차 7라운드 65순위	3,000-3,100-3,200	천안남산초-영동중-휘문고-연세대
김민호	내야수	121	185	93	2003.12.28	우투우타	2023 삼성 8라운드 78순위	3,000-3,100	와우초(화성시리틀)-단월중-청담고
박장민	내야수	116	179	80	2003.09.02	우투우타	2023 삼성 10라운드 98순위	3,000-3,100	칠성초-경상중-대구고
양도근	내야수	114	173	72	2003.02.06	우투우타	2024 삼성 육성선수	3,000	인천동막초-상인천중-장안고-강릉영동대
양우현	내야수	105	175	82	2000.04.13	우투좌타	2019 삼성 2차 3라운드 22순위	0-3,300-3,700	남정초-충암중-충암고
오현석	내야수	103	183	99	2001.03.05	우투좌타	2021 삼성 2차 3라운드 23순위	0-3,000-3,300	고명초-홍은중-안산공고
이재호	내야수	119	180	82	2001.05.20	우투우타	2024 삼성 9라운드 84순위	3,000	가동초-청량중-휘문고-동국대
이창용	내야수	107	184	89	1999.06.03	우투우타	2021 삼성 2차 8라운드 73순위	0-0-3,000	을지초(노원구리틀)-청량중-신흥고-강릉영동대
이현준	내야수	118	182	80	2001.04.20	우투우타	2024 삼성 8라운드 74순위	0-0-3,000	연현초-금릉중-비봉고-한양대
주한울	외야수	104	183	83	2002.06.08	우투우타	2021 삼성 2차 4라운드 33순위	3,000-0-3,000	성동초-건대부중-배명고

한화생명이글스파크

HANWHA EAGLES
한화 이글스

3연패로 2023년 시즌을 시작했다. 모두 1점 차 패배였다. 5월 2일에 6승 18패 1무로 벌써 5할 승률 -12승이었다. 이후 5월 11일 대구 삼성전까지 5승 1패를 거두며 살아났다. 이 경기 뒤 카를로스 수베로 감독이 전격 경질됐다. 팀이 상승세를 타고 있었지만 구단에서 올라간 감독 교체 건을 모기업에서 늦게 결재해 타이밍이 우스워졌다. 정규시즌 성적은 9위. 키움을 1.5게임 차로 앞서며 4년 연속 최하위에서는 벗어났다. 2022년보다 12승을 더 거뒀다는 점에서 재도약 발판을 마련한 시즌이었다. 한화 구단은 2025년에 초점을 맞췄다. 새 야구장 베이스볼드림파크가 문을 여는 해다. 류현진도 원래는 이 해에 맞춰서 영입할 예정이었다. 공감대가 있었다. 그런데 류현진이 1년 빨리 복귀했다. 포스트시즌 진출은 당장 올해의 목표가 됐다.

2023 좋았던 일

노시환은 지난해 KBO리그에서 가장 뛰어난 타자였다. 그리고 이진영은 한화에서 두 번째로 뛰어난 야수였다. 처음으로 주전을 맡은 프로 8년차 시즌에 커리어하이를 달성했다. 역시 풀타임 첫 시즌을 치른 이도윤은 리그 최고의 수비형 유격수로 도약했다. 중견수 문현빈은 KBO리그 역사상 가장 많은 안타를 때려낸 10대 선수가 됐다. 최재훈은 지난해에도 수비력으로는 리그 정상급 포수였다. 공격에서도 공헌도가 높았다. 채은성의 FA 첫 시즌도 성공적이었다. 마운드에서는 문동주가 빛났다. 시속 160km 강속구를 뿌리며 2년차 시즌에 신인왕에 올랐다. 항저우 아시안게임에선 결승전 선발투수로 노시환과 함께 금메달리스트가 됐다. 박상원은 새 마무리 투수가 됐고, 주현상은 실질적인 불펜 에이스였다. 2023년 시즌 중에 일어난 일은 아니지만, 무엇보다 류현진이 돌아왔다.

2023 나빴던 일

팀 순위는 여전히 9위였다. 25년 전인 1999년이 마지막 우승 시즌이다. 이후 포스트시즌 진출은 다섯 번뿐이었다. 반면 꼴찌는 여덟 번이나 했다. 최근 16시즌 동안 가을야구는 딱 한 번 했다. 지난해 외국인선수 영입은 최악이었다. 개막전 선발 투수 버치 스미스는 그 경기에서 부상을 당했고, 이후 등판 없이 웨이버 공시됐다. 두 번째로 유니폼을 벗은 브라이언 오그레디는 22경기 sWAR이 -0.86승이었다. 외국인선수 5명 합산 sWAR 4.40승은 10개 구단 최하위였다. 야수진 성적은 전체적으로 크게 향상됐지만 2루수 정은원은 커리어 최악의 부진을 겪었다. 문동주를 제외한 유망주 선발투수들 성장은 더뎠다. 강속구 루키 김서현은 이닝 수보다 많은 4사구를 내줬다. 구원 sWAR 7.45승은 리그 6위로 준수했지만 세이브성공률 46.5%로 최하위였다.

최원호 감독 92

신장	183	체중	88	생일	1973.03.13	투타	우투우타
연봉	30,000-30,000			학교	숭의초-상인천중-인천고-단국대		

지난해 5월 12일 수베로 감독의 후임을 맡았다. 대행이 아닌 3년 14억 원 정식 감독계약을 했다. 지휘봉을 잡은 뒤 86경기에서 승률은 0.435. 수베로 체제 0.367보다는 향상됐다. 수베로 감독 체제에서 한화는 리빌딩을 추구했다. 성장한 선수들이 있었다. 하지만 너무 많이 졌다. 손혁 단장은 "수베로 감독의 공을 인정하지만 '이기는 야구'를 해야 할 시점이라고 판단했다"라고 경질 배경에 대해 말했다. 지난 2년 동안 베테랑 선수들을 영입한 것도 같은 맥락이다. 주전급으로 성장한 젊은 선수들에게 경쟁의식을 불어넣기 위해서다. 수베로 감독은 투수 보호에 철저한 타입이었다. 최 감독 체제에서도 크게 다르지 않았다. 지난해 3일 연투 횟수는 9번으로 리그에서 네 번째로 적었다. 하지만 수베로 감독 시절 트레이드마크였던 시프트는 크게 줄었다.

구단 정보

창단	연고지	홈구장	우승	홈페이지
1985	대전	한화생명이글스파크	1회(99)	www.hanwhaeagles.co.kr

2023시즌 성적

순위	경기	승	무	패	승률
9	144	58	6	80	0.420

타율 / 순위	출루율 / 순위	장타율 / 순위	홈런 / 순위	도루 / 순위	실책 / 순위
0.241 / 10	0.324 / 10	0.350 / 10	100 / 3	67 / 9	109 / 5

ERA / 순위	선발ERA / 순위	구원ERA / 순위	탈삼진 / 순위	볼넷허용 / 순위	피홈런 / 순위
4.38 / 8	4.37 / 8	4.38 / 7	1037 / 3	518 / 6	101 / 8

최근 10시즌 성적

연도	순위	승	무	패	승률
2013	9	42	1	85	0.331
2014	9	49	2	77	0.389
2015	6	68	0	76	0.472
2016	7	66	3	75	0.468
2017	8	61	2	81	0.430
2018	3	77	0	67	0.535
2019	9	58	0	86	0.403
2020	10	46	3	95	0.326
2021	10	49	12	83	0.371
2022	10	46	2	96	0.324

2023시즌 월별 성적

월	승	무	패	승률	순위
4	6	1	17	0.261	10
5	11	2	10	0.524	4
6	13	1	10	0.565	6
7	7	0	8	0.467	6
8	5	2	15	0.250	10
9-10	16	0	20	0.444	8
포스트시즌	-	-	-	-	-

COACHING STAFF

코칭스태프

성명	보직	등번호	신장	체중	생년월일	투타	학교
정경배	수석	74	176	84	1974.02.20	우투우타	창영초-대헌중-인천고-홍익대
김정민	배터리	90	184	83	1970.03.15	우투우타	가양초-한밭중-북일고-영남대
김재걸	작전/주루	82	177	70	1972.09.07	우투우타	영일초-우신중-덕수상고-단국대
박승민	투수	72	186	90	1977.03.18	우언우타	강남초-강남중-서울고-경희대
박재상	외야/1루	77	178	85	1982.07.20	좌투좌타	성남동초-매송중-서울고
김우석	수비	83	181	79	1975.09.02	우투우타	석천초-상인천중-인천고-홍익대
윤규진	불펜	76	187	91	1984.07.28	우투우타	대전신흥초-충남중-대전고(대전대)
김남형	타격	78	177	75	1988.05.08	우투우타	동막초-동인천중-인천고
정현석	타격	88	182	93	1984.03.01	우투우타	대전유천초-한밭중-대전고-경희대
이대진	퓨처스 감독	71	180	83	1974.06.09	우투우타	광주서림초-진흥중-진흥고(한국사이버대)
강동우	퓨처스 타격	70	177	78	1974.04.20	좌투좌타	칠성초-경상중-경북고-단국대
박정진	퓨처스 투수	75	183	88	1976.05.27	좌투좌타	청주중앙초-청주중-세광고-연세대
마일영	퓨처스 불펜	79	177	95	1981.05.28	좌투좌타	대전신흥초-충남중-대전고(경기대)
추승우	퓨처스 작전/주루	87	187	74	1979.09.24	우투좌타	공연초(하천리틀)-청주중-청주기공고-성균관대
고동진	퓨처스 외야/1루	80	183	85	1980.04.01	좌투좌타	중리초-한밭중-대전고-성균관대
이희근	퓨처스 배터리	73	179	83	1985.06.07	우투우타	동명초-자양중-중앙고-성균관대
최윤석	퓨처스 수비	86	173	75	1987.03.28	우투우타	화곡초-덕수중-성남고-홍익대
김성갑	잔류군 총괄	81	168	66	1962.05.03	우투우타	대구수창초-경상중-대구상고-건국대
정범모	잔류군 배터리	85	184	88	1987.03.26	우투우타	내덕초-청주중-청주기공고(영남사이버대)
이상훈	잔류군 타격	91	171	75	1987.05.04	우투우타	칠성초-경복중-경북고-성균관대
이지풍	수석트레이닝	84	178	80	1978.11.01	우투우타	당평초-개성중-개금고-고려대
김형욱	트레이닝		170	74	1983.08.23		영천초-금정중-남산고-동서대
최우성	트레이닝		178	72	1993.03.04		신매초-대구대륜중-덕원고-대구한의대
김연규	트레이닝		179	80	1989.01.20		중원초-금광중-성남서고-세명대
김소중	퓨처스 트레이닝		184	80	1987.06.27		광양제철남초-광양제철중-광양제철고-상명대
김재민	재활 트레이닝		175	78	1988.01.28		미금초-불곡중-분당대진고-가톨릭관동대

채은성

2024 팀 이슈

한화가 지난해 '이기는 야구'를 이유로 감독 교체를 단행했을 때는 조금 이른 듯 보였다. 구단은 새 야구장이 개장하는 2025년을 포스트시즌 도전의 해로 삼았다. 이해 류현진이 복귀한다는 계산을 했다. 류현진과 만남도 가졌다. 그런데 포스트시즌에 가야 할 시즌이 1년 앞당겨졌다. 한화는 오프 시즌 FA 안치홍을 영입했지만 외국인선수 전력에는 큰 투자를 하지 않았다. 투수진은 현상유지를 했고, 야수로는 오랫동안 관찰하며 좋은 평가를 내렸지만 메이저리그 경력은 없는 선수를 영입했다. 시즌 초반 일이 잘 풀리지 않는다면 조급한 결정을 내려야 할 상황에 몰릴 수 있다. 일단은 낙관적이다. 류현진과 새 외국인선수들, 그리고 안치홍은 sWAR 10승을 더해줄 수 있다. 지난해 5위 두산과의 sWAR 차이가 10승이었다. 하지만 야구는 계산대로 잘 되지 않는다.

2024 최상 시나리오

2024 최악 시나리오

3월 23일 개막전에서 류현진이 선발투수로 등판한다. 18년 전 KBO리그 데뷔전에서 그랬듯 LG 상대로 무실점 승리투수가 된다. 류현진과 문동주는 10개 구단에서 유일한 내국인 1, 2번 선발투수로 활약한다. 김서현의 2024년은 문동주의 데뷔 2년차 시즌과 비슷하다. 2023년 한화 내국인투수 7명이 시속 150㎞ 이상 강속구를 뿌렸다. 2024년에도 한화는 가장 뛰어난 투수 유망주를 보유한 팀이다. 구속뿐 아니라 성적도 향상된다. KBO리그 3년째를 맞는 펠릭스 페냐와 2년째인 리카르도 산체스의 투구는 한결 나아진다. 요나단 페라자의 첫 시즌은 마이크 터크먼의 2022년과 비슷하다. 노시환은 커리어 첫 MVP를 수상한다. 정은원은 재기에 성공한다. 이도윤과 문현빈, 이진영의 두 번째 풀시즌은 첫 시즌보다 낫다. 2024년 한화는 드디어 포스트시즌에 진출한다.

류현진의 투구 기술은 여전히 리그 정상급이다. 하지만 팔꿈치 수술 뒤 첫 시즌이다. 1000이닝만 소화하고 데뷔 시즌을 마친다. 노시환과 문동주는 큰 성공을 거둔 다음 시즌에 부진한 징크스에 시달린다. FA로 영입한 안치홍은 34세 나이에 에이징 커브가 찾아왔다. 지난 2년 동안 타구속도 감소 경향이 새 시즌에도 이어진다. 김서현은 여전히 강속구를 던지지만 제구력은 그대로다. 불펜에는 시원시원하게 공을 던지는 투수가 많다. 하지만 다시 중요한 고비를 잘 넘기지 못한다. 한화는 오프시즌 외국인선수 전력 구성에 큰 투자를 하지 않았다. 류현진 복귀 시즌에 구단은 성적 향상 압박을 받는다. 그래서 초반 부진에 인내심을 잃고 교체를 선택한다. 하지만 투자에 비해 성과는 신통치 않다. 2024년에도 가을야구는 남의 일이다. 하지만 내년이 있다.

류현진 투수 99

신장	191	체중	113	생일	1987.03.25
투타	좌투우타	지명	06 한화 2차 1라운드 2순위		
연봉	250,000				
학교	창영초-동산중-동산고(대전대)				

● 그가 돌아왔다. 한화에서 선수 생활을 마무리한다는 결심은 오래 전에 했다. 2022년 6월 팔꿈치 수술을 받기로 결심한 이유도 한화 유니폼을 입었을 때를 대비한 것이었다. 올해는 메이저리그에서 아마도 마지막이 될 시즌을 보낸다는 계획이었다. 하지만 블레이크 스넬 등 거물 FA 선수 4명의 계약이 늦어졌다. 모두 류현진과 같은 에이전트인 스캇 보라스의 고객이었고, 특유의 지연 전술이 구단들에게 잘 먹히지 않았다. 류현진의 협상도 따라서 늦어졌고 결국 한 해 이른 한화 행을 선택했다. 류현진은 메이저리그에서 FA 신분이지만 KBO리그에선 한화에게 보류권이 있다. 그럼에도 한화는 전례 없는 비 FA 8년 170억 원 계약을 했다. 8년은 구단 샐러리캡 사정을 배려한 계약 기간으로 보인다. KBO리그가 낳은 역대 최고 투수가 선동열인지, 류현진인지는 즐거운 논쟁거리다. 누가 역대 최고 '코리안 메이저리거'인지라는 주제에서는 박찬호와 우열을 가리기 어렵다. 박찬호는 39세인 2012년 선수 생활 마지막 시즌을 한화에서 보냈다. 5승 10패 평균자책점 5.06으로 기대에 미치지 못했다. 2024년 류현진은 훨씬 잘 던질 것이다. 그에게 좋은 오퍼를 했던 메이저리그 구단도 있었다. 지난해 포심 평균구속은 시속 142.6㎞로 KBO리그 평균 이하다. 하지만 체인지업과 커터를 모두 스트라이크존 가장자리 원하는 곳에 던질 수 있다.

기본기록

연도	리그	경기	선발	QS	승	패	세이브	BS	홀드	이닝	피안타	피홈런	4사구	삼진	피안타율	WHIP	피OPS	FIP	ERA	WAR
2021	MLB	31	31	13	14	10	0	0	0	169	170	24	37	143	0.258	1.22	0.733	4.02	4.37	2.5
2022	MLB	6	6	1	2	0	0	0	0	27	32	5	4	16	0.294	1.33	0.860	4.78	5.67	0.1
2023	MLB	11	11	1	3	3	0	0	0	52	53	9	14	38	0.257	1.29	0.753	4.91	3.46	0.4
MLB 통산		186	185	100	78	48	1	0	0	1055.1	1013	116	236	934	0.250	1.18	0.690	3.53	3.27	20.1

구종별 기록

구종	구사%	구속	수직 무브	수평 무브	분당 회전	땅볼%	타구속도	강한타구%
직구								
커브								
슬라이더								
체인지업								
포크								
싱커								
투심								
너클								
커터								
스플리터								

상황별 기록

상황	타석	홈런/9	볼넷/9	삼진/9	피안타율	WHIP	피OPS	GO/FO
전반기								
후반기								
vs 좌								
vs 우								
주자없음								
주자있음								
득점권								
1-2번 상대								
3-5번 상대								
6-9번 상대								

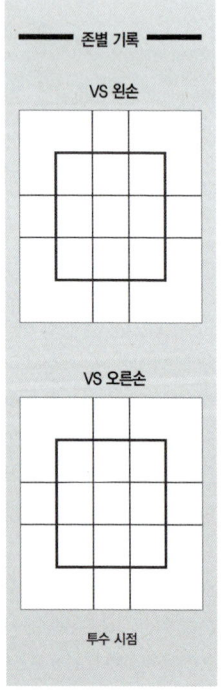

존별 기록

VS 왼손

VS 오른손

투수 시점

문동주 투수 1

신장 188	체중 97	생일 2003.12.23	
투타 우투우타	지명 2022 한화 1차		
연봉 3,000-3,300-10,000			
학교 광주화정초-무등중-진흥고			

● 4월 12일 광주 KIA전 1회말. 한화 선발투수 문동주는 KIA 2번 박찬호를 볼카운트 0-2로 몰았다. 3구 포심패스트볼로 루킹 삼진아웃을 잡아냈다. KBO 공식 기록업체인 스포츠투아이는 이 공 구속을 시속 160.09km로 측정했다. 한국인 투수의 KBO리그 역대 최고 구속이었다. 방송사 중계 화면을 기반으로 하는 스탯티즈에서는 시속 161km였다. 2022년 첫 시즌 문동주는 28²⁄³이닝 동안 5점대 ERA를 기록하는 데 그쳤다. 지난해엔 선발 23경기에서 8승을 따내며 3점대였다. 큰 도약이었다. 갈수록 향상됐다. 항저우 아시안게임에선 결승전 선발투수로 나서 한국보다 앞섰다는 평가를 받은 대만 타선을 상대했다. 6이닝 3피안타 무실점 7K 완벽한 투구로 금메달 주역이 됐다. 이 경기로 문동주는 KBO리그와 국가대표팀 차세대 에이스 반열에 올랐다. 평균 시속 151.0km 패스트볼은 강력하다. 첫 시즌 포심 피안타율은 0.340. 지난해엔 제구와 무브먼트가 모두 나아졌다. 피안타율은 0.258로 떨어졌다. 아직 코너워크보다는 존 안으로 던지려는 쪽이다. 패스트볼 다음으로는 커브를 자주 구사한다. 슬라이더와 체인지업은 모두 구종가치 마이너스였다. 오른손투수지만 왼손타자 상대로도 약점을 보이지 않았다. 커브가 왼손타자에게 효과적이었다. 스태미너 향상이 필요하다. 지난해 8월 이후 부진했고, 올해 이닝 제한이 풀렸다.

기본기록

연도	경기	선발	QS	승	패	세이브	BS	홀드	이닝	피안타	피홈런	4구구	삼진	피안타율	WHIP	피OPS	FIP	ERA	WAR	WPA
2021																				
2022	13	4	0	1	3	0	0	2	28 2/3	28	5	15	36	0.255	1.47	0.796	4.67	5.65	-0.04	0.53
2023	23	23	7	8	8	0	0	0	118 2/3	113	6	46	95	0.249	1.31	0.658	3.66	3.72	2.32	1.29
통산	36	27	7	9	11	0	0	2	147 1/3	141	11	61	131	0.250	1.34	0.685	3.83	4.09	2.28	1.82

구종별 기록

구종	구사%	구속	수직 무브	수평 무브	분당 회전	땅볼%	타구속도	강한타구%
직구	54.4%	151.0	28.1	-11.6	2436.3	49.3%	133.2	20.7%
커브	25.0%	125.1	-12.2	13.3	1222.2	63.2%	130.6	20.3%
슬라이더	16.3%	139.3	10.3	7.8	1049.3	70.6%	133.6	22.2%
체인지업	4.4%	139.5	20.1	-14.2	1857.0	50.0%	128.5	0.0%
포크								
싱커								
투심								
너클								
커터								
스플리터								

상황별 기록

상황	타석	홈런/9	볼넷/9	삼진/9	피안타율	WHIP	피OPS	GO/FO
전반기	344	0.22	3.25	8.35	0.237	1.24	0.625	1.56
후반기	159	1.01	3.03	4.54	0.274	1.46	0.730	0.80
vs 좌	277	0.29	3.88	8.90	0.259	1.45	0.672	1.44
vs 우	226	0.64	2.41	5.30	0.237	1.14	0.643	1.05
주자없음	297	0.38	3.00	8.38	0.206	1.11	0.549	1.13
주자있음	206	0.58	3.47	5.40	0.313	1.61	0.822	1.39
득점권	108	0.35	3.46	4.50	0.281	1.42	0.769	1.19
1-2번 상대	131	0.00	2.00	6.82	0.268	1.35	0.638	1.68
3-5번 상대	175	0.68	4.05	6.75	0.265	1.45	0.753	1.05
6-9번 상대	197	0.56	2.98	7.82	0.222	1.16	0.592	1.13

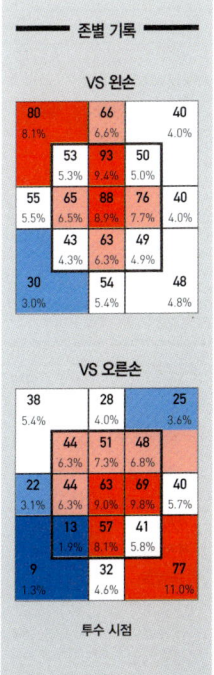

존별 기록 / VS 왼손 / VS 오른손 / 투수 시점

산체스 투수 34

신장 178	체중 99	생일 1997.04.11	
투타 좌투좌타	지명 2023 한화 자유선발		
연봉 $400,000-$500,000			
학교 베네수엘라 Unidad Educativa Prof. Fernando Ramirez(고)			

● 2023년 시즌을 시카고 화이트삭스 산하 AAA 팀에서 시작했다. 세 경기만 던진 뒤 한화의 러브콜을 받았다. 새 외국인투수 버치 스미스가 개막전에서 부상을 당했기 때문이다. 5월 11일 삼성 상대로 데뷔전을 치렀다. 휴식기가 길어 53구만 던졌지만 팀의 4 : 0 승리를 이끌었다. 6월까지 산체스가 등판한 8경기에서 한화는 7승 1무로 한 번도 패하지 않았다. 대전 팬들로부터 좀 더 일찍 왔어야 했다는 탄식이 나왔다. 그런데 산체스가 선발 등판한 다음 6경기에서 한화는 1무 5패로 정반대 결과였다. 전반기 10경기 평균자책점 2.61에 피OPS 0.598로 뛰어났지만 후반기엔 4.60/0.792로 좋지 않았다. 평균 시속 148.6㎞ 포심을 50% 이상 비율로 던진다. 다만 수직무브먼트는 떨어지는 편이다. 그래서 포심 피안타율이 0.283으로 높은 편이다. 변화구는 슬라이더, 체인지업, 커브 순으로 구사한다. 모두 구종가치 1.5 이하로 썩 위력적이지는 않았다. 구종별 릴리스포인트 차이가 커 투구 폼을 읽히기 쉽다. 왼손타자에게 던지는 커브는 효과적이었다. 왼손투수답게 왼손타자에 강하다. 오른손타자 상대 피OPS 0.774였지만 왼손타자에겐 0.660이었다. 지난해 후반기 투구는 타 구단 외국인투수에 비해 다소 처진다. 28세 젊은 나이로 성장 가능성이 있다. 2020년 메이저리그에서보다 지난해 한화에서의 공이 더 빨랐다. 후반기 과체중은 좋지 않았다.

기본기록

연도	경기	선발	QS	승	패	세이브	BS	홀드	이닝	피안타	피홈런	4사구	삼진	피안타율	WHIP	피OPS	FIP	ERA	WAR	WPA
2021																				
2022																				
2023	24	24	8	7	8	0	0	0	126	136	13	34	99	0.273	1.30	0.716	3.97	3.79	1.83	1.44
통산	24	24	8	7	8	0	0	0	126	136	13	34	99	0.273	1.30	0.716	3.97	3.79	1.83	1.44

구종별 기록

구종	구사%	구속	수직 무브	수평 무브	분당 회전	땅볼%	타구속도	강한타구%
직구	48.6%	147.8	22.5	26.9	2713.4	54.3%	132.5	22.8%
커브	11.2%	126.1	-6.3	-6.3	733.3	45.0%	127.5	10.7%
슬라이더	21.7%	136.0	4.1	1.5	618.5	57.4%	133.0	18.8%
체인지업	15.3%	138.3	19.6	28.6	2510.7	54.5%	135.8	23.9%
포크								
싱커								
투심	3.2%	147.3	15.3	34.2	2873.5	62.5%	137.8	16.7%
너클								
커터								
스플리터								

상황별 기록

상황	타석	홈런/9	볼넷/9	삼진/9	피안타율	WHIP	피OPS	GO/FO
전반기	213	0.00	1.92	7.14	0.254	1.18	0.597	1.41
후반기	327	1.57	2.06	7.02	0.286	1.39	0.792	1.08
vs 좌	216	0.54	1.98	5.94	0.267	1.30	0.653	1.66
vs 우	324	1.18	2.01	7.82	0.277	1.30	0.758	1.21
주자없음	314	1.15	2.42	7.64	0.264	1.36	0.712	1.21
주자있음	226	0.65	1.46	6.44	0.286	1.23	0.719	1.18
득점권	118	0.00	2.67	6.67	0.286	1.41	0.672	1.15
1-2번 상대	138	1.14	1.14	5.97	0.282	1.29	0.747	1.39
3-5번 상대	192	1.48	2.74	5.91	0.299	1.55	0.795	1.11
6-9번 상대	210	0.35	1.92	8.71	0.242	1.10	0.619	1.16

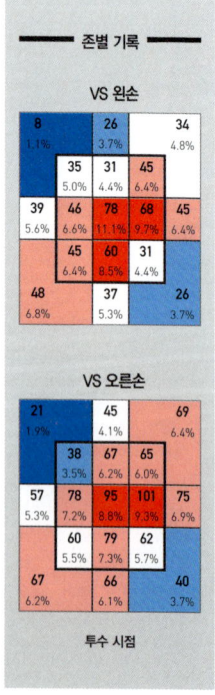

주현상 투수 66

신장	177	체중	92	생일	1992.08.10
투타	우투우타	지명	2015 한화 2차 7라운드 64순위		
연봉	5,080-5,800-11,000				
학교	청주우암초-청주중-청주고-동아대				

● 2015년 입단했지만 1군 마운드에 선 첫 해는 29세인 2021년이었다. 입단 당시에는 내야수였기 때문이다. 그해 포수로도 한 경기에 나섰다. 하지만 타자로는 통산 OPS 0.530으로 부진했다. 2019년 8월 병역의무를 마친 뒤 투수로 전향했다. 2021년 1군에 투수로 데뷔해 43경기에서 평균자책점 3.58을 기록하는 성공을 거뒀다. 이듬해엔 평균자책점이 6점대로 치솟으며 고전했다. 하지만 지난해엔 한화 불펜의 에이스로 뛰어올랐다. 구원 sWAR 2.58승은 전체 구원투수 가운데 7번째로 좋았다. 평균자책점은 50+이닝 기준 함덕주에 이어 2위였다. 전반기(2.45)보다 후반기(1.74)에 더 좋았다. 구위 향상이 도약의 이유다. 2021년 주현상의 포심 평균구속은 시속 142.5km에 그쳤다. 지난해엔 시속 145.1km로 시속 2.6km나 올라왔다. 워낙 수직무브먼트가 좋은 직구를 갖고 있어 구속 향상 효과는 더 컸다. 지난해 스트라이크존 높은 쪽 직구 피안타율은 0.189로 뛰어났다. 패스트볼이 좋아지자 슬라이더와의 콤비네이션이 위력을 발휘했다. 슬라이더 구사율을 2년 전 12.9%에서 두 배 이상 높였다. 구종가치는 2022년 -10.3에서 지난해 7.3으로 극적으로 반전됐다. 90이닝 당 볼넷은 3.76개에서 2.26개로 줄어들었다. 구위와 제구, 두 마리 토끼를 모두 잡은 발전이었다. 수비 능력이 뛰어난 구원투수라는 드문 이점도 갖고 있다.

기본기록

연도	경기	선발	QS	승	패	세이브	BS	홀드	이닝	피안타	피홈런	4사구	삼진	피안타율	WHIP	피OPS	FIP	ERA	WAR	WPA
2021	43	0	0	2	2	0	0	4	50 1/3	46	6	22	33	0.241	1.33	0.714	4.76	3.58	0.54	0.27
2022	49	0	0	1	1	0	1	3	55 1/3	69	5	19	33	0.311	1.50	0.847	4.30	6.83	-0.60	0.07
2023	55	0	0	2	2	0	1	12	59 2/3	35	2	18	45	0.172	0.84	0.478	3.22	1.96	1.88	1.98
통산	147	0	0	4	5	1	2	19	165 1/3	150	13	59	111	0.243	1.21	0.684	4.05	4.08	0.44	2.22

구종별 기록

구종	구사%	구속	수직 무브	수평 무브	분당 회전	땅볼%	타구속도	강한타구%
직구	53.7%	144.1	30.7	-7.9	2422.6	20.9%	134.4	16.9%
커브	8.2%	121.8	-12.9	16.3	1359.6	11.1%	127.5	0.0%
슬라이더	25.9%	134.6	10.6	7.0	1018.1	48.4%	130.5	14.8%
체인지업	12.2%	130.8	14.7	-16.6	1560.0	52.9%	138.7	21.1%
포크								
싱커								
투심								
너클								
커터								
스플리터								

상황별 기록

상황	타석	홈런/9	볼넷/9	삼진/9	피안타율	WHIP	피OPS	GO/FO
전반기	77	0.00	4.42	10.31	0.200	1.20	0.528	0.41
후반기	151	0.44	1.31	5.23	0.158	0.68	0.453	0.47
vs 좌	105	0.68	3.38	5.06	0.185	1.01	0.576	0.42
vs 우	123	0.00	1.36	8.18	0.161	0.70	0.396	0.48
주자없음	132	0.52	1.82	6.75	0.169	0.81	0.478	0.51
주자있음	96	0.00	2.88	6.84	0.175	0.88	0.477	0.37
득점권	54	0.00	4.61	5.27	0.159	1.02	0.451	0.43
1-2번 상대	49	0.00	2.84	6.39	0.186	0.95	0.464	0.30
3-5번 상대	82	0.78	0.78	7.04	0.167	0.65	0.480	0.31
6-9번 상대	97	0.00	3.38	6.75	0.169	0.94	0.480	0.73

존별 기록

VS 왼손

27 7.5%	21 5.8%	15 4.2%
	17 4.7%	19 5.3%	20 5.6%	
13 3.6%	34 9.5%	30 8.4%	20 5.6%	17 4.7%
	17 4.7%	25 7.0%	28 7.8%	
11 3.1%	18 5.0%	27 7.5%

VS 오른손

15 3.8%	17 4.3%	6 1.5%
	19 4.8%	23 5.8%	24 6.0%	
14 3.5%	27 6.8%	47 11.8%	36 9.0%	24 6.0%
	12 3.0%	35 8.8%	34 8.6%	
9 2.3%	17 4.3%	38 9.6%

투수 시점

페냐 투수 20

신장 188	체중 99	생일	1990.01.25
투타 우투우타	지명	2022 한화 자유선발	
연봉	$400,000~$550,000-$650,000		
학교	도미니카 Centro de Desarrollo y Crecimiento Credy(고)		

● 2022년 닉 킹험의 대체 선수로 한화에 입단했다. 13경기에서 평균자책점 3.72를 기록한 뒤 재계약에 성공했다. 지난해엔 sWAR 3.53승으로 에이스 역할을 했다. 팀에서 가장 높았고, 전체 선발투수 가운데 11위였다. 전반기에 평균자책점 2.61로 매우 뛰어났다. 하지만 후반기엔 4.60으로 부진했다. 동료 리카르도 산체스와 비슷했다. 한화 승률이 전반기 0.459에서 후반기 0.375로 떨어진 이유였다. 페냐는 2022년 투심패스트볼을 42% 비율로 던지는 싱커투수였다. 포심 구사율은 11%에 그쳤다. 그런데 2023년엔 투심 8%, 포심 40%로 확 달라졌다. 문제는 구사율을 크게 높인 포심 구종가치가 4.0에서 1.5로 오히려 뒷걸음질했다는 점이다. 포심은 전년 대비 시속 2.2㎞, 투심은 시속 1.6㎞ 구속이 감소했다. 무브먼트도 떨어졌다. 페냐는 2022년 9이닝 당 볼넷 3.99개로 제구에 문제를 드러냈다. 지난해엔 2.99개로 나아졌다. 대신 삼진이 줄었다. 구위 저하와 제구 향상이 교환된 셈이다. 장타 저지 능력은 뛰어나다. 하지만 구속 저하가 후반기에 심화됐다는 점은 우려스럽다. 후반기 부진과 무관치 않아 보인다. 패스트볼 외에 장기가 있다는 점은 다행이다. 지난해 커브 구종가치 9.1로 리그 2위였다. 체인지업은 9.2로 네 번째로 좋았다. 2022년 왼손타자 상대 피OPS 0.782로 매우 약했다. 하지만 2023년엔 0.671로 향상됐다.

기본기록

연도	경기	선발	QS	승	패	세이브	BS	홀드	이닝	피안타	피홈런	4사구	삼진	피안타율	WHIP	피OPS	FIP	ERA	WAR	WPA
2021																				
2022	13	13	5	5	4	0	0	0	67 2/3	63	4	34	72	0.247	1.37	0.683	3.49	3.72	1.07	0.82
2023	32	32	19	11	11	0	0	0	177 1/3	149	14	77	147	0.225	1.17	0.651	4.10	3.60	2.79	1.84
통산	45	45	24	16	15	0	0	0	245	212	18	111	219	0.231	1.23	0.660	3.91	3.64	3.86	2.66

구종별 기록

구종	구사%	구속	수직 무브	수평 무브	분당 회전	땅볼%	타구속도	강한타구%
직구	40.2%	144.8	25.5	-13.9	2240.0	39.5%	135.6	20.9%
커브	16.6%	128.9	-0.4	6.1	603.1	67.4%	132.5	24.4%
슬라이더	4.0%	129.7	0.3	7.7	636.7	54.5%	135.3	10.0%
체인지업	31.3%	132.7	11.5	-18.7	1574.3	59.8%	129.5	18.4%
포크								
싱커								
투심	7.9%	144.2	24.6	-12.9	2139.5	66.7%	143.2	39.4%
너클								
커터								
스플리터								

상황별 기록

상황	타석	홈런/9	볼넷/9	삼진/9	피안타율	WHIP	피OPS	GO/FO
전반기	407	0.73	2.92	7.48	0.218	1.13	0.626	1.27
후반기	344	0.69	3.09	7.44	0.234	1.23	0.682	0.84
vs 좌	410	0.66	3.19	6.66	0.232	1.22	0.688	1.10
vs 우	341	0.77	2.77	8.41	0.217	1.12	0.607	1.00
주자없음	443	0.87	2.27	8.04	0.220	1.13	0.635	1.01
주자있음	308	0.48	4.00	6.66	0.233	1.24	0.674	1.14
득점권	191	0.21	5.56	8.86	0.208	1.33	0.623	1.48
1-2번 상대	188	0.38	1.90	5.89	0.211	0.97	0.619	1.22
3-5번 상대	263	0.68	3.75	8.27	0.270	1.51	0.730	0.80
6-9번 상대	300	0.87	3.11	7.84	0.194	1.04	0.600	1.27

존별 기록

VS 왼손

57 4.4%	66 5.1%	57 4.4%
76 5.9%	82 6.4%	64 5.0%
83 6.5%	89 6.9%	113 8.8%	78 6.1%	62 4.8%
	60 4.7%	93 7.3%	67 5.2%	
60 4.7%		98 7.6%		77 6.0%

VS 오른손

48 4.6%	30 2.9%	19 1.8%
49 4.7%	50 4.8%	32 3.1%
52 5.0%	77 7.4%	93 8.9%	59 5.7%	42 4.0%
	70 6.7%	112 10.7%	82 7.9%	
33 3.2%		77 7.4%		118 11.3%

투수 시점

노시환 내야수 8

신장 185	체중 105	생일 2000.12.03	
투타 우투우타	지명 2019 한화 2차 1라운드 3순위		
연봉 12,000-13,100-35,000			
학교 부산수영초-경남중-경남고			

● 2023년 KBO리그 최고 투수는 에릭 페디, 최고 타자는 노시환이었다. 31홈런, 101타점으로 두 부문 타이틀을 따냈다. sWAR 6.83승도 야수 1위. 지난해 리그 전체에서 3승 이상 공헌도를 올린 야수는 28명뿐이었다. 이 가운데 노시환은 가장 젊은 23세였다. KBO리그에 모처럼 등장한 젊은 파워히터 강타자다. 파워 면에선 선배 이정후와 강백호를 앞섰다. 항저우 아시안게임에선 첫 경기 3번, 결승전 4번 타자를 맡으며 금메달 주역이 됐다. 11월 아시아 프로야구챔피언십에도 4번 타자로 타율 0.389에 2루타 2개를 날렸다. 팀에선 투수 문동주와 함께 투타의 기둥이었다. 지난해엔 기복도 없었다. 4월부터 9월까지 월별 OPS가 0.856 이하로 떨어진 적이 없었다. 5월에 8경기 연속 무안타로 유일한 슬럼프를 겪었다. 그 뒤론 3경기 연속 무안타 한 번뿐이었다. 데뷔 시즌에는 볼넷/타석비율 5.7%로 선구안에 문제가 있었다. 하지만 계속 향상돼 2021년에는 15.9%로 정상급 수준에 올라섰다. 2022년 볼넷과 홈런이 모두 크게 줄어들며 고비를 맞았다. 하지만 2023년 극적으로 부활했다. 스플리터를 제외한 모든 공에 구종가치 플러스였다. 커리어 내내 오른손, 왼손투수를 가리지 않고 잘 공략했다. 주루와 수비는 높은 평가를 받지 못한다. 리그 3루수 가운데 문보경 다음으로 많은 이닝을 소화했지만 WAR 순위는 19위에 불과했다.

기본기록

연도	경기	타석	타수	안타	2루타	3루타	홈런	타점	득점	볼넷	사구	삼진	도루	도루자	타율	출루율	장타율	OPS	WAR	WPA
2021	107	458	380	103	18	1	18	84	56	73	1	107	5	2	0.271	0.386	0.466	0.852	2.13	0.47
2022	115	490	434	122	24	1	6	59	55	48	4	95	6	2	0.281	0.355	0.382	0.737	2.27	0.38
2023	131	595	514	153	30	1	31	101	85	74	4	118	2	1	0.298	0.388	0.541	0.929	5.33	3.02
통산	550	2122	1851	487	98	6	68	300	261	239	17	508	15	8	0.263	0.350	0.433	0.783	8.66	-0.96

구종별기록

구분	상대%	타구속도	상하 각도	타율	장타율	땅볼%	뜬공%	강한타구%
직구	37.6%	143.7	23.8	0.323	0.651	37.0%	63.0%	46.7%
커브	12.7%	143.2	17.8	0.253	0.418	59.0%	41.0%	43.5%
슬라이더	22.8%	139.1	20.9	0.250	0.490	47.6%	52.4%	29.1%
체인지업	10.5%	144.0	17.8	0.254	0.492	52.8%	47.2%	45.2%
포크	5.5%	147.7	15.6	0.280	0.360	66.7%	33.3%	57.1%
싱커								
투심	6.2%	140.2	11.9	0.515	0.727	76.9%	23.1%	52.4%
너클								
커터	4.7%	142.0	16.6	0.286	0.333	50.0%	50.0%	30.8%
스플리터								

상황별 기록

상황	타석	홈런/9	볼넷/9	삼진/9	타율	출루율	장타율	OPS
전반기	354	5.4%	11.9%	18.1%	0.317	0.398	0.560	0.958
후반기	241	5.0%	13.3%	22.4%	0.268	0.373	0.512	0.885
vs 좌	140	2.9%	15.7%	19.3%	0.296	0.407	0.487	0.894
vs 우	455	5.9%	11.4%	20.0%	0.298	0.382	0.556	0.938
주자없음	316	6.3%	9.5%	20.6%	0.305	0.373	0.575	0.948
주자있음	279	3.9%	15.8%	19.0%	0.288	0.405	0.498	0.903
득점권	161	3.1%	18.0%	19.9%	0.299	0.429	0.504	0.933
노아웃	150	6.7%	10.0%	19.3%	0.336	0.400	0.657	1.057
원아웃	214	5.1%	8.9%	19.2%	0.292	0.355	0.510	0.865
투아웃	231	4.3%	17.3%	20.8%	0.277	0.411	0.489	0.900

존별 기록

VS 왼손

14 3.2%	19 4.3%	29 6.6%
16 3.7%	23 5.3%	28 6.4%
24 5.5%	33 7.5%	39 8.9%	29 6.6%	20 4.6%
12 2.7%	44 10.0%	36 8.2%
28 6.4%	26 5.9%	18 4.1%

VS 오른손

82 5.3%	82 5.3%	48 3.1%
91 5.9%	99 6.5%	80 5.2%
54 3.5%	91 5.9%	154 10.0%	126 8.2%	93 6.1%
53 3.5%	108 7.0%	121 7.9%
38 2.5%	74 4.8%	140 9.1%

투수 시점

안치홍 내야수 3

신장	178
체중	97
생일	1990.07.02
투타	우투우타
지명	2009 KIA 2차 1라운드 1순위
연봉	100,000-50,000-50,000
학교	구지초(구리리틀)-대치중-서울고

● 커리어 두 번째 FA 계약으로 한화 유니폼을 입었다. 2020-23년 롯데와 최대 56억 원에 4년 계약을 했다. 4시즌 평균 sWAR 2.45승으로 나쁘지 않은 팀 공헌도를 기록했다. 이번 계약은 4년 최대 55억 원 규모다. 인플레이션을 고려하면 적정선이다. 통산 타율 0.297로 안타를 만드는 능력이 뛰어나다. 2017, 18년 20+홈런 시즌을 보냈지만 다시 기대하기는 어렵다. 하지만 2루수로는 준수한 파워를 갖추고 있다. 지난해 주 포지션이 2루인 선수 가운데 장타율이 4위였다. 콘택트율 86.1%는 리그 평균(79.9%)을 크게 상회한다. 뚜렷하게 약점인 구종이 없다. 지난해 싱커를 제외한 모든 공에 구종가치 플러스를 기록했다. 전성기인 20대 후반에 비해 패스트볼 대응력은 떨어졌지만 브레이킹볼은 더 잘 친다. 2022년 완속투수에게 타율 0.239로 고전했지만 지난해엔 0.281로 2019년 이후 가장 좋았다. 2020년 14도루를 했지만 이후 3년 동안은 13개에 그쳤다. 추가진루율 31.3%도 리그 평균(42.0%)에 못 미쳤다. 풀타임 2루수로 뛰기에는 수비력이 떨어진다. 지난 4년 동안 공격에선 평균 sWAR 2.89승이었지만 수비에서 마이너스였다. 지난 시즌엔 2루수로 699이닝만 소화했다. 커리어 최소였다. 한화에는 1루수 채은성, 2루수 정은원이 있다. 올 시즌에도 2루수와 1루수를 겸할 가능성이 높다. 스프링캠프에서 멀티 포지션을 준비했다.

기본기록

연도	경기	타석	타수	안타	2루타	3루타	홈런	타점	득점	볼넷	사구	삼진	도루	도루자	타율	출루율	장타율	OPS	WAR	WPA
2021	119	490	421	129	30	2	10	82	58	52	3	58	3	6	0.306	0.379	0.458	0.837	3.55	0.09
2022	132	562	493	140	27	3	14	58	71	51	5	52	7	2	0.284	0.354	0.436	0.790	4.19	-0.29
2023	121	494	425	124	20	1	8	63	57	49	10	53	3	3	0.292	0.374	0.400	0.774	3.04	0.38
통산	1620	6457	5677	1687	324	25	140	843	833	552	70	849	133	41	0.297	0.363	0.437	0.800	30.47	4.00

구종별기록

구분	상대%	타구속도	상하 각도	타율	장타율	땅볼%	뜬공%	강한타구%
직구	42.0%	139.6	18.8	0.333	0.434	38.0%	62.0%	32.3%
커브	8.5%	130.2	17.2	0.188	0.292	54.5%	45.5%	12.5%
슬라이더	22.4%	130.4	24.8	0.293	0.537	45.8%	54.2%	8.3%
체인지업	10.2%	129.2	22.5	0.286	0.357	50.0%	50.0%	16.0%
포크	3.8%	112.4	17.0	0.350	0.350	57.1%	42.9%	0.0%
싱커								
투심	8.1%	137.2	20.2	0.265	0.294	52.2%	47.8%	29.2%
너클								
커터	5.0%	129.2	28.0	0.238	0.286	33.3%	66.7%	18.8%
스플리터								

상황별 기록

상황	타석	홈런/9	볼넷/9	삼진/9	타율	출루율	장타율	OPS
전반기	304	1.0%	9.5%	10.2%	0.280	0.361	0.356	0.717
후반기	190	2.6%	10.5%	11.6%	0.311	0.395	0.470	0.865
vs 좌	113	1.8%	12.4%	10.6%	0.281	0.378	0.417	0.795
vs 우	381	1.6%	9.2%	10.8%	0.295	0.373	0.395	0.768
주자없음	245	2.0%	8.2%	12.7%	0.253	0.327	0.367	0.694
주자있음	249	1.2%	11.6%	8.8%	0.333	0.422	0.436	0.858
득점권	141	1.4%	12.8%	7.8%	0.355	0.445	0.473	0.918
노아웃	139	2.2%	10.8%	9.4%	0.293	0.381	0.440	0.821
원아웃	185	1.6%	8.1%	11.4%	0.304	0.373	0.404	0.777
투아웃	170	1.2%	11.2%	11.2%	0.277	0.371	0.365	0.736

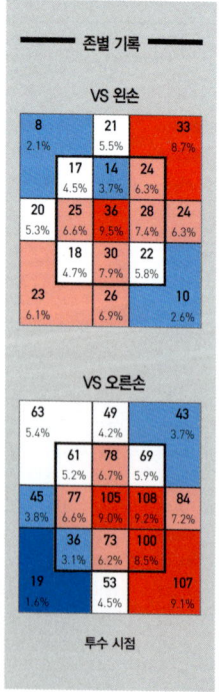

존별 기록

VS 왼손

VS 오른손

투수 시점

채은성 외야수 22

신장 186	체중 92	생일 1990.02.06
투타 우투우타	지명 2009 LG 육성선수	
연봉 28,000-180,000-100,000		
학교 순천북초-순천이수중-효천고		

● 6년 FA 계약 첫 시즌에 개인 통산 두 번째로 많은 홈런을 때려냈다. 3번 노시환과 함께 한화의 중심 타선으로 활약했다. OPS 0.779는 썩 만족스럽지 않다. 잠실구장을 홈으로 쓰던 2022년(0.790)보다 낮았다. 하지만 2023년 리그 OPS(0.712)는 2013년 이후 가장 낮았고, 역대 42번 시즌 가운데 29위였다. 기록으로 드러나지 않는 가치도 있다. 한화 구단은 베테랑 채은성이 노시환의 성장을 도왔다고 믿고 있다. 빠른 타구를 날리는 타자다. 지난해 타구 속도는 시속 138.2㎞로 팀 내에서 노시환(142.8㎞) 다음이었다. 인플레이타구 평균 속도와 강한 타구 비율은 리그 상위 17%였다. 2016년 본격적으로 주전으로 활약한 뒤 줄곧 패스트볼에 강한 타자였다. 지난해 포심 구종가치 10.9로 노시환과 함께 팀 내 유이한 두 자릿수였다. 체인지업에는 다소 약점을 드러냈다. 볼넷을 잘 고르는 타자는 아니지만 지난해엔 개인 최다를 기록했다. 볼넷과 장타가 모두 늘었다. 콘택트 비율은 리그 평균에 살짝 미달한다. 지난해 왼손투수 상대 OPS는 0.930으로 정상급이었다. 오른손투수 상대론 0.739에 그쳤다. 왼손투수 상대 강세는 2021년부터 이어진 경향이다. 지난해 1루수로 76경기, 우익수로 22경기 선발 출장했다. 능숙한 수비수는 아니다. 외야수일 때 팀 공헌도가 살짝 높았다. 개인 통산 처음으로 도루 시도가 한 번도 없었다.

기본기록

연도	경기	타석	타수	안타	2루타	3루타	홈런	타점	득점	볼넷	사구	삼진	도루	도루자	타율	출루율	장타율	OPS	WAR	WPA
2021	110	448	387	107	20	0	16	82	59	38	16	80	4	2	0.276	0.359	0.452	0.811	3.10	0.68
2022	126	526	467	138	26	2	12	83	48	27	21	88	6	7	0.296	0.354	0.437	0.791	2.86	-2.01
2023	137	596	521	137	17	0	23	84	71	52	20	102	0	0	0.263	0.351	0.428	0.779	3.35	0.20
통산	1143	4344	3858	1129	188	16	119	679	509	291	120	719	35	30	0.293	0.356	0.442	0.798	26.45	-1.70

구종별기록

구분	상대%	타구속도	상하 각도	타율	장타율	땅볼%	뜬공%	강한타구%
직구	37.5%	141.2	23.4	0.267	0.528	32.8%	67.2%	39.6%
커브	10.9%	133.1	26.0	0.214	0.339	30.0%	70.0%	18.4%
슬라이더	22.7%	133.8	16.9	0.293	0.405	54.0%	46.0%	28.8%
체인지업	12.1%	140.6	24.1	0.230	0.361	38.5%	61.5%	31.8%
포크	6.4%	138.6	22.2	0.125	0.156	53.3%	46.7%	36.4%
싱커								
투심	5.9%	137.5	13.6	0.371	0.429	71.4%	28.6%	32.0%
너클								
커터	4.6%	132.7	20.7	0.308	0.462	45.5%	54.5%	21.4%
스플리터								

상황별 기록

상황	타석	홈런/9	볼넷/9	삼진/9	타율	출루율	장타율	OPS
전반기	327	3.4%	8.6%	16.8%	0.291	0.370	0.450	0.820
후반기	269	4.5%	8.9%	17.5%	0.228	0.327	0.401	0.728
vs 좌	126	5.6%	10.3%	14.3%	0.312	0.389	0.541	0.930
vs 우	470	3.4%	8.3%	17.9%	0.250	0.340	0.398	0.738
주자없음	293	3.8%	6.5%	18.4%	0.226	0.297	0.383	0.680
주자있음	303	4.0%	10.9%	15.8%	0.302	0.403	0.475	0.878
득점권	160	4.4%	12.5%	14.4%	0.311	0.413	0.508	0.921
노아웃	183	3.8%	10.9%	18.6%	0.266	0.383	0.442	0.825
원아웃	171	5.3%	8.2%	19.9%	0.239	0.292	0.439	0.731
투아웃	242	2.9%	8.7%	14.0%	0.278	0.368	0.410	0.778

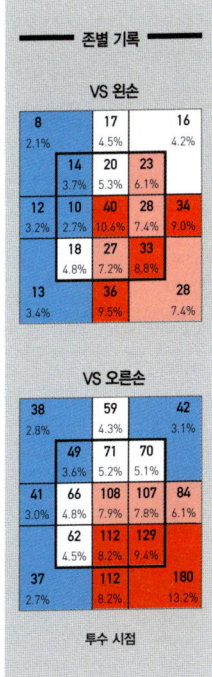

존별 기록 — VS 왼손 / VS 오른손 (투수 시점)

최재훈 포수 13

신장	178	체중	94	생일	1989.08.27
투타	우투우타	지명	2008 두산 육성선수		
연봉	100,000-80,000-60,000				
학교	화곡초-덕수중-덕수고(방송통신대)				

● 지난해 sWAR은 2.91승으로 팀 내 4위였다. 노시환, 카를로스 페냐, 이진영 다음이었다. 리그 야수 가운데 30위. sWAR 새 버전에서는 3.90승으로 25위였다. 2할4푼대 타율에 홈런이 딱 하나인 타자에게는 과한 평가로도 보인다. 하지만 지난해 최재훈의 출루율은 무려 0.392에 달했다. 400+타석 기준 리그 8위였다. 몸으로 만든 순위다. 안타 81개와 볼넷 56개 외에 리그에서 가장 많은 핫바이피치 23개를 기록했다. 지난 두 시즌 가장 많은 투구를 몸에 맞은 타자는 최정이 아닌 최재훈이다. 타자로서 최재훈은 강한 타구와 거리가 멀다. 강한 타구 비율은 지난해 리그 하위 23%에 불과했다. 하지만 인플레이타구를 자주 만들어낸다. 콘택트 비율은 88.4%로 리그 평균(79.6%)을 크게 넘어섰다. 같은 기준에서 리그에서 7번째였다. 투수를 괴롭힐 줄 아는 타자다. 2사 득점권 OPS 0.901로 매우 강했다. 왼손투수라면 최재훈을 조심해야 한다. 통산 왼손투수 상대 OPS 0.728에 지난해엔 0.824였다. 최재훈의 포지션은 수비가 중요한 포수다. 새 버전 sWAR은 최재훈의 수비 WAR을 0.86승에서 1.76승으로 상향 조정했다. 새 버전이 프레이밍 가치를 추가했기 때문이다. 한 계산에 따르면 2018-22년 포수 프레이밍 득점 1위는 한화다. 2위와 상당한 차이였다. 이 기간 한화의 주전 포수는 물론 최재훈이었다.

기본기록

연도	경기	타석	타수	안타	2루타	3루타	홈런	타점	득점	볼넷	사구	삼진	도루	도루자	타율	출루율	장타율	OPS	WAR	WPA
2021	116	467	375	103	21	0	7	44	52	72	12	68	3	2	0.275	0.405	0.387	0.792	3.87	0.16
2022	114	437	364	81	14	0	5	30	38	44	21	65	1	1	0.223	0.339	0.302	0.641	1.66	-2.38
2023	125	417	327	81	12	0	1	33	23	56	23	48	1	1	0.248	0.392	0.294	0.686	2.46	-1.11
통산	1119	3184	2754	710	127	1	25	254	301	323	133	462	16	18	0.258	0.361	0.332	0.693	12.06	-9.51

구종별기록

구분	상대%	타구속도	상하 각도	타율	장타율	땅볼%	뜬공%	강한타구%
직구	52.0%	129.2	24.0	0.235	0.287	36.6%	63.4%	10.7%
커브	7.9%	129.1	15.7	0.235	0.324	47.6%	52.4%	8.3%
슬라이더	15.5%	128.4	26.1	0.207	0.224	33.3%	66.7%	8.3%
체인지업	9.1%	127.7	21.2	0.368	0.447	44.4%	55.6%	11.1%
포크	3.3%	143.1	15.9	0.125	0.125	45.5%	54.5%	10.0%
싱커								
투심	8.2%	128.6	8.1	0.290	0.290	82.4%	17.6%	12.5%
너클								
커터	4.0%	132.1	24.5	0.286	0.357	40.0%	60.0%	20.0%
스플리터								

상황별 기록

상황	타석	홈런/9	볼넷/9	삼진/9	타율	출루율	장타율	OPS
전반기	245	0.4%	13.9%	10.2%	0.269	0.409	0.326	0.735
후반기	172	0.0%	12.8%	13.4%	0.216	0.367	0.246	0.613
vs 좌	105	1.0%	22.9%	11.4%	0.269	0.452	0.372	0.824
vs 우	312	0.0%	10.3%	11.5%	0.241	0.372	0.269	0.641
주자없음	213	0.5%	12.7%	9.9%	0.219	0.347	0.264	0.611
주자있음	204	0.0%	14.2%	13.2%	0.282	0.441	0.329	0.770
득점권	105	0.0%	18.1%	16.2%	0.247	0.423	0.312	0.735
노아웃	122	0.8%	9.0%	10.7%	0.265	0.354	0.337	0.691
원아웃	153	0.0%	16.3%	10.5%	0.224	0.405	0.241	0.646
투아웃	142	0.0%	14.1%	13.4%	0.257	0.408	0.310	0.718

존별 기록

VS 왼손

7 1.9%	23 6.2%	15 4.0%
13 3.5%	20 5.4%	38 10.2%
9 2.4%	23 6.2%	44 11.8%	24 6.5%	22 5.9%
	20 5.4%	24 6.5%	23 6.2%	
16 4.3%		23 6.2%		27 7.3%

VS 오른손

43 4.0%	59 5.5%	43 4.0%
	56 5.2%	95 8.8%	71 6.6%	
39 3.6%	47 4.3%	95 8.8%	87 8.0%	96 8.9%
	37 3.4%	73 6.8%	76 7.0%	
18 1.7%		60 5.6%		86 8.0%

투수 시점

페라자 외야수 30

신장	175	체중	88	생일	1998.11.10
투타	우투양타	지명	2024 한화 자유선발		
연봉	$600,000				
학교	베네수엘라 San Isidro Labrador(고)				

● 한화 야수진에서 가장 중요한 선수다. 2023년 한화의 외국인야수 sWAR은 -0.87승이었다. 10개 구단 가운데 유일하게 마이너스를 찍었다. 리그 평균은 2.67승이었다. 페라자가 평균적인 활약을 해준다면 한화는 올해 3승 정도를 더 거둘 수 있다. 메이저리그 경력은 없는 베네수엘라 출신 외야수다. 2016년 시카고 컵스의 도미니카공화국 아카데미에서 프로 생활을 시작했다. 입단 당시에는 내야수였다. 코로나19 팬데믹이 끝난 2021년부터 타격에 두각을 드러냈다. 2021년 A+에서 OPS 0.329를 기록했고 이듬해 AA에서 0.849로 향상됐다. 지난해 AAA에선 0.922로 최고 수준이었다. 손혁 한화 단장은 페라자에 대해 "오래 전부터 주시했던 선수"라고 말했다. 175㎝ 단신이지만 파워가 있다. 20대 초반보다 체중은 10㎏ 가량 늘렸다. 2022년부터 볼넷 빈도를 크게 높이며 선구안도 향상됐다. 스위치히터로 왼손/오른손 투수 공을 모두 잘 친다. 두 시즌 도루 28개를 기록한 스피드도 갖추고 있다. 메이저리그 스프링캠프에 참가할 수 있었지만 한국행을 택한 건 수비 때문이다. 내야와 외야 모두에서 수비로는 높은 평가를 받지 못했다. 나이도 애매했다. 하지만 KBO리그에선 메이저리그 커리어가 있는 선수보다 더 나은 선택이 될 수 있다. 성장 중인 선수다. 초반 부진에 인내심을 가질 필요가 있다.

기본기록

연도	리그	경기	타석	타수	안타	2루타	3루타	홈런	타점	득점	볼넷	사구	삼진	도루	도루자	타율	출루율	장타율	OPS	WAR
2021	A+	99	404	357	100	23	1	15	64	54	38	3	95	6	4	0.280	0.350	0.479	0.829	-
2022	AA	124	547	470	120	36	3	23	73	81	72	4	127	15	6	0.255	0.358	0.482	0.850	-
2023	AAA	121	543	461	131	40	3	23	85	100	76	4	119	13	5	0.284	0.389	0.534	0.922	-
통산		121	543	461	131	40	3	23	85	100	76	4	119	13	5	0.284	0.389	0.534	0.922	

구종별기록

구분	상대%	타구속도	상하 각도	타율	장타율	땅볼%	뜬공%	강한타구%
직구								
커브								
슬라이더								
체인지업								
포크								
싱커								
투심								
너클								
커터								
스플리터								

상황별 기록

상황	타석	홈런/9	볼넷/9	삼진/9	타율	출루율	장타율	OPS
전반기								
후반기								
vs 좌								
vs 우								
주자없음								
주자있음								
득점권								
노아웃								
원아웃								
투아웃								

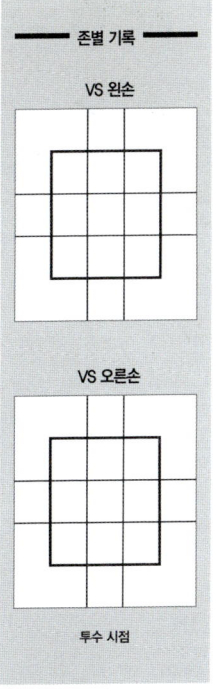

김기중 투수 15

신장	186	체중	96	생일	2002.11.16	투타	좌투좌타	지명	2021 한화 2차 1라운드 2순위
연봉	3,900-3,600-4,400			학교	의왕부곡초-매송중-유신고				

● 2021년 드래프트 1라운드에서 한화가 지명한 왼손 기대주다. 두 번째 시즌인 2022년 5경기 등판에 그치며 부진했다. 지난해 주로 구원으로 37경기에 나서며 반등에 성공했다. 주무기는 슬라이더. 포심 구속은 리그 평균 이하지만 수직무브먼트는 상위 17%다. 첫 두 시즌 90이닝 당 6.44개던 볼넷도 4.63개로 줄였다. 더 성장해야 한다.

기본기록

연도	경기	선발	QS	승	패	세이브	BS	홀드	이닝	피안타	피홈런	4사구	삼진	피안타율	WHIP	피OPS	FIP	ERA	WAR	WPA
2021	15	12	1	2	4	0	0	0	53 2/3	63	4	40	36	0.294	1.84	0.806	5.08	4.70	0.33	0.01
2022	5	3	0	0	2	0	0	0	12	14	4	12	8	0.292	2.08	1.002	9.34	6.00	-0.32	-0.31
2023	37	6	0	1	3	0	0	1	56 1/3	58	4	38	46	0.278	1.54	0.794	4.70	4.63	0.15	0.62
통산	57	21	1	3	9	0	0	1	122	135	12	90	90	0.287	1.73	0.821	5.31	4.80	0.16	0.32

구종별 기록

구종	구사%	구속	수직 무브	수평 무브	분당 회전	땅볼%	타구속도	강한타구%
직구	45.4%	140.9	30.2	18.5	2639.7	43.9%	132.7	25.4%
커브	16.4%	115.5	-14.5	-7.0	1031.6	44.4%	129.6	10.0%
슬라이더	30.1%	130.2	11.3	7.2	1029.4	27.8%	134.0	20.4%
체인지업	8.1%	127.9	19.5	27.3	2258.1	50.0%	152.4	42.9%
포크								
싱커								
투심								
너클								
커터								
스플리터								

상황별 기록

상황	타석	홈런/9	볼넷/9	삼진/9	피안타율	WHIP	피OPS	GO/FO
전반기	133	0.32	7.07	7.39	0.270	1.75	0.814	0.67
후반기	120	0.95	2.22	7.31	0.284	1.34	0.767	0.60
vs 좌	136	0.61	5.52	8.59	0.291	1.70	0.836	0.61
vs 우	117	0.67	3.67	6.00	0.263	1.37	0.746	0.65
주자없음	124	0.76	7.61	8.75	0.270	1.99	0.811	0.79
주자있음	129	0.55	2.48	6.34	0.284	1.22	0.776	0.51
득점권	79	0.46	4.12	8.24	0.167	1.02	0.533	0.61
1-2번 상대	76	0.53	4.76	7.94	0.302	1.65	0.826	0.61
3-5번 상대	85	0.52	4.67	5.71	0.329	1.90	0.903	0.46
6-9번 상대	92	0.82	4.50	8.18	0.205	1.18	0.659	0.86

김범수 투수 47

신장	181	체중	92	생일	1995.10.03	투타	좌투좌타	지명	2015 한화 1차
연봉	9,680-14,100-19,300			학교	온양온천초-온양중-북일고				

● 한화의 넘버원 왼손 구원 투수다. 2시즌 연속으로 구원 76경기 이상 등판했다. 평균시속 147.3km 포심을 던지는 속구파다. 포심과 슬라이더를 각각 40% 이상 비율로 던진다. 지난해 피안타율은 같은 0.245였다. 제구는 약점이다. 두 시즌 연속으로 90이닝 당 볼넷이 4.77개였다. 그래도 개인 통산 가장 좋았다.

기본기록

연도	경기	선발	QS	승	패	세이브	BS	홀드	이닝	피안타	피홈런	4사구	삼진	피안타율	WHIP	피OPS	FIP	ERA	WAR	WPA
2021	56	2	0	4	9	1	5	9	70 2/3	68	2	44	70	0.253	1.56	0.684	3.54	5.22	0.39	-0.89
2022	78	0	0	3	7	0	5	27	66	64	5	38	58	0.261	1.50	0.735	4.07	4.36	0.36	0.28
2023	76	0	0	5	5	1	7	18	62 1/3	64	3	36	52	0.263	1.56	0.698	3.89	4.19	0.50	1.02
통산	369	34	5	25	46	3	19	62	456 2/3	477	49	319	405	0.271	1.68	0.789	5.17	5.48	0.77	-1.17

구종별 기록

구종	구사%	구속	수직 무브	수평 무브	분당 회전	땅볼%	타구속도	강한타구%
직구	42.6%	147.3	24.4	21.9	2545.4	42.9%	133.3	18.5%
커브	10.6%	121.8	-11.4	-5.9	934.7	50.0%	128.2	0.0%
슬라이더	38.0%	136.3	5.6	4.7	700.1	62.2%	137.8	24.0%
체인지업	8.7%	135.2	12.5	27.9	2208.7	87.5%	138.2	33.3%
포크								
싱커								
투심								
너클								
커터								
스플리터								

상황별 기록

상황	타석	홈런/9	볼넷/9	삼진/9	피안타율	WHIP	피OPS	GO/FO
전반기	133	0.30	5.10	6.90	0.239	1.47	0.647	1.13
후반기	150	0.56	4.45	8.07	0.285	1.64	0.742	1.10
vs 좌	162	0.00	3.85	8.92	0.238	1.25	0.588	1.21
vs 우	121	1.13	7.50	5.25	0.302	2.04	0.856	1.00
주자없음	122	0.69	5.54	9.00	0.245	1.62	0.665	1.00
주자있음	161	0.25	4.21	6.44	0.277	1.51	0.723	1.21
득점권	111	0.00	5.84	6.93	0.250	1.58	0.664	1.26
1-2번 상대	84	0.00	3.86	7.71	0.270	1.50	0.669	1.05
3-5번 상대	100	0.82	4.09	7.77	0.273	1.55	0.746	1.05
6-9번 상대	99	0.42	6.23	7.06	0.247	1.62	0.670	1.25

김서현 투수 54

신장	188	체중	86	생일	2004.05.31	투타	우투우타	지명	2023 한화 1라운드 1순위
연봉	3,000-3,400			학교	효제초-자양중-서울고				

● 5월 11일 대전 삼성전에서 시속 158.4㎞ 포심패스트볼을 던졌다. 2023년 리그에서 두 번째로 빠른 공이었다. 시즌 평균 구속은 1년 선배 문동주보다 낫다. 9이닝 당 볼넷 9.27개로 제구력은 가다듬어야 한다. 오른손타자 몸 쪽으로 빠져나가는 슈트성 공이 많다. 수직무브먼트가 리그 하위 9%라는 점은 우려된다.

기본기록

연도	경기	선발	QS	승	패	세이브	BS	홀드	이닝	피안타	피홈런	4사구	삼진	피안타율	WHIP	피OPS	FIP	ERA	WAR	WPA
2021																				
2022																				
2023	20	1	0	0	1	0	0	22 1/3	22	1	30	26	0.265	2.01	0.858	5.59	7.25	-0.47	0.10
통산	20	1	0	0	1	0	0	22 1/3	22	1	30	26	0.265	2.01	0.858	5.59	7.25	-0.47	0.10

구종별 기록

구종	구사%	구속	수직 무브	수평 무브	분당 회전	땅볼%	타구속도	강한타구%
직구	50.8%	151.7	17.9	-18.0	2051.2	72.2%	137.0	33.3%
커브	2.3%	127.5	-8.2	8.7	804.5	-	150.4	100.0%
슬라이더	34.0%	133.7	-2.4	7.8	721.2	70.0%	125.6	10.0%
체인지업	8.0%	140.6	4.0	-18.2	1421.5	100.0%	144.3	50.0%
포크								
싱커								
투심	4.9%	150.4	9.2	-23.1	1979.9	66.7%	152.3	50.0%
너클								
커터								
스플리터								

상황별 기록

상황	타석	홈런/9	볼넷/9	삼진/9	피안타율	WHIP	피OPS	GO/FO
전반기	82	0.51	6.62	11.72	0.250	1.64	0.790	2.13
후반기	32	0.00	19.29	5.79	0.316	3.43	1.055	9.00
vs 좌	65	0.73	10.22	10.95	0.271	2.19	0.920	3.00
vs 우	49	0.00	8.10	9.90	0.257	1.80	0.772	2.75
주자없음	44	0.00	8.22	11.74	0.226	1.83	0.842	1.80
주자있음	70	0.61	9.82	9.82	0.288	2.11	0.868	4.25
득점권	48	0.90	9.58	8.71	0.257	1.94	0.733	7.00
1-2번 상대	26	0.00	6.35	7.94	0.238	1.59	0.766	10.00
3-5번 상대	39	0.00	15.43	12.86	0.296	2.86	0.957	8.00
6-9번 상대	49	0.93	6.52	10.24	0.257	1.66	0.829	1.14

박상원 투수 58

신장	187	체중	98	생일	1994.09.09	투타	우투우타	지명	2017 한화 2차 3라운드 25순위
연봉	13,300-13,300-19,500			학교	백운초-서울이수중-휘문고-연세대				

● 병역의무를 마치고 2022년 복귀해 14경기에서 인상적인 투구를 했다. 훨씬 빨라진 공을 던졌다. 지난해엔 한화 마무리를 맡았다. 포심 평균구속 시속 148.1㎞로 2017년 입단 당시보다 시속 3.1㎞나 향상됐다. 조기 등판을 피해야 하는 유형이다. 9회 이후 피안타율 0.242로 뛰어나지만 8회엔 0.412였다.

기본기록

연도	경기	선발	QS	승	패	세이브	BS	홀드	이닝	피안타	피홈런	4사구	삼진	피안타율	WHIP	피OPS	FIP	ERA	WAR	WPA
2021																				
2022	14	0	0	0	0	0	1	4	12	11	0	6	16	0.256	1.42	0.606	2.17	2.25	0.41	0.27
2023	55	0	0	5	3	16	6	2	61 2/3	63	2	32	57	0.267	1.49	0.705	3.38	3.65	0.57	2.17
통산	279	0	0	11	9	17	17	36	272 1/3	266	21	127	239	0.259	1.38	0.706	4.09	3.57	3.59	4.50

구종별 기록

구종	구사%	구속	수직 무브	수평 무브	분당 회전	땅볼%	타구속도	강한타구%
직구	54.8%	147.2	27.2	-7.6	2212.3	37.3%	129.2	18.3%
커브								
슬라이더	8.9%	132.9	1.7	12.0	910.6	78.6%	139.1	7.1%
체인지업								
포크	36.3%	133.7	0.1	-1.9	477.6	76.9%	128.8	28.1%
싱커								
투심								
너클								
커터								
스플리터								

상황별 기록

상황	타석	홈런/9	볼넷/9	삼진/9	피안타율	WHIP	피OPS	GO/FO
전반기	130	0.29	4.60	7.76	0.183	1.15	0.550	1.10
후반기	147	0.30	3.86	8.90	0.339	1.85	0.841	1.38
vs 좌	134	0.63	4.08	8.79	0.280	1.60	0.734	0.81
vs 우	143	0.00	4.36	7.91	0.254	1.39	0.676	1.82
주자없음	122	0.35	3.12	9.35	0.268	1.50	0.667	1.29
주자있음	155	0.25	5.05	7.57	0.266	1.49	0.738	1.17
득점권	95	0.44	5.66	6.10	0.307	1.74	0.831	1.21
1-2번 상대	58	0.00	5.11	8.03	0.280	1.70	0.788	0.79
3-5번 상대	93	0.44	3.54	5.75	0.337	1.77	0.844	1.69
6-9번 상대	126	0.31	4.34	10.24	0.204	1.21	0.555	1.17

윤대경 투수 5

신장	179	체중	81	생일	1994.04.09	투타	우투우타	지명	2013 삼성 7라운드 65순위
연봉	9,730-9,000-11,000			학교	인천서림초-동인천중-인천고				

● 2013년 삼성에 입단했지만 2019년까지 1군 한 경기도 뛰지 못했다. 2020년 26세 나이에 1군에 데뷔해 sWAR 2.20승으로 기대를 한참 뛰어넘는 활약을 했다. 2022년 -1.37승으로 부진했지만 지난해 1.11승으로 부활했다. 포심 구속은 시속 130㎞대지만 체인지업이 좋다. 지난해엔 슬라이더에 눈을 떴다.

기본기록

연도	경기	선발	QS	승	패	세이브	BS	홀드	이닝	피안타	피홈런	4사구	삼진	피안타율	WHIP	피OPS	FIP	ERA	WAR	WPA
2021	43	9	0	2	5	0	0	7	77 2/3	73	8	40	54	0.247	1.38	0.710	4.75	3.94	0.92	1.42
2022	25	14	5	4	9	0	1	0	75 1/3	106	6	24	51	0.335	1.63	0.853	3.98	7.53	-0.54	-1.44
2023	47	0	0	5	1	0	1	2	47 2/3	36	4	25	28	0.209	1.15	0.651	4.93	2.45	0.43	0.92
통산	170	23	5	16	15	0	2	16	251 2/3	263	21	117	175	0.270	1.42	0.739	4.45	4.26	2.14	1.86

구종별 기록

구종	구사%	구속	수직 무브	수평 무브	분당 회전	땅볼%	타구속도	강한타구%
직구	59.1%	139.0	30.4	-11.8	2420.1	26.2%	135.4	17.9%
커브	9.6%	112.4	-18.6	13.8	1399.7	25.0%	110.5	0.0%
슬라이더	6.9%	123.5	6.7	8.4	810.5	22.2%	123.4	0.0%
체인지업	24.4%	123.5	20.0	-14.0	1645.8	29.6%	130.3	9.1%
포크								
싱커								
투심								
너클								
커터								
스플리터								

상황별 기록

상황	타석	홈런/9	볼넷/9	삼진/9	피안타율	WHIP	피OPS	GO/FO
전반기	114	0.93	2.48	4.34	0.198	0.97	0.601	0.31
후반기	85	0.48	5.30	6.75	0.225	1.45	0.719	0.46
vs 좌	95	0.39	4.63	6.56	0.165	1.07	0.596	0.32
vs 우	104	1.11	2.59	4.07	0.247	1.23	0.698	0.40
주자없음	115	1.38	3.46	5.88	0.216	1.23	0.686	0.40
주자있음	84	0.00	3.74	4.57	0.200	1.06	0.599	0.31
득점권	49	0.00	4.50	3.75	0.200	1.17	0.623	0.47
1-2번 상대	43	0.00	5.23	2.61	0.176	1.16	0.643	0.67
3-5번 상대	60	1.38	3.46	3.46	0.296	1.62	0.794	0.31
6-9번 상대	96	0.74	2.96	7.40	0.167	0.90	0.561	0.28

이태양 투수 46

신장	192	체중	97	생일	1990.07.03	투타	우투좌타	지명	2010 한화 5라운드 36순위
연봉	12,000-66,000-50,000			학교	여수서초-여수중-효천고				

● FA로 한화에 복귀해 선발 12경기, 구원 38경기에 나섰다. 감독이 사랑할 수밖에 없는 투수다. sWAR 2.01승은 SSG에서 뛴 2022년과 같았다. 포심 구속은 리그 하위 17%지만 수직무브먼트는 상위 38%. 떨어지는 스플리터와 콤비네이션이 좋다. 지난해 스플리터를 노리는 타자에게 포심을 던져 효과를 거뒀다.

기본기록

연도	경기	선발	QS	승	패	세이브	BS	홀드	이닝	피안타	피홈런	4사구	삼진	피안타율	WHIP	피OPS	FIP	ERA	WAR	WPA
2021	40	14	4	5	10	0	0	4	103 2/3	123	25	33	62	0.298	1.50	0.886	6.20	5.73	-0.19	-0.06
2022	30	17	9	8	3	0	0	1	112	116	15	29	61	0.267	1.25	0.723	4.72	3.62	1.33	2.38
2023	50	12	1	3	3	0	0	2	100 1/3	100	7	24	72	0.260	1.21	0.709	3.57	3.23	1.63	1.72
통산	398	112	37	38	52	1	6	33	905	1017	137	317	614	0.285	1.44	0.806	5.15	4.90	8.40	3.91

구종별 기록

구종	구사%	구속	수직 무브	수평 무브	분당 회전	땅볼%	타구속도	강한타구%
직구	42.3%	139.1	28.1	-13.6	2316.8	29.8%	131.7	20.6%
커브	8.3%	115.6	-4.5	8.8	707.5	17.6%	129.1	5.9%
슬라이더	18.4%	130.8	17.7	3.4	1335.3	43.9%	129.0	10.2%
체인지업								
포크	31.1%	125.8	11.4	-10.1	1115.9	52.2%	134.3	16.7%
싱커								
투심								
너클								
커터								
스플리터								

상황별 기록

상황	타석	홈런/9	볼넷/9	삼진/9	피안타율	WHIP	피OPS	GO/FO
전반기	178	0.21	2.09	7.53	0.216	1.05	0.584	0.58
후반기	244	0.94	1.73	5.65	0.291	1.33	0.800	0.66
vs 좌	224	0.49	2.13	6.22	0.225	1.07	0.630	0.70
vs 우	198	0.79	1.59	6.75	0.298	1.37	0.798	0.53
주자없음	224	0.85	1.54	6.84	0.239	1.14	0.657	0.69
주자있음	198	0.38	2.27	6.04	0.285	1.28	0.773	0.54
득점권	126	0.30	3.00	6.60	0.259	1.27	0.713	0.45
1-2번 상대	104	0.36	2.52	6.12	0.269	1.28	0.690	0.73
3-5번 상대	129	0.90	1.80	6.60	0.263	1.23	0.771	0.81
6-9번 상대	189	0.60	1.59	6.55	0.253	1.15	0.678	0.47

장민재 투수 36

| 신장 | 184 | 체중 | 106 | 생일 | 1990.03.19 | 투타 | 우투우타 | 지명 | 2009 한화 2차 3라운드 22순위 |
| 연봉 | 7,600-11,500-15,000 | | | 학교 | 광주화정초-무등중-광주제일고 | | | | |

● FA 계약 첫 시즌에 분발이 요구된다. 2년 연속 ERA 앞자리 숫자가 올라갔다. 유망주 후배들은 많다. 스플리터 구사율이 가장 높은 투수 중에 꼽힌다. 주무기인 스플리터 구종가치가 앞 시즌 17.7에서 -3.1로 대폭 감소한 게 부진 이유였다. 왼손타자 상대 피안타율 0.307에 피장타율이 0.543에 달했다.

기본기록

연도	경기	선발	QS	승	패	세이브	BS	홀드	이닝	피안타	피홈런	4사구	삼진	피안타율	WHIP	피OPS	FIP	ERA	WAR	WPA
2021	12	6	1	0	2	0	0	0	29 1/3	34	4	8	13	0.288	1.43	0.782	4.93	2.76	0.25	0.47
2022	32	25	3	7	8	0	0	0	126 2/3	124	15	43	75	0.259	1.29	0.716	4.69	3.55	1.66	1.91
2023	25	13	2	3	8	0	0	1	69	79	12	27	61	0.288	1.46	0.831	5.02	4.83	-0.09	0.21
통산	287	113	18	34	53	0	2	4	751 1/3	900	97	312	507	0.299	1.57	0.822	5.07	5.19	4.20	-1.27

구종별 기록

구종	구사%	구속	수직 무브	수평 무브	분당 회전	땅볼%	타구속도	강한타구%
직구	41.0%	135.3	28.1	-12.9	2212.6	41.4%	137.6	30.1%
커브	9.6%	113.3	-16.5	18.2	1460.1	57.1%	130.4	13.3%
슬라이더	6.6%	125.2	6.5	7.7	795.9	57.1%	135.9	0.0%
체인지업								
포크	42.8%	123.7	6.9	-5.5	709.5	47.8%	136.7	21.3%
싱커								
투심								
너클								
커터								
스플리터								

상황별 기록

상황	타석	홈런/9	볼넷/9	삼진/9	피안타율	WHIP	피OPS	GO/FO
전반기	224	1.74	2.44	6.97	0.279	1.35	0.826	0.91
후반기	84	1.04	4.15	10.90	0.315	1.79	0.844	0.67
vs 좌	158	1.89	4.05	7.29	0.307	1.74	0.916	0.73
vs 우	150	1.26	1.77	8.58	0.269	1.21	0.740	1.00
주자없음	179	2.01	2.68	6.25	0.248	1.31	0.780	1.00
주자있음	129	0.94	3.14	10.36	0.349	1.67	0.903	0.58
득점권	84	0.96	3.38	11.09	0.319	1.55	0.847	0.80
1-2번 상대	76	1.53	1.02	5.09	0.288	1.30	0.814	1.63
3-5번 상대	103	1.19	4.37	6.35	0.273	1.54	0.779	0.79
6-9번 상대	129	1.88	2.83	10.99	0.301	1.50	0.878	0.50

장시환 투수 28

| 신장 | 184 | 체중 | 97 | 생일 | 1987.11.01 | 투타 | 우투우타 | 지명 | 2007 현대 2차 1라운드 2순위 |
| 연봉 | 8,700-28,000-20,000 | | | 학교 | 태안초-태안중-북일고 | | | | |

● FA 계약 첫 시즌은 절반의 성공이었다. 6월까지 세 경기 등판에 그쳤다. 구위도 크게 떨어졌다. 7월 복귀했을 때 구위가 살아있었다. 36세 나이에 sWAR 1.00승을 거뒀다. 앞 두 시즌엔 -1.06승이었다. 2022년부터 구사율을 높인 커브는 지난해에도 좋은 무기였다. 커리어 내내 제구력이 불안한 파워피처였다.

기본기록

연도	경기	선발	QS	승	패	세이브	BS	홀드	이닝	피안타	피홈런	4사구	삼진	피안타율	WHIP	피OPS	FIP	ERA	WAR	WPA
2021	19	16	1	0	11	0	0	1	69	87	4	54	47	0.306	1.96	0.811	4.98	7.04	-0.59	-1.11
2022	64	0	0	5	3	0	14	5	63 2/3	57	4	34	67	0.239	1.41	0.699	3.47	4.38	0.41	0.92
2023	39	0	0	2	2	1	7	4	34 2/3	32	1	25	24	0.260	1.53	0.697	4.51	3.38	0.49	-0.55
통산	386	85	23	23	72	36	25	33	753 2/3	825	61	469	667	0.281	1.66	0.780	4.53	5.31	6.89	-4.44

구종별 기록

구종	구사%	구속	수직 무브	수평 무브	분당 회전	땅볼%	타구속도	강한타구%
직구	47.4%	145.1	28.0	-9.8	2290.6	54.8%	139.0	21.2%
커브	30.7%	120.3	-23.0	16.0	1758.1	57.1%	133.1	9.1%
슬라이더	18.3%	137.2	15.9	2.8	1240.8	47.1%	127.5	20.0%
체인지업								
포크	3.7%	134.7	14.9	-9.0	1296.6	-	-	-
싱커								
투심								
너클								
커터								
스플리터								

상황별 기록

상황	타석	홈런/9	볼넷/9	삼진/9	피안타율	WHIP	피OPS	GO/FO
전반기	24	0.00	8.31	6.23	0.444	2.77	1.176	2.50
후반기	129	0.30	5.04	6.23	0.229	1.35	0.613	1.07
vs 좌	73	0.56	5.63	6.19	0.271	1.63	0.745	1.20
vs 우	80	0.00	5.30	6.27	0.250	1.45	0.653	1.12
주자없음	70	0.00	8.36	6.43	0.218	1.79	0.659	1.54
주자있음	83	0.44	3.48	6.10	0.294	1.35	0.728	0.89
득점권	46	0.93	6.52	9.31	0.364	1.97	0.950	0.44
1-2번 상대	34	0.00	4.32	6.48	0.138	0.96	0.437	2.17
3-5번 상대	59	0.00	6.08	6.75	0.283	1.45	0.730	1.07
6-9번 상대	60	0.69	5.54	5.54	0.313	1.77	0.820	0.86

정우람 투수 57

신장	181	체중	83	생일	1985.06.01	투타	좌투좌타	지명	2004 SK 2차 2라운드 11순위
연봉	80,000-50,000-10,000			학교	하단초-대동중-경남상고				

● KBO리그 통산 최다인 1,004경기 출장 기록의 소유자다. 올해는 정우람이 선수로 뛰는 마지막 시즌일지도 모른다. 2월 14일 KBO가 발표한 선수 명단에 플레잉코치로 등록돼 있었다. 포심 평균구속은 2022년 시속 137.5㎞에서 지난해 시속 133.2㎞로 급감했다. 하지만 수평무브먼트는 여전히 리그 최정상급이었다.

기본기록

연도	경기	선발	QS	승	패	세이브	BS	홀드	이닝	피안타	피홈런	4사구	삼진	피안타율	WHIP	피OPS	FIP	ERA	WAR	WPA
2021	50	0	0	1	4	15	5	1	44 2/3	47	5	25	32	0.280	1.50	0.768	4.90	5.64	-0.26	-0.27
2022	23	0	0	1	1	0	0	7	18 1/3	23	1	6	20	0.307	1.58	0.767	2.69	2.95	0.32	0.47
2023	52	0	0	1	0	1	0	8	40 1/3	45	3	19	30	0.278	1.54	0.757	4.33	5.36	-0.01	0.62
통산	1004	0	0	64	47	197	48	145	977 1/3	813	70	405	937	0.230	1.20	0.642	3.49	3.18	12.00	11.44

구종별 기록

구종	구사%	구속	수직 무브	수평 무브	분당 회전	땅볼%	타구속도	강한타구%
직구	54.6%	133.2	28.5	27.1	2723.7	46.4%	129.7	14.8%
커브	0.4%	111.4	3.3	9.6	815.0	-	-	-
슬라이더	9.7%	122.2	15.0	8.5	1166.1	33.3%	142.0	60.0%
체인지업	21.7%	117.3	21.4	24.9	2016.2	17.6%	132.1	10.0%
포크								
싱커								
투심	13.6%	123.5	20.7	26.1	2158.0	53.8%	127.1	17.6%
너클								
커터								
스플리터								

상황별 기록

상황	타석	홈런/9	볼넷/9	삼진/9	피안타율	WHIP	피OPS	GO/FO
전반기	108	0.70	3.51	6.31	0.227	1.25	0.636	0.58
후반기	75	0.61	4.30	7.36	0.354	2.05	0.936	1.00
vs 좌	100	0.76	3.42	6.85	0.233	1.27	0.644	1.26
vs 우	83	0.54	4.32	6.48	0.333	1.92	0.896	0.28
주자없음	96	0.00	2.14	6.86	0.297	1.52	0.729	1.00
주자있음	87	1.40	5.59	6.52	0.254	1.55	0.791	0.46
득점권	56	1.42	6.39	7.11	0.209	1.42	0.752	0.86
1-2번 상대	49	1.59	1.59	5.56	0.283	1.32	0.849	0.80
3-5번 상대	62	0.00	5.40	6.75	0.278	1.73	0.686	0.61
6-9번 상대	72	0.57	4.02	7.47	0.274	1.53	0.748	0.74

한승주 투수 59

신장	184	체중	83	생일	2001.03.17	투타	우투우타	지명	2020 한화 2차 2라운드 18순위
연봉	3,000-3,100-4,500			학교	부산수영초-대천중-부산고				

● 데뷔 4년차에 1군 주력 투수로 성장했다. 포심 구속이 입단 당시보다 시속 4㎞ 가까이 올라갔다. 지난해 한화에서 슬라이더 구종가치가 가장 높은 투수였다. 정확히는 호세 로사스 전 코치에게 배운 스위퍼였다. 왼손타자 상대로 피안타율 0.328에 피OPS 0.938로 고전했다. 올해 왼손타자용으로 스플리터를 준비했다.

기본기록

연도	경기	선발	QS	승	패	세이브	BS	홀드	이닝	피안타	피홈런	4사구	삼진	피안타율	WHIP	피OPS	FIP	ERA	WAR	WPA
2021																				
2022	7	2	0	0	0	0	0	0	15 2/3	25	0	7	12	0.368	1.85	0.833	3.15	6.32	0.05	0.08
2023	47	6	0	1	4	0	0	2	70 2/3	81	6	35	55	0.287	1.58	0.787	4.39	3.95	0.53	0.25
통산	55	9	0	1	4	0	0	2	88	109	7	44	69	0.305	1.66	0.808	4.34	4.60	0.46	0.14

구종별 기록

구종	구사%	구속	수직 무브	수평 무브	분당 회전	땅볼%	타구속도	강한타구%
직구	42.6%	143.1	23.5	-9.8	1953.4	53.7%	140.2	30.7%
커브	12.8%	119.1	-15.3	14.0	1318.5	73.3%	132.4	8.3%
슬라이더	36.3%	126.5	2.6	11.0	962.4	49.1%	129.0	15.5%
체인지업	4.0%	127.2	19.6	-10.6	1624.6	0.0%	146.9	42.9%
포크	1.3%	132.3	9.7	-11.0	1100.6	-	148.2	0.0%
싱커								
투심	2.9%	143.3	23.8	-12.6	2052.3	60.0%	130.0	0.0%
너클								
커터								
스플리터								

상황별 기록

상황	타석	홈런/9	볼넷/9	삼진/9	피안타율	WHIP	피OPS	GO/FO
전반기	182	1.09	3.92	7.84	0.284	1.55	0.791	1.22
후반기	138	0.31	3.99	5.83	0.292	1.64	0.780	0.97
vs 좌	151	1.23	6.14	7.67	0.333	2.11	0.933	0.82
vs 우	169	0.44	2.40	6.53	0.250	1.21	0.663	1.35
주자없음	145	0.60	4.80	8.10	0.297	1.80	0.801	1.33
주자있음	175	0.89	3.32	6.20	0.279	1.43	0.775	0.95
득점권	111	0.70	4.56	7.64	0.234	1.36	0.661	1.08
1-2번 상대	64	0.00	6.30	4.50	0.482	3.40	1.129	0.85
3-5번 상대	117	1.37	4.78	7.52	0.255	1.52	0.783	0.96
6-9번 상대	139	0.52	2.62	7.34	0.226	1.11	0.635	1.34

김강민 외야수 9

신장	182	체중	87	생일	1982.09.13	투타	우투우타	지명	2001 SK 2차 2라운드 18순위
연봉	16,000-16,000-11,000			학교	본리초-대구중-경북고				

● 지난해 OPS는 2006년 이후 가장 낮았다. 11월 2차 드래프트에서 한화의 지명을 받고 고심 끝에 현역 생활을 연장했다. 지난해에도 인플레이타구 속도는 리그 평균 이상이었고 볼넷률은 개인 통산 가장 높았다. 우승 반지 다섯 개의 소유자. 젊은 구단 한화는 김강민에게 베테랑다운 리더십을 기대하고 있다.

기본기록

연도	경기	타석	타수	안타	2루타	3루타	홈런	타점	득점	볼넷	사구	삼진	도루	도루자	타율	출루율	장타율	OPS	WAR	WPA
2021	122	260	223	53	11	1	8	27	43	25	6	52	3	3	0.238	0.327	0.404	0.731	1.67	-0.99
2022	84	202	178	54	11	0	5	18	24	18	3	39	1	3	0.303	0.375	0.449	0.824	1.42	0.53
2023	70	166	137	31	3	0	2	7	20	23	1	38	2	1	0.226	0.335	0.292	0.627	0.63	-0.99
통산	1919	6047	5364	1470	266	24	138	674	805	476	81	1114	209	108	0.274	0.340	0.410	0.750	16.30	-5.62

구종별기록

상황	상대%	타구속도	상하 각도	타율	장타율	땅볼%	뜬공%	강한타구%
직구	42.4%	134.3	27.6	0.283	0.358	27.6%	72.4%	11.9%
커브	6.7%	129.2	42.5	0.000	0.000	50.0%	50.0%	0.0%
슬라이더	19.1%	132.4	31.3	0.207	0.241	14.3%	85.7%	5.0%
체인지업	17.1%	128.8	19.8	0.174	0.174	58.3%	41.7%	15.4%
포크	5.4%	120.8	20.3	0.000	0.000	50.0%	50.0%	0.0%
싱커								
투심	6.1%	144.1	26.9	0.500	0.900	0.0%	100.0%	28.6%
너클								
커터	3.1%	118.5	0.4	0.250	0.250	100.0%	0.0%	0.0%
스플리터								

상황별기록

구분	타석	홈런/9	볼넷/9	삼진/9	타율	출루율	장타율	OPS
전반기	66	3.0%	16.7%	24.2%	0.321	0.431	0.434	0.865
후반기	100	0.0%	12.0%	22.0%	0.167	0.273	0.202	0.475
vs 좌	87	1.1%	14.9%	23.0%	0.233	0.345	0.288	0.633
vs 우	79	1.3%	12.7%	22.8%	0.219	0.325	0.297	0.622
주자없음	91	2.2%	13.2%	19.8%	0.316	0.407	0.418	0.825
주자있음	75	0.0%	14.7%	26.7%	0.103	0.247	0.121	0.368
득점권	46	0.0%	19.6%	26.1%	0.061	0.244	0.061	0.305
노아웃	53	0.0%	17.0%	20.8%	0.300	0.431	0.325	0.756
원아웃	58	0.0%	10.3%	31.0%	0.140	0.224	0.160	0.384
투아웃	55	3.6%	14.5%	16.4%	0.255	0.364	0.404	0.768

김태연 내야수 25

신장	178	체중	96	생일	1997.06.10	투타	우투우타	지명	2016 한화 2차 6라운드 59순위
연봉	5,600-6,000-7,800			학교	서울청구초-덕수중-야탑고				

● 내외야를 모두 소화하는 유틸리티. 수비보다는 공격에 장점이 있다. 병역의무를 마친 2021년 53경기에서 OPS 0.839로 가능성을 보였다. 하지만 다음 두 시즌 모두 공격력은 리그 평균에 못 미쳤다. 타구 속도가 빠른 편이지만 볼넷을 고르는 빈도가 점점 줄어들었다. 왼손투수 상대 타율 0.329는 매력적이다.

기본기록

연도	경기	타석	타수	안타	2루타	3루타	홈런	타점	득점	볼넷	사구	삼진	도루	도루자	타율	출루율	장타율	OPS	WAR	WPA
2021	53	220	176	53	12	0	3	34	29	34	5	44	5	3	0.301	0.418	0.420	0.838	2.07	1.50
2022	119	464	404	97	18	0	7	53	46	48	5	106	3	2	0.240	0.325	0.337	0.662	0.98	-2.60
2023	91	280	245	64	13	0	4	25	25	27	3	59	5	1	0.261	0.337	0.363	0.700	0.95	-0.42
통산	308	1022	876	221	45	0	15	116	108	115	13	230	13	7	0.252	0.343	0.355	0.698	3.34	-1.96

구종별기록

상황	상대%	타구속도	상하 각도	타율	장타율	땅볼%	뜬공%	강한타구%
직구	40.4%	137.7	29.8	0.280	0.439	31.1%	68.9%	27.6%
커브	11.1%	129.5	7.1	0.273	0.318	46.2%	53.8%	0.0%
슬라이더	23.4%	132.1	23.6	0.208	0.264	50.0%	50.0%	28.6%
체인지업	10.4%	128.1	15.4	0.323	0.355	64.3%	35.7%	10.0%
포크	4.3%	141.8	14.3	0.000	0.000	50.0%	50.0%	33.3%
싱커								
투심	4.7%	147.3	3.7	0.500	0.700	50.0%	50.0%	57.1%
너클								
커터	5.8%	127.9	30.6	0.182	0.273	50.0%	50.0%	16.7%
스플리터								

상황별기록

구분	타석	홈런/9	볼넷/9	삼진/9	타율	출루율	장타율	OPS
전반기	123	1.6%	8.1%	28.5%	0.269	0.325	0.389	0.714
후반기	157	1.3%	10.8%	15.3%	0.255	0.346	0.343	0.689
vs 좌	94	1.1%	6.4%	19.1%	0.329	0.372	0.447	0.819
vs 우	186	1.6%	11.3%	22.0%	0.225	0.319	0.319	0.638
주자없음	154	1.3%	8.4%	20.8%	0.262	0.325	0.369	0.694
주자있음	126	1.6%	11.1%	21.4%	0.260	0.352	0.356	0.708
득점권	74	1.4%	9.5%	28.4%	0.242	0.311	0.306	0.617
노아웃	104	1.0%	8.7%	16.3%	0.283	0.350	0.359	0.709
원아웃	88	3.4%	10.2%	21.6%	0.303	0.364	0.487	0.851
투아웃	88	0.0%	10.2%	26.1%	0.195	0.295	0.247	0.542

문현빈 내야수 64

신장	174	체중	82	생일	2004.04.20	투타	우투좌타	지명	2023 한화 2라운드 11순위
연봉	3,000-8,000			학교	대전유천초-온양중-북일고				

● 19세 나이에 1군 주전 중견수로 활약했다. 2루수로도 358이닝을 뛰었다. 리그 통산 7번째로 데뷔 시즌 100안타를 때려낸 고교 졸업선수가 됐다. 한화 구단에서는 첫 번째다. 좌익수 쪽으로 보내는 타구 질을 끌어올린다면 더 좋은 타자가 될 수 있다. 수비는 중견수보다는 2루수로 뛸 때 조금 더 안정적이었다.

기본기록

연도	경기	타석	타수	안타	2루타	3루타	홈런	타점	득점	볼넷	사구	삼진	도루	도루자	타율	출루율	장타율	OPS	WAR	WPA
2021																				
2022																				
2023	137	481	428	114	22	2	5	49	47	33	6	84	5	1	0.266	0.324	0.362	0.686	1.22	-1.45
통산	137	481	428	114	22	2	5	49	47	33	6	84	5	1	0.266	0.324	0.362	0.686	1.22	-1.45

구종별기록

상황	상대%	타구속도	상하 각도	타율	장타율	땅볼%	뜬공%	강한타구%
직구	44.7%	133.8	19.6	0.274	0.411	42.1%	57.9%	29.7%
커브	8.6%	135.7	10.7	0.167	0.200	76.5%	23.5%	14.3%
슬라이더	18.0%	130.1	16.7	0.310	0.381	59.2%	40.8%	9.4%
체인지업	11.2%	129.0	27.3	0.263	0.333	43.3%	56.7%	15.2%
포크	5.9%	127.2	27.1	0.097	0.194	43.5%	56.5%	16.7%
싱커								
투심	5.9%	144.5	14.2	0.440	0.480	72.7%	27.3%	46.7%
너클								
커터	5.7%	130.0	6.9	0.200	0.280	90.0%	10.0%	25.0%
스플리터								

상황별기록

구분	타석	홈런/9	볼넷/9	삼진/9	타율	출루율	장타율	OPS
전반기	249	1.2%	6.0%	18.9%	0.250	0.302	0.339	0.641
후반기	232	0.9%	7.8%	15.9%	0.284	0.348	0.387	0.735
vs 좌	120	0.8%	5.0%	15.0%	0.308	0.365	0.365	0.730
vs 우	361	1.4%	7.5%	18.3%	0.253	0.311	0.361	0.672
주자없음	274	0.4%	6.6%	16.8%	0.262	0.321	0.329	0.650
주자있음	207	1.9%	7.2%	18.4%	0.273	0.328	0.409	0.737
득점권	119	0.8%	7.6%	20.2%	0.252	0.305	0.340	0.645
노아웃	185	1.1%	7.0%	18.9%	0.285	0.352	0.386	0.738
원아웃	171	1.2%	5.3%	15.8%	0.274	0.310	0.363	0.673
투아웃	125	0.8%	8.8%	17.6%	0.230	0.304	0.327	0.631

이도윤 내야수 7

신장	175	체중	79	생일	1996.10.07	투타	우투좌타	지명	2015 한화 2차 3라운드 24순위
연봉	3,400-3,400-7,500			학교	고명초-배재중-북일고				

● 지난해 한화의 주전 유격수. 하주석과 오선진의 공백을 훌륭하게 메웠다. 수비율 0.978은 유격수 가운데 KT 김상수에 이어 두 번째로 좋았다. sWAR로는 지난해 KBO 리그에서 수비공헌도가 가장 높은 선수였다. 타격에선 힘을 더 키워야 한다. 콘택트 능력은 있지만 인플레이 타구 속도는 리그 하위 24%였다.

기본기록

연도	경기	타석	타수	안타	2루타	3루타	홈런	타점	득점	볼넷	사구	삼진	도루	도루자	타율	출루율	장타율	OPS	WAR	WPA
2021	56	68	63	11	0	0	0	2	5	4	0	18	1	2	0.175	0.224	0.175	0.399	-0.64	-0.69
2022	80	126	113	18	7	0	1	8	9	8	0	30	3	2	0.159	0.213	0.248	0.461	-1.00	-1.72
2023	106	346	309	78	13	2	1	13	36	18	4	55	11	3	0.252	0.302	0.317	0.619	0.59	-2.20
통산	258	566	510	112	21	2	2	24	54	31	4	109	15	7	0.220	0.269	0.280	0.549	-1.19	-4.89

구종별기록

상황	상대%	타구속도	상하 각도	타율	장타율	땅볼%	뜬공%	강한타구%
직구	44.2%	129.4	24.9	0.309	0.382	33.8%	66.2%	12.4%
커브	6.9%	124.9	-2.3	0.233	0.267	100.0%	0.0%	8.3%
슬라이더	21.1%	122.5	19.7	0.185	0.292	54.1%	45.9%	2.6%
체인지업	10.8%	116.7	17.9	0.300	0.350	52.9%	47.1%	0.0%
포크	5.1%	123.1	23.8	0.263	0.263	50.0%	50.0%	0.0%
싱커								
투심	7.3%	131.2	12.6	0.091	0.091	57.9%	42.1%	0.0%
너클								
커터	4.6%	130.6	7.6	0.200	0.300	75.0%	25.0%	20.0%
스플리터								

상황별기록

구분	타석	홈런/9	볼넷/9	삼진/9	타율	출루율	장타율	OPS
전반기	131	0.0%	5.3%	14.5%	0.246	0.301	0.307	0.608
후반기	215	0.5%	5.1%	16.7%	0.256	0.303	0.323	0.626
vs 좌	94	0.0%	7.4%	21.3%	0.241	0.300	0.265	0.565
vs 우	252	0.4%	4.4%	13.9%	0.257	0.303	0.336	0.639
주자없음	171	0.0%	4.1%	16.4%	0.315	0.351	0.383	0.734
주자있음	175	0.6%	6.3%	15.4%	0.184	0.250	0.245	0.495
득점권	106	0.9%	8.5%	17.9%	0.144	0.238	0.211	0.449
노아웃	117	0.9%	5.1%	12.0%	0.305	0.353	0.400	0.753
원아웃	120	0.0%	6.7%	21.7%	0.223	0.275	0.286	0.561
투아웃	109	0.0%	3.7%	13.8%	0.235	0.284	0.275	0.559

이원석 외야수 50

신장	177	체중	69	생일	1999.03.31	투타	우투우타	지명	2018 한화 2차 4라운드 34순위
연봉	3,300-3,300-3,600			학교	화곡초—충암중—충암고				

● 백업 외야수. 타격은 장기가 아니다. 타구 속도가 떨어지고 콘택트 비율 74.3%로 리그 평균(77.0%)에 미달했다. 오른손투수 상대 타율이 0.127에 그쳤다. 하지만 빠른 발을 갖고 있다. 지난해 팀 내 도루 1위였고 중견수 수비 범위도 넓다. 통산 장타율 0.214로 파워는 없지만 볼넷을 고를 줄 안다.

기본기록

연도	경기	타석	타수	안타	2루타	3루타	홈런	타점	득점	볼넷	사구	삼진	도루	도루자	타율	출루율	장타율	OPS	WAR	WPA
2021	43	130	114	20	1	1	1	9	12	8	2	43	4	2	0.175	0.238	0.228	0.466	-0.69	-1.67
2022	20	39	35	4	0	0	1	4	3	0	0	18	0	0	0.114	0.184	0.200	0.384	-0.42	-0.58
2023	81	138	116	22	1	1	0	8	20	21	1	33	13	3	0.190	0.319	0.216	0.535	0.52	-1.72
통산	157	316	271	46	2	2	2	18	39	34	4	99	19	5	0.170	0.270	0.214	0.484	-0.61	-4.18

구종별기록

상황	상대%	타구속도	상하 각도	타율	장타율	땅볼%	뜬공%	강한타구%
직구	45.0%	127.6	23.9	0.250	0.250	37.9%	62.1%	0.0%
커브	9.6%	131.1	22.5	0.111	0.111	33.3%	66.7%	0.0%
슬라이더	18.7%	123.5	20.3	0.115	0.154	45.5%	54.5%	0.0%
체인지업	9.8%	122.3	29.0	0.125	0.125	0.0%	100.0%	0.0%
포크	2.8%	102.9	-6.3	0.143	0.143	100.0%	0.0%	0.0%
싱커								
투심	8.6%	132.3	13.7	0.182	0.364	87.5%	12.5%	20.0%
너클								
커터	5.4%	145.3	-8.4	0.286	0.286	0.0%	100.0%	0.0%
스플리터								

상황별기록

구분	타석	홈런/9	볼넷/9	삼진/9	타율	출루율	장타율	OPS
전반기	121	0.0%	15.7%	22.3%	0.178	0.314	0.208	0.522
후반기	17	0.0%	11.8%	35.3%	0.267	0.353	0.267	0.620
vs 좌	54	0.0%	16.7%	25.9%	0.289	0.407	0.311	0.718
vs 우	84	0.0%	14.3%	22.6%	0.127	0.262	0.155	0.417
주자없음	78	0.0%	16.7%	20.5%	0.188	0.333	0.203	0.536
주자있음	60	0.0%	13.3%	28.3%	0.192	0.300	0.231	0.531
득점권	37	0.0%	10.8%	37.8%	0.212	0.297	0.273	0.570
노아웃	56	0.0%	16.1%	23.2%	0.217	0.357	0.239	0.596
원아웃	38	0.0%	10.5%	23.7%	0.118	0.211	0.118	0.329
투아웃	44	0.0%	18.2%	25.0%	0.222	0.364	0.278	0.642

이재원 포수 32

신장	185	체중	98	생일	1988.02.24	투타	우투우타	지명	2006 SK 1차
연봉	100,000-100,000-5,000			학교	인천숭의초—상인천중—인천고				

● 2005년 열린 1차 지명에서 SK가 동산고 류현진 대신 인천고 이재원을 지명한 건 KBO의 역사가 됐다. 올해 포수 이재원은 투수 류현진의 공을 받을 것이다. 시즌 뒤 SSG에 방출을 요청했고 한화와 연봉 5,000만 원에 계약했다. 최재훈의 백업 역할이다. 지난 두 시즌 0.183에 그쳤던 타율을 끌어올려야 한다.

기본기록

연도	경기	타석	타수	안타	2루타	3루타	홈런	타점	득점	볼넷	사구	삼진	도루	도루자	타율	출루율	장타율	OPS	WAR	WPA
2021	107	313	271	76	13	0	3	30	29	29	5	47	0	2	0.280	0.358	0.362	0.720	0.81	-0.42
2022	105	279	234	47	6	0	4	28	27	25	8	44	1	0	0.201	0.296	0.278	0.574	-0.07	-2.03
2023	27	48	44	4	1	0	0	2	3	2	0	8	0	0	0.091	0.128	0.114	0.242	-0.71	-1.15
통산	1426	4471	3913	1087	187	5	108	612	432	374	93	623	12	12	0.278	0.351	0.411	0.762	11.12	-6.13

구종별기록

상황	상대%	타구속도	상하 각도	타율	장타율	땅볼%	뜬공%	강한타구%
직구	43.9%	124.3	37.0	0.095	0.143	38.9%	61.1%	0.0%
커브	8.2%	106.0	22.8	0.000	0.000	33.3%	66.7%	0.0%
슬라이더	24.0%	126.5	31.0	0.182	0.182	25.0%	75.0%	0.0%
체인지업	8.8%	-	-	0.000	0.000	-	-	-
포크	4.7%	130.1	42.8	0.000	0.000	0.0%	100.0%	0.0%
싱커								
투심	9.9%	148.6	7.4	0.000	0.000	50.0%	50.0%	50.0%
너클								
커터	0.6%	-	-	0.000	0.000	100.0%	0.0%	0.0%
스플리터								

상황별기록

구분	타석	홈런/9	볼넷/9	삼진/9	타율	출루율	장타율	OPS
전반기	43	0.0%	4.7%	16.3%	0.077	0.119	0.103	0.222
후반기	5	0.0%	0.0%	20.0%	0.200	0.200	0.200	0.400
vs 좌	15	0.0%	0.0%	26.7%	0.000	0.000	0.000	0.000
vs 우	33	0.0%	6.1%	12.1%	0.138	0.188	0.172	0.360
주자없음	25	0.0%	4.0%	24.0%	0.083	0.120	0.083	0.203
주자있음	23	0.0%	4.3%	8.7%	0.100	0.136	0.150	0.286
득점권	11	0.0%	0.0%	0.0%	0.100	0.091	0.200	0.291
노아웃	16	0.0%	6.3%	18.8%	0.071	0.133	0.071	0.204
원아웃	21	0.0%	0.0%	14.3%	0.150	0.143	0.200	0.343
투아웃	11	0.0%	9.1%	18.2%	0.000	0.091	0.000	0.091

이진영 외야수 45

신장	183	체중	89	생일	1997.07.21	투타	우투우타	지명	2016 KIA 2차 6라운드 58순위
연봉	3,600→3,900→7,000			학교	둔촌초-선린중-선린인터넷고				

● KIA에서 이적한 두 번째 시즌에 첫 풀타임 주전을 맡았다. sWAR 3.07승은 한화 야수 가운데 노시환에 이어 2위였다. 리그 전체로는 29위. 커리어 첫 두 자릿수 홈런에도 성공했다. 그 중 하나는 6월 4일 삼성전 대타 만루 홈런이었다. 타구 속도는 상위 20%. 수비 범위와 타구 판단 능력도 준수하다.

기본기록

연도	경기	타석	타수	안타	2루타	3루타	홈런	타점	득점	볼넷	사구	삼진	도루	도루자	타율	출루율	장타율	OPS	WAR	WPA
2021	17	47	40	8	2	1	2	5	8	3	4	22	1	0	0.200	0.319	0.450	0.769	0.21	-0.08
2022	70	240	220	44	12	1	8	31	27	17	0	90	2	2	0.200	0.254	0.373	0.627	-0.11	-2.16
2023	121	422	358	89	22	0	10	50	57	53	2	127	5	0	0.249	0.344	0.394	0.738	3.32	0.58
통산	286	792	689	154	37	2	20	95	104	82	8	263	10	4	0.224	0.310	0.370	0.680	2.91	-2.68

구종별기록

상황	상대%	타구속도	상하 각도	타율	장타율	땅볼%	뜬공%	강한타구%
직구	40.2%	141.2	20.7	0.240	0.368	42.9%	57.1%	39.2%
커브	12.1%	130.5	16.7	0.156	0.289	60.0%	40.0%	5.9%
슬라이더	21.4%	137.2	15.4	0.284	0.455	46.9%	53.1%	27.5%
체인지업	9.9%	141.1	8.9	0.167	0.250	60.0%	40.0%	50.0%
포크	4.7%	139.9	21.0	0.333	0.444	33.3%	66.7%	54.5%
싱커								
투심	7.5%	122.9	20.4	0.333	0.481	66.7%	33.3%	29.4%
너클								
커터	4.3%	146.5	21.4	0.375	0.750	57.1%	42.9%	40.0%
스플리터								

상황별기록

구분	타석	홈런/9	볼넷/9	삼진/9	타율	출루율	장타율	OPS
전반기	200	2.0%	15.5%	27.5%	0.248	0.369	0.379	0.748
후반기	222	2.7%	9.9%	32.4%	0.249	0.323	0.406	0.729
vs 좌	112	4.5%	17.0%	32.1%	0.242	0.378	0.462	0.840
vs 우	310	1.6%	11.0%	29.4%	0.251	0.332	0.371	0.703
주자없음	241	2.1%	12.0%	30.3%	0.246	0.340	0.365	0.705
주자있음	181	2.8%	13.3%	29.8%	0.252	0.350	0.435	0.785
득점권	99	3.0%	15.2%	35.4%	0.240	0.354	0.413	0.767
노아웃	184	3.3%	13.6%	28.8%	0.252	0.356	0.439	0.795
원아웃	131	0.8%	11.5%	28.2%	0.294	0.374	0.394	0.768
투아웃	107	2.8%	12.1%	34.6%	0.191	0.290	0.319	0.609

정은원 내야수 43

신장	177	체중	84	생일	2000.01.17	투타	우투좌타	지명	2018 한화 2차 3라운드 24순위
연봉	19,080→21,800→17,800			학교	상인천초-상인천중-인천고				

● 2021년 21세로 골든글러브를 탔을 때 정은원의 미래는 한없이 밝아보였다. 하지만 이후 OPS는 0.791에서 0.749, 다시 0.601로 급전직하했다. 2루 수비에서도 퇴보했다. 병역 의무 이행을 1년 미루고 각오를 다졌다. 올 시즌엔 외야수를 겸업한다. 지난해 BABIP이 지나치게 낮았다는 점에서 반등 가능성이 있다.

기본기록

연도	경기	타석	타수	안타	2루타	3루타	홈런	타점	득점	볼넷	사구	삼진	도루	도루자	타율	출루율	장타율	OPS	WAR	WPA
2021	139	608	495	140	22	5	6	39	85	105	1	105	19	11	0.283	0.407	0.384	0.791	4.53	-0.30
2022	140	601	508	139	20	2	8	49	67	85	1	109	10	6	0.274	0.377	0.368	0.745	3.54	-2.42
2023	122	459	388	86	12	0	2	30	50	62	3	73	6	3	0.222	0.333	0.268	0.601	0.86	-2.01
통산	720	2822	2410	626	95	18	31	224	346	363	11	479	55	29	0.260	0.357	0.353	0.710	13.05	-8.81

구종별기록

상황	상대%	타구속도	상하 각도	타율	장타율	땅볼%	뜬공%	강한타구%
직구	44.1%	134.0	24.1	0.251	0.310	38.5%	61.5%	13.2%
커브	7.5%	125.8	19.7	0.129	0.129	46.7%	53.3%	0.0%
슬라이더	18.6%	125.7	20.7	0.361	0.459	62.1%	37.9%	7.5%
체인지업	10.3%	124.3	18.6	0.077	0.077	48.1%	51.9%	0.0%
포크	7.0%	122.0	8.3	0.154	0.154	72.2%	27.8%	0.0%
싱커								
투심	7.3%	134.2	11.4	0.240	0.280	66.7%	33.3%	7.1%
너클								
커터	5.3%	113.4	44.1	0.000	0.000	55.6%	44.4%	0.0%
스플리터								

상황별기록

구분	타석	홈런/9	볼넷/9	삼진/9	타율	출루율	장타율	OPS
전반기	317	0.3%	13.6%	12.3%	0.223	0.337	0.260	0.597
후반기	142	0.7%	13.4%	23.9%	0.220	0.324	0.285	0.609
vs 좌	119	0.8%	12.6%	16.8%	0.238	0.347	0.307	0.654
vs 우	340	0.3%	13.8%	15.6%	0.216	0.327	0.254	0.581
주자없음	267	0.7%	11.6%	16.1%	0.217	0.311	0.277	0.588
주자있음	192	0.0%	16.1%	15.6%	0.229	0.364	0.255	0.619
득점권	110	0.0%	20.0%	14.5%	0.214	0.385	0.250	0.635
노아웃	171	0.6%	15.2%	18.1%	0.229	0.349	0.271	0.620
원아웃	158	0.0%	10.8%	15.8%	0.197	0.297	0.219	0.516
투아웃	130	0.8%	14.6%	13.1%	0.243	0.354	0.324	0.678

최인호 외야수 41

신장	178	체중	82	생일	2000.01.30	투타	우투좌타	지명	2020 한화 2차 6라운드 58순위
연봉	3,400-3,800-4,800			학교	송정동초-광주동성중-포항제철고				

● 상무에서 제대하고 8월 18일 시즌 데뷔전을 치렀다. 역할은 대주자였다. 하지만 배트가 매서워다. 시즌 최종전에서 5타수 1안타에 그치며 아깝게 3할 타율에는 실패했다. 콘택트율 85.3%는 팀 내에서 최재훈에 이어 2위. 타구속도도 리그 상위 36%로 준수했다. 왼손타자지만 왼손투수 상태 타율이 0.3330이었다.

기본기록

연도	경기	타석	타수	안타	2루타	3루타	홈런	타점	득점	볼넷	사구	삼진	도루	도루자	타율	출루율	장타율	OPS	WAR	WPA
2021	49	164	136	28	6	0	4	23	17	24	2	43	2	1	0.206	0.329	0.338	0.667	0.26	-1.11
2022																				
2023	41	148	131	39	5	3	2	11	23	10	4	22	1	0	0.298	0.363	0.427	0.790	0.65	-0.25
통산	137	447	394	97	11	3	6	42	48	38	7	99	3	1	0.246	0.320	0.335	0.655	0.76	-2.68

구종별기록

상황	상대%	타구속도	상하 각도	타율	장타율	땅공률	뜬공률	강한타구%
직구	39.2%	135.2	20.6	0.260	0.520	43.3%	56.7%	27.0%
커브	10.0%	143.2	10.6	0.500	0.600	50.0%	50.0%	14.3%
슬라이더	19.5%	131.8	26.6	0.190	0.190	41.7%	58.3%	7.7%
체인지업	13.2%	130.1	19.5	0.200	0.250	53.8%	46.2%	14.3%
포크	4.9%	142.7	13.7	0.429	0.571	50.0%	50.0%	16.7%
싱커								
투심	4.6%	136.4	3.2	0.556	0.556	100.0%	0.0%	16.7%
너클								
커터	8.6%	124.8	24.0	0.357	0.429	57.1%	42.9%	12.5%
스플리터								

상황별기록

구분	타석	홈런/9	볼넷/9	삼진/9	타율	출루율	장타율	OPS
전반기								
후반기	148	1.4%	6.8%	14.9%	0.298	0.363	0.427	0.790
vs 좌	33	3.0%	0.0%	15.2%	0.333	0.375	0.467	0.842
vs 우	115	0.9%	8.7%	14.8%	0.287	0.360	0.416	0.776
주자없음	90	2.2%	7.8%	15.6%	0.296	0.367	0.469	0.836
주자있음	58	0.0%	5.2%	13.8%	0.300	0.357	0.360	0.717
득점권	31	0.0%	9.7%	19.4%	0.240	0.355	0.280	0.635
노아웃	72	2.8%	5.6%	15.3%	0.317	0.371	0.571	0.942
원아웃	38	0.0%	7.9%	13.2%	0.265	0.342	0.294	0.636
투아웃	38	0.0%	7.9%	15.8%	0.294	0.368	0.294	0.662

하주석 내야수 16

신장	185	체중	92	생일	1994.02.25	투타	우투좌타	지명	2012 한화 1라운드 1순위
연봉	20,090-10,000-7,000			학교	강남초-덕수중-신일고				

● 음주운전 징계를 마치고 7월 21일 시즌 데뷔전을 치렀다. 2군 18경기에서 타율 0.410을 쳤지만 1군에서의 타격 결과는 처참했다. 38타석 기회만 받은 건 이상하지 않았다. 타구 속도가 현저하게 감소했다. 올해 연봉도 30%나 삭감됐다. 올 시즌은 백업 유격수로 출발한다. 크게 달라져야 할 위기의 시즌이다.

기본기록

연도	경기	타석	타수	안타	2루타	3루타	홈런	타점	득점	볼넷	사구	삼진	도루	도루자	타율	출루율	장타율	OPS	WAR	WPA
2021	138	594	525	143	27	3	10	68	84	51	10	135	23	6	0.272	0.346	0.392	0.738	2.59	-2.00
2022	125	483	445	115	18	2	5	58	50	31	3	126	20	6	0.258	0.309	0.342	0.651	1.01	-1.96
2023	25	38	35	4	1	0	0	2	4	2	1	10	0	0	0.114	0.184	0.143	0.327	-0.41	-0.49
통산	811	3007	2755	727	119	17	48	328	370	176	34	727	80	41	0.264	0.315	0.372	0.687	5.43	-9.96

구종별기록

상황	상대%	타구속도	상하 각도	타율	장타율	땅공률	뜬공률	강한타구%
직구	44.5%	117.3	28.8	0.000	0.000	55.6%	44.4%	20.0%
커브	5.9%	-	-	0.000	0.000	-	-	-
슬라이더	26.9%	138.9	4.5	0.333	0.333	100.0%	0.0%	0.0%
체인지업	13.4%	130.3	15.6	0.125	0.250	60.0%	40.0%	25.0%
포크	5.9%	127.0	-1.2	0.333	0.333	100.0%	0.0%	0.0%
싱커								
투심	3.4%	131.8	-4.5	0.000	0.000	100.0%	0.0%	50.0%
너클								
커터								
스플리터								

상황별기록

구분	타석	홈런/9	볼넷/9	삼진/9	타율	출루율	장타율	OPS
전반기								
후반기	38	0.0%	5.3%	26.3%	0.114	0.184	0.143	0.327
vs 좌	9	0.0%	0.0%	55.6%	0.000	0.111	0.000	0.111
vs 우	29	0.0%	6.9%	17.2%	0.148	0.207	0.185	0.392
주자없음	17	0.0%	0.0%	35.3%	0.000	0.000	0.000	0.000
주자있음	21	0.0%	9.5%	19.0%	0.222	0.333	0.278	0.611
득점권	14	0.0%	7.1%	21.4%	0.167	0.286	0.250	0.536
노아웃	9	0.0%	33.3%	0.111	0.111	0.111	0.222	
원아웃	13	0.0%	0.0%	30.8%	0.077	0.077	0.077	0.154
투아웃	16	0.0%	12.5%	18.8%	0.154	0.313	0.231	0.544

김규연 투수 60

| 신장 | 183 | 체중 | 91 | 생일 | 2002.08.23 | 투타 | 우투우타 | 지명 | 2021 한화 2차 8라운드 72순위 |
| 연봉 | 3,000-3,100-4,100 | | | 학교 | 동수원초(수원영통구리틀)-매향중-공주고 | | | | |

연도	경기	선발	QS	승	패	세이브	BS	홀드	이닝	피안타	피홈런	4사구	삼진	피안타율	WHIP	피OPS	FIP	ERA	WAR	WPA
2021																				
2022	12	0	0	0	0	0	0	1	13 2/3	16	2	12	11	0.281	2.05	0.874	6.27	5.27	-0.17	0.07
2023	23	0	0	0	1	1	0	0	19 2/3	16	0	12	20	0.222	1.32	0.611	3.24	2.75	0.33	0.14
통산	35	0	0	0	1	1	0	1	33 1/3	32	2	24	31	0.248	1.62	0.728	4.47	3.78	0.15	0.22

김민우 투수 53

| 신장 | 186 | 체중 | 123 | 생일 | 1995.07.25 | 투타 | 우투우타 | 지명 | 2015 한화 2차 1라운드 1순위 |
| 연봉 | 19,100-22,800-16,700 | | | 학교 | 사파초-마산중-용마고 | | | | |

연도	경기	선발	QS	승	패	세이브	BS	홀드	이닝	피안타	피홈런	4사구	삼진	피안타율	WHIP	피OPS	FIP	ERA	WAR	WPA
2021	29	28	11	14	10	0	0	0	155 1/3	131	15	83	125	0.230	1.33	0.678	4.56	4.00	2.62	2.22
2022	29	29	13	6	11	0	0	0	163	143	16	92	129	0.237	1.39	0.722	4.58	4.36	1.54	2.28
2023	12	12	2	1	6	0	0	0	51 2/3	65	6	30	43	0.313	1.80	0.891	5.03	6.97	-0.48	-0.96
통산	180	139	41	34	59	0	0	0	757	781	85	434	602	0.268	1.54	0.772	5.09	5.30	5.04	1.69

남지민 투수 11

| 신장 | 181 | 체중 | 100 | 생일 | 2001.02.12 | 투타 | 우투우타 | 지명 | 2020 한화 2차 1라운드 8순위 |
| 연봉 | 3,300-4,300-4,000 | | | 학교 | 양정초-개성중-부산정보고 | | | | |

연도	경기	선발	QS	승	패	세이브	BS	홀드	이닝	피안타	피홈런	4사구	삼진	피안타율	WHIP	피OPS	FIP	ERA	WAR	WPA
2021	3	3	0	0	1	0	0	0	7 1/3	9	1	6	3	0.290	2.18	0.915	8.38	7.36	-0.11	-0.15
2022	22	20	3	2	11	0	0	0	89	109	9	48	41	0.298	1.73	0.805	5.35	6.37	-0.80	-0.68
2023	16	7	1	1	7	0	0	0	37 2/3	54	0	19	23	0.333	1.78	0.802	3.65	6.45	-0.19	-0.53
통산	41	30	4	3	19	0	0	0	134	172	10	77	67	0.308	1.77	0.811	5.04	6.45	-1.11	-1.37

배민서 투수 39

| 신장 | 184 | 체중 | 90 | 생일 | 1999.11.18 | 투타 | 우언우타 | 지명 | 2019 NC 2차 4라운드 37순위 |
| 연봉 | 5,100-5,100-5,100 | | | 학교 | 대구수창초-경운중-대구상원고 | | | | |

연도	경기	선발	QS	승	패	세이브	BS	홀드	이닝	피안타	피홈런	4사구	삼진	피안타율	WHIP	피OPS	FIP	ERA	WAR	WPA
2021	32	2	0	1	0	0	0	0	40	51	3	21	23	0.317	1.70	0.799	4.73	4.95	0.01	0.51
2022																				
2023	6	0	0	0	0	0	0	0	6 2/3	10	0	3	4	0.333	1.80	1.015	3.59	6.75	-0.14	-0.12
통산	55	3	0	1	0	0	0	0	63 1/3	85	7	32	37	0.322	1.75	0.863	5.25	5.68	-0.31	0.34

성지훈 투수 97

| 신장 | 181 | 체중 | 68 | 생일 | 2000.01.29 | 투타 | 좌투좌타 | 지명 | 2023 한화 육성선수 |
| 연봉 | 3,000-3,000 | | | 학교 | 송정동초-무등중-광주제일고-동아대 | | | | |

연도	경기	선발	QS	승	패	세이브	BS	홀드	이닝	피안타	피홈런	4사구	삼진	피안타율	WHIP	피OPS	FIP	ERA	WAR	WPA
2021																				
2022																				
2023																				
통산																				

이민우 투수 27

신장	185	체중	104	생일	1993.02.09	투타	우투우타	지명	2015 KIA 1차
연봉	4,800-5,100-5,600			학교	순천북초-순천이수중-효천고-경성대				

연도	경기	선발	QS	승	패	세이브	BS	홀드	이닝	피안타	피홈런	4사구	삼진	피안타율	WHIP	피OPS	FIP	ERA	WAR	WPA
2021	16	12	1	1	6	0	0	0	57	78	8	36	28	0.329	1.91	0.921	6.07	8.05	-0.85	-1.26
2022	25	5	0	1	1	0	0	0	44 2/3	60	3	20	23	0.324	1.72	0.831	4.53	6.25	-0.25	-0.60
2023	17	0	0	2	1	0	0	2	13 2/3	8	2	6	11	0.167	1.02	0.542	5.05	2.63	0.08	0.03
통산	146	49	9	15	28	1	0	8	333	415	34	174	222	0.309	1.70	0.831	5.07	6.41	-1.48	-3.80

이상규 투수 18

신장	185	체중	77	생일	1996.10.20	투타	우투우타	지명	2015 LG 2차 7라운드 70순위
연봉	3,700-3,600-4,400			학교	홍인초-청원중-청원고				

연도	경기	선발	QS	승	패	세이브	BS	홀드	이닝	피안타	피홈런	4사구	삼진	피안타율	WHIP	피OPS	FIP	ERA	WAR	WPA
2021	7	0	0	0	0	0	0	0	6	8	1	3	4	0.308	1.67	0.879	5.66	9.00	-0.12	0.04
2022																				
2023	8	0	0	0	0	0	0	0	7 2/3	7	0	5	6	0.241	1.57	0.594	3.83	2.35	0.14	0.21
통산	44	0	0	2	3	4	1	1	45	60	5	32	28	0.330	1.98	0.913	5.77	6.20	-0.57	-0.48

이충호 투수 19

신장	182	체중	82	생일	1994.09.20	투타	좌투좌타	지명	2013 한화 4라운드 38순위
연봉	3,200-3,200-3,400			학교	인헌초-선린중-충암고				

연도	경기	선발	QS	승	패	세이브	BS	홀드	이닝	피안타	피홈런	4사구	삼진	피안타율	WHIP	피OPS	FIP	ERA	WAR	WPA
2021	17	0	0	1	0	0	0	0	16 1/3	20	1	16	11	0.294	2.02	0.855	5.72	7.71	-0.41	0.11
2022	5	0	0	1	0	0	0	0	4 2/3	7	1	6	4	0.333	2.57	1.005	8.27	9.64	-0.15	-0.11
2023	11	0	0	0	0	0	0	0	8 2/3	12	2	6	7	0.353	1.96	0.979	6.90	9.35	-0.26	-0.26
통산	55	0	0	3	1	0	0	1	42	66	8	44	30	0.361	2.43	1.045	7.64	10.71	-1.60	-0.34

장지수 투수 40

신장	179	체중	80	생일	2000.05.25	투타	우투우타	지명	2019 KIA 2차 2라운드 20순위
연봉	3,200-3,200-3,200			학교	사당초-강남중-성남고				

연도	경기	선발	QS	승	패	세이브	BS	홀드	이닝	피안타	피홈런	4사구	삼진	피안타율	WHIP	피OPS	FIP	ERA	WAR	WPA
2021	9	0	0	0	0	0	0	0	14 1/3	9	1	16	5	0.176	1.53	0.648	6.89	3.14	0.01	-0.05
2022	1	0	0	0	0	0	0	0	2	2	0	1	1	0.250	1.50	0.583	3.84	0.00	0.08	0.12
2023	1	0	0	0	0	0	0	0	2	4	2	2	0	0.444	3.00	0.989	6.44	18.00	-0.13	-0.01
통산	24	0	0	0	0	0	0	0	34 2/3	38	3	28	12	0.275	1.76	0.779	6.23	5.97	-0.44	-0.01

정이황 투수 31

신장	190	체중	89	생일	2000.03.07	투타	우투우타	지명	2019 한화 2차 3라운드 23순위
연봉	3,000-3,000-3,000			학교	부산수영초-경남중-부산고				

연도	경기	선발	QS	승	패	세이브	BS	홀드	이닝	피안타	피홈런	4사구	삼진	피안타율	WHIP	피OPS	FIP	ERA	WAR	WPA
2021																				
2022																				
2023																				
통산																				

조동욱 투수 68

신장	190	체중	82	생일	2004.11.02	투타	좌투좌타	지명	2024 한화 2라운드 11순위
연봉	3,000			학교	소래초-영남중-장충고				

연도	경기	선발	QS	승	패	세이브	BS	홀드	이닝	피안타	피홈런	4사구	삼진	피안타율	WHIP	피OPS	FIP	ERA	WAR	WPA
2021																				
2022																				
2023																				
통산																				

한승혁 투수 26

신장	185	체중	100	생일	1993.01.03	투타	우투좌타	지명	2011 KIA 1라운드 8순위
연봉	5300-6200-4,900			학교	도신초-강남중-덕수고(남부대)				

연도	경기	선발	QS	승	패	세이브	BS	홀드	이닝	피안타	피홈런	4사구	삼진	피안타율	WHIP	피OPS	FIP	ERA	WAR	WPA
2021	8	5	0	0	3	0	0	0	23 2/3	25	0	12	17	0.281	1.48	0.723	3.42	4.56	0.27	0.02
2022	24	16	4	4	3	0	1	0	80 1/3	100	4	46	69	0.308	1.74	0.794	3.99	5.27	0.26	-0.47
2023	21	7	0	0	3	0	0	1	36 1/3	48	3	24	28	0.324	1.90	0.855	4.96	6.44	-0.25	-1.28
통산	249	53	9	18	27	2	7	20	447 2/3	517	35	284	385	0.295	1.74	0.806	4.70	5.89	1.45	-3.64

황준서 투수 29

신장	185	체중	78	생일	2005.08.22	투타	좌투좌타	지명	2024 한화 1라운드 1순위
연봉	3,000			학교	면일초(중랑구리틀)-상명중-장충고				

연도	경기	선발	QS	승	패	세이브	BS	홀드	이닝	피안타	피홈런	4사구	삼진	피안타율	WHIP	피OPS	FIP	ERA	WAR	WPA
2021																				
2022																				
2023																				
통산																				

권광민 외야수 17

신장	189	체중	102	생일	1997.12.12	투타	좌투좌타	지명	2022 한화 2차 5라운드 41순위
연봉	3,000-3,100-3,300			학교	서울청구초-홍은중-장충고				

연도	경기	타석	타수	안타	2루타	3루타	홈런	타점	득점	볼넷	사구	삼진	도루	도루자	타율	출루율	장타율	OPS	WAR	WPA
2021																				
2022	32	87	71	16	3	1	0	8	6	13	1	30	0	1	0.225	0.345	0.296	0.641	0.01	-0.76
2023	66	81	73	11	1	2	9	11	5	1	24	2	0	0.151	0.225	0.274	0.499	-0.56	-1.05
통산	98	168	144	27	4	2	2	17	17	19	2	54	2	1	0.188	0.287	0.285	0.572	-0.54	-1.81

김건 내야수 56

신장	183	체중	79	생일	2000.02.23	투타	우투우타	지명	2019 한화 2차 5라운드 43순위
연봉	3,100-3,100-3,200			학교	양정초-개성중-경남고				

연도	경기	타석	타수	안타	2루타	3루타	홈런	타점	득점	볼넷	사구	삼진	도루	도루자	타율	출루율	장타율	OPS	WAR	WPA
2021	5	12	12	1	0	0	0	0	0	0	0	4	0	0	0.083	0.083	0.083	0.166	-0.19	-0.21
2022																				
2023	7	12	12	2	0	0	0	1	0	0	0	8	0	0	0.167	0.167	0.167	0.334	-0.20	-0.13
통산	16	29	29	5	0	0	0	3	0	0	0	13	0	0	0.172	0.172	0.172	0.344	-0.39	-0.37

김인환 내야수 37

신장	186	체중	100	생일	1994.01.28	투타	우투좌타	지명	2016 한화 육성선수
연봉	3,200-6,400-6,900			학교	화순초–화순중–화순고–성균관대				

연도	경기	타석	타수	안타	2루타	3루타	홈런	타점	득점	볼넷	사구	삼진	도루	도루자	타율	출루율	장타율	OPS	WAR	WPA
2021																				
2022	113	429	398	104	14	0	16	54	48	24	3	111	2	0	0.261	0.305	0.417	0.722	1.40	-2.59
2023	112	365	325	73	16	0	7	42	34	35	2	91	1	0	0.225	0.301	0.338	0.639	-0.21	-1.83
통산	247	846	771	186	31	0	23	98	83	61	5	213	3	0	0.241	0.298	0.371	0.669	0.77	-4.95

박상언 포수 42

신장	185	체중	90	생일	1997.03.03	투타	우투우타	지명	2016 한화 2차 8라운드 79순위
연봉	3,200-3,600-4,200			학교	무원초–영남중–유신고				

연도	경기	타석	타수	안타	2루타	3루타	홈런	타점	득점	볼넷	사구	삼진	도루	도루자	타율	출루율	장타율	OPS	WAR	WPA
2021	1	1	1	0	0	0	0	0	0	0	0	0	0	0	0.000	0.000	0.000	0.000	-0.03	0.00
2022	56	151	134	30	5	1	4	17	16	11	0	28	0	3	0.224	0.281	0.366	0.647	-0.48	-1.07
2023	86	161	145	29	5	1	1	13	15	10	1	38	1	2	0.200	0.253	0.269	0.522	-0.32	-1.83
통산	186	365	329	69	13	2	5	32	34	23	2	84	1	5	0.210	0.263	0.307	0.570	-1.16	-3.23

유로결 외야수 33

신장	186	체중	83	생일	2000.05.30	투타	우투우타	지명	2019 한화 2차 2라운드 13순위
연봉	3,300-3,300-3,300			학교	광주서림초–광주동성중–광주제일고				

연도	경기	타석	타수	안타	2루타	3루타	홈런	타점	득점	볼넷	사구	삼진	도루	도루자	타율	출루율	장타율	OPS	WAR	WPA
2021	34	112	98	14	5	0	1	7	11	8	2	39	2	1	0.143	0.218	0.224	0.442	-0.70	-1.19
2022	30	68	60	8	0	0	4	5	4	1	9	0			0.133	0.200	0.133	0.333	-0.54	-1.08
2023	27	53	48	7	1	0	0	5	5	1	1	10	1	0	0.146	0.173	0.167	0.340	-0.33	-0.83
통산	159	340	303	45	8	0	2	20	30	17	4	93	6	2	0.149	0.213	0.195	0.408	-1.93	-4.15

이명기 외야수 14

신장	183	체중	87	생일	1987.12.26	투타	좌투좌타	지명	2006 SK 2차 8라운드 63순위
연봉	17,500-5,000-5,000			학교	서화초–상인천중–인천고				

연도	경기	타석	타수	안타	2루타	3루타	홈런	타점	득점	볼넷	사구	삼진	도루	도루자	타율	출루율	장타율	OPS	WAR	WPA
2021	56	232	191	56	12	0	2	14	30	37	1	27	6	3	0.293	0.410	0.387	0.797	1.78	0.46
2022	94	341	300	78	13	2	0	23	36	30	3	56	5	4	0.260	0.331	0.317	0.648	0.14	-2.73
2023	14	42	40	7	1	0	0	5	2	2	0	9	1	0	0.175	0.214	0.200	0.414	-0.29	-0.47
통산	1033	4075	3617	1104	166	28	28	326	574	324	35	553	108	60	0.305	0.366	0.390	0.756	15.37	-9.63

이민준 내야수 49

신장	185	체중	74	생일	2004.02.02	투타	우투우타	지명	2023 한화 3라운드 21순위
연봉	3,000-3,100			학교	화곡초–강남중–장충고				

연도	경기	타석	타수	안타	2루타	3루타	홈런	타점	득점	볼넷	사구	삼진	도루	도루자	타율	출루율	장타율	OPS	WAR	WPA
2021																				
2022																				
2023	4	2	1	0	0	0	0	0	1	0	0	0	0	0	0.000	0.500	0.000	0.500	0.02	0.03
통산	4	2	1	0	0	0	0	0	1	0	0	0	0	0	0.000	0.500	0.000	0.500	0.02	0.03

이상혁 외야수 65

신장	174	체중	65	생일	2001.09.14	투타	우투좌타	지명	2022 한화 육성선수
연봉	3,000-3,000-3,100			학교	수원영화초(군포시리틀)-수원북중-장안고-강릉영동대				

연도	경기	타석	타수	안타	2루타	3루타	홈런	타점	득점	볼넷	사구	삼진	도루	도루자	타율	출루율	장타율	OPS	WAR	WPA
2021																				
2022																				
2023	7	2	2	0	0	0	0	0	0	0	1	1	1	0.000	0.000	0.000	0.000	-0.08	0.01
통산	7	2	2	0	0	0	0	0	0	0	1	1	1	0.000	0.000	0.000	0.000	-0.08	0.01

이재용 포수 12

신장	182	체중	86	생일	1999.02.28	투타	우투우타	지명	2017 NC 2차 5라운드 48순위
연봉	3,000-3,100-3,100			학교	장자초(구리리틀)-자양중-배재고				

연도	경기	타석	타수	안타	2루타	3루타	홈런	타점	득점	볼넷	사구	삼진	도루	도루자	타율	출루율	장타율	OPS	WAR	WPA
2021																				
2022	8	6	5	1	0	0	1	2	1	1	0	2	0		0.200	0.333	0.800	1.133	0.07	-0.01
2023	2	2	2	1	0	0	0	0	1	0	1	0	0		0.500	0.500	0.500	1.000	0.03	0.00
통산	10	8	7	2	0	0	1	2	2	1	0	3	0		0.286	0.375	0.714	1.089	0.10	-0.01

임종찬 외야수 24

신장	184	체중	85	생일	2001.09.28	투타	우투좌타	지명	2020 한화 2차 3라운드 28순위
연봉	3,600-0-3,400			학교	청주우암초-청주중-북일고				

연도	경기	타석	타수	안타	2루타	3루타	홈런	타점	득점	볼넷	사구	삼진	도루	도루자	타율	출루율	장타율	OPS	WAR	WPA
2021	42	146	131	20	5	0	1	8	9	12	1	49	0	1	0.153	0.229	0.214	0.443	-1.26	-1.45
2022	20	57	53	10	1	0	2	6	3	2	0	23	0	1	0.189	0.228	0.321	0.549	-0.22	-0.29
2023																				
통산	114	322	292	55	11	0	4	26	16	24	2	110	0	3	0.188	0.254	0.267	0.521	-1.37	-2.48

장규현 포수 96

신장	183	체중	96	생일	2002.06.28	투타	우투좌타	지명	2021 한화 2차 4라운드 32순위
연봉	3,200-3,000-3,200			학교	인성초(미추홀구리틀)-동인천중-인천고				

연도	경기	타석	타수	안타	2루타	3루타	홈런	타점	득점	볼넷	사구	삼진	도루	도루자	타율	출루율	장타율	OPS	WAR	WPA
2021	7	12	12	3	1	0	0	1	0	0	0	4	0		0.250	0.250	0.333	0.583	-0.04	-0.08
2022																				
2023																				
통산	7	12	12	3	1	0	0	1	0	0	0	4	0		0.250	0.250	0.333	0.583	-0.04	-0.08

장진혁 외야수 51

신장	184	체중	90	생일	1993.09.30	투타	우투좌타	지명	2016 한화 2차 4라운드 39순위
연봉	5,800-6,000-5,800			학교	광주화정초-충장중-광주제일고-단국대				

연도	경기	타석	타수	안타	2루타	3루타	홈런	타점	득점	볼넷	사구	삼진	도루	도루자	타율	출루율	장타율	OPS	WAR	WPA
2021																				
2022	41	132	116	27	2	0	2	17	11	12	0	28	2	1	0.233	0.298	0.302	0.600	0.21	-1.33
2023	68	178	162	36	5	1	0	12	24	15	0	41	5	4	0.222	0.287	0.265	0.552	-0.33	-1.27
통산	291	744	667	157	27	8	3	56	88	62	7	160	23	9	0.235	0.305	0.313	0.618	1.57	-5.07

정안석 내야수 94

신장	183	체중	78	생일	2005.01.26	투타	우투좌타	지명	2024 한화 3라운드 21순위
연봉	3,000			학교	(강서구리틀)–신월중–휘문고				

연도	경기	타석	타수	안타	2루타	3루타	홈런	타점	득점	볼넷	사구	삼진	도루	도루자	타율	출루율	장타율	OPS	WAR	WPA
2021																				
2022																				
2023																				
통산																				

조한민 내야수 48

신장	182	체중	77	생일	2000.10.20	투타	우투우타	지명	2019 한화 2차 8라운드 73순위
연봉	3,400-0-3,800			학교	군산중앙초–군산중–대전고				

연도	경기	타석	타수	안타	2루타	3루타	홈런	타점	득점	볼넷	사구	삼진	도루	도루자	타율	출루율	장타율	OPS	WAR	WPA
2021	52	145	127	25	6	2	5	18	15	13	2	57	3	2	0.197	0.278	0.394	0.672	-0.11	-1.42
2022																				
2023																				
통산	77	197	177	36	10	2	5	20	22	13	4	79	3	2	0.203	0.270	0.367	0.637	-0.46	-1.73

허관회 포수 10

신장	176	체중	93	생일	1999.02.12	투타	우투우타	지명	2019 한화 2차 9라운드 83순위
연봉	3,370-3,300-3,300			학교	경동초(의정부리틀)–건대부중–경기고				

연도	경기	타석	타수	안타	2루타	3루타	홈런	타점	득점	볼넷	사구	삼진	도루	도루자	타율	출루율	장타율	OPS	WAR	WPA
2021	28	79	63	12	0	0	2	4	13	1	22	0		0	0.190	0.329	0.190	0.519	-0.21	-0.82
2022	15	25	23	5	2	0	0	1	3	1	0	7	1	0	0.217	0.250	0.304	0.554	-0.01	0.04
2023	10	7	7	0	0	0	0	1	0	0	2	0		0	0.000	0.000	0.000	0.000	-0.23	-0.10
통산	54	113	95	18	2	0	3	8	14	1	32	1		0	0.189	0.295	0.211	0.506	-0.43	-0.95

황영묵 내야수 95

신장	177	체중	80	생일	1999.10.16	투타	우투좌타	지명	2024 한화 4라운드 31순위
연봉	3,000			학교	수진초–성일중–충훈고				

연도	경기	타석	타수	안타	2루타	3루타	홈런	타점	득점	볼넷	사구	삼진	도루	도루자	타율	출루율	장타율	OPS	WAR	WPA
2021																				
2022																				
2023																				
통산																				

PLAYER LIST

육성선수

성명	포지션	등번호	신장	체중	생년월일	투타	지명	연봉	학교
김도빈	투수	05	190	95	2001.01.05	우투우타	2024 한화 육성선수	3,000	서화초-경기신흥중-성지고-강릉영동대
김범준	투수	93	175	79	2000.09.30	우투우타	2020 한화 2차 9라운드 88순위	0-3,000-3,000	서울도곡초-글로벌선진중-충암고
김승일	투수	04	183	85	2001.07.07	우언우타	2020 한화 2차 10라운드 98순위	0-0-3,000	해강초(해운대리틀)-센텀중-경남고
김종수	투수	38	180	88	1994.06.03	우투우타	2013 한화 8라운드 74순위	7,900-8,900-6,800	성동초-덕수중-울산공고
문승진	투수	101	185	91	2002.04.02	우투우타	2021 한화 2차 10라운드 92순위	3,000-3,000-3,000	서울청구초-홍은중-서울고
박성웅	투수	63	178	109	1999.08.20	좌투좌타	2018 한화 2차 2라운드 14순위	0-3,300-3,300	광주서석초-충장중-광주제일고
배동현	투수	61	183	83	1998.03.16	우투좌타	2021 한화 2차 5라운드 42순위	3,000-0-3,500	판곡초(양평리틀)-언북중-경기고-한일장신대
송성훈	투수	105	185	84	2004.06.24	우언우타	2023 한화 7라운드 61순위	3,000-3,000	대전유천초-충남중-대전고
승지환	투수	112	187	89	2005.07.25	우투우타	2024 한화 11라운드 101순위	3,000	안흥초(이천시리틀)-모가중-유신고
양경모	투수	104	184	95	2003.03.24	우투우타	2022 한화 2차 4라운드 31순위	3,000-3,000-3,000	대전신흥초-외산중-북일고
오동욱	투수	69	185	80	2001.02.04	우투우타	2019 한화 2차 6라운드 53순위	3,300-0-3,600	광주서림초-진흥중-진흥고
오세환	투수	67	181	82	1999.09.28	좌투좌타	2021 두산 육성선수	3,000-3,000-3,000	진북초-전라중-영선고
원종혁	투수	110	184	92	2005.08.27	우투우타	2024 한화 9라운드 81순위	3,000	서울도곡초-휘문중-구리인창고
이기창	투수	107	184	88	2005.04.21	우투우타	2024 한화 5라운드 41순위	3,000	(수원영통구리틀)-매항중-유신고

성명	포지션	등번호	신장	체중	생년월일	투타	지명	연봉	학교
이승관	투수	4	182	92	1999.12.01	좌투좌타	2018 한화 2차 1라운드 4순위	3,100-3,100-3,100	도산초–개군중–야탑고
김현우	포수	62	176	89	2000.04.07	우투우타	2019 롯데 2차 7라운드 68순위	3,000-3,000-3,000	양덕초(창원리틀)–마산동중–용마고
서정훈	포수	01	184	91	2001.07.09	우투우타	2024 한화 육성선수	3,000	백마초–원당중–백송고–단국대
안진	포수	44	183	90	2002.11.26	우투우타	2021 한화 2차 9라운드 82순위	0-3,000-3,000	인천초–영남중–경기상고
이승현	포수	109	180	92	2005.06.08	우투우타	2024 한화 8라운드 71순위	3,000	도산초–경상중–경북고
김민기	내야수	2	175	80	1999.06.12	우투우타	2018 한화 2차 7라운드 64순위	3,000-3,000-3,000	영원초(영등포구리틀)–선린중–덕수고
이성원	내야수	98	185	115	1999.11.02	우투우타	2018 한화 2차 6라운드 54순위	3,000-3,000-3,000	수원신곡초–매향중–장안고
한경빈	내야수	6	178	69	1998.12.11	우투좌타	2022 한화 육성선수	3,000-3,000-3,000	인천서림초–상인천중–동산고–인천재능대
권동욱	외야수	02	173	85	2001.01.08	우투우타	2024 한화 육성선수	3,000	가동초–휘문중–배명고–동국대
권현	외야수	111	182	88	2005.02.23	우투우타	2024 한화 10라운드 91순위	3,000	사당초–언북중–장충고
김선동	외야수	03	180	77	2000.10.30	우투좌타	2024 한화 육성선수	3,000	은어송초(대전동구리틀)–한밭중–대전고–원광대
김준석	외야수	06	177	86	2001.03.26	우투좌타	2022 한화 육성선수	3,000-0-3,000	갈산초–서울신월중–북일고–강릉영동대
신우재	외야수	114	183	97	1997.11.16	우투우타	2023 한화 육성선수	3,000-3,000	인천숭의초–지양중–세광고–인천재능대
최준서	외야수	108	182	77	2000.06.29	우투좌타	2024 한화 6라운드 51순위	3,000	인천숭의초–율곡중–율곡고–동국대

키움 고척스카이돔

KIWOOM HEROES
키움 히어로즈

미약한 기대를 받고 출발해 창대한 결말을 맺던 예전과 달리, 지난 시즌 전 스토브리그는 어느 때보다 따뜻했다. 이례적으로 외부 FA 선수들에 투자해 전력을 높였고, 이정후의 마지막 시즌에 창단 첫 우승을 꿈꿨다. 하지만 '부상 쓰나미'에 원대한 꿈이 산산조각 났다. 투타 간판 안우진과 이정후가 부상으로 쓰러졌고, 원종현도 팔꿈치 수술로 이탈했다. 'GG 선언'도 한국 프로야구에서는 이례적으로 빨랐다. 7월에 최원태를 LG로 트레이드하며 유망주 2명을 데리고 왔고, 외국인선수 교체에도 돈을 아꼈다. 기량이 검증되지 않은 젊은 선수들에게 기회를 주며 미래를 기약했다. 이정후가 미국으로, 안우진이 군복무로 떠날 올 시즌은 더욱 험난할 것이다. 지금의 성적보다는, 내년 이후 부활을 이끌 주역을 찾는 '리빌딩의 시간'을 준비한다.

2023 좋았던 일

최원태는 훌륭한 선발이다. 리그 평균 이상의 실점 억제력으로 해마다 100이닝 이상을 책임져주는 토종 선발은 찾기 힘들다. 하지만 이주형은 '평균보다 약간 나은 선발 투수'보다 훨씬 희귀한 존재일 가능성이 높다. 퓨처스 시절부터 콘택트, 파워 모두 1군의 스타급 타자들의 퓨처스 시절보다 압도적인 지표를 찍었고, 지난해 처음 제대로 받은 1군 기회에서 실력을 유감없이 발휘했다. 세부 지표들과 이주형의 나이를 감안하면 올 시즌은 더욱 성장할 가능성이 높다. 이주형과 함께 트레이드돼온 김동규도 미숙하지만 흥미로운 재료를 갖고 있다는 걸 입증했다. 2024년 신인드래프트 1라운드 지명권은 아직 행사되지도 않았다. 그래서 미래에 '최원태 트레이드'는 '이주형 트레이드'로 바뀌어 불리게 될 가능성이 있다. 나중에 키움이 반등했을 때, 2023년 7월 29일은 그 반등의 씨앗이 뿌려진 날로 기억될 것이다.

2023 나빴던 일

'악재 쓰나미' 속에 잘 눈에 띄지 않았던, 하지만 심각했던 문제 중 하나는 수비력 감소였다. 2022년 67.6%로 전체 3위였던 팀 DER(수비 효율, 인플레이 타구를 아웃으로 연결하는 비율)이 지난 시즌 7월 이후로는 65.6%로 떨어졌다. 이 기간 중 SSG에만 앞선 리그 9위다. 김혜성과 이정후, 송성문이라는 리그 최고 수준의 수비수들이 있었지만, 그 나머지 포지션들에서 평균 이하의 수비력을 보인 결과였다. 더 큰 문제는 앞으로 수비력 약화가 더 심각해질 가능성이 높다는 점이다. 이정후가 이미 떠났고, 내년에는 김혜성이 미국으로 떠날 가능성이 높다. 팀 수비의 핵심이자 리그 최고 수비수들 중 2명이 차례로 빠지게 되는 것이다. 이들의 타격 공헌만큼이나 수비 공헌도 쉽게 메울 수 없는 거대한 공백이 될 가능성이 높다.

홍원기 감독 78

신장	187	체중	95	생일	1973.06.05	투타 우투우타
연봉	22,000-40,000-40,000			학교	공주중동초-공주중-공주고-고려대	

지난 시즌처럼 악재가 소나기처럼 쏟아지는 상황에서 감독이 할 수 있는 일은 묵묵히 견디는 것뿐이다. 평생 승리를 추구하고 패배에 분노해 온 스포츠인에게는 속이 뒤집어지는 일이지만, 누군가는 고난을 견디는 팀의 지휘봉을 잡아야 한다. 그리고 그 고난은 올해 더 심각해질 가능성이 높다. 프로야구 역사에서 올 시즌의 키움처럼 검증된 선수가 부족한 팀은 드물다. 그래서 지금 홍원기 감독이 하는 일은 '극한 직업'에 가깝다. 적은 자원을 최대한 짜내 잡을 수 있는 승리를 잡아야 하고, 그 와중에 젊은 선수들에게 성장할 수 있는 충분한 기회도 줘야 한다. 마치 '뜨거운 아이스크림', '짠맛 딸기'처럼 형용 모순적 상황을 견뎌야 한다. 여기서 생기는 의문. 많은 패배가 예고된 시즌에 실제로 많은 패배를 당한다면, 그 책임은 감독에게 있는가?

구단 정보

창단	연고지	홈구장	우승	홈페이지
2008	서울	고척 스카이돔	없음	www.heroesbaseball.co.kr

2023시즌 성적

순위	경기	승	무	패	승률
10	144	58	3	83	0.411

타율 / 순위	출루율 / 순위	장타율 / 순위	홈런 / 순위	도루 / 순위	실책 / 순위
0.261 / 7	0.331 / 9	0.353 / 9	61 / 10	54 / 10	114 / 6

ERA / 순위	선발ERA / 순위	구원ERA / 순위	탈삼진 / 순위	볼넷허용 / 순위	피홈런 / 순위
4.42 / 9	4.06 / 6	4.94 / 9	962 / 9	532 / 7	84 / 4

최근 10시즌 성적

연도	순위	승	무	패	승률
2013	4	72	2	54	0.571
2014	2	78	2	48	0.619
2015	4	78	1	65	0.545
2016	3	77	1	66	0.538
2017	7	69	2	73	0.486
2018	4	75	0	69	0.521
2019	2	86	1	57	0.601
2020	5	80	1	63	0.559
2021	5	70	7	67	0.511
2022	2	80	2	62	0.563

2023시즌 월별 성적

월	승	무	패	승률	순위
4	11	0	13	0.458	8
5	10	0	16	0.385	8
6	14	2	9	0.609	3
7	6	1	13	0.316	9
8	7	0	19	0.269	9
9-10	10	0	13	0.435	9
포스트시즌	-	-	-	-	-

COACHING STAFF

코칭스태프

성명	보직	등번호	신장	체중	생년월일	투타	학교
김창현	수석	72	178	72	1985.07.01	우투우타	가동초-건대부중-대전고-경희대
이승호	투수	88	189	91	1976.08.23	좌투좌타	강남초-강남중-선린상고-단국대
오윤	타격	73	186	100	1981.09.08	우투우타	합덕초-온양중-북일고
마정길	불펜	80	173	90	1979.03.13	우언우타	내덕초-청주중-청주기공고-단국대
박도현	배터리	89	183	110	1983.04.12	우투우타	남도초-성광중-경북고
권도영	수비	85	177	83	1981.02.11	우투우타	본리초-대구중-대구상고-고려대
박정음	작전/주루	90	175	80	1989.04.15	좌투좌타	금평초-전라중-전주고-성균관대
문찬종	1루/외야	74	182	82	1991.03.23	우투양타	서울도림초(용산구리틀)-선린중-충암고
설종진	퓨처스 감독	81	177	70	1973.06.16	좌투좌타	백운초-신일중-신일고-중앙대
채종국	퓨처스 내야수비	76	181	85	1975.10.24	우투우타	동삼초-대신중-경남상고-연세대
노병오	퓨처스 투수	83	180	103	1983.09.07	우투우타	석교초-청주중-청주기공고
김태완	퓨처스 타격	82	190	120	1984.01.27	우투우타	양목초-신월중-중앙고-성균관대
박준태	퓨처스 작전/주루	71	182	88	1991.07.26	우투좌타	부산대연초-부산중-개성고-인하대
김동우	퓨처스 배터리	70	176	85	1980.04.14	우투좌타	홍파초(한천리틀)-서울경원중-경기고
오주원	재활/잔류군 투수	86	184	95	1985.03.31	좌투좌타	청원초-청원중-청원고
이병규	재활/잔류군 야수	77	175	73	1994.10.05	우투좌타	광주서석초-배재중-배재고-송원대

이주형

2024 팀 이슈

키움은 지난해 도루를 65번 시도해 54번 성공했다. 도루 시도와 성공 횟수 모두 압도적인 꼴찌다. 하지만 성공률은 83.1%로 1위였다. 성공률 약 70%를 넘지 않는 도루 시도는 할수록 손해라는 현대 야구 이론에 완벽하게 부합하는 행보다. 문제는 올 시즌이다. 베이스 크기가 커지고 피치클락과 견제 횟수 제한도 도입될 가능성이 높다. 즉 도루를 하기에 너무나 유리한 환경이 조성된다. 이 환경 변화를 이용할 수 있는 선수는? 지난해 키움에서 두 자릿수 도루를 기록한 선수는 김혜성뿐이었다. 도슨과 임병욱, 이주형이 도루 잠재력을 가지고 있는 듯 보이지만 실제로 어떨지는 해봐야 안다. 파괴력 있는 타자들이 부족한 팀의 상황에서, 환경 변화를 이용해 도루 시도를 늘릴지 여부도 올 시즌 키움 야구의 관전 포인트 중 하나다.

2024 최상 시나리오

지금부터 제 성공 스토리를 말씀드리죠~

2024 최악 시나리오

콱 죽어버릴까...

이주형이 잠재력을 폭발시키며 타율과 홈런 랭킹 선두 경쟁을 펼친다. 도슨은 2023년이 '플루크 시즌'이 아니었음을 증명한다. 김혜성이 또 다시 '커리어 하이' 시즌을 만들며 메이저리그 구단들의 시선을 사로잡는다. 김휘집이 공격뿐만 아니라 수비에서도 쾌속 성장하며 김주원이 선점한 '차세대 국가대표 유격수' 자리를 위협한다. 김동헌은 스무 살이라는 어린 나이가 믿기지 않는 성숙한 플레이로 투수들의 신임을 얻는다. 장재영이 마침내 제구 안정이라는 숙제를 풀고 모두가 기대한 에이스로 성장한다. 조상우가 한국 최고의 파이어볼러로 돌아와 리그를 압도한다. 이형종과 이용규가 마지막 불꽃을 태우고, 원종현이 건강하게 돌아온다. 그렇게 또 한 번 모두의 예상을 뒤엎은 '영웅들의 가을 신화'가 완성되고, 감동한 키움 팬들의 눈물이 고척돔을 적신다.

오랜만에 전문가들의 예상이 대체로 맞아간다. 장재영이 또 제구 불안에 시달리며 토종 선발진이 사실상 시즌 내내 '오디션 체제'로 운영된다. 불펜에서 믿을 투수는 시즌이 끝날 때까지 조상우 한 명뿐이다. 김동헌은 경험 부족을 드러내고, 김휘집은 수비가 여전히 답보 상태다. 도슨의 지난해 대활약이 신기루였음이 밝혀진다. 이형종과 이용규는 끝내 세월의 흐름을 이기지 못하고 은퇴 위기에 몰린다. 구단 사상 최다패의 수모를 당하고 예상대로 꼴찌로 추락한다. 구단주는 부진의 책임을 감독과 코칭스태프에게 돌린다. 김혜성마저 미국으로 떠나간 키움 클럽하우스에는 정적만이 감돈다. 이제 '이주형과 아이들'이 된 키움의 야구를 계속 봐야 하는 건지, 키움 팬들은 상상만 해도 가슴이 답답해진다.

김선기 투수 49

신장	187
체중	98
생일	1991.09.01
투타	우투우타
지명	2018 넥센 2차 1라운드 8순위
연봉	6,300-7,300-7,000
학교	석교초-세광중-세광고

● 드래프트 때의 부푼 기대를 충족시키지 못하고 황혼기로 접어드는 듯했던 김선기의 야구 인생에 변화가 생긴 건 2022시즌 후반부다. 원래 옆으로 휘는 폭이 컸던 슬라이더의 속도가 조금 올라가고 밑으로 떨어지는 폭이 줄어 커터와 비슷한 특성을 띄게 됐다. 원래 수평무브먼트가 컸던 패스트볼과 속도 차이가 줄고 정반대 궤적을 그리면서 '터널링 효과'가 좋아졌다. 슬라이더의 위력이 좋아져 처음으로 확실한 승부구를 가지게 됐고, 더 적극적인 승부가 가능해지면서 볼넷이 급감했다. 지난해 후반기 선발 기회를 받았을 때 기대 이상의 실적을 남긴 가장 큰 비결도 안정된 제구다. 시즌 막판 7차례의 선발 등판에서 볼넷 비율을 6%대로 묶으며 위기를 자초하지 않았다. 홈런이 잘 나오지 않는 고척돔에서는 투수가 제구만 괜찮아도 승부가 된다. 그렇게 안우진, 최원태가 빠져나간 선발진에서 사실상의 3선발 역할을 했다. 올해도 마찬가지다. 숙제도 여전하다. 오른손타자 바깥쪽으로 휘어져 나가는 슬라이더로 오른손 타자를 효과적으로 상대하지만, 왼손타자를 제압할 승부구가 없다. 왼손타자가 늘어난 리그 상황에서 선발 투수의 치명적 약점이다. 그래서 지난해 가을부터 던지기 시작한 포크볼이 손에 익는다면, 선발 투수로 한 단계 도약할 것이다.

기본기록

연도	경기	선발	QS	승	패	세이브	BS	홀드	이닝	피안타	피홈런	4사구	삼진	피안타율	WHIP	피OPS	FIP	ERA	WAR	WPA
2021	21	7	2	3	2	0	1	0	48 1/3	53	5	29	25	0.277	1.55	0.787	5.44	6.52	-0.37	-1.25
2022	26	2	0	3	1	1	1	4	36 2/3	39	1	21	30	0.277	1.58	0.723	3.69	5.15	0.06	0.31
2023	17	7	1	1	3	1	0	2	43 2/3	56	2	16	29	0.309	1.63	0.817	3.81	5.98	-0.34	-0.27
통산	117	22	5	10	8	2	2	8	201 1/3	226	16	107	133	0.283	1.56	0.776	4.76	5.50	-0.28	-1.34

구종별 기록

구종	구사%	구속	수직 무브	수평 무브	분당 회전	땅볼%	타구속도	강한타구%
직구	40.8%	142.4	29.0	-16.3	2475.8	55.8%	139.5	29.1%
커브	12.1%	120.2	3.3	14.4	967.6	60.0%	139.8	33.3%
슬라이더	42.7%	131.0	13.1	9.2	1164.5	48.9%	131.0	13.2%
체인지업	1.7%	130.4	22.2	-19.3	2067.0	-	-	-
포크	2.7%	129.5	14.7	-11.1	1268.8	100.0%	164.1	100.0%
싱커								
투심								
너클								
커터								
스플리터								

상황별 기록

상황	타석	홈런/9	볼넷/9	삼진/9	피안타율	WHIP	피OPS	GO/FO
전반기	45	0.00	3.72	8.38	0.293	1.66	0.771	1.00
후반기	155	0.53	2.91	5.29	0.314	1.62	0.830	1.20
vs 좌	89	0.52	4.15	5.71	0.342	2.02	0.946	1.16
vs 우	111	0.34	2.39	6.15	0.284	1.37	0.715	1.16
주자없음	98	0.82	2.05	4.91	0.290	1.45	0.746	1.16
주자있음	102	0.00	4.15	7.06	0.330	1.80	0.889	1.15
득점권	65	0.00	6.39	7.11	0.377	2.29	1.026	2.43
1-2번 상대	46	0.90	1.80	8.10	0.279	1.40	0.721	1.20
3-5번 상대	71	0.00	3.45	3.45	0.323	1.72	0.811	0.58
6-9번 상대	83	0.50	3.50	7.00	0.315	1.67	0.877	2.36

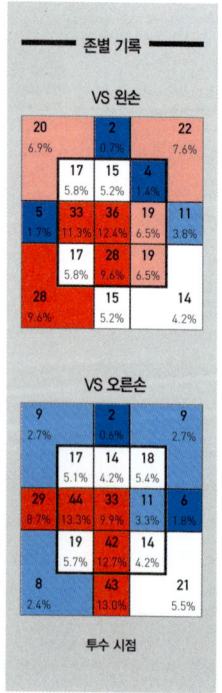

존별 기록

VS 왼손

VS 오른손

투수 시점

장재영 투수 61

신장 187	체중 83	생일	2002.05.10
투타 우투우타		지명	2021 키움 1차
연봉	3,100-3,200-4,000		
학교	갈산초-서울신월중-덕수고		

● 본격적인 선발 기회를 받았지만 여전히 고질적인 제구 문제를 해결하지 못했다. 겨울에 기분전환 겸 투타겸업도 해 보고, 변화구 비율도 늘려봤지만 소용이 없었다. 볼넷 비율이 무려 19.5%. 프로야구 역사상 50이닝 이상 던진 투수들 중 1989년 김상엽(20.4%) 이후 두 번째로 높은 수치다. 특히 왼손타자 중에는 24.1%를 볼넷으로 내보냈다. 왼손타자가 늘어나는 시대이기에 더욱 난감한 문제다. 시즌 후반으로 갈수록 볼넷이 많아졌다는 게 더욱 뼈아팠다. 겨울 동안 질롱코리아에서 던진 것을 포함해 인생 최다 이닝을 던진 여파일 수 있다. 여전히 너무나 매력적인 '재료'들을 가지고 있다. 모든 구종의 속도와 무브먼트가 국내 최고 수준이다. 겨울 동안 초점은 투구 루틴의 재조정이었다. 너무 진지하고 생각이 많은 성격을, 투구 사이 간격을 줄여 '무념피칭'을 할 수 있도록 바꾸려 노력했다. 스프링캠프에서의 평가는 긍정적이다. 그리고 몸을 정말 잘 만들어왔다는 칭찬도 받았다. 산전수전 다 겪은 것 같지만 이제 겨우 22살 시즌이다. 김상엽, 박동희, 박명환, 그리고 박찬호까지 많은 '광속구 선배'들이 여전히 제구 문제를 해결하지 못하던 나이다. 안우진이 빠진 팀 선발진에서 4선발로 시작할 가능성이 높았는데, 캠프 막판 팔꿈치 통증으로 이탈하는 악재가 발생했다.

기본기록

연도	경기	선발	QS	승	패	세이브	BS	홀드	이닝	피안타	피홈런	4구	삼진	피안타율	WHIP	피OPS	FIP	ERA	WAR	WPA
2021	19	2	0	1	0	1	0	0	17 2/3	15	0	27	14	0.238	2.21	0.779	6.33	9.17	-0.42	-0.59
2022	14	0	0	0	0	0	0	0	14	23	2	8	19	0.371	2.14	0.975	4.20	7.71	-0.15	-0.05
2023	23	17	2	1	5	0	0	0	71 2/3	63	4	74	67	0.243	1.80	0.754	5.40	5.53	-0.05	-0.13
통산	56	19	2	1	6	0	1	0	103 1/3	101	6	109	100	0.263	1.92	0.794	5.36	6.45	-0.62	-0.77

구종별 기록

구종	구사%	구속	수직 무브	수평 무브	분당 회전	땅볼%	타구속도	강한타구%
직구	58.8%	148.3	30.1	-11.8	2516.0	48.1%	141.0	31.3%
커브	9.8%	129.8	-10.8	13.4	1214.4	53.3%	131.4	13.3%
슬라이더	23.1%	133.3	-0.4	10.0	853.8	50.0%	131.7	29.0%
체인지업								
포크								
싱커								
투심								
너클								
커터	8.3%	138.5	6.8	7.6	903.0	76.9%	130.8	0.0%
스플리터								

상황별 기록

상황	타석	홈런/9	볼넷/9	삼진/9	피안타율	WHIP	피OPS	GO/FO
전반기	135	0.30	6.90	9.00	0.255	1.70	0.705	0.80
후반기	204	0.65	9.29	7.99	0.235	1.87	0.788	1.32
vs 좌	174	0.78	10.90	8.05	0.234	2.05	0.789	0.91
vs 우	165	0.24	5.84	8.76	0.252	1.57	0.719	1.28
주자없음	150	1.42	13.14	9.24	0.273	2.64	0.940	0.80
주자있음	189	0.00	5.63	7.96	0.221	1.34	0.613	1.32
득점권	118	0	6.11	8.68	0.209	1.36	0.614	1.45
1-2번 상대	86	0.51	11.21	9.17	0.194	1.92	0.725	1.67
3-5번 상대	123	0.35	9.00	8.65	0.228	1.81	0.733	0.92
6-9번 상대	130	0.64	5.79	7.71	0.286	1.71	0.788	0.96

존별 기록

VS 왼손

56 9.1%	29 4.7%	20 3.3%
33 5.4%	47 7.7%	16 2.6%
51 8.3%	46 7.5%	41 6.5%	40 6.5%	41 6.7%
	27 4.4%	38 6.2%	37 6.0%	
20 3.3%	21 3.4%	51 8.3%

VS 오른손

37 6.7%	28 5.0%	21 3.8%
	32 5.8%	51 9.2%	39 7.0%	
13 2.3%	40 7.2%	48 8.6%	40 7.2%	41 7.4%
	16 2.9%	40 5.2%	41 7.4%	
12 2.2%	15 2.7%	52 9.4%

투수 시점

조상우 투수 11

신장	186	체중	97	생일	1994.09.04
투타	우투우타	지명	2013 넥센 1라운드 1순위		
연봉	34,000-0-34,000				
학교	서화초-상인천중-대전고				

● 2019~2020년에 가장 압도적인 국내 투수는 누구였을까? 답은 당연히 기준에 따라 다르다. FIP를 기준으로 삼으면 조상우가 답이다. 2년 동안 FIP가 2.91, 1000이닝 이상 던진 투수들 중 단연 1위였다. 2021년 시즌 전 발목 인대 파열 부상과 도쿄올림픽에서의 혹사로 예년만 못했지만, 제 컨디션인 조상우가 얼마나 위력적인지는 리그 모두가 안다. 2019년 조상우의 구위는 고우석의 2022년 최전성기와 비슷했다. 구속은 고우석이 약간 빨랐지만 제구는 조상우가 훨씬 나았다. 그래서 FIP도 2022년의 고우석이 2.88, 2019년 조상우가 2.92로 대동소이하다. 고우석은 2022년의 활약을 바탕으로 메이저리그에 진출했다. 입대 이전 메이저리그 팀들의 레이더망에 들어 있었던 조상우 역시 그때의 구위, 즉 평균 시속 152㎞ 이상의 직구와 137㎞ 이상의 슬라이더를 찾는다면 다시 빅리그의 주목을 받을 것이다. 사회복무요원으로 근무하며 지쳤던 몸을 회복하고 15kg를 감량해 구위가 가장 좋았을 때의 체중으로 돌아왔다. 원래 빠른 퀵모션을 갖고 있어 도루 시도가 늘어날 올 시즌 리그 환경에 대처가 가능하다. 스프링캠프 연습경기에서 실전공백 우려를 잠재웠다. 6월에 김재웅이 입대를 하고 나면 외롭게 키움의 뒷문을 지켜야 한다.

기본기록

연도	경기	선발	QS	승	패	세이브	BS	홀드	이닝	피안타	피홈런	4사구	삼진	피안타율	WHIP	피OPS	FIP	ERA	WAR	WPA
2021	44	0	0	6	5	15	0	5	44	30	4	21	47	0.183	1.11	0.561	3.67	3.48	1.03	1.27
2022																				
2023																				
통산	299	7	1	33	24	82	15	45	379 2/3	323	20	159	394	0.230	1.22	0.625	3.40	3.11	11.03	6.33

구종별 기록

구종	구사%	구속	수직 무브	수평 무브	분당 회전	땅볼%	타구속도	강한타구%
직구								
커브								
슬라이더								
체인지업								
포크								
싱커								
투심								
너클								
커터								
스플리터								

상황별 기록

상황	타석	홈런/9	볼넷/9	삼진/9	피안타율	WHIP	피OPS	GO/FO
전반기								
후반기								
vs 좌								
vs 우								
주자없음								
주자있음								
득점권								
1-2번 상대								
3-5번 상대								
6-9번 상대								

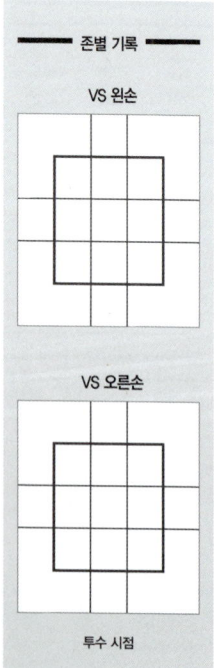

헤이수스 투수 54

신장	192	체중	104	생일	1996.12.10
투타	좌투좌타	지명	2024 키움 자유선발		
연봉	$600,000				
학교	베네수엘라 Juanita Hernandez(고)				

● 키움의 전성시대를 이끌었던 왼손 외국인 에이스, 밴 헤켄과 요키시는 공통점이 있었다. 모두 미국 기준으로는 속도는 느리지만 정확한 제구와 좋은 변화구, 땅볼 유도 능력을 갖춘 기교파 투수들이었다. 이번에 온 데 헤이수스는 정반대 유형이다. 지난해 메이저리그 마이애미에서 롱릴리프로 두 경기에 나서 직구 평균 시속 150.3㎞를 기록했다. 선발로 나서면 2~3㎞ 떨어지겠지만, 그것만 해도 KBO리그의 국내 왼손 선발 중에서는 최정상급이다. 싱커는 포심보다 조금 더 빨랐다. 슬라이더와 체인지업의 무브먼트도 훌륭했다. 크로스 스탠스와 낮은 팔스윙 궤적으로 왼손타자들이 까다로워할 투구폼을 가졌다. 왼손타자들이 늘어난 KBO리그의 환경에 적응하기 좋은 무기다. 문제는 제구다. 트리플A 볼넷 비율이 11.8%로 올 시즌 KBO리그에서 뛸 투수들 중에 가장 높다. 지난해 트리플A에서는 13.3%로 더 나빴다. 미국에서 제구가 좋지 않았던 투수가 한국에 와서 잡히는 경우는 극히 드물다. 즉 제구 불안을 압도적인 구위로 상쇄해야 KBO리그에서 승산이 있다. 최근 2년간 꾸준하게 선발 로테이션을 소화한 건 장점이다. 활발한 성격과 한국 문화에 적응하려는 노력도 돋보인다는 평가를 받고 있다.

기본기록

연도	리그	경기	선발	QS	승	패	세이브	BS	홀드	이닝	피안타	피홈런	4사구	삼진	피안타율	WHIP	피OPS	FIP	ERA	WAR
2021	AAA	1	1	-	0	1	0	0	0	5	4	2	1	3	0.200	1.00	0.738	7.96	3.60	-
2022	AAA	35	19	-	4	5	0	0	2	101 2/3	108	11	51	118	0.271	1.56	0.780	4.74	4.51	-
2023	MLB	2	0	0	0	0	0	0	0	6 1/3	9	0	4	5	0.333	2.05	0.915	6.30	11.37	-0.2
MLB 통산		2	0	0	0	0	0	0	0	6 1/3	9	0	4	5	0.333	2.05	0.915	6.30	11.37	-0.2

구종별 기록

구종	구사%	구속	수직 무브	수평 무브	분당 회전	땅볼%	타구속도	강한타구%
직구								
커브								
슬라이더								
체인지업								
포크								
싱커								
투심								
너클								
커터								
스플리터								

상황별 기록

상황	타석	홈런/9	볼넷/9	삼진/9	피안타율	WHIP	피OPS	GO/FO
전반기								
후반기								
vs 좌								
vs 우								
주자없음								
주자있음								
득점권								
1-2번 상대								
3-5번 상대								
6-9번 상대								

존별 기록

VS 왼손

VS 오른손

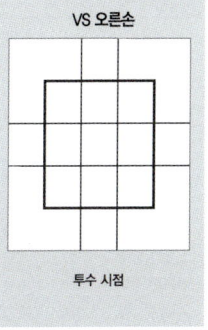

투수 시점

후라도 투수 75

신장 187	체중 109	생일 1996.01.30	
투타 우투우타	지명 2023 키움 자유선발		
연봉 $0-$850,000			
학교 파나마 San Judas Tadeo(고)			

● 지난해 에릭 페디만 빼면 최고의 외국인 투수. 최근 한국에 온 투수들 중 마이너리그 통산 볼넷 비율이 가장 낮았던 투수답게 빼어난 제구력을 뽐냈다. 구위가 압도적이지는 않았지만 움직임이 좋은 투심 패스트볼과 슬라이더의 조합으로 땅볼을 유도해 효율적인 피칭을 펼쳤다. 체인지업도 훌륭했다. 릴리스 포인트 175cm 이상의 정통 오버핸드 투수들 중에서 왼손타자 바깥쪽으로 달아나는 수평무브먼트가 24.2cm로 가장 컸다. 왼손타자 상대로 완벽한 결정구를 가진 덕분에 오른손투수이면서도 좌우타자를 평등하게 잘 제압했다. 빼어난 제구 덕에 낭비하는 공이 별로 없었다. 타석 당 투구수가 3.67개로 고영표에 이어 두 번째로 적었다. 무엇보다 지난 3시즌을 모두 합친 것보다 더 많은, 야구 인생에서 가장 많은 이닝을 던졌지만 시즌 후반으로 가도 변함없는 위력을 유지하며 에이스의 자격을 증명했다. 인플레이 타구, 특히 땅볼을 많이 허용하기에, 팀 내야 수비의 도움이 매우 중요하다. 그래서 유격수 김휘집의 수비력 향상이 더욱 필요하다. 도루 허용이 다소 많은데, 도루하기 좋은 환경이 조성될 올 시즌에는 조금 더 고생할 가능성이 있다. 팀원들과의 융화, 한국 문화 적응도 훌륭했다는 평가. 안우진이 입대한 올 시즌에는 1선발 역할을 맡는다.

기본기록

연도	경기	선발	QS	승	패	세이브	BS	홀드	이닝	피안타	피홈런	4사구	삼진	피안타율	WHIP	피OPS	FIP	ERA	WAR	WPA
2021																				
2022																				
2023	30	30	20	11	8	0	0	0	183 2/3	164	7	50	147	0.234	1.12	0.573	3.15	2.65	5.29	5.07
통산	30	30	20	11	8	0	0	0	183 2/3	164	7	50	147	0.234	1.12	0.573	3.15	2.65	5.29	5.07

구종별 기록

구종	구사%	구속	수직 무브	수평 무브	분당 회전	땅볼%	타구속도	강한타구%
직구	28.8%	145.5	30.6	-14.8	2581.8	34.7%	133.8	21.9%
커브	14.1%	129.2	-0.3	12.1	918.2	59.3%	135.0	25.0%
슬라이더	5.2%	133.7	7.0	5.1	686.4	63.6%	137.2	31.3%
체인지업	16.8%	132.2	11.5	-24.2	1872.9	61.6%	130.5	14.3%
포크								
싱커								
투심	24.0%	144.2	20.6	-20.6	2226.1	68.1%	136.4	23.4%
너클								
커터	11.2%	138.2	16.8	1.8	1302.7	43.2%	131.1	15.8%
스플리터								

상황별 기록

상황	타석	홈런/9	볼넷/9	삼진/9	피안타율	WHIP	피OPS	GO/FO
전반기	472	0.40	2.10	7.33	0.247	1.18	0.613	1.26
후반기	291	0.25	1.88	7.00	0.214	1.01	0.509	1.09
vs 좌	441	0.52	1.82	7.12	0.241	1.16	0.595	1.13
vs 우	322	0.11	2.25	7.31	0.224	1.06	0.543	1.27
주자없음	438	0.17	1.98	8.34	0.210	1.04	0.511	1.20
주자있음	325	0.57	2.05	5.70	0.268	1.22	0.659	1.16
득점권	174	0.23	3.15	5.85	0.279	1.38	0.684	1.15
1-2번 상대	187	0.19	1.74	8.10	0.218	1.01	0.520	1.50
3-5번 상대	268	0.61	2.29	5.80	0.285	1.44	0.710	0.92
6-9번 상대	308	0.23	1.96	7.73	0.199	0.94	0.485	1.30

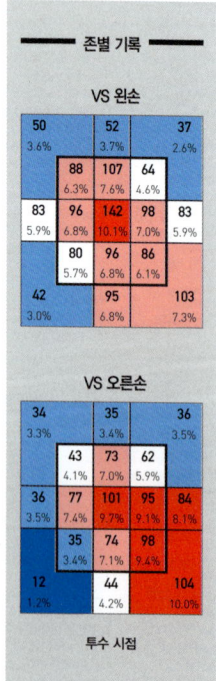

김혜성 내야수 3

신장	179	체중	80	생일	1999.01.27

투타 우투좌타 지명 2017 넥센 2차 1라운드 7순위
연봉 32,000-42,000-65,000
학교 문촌초(고양시리틀)-동산중-동산고

● 발전. 김혜성의 야구 인생을 상징하는 단어다. 프로 인생 7년 동안 단 한 번의 퇴보도 없이 기량의 모든 면을 조금씩 향상시켰다. 지난해도 마찬가지였다. 리그에서 가장 낮은 수준이었던 타구의 발사각을 대폭 높여, 이제는 '땅볼 타자'가 아닌 '라인드라이브 타자'로 진화했다. 당연히 생애 최고의 장타율을 찍었다. 그러면서도 삼진은 더 줄였다. 데뷔 때의 1/3수준인 12.4%의 삼진 비율을 기록하며, 이제는 리그 최고 수준의 콘택트 히터가 됐다. 땅볼의 속도가 빨라지기 때문에 내야수에게 가장 불리한 고척돔을 홈으로 쓰면서도 여전히 리그 최고 수준의 2루 수비력을 보여줬다. 그래서 대부분의 지표들은 김혜성을 노시환과 함께 리그에서 가장 가치 있는 야수 중 한 명으로 계산한다. 국가대표 주장직도, 8년차 역대 최고 연봉도 너무나 자연스러워 보인다. 도루에 유리한 환경이 조성될 올 시즌, 역대 최고인 85.7%의 도루 성공률을 기록 중인 김혜성의 빠른 발은 더욱 가치가 높아질 것이다. 구단으로부터 포스팅 허락을 받으며 어쩌면 KBO리그에서 당분간 마지막 시즌이 될 수 있다. 미국 진출의 꿈을 이루기 위한 마지막 숙제는 타구 질 향상일 것이다. 지난해 타구 평균 속도 133.1km는 예전에 비해 많이 향상됐지만 여전히 리그 평균 정도이고, 어지간한 외국인 타자들보다도 꽤 낮다. 스프링캠프에서 타구를 지켜본 사람들은 김혜성이 숙제를 어느 정도 풀었을 가능성이 높다고 말한다.

기본기록

연도	경기	타석	타수	안타	2루타	3루타	홈런	타점	득점	볼넷	사구	삼진	도루	도루자	타율	출루율	장타율	OPS	WAR	WPA
2021	144	635	559	170	20	3	3	66	99	65	1	97	46	4	0.304	0.372	0.367	0.739	3.49	-0.88
2022	129	566	516	164	18	7	4	48	81	47	0	83	34	7	0.318	0.373	0.403	0.776	4.71	-0.37
2023	137	621	556	186	29	6	7	57	104	57	3	77	25	3	0.335	0.396	0.446	0.842	6.12	0.15
통산	826	3252	2924	877	124	35	26	311	501	278	13	561	181	31	0.300	0.360	0.393	0.753	18.57	-2.93

구종별기록

구분	상대%	타구속도	상하 각도	타율	장타율	땅볼%	뜬공%	강한타구%
직구	39.3%	138.8	17.4	0.345	0.466	40.8%	59.2%	23.5%
커브	10.7%	130.8	15.4	0.190	0.214	58.3%	41.7%	0.0%
슬라이더	21.0%	128.6	19.4	0.355	0.524	47.5%	52.5%	11.2%
체인지업	11.7%	126.8	18.5	0.291	0.291	43.3%	56.7%	4.7%
포크	8.5%	124.5	16.6	0.340	0.377	45.8%	54.2%	7.9%
싱커 투심	4.8%	138.3	16.4	0.346	0.731	47.1%	52.9%	30.4%
너클 커터	4.1%	126.2	17.6	0.455	0.455	63.6%	36.4%	18.8%
스플리터								

상황별 기록

상황	타석	홈런/9	볼넷/9	삼진/9	타율	출루율	장타율	OPS
전반기	375	1.3%	8.5%	13.6%	0.324	0.381	0.442	0.823
후반기	246	0.8%	10.2%	10.6%	0.350	0.419	0.452	0.871
vs 좌	225	1.3%	5.8%	12.0%	0.327	0.364	0.441	0.805
vs 우	396	1.0%	11.1%	12.6%	0.339	0.414	0.449	0.863
주자없음	362	0.8%	7.7%	13.0%	0.343	0.398	0.467	0.865
주자있음	259	1.5%	11.2%	11.6%	0.321	0.394	0.415	0.809
득점권	143	2.8%	11.9%	12.6%	0.314	0.385	0.463	0.848
노아웃	239	0.4%	8.4%	11.3%	0.341	0.397	0.444	0.841
원아웃	216	1.4%	7.9%	14.4%	0.316	0.370	0.413	0.783
투아웃	166	1.8%	12.0%	11.4%	0.349	0.428	0.493	0.921

존별 기록

VS 왼손

9 (1.4%)		14 (2.2%)
	3.6%	
	25 (3.9%) / 49 (7.7%) / 25 (3.9%)	
54 (8.5%)	65 (10.3%) / 33 (5.2%)	14 (2.2%)
	59 (9.3%) / 54 (8.5%) / 21 (3.3%)	
73 (11.5%)	37 (5.8%)	11 (1.7%)

VS 오른손

89 (7.1%)	66 (5.3%)	19 (1.5%)
	82 (6.5%) / 82 (6.5%) / 44 (3.5%)	
88 (7.0%)	110 (8.8%) / 124 (9.9%) / 63 (5.0%)	34 (2.7%)
	76 (6.1%) / 92 (7.3%) / 62 (4.9%)	
57 (4.5%)	102 (8.1%)	65 (5.2%)

투수 시점

김휘집 내야수 33

신장	180	체중	92	생일	2002.01.01
투타	우투우타	지명	2021 키움 2차 1라운드 9순위		
연봉	3,900-7,400-11,000				
학교	양목초(히어로즈리틀)-대치중-신일고				

● 소문난 성실함으로 해마다 발전하고 있다. 근육을 착실하게 키워 배트스피드를 높인 결과, 타구 평균 시속을 또 4km 가까이 늘렸다. 원래 23도가 넘는 평균 발사각을 가질 정도로 띄우는 능력을 갖고 있었기에, 타구 속도 향상은 고스란히 장타력 상승으로 이어졌다. 그 와중에 삼진 비율은 7%나 줄이며 콘택트 능력 향상도 입증했다. APBC 한일전에서 최근 2년 동안 홈런을 2개밖에 내주지 않은 NPB 정상급 마무리 다구치 가즈토를 상대로 터뜨린 장쾌한 홈런은 김휘집의 타격 실력을 보여주는 상징 같은 장면이었다. 인상과 달리 발이 많이 느리고, 본인도 그에 맞는 야구를 한다. 지난 2년 동안 800타석 이상 들어선 타자 51명 중 도루 시도를 단 한 번도 하지 않은 2명 중 한 명이다. 무리한 주루를 하지 않기 때문에 주루사도 거의 당하지 않는다. 유격수 수비는 아직 갈 길이 멀다. 타구 판단이 미숙하고 범위가 좁으며 송구도 안정되지 않았다. 에이스 안우진이 빠진 키움 투수진의 삼진이 줄고 인플레이 타구를 더 많이 허용할 것을 감안하면, 김휘집의 수비력은 키움의 전력에 대단히 중요한 변수다. 김주원, 이재현, 김도영 등 동년배 유격수 자원들과 경쟁에서 뒤처지지 않기 위해서도 수비력 향상이 반드시 필요하다. 스프링캠프 중반에 지난해 다쳤던 햄스트링을 다시 다쳐 중도 귀국했지만 다행히 심각한 부상은 아닌 것으로 판명됐다.

기본기록

연도	경기	타석	타수	안타	2루타	3루타	홈런	타점	득점	볼넷	사구	삼진	도루	도루자	타율	출루율	장타율	OPS	WAR	WPA
2021	34	89	70	9	1	0	1	8	13	2	0	23	1	0	0.129	0.279	0.186	0.465	-0.68	-0.61
2022	112	393	333	74	12	1	8	36	40	39	14	115	0	0	0.222	0.326	0.336	0.662	0.98	-2.51
2023	110	435	369	92	22	0	8	51	46	48	5	97	0	0	0.249	0.338	0.374	0.712	1.61	-1.95
통산	256	917	772	175	35	1	17	95	99	89	19	235	1	0	0.227	0.327	0.341	0.668	1.91	-5.07

구종별기록

구분	상대%	타구속도	상하 각도	타율	장타율	땅볼%	뜬공%	강한타구%
직구	41.4%	130.1	23.5	0.282	0.417	36.6%	63.4%	18.3%
커브	9.3%	127.6	28.7	0.188	0.344	25.0%	75.0%	10.0%
슬라이더	21.0%	128.7	23.7	0.278	0.403	28.0%	72.0%	23.8%
체인지업	13.0%	134.5	21.9	0.159	0.182	50.0%	50.0%	15.8%
포크	4.9%	125.0	28.2	0.143	0.476	45.5%	54.5%	9.1%
싱커								
투심	6.4%	140.0	11.5	0.435	0.522	60.0%	40.0%	40.0%
너클								
커터	4.0%	125.7	28.5	0.000	0.000	50.0%	50.0%	10.0%
스플리터								

상황별 기록

상황	타석	홈런/9	볼넷/9	삼진/9	타율	출루율	장타율	OPS
전반기	250	1.6%	10.8%	23.6%	0.251	0.335	0.372	0.707
후반기	185	2.2%	11.4%	20.5%	0.247	0.342	0.377	0.719
vs 좌	145	0.7%	12.4%	17.2%	0.244	0.345	0.336	0.681
vs 우	290	2.4%	10.3%	24.8%	0.252	0.334	0.392	0.726
주자없음	204	2.5%	10.8%	24.0%	0.281	0.373	0.438	0.811
주자있음	231	1.3%	11.3%	20.8%	0.220	0.307	0.314	0.621
득점권	128	0.8%	9.4%	19.5%	0.213	0.281	0.278	0.559
노아웃	145	2.1%	12.4%	21.4%	0.274	0.381	0.427	0.808
원아웃	150	1.3%	8.7%	25.3%	0.246	0.307	0.346	0.653
투아웃	140	2.1%	12.1%	20.0%	0.230	0.329	0.352	0.681

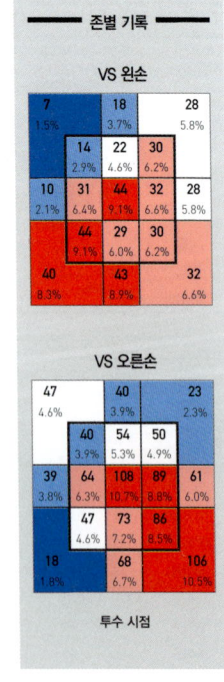

도슨 외야수 27

신장 183	체중 100	생일 1995.05.19		
투타 우투좌타	지명 2023 키움 자유선발			
연봉 $80,000-$550,000				
학교 미국 Ohio State(대)				

● 2023년의 가장 놀라운 스토리 중 한 명. 메이저리그는 물론 트리플A에서조차 인상적인 활약을 한 적이 없고, 지난해 독립리그에서도 압도적이지 않기에 몸값마저 헐값이던 타자가 이 정도의 복덩이가 될 거라고는 키움 구단조차 상상하지 못했다. 리그 평균 이하이며 외국인 타자치고는 꽤 낮은 편인 15.7%의 삼진 비율을 찍으며 준수한 콘택트 능력을 보였다. 평균 시속 137.1㎞의 빠른 타구를 평균 발사각 17.4도의 저탄도로 날려 보냈다. 밀어친 타구가 당겨친 타구보다 많을 정도로 그라운드를 폭넓게 사용했다. 휴스턴 유망주 시절부터 소문났던 운동 능력을 활용한 외야 수비도 나쁘지 않았다. BABIP이 무려 0.390으로 200타석 이상 타자들 중 3번째로 높았다. 어느 정도의 행운이 끼어 있었을 가능성을 배제할 수 없다. 하지만 도슨처럼 타구의 탄도가 낮고 발이 빠른 왼손타자는 원래 BABIP이 높은 경향도 있다. 왼손타자지만 왼손투수 공략도 꽤 잘 했다. 리그에서 가장 적극적인 타자들 중 한 명. 타석 당 투구수가 3.55개로 250타석 이상 타자들 중 5번째로 적었다. 따라서 볼넷을 많이 얻기는 어려운 스타일이다. 전체 도루 가능 기회의 9.6%에서만 도루를 시도해 9번 성공하고 2번만 실패했다. 리그의 환경 변화를 고려하면, 올해는 훨씬 자주 뛸 가능성이 높다.

기본기록

연도	경기	타석	타수	안타	2루타	3루타	홈런	타점	득점	볼넷	사구	삼진	도루	도루자	타율	출루율	장타율	OPS	WAR	WPA
2021																				
2022																				
2023	57	261	229	77	14	2	3	29	37	18	2	41	9	2	0.336	0.398	0.454	0.852	2.24	0.63
통산	57	261	229	77	14	2	3	29	37	18	2	41	9	2	0.336	0.398	0.454	0.852	2.24	0.63

구종별기록

구분	상대%	타구속도	상하 각도	타율	장타율	땅볼%	뜬공%	강한타구%
직구	44.7%	138.2	16.9	0.329	0.500	50.0%	50.0%	29.3%
커브	8.0%	132.5	9.2	0.500	0.545	100.0%	0.0%	0.0%
슬라이더	21.0%	138.0	15.0	0.328	0.377	44.8%	55.2%	26.8%
체인지업	8.7%	135.6	24.6	0.217	0.435	53.8%	46.2%	31.3%
포크	10.0%	134.1	19.5	0.320	0.400	61.1%	38.9%	22.2%
싱커								
투심	3.2%	155.0	16.3	0.500	0.800	50.0%	50.0%	83.3%
너클								
커터	4.3%	128.9	28.3	0.250	0.250	37.5%	62.5%	0.0%
스플리터								

존별 기록

VS 왼손

12 4.5%	8 3.0%	5 1.9%
	7 2.6%	23 8.6%	14 5.2%	
15 5.6%	24 8.9%	10.8%	14 6.3%	11 4.1%
	24 8.9%	15 5.6%	12 4.5%	
27 10.0%	14 5.2%	12 4.5%

상황별 기록

상황	타석	홈런/9	볼넷/9	삼진/9	타율	출루율	장타율	OPS
전반기								
후반기	261	1.1%	6.9%	15.7%	0.336	0.398	0.454	0.852
vs 좌	101	0.0%	5.0%	13.9%	0.366	0.416	0.441	0.857
vs 우	160	1.9%	8.1%	16.9%	0.316	0.388	0.463	0.851
주자없음	116	0.9%	6.9%	12.9%	0.353	0.431	0.471	0.902
주자있음	145	1.4%	6.9%	17.9%	0.323	0.372	0.441	0.813
득점권	71	1.4%	7.0%	21.1%	0.279	0.310	0.361	0.671
노아웃	86	1.2%	11.6%	14.0%	0.368	0.453	0.485	0.938
원아웃	90	1.1%	5.6%	15.6%	0.288	0.356	0.388	0.744
투아웃	85	1.2%	3.5%	17.6%	0.358	0.388	0.494	0.882

VS 오른손

35 6.9%	24 4.8%	10 2.0%
	19 3.8%	41 8.1%	25 5.0%	
37 7.5%	38 9.7%	49	26	21 4.2%
	30 6.0%	26 5.2%	37 7.3%	
27 5.4%	32 6.3%	27 5.4%

투수 시점

송성문 내야수 24

신장	183	체중	88	생일	1996.08.29
투타	우투좌타	지명	2015 넥센 2차 5라운드 49순위		
연봉	7,500-12,000-13,000				
학교	봉천초(용산구리틀)-홍은중-장충고				

● 22살이던 2018년 OPS 0.884를 찍으며 팬들의 기대를 키웠던 기억이 조금씩 흐릿해지고 있다. 3년 연속 OPS 0.7을 넘기지 못하며 타자로는 정체되고 있다. 3년 통산 OPS가 0.680으로 1000타석 이상 들어선 타자 60명 중 57위다. 지난해에는 히팅포인트가 포수 쪽으로 5㎝ 정도 후퇴했다. 공을 조금 더 보고 콘택트를 늘리려는 의도처럼 보이는데, 그 결과 삼진이 줄었지만 장타가 함께 감소하며 전체적으로는 공격력에서 얻은 게 없었다. 특히 왼손투수를 상대로는 '콘택트만' 하려는 경향을 보였다. 왼손투수를 상대로는 삼진도 볼넷도 장타도 거의 없었다. 그래도 송성문이 1군 선수로서 가치를 유지하는 방법은 수비력이다. 3루 수비의 범위와 안정성 모두 리그 최고 수준. 안우진의 입대로 키움 투수진이 허용할 인플레이 타구가 더욱 늘어날 올 시즌에는 송성문의 수비력의 가치가 더욱 높아질 것이다. 겨울 동안 이를 악물고 웨이트 트레이닝을 통해 벌크업에 성공해 화제가 됐다. 평균 21.4도라는 괜찮은 발사각을 갖고 있기에, 늘어난 근육량이 지난해 133.1km에 불과했던 평균 타구 속도를 늘릴 수 있다면 타격 성적이 드라마틱하게 향상될 가능성이 있다. 겨울 동안 품절남이 됐다. 결혼이 야구인생에서 각성과 향상의 계기가 되는 경우가 꽤 있다.

기본기록

연도	경기	타석	타수	안타	2루타	3루타	홈런	타점	득점	볼넷	사구	삼진	도루	도루자	타율	출루율	장타율	OPS	WAR	WPA
2021	66	274	245	61	10	1	6	33	30	25	1	42	0	0	0.249	0.320	0.371	0.691	0.72	-0.49
2022	142	601	547	135	21	4	13	79	67	45	1	65	0	1	0.247	0.302	0.371	0.673	0.39	-2.57
2023	104	438	388	102	3	5	60	43	39	0	38	1	0	0.263	0.325	0.358	0.683	0.67	-1.67	
통산	538	1988	1788	458	78	14	35	260	219	162	3	266	5	7	0.256	0.316	0.374	0.690	2.79	-7.03

구종별기록

구분	상대%	타구속도	상하 각도	타율	장타율	땅볼%	뜬공%	강한타구%
직구	44.3%	138.4	20.5	0.281	0.405	36.3%	63.7%	28.1%
커브	7.1%	125.9	22.0	0.296	0.407	28.6%	71.4%	4.8%
슬라이더	19.2%	130.0	20.6	0.284	0.338	45.7%	54.3%	14.3%
체인지업	10.5%	125.6	27.8	0.239	0.326	43.8%	56.3%	6.3%
포크	8.6%	132.8	20.2	0.261	0.413	48.3%	51.7%	15.2%
싱커								
투심	5.3%	136.0	15.7	0.211	0.211	60.0%	40.0%	15.4%
너클	0.1%	134.5	9.5	1.000	1.000	-	-	0.0%
커터	4.9%	118.1	30.0	0.095	0.095	75.0%	25.0%	11.1%
스플리터								

상황별 기록

상황	타석	홈런/9	볼넷/9	삼진/9	타율	출루율	장타율	OPS
전반기	183	1.1%	10.9%	7.1%	0.245	0.328	0.333	0.661
후반기	255	1.2%	7.5%	9.8%	0.275	0.323	0.376	0.699
vs 좌	142	0.0%	2.8%	7.7%	0.233	0.254	0.256	0.510
vs 우	296	1.7%	11.8%	9.1%	0.278	0.358	0.412	0.770
주자없음	214	0.9%	6.1%	7.0%	0.249	0.294	0.333	0.627
주자있음	224	1.3%	11.6%	10.3%	0.278	0.355	0.385	0.740
득점권	142	2.1%	16.2%	7.0%	0.288	0.390	0.441	0.831
노아웃	159	0.6%	6.9%	7.5%	0.264	0.310	0.321	0.631
원아웃	134	0.7%	11.2%	7.5%	0.250	0.328	0.345	0.673
투아웃	145	2.1%	9.0%	11.0%	0.273	0.338	0.409	0.747

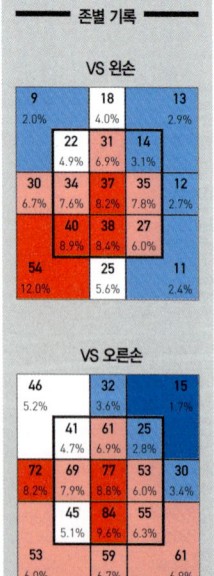

이주형 외야수 2

신장 181	체중 80	생일 2001.04.02	
투타 우투좌타	지명 2020 LG 2차 2라운드 13순위		
연봉 0-3,300-6,600			
학교 송수초(해운대리틀)-센텀중-경남고			

● 많은 야구인들이 '퓨처스 기록'은 별 의미가 없다고 말한다. 하지만 실제로 들여다보면, 퓨처스리그에서 '아주 어린 나이에 대단히 뛰어난 기록'을 찍는 선수는 1군에서도 거의 확실히 성공한다. 이주형이 바로 그런 경우다. 입단하자마자, 그리고 22살이라는 어린 나이까지, 이주형은 퓨처스에서 압도적인 콘택트 능력과 장타력을 동시에 보여줬다. 지금 1군에서 스타가 된 어떤 타자도, 그 나이에 '두 마리 토끼'를 다 잡지는 못했다. LG에서 받지 못한 기회를 마침내 키움에서 받은 뒤, 이주형은 곧장 잠재력을 현실로 만들었다. 후반기 150타석 이상 들어선 타자들 중 OPS 6위. 국내 타자들 중에는 5위에 올랐다. 동년배 타자들 중 타구의 질이 최고다. 타구 평균 시속 137.9㎞는 김도영(KIA)과 함께 22세 이하 타자들 중 1위다. 특히 마지막 100타석의 평균 시속은 140㎞를 넘었다. 평균 발사각 19.7도는 고타율-고장타율을 함께 얻는 '김현수-박건우 류'의 타임임을 보여준다. 준수한 스피드를 이용한 주루 플레이, 운동 능력을 활용한 외야 수비 역시 상위권이라는 평가다. 변화구 대처 능력 향상이 숙제로 보이지만, 나이를 감안하면 향상될 것이 유력하다. 올겨울 근육량을 더 늘려 타구 속도 향상을 노린다. 프로 데뷔 후 첫 풀 시즌을 치를 올해, 가장 주목받는 젊은 스타 중 한 명이다.

기본기록

연도	경기	타석	타수	안타	2루타	3루타	홈런	타점	득점	볼넷	사구	삼진	도루	도루자	타율	출루율	장타율	OPS	WAR	WPA
2021	14	19	16	2	0	0	0	3	1	1	0	7	2	1	0.125	0.222	0.125	0.347	-0.12	-0.53
2022																				
2023	69	243	215	70	13	4	6	36	32	19	5	53	3	1	0.326	0.390	0.507	0.897	2.14	0.52
통산	83	262	231	72	13	4	6	36	33	20	6	60	5	2	0.312	0.378	0.481	0.859	2.02	-0.01

구종별기록

구분	상대%	타구속도	상하 각도	타율	장타율	땅볼%	뜬공%	강한타구%
직구	40.4%	139.7	18.0	0.345	0.548	36.1%	63.9%	38.5%
커브	13.0%	125.3	36.7	0.045	0.045	36.4%	63.6%	0.0%
슬라이더	21.9%	136.9	16.9	0.368	0.509	62.5%	37.5%	32.3%
체인지업	8.8%	138.4	22.8	0.409	0.773	33.3%	66.7%	37.5%
포크	8.3%	133.6	20.3	0.438	0.813	40.0%	60.0%	33.3%
싱커								
투심	3.8%	137.1	33.9	0.286	0.286	25.0%	75.0%	25.0%
너클								
커터	3.8%	149.2	9.1	0.143	0.143	40.0%	60.0%	66.7%
스플리터								

상황별 기록

상황	타석	홈런/9	볼넷/9	삼진/9	타율	출루율	장타율	OPS
전반기	14	0.0%	0.0%	35.7%	0.308	0.357	0.462	0.819
후반기	229	2.6%	8.3%	21.0%	0.327	0.392	0.510	0.902
vs 좌	91	1.1%	6.6%	16.5%	0.333	0.374	0.440	0.814
vs 우	152	3.3%	8.6%	25.0%	0.321	0.400	0.550	0.950
주자없음	110	1.8%	1.8%	25.5%	0.330	0.355	0.462	0.817
주자있음	133	3.0%	12.8%	18.8%	0.321	0.420	0.550	0.970
득점권	68	2.9%	11.8%	13.2%	0.339	0.426	0.554	0.980
노아웃	87	2.3%	5.7%	21.8%	0.295	0.353	0.487	0.840
원아웃	82	2.4%	7.3%	15.9%	0.296	0.366	0.423	0.789
투아웃	74	2.7%	10.8%	28.4%	0.394	0.459	0.621	1.080

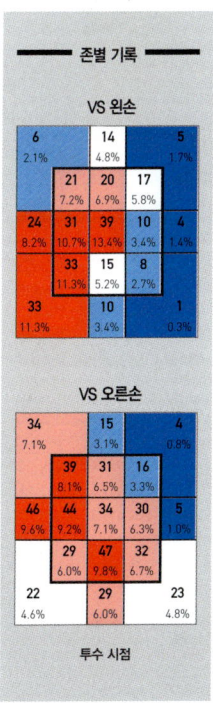

김건희 투수, 내야수 12

신장	186	체중	96	생일	2004.11.07	투타	우투우타	지명	2023 키움 1라운드 6순위
연봉	3,000-3,200			학교	대전신흥초-온양중-원주고				

● 투타겸업 도전으로 화제를 모았지만 양쪽 모두 이렇다 할 모습을 보여주지 못했다. 그래도 마운드에서 직구의 속도와 무브먼트는 충분히 매력적이라는 평가를 받았다. 최고 구속은 151km를 찍었다. 아직 투타겸업을 포기하지는 않았지만 투수 쪽으로 조금 더 비중을 두고 준비하겠다는 계획. 불펜의 다크호스가 될 잠재력이 있다.

기본기록

연도	경기	선발	QS	승	패	세이브	BS	홀드	이닝	피안타	피홈런	4사구	삼진	피안타율	WHIP	피OPS	FIP	ERA	WAR	WPA
2023	3	0	0	0	0	0	0	0	2	6	2	2	4	0	0.500	4.00	1.571	19.44	22.50	-0.24	-0.17

연도	경기	타석	타수	안타	2루타	3루타	홈런	타점	득점	볼넷	사구	삼진	도루	도루자	타율	출루율	장타율	OPS	WAR	WPA
2023	9	13	11	2	0	0	0	0	2	0	0	4	0	0	0.182	0.308	0.182	0.490	-0.24	-0.17
통산	9	13	11	2	0	0	0	0	2	0	0	4	0	0	0.182	0.308	0.182	0.490	-0.24	-0.17

구종별 기록

구종	구사%	구속	수직 무브	수평 무브	분당 회전	땅볼%	타구속도	강한타구%
직구	82.5%	143.1	31.0	-12.0	2531.8	20.0%	150.0	66.7%
커브	20.8%	114.4	19.5	0.333	0.333	100.0%	0.0%	
슬라이더	17.5%	135.6	20.1	-3.6	1468.4	0.0%	147.5	50.0%
체인지업	3.8%	-	-					
포크	9.4%	-	-	0.000	0.000			
싱커								
투심	7.5%	156.6	16.0	0.000	0.000	0.0%	100.0%	100.0%
너클								
커터	1.9%							
스플리터								

상황별 기록

상황	타석	홈런/9	볼넷/9	삼진/9	피안타율	WHIP	피OPS	GO/FO
전반기	14	9.00	9.00	0.00	0.500	4.00	1.571	0.20
후반기	7	9.00	9.00	0.00	0.500	4.00	1.571	0.50
vs 좌	7	9.00	9.00	0.00	0.500	4.00	1.571	0.50
vs 우	7	13.50	0.00	0.00	0.429	2.25	1.715	0.33
주자없음	7	0.00	27.00	0.00	0.600	7.50	1.314	0.00
주자있음	5	0.00	27.00	0.00	0.333	4.50	0.933	0.50
득점권	1	-	-	-	1.000	-	2.000	-
1-2번 상대	8	27.00	13.50	0.00	0.714	9.00	2.321	1.00
3-5번 상대	5	0.00	6.75	0.00	0.75	0.200	0.00	
6-9번 상대	4	0.0%	25.0%	50.0%	0.00	0.250	0.000	0.250

*구종, 상황별 기록은 투수 기준

김동규 투수 43

신장	194	체중	100	생일	2004.07.09	투타	우투우타	지명	2023 LG 2라운드 17순위
연봉	3,000-3,100			학교	서울청구초-영남중-성남고				

● 최원태를 LG에 내주고 데려온 특급 유망주. 아직 시작한 지 3년 밖에 되지 않아 완성도가 떨어지지만 매력적인 요소가 너무나 많다. 194㎝의 큰 키로 모든 구종을 '하늘에서' 던진다. 9월 2경기에서는 직구 평균이 145km를 넘어섰고 수직무브먼트는 국내 최고 수준인 33㎝에 이르렀다. 쓸 만한 변화구를 갖춘다면 1군 경쟁력이 생긴다.

기본기록

연도	경기	선발	QS	승	패	세이브	BS	홀드	이닝	피안타	피홈런	4사구	삼진	피안타율	WHIP	피OPS	FIP	ERA	WAR	WPA
2021																				
2022																				
2023	4	1	0	0	0	0	0	0	4 1/3	5	1	14	1	0.375	4.15	1.208	15.67	22.85	-0.45	-0.57
통산	4	1	0	0	0	0	0	0	4 1/3	5	1	14	1	0.375	4.15	1.208	15.67	22.85	-0.45	-0.57

구종별 기록

구종	구사%	구속	수직 무브	수평 무브	분당 회전	땅볼%	타구속도	강한타구%
직구	76.2%	144.4	31.0	-12.1	2510.5	25.0%	131.3	18.2%
커브	5.6%	117.6	-20.6	13.3	1538.8	-	141.7	0.0%
슬라이더	6.3%	129.8	-2.4	7.0	696.0			
체인지업								
포크	11.9%	128.6	5.9	-3.0	782.4	50.0%	105.2	0.0%
싱커								
투심								
너클								
커터								
스플리터								

상황별 기록

상황	타석	홈런/9	볼넷/9	삼진/9	피안타율	WHIP	피OPS	GO/FO
전반기	6	0.00	81.00	0.00	0.000	9.00	0.667	1.00
후반기	25	2.25	20.25	2.25	0.429	3.75	1.283	0.33
vs 좌	14	0.00	27.00	0.00	0.250	4.00	0.821	0.50
vs 우	17	3.86	23.14	3.86	0.500	4.29	1.581	0.33
주자없음	8	27.00	54.00	27.00	0.750	15.00	2.375	-
주자있음	23	0.00	22.50	0.00	0.250	3.25	0.815	0.43
득점권	17	0.00	30.38	0.00	0.286	4.13	0.933	0.20
1-2번 상대	6	0.00	81.00	0.00	0.667	15.00	1.500	0.50
3-5번 상대	11	0.00	15.43	3.86	0.200	2.14	0.745	0.33
6-9번 상대	14	5.40	27.00	0.00	0.375	4.80	1.393	0.67

김재웅 투수 28

신장	171	체중	86	생일	1998.10.22	투타	좌투좌타	지명	2017 넥센 2차 6라운드 57순위
연봉	10,400-22,000-19,000			학교	금교초(남양주리틀)-자양중-덕수고				

● 잘 알려진 대로 속도가 아닌 무브먼트로 승부하는 투수다. 국내 최고 수준 직구의 치솟아 오르는 움직임으로 헛스윙과 땅볼을 유도한다. 그래서 수직무브먼트가 줄면 승부가 어려워진다. 작년이 그랬다. 4월 38cm로 시작한 직구의 수직무브먼트가 갈수록 떨어져 10월에는 33cm까지 내려왔다. 입대 이후 휴식이 치료제가 될 수 있을까.

기본기록

연도	경기	선발	QS	승	패	세이브	BS	홀드	이닝	피안타	피홈런	4사구	삼진	피안타율	WHIP	피OPS	FIP	ERA	WAR	WPA
2021	51	0	0	1	1	0	0	11	53 1/3	49	5	24	47	0.239	1.54	0.666	4.53	3.54	0.58	1.72
2022	65	0	0	3	2	13	2	27	62 2/3	39	4	33	56	0.179	1.09	0.567	3.87	2.01	2.04	4.64
2023	67	0	0	2	5	6	3	18	59 2/3	56	2	24	46	0.252	1.34	0.652	3.49	4.22	0.81	2.27
통산	226	7	0	6	10	20	5	58	235 1/3	208	18	116	200	0.238	1.35	0.673	4.10	3.59	3.74	7.85

구종별 기록

구종	구사%	구속	수직 무브	수평 무브	분당 회전	땅볼%	타구속도	강한타구%
직구	62.4%	140.1	35.6	8.2	2672.3	37.1%	134.1	21.1%
커브	3.3%	119.5	-3.8	-4.0	498.8	75.0%	141.7	20.0%
슬라이더	15.6%	130.6	10.5	-4.1	887.5	53.8%	134.6	24.0%
체인지업	18.6%	128.3	30.0	15.1	2262.3	50.0%	129.5	14.3%
포크								
싱커								
투심								
너클								
커터								
스플리터								

상황별 기록

상황	타석	홈런/9	볼넷/9	삼진/9	피안타율	WHIP	피OPS	GO/FO
전반기	140	0.26	2.91	6.35	0.254	1.26	0.629	0.58
후반기	110	0.35	4.56	7.71	0.250	1.44	0.680	1.22
vs 좌	118	0.00	0.85	6.54	0.223	0.88	0.498	0.78
vs 우	132	0.64	6.75	7.39	0.282	1.86	0.797	0.81
주자없음	134	0.00	2.59	8.33	0.240	1.24	0.587	0.83
주자있음	116	0.64	4.76	5.40	0.268	1.45	0.731	0.75
득점권	65	0.00	5.40	4.80	0.245	1.47	0.646	0.70
1-2번 상대	68	0.00	2.00	7.00	0.210	0.94	0.512	0.89
3-5번 상대	83	0.43	5.14	7.29	0.169	1.14	0.514	0.62
6-9번 상대	99	0.44	3.48	6.53	0.348	1.89	0.859	0.91

문성현 투수 21

신장	182	체중	89	생일	1991.11.09	투타	우투우타	지명	2010 넥센 4라운드 31순위
연봉	3,500-7,000-7,500			학교	남정초-선린중-충암고				

● 2022년에 이어 팀 불펜의 핵심 요원으로 활약하던 4월말, 팔꿈치 부상에 발목을 잡혔다. 돌아온 뒤로는 제 구위가 아니었다. 속도와 특유의 포심 수직무브먼트가 줄어들고 제구가 흔들리며 난타 당했다. 다행히 겨울 동안 통증을 잡았고 스프링캠프를 정상적으로 소화했다. 건강하다면 필승조로 시작할 가능성이 높다.

기본기록

연도	경기	선발	QS	승	패	세이브	BS	홀드	이닝	피안타	피홈런	4사구	삼진	피안타율	WHIP	피OPS	FIP	ERA	WAR	WPA
2021	4	0	0	0	0	0	0	0	3 1/3	3	0	6	3	0.250	2.70	0.917	6.93	5.40	-0.02	0.00
2022	45	0	0	1	13	4	9	41 1/3	34	3	15	32	0.224	1.16	0.609	3.82	3.27	0.82	1.25
2023	32	0	0	2	2	0	1	2	28 1/3	26	2	22	21	0.243	1.62	0.699	5.00	4.45	-0.02	-0.17
통산	238	78	22	24	35	0	13	6	568 1/3	590	58	317	430	0.272	1.56	0.771	4.94	4.89	1.07	1.22

구종별 기록

구종	구사%	구속	수직 무브	수평 무브	분당 회전	땅볼%	타구속도	강한타구%
직구	68.3%	141.6	36.1	-2.2	2662.9	41.7%	134.6	22.9%
커브	0.2%	117.1	-13.1	13.5	1125.0	-	-	-
슬라이더	28.6%	130.1	11.7	7.2	976.7	52.2%	132.8	22.2%
체인지업								
포크	2.9%	131.1	25.2	-15.1	2028.7	100.0%	110.8	0.0%
싱커								
투심								
너클								
커터								
스플리터								

상황별 기록

상황	타석	홈런/9	볼넷/9	삼진/9	피안타율	WHIP	피OPS	GO/FO
전반기	37	0.00	3.12	4.15	0.242	1.27	0.609	1.33
후반기	97	0.92	7.78	7.78	0.243	1.78	0.736	0.70
vs 좌	74	0.66	7.90	7.24	0.295	2.20	0.780	1.67
vs 우	60	0.61	4.91	6.14	0.174	1.09	0.592	0.40
주자없음	60	0.00	3.86	7.07	0.189	1.14	0.491	1.13
주자있음	74	1.26	8.79	6.28	0.296	2.09	0.893	0.65
득점권	51	1.80	7.20	7.20	0.317	2.10	0.952	0.82
1-2번 상대	35	0.00	6.75	4.05	0.357	2.25	0.812	0.67
3-5번 상대	43	1.86	6.52	10.24	0.222	1.55	0.821	0.70
6-9번 상대	56	0.00	6.00	5.25	0.186	1.33	0.526	1.15

원종현 투수 46

신장	182	체중	88	생일	1987.07.31	투타	우언우타	지명	2006 LG 2차 2라운드 11순위
연봉	27,000-50,000-50,000			학교	군산중앙초-군산중-군산상고				

● 구단 역사상 가장 야심찬 FA 계약이 불의의 부상에 발목을 잡혔다. 팔꿈치 수술로 빨라도 올 7월 정도 돌아올 계획. 암도 이겨낸 사나이기에, 이번에도 건강하게 돌아오길 야구팬들이 기원한다. 수술 전, 팔꿈치 통증에 시달리면서도 구위는 예전과 변함이 없었다. 제구가 되는 강속구 사이드암의 가치는 나이와 상관없이 높다.

기본기록

연도	경기	선발	QS	승	패	세이브	BS	홀드	이닝	피안타	피홈런	4사구	삼진	피안타율	WHIP	피OPS	FIP	ERA	WAR	WPA
2021	61	0	0	2	2	14	7	6	53	45	5	26	45	0.315	1.70	0.813	4.22	4.25	0.61	-0.28
2022	68	0	0	5	0	1	3	13	63 1/3	55	5	18	50	0.233	1.14	0.614	3.64	2.98	1.43	1.15
2023	20	0	0	1	1	0	4	6	18 2/3	24	3	6	17	0.304	1.55	0.893	4.51	5.79	-0.37	0.06
통산	521	0	0	28	29	82	38	92	538	474	43	202	465	0.262	1.33	0.694	3.95	4.08	6.62	8.31

구종별 기록

구종	구사%	구속	수직 무브	수평 무브	분당 회전	땅볼%	타구속도	강한타구%
직구	55.5%	144.0	23.1	-8.0	1882.0	28.0%	125.4	6.7%
커브								
슬라이더	33.0%	132.2	9.8	8.1	950.4	66.7%	136.0	38.9%
체인지업								
포크	6.5%	132.0	8.9	-11.6	1067.2	50.0%	142.7	0.0%
싱커								
투심	5.0%	142.6	21.2	-16.2	2014.4	66.7%	148.8	40.0%
너클								
커터								
스플리터								

상황별 기록

상황	타석	홈런/9	볼넷/9	삼진/9	피안타율	WHIP	피OPS	GO/FO
전반기	87	1.45	2.41	8.20	0.304	1.55	0.893	0.70
후반기								
vs 좌	44	0.00	2.79	11.17	0.250	1.34	0.670	1.11
vs 우	43	3.00	2.00	5.00	0.359	1.78	1.123	0.43
주자없음	46	0.96	1.93	8.68	0.364	1.93	1.027	0.36
주자있음	41	1.93	2.89	7.71	0.229	1.18	0.729	1.22
득점권	29	1.42	2.84	9.95	0.167	0.95	0.583	1.00
1-2번 상대	22	0.00	1.69	8.44	0.200	0.94	0.473	0.38
3-5번 상대	28	4.50	0.00	6.00	0.357	1.67	1.143	1.00
6-9번 상대	37	0.00	4.91	9.82	0.323	1.91	0.937	0.75

이명종 투수 38

신장	180	체중	84	생일	2002.12.05	투타	우투우타	지명	2022 키움 2차 6라운드 56순위
연봉	3,000-4,500-6,000			학교	석교초-세광중-세광고				

● 공격적 승부가 인상적인 유망주. 낮은 릴리스포인트에서 오른손타자 몸 쪽으로 파고드는 패스트볼 움직임과, 떨어지는 각이 좋은 슬라이더를 던진다. 단, 구속과 완성도 문제로 타자를 압도하지는 못한다. 삼진 비율 10%로 500이닝 이상 던진 투수들 중 뒤에서 두 번째였다. 오른손타자 상대 불펜 요원으로 시작할 가능성이 높다.

기본기록

연도	경기	선발	QS	승	패	세이브	BS	홀드	이닝	피안타	피홈런	4사구	삼진	피안타율	WHIP	피OPS	FIP	ERA	WAR	WPA
2021																				
2022	27	0	0	4	1	0	0	4	27 1/3	28	3	18	20	0.277	1.61	0.786	5.17	5.27	-0.12	0.12
2023	45	2	0	5	5	0	1	4	57	66	5	30	26	0.300	1.58	0.803	5.25	5.21	-0.16	-0.36
통산	72	2	0	9	6	0	1	8	84 1/3	94	8	48	46	0.293	1.59	0.799	5.21	5.23	-0.28	-0.25

구종별 기록

구종	구사%	구속	수직 무브	수평 무브	분당 회전	땅볼%	타구속도	강한타구%
직구	46.3%	139.5	24.7	-19.4	2301.8	39.1%	138.6	26.8%
커브	3.0%	112.2	-16.1	12.9	1229.0	0.0%	133.4	0.0%
슬라이더	43.7%	122.2	-0.5	3.3	423.0	61.4%	136.8	20.3%
체인지업	7.0%	122.6	15.0	-13.2	1371.6	30.0%	136.1	18.2%
포크								
싱커								
투심								
너클								
커터								
스플리터								

상황별 기록

상황	타석	홈런/9	볼넷/9	삼진/9	피안타율	WHIP	피OPS	GO/FO
전반기	110	0.36	2.92	5.11	0.295	1.46	0.729	1.04
후반기	150	1.11	4.45	3.34	0.304	1.67	0.860	0.81
vs 좌	123	0.30	3.30	4.80	0.231	1.17	0.638	0.74
vs 우	137	1.33	4.33	3.33	0.362	2.04	0.951	1.09
주자없음	109	0.86	4.29	4.71	0.340	2.05	0.867	0.96
주자있음	151	0.75	3.50	3.75	0.268	1.31	0.756	0.86
득점권	99	0.76	2.66	4.18	0.241	1.14	0.679	0.84
1-2번 상대	61	0.73	5.11	5.11	0.353	2.03	0.895	1.08
3-5번 상대	93	1.27	3.38	4.64	0.274	1.45	0.784	1.27
6-9번 상대	106	0.39	3.47	3.09	0.294	1.46	0.767	0.60

정찬헌 투수 58

신장	186	체중	95	생일	1990.01.26	투타	우투우타	지명	2008 LG 2차 1라운드 1순위
연봉	28,000-20,000-20,000			학교	송정동초-충장중-광주제일고				

● FA 미아가 되어 독립구단까지 뛰어다운 정찬헌과 계약하지 않았다면 지난해 키움 선발진은 더 깊은 나락으로 떨어졌을 것이다. 팀 내 국내 투수 가운데 4번째로 많은 선발 횟수, 3번째로 많은 이닝을 소화했다. 구위는 많이 하락했다. 생애 최저 볼넷 비율을 찍으며 잘 버텼지만, 고질적 허리 부상에 결국 무릎을 꿇었다. 7월 1군 복귀가 목표다.

기본기록

연도	경기	선발	QS	승	패	세이브	BS	홀드	이닝	피안타	피홈런	4사구	삼진	피안타율	WHIP	피OPS	FIP	ERA	WAR	WPA
2021	23	23	11	9	5	0	0	0	114 1/3	133	6	33	59	0.290	1.40	0.725	3.85	4.01	2.17	2.02
2022	20	20	5	5	6	0	0	0	87 1/3	106	13	34	42	0.302	1.53	0.833	5.41	5.36	-0.14	-0.26
2023	14	14	8	2	8	0	0	0	72	71	4	15	35	0.261	1.17	0.666	3.78	4.75	0.86	0.57
통산	403	90	39	50	61	46	12	28	814	920	74	324	532	0.289	1.46	0.770	4.49	4.80	3.81	4.99

구종별 기록

구종	구사%	구속	수직 무브	수평 무브	분당 회전	땅볼%	타구속도	강한타구%
직구								
커브	21.8%	113.6	-12.9	16.3	1255.9	57.1%	133.6	21.1%
슬라이더	25.0%	127.7	13.2	4.3	1018.2	38.9%	134.9	18.4%
체인지업								
포크	16.6%	126.0	7.5	-14.0	1105.2	65.2%	141.4	25.0%
싱커								
투심	36.6%	134.0	21.5	-17.8	1985.4	51.2%	139.0	31.0%
너클								
커터								
스플리터								

상황별 기록

상황	타석	홈런/9	볼넷/9	삼진/9	피안타율	WHIP	피OPS	GO/FO
전반기	231	0.61	1.21	4.40	0.229	0.96	0.600	1.12
후반기	64	0.00	3.55	4.26	0.379	2.13	0.905	0.82
vs 좌	160	0.45	2.01	5.58	0.205	0.97	0.527	1.33
vs 우	135	0.57	1.14	2.84	0.325	1.42	0.827	0.81
주자없음	182	0.39	0.98	4.89	0.205	0.89	0.515	1.25
주자있음	113	0.69	2.77	3.46	0.365	1.65	0.931	0.75
득점권	73	1.23	4.30	4.30	0.390	2.05	1.084	0.79
1-2번 상대	77	0.00	1.93	5.30	0.236	1.13	0.568	1.32
3-5번 상대	101	0.76	1.52	4.94	0.312	1.39	0.809	0.77
6-9번 상대	117	0.61	1.52	3.34	0.234	1.01	0.607	1.18

조영건 투수 20

신장	180	체중	85	생일	1999.02.04	투타	우투우타	지명	2019 넥센 2차 2라운드 14순위
연봉	3,400-3,400-4,000			학교	대전신흥초-충남중-백송고				

● 군복무를 마치고 9월에 1군에 돌아와 대단히 인상적인 구위를 선보였다. 입대전보다 시속 6km 넘게 빨라진 직구와 슬라이더, 스플리터를 자신 있게 구사했다. 직구는 오른손타자 몸 쪽으로 파고드는 움직임, 슬라이더는 아래로 떨어지는 궤적이 인상적이다. 겨울 동안 스플리터와 커브의 완성도를 높이는데 주력했다. 새 시즌 선발 후보다.

기본기록

연도	경기	선발	QS	승	패	세이브	BS	홀드	이닝	피안타	피홈런	4사구	삼진	피안타율	WHIP	피OPS	FIP	ERA	WAR	WPA
2021	1	0	0	0	0	0	0	0	1	2	0	1	0	0.250	3.00	0.750	3.33	0.00	0.02	0.00
2022																				
2023	6	0	0	0	0	0	0	1	7 2/3	5	0	2	7	0.200	0.91	0.499	2.40	0.00	0.33	0.25
통산	28	11	0	3	4	0	0	1	53 1/3	56	8	38	34	0.269	1.69	0.815	6.19	4.89	-0.09	-0.64

구종별 기록

구종	구사%	구속	수직 무브	수평 무브	분당 회전	땅볼%	타구속도	강한타구%
직구	48.5%	143.1	28.8	-15.3	2487.6	57.1%	146.4	66.7%
커브	4.0%	117.9	-16.0	9.1	1148.3	-	-	-
슬라이더	31.7%	131.7	12.9	3.2	975.2	25.0%	118.6	0.0%
체인지업								
포크	15.8%	130.4	2.0	-7.1	723.2	100.0%	105.9	0.0%
싱커								
투심								
너클								
커터								
스플리터								

상황별 기록

상황	타석	홈런/9	볼넷/9	삼진/9	피안타율	WHIP	피OPS	GO/FO
전반기								
후반기	27	0.00	2.35	8.22	0.200	0.91	0.499	1.17
vs 좌	9	0.00	7.71	7.71	0.286	1.71	0.730	2.00
vs 우	18	0.00	0.00	8.44	0.167	0.56	0.389	1.00
주자없음	18	0.00	4.15	8.31	0.250	1.38	0.646	1.00
주자있음	9	0.00	0.00	8.10	0.111	0.30	0.222	1.50
득점권	5	0.00	0.00	13.50	0.200	0.75	0.400	0.00
1-2번 상대	6	0.00	0.00	4.50	0.333	1.00	0.666	2.00
3-5번 상대	11	0.00	0.00	9.00	0.273	1.00	0.637	0.67
6-9번 상대	10	0.00	6.75	10.13	0.000	0.75	0.200	1.50

주승우 투수 30

| 신장 | 180 | 체중 | 82 | 생일 | 2000.01.30 | 투타 | 우투우타 | 지명 | 2022 키움 1차 |
| 연봉 | 3,000-3,100-3,200 | | | 학교 | 송추초(의정부리틀)-영동중-서울고-성균관대 | | | | |

● 2년 전 대학 최고 투수라는 큰 기대를 받고 프로에 데뷔했지만 좀처럼 실마리를 풀지 못하고 있다. 퓨처스리그에서 선발 수업을 받았지만 구위도 제구도 기대 이하였고, 당연히 1군에서 통할 리가 없었다. 대학 시절보다 오히려 퇴보했다는 평가. 겨울 동안 포크볼을 익히며 명예 회복을 다짐했다. 선발진 진입이 목표다.

기본기록

연도	경기	선발	QS	승	패	세이브	BS	홀드	이닝	피안타	피홈런	4사구	삼진	피안타율	WHIP	피OPS	FIP	ERA	WAR	WPA
2021																				
2022	4	1	0	0	0	0	0	0	3 1/3	5	1	7	4	0.333	3.60	1.078	11.14	10.80	-0.12	-0.06
2023	11	2	0	0	1	0	0	0	16	20	1	23	8	0.308	2.56	0.951	7.57	9.56	-0.48	-0.31
통산	15	3	0	0	1	0	0	0	19 1/3	25	2	30	12	0.313	2.74	0.975	8.73	9.78	-0.59	-0.38

구종별 기록

구종	구사%	구속	수직 무브	수평 무브	분당 회전	땅볼%	타구속도	강한타구%
직구	58.4%	143.1	28.3	-10.3	2279.1	38.1%	138.0	27.6%
커브	5.3%	122.8	-0.3	9.8	709.9	-	-	-
슬라이더	16.8%	127.9	3.5	8.9	760.7	33.3%	138.0	20.0%
체인지업								
포크								
싱커								
투심								
너클								
커터								
스플리터								

상황별 기록

상황	타석	홈런/9	볼넷/9	삼진/9	피안타율	WHIP	피OPS	GO/FO
전반기								
후반기	90	0.56	11.81	4.50	0.308	2.56	0.951	0.85
vs 좌	52	0.90	10.80	5.40	0.289	2.30	0.907	0.75
vs 우	38	0.00	13.50	3.00	0.333	3.00	1.007	1.00
주자없음	37	0.00	9.45	6.75	0.310	2.40	0.838	0.25
주자있음	53	0.96	13.50	2.89	0.306	2.68	1.038	1.75
득점권	35	1.42	12.79	4.26	0.308	2.68	1.063	2.75
1-2번 상대	21	1.93	9.64	3.86	0.133	1.50	0.683	1.20
3-5번 상대	28	0.00	16.62	6.23	0.316	3.23	0.957	0.67
6-9번 상대	41	0.00	10.29	3.86	0.387	2.86	1.073	0.78

하영민 투수 50

| 신장 | 183 | 체중 | 74 | 생일 | 1995.05.07 | 투타 | 우투우타 | 지명 | 2014 넥센 2차 1라운드 4순위 |
| 연봉 | 4,000-6,500-8,000 | | | 학교 | 광주수창초-진흥중-진흥고 | | | | |

● 기량 향상이 쉽지 않은 나이에 인상적인 구속 증가를 이뤄냈다. 직구 평균 시속이 2km, 슬라이더는 3km가 빨라져 국내 최고 수준의 파이어볼러가 됐다. 원래 무브먼트가 심했던 구종들이 속도까지 빨라지면서 삼진 빈도가 두 배 가까이 늘었다. 그래서 올 시즌에는 선발 요원으로 시작한다. 왼손타자를 잡아낼 승부구를 개발하는 게 필수과제다.

기본기록

연도	경기	선발	QS	승	패	세이브	BS	홀드	이닝	피안타	피홈런	4사구	삼진	피안타율	WHIP	피OPS	FIP	ERA	WAR	WPA
2021																				
2022	41	0	0	5	3	0	0	2	39 1/3	35	4	21	23	0.235	1.42	0.718	5.09	3.43	-0.34	0.07
2023	57	0	0	3	1	0	2	5	52 1/3	67	4	26	51	0.309	1.76	0.819	3.81	4.64	-0.16	-0.11
통산	178	19	5	15	13	0	3	9	279	346	34	139	190	0.309	1.71	0.859	5.31	5.45	0.72	-0.65

구종별 기록

구종	구사%	구속	수직 무브	수평 무브	분당 회전	땅볼%	타구속도	강한타구%
직구	28.0%	147.1	30.8	-14.2	2606.5	52.6%	140.9	41.9%
커브	17.9%	122.0	-10.5	8.7	919.2	61.5%	120.7	7.1%
슬라이더	42.3%	137.5	13.8	3.4	1119.0	47.4%	131.0	10.6%
체인지업	2.4%	135.4	19.1	-17.9	1876.9	66.7%	142.2	33.3%
포크	3.7%	133.4	15.9	-17.3	1706.9	50.0%	107.1	0.0%
싱커								
투심								
너클								
커터								
스플리터								

상황별 기록

상황	타석	홈런/9	볼넷/9	삼진/9	피안타율	WHIP	피OPS	GO/FO
전반기	136	1.26	4.40	8.79	0.331	1.88	0.925	1.12
후반기	111	0.00	4.18	8.75	0.281	1.61	0.685	1.04
vs 좌	122	0.77	6.56	8.10	0.373	2.36	0.963	0.69
vs 우	125	0.62	2.48	9.31	0.252	1.28	0.684	1.55
주자없음	97	0.95	4.74	10.89	0.326	2.00	0.879	0.75
주자있음	150	0.54	4.05	7.56	0.298	1.62	0.779	1.32
득점권	94	0.39	3.52	7.04	0.247	1.26	0.689	1.32
1-2번 상대	46	0.00	2.61	4.35	0.325	1.55	0.714	0.77
3-5번 상대	84	0.47	3.79	9.47	0.289	1.58	0.699	1.13
6-9번 상대	117	1.17	5.48	10.17	0.317	2.00	0.950	1.26

김동헌 포수 22

신장	182	체중	91	생일	2004.07.15	투타	우투우타	지명	2023 키움 2라운드 12순위
연봉	3,000-4,000			학교	영문초(영등포구리틀)-충암중-충암고				

● 어린 포수에게 좀처럼 기회를 주지 않는 한국 야구에서 '숨은 대기록'을 세웠다. 사상 최초로, 200타석 이상 들어선 19살 포수가 됐다. 평균 이상의 블로킹과 도루 저지력을 선보였고, 타석에서도 쓸 만한 콘택트 능력 등 잠재력을 보였다. 약점인 몸쪽 공 대처를 위해 상체를 세우고 스탠스를 좁혔다. 올 시즌 최고의 기대주 중 한 명.

기본기록

연도	경기	타석	타수	안타	2루타	3루타	홈런	타점	득점	볼넷	사구	삼진	도루	도루자	타율	출루율	장타율	OPS	WAR	WPA
2021																			
2022																			
2023	102	242	211	51	5	2	2	17	22	17	8	55	0	0	0.242	0.318	0.313	0.631	0.68	-1.83
통산	102	242	211	51	5	2	2	17	22	17	8	55	0	0	0.242	0.318	0.313	0.631	0.68	-1.83

구종별기록

상황	상대%	타구속도	상하 각도	타율	장타율	땅볼%	뜬공%	강한타구%
직구	45.8%	124.5	26.4	0.273	0.343	35.7%	64.3%	15.8%
커브	9.8%	115.8	27.8	0.105	0.105	60.0%	40.0%	0.0%
슬라이더	16.8%	130.0	13.1	0.275	0.450	46.7%	53.3%	8.3%
체인지업	8.7%	127.7	11.8	0.188	0.188	75.0%	25.0%	11.1%
포크	7.2%	118.9	17.2	0.278	0.333	33.3%	66.7%	0.0%
싱커								
투심	6.5%	118.7	27.0	0.200	0.200	33.3%	66.7%	0.0%
너클								
커터	5.3%	130.5	27.1	0.111	0.111	28.6%	71.4%	14.3%
스플리터								

상황별기록

구분	타석	홈런/9	볼넷/9	삼진/9	타율	출루율	장타율	OPS
전반기	136	0.0%	7.4%	18.4%	0.237	0.328	0.307	0.635
후반기	106	1.9%	6.6%	28.3%	0.247	0.305	0.320	0.625
vs 좌	64	0.0%	10.9%	23.4%	0.196	0.323	0.275	0.598
vs 우	178	1.1%	5.6%	22.5%	0.256	0.316	0.325	0.641
주자없음	127	0.8%	5.5%	21.3%	0.270	0.339	0.348	0.687
주자있음	115	0.9%	8.7%	24.3%	0.208	0.295	0.271	0.566
득점권	70	0.0%	12.9%	24.3%	0.111	0.250	0.111	0.361
노아웃	87	1.1%	4.6%	20.7%	0.253	0.310	0.360	0.670
원아웃	77	0.0%	2.6%	27.3%	0.211	0.260	0.225	0.485
투아웃	78	1.3%	14.1%	20.5%	0.262	0.385	0.354	0.739

박수종 외야수 14

신장	178	체중	82	생일	1999.02.25	투타	우투우타	지명	2022 키움 육성선수
연봉	2,700-3,000-4,000			학교	도신초-강남중-충암고-경성대				

● 9월 확대 엔트리로 콜업된 뒤 불방망이를 휘둘러 깊은 인상을 남겼다. 타구의 질이 아주 높지는 않았지만 헛스윙이 거의 없는 콘택트 능력이 돋보였다. 도루는 없지만 주력이 나쁘지 않고 외야 수비력도 괜찮다는 평가. 이정후가 떠난 빈자리를 두고 경쟁할 후보 중 한 명이다. 주전 입성에 성공한다면 또 하나의 '육성선수 신화'가 된다.

기본기록

연도	경기	타석	타수	안타	2루타	3루타	홈런	타점	득점	볼넷	사구	삼진	도루	도루자	타율	출루율	장타율	OPS	WAR	WPA
2021																			
2022																			
2023	23	50	45	19	0	3	7	3	1	6	0	0	0.422	0.460	0.533	0.993	0.88	0.07		
통산	23	50	45	19	1	2	0	3	7	3	1	6	0	0	0.422	0.460	0.533	0.993	0.88	0.07

구종별기록

상황	상대%	타구속도	상하 각도	타율	장타율	땅볼%	뜬공%	강한타구%
직구	50.0%	130.2	18.7	0.455	0.500	20.0%	80.0%	5.6%
커브	9.3%	114.2	-5.4	1.000	1.000	-	-	0.0%
슬라이더	19.8%	136.1	17.9	0.429	0.571	71.4%	28.6%	22.2%
체인지업	9.9%	102.9	-2.9	0.000	0.000	100.0%	0.0%	0.0%
포크	3.5%	-	-	0.000	0.000	-	-	-
싱커								
투심	2.9%							
너클								
커터	4.7%	147.5	12.8	0.500	1.500	100.0%	0.0%	0.0%
스플리터								

상황별기록

구분	타석	홈런/9	볼넷/9	삼진/9	타율	출루율	장타율	OPS
전반기								
후반기	50	0.0%	6.0%	12.0%	0.422	0.460	0.533	0.993
vs 좌	17	0.0%	0.0%	0.0%	0.412	0.412	0.412	0.824
vs 우	33	0.0%	9.1%	18.2%	0.429	0.485	0.607	1.092
주자없음	28	0.0%	0.0%	10.7%	0.429	0.429	0.464	0.893
주자있음	22	0.0%	13.6%	13.6%	0.412	0.500	0.647	1.147
득점권	19	0.0%	15.4%	7.7%	0.222	0.385	0.222	0.607
노아웃	19	0.0%	5.3%	10.5%	0.250	0.316	0.313	0.629
원아웃	16	0.0%	6.3%	18.8%	0.400	0.438	0.400	0.838
투아웃	15	0.0%	6.7%	6.7%	0.643	0.667	0.929	1.596

신준우 내야수 37

신장	177	체중	80	생일	2001.06.21	투타	우투우타	지명	2020 키움 2차 2라운드 17순위
연봉	4,000-4,800-4,200			학교	대구수창초-경운중-대구고				

● '수비는 특급 유망주'라는 신인 때의 평가에 머물러 있다. 공격에서 전혀 실마리를 못 찾는 모습. 퓨처스에서조차 타격에 발전이 없으니 1군에서 수비 실력을 보여줄 기회를 얻기가 쉽지 않다. 군 입대 가능성이 점쳐졌지만 스프링캠프를 정상적으로 소화했다. 쑥쑥 성장하는 1년 후배 김휘집의 벽이 이미 너무 높아 보인다.

기본기록

연도	경기	타석	타수	안타	2루타	3루타	홈런	타점	득점	볼넷	사구	삼진	도루	도루자	타율	출루율	장타율	OPS	WAR	WPA
2021	56	51	42	7	3	0	0	4	7	3	2	21	0	0	0.167	0.280	0.238	0.518	-0.27	-0.52
2022	76	54	43	6	3	0	0	0	6	7	2	19	0	0	0.140	0.288	0.209	0.497	0.14	-0.28
2023	24	19	18	2	0	0	0	4	0	1	5	0	0	0.111	0.158	0.111	0.269	-0.26	-0.25
통산	156	124	103	15	6	0	0	4	17	11	6	45	0	1	0.146	0.264	0.204	0.468	-0.40	-1.06

구종별기록

상황	상대%	타구속도	상하 각도	타율	장타율	땅공%	뜬공%	강한타구%
직구	47.8%	120.0	30.3	0.000	0.000	44.4%	55.5%	0.0%
커브	2.9%	101.7	23.1	1.000	1.000	-	-	0.0%
슬라이더	23.2%	126.8	26.7	0.000	0.000	0.0%	100.0%	0.0%
체인지업	18.8%	-	-	0.000	0.000			
포크	2.9%			0.000	0.000	100.0%	0.0%	0.0%
싱커								
투심								
너클								
커터	4.3%	110.4	0.4	1.000	1.000			0.0%
스플리터								

상황별기록

구분	타석	홈런/9	볼넷/9	삼진/9	타율	출루율	장타율	OPS
전반기	19	0.0%	0.0%	26.3%	0.111	0.158	0.111	0.269
후반기								
vs 좌	8	0.0%	0.0%	12.5%	0.000	0.125	0.000	0.125
vs 우	11	0.0%	0.0%	36.4%	0.182	0.182	0.182	0.364
주자없음	10	0.0%	0.0%	20.0%	0.222	0.300	0.222	0.522
주자있음	9	0.0%	0.0%	33.3%	0.000	0.000	0.000	0.000
득점권	5	0.0%	0.0%	60.0%	0.000	0.000	0.000	0.000
노아웃	5	0.0%	0.0%	20.0%	0.000	0.000	0.000	0.000
원아웃	6	0.0%	0.0%	16.7%	0.333	0.333	0.333	0.666
투아웃	8	0.0%	0.0%	37.5%	0.000	0.125	0.000	0.125

이용규 외야수 15

신장	170	체중	74	생일	1985.08.26	투타	좌투좌타	지명	2004 LG 2차 2라운드 15순위
연봉	40,000-30,000-20,000			학교	성동초-잠신중-덕수정보고				

● 어느덧 39세 시즌을 맞는다. 힘에 부치는 기색이 역력하다. 안 그래도 느렸던 타구 속도가 더 느려져 평균 124.1km로 현역 최저 수준으로 내려왔다. 어떻게든 맞춰내는 능력은 여전하지만, 아무리 콘택트를 잘 해도 저 속도로는 안타를 만들기가 쉽지 않다. 팀 관점에서는 이용규를 경쟁에서 이길 젊은 외야수가 등장하는 게 최선이다.

기본기록

연도	경기	타석	타수	안타	2루타	3루타	홈런	타점	득점	볼넷	사구	삼진	도루	도루자	타율	출루율	장타율	OPS	WAR	WPA
2021	133	547	459	136	16	8	1	43	89	77	5	46	17	2	0.296	0.392	0.373	0.765	3.00	0.25
2022	86	326	271	54	6	0	0	21	34	45	7	42	12	7	0.199	0.326	0.221	0.547	0.61	-1.01
2023	50	178	154	36	0	3	0	11	19	19	1	22	2	1	0.234	0.318	0.273	0.591	-0.16	-0.96
통산	1961	8203	7036	2076	266	64	26	558	1179	889	123	737	394	146	0.295	0.382	0.362	0.744	16.08	-2.63

구종별기록

상황	상대%	타구속도	상하 각도	타율	장타율	땅공%	뜬공%	강한타구%
직구	54.1%	128.2	18.1	0.181	0.236	47.1%	52.9%	4.3%
커브	5.1%	123.1	18.1	0.333	0.333	50.0%	50.0%	0.0%
슬라이더	12.9%	115.9	32.2	0.167	0.278	50.0%	50.0%	0.0%
체인지업	10.0%	118	7.9	0.167	0.167	66.7%	33.3%	0.0%
포크	5.4%	129.3	7.8	0.333	0.333	75.0%	25.0%	0.0%
싱커								
투심	6.0%	120.1	16.7	0.667	0.667	66.7%	33.3%	0.0%
너클	0.3%	111.2	38.5	0.000	0.000	0.0%	100.0%	0.0%
커터	6.1%	122.9	2.4	0.333	0.333	100.0%	0.0%	0.0%
스플리터								

상황별기록

구분	타석	홈런/9	볼넷/9	삼진/9	타율	출루율	장타율	OPS
전반기	102	0.0%	14.7%	11.8%	0.250	0.366	0.298	0.664
후반기	76	0.0%	5.3%	13.2%	0.214	0.253	0.243	0.496
vs 좌	55	0.0%	16.4%	16.4%	0.152	0.291	0.152	0.443
vs 우	123	0.0%	8.1%	10.6%	0.269	0.331	0.324	0.655
주자없음	111	0.0%	11.7%	14.4%	0.245	0.333	0.265	0.598
주자있음	67	0.0%	9.0%	9.0%	0.214	0.292	0.286	0.578
득점권	34	0.0%	11.8%	5.9%	0.296	0.382	0.444	0.826
노아웃	82	0.0%	11.0%	13.4%	0.257	0.338	0.286	0.624
원아웃	46	0.0%	6.5%	8.7%	0.214	0.261	0.310	0.571
투아웃	50	0.0%	14.0%	14.0%	0.214	0.340	0.214	0.554

이원석 내야수 17

신장	181	체중	82	생일	1986.10.21	투타	우투우타	지명	2005 롯데 2차 2라운드 9순위
연봉	30,000-20,000-40,000			학교	학강초-광주동성중-광주동성고(세민디지털대)				

● 타격 지표에서는 세월의 흐름이 느껴진다. 평균 타구 속도가 3년 연속 감소해 130.4km까지 떨어졌다. 평균 발사각 23.4도의 뜬공 타자가 타구 속도가 이렇게 느려지면 평범한 뜬공이 양산된다. 뜬공타자의 천국인 라팍 대신, 담장이 멀고 높은 고척돔이 홈구장이 된 것도 이원석에게는 악재다. 1루수 수비는 예상보다 나쁘지 않다는 평가.

기본기록

연도	경기	타석	타수	안타	2루타	3루타	홈런	타점	득점	볼넷	사구	삼진	도루	도루자	타율	출루율	장타율	OPS	WAR	WPA
2021	131	480	399	92	19	0	9	59	40	60	11	80	1	0	0.231	0.341	0.346	0.687	1.08	-1.24
2022	88	335	288	77	13	0	10	60	31	33	5	70	0	0	0.267	0.346	0.417	0.763	1.46	-0.01
2023	89	345	305	75	10	2	30	22	34	3	67	0	1	0.246	0.326	0.298	0.624	-0.04	-1.08
통산	1775	6150	5383	1409	245	16	144	783	645	532	72	1033	25	26	0.262	0.332	0.393	0.725	8.27	-0.82

구종별기록

상황	상대%	타구속도	상하각도	타율	장타율	땅볼%	뜬공%	강한타구%
직구	39.7%	131.6	27.4	0.185	0.202	27.8%	72.2%	11.6%
커브	11.8%	129.3	23.2	0.212	0.303	46.7%	53.3%	15.8%
슬라이더	20.5%	130.3	24.4	0.213	0.311	45.2%	54.8%	5.0%
체인지업	11.3%	127.2	17.9	0.382	0.500	56.3%	43.8%	7.7%
포크	5.0%	131.6	13.1	0.350	0.350	50.0%	50.0%	16.7%
싱커 투심	8.6%	129.9	15.0	0.391	0.435	46.2%	53.8%	10.5%
너클 커터	3.0%	127.8	23.9	0.300	0.300	60.0%	40.0%	0.0%
스플리터								

상황별기록

구분	타석	홈런/9	볼넷/9	삼진/9	타율	출루율	장타율	OPS
전반기	293	0.7%	10.2%	19.5%	0.264	0.346	0.326	0.672
후반기	52	0.0%	7.7%	19.2%	0.149	0.212	0.149	0.361
vs 좌	99	0.0%	13.1%	22.2%	0.226	0.337	0.226	0.563
vs 우	246	0.8%	8.5%	18.3%	0.253	0.321	0.326	0.647
주자없음	161	1.2%	8.7%	17.4%	0.234	0.311	0.310	0.621
주자있음	184	0.0%	10.9%	21.2%	0.256	0.339	0.288	0.627
득점권	109	0.0%	14.7%	21.1%	0.286	0.385	0.319	0.704
노아웃	113	0.9%	9.7%	14.2%	0.320	0.384	0.380	0.764
원아웃	113	0.9%	7.1%	21.2%	0.238	0.310	0.307	0.617
투아웃	119	0.0%	12.6%	22.7%	0.183	0.286	0.212	0.498

이형종 외야수 36

신장	183	체중	87	생일	1989.06.07	투타	우투우타	지명	2008 LG 1차
연봉	12,000-12,000-68,000			학교	화곡초-양천중-서울고				

● 키움으로서는 야심찬 FA 계약이었지만 기대에 미치지 못했다. 전성기 대비 배트스피드가 확연히 떨어졌고 타구의 질이 악화됐다. 300타석 이상 들어선 타자들 중 두 번째로 낮은 타율, 8번째로 낮은 OPS를 찍는 수모를 당했다. 겨울 동안 레그킥을 토탭으로, 어퍼스윙을 레벨스윙으로 바꿔 전성기의 타격폼으로 돌아가려고 노력했다.

기본기록

연도	경기	타석	타수	안타	2루타	3루타	홈런	타점	득점	볼넷	사구	삼진	도루	도루자	타율	출루율	장타율	OPS	WAR	WPA
2021	90	281	239	52	11	0	10	34	32	34	7	65	3	1	0.218	0.332	0.389	0.721	1.14	-3.10
2022	26	63	53	14	2	0	7	3	5	1	10	0	0	0.264	0.323	0.321	0.644	0.16	-0.01
2023	99	374	316	68	22	1	3	37	35	39	14	78	0	0	0.215	0.326	0.320	0.646	0.69	-2.72
통산	723	2589	2252	612	126	6	66	291	321	233	64	467	28	16	0.272	0.354	0.421	0.775	16.02	-7.65

구종별기록

상황	상대%	타구속도	상하각도	타율	장타율	땅볼%	뜬공%	강한타구%
직구	37.9%	135.6	27.8	0.185	0.326	31.7%	68.3%	24.0%
커브	11.8%	125.3	17.4	0.214	0.250	45.5%	54.5%	6.7%
슬라이더	21.2%	126.5	21.3	0.246	0.311	50.0%	50.0%	12.5%
체인지업	12.0%	119.5	11.2	0.175	0.200	66.7%	33.3%	10.7%
포크	5.7%	127.5	16.8	0.167	0.222	44.4%	55.6%	10.0%
싱커 투심	7.6%	123.6	13.3	0.300	0.350	62.5%	37.5%	10.0%
너클 커터	3.9%	145.1	20.6	0.429	0.857	33.3%	66.7%	45.7%
스플리터								

상황별기록

구분	타석	홈런/9	볼넷/9	삼진/9	타율	출루율	장타율	OPS
전반기	302	1.0%	10.6%	21.5%	0.224	0.337	0.346	0.683
후반기	72	0.0%	9.7%	18.1%	0.177	0.282	0.210	0.492
vs 좌	137	1.5%	10.2%	17.5%	0.220	0.316	0.331	0.647
vs 우	237	0.4%	10.5%	22.8%	0.212	0.332	0.313	0.645
주자없음	189	1.6%	9.0%	27.5%	0.171	0.254	0.271	0.525
주자있음	185	0.0%	11.9%	14.1%	0.267	0.401	0.377	0.778
득점권	115	0.0%	15.7%	13.0%	0.281	0.426	0.404	0.830
노아웃	134	0.7%	6.7%	24.6%	0.160	0.237	0.244	0.481
원아웃	114	1.8%	9.6%	18.4%	0.247	0.342	0.371	0.713
투아웃	126	0.0%	15.1%	19.0%	0.250	0.405	0.360	0.765

임병욱 외야수 35

신장	187	체중	94	생일	1995.09.30	투타	우투좌타	지명	2014 넥센 1차
연봉	5,800-5,800-7,000			학교	수원신곡초-배명중-덕수고				

● 군복무를 마치고 돌아와 기대를 모았지만 성적은 아쉬웠다. 콘택트 능력이 오히려 악화됐다. 33.6%의 삼진 비율은 200타석 이상 타자들 중 가장 높았다. 내내 시달렸던 부상 악몽도 떨치지 못했다. 9월 햄스트링 부상으로 일찍 시즌을 접었다. 이정후의 미국 진출로 외야 한 자리가 비었지만, 지금으로서는 주전 확보를 장담하기 어렵다.

기본기록

연도	경기	타석	타수	안타	2루타	3루타	홈런	타점	득점	볼넷	사구	삼진	도루	도루자	타율	출루율	장타율	OPS	WAR	WPA
2021																				
2022																				
2023	80	223	208	54	11	1	6	36	30	10	1	75	4	0	0.260	0.293	0.409	0.702	0.54	-1.52
통산	508	1493	1365	356	76	11	29	177	214	96	13	433	54	15	0.261	0.314	0.396	0.710	3.81	-3.43

구종별기록

상황	상대%	타구속도	상하 각도	타율	장타율	땅볼%	뜬공%	강한타구%
직구	36.8%	133.2	24.7	0.203	0.234	48.1%	51.9%	29.0%
커브	13.3%	128.3	25.8	0.103	0.207	57.1%	42.9%	16.7%
슬라이더	16.9%	138.1	24.5	0.189	0.459	38.9%	61.1%	40.0%
체인지업	13.1%	142.9	12.2	0.469	0.625	42.9%	57.1%	50.0%
포크	11.0%	142.7	14.2	0.286	0.536	66.7%	33.3%	41.7%
싱커								
투심	5.8%	152.4	21.4	0.556	0.889	50.0%	50.0%	42.9%
너클								
커터	3.1%	108.6	19.8	0.333	0.444	80.0%	20.0%	0.0%
스플리터								

상황별기록

구분	타석	홈런/9	볼넷/9	삼진/9	타율	출루율	장타율	OPS
전반기	150	2.7%	2.7%	34.7%	0.246	0.268	0.387	0.655
후반기	73	2.7%	8.2%	31.5%	0.288	0.342	0.455	0.797
vs 좌	41	2.4%	4.9%	26.8%	0.237	0.275	0.395	0.670
vs 우	182	2.7%	4.4%	35.2%	0.265	0.297	0.412	0.709
주자없음	104	1.0%	6.7%	36.5%	0.229	0.288	0.323	0.611
주자있음	119	4.2%	2.5%	31.1%	0.286	0.297	0.482	0.779
득점권	66	6.1%	1.5%	27.3%	0.339	0.333	0.645	0.978
노아웃	65	1.5%	4.6%	29.2%	0.233	0.266	0.367	0.633
원아웃	71	0.0%	5.6%	35.2%	0.308	0.338	0.369	0.707
투아웃	87	5.7%	3.4%	35.6%	0.241	0.276	0.470	0.746

임지열 내야수 29

신장	180	체중	94	생일	1995.08.22	투타	우투우타	지명	2014 넥센 2차 2라운드 22순위
연봉	3,200-5,000-7200			학교	대전신흥초-건대부중-덕수고				

● 이정후가 떠날 키움에서 가장 강한 타구를 치는 타자는? 지난해를 기준으로는 정답은 이주형이 아닌 임지열이다. 평균 타구 시속 138.6㎞가 이주형보다 1㎞ 정도 빠르다. 즉 방망이에 맞기만 하면 파괴력 있는 타구를 만든다. 문제는 방망이에 맞는 빈도다. 삼진 비율을 조금 낮췄지만, 그래도 200타석 타자들 중 6번째로 높은 26%나 된다.

기본기록

연도	경기	타석	타수	안타	2루타	3루타	홈런	타점	득점	볼넷	사구	삼진	도루	도루자	타율	출루율	장타율	OPS	WAR	WPA
2021	19	30	25	3	0	0	0	5	4	1	0	10	0	1	0.120	0.267	0.120	0.387	-0.06	-0.23
2022	40	148	131	36	8	0	1	15	16	14	2	43	1	0	0.275	0.331	0.344	0.675	0.77	-0.64
2023	72	246	212	55	8	0	5	35	22	28	3	64	1	0	0.259	0.352	0.368	0.720	1.03	0.41
통산	143	443	384	97	18	0	6	53	44	43	7	124	2	1	0.253	0.336	0.339	0.675	1.54	-0.72

구종별기록

상황	상대%	타구속도	상하 각도	타율	장타율	땅볼%	뜬공%	강한타구%
직구	39.9%	143.3	19.7	0.236	0.306	32.1%	67.9%	46.2%
커브	9.7%	132.8	15.9	0.318	0.364	41.7%	58.3%	11.8%
슬라이더	22.7%	140.2	16.3	0.347	0.653	50.0%	50.0%	42.4%
체인지업	12.0%	131.8	20.6	0.292	0.292	55.6%	44.4%	20.0%
포크	6.6%	128.8	14.0	0.000	0.000	75.0%	25.0%	16.7%
싱커								
투심	6.2%	138.9	18.0	0.200	0.200	16.7%	83.3%	28.6%
너클								
커터	2.9%	141.3	-2.2	0.571	0.857	100.0%	0.0%	40.0%
스플리터								

상황별기록

구분	타석	홈런/9	볼넷/9	삼진/9	타율	출루율	장타율	OPS
전반기	176	2.3%	11.9%	25.6%	0.248	0.351	0.369	0.720
후반기	70	1.4%	10.0%	27.1%	0.286	0.357	0.365	0.722
vs 좌	70	0.0%	8.6%	21.4%	0.238	0.314	0.286	0.600
vs 우	176	2.8%	12.5%	27.8%	0.268	0.368	0.403	0.771
주자없음	114	0.9%	8.8%	26.3%	0.288	0.351	0.327	0.678
주자있음	132	3.8%	13.6%	25.8%	0.231	0.354	0.407	0.761
득점권	80	3.8%	13.8%	25.0%	0.273	0.388	0.470	0.858
노아웃	84	1.2%	9.5%	21.4%	0.247	0.317	0.315	0.632
원아웃	76	2.6%	7.9%	32.9%	0.319	0.382	0.493	0.875
투아웃	86	2.3%	16.3%	24.4%	0.214	0.360	0.300	0.660

주성원 외야수 25

신장	182	체중	95	생일	2000.08.30	투타	우투우타	지명	2019 넥센 2차 3라운드 24순위
연봉	3,000-3,100-3,500			학교	부산대연초(남구리틀)-신정중-개성고				

● 외야 경쟁 구도의 다크호스. 2022년 퓨처스리그 홈런왕에 오른데 이어 지난해에도 퓨처스리그 최고의 타자 중 한 명이었다. 장타력만큼은 이미 1군 수준이라는 평가. 엄청난 웨이트트레이닝으로 스프링캠프 전 전체 선수단 중 근육량 1위에 올라 화제가 됐다. 원래 포수였지만 좌익수로 포지션을 옮겼는데 수비도 나쁘지 않다는 평가.

기본기록

연도	경기	타석	타수	안타	2루타	3루타	홈런	타점	득점	볼넷	사구	삼진	도루	도루자	타율	출루율	장타율	OPS	WAR	WPA
2021																				
2022																				
2023	25	72	69	15	2	1	0	2	7	1	0	18	0	0	0.217	0.225	0.275	0.500	-0.31	-0.66
통산	25	72	69	15	2	1	0	2	7	1	0	18	0	0	0.217	0.225	0.275	0.500	-0.31	-0.66

구종별기록

상황	상대%	타구속도	상하 각도	타율	장타율	땅볼%	뜬공%	강한타구%
직구	30.6%	140	17.0	0.211	0.211	50.0%	50.0%	35.7%
커브	16.5%	126.9	27.9	0.182	0.182	57.1%	42.9%	0.0%
슬라이더	21.9%	130.4	19.7	0.214	0.214	28.6%	71.4%	22.2%
체인지업	15.1%	117	38.0	0.250	0.333	25.0%	75.0%	0.0%
포크	3.2%	121.2	67.4	0.000	0.000	0.0%	100.0%	0.0%
싱커								
투심								
너클								
커터								
스플리터								

상황별기록

구분	타석	홈런/9	볼넷/9	삼진/9	타율	출루율	장타율	OPS
전반기	11	0.0%	0.0%	36.4%	0.182	0.182	0.182	0.364
후반기	61	0.0%	1.6%	23.0%	0.224	0.233	0.293	0.526
vs 좌	22	0.0%	0.0%	22.7%	0.227	0.227	0.273	0.500
vs 우	50	0.0%	2.0%	26.0%	0.213	0.224	0.277	0.501
주자없음	42	0.0%	0.0%	23.8%	0.262	0.262	0.333	0.595
주자있음	30	0.0%	3.3%	26.7%	0.148	0.172	0.185	0.357
득점권	15	0.0%	0.0%	33.3%	0.071	0.067	0.143	0.210
노아웃	22	0.0%	4.5%	22.7%	0.300	0.333	0.350	0.683
원아웃	25	0.0%	0.0%	28.0%	0.208	0.200	0.250	0.450
투아웃	25	0.0%	0.0%	24.0%	0.160	0.160	0.240	0.400

최주환 내야수 53

신장	177	체중	73	생일	1988.02.28	투타	우투좌타	지명	2006 두산 2차 6라운드 46순위
연봉	65,000-65,000-65,000			학교	학강초-광주동성중-광주동성고				

● 2022년의 극심한 부진에서 회복된 모습을 보였지만 세대교체 기조에 따라 2차 드래프트 보호선수 명단에서 제외돼 키움으로 오게 됐다. 문제는 고척돔과의 궁합. 평균 발사각도 26.5도로 대표적인 뜬공 타자다. 잠실 다음으로 외야 펜스까지의 거리가 먼 고척돔은 불리한 환경이다. 전형적인 풀히터여서 시프트 금지의 혜택을 볼 것이다.

기본기록

연도	경기	타석	타수	안타	2루타	3루타	홈런	타점	득점	볼넷	사구	삼진	도루	도루자	타율	출루율	장타율	OPS	WAR	WPA
2021	116	470	406	104	16	0	18	67	50	53	9	84	2	1	0.256	0.353	0.429	0.782	2.09	-1.72
2022	97	333	298	63	14	2	9	41	36	29	4	55	0	0	0.211	0.288	0.362	0.650	-0.02	-1.00
2023	134	478	426	100	24	0	20	63	48	44	4	94	3	0	0.235	0.310	0.432	0.742	1.88	0.09
통산	1268	4256	3761	1048	210	24	115	594	513	368	57	599	14	12	0.279	0.348	0.439	0.787	19.85	-1.72

구종별기록

상황	상대%	타구속도	상하 각도	타율	장타율	땅볼%	뜬공%	강한타구%
직구	35.2%	139.5	31.4	0.264	0.534	23.9%	76.1%	27.1%
커브	10.4%	134.2	22.4	0.182	0.273	35.7%	64.3%	5.6%
슬라이더	19.7%	131.1	20.7	0.219	0.315	54.2%	45.8%	16.1%
체인지업	14.4%	136.7	20.2	0.230	0.492	59.0%	41.0%	17.1%
포크	9.4%	137.4	23.2	0.154	0.179	45.8%	54.2%	4.8%
싱커								
투심	6.2%	145.9	17.5	0.333	0.567	53.3%	46.7%	36.8%
너클								
커터	4.6%	138.0	31.0	0.125	0.313	20.0%	80.0%	27.3%
스플리터								

상황별기록

구분	타석	홈런/9	볼넷/9	삼진/9	타율	출루율	장타율	OPS
전반기	268	5.2%	7.5%	21.3%	0.238	0.300	0.471	0.771
후반기	210	2.9%	11.4%	17.6%	0.231	0.324	0.379	0.703
vs 좌	87	0.0%	8.0%	27.6%	0.205	0.287	0.282	0.569
vs 우	391	5.1%	9.5%	17.9%	0.241	0.315	0.466	0.781
주자없음	241	5.4%	6.6%	21.6%	0.270	0.328	0.486	0.814
주자있음	237	3.0%	11.8%	17.7%	0.196	0.292	0.373	0.665
득점권	143	2.8%	14.0%	18.9%	0.212	0.324	0.373	0.697
노아웃	169	4.7%	8.3%	16.6%	0.267	0.333	0.487	0.820
원아웃	149	3.4%	7.4%	18.1%	0.243	0.302	0.441	0.743
투아웃	160	4.4%	11.9%	24.4%	0.193	0.294	0.364	0.658

김동혁 투수 60

신장	184	체중	84	생일	2001.12.27	투타	우언우타	지명	2020 키움 2차 3라운드 27순위
연봉	6,000-6,500-6,000			학교	(강남구리틀)-영동중-덕수고				

연도	경기	선발	QS	승	패	세이브	BS	홀드	이닝	피안타	피홈런	4사구	삼진	피안타율	WHIP	피OPS	FIP	ERA	WAR	WPA
2021	40	8	1	0	5	1	0	0	82	89	5	48	30	0.290	1.50	0.787	5.00	5.05	0.11	-0.74
2022	24	0	0	2	1	0	1	3	26 2/3	28	0	12	18	0.280	1.46	0.791	3.12	4.73	0.24	-0.17
2023	35	2	0	1	7	0	1	6	39 1/3	51	1	24	24	0.313	1.75	0.822	4.38	7.32	-0.53	-0.85
통산	107	10	1	3	14	1	2	9	156 2/3	176	7	86	78	0.291	1.53	0.792	4.53	5.57	-0.13	-1.86

김연주 투수 68

신장	175	체중	75	생일	2004.02.27	투타	우투우타	지명	2024 키움 3라운드 29순위
연봉	3,000			학교	대전신흥초-충남중-세광고				

연도	경기	선발	QS	승	패	세이브	BS	홀드	이닝	피안타	피홈런	4사구	삼진	피안타율	WHIP	피OPS	FIP	ERA	WAR	WPA
2021																				
2022																				
2023																				
통산																				

김윤하 투수 19

신장	185	체중	90	생일	2005.03.07	투타	우투우타	지명	2024 키움 1라운드 9순위
연봉	3,000			학교	와부초(남양주리틀)-덕수중-장충고				

연도	경기	선발	QS	승	패	세이브	BS	홀드	이닝	피안타	피홈런	4사구	삼진	피안타율	WHIP	피OPS	FIP	ERA	WAR	WPA
2021																				
2022																				
2023																				
통산																				

김인범 투수 67

신장	187	체중	91	생일	2000.01.12	투타	우투우타	지명	2019 넥센 2차 4라운드 34순위
연봉	3,300-3,300-3,300			학교	하남동부초(하남시리틀)-전라중-전주고				

연도	경기	선발	QS	승	패	세이브	BS	홀드	이닝	피안타	피홈런	4사구	삼진	피안타율	WHIP	피OPS	FIP	ERA	WAR	WPA
2021	3	0	0	0	0	0	0	0	5 1/3	3	0	1	5	0.158	0.75	0.411	2.02	0.00	0.21	0.04
2022																				
2023																				
통산	3	0	0	0	0	0	0	0	5 1/3	3	0	1	5	0.158	0.75	0.411	2.02	0.00	0.21	0.04

박승주 투수 42

신장	183	체중	96	생일	1994.02.12	투타	우투우타	지명	2016 넥센 육성선수
연봉	3,200-4,500-4,500			학교	화계초-언북중-경기고-동국대				

연도	경기	선발	QS	승	패	세이브	BS	홀드	이닝	피안타	피홈런	4사구	삼진	피안타율	WHIP	피OPS	FIP	ERA	WAR	WPA
2021	3	0	0	0	0	0	0	0	4 1/3	3	0	3	1	0.200	1.38	0.600	4.95	4.15	0.02	0.00
2022	27	0	0	1	0	0	0	0	25	20	3	24	22	0.220	1.64	0.768	6.02	4.32	-0.01	0.41
2023	18	0	0	0	3	0	0	0	18	19	2	15	15	0.257	1.78	0.810	5.72	3.50	-0.10	-0.32
통산	54	0	0	1	4	1	0	0	54	52	5	51	41	0.250	1.80	0.790	6.00	5.00	-0.47	-0.10

박윤성 투수 00

신장	183	체중	96	생일	2004.02.08	투타	우투우타	지명	2023 키움 3라운드 26순위
연봉	3,000-3,000			학교	부산수영초-개성중-경남고				

연도	경기	선발	QS	승	패	세이브	BS	홀드	이닝	피안타	피홈런	4사구	삼진	피안타율	WHIP	피OPS	FIP	ERA	WAR	WPA
2021																				
2022																				
2023																				
통산																				

손현기 투수 63

신장	188	체중	88	생일	2005.10.22	투타	좌투좌타	지명	2024 키움 2라운드 19순위
연봉	3,000			학교	순천북초-순천이수중-전주고				

연도	경기	선발	QS	승	패	세이브	BS	홀드	이닝	피안타	피홈런	4사구	삼진	피안타율	WHIP	피OPS	FIP	ERA	WAR	WPA
2021																				
2022																				
2023																				
통산																				

오상원 투수 39

신장	184	체중	82	생일	2004.07.21	투타	우투우타	지명	2023 키움 2라운드 16순위
연봉	3,000-3,300			학교	온곡초(광진구리틀)-청원중-선린인터넷고				

연도	경기	선발	QS	승	패	세이브	BS	홀드	이닝	피안타	피홈런	4사구	삼진	피안타율	WHIP	피OPS	FIP	ERA	WAR	WPA
2021																				
2022																				
2023	11	1	0	0	0	0	0	0	15	18	0	12	7	0.290	1.80	0.808	4.91	6.60	-0.12	-0.30
통산	11	1	0	0	0	0	0	0	15	18	0	12	7	0.290	1.80	0.808	4.91	6.60	-0.12	-0.30

오석주 투수 31

신장	180	체중	74	생일	1998.04.14	투타	우투우타	지명	2017 LG 2차 6라운드 52순위
연봉	3,500-3,700-4,000			학교	양정초-대천중-제주고				

연도	경기	선발	QS	승	패	세이브	BS	홀드	이닝	피안타	피홈런	4사구	삼진	피안타율	WHIP	피OPS	FIP	ERA	WAR	WPA
2021	9	0	0	0	0	0	0	0	8 1/3	9	0	6	7	0.281	1.80	0.708	3.81	6.48	-0.03	-0.05
2022	4	0	0	0	0	0	0	0	3 2/3	4	1	0	2	0.267	1.09	0.867	5.79	2.45	0.03	-0.12
2023	9	0	0	0	0	0	0	0	10	12	2	3	11	0.293	1.50	0.829	4.74	6.30	-0.08	-0.09
통산	25	0	0	0	0	0	0	0	27	31	5	12	24	0.284	1.59	0.832	5.34	5.67	-0.17	-0.26

윤석원 투수 95

신장	185	체중	81	생일	2003.07.04	투타	좌투좌타	지명	2022 키움 2차 4라운드 36순위
연봉	3,000-3,000-4,300			학교	부산대연초-개성중-부산고				

연도	경기	선발	QS	승	패	세이브	BS	홀드	이닝	피안타	피홈런	4사구	삼진	피안타율	WHIP	피OPS	FIP	ERA	WAR	WPA
2021																				
2022																				
2023	21	0	0	2	0	0	0	2	24	29	2	8	8	0.302	1.54	0.766	4.73	4.50	-0.17	0.11
통산	21	0	0	2	0	0	0	2	24	29	2	8	8	0.302	1.54	0.766	4.73	4.50	-0.17	0.11

이종민 투수 66

| 신장 | 185 | 체중 | 96 | 생일 | 2001.06.04 | 투타 | 좌투좌타 | 지명 | 2020 키움 2차 라운드 7순위 |

연봉 3,000-3,100-3,200 **학교** 성동초–덕수중–성남고

연도	경기	선발	QS	승	패	세이브	BS	홀드	이닝	피안타	피홈런	4사구	삼진	피안타율	WHIP	피OPS	FIP	ERA	WAR	WPA
2021	2	0	0	0	0	0	0	0	2 1/3	4	1	7	3	0.444	4.71	1.425	15.33	23.14	-0.21	-0.01
2022																				
2023	11	2	0	0	1	0	0	0	13 2/3	22	0	7	10	0.349	2.05	0.863	3.52	7.24	-0.20	-0.46
통산	13	2	0	0	1	0	0	0	16	26	1	14	13	0.361	2.44	0.949	5.20	9.56	-0.41	-0.47

전준표 투수 62

| 신장 | 186 | 체중 | 90 | 생일 | 2005.05.07 | 투타 | 우투우타 | 지명 | 2024 키움 1라운드 8순위 |

연봉 3,000 **학교** (강동구리틀)–잠신중–서울고

연도	경기	선발	QS	승	패	세이브	BS	홀드	이닝	피안타	피홈런	4사구	삼진	피안타율	WHIP	피OPS	FIP	ERA	WAR	WPA
2021																				
2022																				
2023																				
통산																				

고영우 내야수 44

| 신장 | 173 | 체중 | 80 | 생일 | 2001.06.21 | 투타 | 우투우타 | 지명 | 2024 키움 4라운드 39순위 |

연봉 3,000 **학교** 부산대연초(사상구리틀) 대동중 경남고–성균관대

연도	경기	타석	타수	안타	2루타	3루타	홈런	타점	득점	볼넷	사구	삼진	도루	도루자	타율	출루율	장타율	OPS	WAR	WPA
2021																				
2022																				
2023																				
통산																				

김병휘 내야수 0

| 신장 | 177 | 체중 | 79 | 생일 | 2001.02.16 | 투타 | 우투우타 | 지명 | 2020 키움 2차 4라운드 37순위 |

연봉 0-3,200-3,300 **학교** 효제초–홍은중–장충고

연도	경기	타석	타수	안타	2루타	3루타	홈런	타점	득점	볼넷	사구	삼진	도루	도루자	타율	출루율	장타율	OPS	WAR	WPA
2021	13	11	10	2	0	0	0	5	1	0	2	0			0.200	0.273	0.200	0.473	-0.07	-0.06
2022																				
2023	10	21	21	3	1	0	0	0	8	0					0.143	0.143	0.190	0.333	-0.25	-0.28
통산	24	33	32	5	1	0	0	1	6	0	11	0			0.156	0.182	0.188	0.370	-0.34	-0.34

김수환 내야수 13

| 신장 | 180 | 체중 | 91 | 생일 | 1998.03.20 | 투타 | 우투우타 | 지명 | 2018 넥센 2차 5라운드 48순위 |

연봉 3,400-4,500-4,700 **학교** 인천부일초(부평구리틀)–재능중–제물포고

연도	경기	타석	타수	안타	2루타	3루타	홈런	타점	득점	볼넷	사구	삼진	도루	도루자	타율	출루율	장타율	OPS	WAR	WPA
2021	13	44	41	9	2	0	2	5	5	2	0	17	0		0.220	0.250	0.415	0.665	-0.05	-0.29
2022	57	168	140	25	6	0	4	14	18	21	3	56	0		0.179	0.297	0.307	0.604	-0.19	-0.92
2023	50	114	97	21	4	0	2	15	8	11	4	36	0		0.216	0.319	0.320	0.639	0.10	-0.24
통산	129	338	289	57	13	0	8	36	32	35	7	114	0		0.197	0.296	0.325	0.621	-0.16	-1.91

김시앙 포수 26

| 신장 | 177 | 체중 | 79 | 생일 | 2001.10.31 | 투타 | 우투우타 | 지명 | 2021 키움 2차 5라운드 49순위 |
| 연봉 | 3,000-3,100-3,600 | | | 학교 | 광주대성초-광주동성중-광주동성고 | | | | |

연도	경기	타석	타수	안타	2루타	3루타	홈런	타점	득점	볼넷	사구	삼진	도루	도루자	타율	출루율	장타율	OPS	WAR	WPA
2021																				
2022	13	14	12	1	0	0	0	1	1	0	8	0	0		0.083	0.154	0.083	0.237	-0.24	-0.18
2023	33	82	76	17	1	0	0	7	6	3	18	0	0		0.224	0.280	0.237	0.517	-0.19	-1.57
통산	46	96	88	18	1	0	0	7	7	4	3	26	0	0	0.205	0.263	0.216	0.479	-0.42	-1.75

김웅빈 내야수 10

| 신장 | 182 | 체중 | 97 | 생일 | 1996.02.09 | 투타 | 우투좌타 | 지명 | 2015 SK 2차 3라운드 27순위 |
| 연봉 | 7,000-6,000-5,000 | | | 학교 | 서라벌초-울산제일중-울산공고 | | | | |

연도	경기	타석	타수	안타	2루타	3루타	홈런	타점	득점	볼넷	사구	삼진	도루	도루자	타율	출루율	장타율	OPS	WAR	WPA
2021	97	279	232	56	13	1	6	35	24	34	9	73	1	1	0.241	0.357	0.384	0.741	0.98	-0.80
2022	45	135	115	26	5	1	1	11	7	13	4	38	0	2	0.226	0.326	0.313	0.639	0.32	-1.28
2023	29	74	64	12	3	0	0	9	2	6	2	20	0	0	0.188	0.270	0.234	0.504	-0.39	-1.50
통산	325	891	778	194	43	2	19	112	91	76	19	234	2	3	0.249	0.328	0.383	0.711	1.88	-3.69

김재현 포수 32

| 신장 | 178 | 체중 | 90 | 생일 | 1993.03.18 | 투타 | 우투우타 | 지명 | 2012 넥센 8라운드 76순위 |
| 연봉 | 6,500-6,500-5,500 | | | 학교 | 진북초-전라중-대전고 | | | | |

연도	경기	타석	타수	안타	2루타	3루타	홈런	타점	득점	볼넷	사구	삼진	도루	도루자	타율	출루율	장타율	OPS	WAR	WPA
2021	39	51	46	10	7	0	0	8	2	3	0	12	0	1	0.217	0.265	0.370	0.635	-0.12	-0.28
2022	56	88	82	17	4	0	1	9	4	2	1	19	0	0	0.207	0.233	0.293	0.526	-0.29	-0.92
2023	8	10	9	1	0	0	0	0	0	0	3	0	0		0.111	0.111	0.111	0.222	-0.16	-0.40
통산	408	627	563	118	25	0	7	55	49	29	12	150	0	1	0.210	0.261	0.291	0.552	-2.68	-4.53

김주형 내야수 6

| 신장 | 173 | 체중 | 84 | 생일 | 1996.03.05 | 투타 | 우투우타 | 지명 | 2019 넥센 2차 10라운드 94순위 |
| 연봉 | 4,500-5,500-4,500 | | | 학교 | 양정초-경남중-경남고-홍익대 | | | | |

연도	경기	타석	타수	안타	2루타	3루타	홈런	타점	득점	볼넷	사구	삼진	도루	도루자	타율	출루율	장타율	OPS	WAR	WPA
2021	36	70	50	9	3	0	0	5	5	4	13	15	1	0	0.180	0.388	0.240	0.628	0.23	-0.04
2022	55	130	110	22	7	1	1	5	16	4	13	29	1	0	0.200	0.305	0.309	0.614	-0.05	-1.24
2023	46	81	68	10	2	0	0	5	6	1	27	0	0		0.147	0.256	0.176	0.432	-0.43	-0.94
통산	179	332	272	51	15	1	2	20	34	21	29	81	2	1	0.188	0.313	0.272	0.585	-0.35	-2.37

김지성 포수 97

| 신장 | 174 | 체중 | 91 | 생일 | 2004.05.27 | 투타 | 우투우타 | 지명 | 2024 키움 7라운드 69순위 |
| 연봉 | 3,000 | | | 학교 | 창영초-재능중-율곡고야구단 | | | | |

연도	경기	타석	타수	안타	2루타	3루타	홈런	타점	득점	볼넷	사구	삼진	도루	도루자	타율	출루율	장타율	OPS	WAR	WPA
2021																				
2022																				
2023																				
통산																				

김태진 내야수 1

신장	169	체중	73	생일	1995.10.07	투타	우투좌타	지명	2014 NC 2차 4라운드 45순위
연봉	10,000-12,000-11,000			학교	수유초-신일중-신일고				

연도	경기	타석	타수	안타	2루타	3루타	홈런	타점	득점	볼넷	사구	삼진	도루	도루자	타율	출루율	장타율	OPS	WAR	WPA
2021	99	414	381	105	12	5	1	36	43	23	0	64	8	5	0.276	0.314	0.341	0.655	-0.18	-1.80
2022	77	276	254	68	5	1	0	20	37	17	1	30	1	2	0.268	0.315	0.295	0.610	0.11	-0.77
2023	74	212	200	55	5	0	0	16	17	5	1	23	0	0	0.275	0.292	0.300	0.592	-0.08	-2.38
통산	478	1621	1508	405	41	12	8	144	175	77	4	234	29	17	0.269	0.304	0.328	0.632	0.12	-9.30

박성빈 포수 64

신장	177	체중	94	생일	2004.04.21	투타	우투우타	지명	2023 키움 7라운드 66순위
연봉	3,000-3,000			학교	한밭초(계룡시리틀)-충남중-대전고				

연도	경기	타석	타수	안타	2루타	3루타	홈런	타점	득점	볼넷	사구	삼진	도루	도루자	타율	출루율	장타율	OPS	WAR	WPA
2021																				
2022																				
2023																				
통산																				

박준형 포수 96

신장	177	체중	89	생일	1999.03.07	투타	우투우타	지명	2019 넥센 2차 6라운드 54순위
연봉	0-3,000-3,000			학교	화순초-무등중-광주제일고				

연도	경기	타석	타수	안타	2루타	3루타	홈런	타점	득점	볼넷	사구	삼진	도루	도루자	타율	출루율	장타율	OPS	WAR	WPA
2021																				
2022																				
2023																				
통산																				

박찬혁 외야수 48

신장	181	체중	87	생일	2003.04.25	투타	우투우타	지명	2022 키움 2차 1라운드 6순위
연봉	3,000-4,200-4,000			학교	대전유천초(대전서구리틀)-한밭중-북일고				

연도	경기	타석	타수	안타	2루타	3루타	홈런	타점	득점	볼넷	사구	삼진	도루	도루자	타율	출루율	장타율	OPS	WAR	WPA
2021																				
2022	52	175	161	34	5	0	6	17	13	9	5	67	0	1	0.211	0.274	0.354	0.628	-0.22	-0.85
2023	48	167	154	31	7	0	1	8	13	10	3	41	0	0	0.201	0.263	0.266	0.529	-0.30	-1.93
통산	100	342	315	65	12	0	7	25	26	19	8	108	0	1	0.206	0.269	0.311	0.580	-0.52	-2.78

변상권 외야수 56

신장	180	체중	80	생일	1997.04.04	투타	우투좌타	지명	2018 넥센 육성선수
연봉	4,800-4,800-4,800			학교	인천서림초-상인천중-제물포고-인천재능대				

연도	경기	타석	타수	안타	2루타	3루타	홈런	타점	득점	볼넷	사구	삼진	도루	도루자	타율	출루율	장타율	OPS	WAR	WPA
2021	72	171	159	38	5	4	0	20	19	9	0	40	0	0	0.239	0.275	0.321	0.596	-0.21	-0.13
2022																				
2023																				
통산	107	235	221	55	10	4	1	36	26	10	0	60	0	0	0.249	0.277	0.344	0.621	-0.23	-0.09

송지후 내야수 94

신장	175	체중	74	생일	2005.01.08	투타	우투우타	지명	2024 키움 6라운드 59순위
연봉	3,000			학교	광주수창초-진흥중-광주제일고				

연도	경기	타석	타수	안타	2루타	3루타	홈런	타점	득점	볼넷	사구	삼진	도루	도루자	타율	출루율	장타율	OPS	WAR	WPA
2021																				
2022																				
2023																				
통산																				

예진원 외야수 23

신장	172	체중	82	생일	1999.03.16	투타	좌투좌타	지명	2018 넥센 2차 2라운드 18순위
연봉	4,000-3,900-4,000			학교	양정초-부산중-경남고				

연도	경기	타석	타수	안타	2루타	3루타	홈런	타점	득점	볼넷	사구	삼진	도루	도루자	타율	출루율	장타율	OPS	WAR	WPA
2021	52	132	114	18	6	1	1	8	16	12	2	28	0	1	0.158	0.248	0.254	0.502	-0.25	-1.74
2022	20	14	10	1	0	0	0	0	3	0	3	0	0	0	0.100	0.308	0.100	0.408	-0.09	-0.23
2023	16	36	34	8	1	0	1	4	2	0	0	7	0	0	0.235	0.235	0.353	0.588	-0.02	-0.30
통산	95	197	171	29	8	1	2	13	21	17	2	41	0	1	0.170	0.251	0.263	0.514	-0.44	-2.41

이재상 내야수 5

신장	183	체중	85	생일	2005.04.17	투타	우투우타	지명	2024 키움 2라운드 16순위
연봉	3,000			학교	갈산초-성남중-성남고				

연도	경기	타석	타수	안타	2루타	3루타	홈런	타점	득점	볼넷	사구	삼진	도루	도루자	타율	출루율	장타율	OPS	WAR	WPA
2021																				
2022																				
2023																				
통산																				

PLAYER LIST

육성선수

성명	포지션	등번호	신장	체중	생년월일	투타	지명	연봉	학교
김동욱	투수	65	178	83	1997.05.16	우투우타	2020 키움 2차 10라운드 97순위	3,100-3,000-3,000	(용산구리틀)-서울경원중-휘문고-홍익대
김주훈	투수	02	180	80	2003.06.25	좌투좌타	2024 키움 5라운드 49순위	3,000	울산대현초-부산신정중-용마고-동원과학기술대
김준형	투수	93	182	91	2002.07.12	우투우타	2021 키움 2차 2라운드 19순위	4,200-4,200-3,700	서울이수초-성남중-성남고
노운현	투수	59	184	76	2003.06.22	우언우타	2022 키움 2차 4라운드 32순위	3,000-3,100-3,000	(부산북구리틀)-센텀중-경남고
박범준	투수	04	183	75	2004.05.28	우투좌타	2024 키움 9라운드 89순위	3,000	대전신흥초-한밭중-대전고
박승호	투수	05	185	92	2005.03.24	우투우타	2024 키움 10라운드 99순위	3,000	(익산시리틀)-전라중-군산상일고
양지율	투수	55	185	103	1998.12.16	우투우타	2017 넥센 2차 2라운드 17순위	3,200-3,000-3,000	서울청구초-홍은중-충암고
윤정현	투수	99	186	100	1993.05.17	좌투좌타	2019 넥센 2차 1라운드 4순위	4,100-4,500-4,000	서원초-세광중-세광고
이우현	투수	01	183	80	2005.11.27	우투우타	2024 키움 3라운드 24순위	3,000	(화성동탄리틀)-안산중앙중-비봉고
조성훈	투수	100	188	85	1999.03.22	우투우타	2018 SK 2차 1라운드 5순위	3,000-3,000-3,100	응봉초(성동구리틀)-건대부중-청원고
주승빈	투수	91	181	84	2004.03.06	좌투좌타	2022 키움 5라운드 46순위	3,000-3,000-3,000	구운초(수원권선구리틀)-영동중-서울고
변현성	포수	103	181	91	2004.05.18	우투우타	2023 키움 9라운드 86순위	3,000-3,000	원побу초(오산시리틀)-대원중-유신고
신효수	포수	08	173	81	2000.12.24	우투우타	2024 키움 육성선수	1,500	서울청구초-휘문중-휘문고-연세대
안겸	포수	104	181	83	2004.06.15	우투우타	2023 키움 10라운드 96순위	3,000-3,000	가양초(강서구리틀)-강남중-배재고
서유신	내야수	98	176	76	2000.08.17	우투우타	2023 키움 11라운드 106순위	3,000-3,000	광주수창초-충장중-화순고-원광대
심휘윤	내야수	06	183	84	2005.05.28	우투우타	2024 키움 11라운드 109순위	3,000	사당초-언북중-배재고
원성준	내야수	07	181	80	2000.03.31	우투좌타	2024 키움 육성선수	1,500	고명초-서울이수중-경기고-성균관대
이명기	내야수	34	186	105	2000.01.03	우투우타	2019 넥센 2차 5라운드 44순위	3,000-0-3,000	광주대성초-충장중-광주동성고
이승원	내야수	92	185	75	2004.07.02	우투우타	2023 키움 4라운드 36순위	3,000-3,100	도봉초(노원구리틀)-상명중-덕수고
이호열	내야수	102	180	80	2004.11.17	우투우타	2023 키움 8라운드 76순위	3,000-3,000	(남양주리틀)-구리인창중-라온고
박재ول	외야수	03	185	86	2004.11.20	우투우타	2024 키움 8라운드 79순위	3,000	부평초(인천서구리틀)-재능중-재능고
송재선	외야수	9	176	73	2000.06.30	우투우타	2023 키움 5라운드 46순위	3,000-3,100	수유초-충암중-신일고-한일장신대
우승원	외야수	101	178	77	2004.06.08	우투우타	2023 키움 6라운드 56순위	3,000-3,000	서울학동초-언북중-충암고

이형종

김하집

장재영

프로야구 스카우팅 리포트 2024

2024년 3월 24일 1판 1쇄 인쇄 | 2024년 3월 31일 1판 1쇄 발행

지은이 최훈 김여울 이성훈 이용균 최민규
데이터 스포츠투아이(주) | **디자인** 엔드디자인

발행인 황민호 | **콘텐츠4사업본부장** 박정훈 | **편집기획** 강경양 김사라 이예린
마케팅 조안나 이유진 이나경 | **제작** 최택순 성시원 진용범
발행처 대원씨아이(주) | **주소** 서울특별시 용산구 한강대로 15길 9-12
전화 (02)2071-2018 | **팩스** (02)749-2105 | **등록** 제3-563호 | **등록일자** 1992년 5월 11일
www.dwci.co.kr

ISBN 979-11-7203-664-5 13690

● 이 책은 대원씨아이(주)와 저작권자의 계약에 의해 출판된 것이므로,
  무단 전재 및 유포, 공유, 복제를 금합니다.
● 이 책 내용의 전부 또는 일부를 이용하려면 반드시 저작권자와 대원씨아이(주)의
  서면동의를 받아야 합니다.
● 잘못 만들어진 책은 판매처에서 교환해 드립니다.

The Best Content Provider for Sports

글로벌 스포츠 콘텐츠 시장을 선도하고
스포츠의 즐거움을 제공하는

Sports IT Company

Sports Innovation and Technology

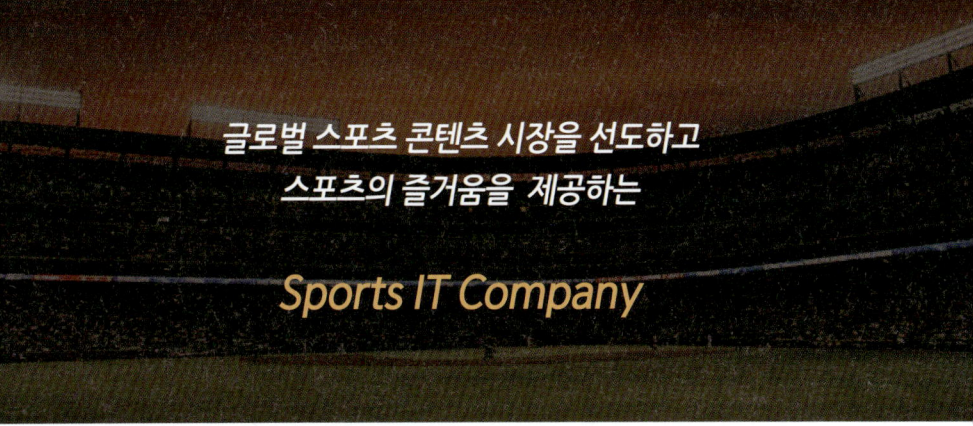

Advanced Technology business

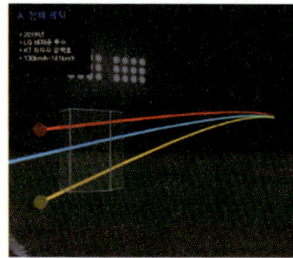

Tracking system

Automated umpire system

World's First ABS Service

ABS (Automated Ball-strike System)

- 2020　**아시아 최초** ABS 시스템 개발 및 시범 도입
- 2024　**세계 최초** 프로야구 리그 내 ABS 도입

- 2023　**세계 최초** 아마추어 리그(고교야구 리그) 내 ABS 도입

New media business

(뉴미디어 중계/콘텐츠 서비스)

Shorts

🔥HOT 박정우 동장빈
조회수 7.4천회

🔥HOT 금강장사 노범수
조회수 9.8천회

지리산 물하나
허선행 장사의 끝내주는 탄력
(Feat. 물어뒤집기)
조회수 4.4만회

태백장사 노범수 사인 😊
조회수 1.9만회

#씨름의날 우상하는 수원시청 임태혁 장사
조회수 2.9만회

❤이벤트 선물❤
장사 폴라로이드 사진과 사인 엽서
조회수 1.3천회

System & Digital archive business

(디지털 아카이브 센터)

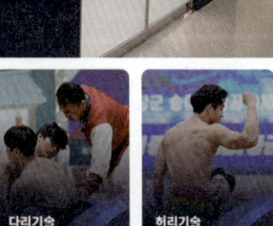

손기술
4162개 영상

다리기술
10874개 영상

허리기술
32536개 영상

혼합기술
9854개 영상

기타기술
19개 영상

문경장사씨름대회
4102개 영상

태백
위더스제약 2023 문경장사씨름대회

백두
위더스제약 2023 문경장사씨름대회

한라
위더스제약 2023 문경장사씨름대회

금강
위더스제약 2023

2024 KBO LEAGUE MATCH SCHEDULER

3

MON	TUE	WED	THU	FRI	SAT	SUN
				1	2	3
4	5	6	7	8	9	10
11	12	13	14	15	16	17
18	19	20	21	22	23 한화 : LG [잠실] 롯데 : SSG [문학] 두산 : NC [창원] 삼성 : KT [수원] 기움 : KIA [광주]	24 한화 : LG [잠실] 롯데 : SSG [문학] 두산 : NC [창원] 삼성 : KT [수원] 기움 : KIA [광주]
25	26 삼성 : LG [잠실] 한화 : SSG [문학] 기움 : NC [창원] 두산 : KT [수원] 롯데 : KIA [광주]	27 삼성 : LG [잠실] 한화 : SSG [문학] 기움 : NC [창원] 두산 : KT [수원] 롯데 : KIA [광주]	28 삼성 : LG [잠실] 한화 : SSG [문학] 기움 : NC [창원] 두산 : KT [수원] 롯데 : KIA [광주]	29 KIA : 두산 [잠실] NC : 롯데 [사직] SSG : 삼성 [대구] LG : 기움 [고척] KT : 한화 [대전]	30 KIA : 두산 [잠실] NC : 롯데 [사직] SSG : 삼성 [대구] LG : 기움 [고척] KT : 한화 [대전]	31 KIA : 두산 [잠실] NC : 롯데 [사직] SSG : 삼성 [대구] LG : 기움 [고척] KT : 한화 [대전]

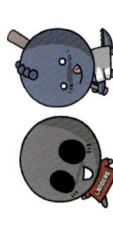

4 2024 KBO LEAGUE MATCH SCHEDULER

MON	TUE	WED	THU	FRI	SAT	SUN
1	2 NC : LG [잠실] 두산 : SSG [문학] 키움 : 삼성 [대구] KIA : KT [수원] 롯데 : 한화 [대전]	3 NC : LG [잠실] 두산 : SSG [문학] 키움 : 삼성 [대구] KIA : KT [수원] 롯데 : 한화 [대전]	4 NC : LG [잠실] 두산 : SSG [문학] 키움 : 삼성 [대구] KIA : KT [수원] 롯데 : 한화 [대전]	5 KT : LG [잠실] 두산 : 롯데 [사직] SSG : NC [창원] 삼성 : KIA [광주] 한화 : 키움 [고척]	6 KT : LG [잠실] 두산 : 롯데 [사직] SSG : NC [창원] 삼성 : KIA [광주] 한화 : 키움 [고척]	7 KT : LG [잠실] 두산 : 롯데 [사직] SSG : NC [창원] 삼성 : KIA [광주] 한화 : 키움 [고척]
8 한화 : 두산 [잠실] 키움 : SSG [문학] 삼성 : 롯데 [사직] KT : NC [창원] LG : KIA [광주]	9 한화 : 두산 [잠실] 키움 : SSG [문학] 삼성 : 롯데 [사직] KT : NC [창원] LG : KIA [광주]	10 한화 : 두산 [잠실] 키움 : SSG [문학] 삼성 : 롯데 [사직] KT : NC [창원] LG : KIA [광주]	11 한화 : 두산 [잠실] 키움 : SSG [문학] 삼성 : 롯데 [사직] KT : NC [창원] LG : KIA [광주]	12 LG : 두산 [잠실] NC : 삼성 [대구] 롯데 : KT [수원] KIA : 키움 [고척] 한화 : 한화 [대전]	13 LG : 두산 [잠실] NC : 삼성 [대구] 롯데 : KT [수원] KIA : 키움 [고척] 한화 : 한화 [대전]	14 LG : 두산 [잠실] NC : 삼성 [대구] 롯데 : KT [수원] KIA : 키움 [고척] 한화 : 한화 [대전]
15 롯데 : LG [잠실] KIA : SSG [문학] 두산 : 삼성 [대구] 한화 : NC [창원] KT : 키움 [고척]	16 롯데 : LG [잠실] KIA : SSG [문학] 두산 : 삼성 [대구] 한화 : NC [창원] KT : 키움 [고척]	17 롯데 : LG [잠실] KIA : SSG [문학] 두산 : 삼성 [대구] 한화 : NC [창원] KT : 키움 [고척]	18 롯데 : LG [잠실] KIA : SSG [문학] 두산 : 삼성 [대구] 한화 : NC [창원] KT : 키움 [고척]	19 키움 : 두산 [잠실] LG : SSG [문학] KT : 롯데 [사직] NC : KIA [광주] 삼성 : 한화 [대전]	20 키움 : 두산 [잠실] LG : SSG [문학] KT : 롯데 [사직] NC : KIA [광주] 삼성 : 한화 [대전]	21 키움 : 두산 [잠실] LG : SSG [문학] KT : 롯데 [사직] NC : KIA [광주] 삼성 : 한화 [대전]
22	23 NC : 두산 [잠실] SSG : 롯데 [사직] LG : 삼성 [대구] 한화 : KT [수원] KIA : 키움 [고척]	24 NC : 두산 [잠실] SSG : 롯데 [사직] LG : 삼성 [대구] 한화 : KT [수원] KIA : 키움 [고척]	25 NC : 두산 [잠실] SSG : 롯데 [사직] LG : 삼성 [대구] 한화 : KT [수원] KIA : 키움 [고척]	26 KIA : LG [잠실] KT : SSG [문학] 롯데 : NC [창원] 삼성 : 키움 [고척] 두산 : 한화 [대전]	27 KIA : LG [잠실] KT : SSG [문학] 롯데 : NC [창원] 삼성 : 키움 [고척] 두산 : 한화 [대전]	28 KIA : LG [잠실] KT : SSG [문학] 롯데 : NC [창원] 삼성 : 키움 [고척] 두산 : 한화 [대전]
29	30 삼성 : 두산 [잠실] 키움 : 롯데 [사직] LG : NC [창원] KT : KIA [광주] SSG : 한화 [대전]					

5

2024 KBO LEAGUE MATCH SCHEDULER

MON	TUE	WED	THU	FRI	SAT	SUN
		1 삼성 : 두산 [잠실] 키움 : 롯데 [사직] LG : NC [창원] KT : KIA [광주] SSG : 한화 [대전]	2 삼성 : 두산 [잠실] 키움 : 롯데 [사직] LG : NC [창원] KT : KIA [광주] SSG : 한화 [대전]	3 두산 : LG [잠실] NC : SSG [문학] 롯데 : 삼성 [대구] 키움 : KT [수원] 한화 : KIA [광주]	4 두산 : LG [잠실] NC : SSG [문학] 롯데 : 삼성 [대구] 키움 : KT [수원] 한화 : KIA [광주]	5 두산 : LG [잠실] NC : SSG [문학] 롯데 : 삼성 [대구] 키움 : KT [수원] 한화 : KIA [광주]
6	7 SSG : LG [잠실] 한화 : 롯데 [사직] KIA : 삼성 [대구] NC : KT [수원] 두산 : 키움 [고척]	8 SSG : LG [잠실] 한화 : 롯데 [사직] KIA : 삼성 [대구] NC : KT [수원] 두산 : 키움 [고척]	9 SSG : LG [잠실] 한화 : 롯데 [사직] KIA : 삼성 [대구] NC : KT [수원] 두산 : 키움 [고척]	10 두산 : LG [잠실] LG : 롯데 [사직] 삼성 : NC [창원] SSG : KIA [광주] 키움 : 한화 [대전]	11 KT : 두산 [잠실] LG : 롯데 [사직] 삼성 : NC [창원] SSG : KIA [광주] 키움 : 한화 [대전]	12 KT : 두산 [잠실] LG : 롯데 [사직] 삼성 : NC [창원] SSG : KIA [광주] 키움 : 한화 [대전]
13	14 키움 : LG [잠실] 삼성 : SSG [문학] 롯데 : KT [수원] 두산 : KIA [광주] NC : 한화 [대전]	15 키움 : LG [잠실] 삼성 : SSG [문학] 롯데 : KT [수원] 두산 : KIA [광주] NC : 한화 [대전]	16 키움 : LG [잠실] 삼성 : SSG [문학] 롯데 : KT [수원] 두산 : KIA [광주] NC : 한화 [대전]	17 롯데 : 두산 [잠실] 한화 : 삼성 [대구] KIA : NC [창원] LG : KT [수원] SSG : 키움 [고척]	18 롯데 : 두산 [잠실] 한화 : 삼성 [대구] KIA : NC [창원] LG : KT [수원] SSG : 키움 [고척]	19 롯데 : 두산 [잠실] 한화 : 삼성 [대구] KIA : NC [창원] LG : KT [수원] SSG : 키움 [고척]
20	21 SSG : 두산 [잠실] KIA : 롯데 [사직] KT : 삼성 [대구] NC : 키움 [고척] LG : 한화 [대전]	22 SSG : 두산 [잠실] KIA : 롯데 [사직] KT : 삼성 [대구] NC : 키움 [고척] LG : 한화 [대전]	23 SSG : 두산 [잠실] KIA : 롯데 [사직] KT : 삼성 [대구] NC : 키움 [고척] LG : 한화 [대전]	24 NC : LG [잠실] 한화 : SSG [문학] 삼성 : 롯데 [사직] 키움 : KT [수원] 두산 : KIA [광주]	25 NC : LG [잠실] 한화 : SSG [문학] 삼성 : 롯데 [사직] 키움 : KT [수원] 두산 : KIA [광주]	26 NC : LG [잠실] 한화 : SSG [문학] 삼성 : 롯데 [사직] 키움 : KT [수원] 두산 : KIA [광주]
27	28 KT : 두산 [잠실] LG : SSG [문학] 키움 : 삼성 [대구] KIA : NC [창원] 롯데 : 한화 [대전]	29 KT : 두산 [잠실] LG : SSG [문학] 키움 : 삼성 [대구] KIA : NC [창원] 롯데 : 한화 [대전]	30 KT : 두산 [잠실] LG : SSG [문학] 키움 : 삼성 [대구] KIA : NC [창원] 롯데 : 한화 [대전]	31 LG : 두산 [잠실] NC : 롯데 [사직] 한화 : 삼성 [대구] KT : KIA [광주] SSG : 키움 [고척]		

2024 KBO LEAGUE MATCH SCHEDULER

MON	TUE	WED	THU	FRI	SAT	SUN
					1 LG : 두산 [잠실] NC : 롯데 [사직] 한화 : 삼성 [대구] KT : KIA [광주] SSG : 키움 [고척]	2 LG : 두산 [잠실] NC : 롯데 [사직] 한화 : 삼성 [대구] KT : KIA [광주] SSG : 키움 [고척]
3	4 키움 : LG [잠실] 삼성 : SSG [문학] 두산 : NC [창원] 한화 : KT [수원] 롯데 : KIA [광주]	5 키움 : LG [잠실] 삼성 : SSG [문학] 두산 : NC [창원] 한화 : KT [수원] 롯데 : KIA [광주]	6 키움 : LG [잠실] 삼성 : SSG [문학] 두산 : NC [창원] 한화 : KT [수원] 롯데 : KIA [광주]	7 KIA : 두산 [잠실] SSG : 롯데 [사직] LG : 삼성 [대구] KT : 키움 [고척] NC : 한화 [대전]	8 KIA : 두산 [잠실] SSG : 롯데 [사직] LG : 삼성 [대구] KT : 키움 [고척] NC : 한화 [대전]	9 KIA : 두산 [잠실] SSG : 롯데 [사직] LG : 삼성 [대구] KT : 키움 [고척] NC : 한화 [대전]
10	11 한화 : 두산 [잠실] KIA : SSG [문학] 키움 : 롯데 [사직] LG : 삼성 [대구] KT : NC [창원]	12 한화 : 두산 [잠실] KIA : SSG [문학] 키움 : 롯데 [사직] LG : 삼성 [대구] KT : NC [창원]	13 한화 : 두산 [잠실] KIA : SSG [문학] 키움 : 롯데 [사직] LG : 삼성 [대구] KT : NC [창원]	14 롯데 : LG [잠실] 삼성 : NC [창원] KIA : KT [수원] 두산 : 키움 [고척] SSG : 한화 [대전]	15 롯데 : LG [잠실] 삼성 : NC [창원] KIA : KT [수원] 두산 : 키움 [고척] SSG : 한화 [대전]	16 롯데 : LG [잠실] 삼성 : NC [창원] KIA : KT [수원] 두산 : 키움 [고척] SSG : 한화 [대전]
17	18 NC : 두산 [잠실] SSG : 삼성 [대구] 롯데 : KT [수원] LG : KIA [광주] 키움 : 한화 [대전]	19 NC : 두산 [잠실] SSG : 삼성 [대구] 롯데 : KT [수원] LG : KIA [광주] 키움 : 한화 [대전]	20 NC : 두산 [잠실] SSG : 삼성 [대구] 롯데 : KT [수원] LG : KIA [광주] 키움 : 한화 [대전]	21 KT : LG [잠실] NC : SSG [문학] 두산 : 삼성 [대구] 한화 : KIA [광주] 롯데 : 키움 [고척]	22 KT : LG [잠실] NC : SSG [문학] 두산 : 삼성 [대구] 한화 : KIA [광주] 롯데 : 키움 [고척]	23 KT : LG [잠실] NC : SSG [문학] 두산 : 삼성 [대구] 한화 : KIA [광주] 롯데 : 키움 [고척]
24	25 삼성 : LG [잠실] KT : SSG [문학] KIA : 롯데 [사직] NC : 키움 [고척] 두산 : 한화 [대전]	26 삼성 : LG [잠실] KT : SSG [문학] KIA : 롯데 [사직] NC : 키움 [고척] 두산 : 한화 [대전]	27 삼성 : LG [잠실] KT : SSG [문학] KIA : 롯데 [사직] NC : 키움 [고척] 두산 : 한화 [대전]	28 SSG : 두산 [잠실] 한화 : 롯데 [사직] LG : NC [창원] 삼성 : KT [수원] 키움 : KIA [광주]	29 SSG : 두산 [잠실] 한화 : 롯데 [사직] LG : NC [창원] 삼성 : KT [수원] 키움 : KIA [광주]	30 SSG : 두산 [잠실] 한화 : 롯데 [사직] LG : NC [창원] 삼성 : KT [수원] 키움 : KIA [광주]

2024 KBO LEAGUE MATCH SCHEDULER

7

MON	TUE	WED	THU	FRI	SAT	SUN
1	2 롯데 : 두산 [잠실] KIA : 삼성 [대구] SSG : NC [창원] LG : 키움 [고척] KT : 한화 [대전]	3 롯데 : 두산 [잠실] KIA : 삼성 [대구] SSG : NC [창원] LG : 키움 [고척] KT : 한화 [대전]	4 롯데 : 두산 [잠실] KIA : 삼성 [대구] SSG : NC [창원] LG : 키움 [고척] KT : 한화 [대전]	5	6	7
8	9 KIA : LG [잠실] 롯데 : SSG [문학] NC : 삼성 [대구] 두산 : KT [수원] 한화 : 키움 [고척]	10 KIA : LG [잠실] 롯데 : SSG [문학] NC : 삼성 [대구] 두산 : KT [수원] 한화 : 키움 [고척]	11 KIA : LG [잠실] 롯데 : SSG [문학] NC : 삼성 [대구] 두산 : KT [수원] 한화 : 키움 [고척]	12 삼성 : 두산 [잠실] KT : NC [창원] 키움 : KIA [광주] LG : 한화 [대전]	13 삼성 : 두산 [잠실] KT : NC [창원] 키움 : KIA [광주] LG : 한화 [대전]	14 삼성 : 두산 [잠실] KT : 롯데 [사직] 키움 : NC [창원] SSG : KIA [광주] LG : 한화 [대전]
15	16 SSG : LG [잠실] 두산 : 롯데 [사직] 한화 : NC [창원] 삼성 : KIA [광주] KT : 키움 [고척]	17 SSG : LG [잠실] 두산 : 롯데 [사직] 한화 : NC [창원] 삼성 : KIA [광주] KT : 키움 [고척]	18 SSG : LG [잠실] 두산 : 롯데 [사직] 한화 : NC [창원] 삼성 : KIA [광주] KT : 키움 [고척]	19 두산 : LG [잠실] 키움 : SSG [문학] 롯데 : 삼성 [대구] NC : KT [수원] KIA : 한화 [대전]	20 두산 : LG [잠실] 키움 : SSG [문학] 롯데 : 삼성 [대구] NC : KT [수원] KIA : 한화 [대전]	21 두산 : LG [잠실] 키움 : SSG [문학] 롯데 : 삼성 [대구] NC : KT [수원] KIA : 한화 [대전]
22	23 키움 : 두산 [잠실] LG : 롯데 [사직] SSG : KT [수원] NC : KIA [광주] 삼성 : 한화 [대전]	24 키움 : 두산 [잠실] LG : 롯데 [사직] SSG : KT [수원] NC : KIA [광주] 삼성 : 한화 [대전]	25 키움 : 두산 [잠실] LG : 롯데 [사직] SSG : KT [수원] NC : KIA [광주] 삼성 : 한화 [대전]	26 한화 : LG [잠실] 두산 : SSG [문학] KT : 삼성 [대구] 롯데 : NC [창원] KIA : 키움 [고척]	27 한화 : LG [잠실] 두산 : SSG [문학] KT : 삼성 [대구] 롯데 : NC [창원] KIA : 키움 [고척]	28 한화 : LG [잠실] 두산 : SSG [문학] KT : 삼성 [대구] 롯데 : NC [창원] KIA : 키움 [고척]
29	30 삼성 : LG [잠실] 롯데 : SSG [문학] 한화 : KT [수원] 두산 : KIA [광주] NC : 키움 [고척]	31 삼성 : LG [잠실] 롯데 : SSG [문학] 한화 : KT [수원] 두산 : KIA [광주] NC : 키움 [고척]				

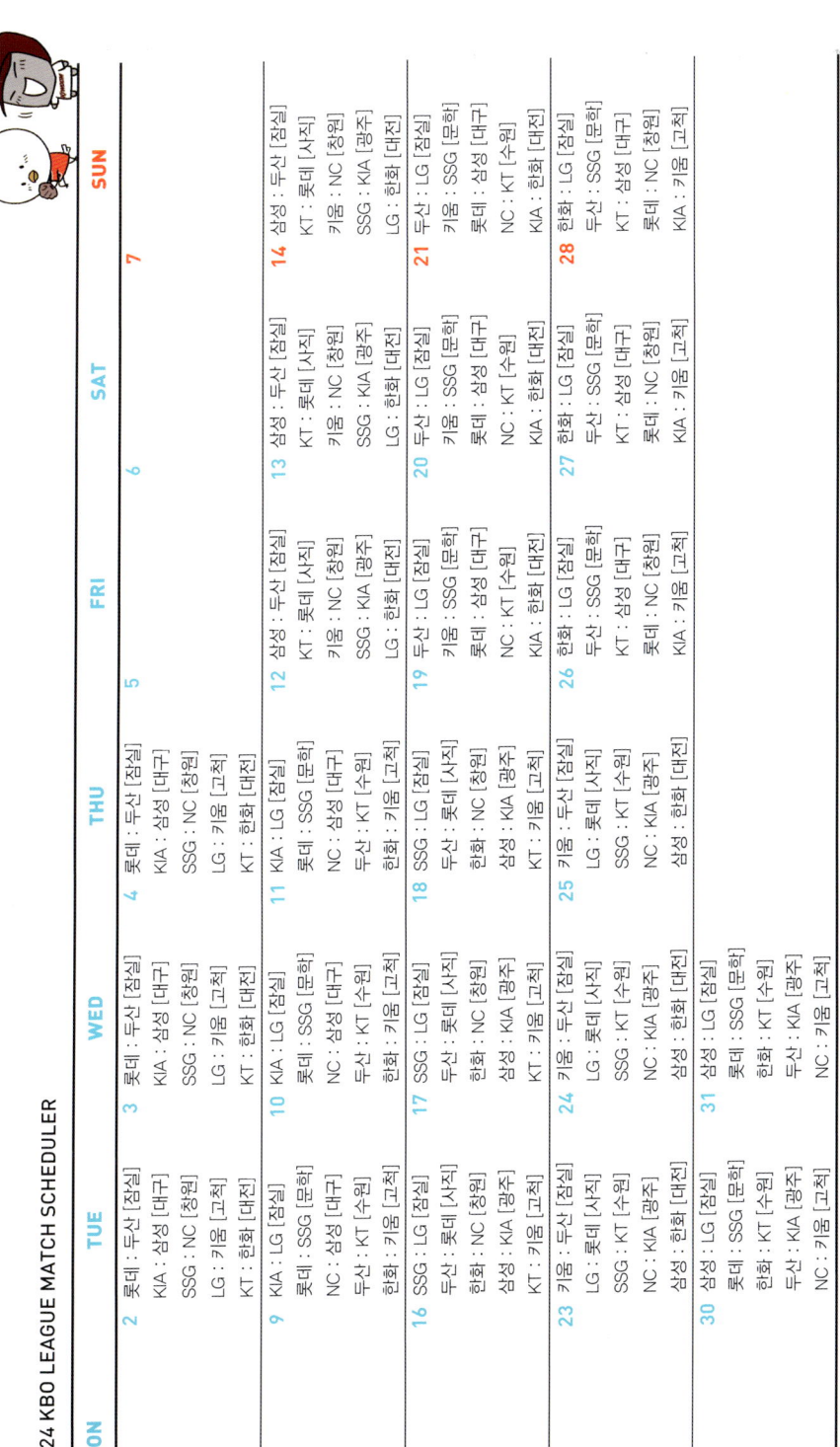

2024 KBO LEAGUE MATCH SCHEDULER

8

MON	TUE	WED	THU	FRI	SAT	SUN
			1 삼성 : LG [잠실] 롯데 : SSG [문학] 한화 : KT [수원] NC : KIA [광주] 두산 : 기움 [고척]	2 키움 : 두산 [잠실] LG : 롯데 [사직] SSG : 삼성 [대구] KT : NC [창원] KIA : 한화 [대전]	3 키움 : 두산 [잠실] LG : 롯데 [사직] SSG : 삼성 [대구] KT : NC [창원] KIA : 한화 [대전]	4 키움 : 두산 [잠실] LG : 롯데 [사직] SSG : 삼성 [대구] KT : NC [창원] KIA : 한화 [대전]
5	6 LG : 두산 [잠실] NC : 롯데 [사직] 한화 : 삼성 [대구] KT : KIA [광주] SSG : 기움 [고척]	7 LG : 두산 [잠실] NC : 롯데 [사직] 한화 : 삼성 [대구] KT : KIA [광주] SSG : 기움 [고척]	8 LG : 두산 [잠실] NC : 롯데 [사직] 한화 : 삼성 [대구] KT : KIA [광주] SSG : 기움 [고척]	9 NC : LG [잠실] 두산 : SSG [문학] 롯데 : KT [수원] 삼성 : KIA [광주] 기움 : 한화 [대전]	10 NC : LG [잠실] 두산 : SSG [문학] 롯데 : KT [수원] 삼성 : KIA [광주] 기움 : 한화 [대전]	11 NC : LG [잠실] 두산 : SSG [문학] 롯데 : KT [수원] 삼성 : KIA [광주] 기움 : 한화 [대전]
12	13 롯데 : 삼성 [대구] KT : NC [창원] SSG : 기움 [고척] KIA : 한화 [대전] LG : 두산 [잠실]	14 롯데 : 삼성 [대구] KT : NC [창원] SSG : 기움 [고척] KIA : 한화 [대전] LG : 두산 [잠실]	15 롯데 : 두산 [잠실] KT : 삼성 [대구] SSG : NC [창원] KIA : 기움 [고척] LG : 한화 [대전]	16 KIA : LG [잠실] 한화 : SSG [문학] 기움 : 롯데 [사직] 삼성 : NC [창원] 두산 : KT [수원]	17 KIA : LG [잠실] 한화 : SSG [문학] 기움 : 롯데 [사직] 삼성 : NC [창원] 두산 : KT [수원]	18 KIA : LG [잠실] 한화 : SSG [문학] 기움 : 롯데 [사직] 삼성 : NC [창원] 두산 : KT [수원]
19	20 SSG : LG [잠실] 두산 : 삼성 [대구] 기움 : KT [수원] 롯데 : KIA [광주] NC : 한화 [대전]	21 SSG : LG [잠실] 두산 : 삼성 [대구] 기움 : KT [수원] 롯데 : KIA [광주] NC : 한화 [대전]	22 SSG : LG [잠실] 두산 : 삼성 [대구] 기움 : KT [수원] 롯데 : KIA [광주] NC : 한화 [대전]	23 한화 : 두산 [잠실] KT : SSG [문학] 롯데 : 삼성 [대구] KIA : NC [창원] LG : 기움 [고척]	24 한화 : 두산 [잠실] KT : SSG [문학] 롯데 : 삼성 [대구] KIA : NC [창원] LG : 기움 [고척]	25 한화 : 두산 [잠실] KT : SSG [문학] 롯데 : 삼성 [대구] KIA : NC [창원] LG : 기움 [고척]
26	27 KT : LG [잠실] 한화 : 롯데 [사직] 두산 : NC [창원] SSG : KIA [광주] 삼성 : 기움 [고척]	28 KT : LG [잠실] 한화 : 롯데 [사직] 두산 : NC [창원] SSG : KIA [광주] 삼성 : 기움 [고척]	29 KT : LG [잠실] 한화 : 롯데 [사직] 두산 : NC [창원] SSG : KIA [광주] 삼성 : 기움 [고척]	30	31	1

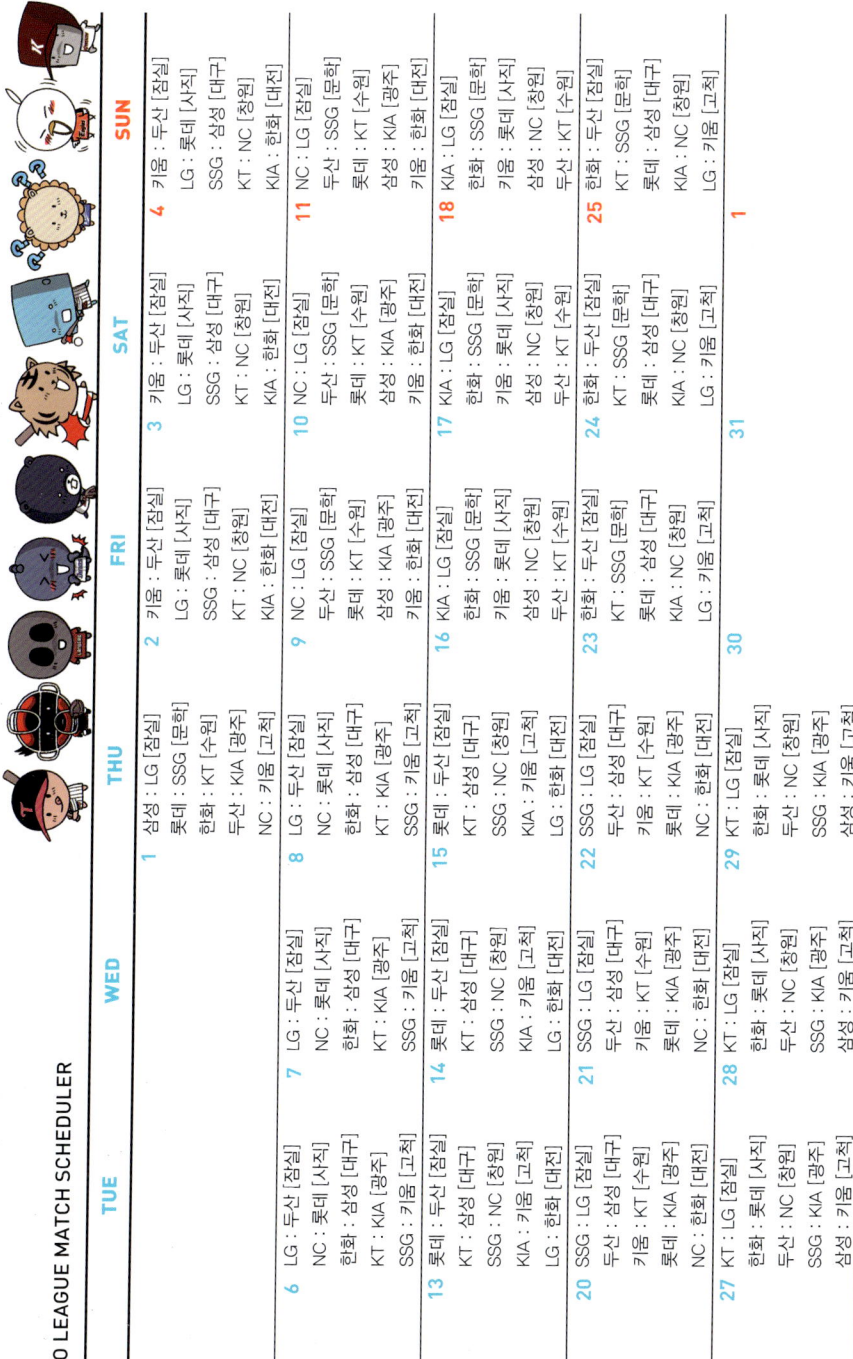